Der große HAUS SCHATZ

der schönsten Gedichte und Balladen

Herausgegeben von
Mariam und Thomas Montasser

Cormoran

Der Cormoran Verlag ist ein Unternehmen
der Verlagshaus Goethestraße GmbH & Co. KG

Lizenzausgabe für den Cormoran Verlag, München 1999
© 1999 Montasser Medienagentur, München
Nachdruck – auch auszugsweise – nur mit
ausdrücklicher Genehmigung des Verlages
Umschlaggestaltung: Heinz Kraxenberger, München
Printed in Germany by Bercker, Kevelaer
ISBN 3-517-09015-8

INHALT

VORWORT

Der vorliegende Band ist eine Sammlung von Gedichten quer durch die Epochen der deutschen Literaturgeschichte.

Unter »Gedichten« verstehen wir dabei auch Balladen und lyrische Erzählungen. Nahezu alle bekannten Gedichte finden sich hier wieder. Aber auch eine Vielzahl von weniger bekannten Werken ist in die Auswahl aufgenommen worden, teils weil wir sie besonders schön finden, teils weil sie beispielhaft für ihre Epoche sind.

Jedes literarische Zeitalter wird in einer kurzen Einleitung erläutert, und zu jedem Dichter haben wir eine kurze Biographie verfaßt. So kann der Leser sich langsam an die Gedichte herantasten und die Zeilen der Literaten mit größerem Verständnis lesen. Die Gedichte sind nicht immer streng nach der Epochenzugehörigkeit ausgewählt, sondern versuchen vor allem auch, ein lebendiges Bild vom betreffenden Dichter zu vermitteln.

Natürlich ist unsere Auswahl nicht vollständig (dazu bedürfte es ganzer Bibliotheken). Doch bietet sie einen breiten Überblick über die deutsche Lyrik vom Mittelalter bis zum Expressionismus und eignet sich für die gelegentliche Lektüre ebenso wie für die kurze und gezielte Vorbereitung auf die Schule oder zum Nachschlagen, wenn für bestimmte Anlässe ein Gedicht nicht fehlen soll.

Mariam und Thomas Montasser

MITTELALTER

Die frühesten Zeugnisse »deutscher« Dichtung finden wir in den Heldenliedern der germanischen Zeit. Nur wenige dieser Dichtungen, die hauptsächlich mündlich überliefert wurden, sind uns erhalten geblieben. Sie handeln von Legenden aus der germanischen Sagenwelt. Die bedeutendsten überlieferten Heldendichtungen dieser frühen, vormittelalterlichen Zeit sind das Beowulf-Epos, die Edda, das Hildebrandslied und die Thidreks-Saga. Besondere Bedeutung erlangten diese aus allen Teilen der germanischen Welt stammenden Sagenstoffe vor allem für die Dichter des hohen und späten Mittelalters, die sie in Spielmannsdichtung, Heldenepos und Volksballaden aufarbeiteten. Doch auch spätere Literaturepochen griffen regelmäßig auf die Sagen und Legenden der frühen Dichtung zurück.

Von einer Entwicklung der Literatur kann man erst seit Beginn der Einflußnahme der Kirche auf die germanischen Stämme sprechen. Zum überragenden Förderer des kulturellen frühen Mittelalters wurde Karl der Große, der die Voraussetzungen schuf. Gleichwohl entwickelte sich die Literaturgeschichte jener Zeit nicht ohne Brüche. Während in der sogenannten »karolingischen Renaissance« bis etwa 900 die althochdeutsche Literatur überwog, brachte die »ottonische Renaissance« (bis 1025) die mittellateinische Literatur zur Vorherrschaft. Diese wurde wiederum aufgrund der kluniazensischen Reform von der frühmittelhochdeutschen Literatur (bis 1150) abgelöst. Die Dichtung des frühen Mittelalters wurde beherrscht von religiösen Stoffen, vor allem von Heiligenlegenden und biblischen Themen. Zum größten Teil wurden die Werke in lateinischer Sprache abgefaßt, was eine Folge der Übernahme der spätantiken Bildung und der lateinischen Schrift war.

Erst im hohen Mittelalter begann sich der höfische Mensch allmählich von der geistigen Bevormundung durch die Kirche zu lösen. Erstmals zu Zeiten von Friedrich Barbarossa (bis 1190) entwickelte sich eine zunehmend weltlich ausgerichtete Kultur. Mit dieser Kultur begannen auch in der Literatur neue Formvorstellungen Platz zu greifen. Die Dichtung orientierte sich nunmehr an Stil, Komposition und Metrik. Neue Begriffe kamen in Mode, die das künstlerische Dogma der Zeit veranschaulichten: »hovelich« oder auch »hövisch« sollte die Literatur sein. So entstand die heute von uns als höfische oder ritterliche (auch staufische) Dichtung bezeichnete Epoche.

Die Ursachen für diese Entwicklung waren vielfältig. Gefördert durch die Machtentfaltung der Staufer stand die abendländische Kultur vor allem unter den Eindrücken aus den Kreuzzügen. Diese führten einerseits zu einem bis dahin nicht vorhandenen kulturellen Selbstbewußtsein und der Erkenntnis von Wert und Eigenheiten der eigenen, andererseits zur Entdeckung der morgenländischen Kultur, die der okzidentalischen vieles voraushatte. So wurde der Blick der Literatur erstmals auch über die Grenzen des eigenen Kulturkreises hinausgetragen. Neue Eindrücke befruchteten die Phantasie der Dichter. Gleichzeitig vollzog sich ein gesellschaftlicher Wandel, der dazu führte, daß die Dichter, die größtenteils dem Stand der unfreien Lehnsträger angehörten, enge-

Tuchfühlung mit dem höheren Adel nahmen: Die Voraussetzungen für eine höfische Dichtung waren damit geschaffen.

Die neue Literatur bedeutete nicht die Loslösung von einer frommen Weltsicht. Sie stellte jedoch dem am Jenseits und der Vergeistigung des Lebens orientierten Ideal der Kirche das Ideal des Diesseits gegenüber, in dem Weltlichkeit nicht gleichgesetzt wurde mit Sünde. Schönheit der Form wurde zum Sinnbild edler Lebensweise. Auf dieser Basis entwickelten sich die »tugenten« (Tugenden) des mittelalterlichen höfischen Menschen.

Oberste Tugend war die »mâze«, also das Maßhalten. Sie konnte nur erreicht werden durch die »zuht«, also die Erziehung bzw. Selbstbeherrschung. Doch auch der »hohe muot«, das heißt die positive seelische Grundeinstellung, war ein zentrales Element höfischer Dichtung. Daneben zählten vor allem die »triuwe« (Treue), die »staete« (Stetigkeit) und die »milte« (Milde). Diese Elemente zusammengenommen gaben der Kunst des hohen Mittelalters ihr Korsett: Die Minne entstand.

Unter »hohe Minne« ist die Ehrerbietung, ja Anbetung der höfischen Frau, das heißt der hochadligen Dame zu verstehen. Die Abgehobenheit der Dichtung folgte aus dem Umstand, daß die so Verehrte in der Mehrzahl der Fälle nicht die Frau des Dichters, sondern die Dame des Hofes oder des Herrn war. Die hohe Minne darf aus heutiger Sicht deshalb nicht als Liebesdichtung verstanden werden. Sie stellte vielmehr die gesellschaftlich gängige Form der Frauenverehrung dar, die von der konkreten Person in der Regel losgelöst war. Die Frau wurde zum Anlaß und Inbegriff der feinen Sitten. Dementsprechend hoch war ihre Stellung innerhalb der höfischen Welt. Kulturgeschichtlich muß man die Epoche der hohen Minne wohl als ein Zeitalter der Veredelung der Dichtung betrachten. Sie führte zu einer Überbetonung von Stil und Form und blieb deshalb zwangsläufig wirklichkeitsfremd und idealistisch. Von seinen Zeitgenossen besonders geschätzt wurde der Dichter Hartmann von Aue, da er den formalen Vorstellungen seiner Zeit besonders nahekam. Gottfried von Straßburg lobte die »krîstalînen wortelîn«, mit denen Hartmann seine Verse versah.

Gleichwohl war Hartmann von Aue neben Walther von der Vogelweide einer der ersten, die der hohen Minne den Rücken kehrten: Die sogenannte »niedere Minne« wurde entwickelt. Darunter darf ebenfalls nicht uneingeschränkt das verstanden werden, was nach heutigen Begriffen Liebeslyrik ist. Dennoch stand die niedere Minne in klarer Opposition zu der inhaltlich leeren hohen Minne. Sie bezog viele Elemente aus der vorhöfischen und der Vagantenlyrik mit ein. Die niedere Minne führte weg vom strengen Formalismus früherer Jahre und ebnete den Weg für eine Entwicklung der Literatur auf breiterer Ebene, als sie bis dahin in Deutschland vorgekommen war. Auch beschränkte sie sich thematisch nicht mehr auf das höfische bzw. Helden- oder Volksepos.

Die bedeutendsten Werke des hohen Mittelalters sind vor allem das Nibelungenlied (13. Jahrhundert) sowie eine Vielzahl von (meist erst später entstandenen) Handschriftensammlungen, z. B. das »Heldenbuch des Kaspar von der Rhön« (1472), das »Straßburger Heldenbuch« (1477) und das »Ambraser Heldenbuch« (1517), die »Kleine Heidelberger Liederhandschrift« (13. Jahrhundert), die »Weingartner Liederhandschrift« (14. Jahrhundert), die »Manessesche Handschrift« (14. Jahrhundert) und die »Jenaer Liederhandschrift« (14. Jahrhundert).

Das Spätmittelalter war geprägt von den tiefgreifenden gesellschaftlichen Veränderungen, die auch die Literatur nicht unberührt ließen. Der Niedergang des Rittertums ging einher mit dem Aufkommen des Bürgertums, auch auf kulturellem Gebiet. Während der höfischen Zeit war Literatur ein Monopol des Adels und der Geistlichkeit gewesen. Sie allein hatten die Möglichkeit hinreichender Bildung gehabt. Als im späten Mittelalter auch das Bürgertum sich Bildung verschaffte, wurde es zunächst als Konsument und Mäzen, später dann auch als Produzent von Kunst tätig.

Dabei orientierte es sich allerdings zunächst sehr stark an der höfischen Kultur und imitierte diese weitgehend. Erst später entwickelte die bürgerliche Kunst ein eigenständiges Erscheinungsbild. Aus dem Minnesang wurde das Volkslied auf der einen, der Meistersang auf der anderen Seite. Verstärkter religiöser Einfluß machte sich nochmals in der Strömung der Mystik bemerkbar. Diese stand auf dem Fundament einer nihilistischen Grundeinstellung, arbeitete mit apokalyptischen Vorstellungen und wurde genährt durch die Katastrophen jener Zeit, vor allem durch die Pest. Wenngleich die Mystik bei weitem nicht den Umfang der sonstigen Dichtung ihrer Zeit an Produktivität erreichte, formte sie doch das Bild vom »finsteren Mittelalter«, das jahrhundertelang vorherrschte, entscheidend mit.

Die Gedichte von Walther von der Vogelweide und Wolfram von Eschenbach haben wir übersetzt, weil sie für den heutigen Leser nur noch sehr schwer verständlich, oft sogar mißverständlich sind. Die Übersetzungen basieren zwar auf wissenschaftlichen Grundlagen, sind jedoch so frei wie nötig, um einen nach heutigem Sprachgebrauch verständlichen und flüssigen Text herzustellen.

WALTHER VON DER VOGELWEIDE

WALTHER VON DER VOGELWEIDE

Der wohl bekannteste Dichter des deutschen Mittelalters, Walther von der Vogelweide, wurde um 1170 im südtiroler Raum geboren. Seine Jugend ist heute weitestgehend unbekannt. Aus seinen Gedichten läßt sich schließen, daß Walther mit etwa 20 Jahren zu dichten begann. Möglicherweise ist er am Babenberger Hof in Wien als Page erzogen worden. Dort wurde Walther vom Hofsänger Reinmar von Hagenau unterrichtet, mit dem er sich jedoch nach wenigen Jahren überwarf.

Der Stil der hohen Minne widerstrebte Walther. Zwischen 1197 und 1210 dichtete er gegen die hohe Minne und damit auch gegen seinen Lehrer Reinmar. 1198 starb Walthers Gönner am Wiener Hof, Herzog Friedrich von Österreich. Sein Nachfolger, Leopold VI., hatte wesentlich weniger Sympathien für Walther. Noch im selben Jahr verließ deshalb der Dichter den Hof.

In den folgenden Jahren schloß sich Walther Philipp von Schwaben an, der von der Mehrzahl der deutschen Fürsten zum König gewählt worden war, aber mit einem Gegenkandidaten der Welfen (Otto von Braunschweig) zu kämpfen hatte. Während seiner Wanderjahre zwischen 1198 und 1220 dichtete Walther von der Vogelweide Lieder der niederen Minne. Auch machte er Bekanntschaft mit der Vagantendichtung, die sein Schaffen beeinflußte.

In den Jahren 1201 bis 1207 besuchte Walther mehrmals den Landgrafen Hermann von Thüringen auf der Wartburg, dem er sich nach seinem Bruch mit Philipp zeitweilig anschloß. Dort lernte er unter anderen einen weiteren bedeutenden Dichter seiner Zeit kennen: Wolfram von Eschenbach. Spätestens seit 1212/13 stand Walther dann im Dienste Ottos von Braunschweig, der zwischenzeitlich zum König gewählt und (am 4. 10. 1209) von Papst Innozenz III. in Rom zum Kaiser gekrönt worden war.

Als jedoch der Staufer Friedrich II. von Sizilien nach Deutschland kam, nahmen die meisten Fürsten für ihn Partei und wählten ihn zum deutschen König. Auch Walther von der Vogelweide wechselte ins Lager des Staufers, der 1214 an der Seite von Philipp II. bei Bouvines Otto besiegte und sich so den Weg auf den Kaiserthron freimachte. Von 1215 bis 1218 dichtete Walther im Dienste Friedrichs II. Zwischen 1218 und 1228 entstanden seine Lieder über wahre und falsche Minne, 1228/29 seine Kreuzzugslieder. Der Dichter starb um das Jahr 1230, wahrscheinlich in Würzburg. Dort liegt er vermutlich im Lusamgärtlein beim Stift Neumünster begraben.

FRÜHLINGSSEHNSUCHT

Uns hât der winter geschát über al:
heide unde walt, diu sint beidiu nû val,
dâ manic stimme vil suoze inne hal.
saehe ich die megde an der strâze den bal
werfen! sô kaeme uns der vogele schal.

Möhte ich verslâfen des winteres zît!
wache ich die wîle, sô hân ich sîn nît,
daz sîn gewalt ist sô breit und sô wît;
weizgot, er lât doch dem meien den strît:
sô lise ich bluomen, dâ rîfe nû lît.

Übersetzung

Uns hat der Winter über alles geschadet:
Heide und Wald sind beide nun fahl,
wo manche Stimme sehr süß erklang.
Sähe ich die Mädchen an der Straße den Ball
werfen! Dann käme uns der Vögel Gesang.

Könnte ich verschlafen des Winters Zeit!
Wache ich währenddessen, so zürne ich ihm,
daß seine Gewalt so breit ist und so weit;
weiß Gott, er räumt dem Mai doch das Feld:
dann pflückte ich Blumen, wo jetzt Reif liegt.

UNTER DER LINDE

Under der linden
an der heide,
dâ unser zweier bette was,
dâ mugt ir vinden
schône beide
gebrochen bluomen unde gras
vor dem walde in einem tal,
tandaradei,
schône sanc diu nahtegal.

Ich kam gegangen
zuo der ouwe:
dô was min friedel komen ê.
dâ wart ich enpfangen,
hêre frouwe,
daz ich bin selic iemer mê.
kuster mich? wol tûsentstunt:
tandaradei,
seht, wie rôt mir ist der munt.

Dô het er gemachet
alsô rîche
von bluomen eine bettestat.
Des wirt noch gelachet
inneclîche,
kumt iemen an daz selbe pfat.
bî den rôsen er wol mac,
tandaradei,
merken, wâ mirz houbet lac.

Daz er bî mir laege,
wessez iemen
(nu enweile got!) sô schamt ich mich.
wes er mit mir pflaege,
niemer niemen
bevinde daz wan er und ich
und ein kleinez vogellîn,
tandaradei,
daz mac wol getriuwe sîn.

Übersetzung

Unter der Linde
auf der Heide,
wo unser beider Bette war,
dort könnt ihr finden
gänzlich gebrochen
Blumen und Gras
vor dem Wald in einem Tal,
tandaradei,
schön sang die Nachtigall.

Ich kam gegangen
zum Wasser:
dort, wo mein Geliebter hingekommen war.
Wo ich erwartet wurde,
erhabene Jungfrau,
weshalb ich immerzu selig bin.
Küßte er mich? Wohl tausendmal:
tandaradei,
seht, wie rot ist mein Mund.

Dort hat er so prächtig
ein Lager aus Blumen gemacht.
Darüber wird noch
herzlich gelacht,
kommt jemand denselben Pfad entlang.
An den Rosen kann er wohl,
tandaradei,
merken, wo mein Kopf lag.

Daß er bei mir lag,
wüßte es jemand,
(Gott bewahre!), so schämte ich mich.
Was er mit mir trieb
soll niemand niemals
erfahren, außer ihm und mir
und einem kleinen Vögelein,
tandaradei,
das wird wohl schweigsam sein.

Wahre Liebe

Herzeliebez frowelîn,
got gebe dir hiute und iemer guot.
kund ich baz gedenken dîn,
des hete ich willeclîchen muot.
waz sol ich dir sagen mê,
wan daz dir nieman holder ist? owê, dâ von ist
                    mir vil wê.

Sie verwîzent mir daz ich
sô nidere wende mînen sanc.
daz sie niht versinnent sich

waz liebe sî, des haben undanc!
die getraf diu liebe nie
die nach dem guote und nâch der schoene
               minnent, wê wie minnent die?

Bî der schoene ist dicke haz:
zer schoene niemen sî ze gâch.
liebe tuot dem herzen baz:
der liebe gêt diu schoene nâch.
liebe mechet schoene wîp:
des mac diu schoene niht getuon, si machet
               niemer lieben lîp.

Ich vertrage als ich vertruoc
und als ich iemer wil vertragen.
dû bist schoene und hâst genuoc:
waz mugen sie mir dâ von gesagen?
swaz si sagen, ich bin dir holt,
und nim dîn glesîn vingerlîn für einer
               künneginne golt.

Hâst dû triuwe und staetekeit,
sô bin ich des ân angest gar
daz mer iemer herzeleit
mit dînem willen widervar.
hâst aber du der zweier niht,
son muezest du mîn niemer werden owê
               danne, ob daz geschiht!

Übersetzung

Herzliebes Mägdlein,
Gott gebe dir heute und immer Glück.
Könnt ich dir etwas besseres wünschen,
so würd' ich dies gerne tun.
Was soll ich dir noch mehr sagen,
als daß niemand dir treuer ist? Ach, dies tut
               mir sehr weh.

Die Leute werfen mir vor, daß ich
meine Lieder an Mädchen von so niederem
               Stand richte.
Daß sie nicht einsehen,

was Liebe ist, dafür seien sie verwünscht!
Jene hat die Liebe nie beglückt,
denen es nur auf Besitz und Schönheit
ankommt.

Mit der Schönheit ist oft Neid verbunden:
Von Schönheit lasse niemand sich zu schnell
betören.
Liebe tut dem Herzen besser:
Der Liebe steht die Schönheit nach.
Liebe macht die Frauen schön:
Die Schönheit dagegen macht niemals eine
liebenswerter.

Ich ertrage den Vorwurf, wie ich ihn immer
ertrug
und wie ich ihn immer ertragen will.
Du bist schön und hast Schönheit genug:
was sie mir auch erzählen mögen.
Was sie auch sagen, ich bin dir treu
und nehme dein gläsernes Ringlein für das
Gold einer Königin.

Hast du Treue und Beständigkeit,
so habe ich keinerlei Angst,
daß mir jemals Herzeleid
deinethalben widerfahr.
Hast du aber von beidem nichts,
dann könntest du mein nicht mehr sein, o weh,
wenn
dies geschähe.

Der Minne Leid

Swie wol der heide ir manicvaltiu varwe stât,
sô wil ich doch dem walde jehen,
daz er vil mêre wünneclîcher dinge hât;

noch ist dem velde baz geschehen.
Sô wol dir, sumer, sus getâner arbeit!
Sumer, daz ich iemer lobe dîne tage,
trôst, sô troeste auch mîne klage.
Ich sage dir, waz mir wirret:
der mir ist liep, dem bin ich leit.

Ich mac der guoten niht vergezzen noch ensol,
diu mir sô vil gedanke nimet.
Die wîle ich singen wil, sô vinde ich iemer wol
ein niuwe lop, daz ir gezimet.
Nû habe ir diz für guot, sô lobe ich danne mê;
ez tuot in den ougen wol, daz man sie siht,
Und daz man ir vil tugende giht,
daz tuot wol in den ôren.
Sô wol ir des! sô wê mir, wê!

Übersetzung

Wie gut auch der Heide ihre mannigfaltige
Farbe stehen mag,
so will ich doch dem Walde zugestehen,
daß er noch vielmehr wonnevolle Dinge hat;
und besser noch ist's um das Feld bestellt.
So wohl dir, Sommer nach getaner Arbeit!
Sommer, daß ich immer lobe deine Tage,
Zuversicht, so tröste du auch meine Klage.
Ich sag dir, was mich quält:
Die mir so lieb, der bin ich leid.

Ich kann und will die Gute nicht vergessen,
die mir so viele meiner Gedanken raubt.
Wann immer ich singen will, finde ich stets
ein neues Lob, das auf sie paßt.
Hält sie es für genug, so lob ich später weiter;
es tut den Augen gut, daß man sie sieht,
und daß man ihre großen Tugenden preist,
das tut den Ohren gut.
So gut ihr das! So weh mir, weh!

Des Kaisers Recht
(Der Zinsgroschen)

Dô gotes sun hie'n erde gie,
do versuohten in die juden ie;
sam tâtens eines tages mit dirre frâge.
Sie frâgeten, obe ir friez leben
dem rîche iht zinses solte geben.
do brâch er in die huote und al ir lâge.
Er iesch ein münzîsen,
er sprâch: »wes bilde is hinne ergraben?«
»des keisers« sprâchen dô die merkaere.
dô riet der den unwîsen,
daz sie den keiser liezen haben
sîn keisers reht und got, swaz gotes waere.

Übersetzung

Als Gottes Sohn hier auf Erden wandelte,
da stellten die Juden ihm stets Fallen;
so taten sie es eines Tages mit dieser Frage.
Sie fragten, ob sie in ihrer freien Stellung
dem Reiche Steuern zahlen müßten.
Da überlistete er sie und ihren Hinterhalt.

Er verlangte eine Münze
und sprach: »Wessen Bild ist hierauf geprägt?«
»Des Kaisers« sprachen da die Anwesenden.
Da riet er den Toren,
daß sie den Kaiser haben lassen sollten
des Kaisers Recht und Gott, was Gottes wäre.

Jugendlehren

Nieman kan mit gerten
kindes zuht beherten:
den man z'êren bringen mac,

dem ist ein wort als ein slac.
Dem ist ein wort als ein slac,
den man z'êren bringen mac;
kindes zuht beherten
niemand kan mit gerten.

Hüetet iuwer zungen;
daz zimt wol den jungen;
stôz den rigel für die tür,
lâ kein boese wort dar für.
Lâ kein boese wort dar für;
stôz den rigel für die tür;
daz zimt wol den jungen,
hüetet iuwer zungen.

Hüetet iuwer ougen,
offenbâr und tougen;
lât sie guote site spehen
und die boesen übersehen,
Und die boesen übersehen,
lât sie guote site spehen,
offenbâr und tougen,
hüetet iuwer ougen.

Hüetet iuwer ôren,
oder ir sit tôren;
lât ir boesiu wort dar in,
daz gunêret iu den sin,
Daz gunêret iu den sin,
lât ir boesiu wort dar in,
oder ir sit tôren;
hüetet iuwer ôren.

Hüetet wol der drîer,
leider alze frîer.
zungen, ougen, ôren sint
dicke schalchaft z'êren blint.
Dicke schalchaft z'êren blint,
zungen, ougen, ôren sint;
leider alze frîer,
hüetet wol der drîer.

Übersetzung

Niemand kann mit Ruten
des Kindes Zucht erzwingen;
wen man zu Ehren bringen kann,
dem gilt ein strafendes Wort soviel wie ein
                                    Schlag.
Dem gilt ein strafendes Wort soviel wie ein
                                    Schlag,
den man zu Ehren bringen kann;
des Kindes Zucht erzwingen
kann niemand mit Ruten.

Hütet eure Zungen;
das ziemt sich für die Jungen;
stoß den Riegel vor die Tür,
laß kein böses Wort hervor.
Laß kein böses Wort hervor;
stoß den Riegel vor die Tür;
das ziemt sich für die Jungen,
hütet eure Zungen.

Hütet eure Augen,
öffentlich und heimlich;

laßt sie die guten Seiten beachten
und die bösen übersehen.
Und die bösen übersehen,
laßt sie die guten Seiten beachten,
öffentlich und heimlich,
hütet eure Augen.

Hütet eure Ohren,
sonst seid ihr Toren,
laßt ihr böse Worte ein,
das entehrt euch den Sinn.
Das entehrt euch den Sinn,
laßt ihr böse Worte ein,
sonst seid ihr Toren;
hütet eure Ohren.

Hütet wohl die drei,
die leider allzu frei sind.
Zungen, Augen, Ohren sind
oft boshaft, für die Ehre blind.
oft boshaft, für die Ehre blind,
Zungen, Augen, Ohren sind;
leider allzu frei,
hütet wohl die drei.

WOLFRAM VON ESCHENBACH

Wolfram von Eschenbach

Wolfram von Eschenbach wurde um das Jahr 1170 in Eschenbach in Mittelfranken (heute: Wolframseschenbach) geboren. Sein Lebenslauf ist nur sehr lückenhaft bekannt. Vermutlich stammte er aus einem ostfränkischen ritterlichen Ministerialengeschlecht, möglicherweise aber auch aus dem des bayerischen Freiherrn von Eschenbach. Offenbar unbegütert, wurde Wolfram fahrender Dichter. Man vermutet, daß sein Gebiet hauptsächlich die Maingegend und der Odenwald waren. Zu seinen Gönnern und Förderern gehörten vor allem die Grafen von Wertheim am Main und die Herren von Dürne auf Burg Wildenberg bei Amorbach im Odenwald. Hier entstanden Teile von Wolframs bedeutendstem Werk, dem »Parzival«.

In den Jahren 1203/04 hielt sich Wolfram erstmals am Hof des Landgrafen Hermann von Thüringen auf. Dort traf er auch auf den zweiten ganz großen Dichter seiner Zeit, Walther von der Vogelweide.

Es wird vermutet, daß Wolfram in den darauffolgenden Jahren viel im südöstlichen Raum, vor allem in der Steiermark unterwegs war. Nach seiner Rückkehr nach Eschenbach soll Wolfram Ministeriale des Grafen Boppo von Wertheim gewesen sein. Sein Tod wird nach 1220 datiert.

Wolfram von Eschenbach, der sein literarisches Können offenbar autodidaktisch erlernte, gilt als Schöpfer des Tageliedes. Neben diesen sowie weiteren Minneliedern ist er vor allem als Dichter dreier großer Epen (»Parzival«, »Willehalm« und »Titurel«) hervorgetreten. Wolfram wurde es wie seinem Zeitgenossen Walther in der höfischen Form der Dichtung zu eng. Auch er sprengte den Rahmen der gängigen Literatur und trug dadurch maßgeblich zu ihrer Weiterentwicklung bei.

Wir haben im folgenden eine Auswahl aus seinen Tageliedern getroffen, die vielleicht zum Schönsten gehören, was Wolfram von Eschenbach gedichtet hat.

Den Morgenstrahl nahm bei dem Lied des Wächters

Den morgenblic bî wahtaers sange erkôs
ein vrouwe dâ si tougen
an ir werden vriundes arme lac.

dâ von si der vröiden vil verlôs.
des muosen liethiu ougen
aver nazzen. si sprach: »ôwe tac!

wilde und zam daz vröit sich din
und siht dich gerne — wan ich eine. wie sol ez
mir ergên!
nu enmac niht langer hie bî mir bestên
mîn vriunt: den jaget von mir dîn schîn.«

Der tac mit kraft al durch diu venster dranc.
vil slôze sie besluzzen.
daz half niht: des wart in sorge kunt.

diu vriundîn den vriunt vast an sich twanc.
ir ougen diu beguzzen
ir beider wangel. sus sprach zim ir munt:

»zwei herze und einen lîp hân wir.
gar ungescheiden unser triuwe mit einander
vert.
der grôzen liebe der bin ich gar verhert
wan sô du kumest und ich zuo dir.«

Der trûric man nam urloup balde alsus:
ir liehten vel diu slehten
kômen nâher. sus der tac erschein.

weindiu ougen — süezer vrouwen kus!
sus kunden sie dô vlehten
ir munde, ir brüste, ir arm, ir blankiu bein.

swelch schiltaer entwurfe daz,
geselleclîche als sie lâgen — des waere ouch
dem genouc.

ir beider liebe doch vil sorgen truoc,
sie pflâgen minne ân allen haz.

Übersetzung

Den Morgenstrahl nahm bei dem Lied des
Wächters wahr
eine Dame, als sie heimlich
in den Armen ihres werten Geliebten lag.

Davon wurde ihr Glück getrübt.
So mußten ihre leuchtenden Augen
feucht werden. Sie sprach: »Ach Tag!

Wild und Zahm, alles erfreut sich an dir
und sieht dich gerne — außer mir. Was soll nur
aus mir werden!
Nun kann mein Geliebter nicht mehr länger
hier bei mir bleiben: Dein Schein jagt ihn von
mir.«

Der Tag drang mit Macht durch die Fenster.
Sie hatten alle Schlösser geschlossen.
Es half nichts: Dies erfüllte sie mit Schmerz.

Die Geliebte zog den Geliebten fest zu sich.
Ihre Augen benetzten
die Wangen der beiden. Da sprach sie zu ihm:

»Wir haben zwei Herzen und einen Leib.
Unzertrennlich begleitet uns unsere Treue.
Meines großen Glückes bin ich beraubt,
außer du kommst zu mir und ich zu dir.

Der traurige Mann nahm nun entschlossen
Abschied:
Ihre hellen sanften Körper
nahten einander. Da war der Tag gänzlich da.

Weinende Augen — umso süßer der Frauen
Kuß!
So verflochten sie ineinander
ihre Münder, ihre Brüste, ihre Arme, ihre
schimmernden Beine.

Welcher Maler dies auch malte,
wie sie dort beisammen lagen – es wäre ihm
zuviel.
So sehr ihr Glück mit Sorgen beladen war,
so gänzlich gaben sie sich doch der Liebe hin.

Nun ist es Tag!

»Ez ist nu tac!
daz ich wol mac
mit wârheit jehen. ich wil niht langer sîn.«

»diu vinster naht
hât uns nu brâht
ze leide mir den mogenlîchen schîn.

sol er von mir scheiden nuo,
mîn vriunt, diu sorge ist mir zu vruo:

ich weiz vil wol, daz ist ouch im,
den ich in mînen ougen gerne burge,
möhte ich in alsô behalten.

mîn kumber wil sich breiten:
ôwê des, wie kumt ers hin? der hôhste
vride müeze in noch
an mînen arm geleiten.«

Daz guote wîp
ir vriundes lîp
vaste umbevienc: der was entslâfen dô.
dô daz geschach,
daz er ersach
den grâwen tac, dô muose er sîn unvrô.

an sîne brüste dructe er sie
und sprach: »jâne erkande ich nie

kein trûric scheiden alsô snel.
und ist diu naht von hinnen alze balde:
wer hât sie sô kurz gemezzen?

der tac wil niht erwinden.
hât diu minne an saelden teil, diu helfe mir, daz
ich dich noch
mit vröiden müeze vinden.«

Sie beide luste
daz er kuste
sie genuoc. gevluochet wart dem tage.

urloup er nam,
daz dô wol zam.
nu merket wie dâ ergienc ein schimpf bî klage.

sie heten beide sich bewegen,
ez enwart sô nâhe nie gelegen,

des noch diu minne hât den prîs:
obe der sunnen drî mit blicke waeren,
sie enmöhten zwischen sie geliuthen.

er sprach »nu wil ich rîten.
dîn wîplich güete neme mîn war und sî mîn
schilt hiut hinnen noch
und her noch zallen zîten.«

Ir ougen naz
dô wurden baz.
ouch twanc in klage: er muose dan von ir.

sie sprach hin zim
»urloup ich nim
ze den vröiden mîn; diu wil nu gar von mir.

sît daz ich vermîden muoz
dînen munt, der manegen gruoz

mir bôt und ouch dînen kus
als in dîn ûzerwelte güete lêrte,
und dîn geselle, dîniu triuwe: –

weme wilt du mich lâzen?
nu kum schier wider ûf rehten trôst. ôwê dur
daz enmac ich noch
strenge sorge niht gemâzen.«

Übersetzung

»Nun ist es Tag!
Das muß ich
wahrlich sagen. Ich will nicht länger bleiben.«

»Die finstre Nacht
hat uns nun gebracht
mir zu Leide den Morgenschein.

Wenn er sich von mir nun trennt,
mein Geliebter, so ist mir dieser Schmerz noch
allzu früh:

Ich weiß sehr wohl, es geht auch ihm so,
den ich in meinem Auge bergen wollte,
könnte ich ihn so nur bei mir behalten.

Mein Schmerz wird größer:
Herje, wie kommt er nur fort? Der Friede des
Herrn soll ihn doch noch
einmal in meine Arme führen.«

Die gute Frau
nahm ihren Geliebten
fest in die Arme: Er lag noch im Schlaf.

Da nun geschah,
daß er den
grauenden Tag sah, so wurde er traurig.

Er drückte sie an seine Brust
und sagte: »Noch niemals mußte ich

eine so schnelle und schmerzliche Trennung
erfahren.
Und ist die Nacht allzu schnell vergangen,
wer hat sie so kurz nur bemessen?

Der Tag will sich nicht aufhalten lassen.
Hat die Liebe Teil am höchsten Glück, so soll
sie mir helfen,
daß ich dich nochmal
in Freuden wiederfinde.«

Beide gelüstete,
daß er sie küßte
immer und immer wieder. Verflucht ward der
Tag.

Er nahm Abschied,
wie er es mußte.
Seht, wie Liebe und Weh dort einher gingen.

Beide waren bewegt davon,
sich so nah zu liegen, wie noch nie sich
Liebende gelegen waren,

Dafür gebührt heut noch der Liebe Lob-
preisung:
würden auch der Sonnen drei auf sie herab-
schauen,
so könnten sie doch nicht zwischen sie
hindurchleuchten.

Er sprach: »Nun muß ich reiten.
Deine Vollkommenheit schütze mich und sei
mein Schild noch in der Ferne
ebenso wie hier zu allen Zeiten.«

Ihre feuchten Augen
füllten sich darauf noch mehr mit Tränen.
Auch ihn überkam der Schmerz: Er mußte
fort von ihr.

Sie sprach zu ihm
»Abschied nehm ich
von meinem Glück; Es will mich ganz
verlassen.

Da ich nun deinen
Mund vermissen muß, der manchen Gruß
mir entbot, und auch deinen Kuß,
den dich dein gütiges Wesen lehrte
und dein Geselle: deine Treue –

Wo soll ich jetzt bleiben?
Komm bald zurück und spend mit Trost.
O Weh, bei alledem vermag ich
meine große Sorge nicht zu unterdrücken.«

Seine Klauen schlugen durch die Wolken

»Sîne kláwen
durch die wolken sint geslagen:
er stîget ûf mit grôzer kraft!

ich sich in grâwen
tegelîch als er wil tagen:
den tac, der im geselleschaft

erwenden wil, dem werden man,
den ich bî naht în verliez.
ich bringe in hinnen ob ich kan:
sîn vil manigiu tugent mich daz leisten hiez.«

»Wahtaer du singest
daz mir manige vröide nimt
unde mêret mîne klage.

maer du bringest
der mich leider niht gezimt
immer morgens gegen dem tage:

diu solt du mir verswîgen gar!
daz gebiut ich den triuwen dîn.
des lôn ich dir als ich getar –
sô belîbet hie der geselle mîn.«

»Er muoz et hinnen
balde und âne sûmen sich.
nu gip im urloup, süezez wîp!

lâz in minnen
her nâch sô verholne dich,
daz er behalte êre und den lîp.

er gap sich mîner triuwen alsô
daz ich in braehte ouch wider dan.
ez ist nu tac: naht was ez dô
mit drucken an die brüste dîn kus mir
      in an gewan.«

»Swaz dir gevalle
wahtaer sinc und lâ den hie,
der minne brâht und minne enpfienc.

von dînem schalle
ist er und ich erschrocken ie.
sô ninder morgenstern ûf gienc

ûf in der her nâch minne ist komen,
noch ninder lûhte tages lieht:
du hâst in dicke mir benomen
von blanken armen – und ûz herzen niht.«

Von den blicken,
die der tac tet durch diu glas,
und dô wahtaere warnen sanc,

si muose erschricken
durch den der dâ bî ir was.
ir brüstlîn an brust si twanc,

der rîter ellens niht vergaz
(des wold in wenden wahtaers dôn).
urloup nâh und nâher baz
mit kusse und anders gap in minne lôn.

Übersetzung

»Seine Klauen
schlugen durch die Wolken:
Er steigt auf mit großer Kraft!

Ich seh' ihn grauen
dem Tage gleich, als wollte er sagen:
den Tag, der die Gemeinschaft mit der
                              Geliebten

dem edlen Mann entwenden will,
den ich bei Nacht eingelassen habe,
ich bring ihn wieder weg, wenn ich kann:
Seine große Tugend hat mich dies zu tun
                              gezwungen.«

»Wächter, was du singst
nimmt mir alle Freude
und vergrößert meinen Schmerz.

Du bringst Nachricht,
die mich leider nicht erfreut,
immer morgens, wenn es Tag wird:

Die sollst du mir ruhig verschweigen!
Das gebiete ich deiner Pflicht.
Ich lohne es dir, wie ich es vermag –
mein Geliebter bleibt so bei mir.

»Er muß jedoch fort,
gleich und ohne säumen.
So sag ihm denn Abschied, geliebtes Weib!

Laß ihn dich
nachher so heimlich lieben,
daß er in Ehren und am Leben bleibt.

Er hat sich meiner Treue hingegeben,
daß ich ihn auch wieder fortbringe.
Nun ist es Tag: Nacht war es,
da mit Umarmung dein Kuß ihn mir
anvertraute.«

»Was du auch willst,
Wächter, das sing, aber laß den hier,
der Liebe brachte und Liebe empfing.

Von deinem Ruf
sind er und ich jäh erschrocken.
Als der Morgenstern noch nicht aufging

über ihm, der der Liebe wegen gekommen ist,
noch das Tageslicht leuchtete,
hast du ihn ganz genommen
aus meinen Armen – doch aus dem Herzen
nicht.«

Von den Blicken,
die der Tag durch die Scheiben warf,
und von des Wächters warnendem Lied,
mußte sie erschrecken

dessentwegen, der bei ihr war.
Ihre Brust drückte sie an die seine.

Auch vergaß er nicht seine Männlichkeit
(des Wächters Tun hielt ihn davon aber ab).
Der Abschied nah und näher,
mit Küssen und anders belohnte sie die Liebe.

VON DER ZINNE

»Von der zinnen
wil ich gên, in tagewîse
sanc verbern.

die sich minnen
tougenlîche, und ob sie prise
ir minne wern:

sô gedenken sêre
an sîne lêre,
dem lîp und êre
ergeben sîn.

der mich des baete,
deswâr ich taete
ime guote raete
und helfe schîn.

rîter, wache, hüete dîn!

Niht verkrenken
wil ich aller wahtaer triuwe
an werden man.

niht gedenken
solt du, vrouwe, an scheidens riuwe
ûf künfte wân.

ez waere unwaege,
swer minne pflaege,
daz ûf im laege
meldens last.

ein sumer bringet
daz mîn munt singet
»durch wolken dringet
ein tagender glast«.

hüete dîn, wache, süezer gast!«

Er muose et dannen,
der sie klagen ungerne hôrte.
dô sprach sîn munt:

»allen mannen
trûren nie sô gar zerstôrte
ir vroiden vunt«.

swie balde ez tagte,
der unverzagte
an ir bejagte
daz sorge in vlôch.

unvrömedez rucken,
gar heinlîch smucken,
ir brustel drucken
und mê dannoch

urloup gap: des prîs was hôch.

Übersetzung

»Von der Zinne
werde ich herabsteigen, bei Tagesanbruch
mein Wächterlied beenden.

Die sich da heimlich lieben,
auch wenn sie erhoben werden
durch ihre Liebe:

So sollen sie doch
dessen Rat befolgen,
dem ihr Leben und ihre Ehre
anvertraut sind.

Wer mich darum bittet,
dem stehe ich

mit gutem Rat
und Hilfe zur Seite.

Ritter, wach auf und hüte dich!

Nicht will ich verspielen
der Nachtwächter guten Ruf
in den Augen der edlen Männer.

Nicht sollst du,
Herrin, an den Abschiedsschmerz denken:
denk an das Wiedersehen.

Es wäre nicht angemessen,
dem, der sich der Liebe hingibt,
die Last aufzuerlegen,
den Tagesanbruch zu sehen.

Der Sommer macht,
daß ich jetzt schon singe:
›Durch die Wolken dringt
des Tages Schein.‹

Gib acht, wach auf, edler Gast!«

Er mußte doch fort,
der sie so ungern klagen hörte.
Da sprach er:

»Keinem Mann
hat der Schmerz jemals
das Glück so zerstört.«

So schnell es auch tagte,
bekam doch der Unerschrockene
von ihr,
was seinen Kummer vertrieb.

Nahes Zusammenrücken,
vertrautes Schmusen,
ihre Brust drücken
und mehr noch

versüßten den Abschied im höchsten Glück.

DAS KLAGELIED DER HEIMLICHEN LIEBE

Der helnden minne ir klage
du sunge ie gên dem tage,

daz sûre nâch dem süezen.
swer minne und wîplich grüezen
alsô empfienc,

daz sie sich muosen scheiden, –
swaz du dô riete in beiden,
dô ûf gienc

der morgensterne: wahtaere swîc,
dâ von niht langer sinc!

Swer pfliget oder ie gepflac,
daz er bî liebe lac

den merkern unverborgen:
der darf niht durch den morgen
dannen streben.

er mac des tages erbeiten.
man darf in niht ûz leiten
ûf sîn leben:

ein offeniu süeziu wirtes wîp
kan solhe minne geben.

Übersetzung

Das Klagelied der heimlichen Liebe
hast du seit jeher dem Tagesanbruch gesungen,

das Bittere folgte dem Süßen.
Wer jemals Liebe und einer Geliebten
                                    Umarmung
so empfangen hat,

daß sie sich darüber trennen mußten, –
woran du sie erinnertest
als aufging

der Morgenstern: Wächter schweig,
singe davon nicht weiter!

Wer es so hält oder jemals so gehalten hat,
daß er bei der Geliebten lag,

den Aufpassern bekannt:
Man muß ihn nicht hinausführen
unter Gefahr für sein Leben:

Eine rechtmäßig geliebte Frau
kann solche Liebe geben.

RENAISSANCE

Im Gegensatz zur italienischen und auch zur französischen Renaissance läßt sich von der deutschen Renaissance, zumal in der Literatur, kein klares und einheitliches Bild zeichnen. Besonders in stilistischer Hinsicht ermangelt es der Dichtung jener Zeit zwischen etwa 1470 und 1600 einer deutlichen Linie. Die Ursachen dafür liegen in den unterschiedlichen Voraussetzungen, die in den verschiedenen Ländern für diese neue Kulturbewegung gegeben waren.

Die Idee einer geistigen und kulturellen Erneuerung entstand zuerst in Italien, das unter der Fremdherrschaft durch Frankreich und Deutschland litt. In der Besinnung auf antike Wurzeln regte sich ein neu erwachendes kulturelles Selbstbewußtsein Italiens. Die Renaissance wurde damit zu einer Identitätsfindung. Ganz anders stellte sich die Situation in Deutschland dar. Mit einem Wechsel zu antiken Idealen stellte man nicht den Bezug zur eigenen Vergangenheit her, sondern nahm eine fremde Kulturform als eigene an. Dieser entscheidende Unterschied blieb natürlich nicht ohne Wirkung: Die deutsche Renaissance entwickelte sich auf einer wesentlich schmaleren Basis als die italienische. Die Annahme antiker Kultur stellte sich wesentlich abstrakter dar und wurde deshalb zunächst hauptsächlich von der geistigen Elite vollzogen. Die Gelehrten standen ja aufgrund der Vertrautheit mit der lateinischen Sprache und den antiken Philosophen der Klassik ohnehin näher als die breite Bevölkerung.

Den entscheidenden Schub bekam die deutsche Renaissance von Seiten der sie begleitenden Reformationsbewegung. Diese aus der Unzufriedenheit mit dem immer unhaltbareren Zustand der katholischen Kirche erwachsene geistige Strömung schlug sich auch auf die Literatur nieder. So stellte sich ein Zustand ein, in dem hauptsächlich drei – sehr unterschiedliche – literarische Gattungen vorherrschten:
– die traditionell gewachsene volkstümliche Dichtung des ausgehenden Mittelalters,
– die abgehobene, elitäre Literatur der gelehrten Humanisten, welche hauptsächlich in lateinischer Sprache verfaßt war, und
– die Schriften mit kirchenpolitischem Inhalt, die der katholischen Kirche den Kampf ansagten.

Diese Dreiteilung hatte zur Folge, daß für die demonstrativ lebensfrohe und freigeistige Literatur, wie sie das Italien jener Zeit hervorbrachte, in Deutschland nur wenig Raum blieb.

Die deutsche Renaissance-Literatur wurde aber in der Hauptsache von den Humanisten getragen, allen voran von Erasmus von Rotterdam, Ulrich von Hutten und Johann Reuchlin. Geistige Zentren wurden neben den Höfen die Universitäten, an denen eine Vielzahl literarischer Gesellschaften gegründet wurden. So nimmt es nicht wunder, daß das Hauptanliegen der Literatur ein didaktisches war. Auch die unterhaltsamen Werke der volkstümlich-satirischen Dichtung (etwa von Sebastian Brant, Thomas Murner, Johann Fischart, Georg Rollenhagen und Hans Sachs) setzten sich zum Ziel, den Menschen die Ideale des Humanismus nahezubringen.

In der Lyrik der deutschen Renaissance machte sich ebenfalls die neulateinische Dichtung breit, deren Hauptvertreter Eobanus Hessus, Petrus Lotichius Secundus und Conrad Celtes waren. Auf dieser Ebene wurden die antiken Themen bearbeitet, wie es dem Inhalt der Renaissance im engeren Sinne ja entspricht. Doch auch der Meistersang wurde fortgeführt und vor allem von Hans Sachs zu besonderer Blüte gebracht. Auf breiter Basis gewann das Volkslied (in weltlicher wie in geistlicher Form) an Bedeutung. Und durch Martin Luther entstand in Deutschland die Tradition des protestantischen Kirchenliedes.

SEBASTIAN
BRANT

SEBASTIAN BRANT

SEBASTIAN BRANT

Sebastian Brant kam im Jahre 1457 in Straßburg zur Welt. 1475 nahm er das Studium der Juristerei in Basel auf, das er 1489 mit dem Doctor beider Rechte (des weltlichen und des kirchlichen) abschloß. In seine Baseler Zeit fallen auch seine ersten Betätigungen als Schriftsteller und Herausgeber. 1492 wurde Brant Dekan der dortigen juristischen Fakultät, vier Jahre später ordentlicher Professor.

1500 ging er zurück in eine Heimatstadt Straßburg, wo er als Stadtsyndikus beschäftigt wurde sowie – ab 1503 – als Stadtschreiber. Kaiser Maximilian verlieh Brant den Titel des Kaiserlichen Rates und Pfalzgrafen.

Sebastian Brant, der sich sowohl als juristischer als auch als Autor von lyrischer und dramatischer Literatur einen Namen gemacht hat, starb am 10. Mai 1521 in Straßburg. Zu seinen berühmtesten Werken zählen »Das Narrenschiff«, ein satirisches Morallehrgedicht, in dem er den Zeitgeist kritisiert, sowie ein Drama über Herkules am Scheideweg. Unsere Gedichte sind dem »Narrenschiff« entnommen.

(Der vocht zwen hasen uff ein mol
Wer meynt zweyn herren dienen wol
Und richten uß me dann er sol)

VO DIENST ZWEYER HERRE

Der ist eyn narr der understot
Der welt zu dienen/ und ouch got
Dann wo zwen herren hat eyn knecht
Der mag in nyemer dienen recht
Gar offt verdürbt eyn hantwercksman
Der vil gewärb und handwerck kan
Wer jagen will/ und uff eyn stund
Zwen hasen vohen/ mit eym hund
Dem wurd ettwan kum eyner wol
Gar dick würt im gantz nut zumol
Wer schiessen uß vil armbrust will
Der trifft kum ettwan wol das zil
Wer uff sich selbst vil ämpter nymbt
Der mag nit tun das yedem zymbt
Der hye muß syn und anderswo
Der ist reht weder hie noch do
Wer tun will das eym yeden gfalt
Der muß han ottem warm und kalt
Und schlucken vil das im nit smeckt
Und strecken sich noch der gedeckt
Und künnen pfulwen understrowen
Eym yeden undern ellenbogen
Und schmyeren yedem wol syn styrn
Und lügen das er keynen erzürn
Aber vil ämpter schmecken wol
Man wermbt sich bald by grossem kol
Und wer vil wyn versuchen dut
Den dunckt doch nit eyn yeder gut
Dann schlächt gesmydt/ ist bald bereit
Dem wisen liebt eynfaltikeyt
Wer eynem dient/ und dut im recht
Den halt man für eyn truwen knecht
Der esel starb/ und wart nie satt
Der all tag nuwe herren hatt

(Manchen dunckt/ er wer witzig gern
Und ist eyn ganß doch/ hur als vern
Dann er keyn zucht/ vernufft/ will lern)

NARR HUR ALS VERN

Eyn narr ist der vil guttes hört
Und würt syn wißheyt nit gemört
Der allzyt bgert erfaren vil
Und sich dar von nit besseren wil
Und was er sicht will er han ouch
Das man merck/ das er sy eyn gouch
Dann das ist aller narren gbrust
Was nuw ist/ allzyt doren glust
Und hant doch bald vernüwgert dran
Und wellen ettwas frömdes han
Eyn narr ist wer vil land durchfert
Und wenig kunst/ noch tugend lert
Als ist eyn ganß geflogen uß
Und gagack kumbt wider zu huß/
Nit gnug/ das eyner gwäsen sy
Zu Rom/ Hierusalem/ Pauy
Aber do ettwas geleret han
Das man vernunfft/ kunst/ wißheit kan
Das halt ich für eyn wandlen gut/
Dann ob voll krützer wer din hut
Und du künst schiffen berlin kleyn
Hielt ich doch nit uff das allein
Das du vil land ersuchet hast
Und wie eyn ku/ on wißheit gast
Dann wandlen ist kein sunder ere
Es sy dann das man sunders ler
Hett Moyses in Egypten nut/
Und Daniel gelert die zyt
Do er was in Chaldeen landt
Sye weren nit so wol erkant
Mancher kumbt melbig zu der bicht
Der gantz wiß werden meint/ und licht
Und gat berämt doch wider heyn
Und dreyt am hals eyn mülensteyn

(Wer hochfart ist/ und dut sich loben
Und sytzen will alleyn vast oben
Den setzt der tüfel uff syn kloben)

UBERHEBUNG DER HOCHFART

Der furet uff eym strowen dach
Der uff der welt rum/ setzt syn sach
Und all ding dut/ uff zyttlich ere
Dem würt zu letst nüt anders me
Dann das syn won/ inn hatt betrogen
So er buwt uff eyn rägenbogen
Wer wölbet uff eyn dännyn sul
Dem würt ee zyt/ syn anschlag ful
Wem rum und weltlich ere hie bgerdt
Der wart nit/ das jm dort me werdt/
Manch narr halt sich gar hoch dar umb
Das er uß welschen landen kum
Und sy zü schulen worden wiß
Zu Bonony/ zu Pauy/ Pariß
Zu hohen Syen jnn der Sapientz
Ouch jnn der schul zu Orlyens
Und den roraffen gsähen hett
Und Meter pyrr de Conniget/
Als ob nit ouch jnn tütscher art
Noch wer vernunfft/ synn/ houbter zart
Do mit man wißheyt kunst möcht lere
Nit not/ so verr zu schulen keren
Weller will leren jnn sym land
Der syndt yetz bücher aller hand
Das nyeman mag entschuldigen sich
Er well dann liegen lästerlich
Man meynt ettwan es wer keyn ler
Dann zu Athenas über mer
Dar noch man sy/ byn walhen fandt
Jetz sicht mans ouch in tütschem land
Und gbräst uns nüt/ wer nit der wyn
Und das wir tütschen voll wennt syn
Und mögen keyn recht arbeit thun
Wol dem/ wer hat eyn wisen sun
Ich acht nit/ das man vil kunst künn
Und stell do mit noch hochfart gwynn
Und meynt dar durch syn stoltz/ un klug

Wer wis ist/ der kan kunst genug
Wer lert durch hochfart/ und durch gelt
Der spiegelt sich alleyn der welt
Glich als eyn närrin die sich mutzt
Und spieglen dut der welt zu tutz
So si uff spannt des tüfels garn
Und macht vil selen zur hellen farn
Das ist das kützlin/ und der klob
Do durch der tüfel sucht groß lob
Und hat gefüret manchen hyn
Der sich bedunckt vor witzig syn/
Balaam gab Balach eynen rott
Das Israhel erzürnet gott
Und nit möcht in dem stritt beston
Das es durch frowen zu must gon/
Hett Judith sich nit uff gezyert
Holofernes wer nit verfürt/
Jesabel streich sich varben voll
Do sie meynt jhehu gfallen wol
Der wis man spricht/ ker dich geschwynd
Von frowen/ sie reytzt dich zur sünd
Dann närrin vil sint also geil
Das sie ir gsiecht bald biettent feil
Und meynen/ es sol schaden nüt
Ob sie eyn blick dem narren gytt
Worlich gesicht/ bringt böß gedanck
Und setzt eynen uff den narrenbanck
Der dar noch lychtlich nit abstat
Biß er den häher gfangen hatt/
Hett Bersabe jrn lib bedeckt
Sie wer durch ee bruch nit befleckt/
Dyna wolt schowen frömde man
Biß umb jr jungfrowschafft sie kam/
Eyn demütig frow ist eren wert
Und würdig/ das sie werd geerd
Aber welch hochfart nymbt für hend
Deren hochfart ist ouch gantz on end
Die will ouch allzyt vornen dran
Das nyeman mit jr gstellen kan/
Die größt wißheyt uff aller erdt
Ist/ künnen thun das yeder bgerdt
Und wo man das für gut nit nymbt
Doch künnen thun/ das yedem zymbt
Wer aber frowen thun will recht

Der muß syn ettwann me dann knecht
Dann sie gar offt durch blödikeyt
Me thun/ dann durch jr lystigkeyt
Der hochfart die do hant gotts haß
Stigt stätes uff/ ye baß und baß
Und fellt zu letst zu boden doch
Zu Lucifer jnns hellenloch/
Hör hochfart/ es kumbt dir die stundt
Das du sprichst uß dym eygnen mundt
Was bringt myn hoher mut mir freud
So ich hie sitz jnn trübsal/ leid/
Was hilfft mich geltt/ gut/ und richtum
Was hilfft der welt ere/ lob/ und rum
Es ist nut dann eyn schätt gesyn
Ougenblicklich ist es do hyn
Wol dem der diß als hat veracht
Und hatt alleyn ewigs betracht/
Nut dunckt eyn narren hie so hoch
Es felt mit jm zu letzsten doch
Und vor uß/ die schäntlich hochfart
Die hat an jr natur/ und art
Das sie den höchsten Engel stieß
Vom hymel ab/ und ouch nit ließ
Im paradiß den ersten man
Sie mag noch nit uff erd bestan
Sie muß ye suchen iren stul
By Lucifer jn hellen pful
Sucht sie den/ der sie hat erdacht
Hochfart ist bald zur hellen bracht
Agar durch hochfart wart von huß
Mit jrem kynd getriben uß/
Durch hochfart Pharao verdarb
Chore mit syner gselschafft starb
Der herr gar größlich des erzürn
Do man jn hochfart macht den turn
Als Dauid det in hochfart zelen
Das volck/ müst er eyn plag erwelen
Herodes kleydt in hochfart sich
Als ob syn wesen wer göttlich
Und wolt ouch haben götlich ere
Und wart vom Engel gschlagen sere
Wer hochfart tribt/ den nydert got

Demut er allzyt gehöheret hat
(Vergunst und haß/ witt umbhar gat
Man syndt groß nyd/ in allem stat
Der nythart/ der ist noch nit dot)

VON NYD UND HAS

Vindtschafft und nyd/ macht narren vil
Von den ich ouch hye sagen will/
Der doch entspringt alleyn dar von
Das du vergünst mir das ich han
Und du dir bettest gern das myn
Oder mir sunst nit hold magst syn/
Es ist nyd/ eyn so tötlich wundt
Die nyemer me würt recht gesundt
Und hat die eygenschafft an jr
Wann sie ir ettwas gantz setzt für
So hat keyn ruw sy/ tag noch nacht
Biß sie jr anschlag hat volbracht
So lieb ist jr keyn schloss noch freyd
Das sie vergeß jrs hertzen leyd
Dar umb hat sie eyn bleichen mundt
Dürr/ mager/ sie ist wie eyn hundt
Ir ougen rott/ und sicht nyeman
Mitt gantzen vollen ougen an
Das wart an Saul und David schyn
Und Joseph mit den brüdern syn/
Nyd lacht nit/ dann so undergat
Das schiff/ das sie ertrencket hat
Und wann nyd kyfflet/ nagt/ langzyt
So isßt sie sich/ sunst anders nüt
Wie Ethna sich verzert alleyn
Des wart Aglauros zu eym steyn
Was gyfft hab jn jm/ nyd und haß
Das spürt man zwyschen brüdern basß
Als Cayn/ Esau/ Thyestes/
Jacobs sun/ und Ethyocles
Die trugen grösseren nyd jn jnn
Dann weren sie nit brüder gsyn
Dann das geblüt würt so entzündt
Das es vil me dann frömbdes bryndt

(Von narren hab ich uß geseyt
Do mit man doch wiß recht bescheyd
Wer witzig sy/ gantz umb/ und umb
Der läß myn fründ Virgilium/)

DER WYSS MAN

Eyn gut vernunfftig/ witzig/ man
Deß glych man nit möcht eynen han
In aller welt/ als Socrates
Appollo gab jm kuntschafft des/
Der selb syn eygen richter ist
Wo im abgang/ und wißheit gbrist
Versucht er uff eym näglin sich
Er acht nit/ was der adel spricht
Oder deß gemeynen volcks geschrey/
Er ist rotund/ gantz wie eyn ey
Do mit keyn frömbder mackel blib
Der sich uff glattem weg anryb
Wie lang der tag im krebs sich streckt
Wie lang die naht den Steynbock deckt
So gdenckt er/ und wigt eben uß
Das jn keyn wynckel jnn sym huß
Betrüb/ oder er red eyn wort
Das nit glych wäg uff alle ort/
Do mit nit fäl das winckel mäß
Jo väst syg/ wes er sich vermäß/
Sunder all anlouff mit der handt
Versetz/ und bald hab abgewandt/
So ist jm nit so lieb dheyn schloff
Das er nit gdenck ver/ und sich stroff
Was er den langen tag hab gthon
Wo übersehen er sich mag han/

Was er by zyt solt han betracht/
Und das zu unzyt hab volbracht/
War umb vollendt er hab diß sach
On zymlichkeit/ und all ursach/
Und er vil zyt unnütz vertrib/
War umb er uff dem anschlag blib
Den er wol möcht verbessert han/
Und nit den armen gsehen an
War umb er jn sym gmüt hatt vil
Entpfunden schmertz/ und wider will/
Und war umb er diß hab gethon
Und hab jhens underwegen gelon/
War umb er syg so offt geletzt
Und hab den nutz für ere gesetzt
Und sich verschuldt mit wort/ und gsicht
Der erberkeyt geachtet nycht/
War umb er der natur noch heng
Syn hertz zu zucht nit zych/ und zweng/
Also bewärt er werck/ und wort
Vom morgen/ biß zu tages ort/
Gdenckendt/ all sachen die er dut
Verwürfft das böß/ und lobt das gut
Das ist eyns rechten wisen mut
Den jnn sym gdicht/ unß zeychet uß
Der hochgelobt Virgilius
Wer also lebet hie uff erd/
Der wer by gott on zwifel werdt
Das er recht wißheit hett erkannt
Die jnn fürt jnn das vatterlant
Das uns gott geben well zu hannt
Wünsch ich Sebastianus Brant

Deo gracias.

HANS SACHS

HANS SACHS

Hans Sachs wurde am 5. November 1494 in Nürnberg als Sohn eines Schneidermeisters geboren. Nachdem er die Lateinschule besucht hatte, begann er 1509 eine Lehre als Schuster. Die Jahre 1511 bis 1516 verbrachte der junge Sachs auf Wanderschaft. In dieser Zeit entstanden auch seine ersten bedeutenden Werke, unter anderem »Gloria patri, Lob und Ehr« (1513).

Hans Sachs zählte zu den produktivsten Dichtern seiner Zeit. Mit Fleiß und Phantasie arbeitete er eine außerordentliche Vielzahl von Stoffen auf, darunter biblische und antike Themen ebenso wie aktuelle Ereignisse der Politik, der Religion und des sozialen Lebens. Auch heimische Sagen und Legenden und sogar italienische Erzählliteratur (beispielsweise Episoden aus Boccaccios »Decameron«) verarbeitete Sachs zu dem von ihm meisterlich beherrschten gleichmäßigen Knittelvers, der keineswegs oberflächlich blieb. Selbst der junge Goethe war – zweieinhalb Jahrhunderte später – noch begeistert von der Kraft, dem Humor und der Sicherheit der Sachsschen Dichtung.

Insgesamt über 6000 Werke hinterließ der Nürnberger Schustermeister, darunter »Das Hofgesind Verneris« (1517), die »Dialoge« (1524), »Die Wittembergisch Nachtigall« (1523), eine Vielzahl von Lehrgedichten und Fabeln, aber auch heitere und derbe Schwänke. Bereits zu seinen Lebzeiten, 1558, erschien erstmals eine Gesamtausgabe der Werke von Sachs. In der großen religiösen Auseinandersetzung zwischen Katholizismus und Protestantismus bezog er Position für die Reformation. In seinen späten Jahren zog er sich nach zahlreichen Schikanen seitens des Nürnberger Stadtrats (Zensur, Schreib- und Veröffentlichungsverbot) aus seinem Beruf zurück. Hans Sachs starb am 19. Januar 1576 in seiner Geburtsstadt Nürnberg.

Die wittembergisch Nachtigall, die man ietz höret überall

WACHT auf! es nahent gen dem Tag.
Ich hör singen im grünen Hag
ein wunnigliche Nachtigall.
Ihr Stimm durchklinget Berg und Tal.
Die Nacht neigt sich gen Occident,
der Tag geht auf von Orient.
Die rotbrünstige Morgenröt
her durch die trüben Wolken geht,
daraus die lichte Sunn tut blicken.
Des Mones Schein tut sie verdrücken.
Der ist ietz worden bleich und finster,
der vor mit seinem falschen Glinster
die ganzen Herd Schaf hat geblendt,
daß sie sich haben abgewendt
von ihrem Hirten und der Weid
und haben sie verlassen beid,
sind gangen nach des Mones Schein
in die Wildnus den Holzweg ein,
haben gehört des Leuen Stimm
und seind auch nachgefolget ihm,
der sie geführet hat mit Liste
ganz weit abwegs tief in die Wüste.
Da habens ihr süß Weid verloren,
hant gessen Unkraut, Distel, Doren.
Auch legt ihn' der Leu Strick verborgen,
darein die Schaf fielen mit Sorgen.
Da sie der Leu dann fand verstricket,
zuriß er sie, darnach verschlicket'.
Zu solcher Hut haben geholfen
ein ganzer Hauf reißender Wolfen.
Haben die ellend Herd besessen
mit scheren, melken, schinden, fressen.
Auch lagen viel Schlangen im Gras,
sogen die Schaf ohn Unterlaß
durch all Gelied bis auf das Mark.
Des wurden die Schaf dürr und arg
durchaus und aus die lange Nacht
und sind auch allererst erwacht,

so die Nachtigall so hell singet
und des Tages Gelänz herdringet,
der den Leuen zu kennen geit,
die Wölf und auch ihr falsche Weid.
Des ist der grimmig Leu erwacht.
Er lauret und ist ungeschlacht
über der Nachtigall Gesang,
daß sie meldt der Sunnen Aufgang,
davon sein Künigreich End nimmt.
Des ist der grimmig Leu ergrimmt,
stellt der Nachtigall nach dem Leben
mit List vor ihr, hinten und neben.
Aber ihr kann er nit ergriefen.
Im Hag kann sie sich wohl verschliefen
und singet fröhlich für und für.
Nun hat der Leu viel wilder Tier,
die wider die Nachtigall blecken,
Waldesel, Schwein, Böck, Ratz und Schnecken.
Aber ihr Heulen ist alls fehl,
die Nachtigall singt ihn' zu hell
und tut sie all ernieder legen.
Auch tut das Schlangengezücht sich regen.
Es wispelt sehr und widerficht
und fürchtet sehr des Tages Licht.
Ihn' will entgehn die ellend Herd,
darvon sie sich haben genährt
die lange Nacht und wol gemäst,
loben, der Leu sei noch der best,
sein Weid die sei süß unde gut,
wünschen der Nachtigall die Glut.
Desgleichen die Frösch und quaken
hin und wider in ihren Lacken
über der Nachtigall Getön,
wann ihr Wasser will ihn' entgehn.
Die Wildgäns schreien auch gagag
wider den hellen lichten Tag
und schreien ingemeine all:
»Was singet Neu's die Nachtigall?
Verkündet uns des Tages Wunne,
sam macht allein fruchtbar die Sunne,
und verachtet des Mones Glest!
Sie schwieg wol still in ihrem Nest,
macht' kein Aufruhr unter den Schafen.
Man sollte sie mit Feuer strafen.«

Doch ist dies Mordgschrei alls umsunst.
Es leuchtet her des Tages Brunst
und singt die Nachtigall so klar,
und sehr viel Schaf an dieser Schar
kehren wieder aus dieser Wilde
zu ihrer Weid und Hirten Milde.
Etlich melden den Tag mit Schall
in Maß recht wie die Nachtigall,
gen den' die Wölf ihr Zähn tun blecken,
jagen sie ein die Dorenhecken
und martern sie bis auf das Blut
und drohen ihn' bei Feuers Glut,
sie sollen von dem Tage schweigen.
So tunt sie in die Sunnen zeigen,
der' Schein niemand verbergen kann.

Nun daß ihr klärer mügt verstahn,
wer die lieblich Nachtigall sei,
die uns den hellen Tag ausschrei:
ist Doktor Martinus Luther,
zu Wittemberg Augustiner,
der uns aufwecket von der Nacht,
darein der Monschein uns hat bracht.
Der Monschein deut die Menschenlehre
der Sophisten hin unde here,
innerhalb der vierhundert Jahren.
Die seind nach ihr Vernunft gefahren
und hant uns abgeführet ferr
von der evangelischen Lehr
unseres Hirten Jesu Christ
hin zu dem Leuen in die Wüst.
Der Leo wird der Papst genennt,
die Wüst das geistlich regiment,
darin er uns hat weit verführt
auf Menschensünd, als man ietzt spürt.
Darmit er uns geweidnet hat,
deut' den Gottesdienst, der ietzund gaht
in vollem Schwang auf ganzer Erden
mit Münnich, Nonnen, Pfaffen werden,
mit Kutten tragen, Kopf bescheren,
Tag unde Nacht in Kirchen plärren,
Metten, Prim, Terz, Vesper, Komplet,
mit wachen, fasten, langen Bet,
mit Gerten hauen, kreuzweis liegen,

mit knieen, neigen, bücken, biegen,
mit Glocken läuten, Orgel schlagen,
mit Heiltum, Kerzen, Fahnen tragen,
in Klöster schaffen Rent und Zinst.
Dies alles heißt der Papst Gottsdienst,
spricht, man verdient damit den Himmel
und löst mit ab der Sünden Schimmel.
Ist doch alls in der Schrift ungründt,
eitel Gedicht und Menschensünd,
darin Gott kein Gefallen hat.

Matthäi am fünfzehnten staht:
Vergebenlich dienen sie mir
in den Menschengesetzen ihr;
auch so wird ein iegliche Pflanze
vertilgt und ausgereutet ganze,
die mein Vater nit pflanzet hat.
Hör zu, du ganz geistlicher Staat!
Wo bleibst mit dein' erdichten Werken?
Nun lat uns auf die Mordstrick merken!
Bedeuten uns des Papstes Netz,
sein Dekretal, Gebot, Gesetz,
damit er die Schaf Christi zwinget,
mit Bann er zu der Beicht uns dringet,
all Jahr zum Sakrament zu gahn,
verbeut das Blut Christi beim Bann,
gebeut bei dem Bann, alle Jahr
zu fasten vierzig Tag fürwahr.
Zu feiern viel Tag er gebeut,
verbeut etlich Tag die Hochzeit,
Gevatterschaft und etlich Grad.
Zu heiratn er verboten hat
Münnich und Pfaffen bei dem Bann;
doch mügen sie wol Huren han,
frummen Leuten ihr Kinder letzen
und fremde Ehweiber einsetzen.
Unzahl hat der Papst solcher Bot,
der doch keins hat geboten Gott.
Jagt die Leut in Abgrund der Hell
zu dem Teufel mit Leib und Seel.
Paulus hat ihn gezeiget an
am vierten zu Timotheon
und spricht: Der Geist saget deutlich,
daß zu den letzten Zeiten, sich,

etlich vom Glauben werden treten
und anhangen des Teufels Räten,
werden Leuten die Eh verbieten
und etlich Speis, die Gott durch Güten
beschaffen hat mit Danksagung.
Ich mein', das sei ie klar genung.
Nun lat uns schauen nach den Wolfen,
die dem Papst han darzu geholfen,
zu führen solche Tyrannei:
Bischof, Propst, Pfarrer und Abtei,
all Prälaten und Seelsorger,
die uns vorsagen Menschenlehr
und das Wort Gottes unterdrücken,
kummen mit vorgemeldten Stücken,
und wenn mans bei dem Licht besicht,
ist es alls auf das Geld gericht.
Man muß Geld geben von dem Taufen,
die Firmung muß man von ihn' kaufen,
zu beichten muß man geben Geld,
die Meß man auch um Geld bestellt,
das Sakrament muß man ihn' zahlen;
hat man Hochzeit, man geit in allen.
Stirbt eins, um Geld sie es besingen.
Wers nit will tun, den tunt sie zwingen,
also richt man dem armen Volke.
Das heißt die Schaf Christi gemolke.

Auch kommen Stationierer,
Antonier, Valentiner,
die sagen viel erlogner Wort,
das sei geschehen hie und dort,
bestreichen Frauen unde Mann
mit eim verguldten Eselszahn
und erschinden auch Geldes Kraft,
schreiben Leut in ihr Bruderschaft,
holen die Zinst all jährlich Jahr.
Darnach kummt ein ehrsame Schar,
heißt man zu deutsch die Romanisten,
mit großen Ablaßbullenkisten,
richten auf rote Kreuz mit Fahnen
und schreien zu Frauen und Mannen:
»Legt ein! gebt euer Hilf und Steuer
und löst die Seel aus dem Fegfeuer!
Bald der Gulden im Kasten klinget,

die Seel sich auf gen Himmel schwinget.«
Wer unrecht Gut hat in seim Gwalt,
dem helfen sie es ab gar bald.
Auch gebens Brief für Schuld und Pein.
Da legt man ihn' zu Gulden ein.
Der Schalkstrick sein so mancherlei.
Das heißt mir römisch Schinderei.

Auch führen Bischof' Krieg mit Trutz,
vergießen viel christliches Bluts,
machen ellend Witwen und Waisen,
Dörfer verbrennen, Städt zureißen,
die Leut verderben, schatzen, pressen.
Ich mein', das heiß die Schaf gefressen.

Christus solch Wolf verkündet hat
(Matthei am siebenten es staht):
Secht euch für vor falschen Propheten,
die in Schafkleidern hereintreten!
Inwendig reißend Wolf ers nennet.
An ihren Früchten sie erkennet.
Marci am zwölften ers erklärt'en,
spricht: Habt acht auf die Schriftgelehrten,
die gern gehn in langen Kleidern
und lassen sich auch grüßen gern
am Mark und Gassen, wo sie stahn,
und sitzen geren obenan
in Schulen und auch ob dem Essen!
Den Witwen sie ihr Häuser fressen
und wenden für lange Gebet.
Darum so werden sie (versteht!)
dester mehr in Verdammnus fallen.
O wie tut hie Christus abmalen
unser Geistlicher gottlos Wesen,
sam wär er ietz bei ihn' gewesen!
Darbei kennt man sie unter Augen.
Die Schlangen, so die Schäflin saugen,
sind Münnich, Nunnen, der faul Haufen,
die ihre gute Werk verkaufen
um Geld, Käs, Eier, Licht und Schmalz,
um Hühner, Fleisch, Wein, Koren, Salz,
damit sie in dem Vollen leben
und sammlen auch groß Schätz darneben.
Viel neuer Fünd sie stet erdichten,

viel Bet und Bruderschaft aufrichten,
viel Träum, Gesicht und kindisch Fät,
das ihn' der Papst dann alls bestät,
nimmt Geld und geit Ablaß darzu.
Das schreiens dann aus spat und früh.
Mit solcher Fabel und Abweis
hant sie uns geführt auf das Eis,
daß wir das Wort Gottes verließen
und nur täten, was sie uns hießen,
viel Werk, der Gott doch keins begehrt,
hant uns den Glauben nie erklärt
in Christo, der uns selig macht.
Dieser Mangel bedeut die Nacht,
darin wir alle irr seind gangen.
Also' hant uns die Wolf und Schlangen
bis in das vierthalbhundert Jahr
behalten in ihr Hut fürwahr
und mit des Papsts Gewalt umtrieben,
bis Doktor Martin hat geschrieben
wider der Geistlichen Mißbrauch
und wiederum aufdecket auch
das Wort Gottes, die Heilig Schrift
er mündlich und schriftlich ausrüft
in vier Jahren bei hundert Stucken
in deutscher Sprach und lat sie drucken.

Daß man versteh, was er tu lehren,
will ich kürzlich ein weng erklären.
Gottes Gesetz und die Propheten
bedeuten uns die Morgenröten.
Darin zeigt Luther, daß wir all
Miterben seind an Adams Fall
in böser Begier und Neigung.
Deshalb kein Mensch dem Gsetz tut gnung.
Halt' wirs schon auswendig im Schein,
so ist doch unser Herz unrein
und zu allen Sünden geneiget,
das Moses ganz klärlich anzeiget.
Nun seit das Herz dann ist vermeilet
und Gott nach dem Herzen urteilet,
so sei wir all Kinder des Zoren,
verflucht, verdammet und verloren.
Wer solches im Herzen empfindt,
den nagen und beißen sein Sünd

mit Trauren, Angst, Forcht, Schrecken, Leid,
und erkennt sein Unmüglichkeit.
Dann wird der Mensch demütig ganz.
So dringet her des Tages Glanz,
bedeut das Evangelium,
das zeiget dem Menschen Christum,
den eingebornen Gottessohn,
der alle Ding für uns hat ton,
das Gsetz erfüllt mit eignem Gewalt,
den Fluch vertilgt, die Sünd bezahlt
und den ewign Tod überwunden,
die Hell zerstört, den Teufel bunden
und uns bei Gott erworben Gnad,
als Johannes gezeiget hat
und Christum ein Lamm Gotts verkündt,
das hinnimmt aller Welte Sünd
durch den Gelauben in Christum.

Dies ist die Lehr kurz in der Summ,
die Luther hat an Tag gebracht.
Des ist Leo, der Papst, erwacht
und schmecket gar bald diesen Braten,
forcht', ihm entgingen die Annaten
und würd ihm das Papstmonet lahm,
darin er zeucht die Pfründ gen Rom,
auch würd man sein Ablaß nimm' kaufen,
auch niemand gen Rom Wallfahrt laufen,
würd nimmer können schatzen Geld,
würd auch nimm' sein ein Herr der Welt,
man würd nimm' halten sein Gebot,
sein Regiment würd ab und tot,
so man die rechten Wahrheit wüßt.
Darum brauchet er schwinder List,
hätt die Wahrheit geren verdrücket
und bald zu Herzog Friedrich schicket,
daß er die Bücher brennt mit Nam
und ihn den Luther schickt gen Rom.
Jedoch sein kurfürstlich Genad
christlich ob ihm gehalten hat,
zu beschützen das Gotteswort,
das er dann merket, prüft und hort.
Da dem Papst dieser Griff was fehl,
schickt er nach ihm gen Augsburg schnell.
Der Kardinal bot ihm zu schweigen

und kunnt ihm doch mit Schrift nit zeigen
klärlich, daß Luther hätt geirrt.
Da dem Papst dies auch nit ging fürt,
tät er den Luther in den Bann
und alle, die ihm hingen an,
ohn all Verhör, Schrift und Probier.
Doch schrieb Luther nur für und für
und ließ sich diese Bull nit irren.
Erst tät ihn der Kaiser citieren
auf den Reichstag hinab gen Worms.
Da erlitt Luther viel des Sturms.
Kurzum er sollt nun revocieren,
und wollt doch niemand disputieren
mit ihm und ihn zum Ketzer machen.
Des blieb er bständig in sein Sachen
und gar kein Wort nit widerruft,
wann es war ie all sein Geschrift
evangelisch, apostolisch.
Des schied er ab fröhlich und frisch
und ließ sich kein Mandat abschrecken.

Das wilde Schwein deut Doktor Ecken,
der vor zu Leipzig wider ihn facht
und viel grober Säu davonbracht.
Der Bock bedeutet den Emser,
der ist aller Nunnen Tröster.
So bedeutet die Katz den Murner,
des Papstes Mauser, Wachter, Turner,
der Waldesel den Barfüßer
zu Leipzig, den groben Lesmeister.
So deut der Schneck den Cochleum.
Die fünf und sonst viel in der Summ
hant lang wider Lutherum gschrieben.
Die hat er alle von ihm trieben,
wann ihr Schreiben hätt keinen Grund,
nur auf langer Gewohnheit stund
und kunnten nichts mit Schrift probieren.
So tät Luther stets Schrift einführen,
daß es ein Bauer merken möcht,
daß Luthers Lehr sei gut und recht.

Des wurden sieglos und unsinnig
nun die Schlangen, Nunnen und Münnich,
wöllen ihr Menschensünd verteiding

und schreien laut an ihren Preding:
»Luther sagt, 's Evangelium;
hat er auch Brief und Siegel drum,
daß's Evangelium wahr sei?
Luther richt auf neu Ketzerei.
O liebs Volk, lat euch nit verführen!
Die römisch Kirch die kann nit irren.
Tut gute Werk! Halt päpstlich Bot!
Stift und opfert! Es gefällt Gott.
Lat Meß lesen! Es kommt zu Steur
den armen Seeln in dem Fegfeur.
Dient den Heiling und ruft sie an!
Tut fleißig gen Vesper, Komplet gahn!
Die Zeit ist kurz; ein iedes merke,
macht euch teilhaftig unser' Werke!
Wir singen, schreien oft mit Kraft,
so ihr doheimen liegt und schlaft.«
Des wahren Gottsdienst tunt sie schweigen,
tanzen nach ihrer alten Geigen
und tunt sich schmeichlen um die Laien.
Ihr Weinkeller will ihn' verseihen,
ihr Korenböden werden leer,
man will ihn' nimmer tragen her;
haben doch willig Armut globt!
Jetz sicht man, wie ihr Haufen tobt,
so ihn' abgeht in ihren Kuchen,
wie sie den Luther schmähen, fluchen
ein Erzketzer, Schalk und Böswicht.
Geit sich doch keiner an das Licht!

Die Frösch quaken in ihren Hulen,
bedeuten etlich hohe Schulen,
die auch wider Lutherum plärren
und das ohn all Geschrift bewähren.
Das Evangeli tut ihn' weh.
Ihr heidnisch Kunst gilt nit als eh,
damit all Doktor sind gelehrt,
die uns die Schrift haben verkehrt
mit ihrer heidenischen Kunst.
Auch tragen dem Luther Ungunst
die Wildgäns, deuten uns die Laien,
die ihn verfluchen und verspeien:
»Was will der Münnich Neues lehren
und die ganz Christenheit verkehren?

Unser gut Werk tut er verhühnen.
Will, man soll den Heiling nit dienen.
Zu Gott allein sollen wir gelfen,
kein Kreatur müg uns gehelfen.
Unser Wallfahrt er auch abstellt.
Von Fasten, Feirn er nit viel hält,
wie wirs lang hant gehabt im Brauch,
desgleich von Kirchen stiften auch.
Die Orden heißt er Menschenfünd.
Auch schreibt Luther, es sei kein Sünd,
dann was uns hab verboten Gott;
veracht damit des Papsts Gebot.
Römischen Ablaß auch veracht;
spricht, Christus hab uns selig gmacht.
Wer das gelaubt und der hab gnug.
Ich mein', der Münnich sei nit klug.
Denkt nit, es sein vor Leut gewesen,
die auch haben die Schrift gelesen.
Unser Eltern, die vor uns waren,
sind ie auch nit gewesen Narren,
die solche Ding uns han gelehrt.
Hat etlich hundert Jahr gewährt.
Sollten die alle han geirret
und uns mitsamt ihn' han verführet?
Das wöll Gott nit! Das will ich treiben
und in meim alten Glauben bleiben.
Luther schreibt seltsam Abenteuer.
Man sollt ihn werfen in ein Feuer,
ihn und all sein Anhang vertreiben.«
Dies hört man viel von alten Weiben,
von Zopfnunnen und alten Mannen,
die das Evangeli anzahnen,
verachten es in tollem Sinn,
und steht doch unser Heil darin!
Doch hilft alls Widerbellen nicht.
Die Wahrheit ist kommen ans Licht.
Deshalb die Christen wieder kehren
zu den evangelischen Lehren
unseres Hirten Jesu Christ,
der unser aller Löser ist,
des Glaub allein uns selig macht.
Des seint all Menschensünd veracht
und die päpstling Gebot vernicht
für Lügen und Menschengedicht,

und hangen nur an Gottes Wort,
das man ietz hört an manchem Ort
von manchem christenlichen Mann.
Nun nehmen sich die Bischof an
mitsamt etlich weltlichen Fürsten,
die auch nach Christenblut ist dürsten,
lassen soll ich Prediger fahen,
in Gefängnus und Eisen schlahen
und sie zu widerrufen dringen,
ihn' auch ein Lied vom Feuer singen,
daß sie möchten an Gott verzagen.
Das heißt die Schaf in d' Hecken jagen.

Der tut man viel heimlich verlieren,
so sie gleich ihre Lehr probieren.
Einsteils bleiben im eisen Band,
einsteils verjagt man aus dem Land.
Luthers Geschrift man auch verbrennt
und verbeut sie an manchem End
bei Leib und Gut und bei dem Kopf.
Wen man ergreift, der läßt den Schopf,
oder jagt ihn von Weib und Kind.
Das ist des Entchrists Hofgesind.
Ihr Christen merkt die trostling Wort!
So man euch fächt hie und dort,
lat euch kein Tyrannei abtreiben!
Tut bei dem Wort Gottes beleiben!
Verlasset eh Leib unde Gut!
Es wird noch schreien Abels Blut
über Cain am Jüngsten Tag.
Lat morden, was nur morden mag!
Es wird doch kommen an das End
des wahrn Entchrists Regiment.

Daniel an dem neunten meldt,
und alle Wahrzeichen erzählt,
daß man ganz klärlich mag verstohn,
das Papsttum deut das Babylon,
von dem Johannes hat geseit.
Darum, ihr Christen, wu ihr seid,
kehrt wieder aus des Papstes Wüste
zu unserm Hirten Jesu Christe!
Derselbig ist ein guter Hirt,
hat sein Lieb mit dem Tod probiert.

Durch den wir alle sein erlost.
Der ist unser einiger Trost
und unser einige Hoffnung,
Gerechtigkeit und Seligung
all, die glauben in seinen Namen.
Wer des begehrt, der spreche: Amen!

FABEL VOM NEIDIGEN UND GEIZIGEN

Wer zu viel will haben, dem wird zu wenig;
                                        und
wer Schaden leidt, auf daß ander geschädigt
werden, der ist neidig.

AVIANUS beschrieb ein Fabel,
dem Menschen zu einer Parabel,
wie einmal der Gott Jupiter
schicket zu uns auf Erden her
den Gott Phebum, auf daß er recht
erforscht bei menschlichem Geschlecht
ihr Frummkeit und ihr wahre Güt,
wie darin stünd das ihr Gemüt.
Als nun Phebus auf Erden kam,
zween Männer er bald für sich nahm.
Der ein so gar fast geizig was,
der ein stak voller Neid und Haß.
Phebus der sprach: »Wes ihr begehrt,
des sollt ihr sein von mir gewährt,
und was der erst begehrt für Gaben,
das soll der ander zwiefach haben.«
Der Geizig gar nit wünschen wollt,
da es ihm halbes werden sollt.
Den Wunsch wollt er seim Gsellen lassen.
Er zeiget seinen Geiz dermaßen.
Als nun der Neidig merken tät,
warum er nicht gewünschet hätt,
darin gesucht sein Eigennutz,
da günnet er ihm gar kein Guts.
Auf daß er sich an ihm möcht rächen,
wünscht er ein Aug ihm auszustechen,
auf daß der Geizig gar würd blind.

Als Phebus hört die bösen Kind,
daß ieglicher nur sucht das Sein
und fräß es geren gar allein
und sucht sein Vorteil unverschamt
in allen Dingen ungenamt,
fuhr er auf zu der Götter Thron,
dem Jupiter das saget an,
wie menschlich Natur wär so arg,
so übergeizig und so karg,
mit Recht und Unrecht, wie er möcht,
daß es nit gar zu sagen töcht,
darzu wär niemand mehr mitleidig,
darzu wär auch der Mensch so neidig,
so mißtreu und so gar verrucht,
daß er in allen Dingen sucht
sein Nebenmenschen gar zu hindern,
sein Ehr und Gut ihm zu vermindern,
und wie der Mensch so heftig nied,
daß er selb willig Schaden litt,
auf daß der Nächst auch hätt zu baden
und käm noch in ein größern Schaden,
ein Aug ganz williglich verlur,
daß sein Nächster gar blendet wur,
dardurch all Tugend unterging
auf Erd und alls Unglück anfing.

Als Jupiter all Ding vernahm,
auf Erd er seither nimmer kam.

SCHWANK VON DEM LÜGENBERG

ALS ich noch meim Handwerk nachzog,
kam ich zu eim Gebirge hoch,
der war der Lügenberg genannt.
Darum so stund da ungenannt
von allerlei Volkes die Meng,
unten an dem Berg mit Gedräng.
Indem da hört ich einen Mann,
der redet die Schar also an:
»Hieher, hieher zum Lügenberg,

es sei geleich Ries' oder Zwerg,
Herr, Frau, Kinder, Magd oder Knecht,
reich und arm, listig und schlecht!
Wer viel redet und selten schweiget,
derselb sich liederlich versteiget
hie in des Lügenberges Wänden
nach Guckgu und nach blauen Enten,
nach Trappen oder nach Loröl,
das oben rinnt aus einer Höhl.
Schaut auf dem Berg die neun Gesellen,
die allzeit haben schwatzen wöllen,
das selten geht ahn Lügen ab.
Die ich allhie erwischet hab,
ieden auf eim besundern Ort!
Nun hört und merket ihre Wort,
wie sich ihr ieder hab verstiegen
nach seiner Art mit großen Lügen,
doch einer höher, denn der ander,
und sich beklagen allesander
ob diesem gefährlichen Stand!
Der Schwindel tut ihn' allen and,
iedoch ihn' niemand helfen mag:
Das ist ihr allergrößte Klag.
Nun höret, was ihr' ieder sag!«

Indem sach ich zu unterst stahn
in eim Parfell ein Handwerksmann,
der schrei: »Helft mir 'nab, es ist spat,
und laßt mich heim in mein Werkstatt!
Ob ich gleich Lügen hab gepflegen,
hab ichs doch ton von Ehren wegen.
Wenn ich die Leut nicht fürdern kunnt,
manch kluge Lügen ich erfund.
Hätt auch mein Arbeit ein Gebrechen,
mit Lügen kunnt ichs bald versprechen.
Auch wenn ich etwan borgen wollt
oder ein Ziel bezahlen sollt,
wie bald hab ich ein Lüg gefunden!
Dergleich was Sachen mir zustunden,
die mir doch waren widerwärtig,
die kunnt ich verglossieren ärtig,
schoß doch oft zu weit von dem Ziel
und ließ mir sehen in das Spiel,
daß man oft über mich tät schnalzen.

Also tät ich den Berg aufwalzen,
daß ich damit beschützt mein Ehr.
Darum verargt mich nit so sehr,
ob ich mich verstieg etwan mehr!«

Nach dem sah ich ein andern Mann
an dem Berg etwas höhers stahn,
der schrei: »Reicht mir ein Leitern her!
Ich hab gesagt viel neuer Mär
von Königen und großen Herrn,
von Kriegesläuften gar von fern,
hab den' viel Pfefferkörnlin geben,
voraus, wo es sich reimet eben,
ohn die ich selber gar erdicht,
und ob man gleich oft zu mir spricht,
ich hab geton ein guten Schuß,
auf daß man mirs gelauben muß,
nenn ich ein tapfere Person,
von der ich es gehöret hon,
und schnell' mich also in die Backen
und würf oft gar zu weit die Hacken,
daß ich ihr nit mehr holen mag.
Kein Meutlein ich auch darnach frag,
ob man gleich über mich tut pfeifen.
Wann man mich tut in Lüg ergreifen,
so wisch ichs Maul und geh darvon,
sprich: Ich geb euch, wie ich es hon.
Drum muß am Lügenberg ich stohn.«

Nach dem ich ein eisgraben Mann
noch höher sah am Berge stahn,
der schrei: »Der Schwindel tut mir weh.
Hoch auf eim scharpfen Fels ich steh.
Ich hab gesagt von alten Gschichten
und kann fein artlich darzu dichten:
Ich hab dieses und jenes gsehen;
bei mein' Zeiten ist das geschehen;
ich sei gewesen dort und da;
das tät ich hie, jens anderstwa;
ich denk, daß das nit also war;
vorzeiten waren andre Jahr.
Also leug ich durch alle Land,
weil mich lügstrafen darf niemand.
Das schafft, daß ich bin alt und grab,

der Land ich viel durchfahren hab.
Und wenn man mir genau merkt zu,
fehl ich oft um drei Baurenschuh.
Doch schweigt man still und schmutzt mich an,
und weil mir Recht läßt iedermann,
versteig ich mich täglichen sehr.
Wiewol ich Lügens hab kein Ehr,
tröst ich mich doch, ihr sind viel mehr.«

Nach dem sah ich noch höher stahn
am Berg sam einen losen Mann,
der schrei: »Laßt mich 'nab! ich steh hart.
Secht ihr nit? ich bin Hetzen Art:
Ich schwatz und klapper über Tag;
was mir einfällt, ich alles sag,
es sei geleich Bös oder Guts,
es bring mir Schaden oder Nutz,
es sei gelogen oder wahr.
Darauf hab ich kein Achtung gar,
wie es sich werd zusammenreimen,
tu oft zwo Lüg zusammenleimen.
Oft fächt man mich mit einem Possen,
spricht, ich hab unter d' Tauben gschossen.
Ein Lüg ich oft verfechten tu
und mach aus einer Lügen zwu,
versteig mich denn damit noch weiter,
daß ich bedörft ein lange Leiter.
Oft gar nimmer zuländen kann,
daß mein denn lachet iedermann.
Jedoch kann ich in d' Läng nit schweigen
und sollt ich mich gleich gar versteigen,
iedermann Finger auf mich zeigen.«

Nach dem ich an dem Berg ergutzt
einen Kerl, der war baß geputzt,
der schrei: »Ich hab verstiegen mich
mit großem Ruhm hoffärtiglich,
von Kriegen groß bei meinen Tagen,
wie ich hab den und jen' geschlagen,
dergeleichen mit Buhlerei,
auch wie ich so geschicket sei
aller Kurzweil: fechten und springen,
dergleich mit Sprechen und mit Singen.
Auch wo man redt von großer Kunst,

mach ich darzu ein blauen Dunst
und es mit Lügen alls verblüm.
Sehr weiter Wanderschaft mich rühm.
Dergleichen auch mit dem Reichtum
geh ich nur mit dem Tausend um
und leug, sich möchten Balken biegen,
und hab mich oft so hart verstiegen,
daß ich gar nimmer zu kunnt länden.
Hie an des Lügenberges Wänden
leug ich eins auf, das ander ab.
Ein frische Lebern ich doch hab.
Ich bitt euch: Helfet mir hinab!«

Nach dem sah ich stehn höher ganz
ein Mann, derselb hätt ein Fuchsschwanz,
der schrei: »Kaum steh ich auf dem Fels,
daraus doch rinnt so viel Loröls,
darmit ich kann den Falken streichen,
voraus bei Milden und den Reichen.
Den' kann ich gar wol Krapfen bachen.
Ich heuchel ihn' in allen Sachen,
ich lob ihn', das nie löblich ward,
und schänd, das nie hätt schändlich Art,
und red, was der Mann höret gern.
So kann ich mit dem Fuchsschwanz schern
und bin, wie eim Schmeichler gebührt,
gleich Gauklers Würfel abgerührt.
Manchem flicht ich ein ströhen Bart
und lob ihn trogenhafter Art.
Vor Augen gut tu ich mich zeigen;
hinterrück weis ich ihm die Feigen.
Wird ich an einer Lüg ergriffen,
so bin ich also naß geschliffen:
Wenn ich mich hab zu weit verschossen,
so zeuch ichs denn in einen Possen.
Des lacht man mein, daß man tut hoffen.«

Noch höher sah ich stehn ein' Mann,
den sah ich für ein Krämer an,
der schrei: »O helft! mir schwindelt sehr.
Mit Lügen, Trügen ich mich nähr,
wie es mir wird auf alle Art
mit Wort und Werken alle Fahrt.
Rund bin ich mit Zählen und Rechen,

mit Kaufen, Verkaufen und Stechen.
Mein War die lobt ich auf das best;
ob ich gleich Mangel daran weßt,
so schwör ichs doch eim aus den Augen.
Geldschuld ich einem ab kann laugen.
Vor Recht brauch ich viel List und Ränk,
viel Auszüg, Umschweif und Einklenk,
mit List und Lügen, wie ich kann,
verderb des manchen armen Mann.
Ich bin auch künstreich und gelehrt,
durch mich die Wahrheit wird verkehrt,
wo es mir tut ein Nutzung tragen.
Wers merkt, darf nichts hinwider sagen.
Die Logica ich brauchen kann.
Des steh ich gar hoch obenan,
obgleich auf mich zeigt iedermann.«

Noch höher ward ich eins bericht,
der hätt gar ein tückisch Gesicht,
der schrei: »O helft! ich fall dahin,
wann ich gar hart verstiegen bin.
Alls, was ich hör an einem End,
ich alles zu dem ärgsten wend
und leug auch allmal mehr hinzu.
Darmit die Sach ich bessern tu,
dem Widerteil ich es zublas',
und red't er etwas wider das,
sag ichs dem ersten wieder an.
Also ich Frauen unde Mann,
Nachbauern, Knecht und Maid kann hetzen,
daß sie einander ab tun wetzen.
Denn zeuch ich den Kopf aus der Schlingen.
Dergleichen oft in großen Dingen
kann ich einen heimlichen tragen,
der Herrschaft lügenhaft versagen,
daß ich bring manchen Mann in Not,
um Ehr, Gelimpf, in Schand und Spott.
Grob hab ich über d' Schnur gehaut.
Derhalb man mir auch nit mehr traut.
Vielleicht zahl ich noch mit der Haut.«

Zuöberst sah ich auf dem Spitz
ein Mann, der hätt darauf sein Sitz,
schrei: »Über euch hab ich mit Lügen

mich also auf den Spitz verstiegen.
Was ihr acht lügen künnt gemein,
das kann alls lügen ich allein
auf alle Art gar meisterlich.
Ob man gleich läutet über mich,
des acht ich weder Schand noch Spott.
Ob keiner Lüg wird ich mehr rot.
Lügaufhebens hab ich gewohnt.
Ich hab den Lügenberg gebohnt,
durchstiegen alle Fels und Schroffen,
gleich wie ein Narr am Kachelofen,
durch auf und auf bis auf den Spitz.
Allda ich ietzund geruhglich sitz,
da mich die Wahrheit nicht mehr irrt.
Ich leug, sam sei mirs Maul geschmiert.
Wo ich einmal bin an eim Ort,
da glaubt man mir nachmals kein Wort.
Derhalb ich den Lügfannen trag.
Vom Lügenberg ich nit mehr mag,
verzehren muß ich drauf mein Tag.«
Indem hört ich ein groß Geschrei
unten von dem Volk mancherlei:
»Ach, was habt ihr euch all geziegen,
daß ihr euch habt so hart verstiegen
hie an des Lügenberges Wänden
nach Loröl und nach blauen Enten?
Nun steht ihr droben allesant
vor uns in Laster, Spott und Schand
und müßt ins Ritten Namen schweigen,
mit Fingern auf euch lassen zeigen,
wiewol es euch tut heimlich weh,
einem minder, dem andern meh.
Nun tut ihr uns allsannt angelfen,
daß wir euch sollen abher helfen.
Und wenn wir euch schon hülfen nieder,
so verstieget ihr euch doch wieder.
Besser ist, man euch doben laß,
daß man euch kenne dester baß
und sich hüte vor euerm Lügen,
auf daß ihr niemand künnt betrügen.
Doch laßt euch sein die Weil nit lang!
Der Berg hat ein großen Zugang
von Christen, Türken, Judn und Heiden,
von Herren, Knechten, Frauen, Maiden,

die all noch zu euch aufhin wöllen,
in Lügen sich zu euch gesellen,
mit euch die Lügenglocken schellen.«

Aus dem allen ermißt man wol,
weil die Welt steckt der Lügen voll
bei allem Volk unter der Sunnen,
daß die rein Wahrheit ist entrunnen.
Derhalb ist Glaub und Trau so klein,
Lügen und Trügen ist gemein,
daß die Lüg ietz durch Wort und Werk
gleich worden ist ein hoher Berg,
darauf das Volk hat sein Zuflucht,
sein Schalkheit mit zu decken sucht
und sich versteigt in Lügen scharf,
die doch langer Gedächtnus darf,
bleibt doch in d'Läng verborgen nicht.
Die Lüg kummt mit der Zeit ans Licht.
Mit der Lüg kummt man wol durchs Land,
iedoch herwieder gar mit Schand,
Spott, Schaden und Feindseligkeit.
Aber die auserwählt Wahrheit
die kummet hin und wieder schlecht,
ist einfältig, treu und gerecht,
ehrlich, standhaftig und adelig,
bei Reichen und Armen untadelig.
Hiebei ein weiser Mann betracht,
daß er auf sich hab selber acht,
und halt sein Zungen wol im Zaum,
laß ihr nit gar zu weiten Raum,
sunder tu's mit Vernunft regiern
und alle Wort zuvor probiern,
eh er sie geb heraus an Tag,
dardurch er sich verhüten mag
mit wenig Reden oder Schweigen,
daß er sich gar nicht tu versteigen
in die höch oder in die Zwerch
auf diesem schändling Lügenberg.
So spricht Hans Sachs zu Nürenberg.

DER PFARRER MIT DEM CHORROCK

EIN Pfarrer auf eim Dorfe saß,
der auch gar seicht gelehret was.
Derselb ein Bäurin liebgewann,
die hätt ein einfältigen Mann.
Als der einsmals fuhr in die Stadt,
der Pfarrer zu der Bäurin trat
und zeigt ihr an sein große Lieb.
Die doch den Spott nur aus ihm trieb,
sprach: »Ihr Pfaffen seid karge Hund.«
Er sprach: »Forder zu dieser Stund!
Willt ein Stück Fleisch vom Bachen mein,
ein Paar Schuch oder Gürtelein?«
Sie sprach: »Das hab ich vor aufs minst.
Wollt Ihr durch Lieb mir tun ein Dienst,
so schenkt mit behemisch ein Schock,
daß ich von Juden lös mein Rock.«
Er sprach: »Des will ich sein verpflicht,
doch hab des Gelds ich bei mir nicht.«
Sie sprach: »Geht hin und bringet mir,
wollt anderst bei mir schlafen Ihr!«
Der Pfaff sprach: »Ei, es würd zu lang!«
Sein Chorrock von der Halfe schwang
und gab ihr den dieweil zu Pfand.
Sperrt in ein Kästlein ihn zuhand,
ging mit dem Pfarrer in den Stall.

Als sich ihr Freud end't überall,
da stund der Pfarrer wie ein Block
und trauret sehr um sein Chorrock,
weßt ihn zu lösen nimmermehr
die Bauren opferten nicht sehr;
ging heim, erdacht ein Liste schlecht,
der umsunst ihm sein Chorrock brächt,
und schicket zu der Bäuerin
sein Schüler um ein Mörser hin,
er müßt kochen auf etlich Gäst.
Die Bäuerin den Schalk nit weßt
und liech ihm ihren Mörser bald.
Als nun heimkam der Bauer alt,

der Pfarrer hätt sein Späch. Als saß
der Bauer an dem Tisch und aß,
schickt er den Mörser ihm zuhaus
und hieß ihm geben wieder 'raus
sein Chorrock, der er ihr zu Pfand
drum geben hätt zu treuer Hand.
Die Bäurin erschrak der Geschicht,
dorft doch das widersprechen nicht.
Der Bauer ob der Red erschrak,
sprach zu dem Weib: »Du zunichter Sack,
muß der Pfarrer Pfand geben dir?
Schant ich mein nicht, gelaub du mir,
ich wollt dich bleuen, du Holzbock.
Schick bald dem Herren sein Chorrock!«
Die Bäurin schnürt zornig hinab
und dem Schüler den Chorrock gab
und sprach: »Sag deinem Pfaffen gleich,
mein Mörser ich ihm nimmer leich.
Der Teufel ihm sein Stempfel hol!«
Des lacht der Pfaff, gedacht ihm wol.
List man mit List vertreiben muß,
schreibt Johannes Boccacius.

DAS SCHLAURAFFENLAND

EIN Gegend heißt Schlauraffenland,
den faulen Leuten wolbekannt.
Das liegt drei Meil hinter Weihnachten.
Und welcher darein wölle trachten,
der muß sich großer Ding vermessen
und durch ein Berg mit Hirsbrei essen,
der ist wol dreier Meilen dick.
Alsdann ist er im Augenblick
in denselbing Schlauraffenland,
da aller Reichtum ist bekannt.
Da sind die Häuser deckt mit Fladn,
Lebkuchen die Haustür und Ladn,
von Speckkuchen Dielen und Wänd,
die Dräm von Schweinebraten send.
Um iedes Haus so ist ein Zaun
geflochten von Bratwürsten braun.
Von Malvasier so sind die Brunnen,

kommen eim selbs ins Maul gerunnen.
Auf den Tannen wachsen Krapfen,
wie hie zu Land die Tannenzapfen.
Auf Fichten wachsen bachen Schnittn.
Eirplätz tut man von Birken schüttn.
Wie Pfifferling wachsen die Fleckn,
die Weintrauben in Dorenheckn.
Auf Weidenkoppen Semmel stehn,
darunter Bäch mit Milich gehn;
die fallen dann in' Bach herab,
daß iedermann zu essen hab.
Auch gehen die Fisch in den Lachn
gesotten, braten, gsulzt und bachn
und gehn bei dem Gestad gar nahen,
lassen sich mit den Händen fahen.
Auch fliegen um (müget ihr glaubn)
gebraten Hühner, Gäns und Taubn.
Wer sie nicht facht und ist so faul,
dem fliegen sie selbs in das Maul.
Die Säu all Jahr gar wol geratn,
laufen im Land um, sind gebratn.
Jede ein Messer hat im Rück,
darmit ein ieder schneid ein Stück
und steckt das Messer wieder drein.
Die Kreuzkäs wachsen wie die Stein.
So wachsen Bauern auf den Baumen,
gleich wie in unserm Land die Pflaumen.
Wenns zeitig sind, so fallens ab,
ieder in ein Paar Stiefel 'rab.
Wer Pferd hat, wird ein reicher Meier,
wann sie legen ganz Körb voll Eier.
So schütt man aus den Eseln Feign.
Nicht hoch darf man nach Kersen steign,
wie die Schwarzbeer sie wachsen tun.
Auch ist in dem Land ein Jungbrunn,
darin verjungen sich die Altn.
Viel Kurzweil man im Land ist haltn.
So zu dem Ziel schießen die Gäst,
der weitst vom Blatt gewinnt das Best.
Im Laufen gwinnt der Letzt allein.
Das Polsterschlafen ist gemein.
Ihr Weidwerk ist mit Flöh und Läusn,
mit Wanzen, Katzen und mit Mäusn.
Auch ist im Land gut Geld gewinnen.

Wer sehr faul ist und schläft darinnen,
dem gibt man von der Stund zween Pfennig,
er schlaf ihr gleich viel oder wenig.
Ein Furz gilt einen Binger Haller,
drei Grölzer einen Jochimstaler.
Und welcher da sein Geld verspielt,
zwiefach man ihm das wiedergilt.
Und welcher auch nicht geren zahlt,
wenn die Schuld wird eins Jahres alt,
so muß ihm jener darzu gebn.
Und welcher geren wol ist lebn,
dem gibt man von dem Trunk ein Batzen.
Und welcher wol die Leut kann fatzen,
dem gibt man ein Plappert zu Lohn.
Für ein groß Lüg geit man ein Kron.

Doch muß sich da hüten ein Mann,
aller Vernunft ganz müßig stahn.
Wer Sinn und Witz gebrauchen wollt,
dem würd kein Mensch im Lande hold,
und wer gern arbeit' mit der Hand,
dem verbeut mans Schlauraffenland.
Wer Zucht und Ehrbarkeit hätt lieb,
denselben man des Lands vertrieb.
Wer unnütz ist, will nichts nit lehrn,
der kommt im Land zu großen Ehrn,
wann wer der Faulest wird erkannt,
derselb ist König in dem Land.
Wer wüst, wild und unsinnig ist,
grob, unverstanden alle Frist,
aus dem macht man im Land ein Fürstn.

Wer geren ficht mit Leberwürstn,
aus dem ein Ritter wird gemacht.
Wer schlüchtisch ist und nichtsen acht,
dann essen, trinken und viel schlafn,
aus dem macht man im Land ein Grafn.
Wer tölpisch ist und nichtsen kann,
der ist im Land ein Edelmann.

Wer also lebt wie obgenannt,
der ist gut ins Schlauraffenland,
das von den Alten ist erdicht,
zu Straf der Jugend zugericht,
die gwöhnlich faul ist und gefräßig,
ungeschickt, heillos und nachlässig,
daß mans weis ins Land zu Schlauraffn,
damit ihr schlüchtisch Weis zu strafn,
daß sie haben auf Arbeit acht,
weil faule Weis nie Gutes bracht.

Ein Zuchtspruch meiner lieben Hausfrauen Barbara Sächsin

MENSCH, hab Geduld in dem Ellend,
wenn dir Gott her auf Erden sendt
durch sein väterlich, gütig Händ,
tu Buß und dich von Sünden wend:
so nehmst ein christlich, selig End.

BAROCK

Das Zeitalter des Barock, das man etwa zwischen den Jahren 1600 und 1720 ansiedelt, stellt sich als eine Epoche der Gegensätze dar. Bei Barock denken wir heute zu allererst an prunkvolle Bauten und Denkmäler, reich verziert mit Ornamenten, an Gips und Gold in Hülle und Fülle. Zum Wahrzeichen des barocken Zeitalters sind die prächtigen Schlösser absolutistischer Fürsten geworden, allen voran der Zwinger in Dresden. Doch das Barock hatte auch ein anderes Gesicht: Pessimismus und Tod sind die uns heute weniger bekannte Seite, doch nicht minder zentrale Themen jener Zeit. Wer durch barocke Kirchen geht, wird in dunkleren Winkeln häufig auf Symbole des Todes, Totenschädel etwa, stoßen. Wie kam es zu dieser janusköpfigen Gestalt einer Epoche?

Das Zeitalter des Barock war auch das Zeitalter des Dreißigjährigen Krieges. Mit bis dahin nicht bekannter Grausamkeit fiel der Krieg über das Land herein und ließ es fast ein Menschenleben lang nicht mehr los. Der Tod in seiner fürchterlichsten Form war allgegenwärtig. Daß davon die Kunst nicht unberührt bleiben konnte, liegt auf der Hand. Doch je grausamer und verzweifelter sich die Situation darstellte, um so größer wurde auch der Lebenshunger der Menschen, die Sehnsucht nach Freude, nach Ordnung aller Dinge oder einfach nach der Schönheit der Form.

Maßgeblichen Einfluß auf die Entwicklung der Form deutscher Barockdichtung hatte Martin Opitz, der als erster die in anderen europäischen Ländern bereits in vollem Gange befindliche Stilisierung der Sprache auf das Deutsche übertrug. Nachdem im 16. Jahrhundert der Blick auf die Form weitgehend abhanden gekommen war, stellte der barocke strenge Formalismus eine Überbetonung des Stils dar. Oft scheint die Form wichtiger geworden zu sein als der Inhalt.

Im wesentlichen tauchten im Barock zwei literarische Strömungen auf: Nennen wir sie höfische und unhöfische Literatur. Was ist darunter zu verstehen?

Träger der Kunst des Barock waren vor allem die fürstlichen Mäzene. Die Höfe des 17. Jahrhunderts waren die kulturellen Zentren der Zeit. Der Adel repräsentierte sich durch die von ihm geförderte Kunst. Entsprechend hohe Budgets wurden an manchen Höfen für die Kunstschaffenden bereitgehalten. Dies hatte natürlich auch zur Folge, daß im wesentlichen die Fürsten bestimmten, wie die Kunst auszusehen hatte. Die bedeutendsten Stätten »höfischer« Barockkunst waren Wien, wo der berühmte (spanisch beeinflußte) Habsburger Barock entfaltet wurde, Dresden, München und Stuttgart. Aber auch eine Vielzahl von kleineren, politisch unbedeutenden Höfen bediente sich der Kunst zur Selbstdarstellung.

Die unhöfische Literatur des Barock setzte die Tradition der satirisch-moralisierenden Schriften der Renaissancezeit fort. Sie befand sich damit wesentlich im Gegensatz zur höfischen Literatur und wurde zum Wegbereiter für die Aufklärung. Die vielleicht bedeutsamste Erscheinung innerhalb der unhöfischen Literatur waren die nunmehr verstärkt gebildeten literarischen Gesellschaften. Die Dichter, fast ausschließlich der geistigen Elite, also der Gelehrtenwelt angehörend, fanden sich in zumeist wissenschaftlichen Kreisen zusammen. Die bedeutendsten dieser Gesellschaften waren der Heidelberger Dichterkreis (dem Melissus Schede, Georg Rudolf Weckherlin, Julius Wilhelm Zincgref und Martin Opitz angehörten), die »Fruchtbringende Gesellschaft« (auch Palmenorden genannt; zu ihren Mitgliedern zählten Ludwig von Anhalt, Opitz, Georg Philipp Harsdörffer, Johann Philipp Moscherosch, Philipp Zesen, Friedrich von Logau und Andreas Gryphius), der »Königsberger Kreis« (Mitglieder unter anderen: Simon Dach, Heinrich Albert), der »Nürnberger Kreis« (Harsdörffer, Johann Rist, Justus Georg Schottelius), die »Teutschgesinnte Genossenschaft«, der »Elbschwanenorden« und die »Aufrichtige Tannengesellschaft«.

Die Lyrik des Barock wollte vor allem unterhalten. Man kann hier von einer Art Gesellschaftslyrik sprechen, die im Gegensatz zur Erlebnislyrik steht. Anders verhielt es sich lediglich mit der religiösen Lyrik und dem Kirchenlied. Rein stilistisch betrachtet hatten diese Gattungen bereits die Entwicklung hin zur individualisierten Literatur des Nach-Barock aufgenommen.

Ein besonderes Phänomen der Zeit war die Schäferdichtung. Auch sie kann als Gesellschaftsliteratur angesehen werden, auch bei ihr stand die Unterhaltung im Vordergrund. Dennoch unterscheidet sie sich von der »klassischen« Barockdichtung in einem Punkt wesentlich: Die Stilisierung wird in eine ganz andere Richtung betrieben. Zwar emanzipierte sich die Schäferdichtung nicht vom Bemühen um Form, sie formalisierte jedoch das, was in jener Zeit, in der die Kunst immer mehr am Künstlichen orientiert war, fehlte: die Natürlichkeit. Strenge Form in der Kunst, ein Zeitalter, in dem der Tod allgegenwärtig war und das Bedürfnis nach Freude um so größer, dies alles nährte den Wunsch nach Natürlichkeit und der Idylle einer heilen Welt, in der man sich nur um sein eigenes Vergnügen kümmern mußte. So spiegelt sich vielleicht gerade in der formal nicht ganz so strengen Schäferdichtung das eigentliche Barock mit seiner Sehnsucht nach dem leichten Leben.

ANDREAS GRYPHIUS

ANDREAS GRYPHIUS

Andreas Gryphius wurde am 2. Oktober 1616 als Sohn eines Pfarrers im schlesischen Glogau geboren, das zu jener Zeit von Böhmen beherrscht wurde. Seine Jugend stand im Zeichen des Dreißigjährigen Krieges. So ist denn auch seine erste Sammlung von Sonetten, die er 1637 fertigstellte, ein Spiegelbild der Schrecken des Krieges. Der junge Mann wurde zunächst von seinem Stiefvater unterrichtet und kümmerte sich auch selbst um die eigene Bildung, ehe er 1632 ins Fraustadter Gymnasium aufgenommen wurde. Schließlich besuchte er das Akademische Gymnasium zu Danzig. Danach betätigte sich Gryphius als Hauslehrer bei Georg von Schönborn, der ihn adelte und zum Magister machte und ein großer Gönner des jungen Dichters wurde.

Die Jahre 1644–1646 waren beherrscht von Bildungsreisen nach Frankreich und Italien. 1650 verliehen ihm die glogauischen Landstände das verantwortungsvolle Amt des Syndikus. 1662 nahm die »Fruchtbringende Gesellschaft« Gryphius als den »Unsterblichen« auf, eine Geste, die dem Ansehen des Dichters schon zu seinen Lebzeiten Rechnung trug. Andreas Gryphius starb am 16. Juli 1664, als er an einer Sitzung der Landstände teilnahm.

Sein umfangreiches Werk umfaßt eine Vielzahl von Gedichten, Dramen (darunter die berühmten Lustspiele »Herr Peter Squentz« und »Horribilicribrifax«) und Dramenübersetzungen. Mit seinen Sonn- und Feiertagssonetten hat Gryphius für beinahe jeden kirchlichen Anlaß ein frommes Gedicht verfaßt.

Über die Nacht
meiner Geburt

II. Octob. hora. XII. p. m.

Die Erden lag verhült mit Finsternüß
                und Nacht/
Als mich die Welt empfing/ der Hellen
                Lichter Pracht/
Der Sternen goldne Zier umbgab der Himmels
                Awen
Wrumb? Umb daß ich nur soll nach dem
                Himmel schawen.

Über die Geburt Jesu

Nacht/ mehr denn lichte Nacht! Nacht/
                lichter als der Tag/
Nacht/ heller als die Sonn'/ in der das
                Licht gebohren/
Das Gott/ der Licht/ in Licht wohnhafftig/
                ihm erkohren:
  O Nacht/ die alle Nächt' und Tage
                trotzen mag!
  O freudenreiche Nacht/ in welcher Ach
                und Klag/
Und Fünsternüß/ und was sich auff die
                Welt verschworen
Und Furcht und Höllen-Angst und Schrecken
                war verlohren.
  Der Himmel bricht! doch fällt numehr
                kein Donnerschlag
Der Zeit und Nächte schuff/ ist dise Nacht
                ankommen!
Und hat das Recht der Zeit/ und Fleisch
                an sich genommen!
  Und unser Fleisch und Zeit der Ewikeitt
                vermacht.
Der Jammer trübe Nacht/ die schwartze
                Nacht der Sünden

Der Grabes Dunckelheit/ muß durch die
                Nacht verschwinden.
Nacht lichter als der Tag! Nacht mehr denn
                lichte Nacht!

Vanitas, vanitatum,
et omnia vanitas.
Es ist alles gantz eytel

Ich seh' wohin ich seh/ nur Eitelkeit
                auff Erden/
  Was dieser heute bawt/ reist jener morgen
                ein/
  Wo itzt die Städte stehn so herrlich/
                hoch und fein/
Da wird in kurtzem gehn ein Hirt mit seinen
                Herden:
Was itzt so prächtig blüht/ wird bald zutretten
                werden:
  Der itzt so pocht und trotzt/ läßt ubrig
                Asch und Bein/
  Nichts ist/ daß auff der Welt könt unver-
                gänglich seyn/
Itzt scheint des Glückes Sonn/ bald donnerts
                mit beschwerden.
  Der Thaten Herrligkeit muß wie ein
                Traum vergehn:
  Solt denn die Wasserblaß/ der leichte
                Mensch bestehn
Ach! was ist alles diß/ was wir vor köstlich
                achten!
  Alß schlechte Nichtigkeit? als hew/ staub/
                asch unnd wind?
  Als eine Wiesenblum/ die man nicht
                widerfind.
Noch wil/ was ewig ist/ kein einig Mensch
                betrachten!

TRAWRKLAGE DES VERWÜSTETEN DEUTSCHLANDES

Wir sind doch numehr gantz/ ja mehr alß
                  gantz vertorben.
Der frechen Völcker schar/ die rasende
                  Posaun/
Daß vom Blutt feiste Schwerd/ die don-
                  nernde Carthaun/
Hat alles diß hinweg/ was mancher sawr
                  erworben/
Die alte Redligkeit unnd Tugend ist gestorben;
Die Kirchen sind vorheert/ die Starcken
                  umbgehawn/
Die Jungfrawn sind geschänd; und wo wir
                  hin nur schawn/
Ist Fewr/ Pest/ Mord und Todt/ hier zwischen
                  Schantz und Korben
Dort zwischen Mawr und Stad/ rint
                  allzeit frisches Blutt
Dreymal sind schon sechs Jahr als unser
                  Ströme Flutt
Von so viel Leichen schwer/ sich langsam
                  fortgedrungen.
Ich schweige noch von dehm/ was stärcker
                  als der Todt/
(Du Straßburg weist es wol) der grimmen
                  Hungersnoth/
Und daß der Seelen-Schatz gar vielen ab-
                  gezwungen.

THRÄNEN DES VATERLANDES ANNO 1636

Wir sind doch nunmehr gantz/ ja mehr denn
                  gantz verheeret!
Der frechen Völcker Schaar/ die rasende
                  Posaun
Das vom Blutt fette Schwerdt/ die don-
                  nernde Carthaun/

Hat aller Schweiß/ und Fleiß/ und Vorrath
                  auffgezehret.
Die Türme stehn in Glutt/ die Kirch ist
                  umgekehret.
Das Rathauß ligt im Grauß/ die Starcken
                  sind zerhaun/
Die Jungfern sind geschänd't/ und wo
                  wir hin nur schaun
Ist Feuer/ Pest/ und Tod/ der Hertz und Geist
                  durchfähret.
Hir durch die Schantz und Stadt/ rinnt
                  allzeit frisches Blutt
Dreymal sind schon sechs Jahr/ als unser
                  Ströme Flutt/
Von Leichen fast verstopfft/ sich langsam
                  fort gedrungen
Doch schweig ich noch von dem/ was ärger
                  als der Tod/
Was grimmer denn die Pest/ und Glutt
                  und Hungernoth
Das auch der Seelen Schatz/ so vilen ab-
                  gezwungen.

MENSCHLICHES ELENDE

Was sind wir Menschen doch? ein Wohnhauß
                  grimmer Schmertzen
Ein Ball des falschen Glücks/ ein Irrlicht
                  diser Zeit.
Ein Schauplatz herber Angst/ besetzt
                  mit scharffem Leid/
Ein bald verschmeltzter Schnee und abge-
                  brante Kertzen.
Diß Leben fleucht davon wie ein Geschwätz
                  und Schertzen.
Die vor uns abgelegt des schwachen
                  Leibes Kleid
Und in das Todten-Buch der grossen
                  Sterblikeit
Längst eingeschriben sind/ sind uns aus Sinn
                  und Hertzen.

Gleich wie ein eitel Traum leicht aus der
Acht hinfällt/
Und wie ein Strom verscheust/ den keine
Macht auffhält:
So muß auch unser Nahm/ Lob/ Ehr und
Ruhm verschwinden/
Was itzund Athem holt/ muß mit der Lufft
entflihn/
Was nach uns kommen wird/ wird uns ins
Grab nachzihn.
Was sag ich? wir vergehn wie Rauch von
starcken Winden.

BETRACHTUNG DER ZEIT

Mein sind die Jahre nicht die mir die Zeit
genommen/
Mein sind die Jahre nicht/ die etwa möchten
kommen
Der Augenblick ist mein/ und nehm' ich den
in acht
So ist der mein/ der Jahr und Ewigkeit
gemacht.

MORGEN SONNET

Die ewig helle Schaar wil nun ihr Licht
verschlissen/
Diane steht erblaßt; die Morgenröte lacht
Den grauen Himmel an/ der sanffte Wind
erwacht/
Und reitzt das Federvolck/ den neuen Tag
zu grüssen.
Das Leben diser Welt/ eilt schon die Welt
zu küssen/
Und steckt sein Haupt empor/ man siht
der Stralen Pracht
Nun blinckern auff der See: O dreymal
höchste Macht

Erleuchte den/ der sich itzt beugt vor deinen
Füssen!
Vertreib die dicke Nacht/ die meine Seel
umbgibt/
Die Schmertzen Finsternüß/ die Hertz
und Geist betrübt/
Erquicke mein Gemütt/ und stärcke mein
Vertrauen.
Gib/ daß ich disen Tag/ in deinem Dinst
allein
Zubring: und wenn mein End' und jener
Tag bricht ein
Daß ich dich/ meine Sonn/ mein Licht
mög ewig schauen.

MITTAG

Auff Freunde! last uns zu der Taffel eylen/
In dem die Sonn ins Himmels Mittel hält
Und der von Hitz und Arbeit matten Welt
Sucht ihren Weg/ und unsern Tag zu theilen.
Der Blumen Zir wird von den flammen
Pfeylen
Zu hart versehrt/ das außgedörte Feld
Wündscht nach dem Tau'/ der Schnitter
nach dem Zelt;
Kein Vogel klagt von seinen Libes Seilen.
Itzt herrscht das Licht. Der schwartze
Schatten fleucht
In eine Höl/ in welche sich verkreucht/
Den Schand und Furcht sich zu verbergen
zwinget.
Man kan dem Glantz des Tages ja entgehn!
Doch nicht dem Licht/ das/ wo wir immer
stehn/
Uns siht und richt/ und Hell' und Grufft
durchdringet.

ABEND

Der schnelle Tag ist hin/ die Nacht schwingt
ihre Fahn/
Und führt die Sternen auff. Der Menschen
müde Scharen
Verlassen Feld und Werck/ wo Thir und Vögel
waren
Traurt itzt die Einsamkeit. Wie ist die
Zeit verthan!
Der Port naht mehr und mehr sich zu der
Glider Kahn.
Gleich wie diß Licht verfil/ so wird in
wenig Jahren
Ich/ du/ und was man hat/ und was man siht/
hinfahren.
Diß Leben kömmt mir vor als eine
Renne-Bahn.
Laß höchster Gott/ mich doch nicht auff dem
Lauffplatz gleiten/
Laß mich nicht Ach/ nicht Pracht/ nicht Lust
nicht Angst verleiten!
Dein ewig-heller Glantz sey vor und
neben mir/
Laß/ wenn der müde Leib entschläfft/
die Seele wachen
Und wenn der letzte Tag wird mit mir
Abend machen/
So reiß mich aus dem Thal der Finsternüß
zu dir.

MITTERNACHT

Schrecken/ und Stille/ und dunckeles
Grausen/ finstere Kälte bedecket das Land
Itzt schläfft was Arbeit und Schmertzen ermü-
det/ diß sind der traurigen Einsamkeit
Stunden.
Nunmehr ist/ was durch die Lüffte sich reget/
nunmehr sind Menschen und Thire
verschwunden.

Ob zwar die immerdar schimmernde Lich-
ter/ der ewig schitternden Sternen
entbrant!
Suchet ein fleissiger Sinn noch zu wachen?
der durch Bemühung der künstlichen
Hand/
Ihm/ die auch nach uns ankommende Seelen/
Ihm/ die an itzt sich hir finden ver-
bunden?
Wetzet ein bluttiger Mörder die Klinge? wil er
unschuldiger Hertzen verwunden?
Sorget ein Ehren-begehrend Gemütte/
wie zu erlangen ein höherer Stand?
Sterbliche! Sterbliche! lasset diß dichten!
Morgen! Ach Morgen! Ach muß man
hinzihn!
Ach wir verschwinden gleich als die Gespen-
ste/ die umb die Stund uns erscheinen und
flihn.
Wenn uns die finstere Gruben bedecket/ wird
was wir wündschen und suchen zu nichte.
Doch/ wie der gläntzende Morgen eröffnet/
was weder Monde noch Fackel bescheint:
So/ wenn der plötzliche Tag wird anbre-
chen/ wird was geredet/ gewürcket/
gemeynt.
Sonder vermänteln eröffnet sich finden vor des
erschrecklichen Gottes Gerichte.

AN DIE STERNEN

Ihr Lichter/ die ich nicht auff Erden satt kan
schauen/
Ihr Fackeln/ die ihr Nacht und schwartze
Wolcken trennt
Als Diamante spilt/ und ohn Auffhören
brennt;
Ihr Blumen/ die ihr schmückt des grossen
Himmels Auen:
Ihr Wächter/ die als Gott die Welt
auff-wolte-bauen;
Sein Wort die Weißheit selbst mit rechten
Namen nennt

Die Gott allein recht misst/ die Gott allein
recht kennt
(Wir blinden Sterblichen! was wollen wir
uns trauen!)
Ihr Bürgen meiner Lust/ wie manche schöne
Nacht
Hab ich/ in dem ich euch betrachtete/
gewacht?
Herolden diser Zeit/ wenn wird es doch
geschehen/
Daß ich/ der euer nicht allhir vergessen kan/
Euch/ derer Libe mir steckt Hertz und
Geister an
Von andern Sorgen frey werd unter mir
besehen?

An Eugenien

Was wundert ihr euch noch/ Ihr Rose der
Jungfrauen/
Daß dises Spil der Zeit/ die Ros'/ in
eurer Hand
Die alle Rosen trotzt/ so unversehns
verschwand?
Eugenie so gehts/ so schwindet was wir
schauen.
So bald des Todes Senß wird disen Leib
abhauen:
Scharr't man den Hals/ die Stirn/ die
Augen/ dises Pfand
Der Libe/ dise Brust/ in nicht zu rein'sten
Sand/
Und dem/ der euch mit Lib itzt ehrt/
wird für euch grauen!
Der Seufftzer ist umbsonst! nichts ist/
das auff der Welt/
Wie schön es immer sey/ Bestand und Farbe
hält/
Wir sind vom Mutterleib zum Untergang
erkohren.

Mag auch an Schönheit was der Rosen
gleiche seyn?
Doch ehe sie recht blüht verwelckt und
fält sie ein!
Nicht anders gehn wir fort/ so bald wir
sind geboren.

An sich selbst

Mir grauet vor mir selbst/ mir zittern alle
Glider
Wenn ich die Lipp' und Nas' und beyder
Augen Klufft/
Die blind vom wachen sind/ des Athems
schwere Lufft
Betracht'/ und die nun schon erstorbnen
Augen-Lieder.
Die Zunge/ schwartz vom Brand fällt mit den
Worten nider/
Und lalt ich weiß nicht was; die müde
Seele rufft/
Dem grossen Tröster zu/ das Fleisch reucht
nach der Grufft/
Die Aertzte lassen mich/ die Schmertzen
kommen wider/
Mein Cörper ist nicht mehr als Adern/
Fell'/ und Bein.
Das Sitzen ist mein Tod/ das Ligen
meine Pein.
Die Schenckel haben selbst nun Träger wol
vonnöthen!
Was ist der hohe Ruhm/ und Jugend/
Ehr und Kunst?
Wenn dise Stunde kompt: wird alles Rauch
und Dunst.
Und eine Noth muß uns mit allem Vorsatz
tödten.

AN DIE WELT

Mein offt bestürmbtes Schiff der
grimmen Winde Spil
Der frechen Wellen Baal/ das schir die Flutt
getrennet/
Das über Klip auff Klip'/ und Schaum/
und Sandt gerennet.
Komt vor der Zeit an Port/ den meine
Seele wil.
Offt/ wenn uns schwartze Nacht im
Mittag überfil
Hat der geschwinde Plitz die Segel schir
verbrennet!
Wie offt hab ich den Wind/ und Nord' und
Sud verkennet!
Wie schadhafft ist Spriet/ Mast/ Steur/
Ruder/ Schwerdt und Kill.
Steig aus du müder Geist/ steig aus! wir
sind am Lande!
Was graut dir für dem Port/ itzt wirst du
aller Bande
Und Angst/ und herber Pein/ und schwerer
Schmertzen loß.
Ade/ verfluchte Welt: du See voll rauher
Stürme!
Glück zu mein Vaterland/ das stette Ruh'
im Schirme
Und Schutz und Friden hält/ du ewig-lichtes
Schloß!

XV. AUFF DEN SONTAG DES LANGMÜTIGEN ACKERSMANS/

ODER DEN V. NACH DEM FEST DER WEISEN.

Matth. 13.

Der Feind streu't aus auffs Land/ das
du erbauet/
Sein Unkraut! HErr/ in dem die Sünden
Nacht

In trüben Schlaff die trägen Menschen bracht
Den du die Frucht zu hütten an vertrauet!
Diß/ was man nur auff allen Aeckern schauet
Ist falsche Lehr und Neyd und Ketzer Pracht
Wir schlaffen fest: der Sathan seet und wacht
Der Sathan/ dem vor deinem Segen grauet.
Ach sihst du nicht wie jene Schar umbläufft
Die dir zu Trotz als Tresp ausräufft!
Wenn wirst du dich zu letzter Erndt' auff-
machen?
Komm' es ist Zeit! führ alle Garben ein!
Führ ein die Frucht. Laß in der Flammen Pein
Des Sathans Saat/ die nicht mehr taug/
verkrachen.

XLIX. AUFF DEN SONTAG DES GUTTHÄTIGEN WUNDERMANS/

ODER XII. SONTAG NACH DEM FEST
DER H. DREYEINIGKEIT.

Marc. 7.

Wie kan ich Herr/ dein Lob vermehren/
Weil mir die Zunge Sprachloß ligt?
Daß sich mein Hertz nicht nach dir fügt:
Kommt weil die Ohren gar nicht hören.
Wie sol ich dich mein Heyland ehren!
Weil mich die tolle Welt bekrigt:
Wer hat den Lastern obgesigt/
Der nichts nicht weiß von deinen Lehren?
Ach führe mich weg von der Schaar
Rühr an die Zunge/ die so gar
Dein Feind/ mein Schöpffer/ hat gebunden!
Thu auff mein Ohr daß ich verspür
Wie wol du diß gemacht/ was wir/
Arm/ dürfftig/ taub und stumm gefunden!

XXXIV. Wir haben allent-
halben Trübsal

2. Cor. 4

Was haben wir doch hir als Trübsal/ Ach/
       und Bande?
  Doch schmacht die Seel in Angst und stettem
       Trauren nicht/
Ob schon uns Hertz und Fleisch vor Bangikeit
       zubricht;
Reist kein Verzweifeln ein. Wir sind der
       Menschen Schande.
Man stöst als böse Leut/ als Dib' uns aus
       dem Lande/
  Und kränckt uns hir und dar/ doch wil deß
       Himmels Licht/
In Elend bey uns seyn/ ob auch die Welt
       uns richt/
Und gäntzlich unterdruckt/ wir leben in
       dem Brande.
  Wir kommen keinmal umb/ ob gleich
       des Herren Tod
Durch so vil grimme Pein/ durch so vil
       grause Noth
Durch nicht erhörten Zwang stets an uns
       wird erneuet:
  Weil doch das herrlich seyn/ das Christi
       Creutz erwarb/
Der auch in gröster Quall in höchstem Jammer
       starb
Erneu't an uns/ die nichts denn Angst und
       Creutz erfreuet.

Andreas Gryphius
Uber seine Sontag-
und FeyrtagsSonette

In meiner ersten Blüt'/ ach! unter grimmen
       Schmertzen

Bestürtzt durchs scharffe Schwerdt' und
       ungeheuren Brand
Durch libster Freunde Tod und Elend/
       als das Land
In dem ich auffging fil'/ als toller Feinde
       Schertzen/
Als LästerZungen Spott mir rasend drang
       zu Hertzen/
Schrib ich diß was du sihst mit noch zu zarter
       Hand
Zwar Kindern/ als ein Kind/ doch reiner
       Andacht Pfand/
Tritt Leser nicht zu hart auff Blumen
       Erstes Mertzen.
Hir donnert/ ich bekenn/ mein rauer Abas
       nicht/
Nicht Leo/ der die Seel' auff dem Altar
       außbricht/
Der Märtrer Helden-Muth ist anderswo
       zu lesen:
Ihr die ihr nichts mit Lust als frembde Fehler
       zehlt
Bemüht euch ferner nicht: Ich sag' es
       was mir fehlt
Daß meine Kindheit nicht gelehrt doch
       fromm gewesen.

Als Er aus Rom geschidn

Ade! Begriff der Welt! Stadt der nichts
       gleich gewesen/
  Und nichts zu gleichen ist/ in der man
       alles siht.
Was zwischen Ost und West/ und Nord
       und Suden blüht.
Was die Natur erdacht/ was je ein Mensch
       gelesen.
Du/ derer Aschen man nur nicht vorhin
       mit Bäsen
  Auff einen Hauffen kährt/ in der man sich
       bemüht
Zu suchen wo dein Grauß/ (fliht trüben Jahre!
       fliht/)

Bist nach dem Fall erhöht/ nach langem Ach/
genäsen.
Ihr Wunder der Gemäld'/ ihr Kirchen
und Palläst/
Ob den die Kunst erstarr't/ du starck
bewehrte Fest/
Du herrlichs Vatican, dem man nichts gleich
kan bauen:
Ihr Bücher/ Gärten/ Grüfft'; Ihr Bilder/
Nadeln/ Stein/
Ihr/ die diß und noch mehr schliß't in die
Sinnen ein/
Fahrt wol! Man kan euch nicht satt mit
zwey Augen schauen.

UBER NICOLAI COPERNICI BILD

Du dreymal weiser Geist/ du mehr denn
grosser Mann!
Dem nicht die Nacht der Zeit die alles
pochen kan/
Dem nicht der herbe Neyd die Sinnen
hat gebunden/
Die Sinnen/ die den Lauff der Erden new
gefunden.
Der du der alten Träum und Dunckel widerlegt:
Und Recht uns dargethan was lebt und was
sich regt:
Schaw itzund blüht dein Ruhm/ den als
auff einem Wagen/
Der Kreiß auff dem wir sind muß umb die
Sonnen tragen.
Wann diß was irrdisch ist/ wird mit der Zeit
vergehn/
Soll dein Lob unbewegt mit seiner Sonnen
stehn.

VANITAS MUNDI

1. Was ist die Welt/
Die mich bißher mit ihrer Pracht bethöret?
Wie plötzlich fält/
Was Alt und Jung/ und Reich und Arm geehret!
Was ist doch alles was man allhir findt?
Ein leichter Wind!

2. Was itzund blüht/
Kan noch für Abend gantz zutretten werden.
Der sich hir müht
Umb flüchtig Geld/ muß ohne Geld zur Erden.
Er samlet fleissig (doch für ander) ein.
Und stirbt allein.

3. Das kleine Thir
Das Seiden spinnt/ verstrickt sich in sein
spinnen:
So müssen wir
Durch unsern Fleiß/ offt unsern Tod gewinnen.
Vil hat Verstand/ und was uns weise macht;
In's Grab gebracht.

4. Der Tulipan
Wird weil er gläntzt/ von Jungfern
abgeschnitten;
Schau Menschen an!
Sie haben Schmach/ umb daß sie schön/
erlitten.
Und (wenn sie nicht entsetzt ein schneller Tod;)
Ach! Angst und Noth!

5. Bist du bekant?
So kan dir ider deine Feil' auffrücken:
Wofern dein Stand
Verborgen ligt/ so wird dich ider drücken.
Wer reich ist/ wird beneidet und verlacht;
Wer arm; der schmacht.

6. Wie ohne Ruh'
Ein Schifflein wird bald her/ bald hin
geschmissen:

So setzt uns zu
Der Sorgen Sturm/ wir werden hingerissen
Auff dises Lebens Schmertzenvollen See.
Da eitel Weh!

7. Wie selig ist
Wer Schadenfrey kan an den Port einfahren!
Wer ihm erkist/
Den rechten Lauff der Gott-ergebnen Scharen.
Der kan/ ob Wellen/ Bergen gleich' auffstehn:
Nicht untergehn!

EITELKEIT MENSCHLICHEN LEBENS!

1. Ach/ was ist doch unser armes Leben!
Als ein Traum mit Eitelkeit umbgeben!
Als ein Staub/ den Lufft und Wind erreget/
Ein Regen leget!

2. Ein Schnee der eh' als es jemand innen/
Wann der Lentz herein tritt/ mus zerrinnen
Es verschwindet gleich der Wasserblase/
Bricht gleich dem Glase.

3. Es verleurt sich wie ein Regenbogen;
Ist der Morgenröthe gleich verzogen/
Als ein Nebel/ welchen/ wenn es taget/
Die Sonn hinjaget.

4. Es ist ein Thau den die Hitz auffzehret/
Ein Blat/ das der scharffe Nord umbkehret/
Eine Blum/ die itzt das Aug erqvicket/
Itzt hingerücket!

5. Wie Eiß/ das der heissen Sonnen weichet/
Wie ein Blitz schnell durch die Wolcken
                                          streichet:
Wie ein Schatten/ wenn das Liecht wil
                                          schwinden/
Nicht mehr zu finden;

6. Wie ein Widerschall/ der kaum zu hören/
Wie ein Rauch/ den Wind alsbald zustören;
Wie ein Lustspiel/ wie ein strahl der Kertzen/
Und Abend-schertzen.

7. Ach so schwindet dieses kurtze Leben!
Darumb last uns Seel und Sinn erheben/
Und nach dem/ was ewig/ munter ringen
Vor allen Dingen!

RUHE DES GEMÜHTES

1.

Wie seelig ist der hohe Geist zu schätzen/
Der deß geschminckten Glückes falsche Pracht
Und was bethörte Sinnen mag ergetzen/
Mit Sorg- und Kummer-freyem Mutt verlacht!
Dem kein Verzagen/
Das Hertz zubricht:
Den kein Wehklagen/
Kein scheel Gesicht
Noch Neyd ansicht.

2.

Er tritt/ was alles tritt mit steiffen Füssen/
Herrscht über sich und pocht der
                                          Menschen Noth.
Er trotzt was Fleisch und Jahre leiden müssen/
Er zwingt die Pest der grossen Welt/ den Tod.
Er findet in sich/
Was jener sucht
Der stets/ gleich als ich
In schneller Flucht
Irr't ohne Frucht.

3.

Er hört mit Lust/ wenn mancher rühm't
                   und leuget
Und höhnt den Rauch der stolzen Eitelkeit/
Er schau't/ wenn mich ein falscher Freund
                   betreuget/
Sich umb/ nach Treu/ der hochbegreißten Zeit.
Er lib't nicht Libe
Die Wind und Dunst
Und Seelen Hibe
Gibt vor die Gunst
Der keuschen Brunst.

4.

Er schmückt sein gantz mit Ehr gezirt Gemütt
Mit nicht gemeinem Glantz der Weißheit aus;
Er lern't warumb die stoltze Welle wütte;
Er kenn't die Sternen selbst in ihrem Hauß
Was in den Lüfften
Was ob uns schweb;
Was aus den Klüfften
Der Grufft/ erheb'/
Und ewig leb'.

5.

Ihm steht was Welt und Himmel zuschleust/
                   offen:
Er denen nur/ die sein Verstand erwehlt.
Von denen gleiche Seel und Gunst zu hoffen/
Und Treu/ die Freund erkist und selten zehlt/
Mit disen theilet
Er Lust und Leid/
Er übereilet
Was nah' und weit.
Pocht Tod und zeit.

6.

Ach! könt ich/ was ich itzund rühm erlangen!
Ach mein Verhängnüß! was hält mich zurück?
Wenn wird mich doch die süsse Ruh
                   umbfangen?
Die schönste Lust/ das allerhöchste Glück.
Mich würd ergetzen
Ein lustig Feld
Vor reichsten Schätzen
Der Fürsten Zelt/
Ja Ehr und Welt.

Einsamkeit

In diser Einsamkeit/ der mehr denn
                   öden Wüsten/
    Gestreckt auff wildes Kraut/ an die bemoßte
                   See:
    Beschau' ich jenes Thal und diser Felsen Höh'
    Auff welchem Eulen nur und stille Vögel nisten.
Hir/ fern von dem Pallast; weit von des
                   Pövels Lüsten/
    Betracht ich: wie der Mensch in Eitelkeit
                   vergeh'
Wie/ auff nicht festem Grund' all unser
                   Hoffen steh'
Wie die vor Abend schmähn/ die vor dem
                   Tag uns grüßten.
    Die Höl'/ der raue Wald/ der Todtenkopff/
                   der Stein/
    Den auch die Zeit aufffrist/ die abgezehrten
                   Bein/
Entwerffen in dem Mutt unzehliche
                   Gedancken.
    Der Mauren alter Grauß/ diß ungebau'te
                   Land
    Ist schön und fruchtbar nur/ der eigentlich
                   erkant/
    Daß alles/ ohn ein Geist/ den Gott selbst hält/
                   muß wancken.

THRÄNEN IN SCHWERER KRANCKHEIT

Ich bin nicht der ich war/ die Kräffte
                    sind verschwunden/
    Die Glider sind verdorr't/ als ein durch-
                    brandter Grauß:
    Mir schaut der schwartze Tod zu beyden
                    Augen aus/
Ich werde von mir selbst nicht mehr in
                    mir gefunden.
Der Athem wil nicht fort/ die Zunge steht
                    gebunden/
    Wer siht nicht/ wenn er siht die Adern sonder
                    Mauß/
    Die Armen sonder Fleisch/ daß diß mein
                    schwaches Hauß
Der Leib zerbrechen wird/ noch inner wenig
                    Stunden.
    Gleich wie die Wisen Blum lebt wenn das
                    Licht der Welt
    Hervor bricht/ und noch ehr der Mittag
                    weggeht/ fällt;
So bin ich auch benetzt mit Thränen-tau
                    ankommen:
    So sterb ich vor der Zeit. O Erden gute Nacht!
    Mein Stündlein laufft zum End/ itzt hab ich
                    außgewacht
Und werde von dem Schlaff des Todes
                    eingenommen.

DER TOD

Was hilfft die gantze Welt/ Mensch! deine
                    Stunde schlägt!
    Zwar eh' als du vermeynt! doch wer muß nicht
                    erbleichen?
    Nun wird die Schönheit rauch; nun muß
                    die Tugend weichen/
Nun ist dein Adel Dunst/ die Stärcke
                    wird bewegt!
Hir fällt auff eine Baar der Hutt und Krone
                    trägt
    Hir feilt die grosse Kunst/ kein Tagus schützt
                    die Reichen.
Man siht kein Alter an/ die gantz verstellte
                    Leichen
    (O Freunde! gutte Nacht!) wird in den Staub
                    gelegt
Du scheidest! gantz allein! von hir! wohin!
                    so schnelle!
    Diß ist des Himmels Bahn! die öffnet dir
                    die Helle!
    Nach dem der strenge Printz sein ernstes
                    Urtheil hegt.
Nichts bringst du auff die Welt/ nichts kanst du
                    mit bekommen:
    Der einig' Augenblick hat/ was man hat/
                    genommen.
    Doch zeucht dein Werck dir nach. Mensch!
                    deine Stunde schlägt.

DAS LETZTE GERICHT

Auff Todten!! auff! die Welt verkracht in letztem
                    Brande!
    der Sternen Heer vergeht! der Mond
                    ist dunckel-rott/
    Die Sonn' ohn allen Schein! Auff/ ihr die
                    Grab und Kott
Auff! ihr die Erd und See und Hellen hilt
                    zu Pfande!
Ihr die ihr lebt komm't an: der Herr/ der vor
                    in Schande
    Sich richten liß/ erscheint/ von Ihm laufft
                    Flamm'und Noth
    Bey Ihm steht Majestätt/ nach ihm/ folgt Blitz
                    und Tod/
Umb ihn/ mehr Cherubim als Sand an
                    Pontus Strande.
Wie liblich spricht Er an/ die seine Recht'
                    erkohren.
Wie schrecklich donnert Er/ auff dise/
                    die verlohren.

Unwiderrufflich Wort/ kommt Freunde/
Feinde fliht!
Der Himmel schleust sich auff! O Gott!
welch frölich scheiden;
Die Erden reist entzwey. Welch Weh/ welch
schrecklich Leiden.
Weh/ Weh dem/ der verdam't: wol dem/
der Jesum siht!

Die Hölle

Ach! und Weh!
Mord! Zetter! Jammer/ Angst/ Creutz! Marter!
Würme! Plagen.
Pech! Folter! Hencker! Flamm! Stanck! Geister!
Kälte! Zagen!

Ach vergeh!
Tiff' und Höh'!
Meer! Hügel! Berge! Felß! wer kan die Pein
ertragen?
Schluck Abgrund! ach schluck' ein! die nichts
denn ewig klagen
Je und Eh!
Schreckliche Geister der tunckelen Hölen/
ihr die ihr martret und Marter erduldet?
Kan denn der ewigen Ewikeit Feuer/ nimmer-
mehr büssen diß was ihr verschuldet?
O grausamm' Angst stets sterben/ sonder
sterben!
Diß ist Flamme der grimmigen Rache/ die
der erhitzete Zorn angeblasen:
Hir ist der Fluch der unendlichen Straffe/ hir
ist das immerdar wachsende Rasen:
O Mensch! Verdirb/ umb hir nicht zu
verderben.

MARTIN OPITZ

MARTIN OPITZ

Martin Opitz wurde am 23. Dezember 1597 in Bunzlau geboren. Seine ersten Erfahrungen mit dem Späthumanismus und der neuartigen niederländischen Dichtung machte er bereits als Schüler in Breslau. Im Alter von 22 Jahren ging Opitz nach Heidelberg. Dort machte er im Hause Lingelheims Bekanntschaft mit nahezu allen literarischen Strömungen seiner Zeit.

Von größter Bedeutung für das schriftstellerische Schaffen Opitz' war seine Reise in die Niederlande im Jahre 1620. Der dort gepflegte moderne Stil der Dichtkunst, in dem neue Versarten zum Durchbruch gekommen waren, begeisterte Opitz ebenso wie viele seiner deutschen Zeitgenossen, etwa Arthur Hübner oder Georg Rudolf Weckherlin. Also schrieb er zwei Werke über die Methodik der Dichtung, das »Buch von der teutschen Poeterey« und »Die Teutschen Poemata«, worin er die holländischen Errungenschaften in die deutsche Sprache umsetzte. Damit ergatterte sich Opitz, der im Grunde nichts anders beurteilt, aber schneller reagiert hatte als viele seiner literarischen Zeitgenossen, einen zentralen Platz in der deutschen Literaturgeschichte.

1622 wurde Opitz Professor am Gymnasium in Weißenburg/Siebenbürgen, 1623 kehrte er nach Schlesien zurück. Im Jahr 1625 krönte ihn der Kaiser mit dem Dichterlorbeer. Zwischen 1626 und 1635 diente der Dichter verschiedenen Fürsten, zuletzt als Diplomat der Schlesier. Gleichzeitig war Opitz schwedischer Agent. Zwar flüchtete er nach dem Frieden von Prag im Jahre 1635 nach Thorn, wo er als polnischer Hofhistoriker Wladislaw von Polen diente, er blieb aber weiterhin für die Schweden tätig.

Martin Opitz starb im Jahre 1639 in Danzig an der Pest.

Opitz' Stärke lag in der perfekten Beherrschung der dichterischen Regeln. Mit ihm begann eine neue Epoche der Formvollendung in der Dichtung. Zu seinen Werken gehören neben den genannten Büchern auch zahlreiche Übersetzungen sowie die der gleichnamigen Oper als Vorlage dienende »Dafne« und die »Schäfferei von der Nympfen Hercinie«. Unter seinen lyrischen Werken sind vor allem die Gedicht-Sammlungen »Salomons Hohes Lied« und »Die Klag-Lieder« hervorzuheben.

Ein Gebet/ dass Gott die Spanier widerumb vom Rheinstrom wolle treiben. 1620

Schlag doch/ du starcker Heldt/ die
          Scheußlichen Maranen/
So leyder ihre Zelt und Blutgefärbten Fahnen
Auch jetzt in Teutschlandt bracht/ an unsern
          schönen Rhein/
Der Waffen tragen muß/ vor seinen
          guten Wein/
Es ist genug gespielt mit eisernen Ballonen/
Du grosser Capitain/ hör auff/ fang' an
          zu schonen/
Es ist genug/ genug/ die Götter sein verheert
Durch die/ so sie gemacht/ Statt/ Dorff/
          und Feld verkehrt/
Laß die/ durch deren Grimm die Ströme
          kaum geflossen
Von Leichen zugestopfft/ nit außgehn
          ungenossen/
Und mache kundt/ daß er/ der dir zugegen
          strebt/
Stürtzt/ oder bleibt er ja/ ihm selbst
          zur straffe lebt.

(Über die Eroberung der Stadt Magdeburg)

Die stets alleine schlief/ die alte
          keusche Magd/
Von tausenden gehofft/ und tausenden
          versagt/
Die Carl zuvor/ und itzt der Marg-Graf
          hat begehret/
Und jenem nie/ und dem nicht lange
          ward gewähret/

Weil jener ehlich war/ und dieser Bischoff
          ist/
Und keine Jungfrau nicht ein frembdes Bett
          erkiest/
Kriegt Tylli. Also kömmt itzt keusch und
          keusche Flammen/
Und Jungfrau und Gesell/ und alt und
          alt zusammen.

Francisci Petrarchae

Ist Liebe lauter nichts/ wie daß sie mich
          entzündet?
Ist sie dann gleichwol was/ wem ist ihr
          Thun bewust?
Ist sie auch gut und recht/ wie bringt sie
          böse Lust?
Ist sie nicht gut/ wie daß man Frewd' aus
          ihr empfindet?
Lieb' ich ohn allen Zwang/ wie kan ich
          Schmertzen tragen?
Muß ich es thun/ was hilfft's daß ich solch
          Trawen führ'?
Heb' ich es ungern an/ wer dann befihlt
          es mir?
Thue ich es aber gern'/ umb was hab' ich
          zu klagen?
Ich wancke wie das Graß so von den kühlen
          Winden
Umb Vesperzeit bald hin geneiget wird/
          bald her:
Ich walle wie ein Schiff das durch das
          wilde Meer
Von Wellen umbgejagt nicht kan zu Rande
          finden.
Ich weis nicht was ich wil/ ich wil nicht
          was ich weis:
Im Sommer ist mir kalt/ im Winter ist
          mir heiß.

AUFF DES PETRARCHEN KATZE

Der Tichter von Florentz hat zweyerley
                geliebet/
Mich vor/ die Laura dann der er viel
                ehre giebet.
Was lachst du? ihre ziehr war würdig
                solcher brunst/
Und meine grosse trew verdiente gleichfals
                gunst.
Sie machte daß er lust und muth gewann
                zum schreiben/
Ich machte daß die schrifft vor mäusen
                kundte bleiben.

ECHO ODER WIDERSCHALL

Echo Göttin die man niergendt
                kan finden/
Und bist doch nicht wenn man
                dich rufft dahinden/
Antworte mir auff meine Frage.   Frage.
Was thue ich in des Tages Hitze?   Sitze.
Ob ich mich mit dir unterrede?   Rede.
Was ists das mich so thut
                außsaugen?   Augen.
So hat mein Lieb an sich
                die Stücke?   Tücke.
Und krieg' ich das für meine
                Trewe?   Rewe.
Thut sich doch nichts so hart
                erweisen!   Eysen.
Wie mach' ich's denn das ich's
                erleyde?   Leyde.
Wie thue ich das ich sie erbitte?   Bitte.
So sol ich mich ihr untergeben?   Geben.
Was machet mich aber recht
                lieben?   Üben.
Muß ich die Lieb' andern   Schwei-
                verschweigen?   gen.

Und die Begier heimlich
                verbergen?   Bergen.
Und so wirdt sich das Blat
                noch wenden?   Enden.
Wie mach' ich das ich's end'
                erwarte?   Warte.
Was werd' ich denn zu letzt
                erhalten?   Halten.
Es ist genung hab' ich die Gnade.   Ade.

(IHR/ HIMMEL/ LUFFT UND WIND)

Ihr/ Himmel/ Lufft und Wind/ ihr Hügel
                voll von Schatten/
Ihr Hainen/ ihr Gepüsch'/ und du/
                du edler Wein/
Ihr frischen Brunnen ihr so reich am
                Wasser seyn/
Ihr Wüsten die ihr stets müßt an der
                Sonnen braten/
  Ihr durch den weissen Thaw bereifften
                schönen Saaten/
  Ihr Hölen voller Moß/ ihr auffgeritzten
                Stein'/
Ihr Felder welche ziert der zarten Blumen
                Schein/
Ihr Felsen wo die Reim' am besten mir
                gerathen/
  Weil ich ja Flavien/ das ich noch nie
                thun können/
Muß geben gute Nacht/ und gleichwol
                Muth und Sinnen
Sich förchten allezeit/ und weichen
                hinter sich/
  So bitt' ich Himmel/ Lüfft/ Wind/ Hügel
                Hainen/ Wälder/
Wein/ Brunnen/ Wüsteney/ Saat/ Hölen/
                Steine/ Felder
Und Felsen sagt es ihr/ sagt/ sagt es ihr
                vor mich.

AN EINE JUNGFRAW

Umb alles Gut und Geld in diesem
gantzen Lande/
Erzehl' ich weder euch noch andern was
zu Schande/
Und weis gewißlich auch/ daß niemand
sprechen kan/
Ich hab' aus Feindschafft ihm was Leides
angethan.
Ihr möget aber doch darneben kühnlich
gleuben/
Daß ich/ ohn euch/ Gott lob/ wol werd'
im Leben bleiben/
Wil derenthalben auch mich nimmer
unterstehn
Von wegen ewrer Gunst mit Lügen umb
zu gehn.
Diß alles laß' ich euch die Hofeleut' erzeigen/
Die sonsten ziemlich hoch mit Reden
können steigen/
Und jedes Wort auffziehn nicht ohne
grossen Schein/
Auff daß sie so bey euch in Gnaden
mögen seyn.
Sie thun wol einen Eyd/ nicht dennoch
ohne lachen/
Daß ewer' Augen auch die Sternen
finster machen/
Und daß sie heller seyn denn alles
Firmament/
Ja daß die Sonne selbst auch nicht so
hefftig brennt.
Sie schweren hoch und sehr/ daß Gott
euch auserlesen
Vor aller Zierligkeit und allem
schönen Wesen/
Und sagen/ selig sey das Jahr unnd denn
die Zeit/
In der ihr grosse Ziehr der Welt
gebohren seydt.
Sie sprechen wol darbey/ daß ihr mit
ewren Blicken

Ein härter Hertz als Stein vermöget
zu entzücken/
Daß aus America die beste Specerey
Mit ewrem Athem weit nicht zu
vergleichen sey;
Daß solche Hände nicht gemahlet werden
köndten/
Daß gegen ihnen Schnee zu gleichen sey
der Tinten/
Daß jedes Zähnlein sey ein köstlicher
Demant/
An welches die Natur all' ihre
Kunst gewandt:
Und daß die Lippen auch/ so mehr als
Rosen blühen
Weit seyn den edelsten Corallen vorzuziehen:
Daß Haar (ich glaube nicht daß es von
Hertzen kömpt)
Ein jeglicher vor Gold und beste
Perlen nimpt.
Sie setzen wol hinzu/ wenn sie euch
reden hören/
Daß auch ein jedes Wort starck sey sie
zu versehren/
Unnd daß der starcke Mars durch ewrer
Zungen Schein
Die Waffen abzuthun bereitet würde seyn.
Geliebet euch hernach von Venus was
zu singen/
Die Winde könnet ihr mit ewrer Stimme
zwingen/
Und wenn ihr weiter auch euch zu der
Lauten findt/
Ist Orpheus ungelehrt/ und gegen euch
ein Kindt.
Wann ihr zu Felde kompt/ wohin man
euch sieht gehen
Da sieht man alsobald die schönsten
Blumen stehen;
In summa/ die Natur hat diß an euch
gethan/
Daß ewre Treffligkeit kein Mensch
beschreiben kan.

Wie möcht' ich aber wol so falscherdachte
                    sagen/
Und groß' Auffschneyderey mit Langmut
                  nur ertragen?
  Ich glaube wer das Thun nur halb
              beschreiben wolt'/
  Er Feder und Pappier auch schamroth
              machen solt'.
Und was dann mich belangt/ bin ich gar
            nicht der Sinnen
Daß ich also die Gunst verhoffe zu gewinnen/
  So hat mein Hertz auch jetzt noch einen
            solchen Wahn/
  Daß ich ihm wann ich wil gar leichte
             wehren kan.
Ich sage freylich wol/ und weis es war
             zu machen/
Daß ihr gar rein' und steiff bewahret
            ewre Sachen/
  Und daß auch sehr viel seyn voll Hoffart/
            stoltz und Pracht
  Die ihr gar weißlich doch nicht sonders
            habt in acht.
Daß ich euch aber auch für göttlich
            solt' erkennen/
Man möcht' es/ fürcht' ich nur/ wol Träum'
          und Lügen nennen:
  In ewrem Leichnam ist zwar alle Zierligkeit/
  Doch auch nicht wenig steht vom Himmel
            trefflich weit.

AUS DEM ITALIENISCHEN DER EDELEN POETIN VERONICA GAMBARA

SIE REDET DIE AUGEN IHRES BUHLEN AN/ DEN SIE UMBFANGEN.

  So offt' ich ewren Glantz/ ihr hellen Augen/
            schawe/
Bin ich in grosser Lust vertäufft so hoch
           und weit/

Daß ich mich frewen muß auch in
            Trübseligkeit
Und eusserster Fortun/ in dem ich auff
            euch bawe.
  Hergegen Schätz' ich mich für die
          betrübtste Frawe/
Wann ihr nicht wie zuvor geneigt und
          freundlich seyd:
Ich bin mir selber gram/ mein Leben ist
            mir leidt/
Dieweil ich euch nicht hab' auff die ich
           einig trawe.
  Ihr irrdisches Gestirn'/ ihr sterblichen
           Planeten/
Ihr meine Sonn' unnd Mond'/ ihr/
        die ihr mich könnt tödten/
Ohn euch ist alle Lust nichts als ein
          blosses Bild.
  Was wundert ihr euch dann/ daß ich
         zu euch muß eilen/
Mein bester Trost? es fleucht ein jeder
         für den Pfeilen
Des Todes/ wider welch' ihr seyd mein
         starcker Schild.

(ACH LIEBSTE/ LASS UNS EILEN)

Ach Liebste/ laß uns eilen/
  Wir haben Zeit:
Es schadet das verweilen
  Uns beyderseit.
Der edlen Schönheit Gaben
  Fliehn fuß für fuß:
Das alles was wir haben
  Verschwinden muß.
Der Wangen Ziehr verbleichet/
  Das Haar wird greiß/
Der Augen Fewer weichet/
  Die Brunst wird Eiß.
Das Mündlein von Corallen
  Wird ungestalt/

Die Händ' als Schnee verfallen/
    Und du wirst alt.
Drumb laß uns jetzt geniessen
    Der Jugend Frucht/
Eh' als wir folgen müssen
    Der Jahre Flucht.
Wo du dich selber liebest/
    So liebe mich/
Gieb mir/ das/ wann du giebest/
    Verlier auch ich.

(IHR SCHWARTZEN AUGEN)

Ihr schwartzen Augen/ ihr/ unnd du
               auch schwartzes Haar/
Der frischen Flavien/ die vor mein
                    Hertze war/
  Auff die ich pflag zu richten/
    Mehr als ein weiser soll/
  Mein Schreiben/ Thun und Tichten/
    Gehabt euch jetzund wol.
Nicht gerne sprech' ich so/ ruff' auch
               zu Zeugen an
Dich/ Venus/ und dein Kind/ daß ich
               gewiß hieran
  Die minste Schuld nicht trage/
    Ja alles Kummers voll
  Mich stündlich kränck' und plage/
    Daß ich sie lassen soll.
Ihr Parcen/ die ihr uns das Thun des
               Lebens spinnt
Gebt mir und ihr das was ich ihr/ und
               sie mir gönnt/
  Weil ich's ja soll erfüllen/
    Soll zähmen meinen Fuß/
  Und wieder Lust und Willen
    Auch nachmals sagen muß:
Ihr schwartzen Augen/ ihr/ unnd du
               auch schwartzes Haar/
Der frischen Flavien/ die vor mein
                    Hertze war/
  Auff die ich pflag zu richten/

    Mehr als ein weiser soll/
  Mein Schreiben/ Thun und Tichten/
    Gehabt euch jetzund wol.

SONNET
ÜBER DIE AUGEN DER ASTREE

  Diß sindt die augen: was? die götter;
               sie gewinnen
Der helden krafft undt muth mitt ihrer
               schönheit macht:
Nicht götter; himmel mehr; dann ihrer
               farbe pracht
Ist himmelblaw/ ihr lauff ist über
               menschen sinnen:
  Nicht himmel; sonnen selbst/ die also
               blenden können
Daß wir umb mittagszeit nur sehen lauter
               nacht:
Nicht sonnen; sondern plitz/ der schnell
               undt unbedacht
Herab schlegt wann es ie zue donnern
               wil beginnen.
  Doch keines: götter nicht/ die böses
               nie begehen;
Nicht himmel/ dann der lauff des
               himmels wancket nicht;
Nicht sonnen/ dann es ist nur einer
               Sonne liecht;
  Plitz auch nicht/ weil kein plitz so
               lange kan bestehen:
Iedennoch siehet sie des volckes blinder wahn
Für himmel/ sonnen/ plitz undt götter
               selber an.

DIE SULAMITHINN

aus »Salomons Hohes Lied«

Ich bleib' und bin deß Liebsten für und für/
Dann seine lust beruhet gantz auff mir.

Komm/ Hertze/ komm; laß uns zu Felde
                                    bleiben
In feister Rhue/ und da die Zeit vertreiben.
Wir lassen nur der Statt nicht-rechten-schein/
Ihr eitels thun und falsche Frewde sein;
Wir wolln mit dir/ O Morgenröth'/
                                    auffstehen/
Und frölich hin in unsern Weinberg gehen.
Wir wollen sehn ob nicht der Stock
                                    schier blüht/
Und ob er nicht mit newen Augen sieht;
Ob dieses Jahr wird Granatöpffel tragen/
Ob ihre Haut beginnet außzuschlagen.
Alsdann will ich dir reichen meine Brust/
Und einen Kuß; will alle Feldeslust
Dich lassen sehn/ dir alle Früchte geben
So ich für dich pfleg' heilig auffzuheben.

Das Siebende Liedt

(aus »Salomons Hohes Lied«)

Wie schöne Füß' und auch wie schöne Schue
Sind deine doch/ du Fürstentochter du!
Wie Spangen stehn beysammen deine Lenden/
Sehr wol gemacht von guten Meisterhänden.
Dein Nabel wie ein runder Becher steht/
dem niemals Tranck und süsser Wein abgeht;
Der Bauch gleicht sich dem
                                    Weitzenhauffen eben/
Der rings umbher mit Rosen ist umbgeben.
Gleich wie man sicht zwey junge Rehe sich
Mit geilem Spiel' ergetzen lustiglich/
Und frölich sein an einer grünen Wüste/
So stehn dir auch die rundterhabnen Brüste.
Dein weisser Hals giebt von sich
                                    solchen schein
Als wie ein Thurn gemacht auß Helffenbein.
Die Wangen sind wie Hesbons schöne Teiche
Am Bathrabs Thor' in Armons seinem Reiche.
Die Nas' ist dir wie Libans Thurn erhöht
Hier wo der Weg hin nach Damascus geht:

Das Haupt sieht auß wie Karmel
                                    an dem Strande
Der Mittelsee im Palestiner Lande.
Das edle Haar mit dem du/ Liebste/ blühst/
Hat einen Glantz wie Königs purpur ist.
Du hast doch nichts als lauter solche Gaben
Die manch' ihr wündscht/ und du kanst
                                    einig haben.
Was ist es nun das dir an lenge gleicht?
Ein Palmenbawm der keiner last nicht weicht.
Die Brüste stehn wie Trauben die noch reiffen/
Und harte sind zum ersten anzugreiffen.
Was geb' ich doch dem säumen weiter raum/
Und steige nicht auff meinen Palmenbawm?
Laß deine Brüst' als junge Trauben stehen/
Der Nasen ruch für schmeckend'
                                    Oepffel gehen.
Dein zarter Schlund sey wie ein süsser Wein
Der uns erquickt und schläfft die Sinnen ein/
Und machet das dein Buhle sachen saget/
Wie einer der im Traume nach was fraget.

Vom Wolffesbrunnen bey Heidelberg

Du edler Brunnen du/ mit Rhu und
                                    Lust umbgeben
Mit Bergen hier und da als einer
                                    Burg umbringt/
Printz aller schönen Quell'/ aus welchen
                                    Wasser dringt
Anmutiger dann Milch/ unnd köstlicher
                                    dann Reben/
Da unsres Landes Kron' und Häupt mit
                                    seinem Leben/
Der werthen Nymph'/ offt selbst die lange
                                    Zeit verbringt/
Da das Geflügel ihr zu Ehren lieblich singt/
Da nur Ergetzligkeit und keusche
                                    Wollust schweben
Vergeblich bist du nicht in dieses grüne Thal

Beschlossen von Gebirg' und Klippen uberall:
Die künstliche Natur hat darumb
                     dich umbfangen
   Mit Felsen und Gepüsch'/ auff daß man
                     wissen soll
Daß alle Fröligkeit sey Müh' und Arbeit voll/
Und daß auch nichts so schön/ es sey
                  schwer zu erlangen.

(ICH EMPFINDE FAST EIN GRAWEN)

   Ich empfinde fast ein Grawen
Daß ich/ Plato/ für und für
Bin gesessen uber dir;
Es ist Zeit hinaus zu schawen/
Und sich bey den frischen Quellen
In dem grünen zu ergehn/
Wo die schönen Blumen stehn/
Und die Fischer Netze stellen.
   Worzu dienet das studieren
Als zu lauter Ungemach?
Unter dessen laufft der Bach/
Unsers Lebens das wir führen/
Ehe wir es inne werden/
Auff ihr letztes Ende hin/
Dann kömpt ohne Geist und Sinn
Dieses alles in die Erden.
   Hola/ Junger/ geh' und frage
Wo der beste Trunck mag seyn/
Nimb den Krug/ und fülle Wein.
Alles Trawren/ Leid unnd Klage
Wie wir Menschen täglich haben
Eh' uns Clotho fort gerafft
Wil ich in den süssen Safft
Den die Traube giebt vergraben.
   Kauffe gleichfals auch Melonen/
Und vergieß des Zuckers nicht;
Schawe nur daß nichts gebricht.
Jener mag der Heller schonen/
Der bey seinem Gold' und Schätzen

Tolle sich zu krencken pflegt/
Und nichts satt zu Bette legt;
Ich wil weil ich kan mich letzen.
   Bitte meine gute Brüder
Auff die Music und ein Glas:
Nichts schickt/ dünckt mich/ nicht sich baß
Als gut Tranck unnd gute Lieder.
Laß' ich gleich nicht viel zu erben/
Ey so hab' ich edlen Wein;
Wil mit andern lustig seyn.
Muß ich gleich alleine sterben.

ELEGIE

In dem die Sonne sich hat in das Meer
                     begeben/
   Und das gestirnte Haupt der Nacht herausser
                     bricht/
Sind Menschen/ vieh und Wild wie gleichsam
                     ohne Leben/
   Der Monde scheinet auch gar kaum mit
                     halbem Liecht'.
Ich/ ob schon alles schläfft/ muß ohn
                     Auffhören wachen/
   Von vielen Tagen her/ und wallen ohne Rhu:
Ist schon die gantze Welt befreyt von
                     ihren Sachen/
   So bring' ich doch vor Lieb' und Angst
                     kein Auge zu.
Auch dich/ Asterie/ hat gantz der
                     Schlaff umbringet/
   Der Tagesarbeit furth/ des Todes Ebenbild;
Da mir der Zehren Bach aus beyden
                     Augen dringet/
   Bist du mit sanffter Rhu auff deinem
                     Bett' erfüllt.
Wie wann sich Delia hat in den Wald
                     verborgen/
   Wird durch den Schlaff erwuscht/ und fellt
                     in's grüne Graß;
Und wie die Nymphen auch sich legen
                     gegen Morgen/

Nach dem der Nachttantz sie gemacht hat
 müd' und laß.
Sie ruhen sicherlich bey einem frischen
 Bronnen/
Die Bäume halten auff der Morgenröthe
 Liecht;
Daß sie nicht alsobald erwachen von der Sonnen
Deckt sie der dicke Wald: Pan aber
 schläffet nicht.
Er geht/ er rufft/ er schreyt mit sehnlichem
 Verlangen/
Daß seine Stimm' erklingt durch Püsche/
 Berg und Thal/
Und sie sind sänfftiglich mit süssem
 Traum' umbfangen;
Dem Pan antwortet nur der blosse
 Wiederschall.
Du auch/ mein Leben/ schläffst/ ich muß
 in Nöthen wallen;
Du bist in guter Rhu/ ich wache für und für/
Biß mich der letzte Tod wird endlich
 uberfallen/
Auff den ich sehnlich wart' allhier bey
 deiner Thür.

(JETZUND KÖMPT DIE NACHT HERBEY)

Jetzund kömpt die Nacht herbey/
Vieh und Menschen werden frey/
Die gewüntschte Ruh geht an;
Meine Sorge kömpt heran.
 Schöne gläntzt der Mondenschein;
Und die güldnen Sternelein;
Froh ist alles weit und breit/
Ich nur bin in Trawrigkeit.
 Zweene mangeln uberall
An der schönen Sternen Zahl;
Diese Sternen die ich meyn'
Ist der Liebsten Augenschein.
 Nach dem Monden frag' ich nicht/

Tunckel ist der Sternen Liecht;
Weil sich von mir weggewendt
Asteris/ mein Firmament.
 Wann sich aber neigt zu mir
Dieser meiner Sonnen Ziehr/
Acht' ich es das beste seyn/
Das kein Stern noch Monde schein.

DAS ERSTE KLAGELIED

(aus »Die Klag-Lieder«)

Wie steht die waise Statt? wie steht sie
 so verlassen/
Sieht einer Witwen gleich/ ist leer auff
 allen gassen?
Muß dann der Völcker lust/ der Stätte
 ziehr und schein/
Der Länder Königinn/ muß die jetzt
 zinßbar sein?
Wie weint sie wann die Nacht/ die Amme
 der gestirne/
Den stillen Weltkreiß deckt? wie macht sie
 ihr gehirne
Vom heulen wüst' und matt? wie fleust
 der threnen Bach
Die bleichen wangen ab/ weil ja ihr ungemach
Kein Mensch nit trösten wil? hat dann der
 freundtschafft Orden
So gar den meineid lieb? sind alle trewloß
 worden?
Wie reiset Juda doch/ wie reiset sie doch hin/
Bestrickt in Dienstbarkeit? wie muß die
 Arme ziehn
Verachtet und betrübt von einem zu
 dem andern/
Bald diß bald jenes Land ohn alle rhue
 durchwandern?
Es kriegt und haschet sie daselbst ein jederman
Der sie verfolget hat wo sie nicht fliehen kan.
Der Weg nach Zion hin liegt allerseits
 verwüstet/

Weil keinen auff ein Fest zu kommen
                mehr gelüstet
Die Thore stehen leer/ die Priester sind
                in noth/
Die Jungfrawen krencken sich/ und sie
                ist selbst halb todt.
Der widersacher Haupt muß sie empor
                sehn schweben/
Muß ihre Feinde sehn in lust und
                frewden leben;
Dann Gott hat sie gestrafft/ hat ihrer
                Kinder heer
Gefangen weg geschickt/ weil sie sich
                hoch und schwer
An ihm versündigt hat. man wird nun
                nit mehr schawen
Der Tochter Zion schmuck wie Wieder
                nach den awen
Gantz matt und hungrig sehn/ und
                schlägebäuchig ziehn
Ohn alle Weid' und Graß für ihrem Treiber hin/
Sind Ihre Fürsten auch. Jerusalem die kräncket
Ihr Hertz' ohn unterlaß/ wann sie
                zurücke denckt
Wer sie fürweilen war/ und wer sie nun
                muß sein/
Die edle werthe Statt; es frist ihr
                Marck und Bein/
Das sie ihr Volck soll sehn zu ihres Feindes
                füssen/
Und niemand hilfft ihr nit; kein Mensch
                will vo ihr wissen;
Sie ist der Feinde lust; sie spotten sie darzu/
Und lachen hönisch auß deß Sabbachs ware rhu.
Es hat Jerusalem viel ärgernuß gegeben/
Und Gottes rach' erweckt; drumb muß sie
                jetzund leben
Als ein beflecktes Weib. Dieweil man sehen kan
Wie ihre scham entblöst/ so schewt
                sie jederman
Der vormals sie geehrt: sie aber holt
                vom Hertzen
Viel seufftzer tief herauß/ und hat für
                schand und schmertze

Das Antlitz weggekehrt/ das Antlitz das ihr roht
Für scham und weinen ist/ das ihre grosse noth
Mit stilleschweigen sagt; Es klebt ihr
                an dem saume
Der unflat jetzund noch. Sie hett' ihr
                auch im traume
Für diesem nie gedacht auff eine solche zeit
Wie jetzt für Augen ist: sie ist ja gar zu weit
Und hoch her ab gestürtzt; und nebenst
                diesem allen
Thut niemand auff der Welt ihr so viel
                zu gefallen
Daß er sie trösten mag. Ach Herr Gott/
                laß nicht mehr
Mein elend über mir; der Feind prangt ja
                zu sehr.
Er hat hinweg geraubt den vorraht von
                geschmeiden/
Und ihre gantze ziehr: Sie hat gesehn
                die Heyden
Gehn in ihr Heiligthum/ da dein befehl
                doch ist
Sie solten umb das Volck das du dir außerkiest
In ewigkeit nicht sein. all' ihre Leute stehen
Und seufftzen für und für; sie müssen
                betteln gehen;
Sie geben ihren schmuck für Brod und
                Speise hin/
Zu laben ihren Geist. Sieh'/ Herr/ wie schnöd
                ich bin/
Sieh'/ und betrachte mich Schawt/ die ihr
                geht fürüber/
Schawt/ sag' ich/ mein noth: ist auch
                ein schmertze drüber
Auff dieser weiten Welt? Diß hat der
                Herr gemacht/
Als seines Zornes krafft ist grimmig
                auffgewacht/
Und sich ergossen hat. er hat hoch auß
                den lüfften/
Ein Fewer hergesandt in meiner beine klüfften/
Und ihm gewalt ertheilt; er hat ein garn gestellt
Zu fangen meinen Fuß/ und mich
                zurück geprellt.

Er hat mich so verwaist/ daß ich nun alle Tage
Mit angst und trawrigkeit mich übel
                schänd' und plage/
Und keine ruhe nicht weiß: durch seiner
                straffe macht
Ist meine schwere last der Sünden auffgewacht/
Und gantz auff meinen halß mit hellem
                hauffen kommen/
Das alle stärck und krafft mir wird hinweg
                genommen:
Er hat mich in die Hand derselben eingethan/
In derer härtigkeit ich nichts mich regen kan.
Der Herz hat gantz zermalmt/ und zornig
                auffgerieben
Die starcken so ich hatt'; er hat weit
                außgeschrieben
Ein Freyfest über mich/ das was für
                Mannschafft noch
Mir übrig blieben ist in gleichen trag' ein joch.
Der Tochter Juda hat der Herr auß
                grossem hassen
Und eyfer über sie den kelter tretten lassen.
Drumb wein' ich fort für fort; drumb rinnt
                das wasser mir
Auß beyder Augen quell ohn unterlaß herfür.
Mein Hort und Auffenthalt/ der meinen
                geist und sinnen
Mit trost' erquicken soll/ ist ja zu weit
                von hinnen:
Die Kinder sind hinweg: dieweil deß
                Feindes macht
Und stärcke mich und sie hat unter
                sich gebracht.
Wie streckt doch Zion auß die vormals
                zarten Hände/
Und ist auch niemand nicht der ihren
                kummer wende/
Und sprech ihr freundlich zu. Der sehrt
                erzürnte Gott
Gib rings umb Jacob her den Feinden
                ein gebott/
Daß sein Jerusalem mit schmach und
                hohn umbgeben/

Als die nicht redlich ist/ soll zwischen
                ihnen leben/
Und das sie wie ein Weib nechst ihnen
                wohnen muß
Die da besudelt ist durch ihrer blumefluß.
Der Herr der ist gerecht; dann ich hab' ihn
                verletzet/
Und seinem munde mich auß trutze
                widersetzet.
Hört/ alle Völcker/ hört/ schawt meinen
                schmertzen an:
Ach/ meine Jungfrawn sind gefänglich
                eingethan/
Und meine Jüngling' auch. Ich ruffte mit
                verlangen
Auff meiner Freunde schar; sie aber sind
                entgangen/
Und haben mich beruckt. Die Eltesten
                der Statt
Und Priester haben auch zu essen nur
                nicht satt;
Ihr Magen ist verdorrt; sie müssen Stück
                in Stücken
Das Brod erbitten gehn die Seele zu erquicken.
Ach/ Herr Gott/ siehe doch/ ich sterbe
                nunmehr schier
Für angst und bangigkeit; die Därm'
                erschüttern mir/
Das Hertz im leibe wallt? dann ich bin
                hoch betrübet:
Von aussen ist das Schwerd so mir viel
                streiche giebet/
Und nach der Seelen steht: im hause hat
                der Todt
Zur Witwen mich gemacht: man höret
                meine noth/
Man höret sie ja wol; ich seufftze stets
                und weine/
Und habe keinen nicht der mich mit
                trewen meine;
Die Feinde frewen sich das ich so kläglich thue/
Sie hören mich mit lust. Diß alles machest du.
Ach/ daß die Sonne doch auff ihrem
                güldnen Wagen

Den tag nicht jetzt bald bringt/ den dir schon
                                    an zu sagen
Zuvor beliebet hat/ an dem es gleich so wol
Auch ihnen eben so wie mir ergehen soll!
Laß ihre böse that für dein gesichte kommen/
Und schlag sie wie du mich hast jetzund
                                    fürgenommen/
Von wegen meiner Schuld/ und eyfrig
                                    außgeübt:
Dann/ Herr/ ich seufftze viel/ mein Hertz’
                                    ist hoch betrübt.

Sage von der Freundligkeit/
Von der Anmuth ihrer Jugend/
Von der angenehmen Zeit
Welcher du mit ihr genossen
Ehe sie die Zeit beschlossen.
    Wir auch wollen mit dir stimmen/
Wollen Eyfrig neben dir
An die blawen Wolcken klimmen/
Daß sie lebe für und für
Durch die Kunst gelehrter Seiten/
O du Orpheus unsrer Zeiten.

AN HERRN HEINRICH SCHÜTZEN/ AUFF SEINER LIEBSTEN FRAWEN ABSCHIED

O Du Orpheus unsrer Zeiten/
Den Thalia hat gelehrt/
Dessen Lied und güldne Seiten
Phebus selbst mit Frewden hört/
Worzu dienet dann das klagen?
Kan die Angst den Tod verjagen?
    Stimme deine Lauten wider/
Laß die Orgel besser gehn/
Laß erschallen deine Lieder
Soll dein Lieb noch bey dir stehn/
Soll sie auff das newe leben/
Und sich selbst dir widergeben.
    Gib ihr durch dein lieblichs singen
Was der Tod hat hingebracht;
Laß den süßen Thon erklingen
Den Eägers Sohn gemacht/
Und so künstlich hat gesungen
Daß er Nacht und Tod bezwungen.
    Die berühmbten Lieder bleiben
Wann wir lengst gestorben sind:
Was durch sie nicht kan bekleiben
Fehrt dahin wie Rauch und Wind.
Wer so stirbet muß nur sterben/
Und sein Lob mit ihm verderben.
    Preise deiner Liebsten Tugend/

HORATII: EXEGI MONUMENTUM

Ich hab’ ein Werck vollbracht dem Ertz
                            nicht zu vergleichen/
Dem die Pyramides an Höhe müssen weichen/
Daß keines Regens Macht/ kein starcker
                            Nordwind nicht/
Noch folge vieler Jahr’ und Flucht der
                            Zeit zerbricht.
Ich kan nicht gar vergehn. man wird mich
                            rühmen hören
So lange man zu Rom den Jupiter wird ehren.
Mein Lob soll Aufides der starck mit
                            rauschen fleußt.
Dann ich bin der durch den der Griechen
                            schönes Wesen/
Was Tichterkunst betrifft/ jetzt Römisch
                            wird gelesen.
Setz’ O Melpomene/ mir auff als meinen Ruhm
Den grünen Lorberkrantz/ mein
                            rechtes Eygenthumb.

Der CXXX. Psalm

Auß diesem tieffen grunde
Der ängsten ruff ich dir
Mit hertzen und mit munde/
O Gott/ mein trost und ziehr:
Du wolltest/ Herr/ mir leihen
Dein väterliches ohr:
Erhöre ja mein schreyen/
Laß diese seufftzen vor.

Dann wo du auff wilst mercken
Was sünden wir begehn/
Wer wird mit seinen wercken
Für dir/ o HERR/ bestehn:
Doch/ HERR/ du kanst vergeben/
Und bist genaden-voll/
Darmit man besser leben
Und dich mehr fürchten soll.

Ich wart' auff Gottes güte
Dem ich mein leid geklagt;
Es harret mein gemüte
Auff diß was er gesagt:
Es harrt mit trewen sorgen/
Ist wie die wächter sind/
Wie wächter eh es morgen
Und tag zu seyn beginnt.

Israel sol mit wachen
Und hoffen embsig seyn;
GOTT weiß es wol zu machen/
Und stellt die straffen ein:
Er wird von allem bösen/
Von schuld und missethat
Israel selbst erlösen
Das ihn zum HERREN hat.

GEORG RUDOLF WECKHERLIN

GEORG RUDOLF WECKHERLIN

Georg Rudolf Weckherlin wurde am 15. September 1584 in Stuttgart geboren. Ausgebildet zum Beamten, hielt er sich von 1606 bis 1615 im diplomatischen Dienst in Frankreich und England auf, ehe er 1616 nach Stuttgart zurückkehrte, wo er am Hof eine Stelle bekam. 1616 war auch das Jahr, in dem er Elizabeth Raworth, die Tochter des Bürgermeisters von Dover heiratete, mit der er 1619 endgültig seine Heimat verließ und nach England ging.

Einer Anstellung als Sekretär des Staatssekretärs folgte nach dem Bürgerkrieg der Einzug ins Parlament, wo er bald eine verantwortungsvolle Position als Latin Secretary bzw. Sekretär des Committee of Both Kingdoms in der Regierung innehatte. Er war Amtsvorgänger von John Milton, der seine Nachfolge antrat, als Weckherlin nach der Hinrichtung des Königs aus seinem Amt schied.

Auch wenn Weckherlin nicht wirklich ein »barocker« Dichter im engeren Sinne des Wortes war, trug er maßgeblich zur Entwicklung der Literatur seines Zeitalters bei. Zu seinen bedeutendsten Werken zählen neben vielen Festbeschreibungen seine »Oden und Gesäng« (1616/1619) und die erst im Jahre 1641 in England entstandenen »Gaistlichen und Weltlichen Gedichte«, denen die meisten der folgenden Gedichte entnommen sind. Georg Rudolf Weckherlin starb am 13. Februar 1653 in England.

An das Teutschland
Sonnet

Zerbrich das schwere Joch/ darunder
                    du gebunden/
O Teutschland/ wach doch auff/ faß wider
                    einen muht/
Gebrauch dein altes hertz/ und widersteh
                    der wuht/
Die dich/ und die freyheit durch dich
                    selbs überwunden.

Straf nu die Tyranney/ die dich schier
                    gar geschunden/
Und lösch doch endlich auß die (dich
                    verzöhrend) glut/
Nicht mit dein eignem schwaiß/ sondern
                    dem bösen blut
Fliessend auß deiner feind und falschen
                    brüdern wunden.

Verlassend dich auf Got/ folg denen
                    Fürsten nach/
Die sein gerechte hand will/ (so du
                    wilt) bewahren/
Zu der Getrewen trost/ zu der trewlosen raach:

So laß nu alle forcht/ und nicht die zeit
                    hinfahren/
Und Got wirt aller welt/ daß nichts
                    dan schand und schmach
Des feinds meynayd und stoltz gezeuget/
                    offenbahren.

An den Unüberwindlichen
König von Schweden/ etc.
1631

O König/ dessen haupt den Weltkraiß
                    zu regieren/
Und dessen faust die welt zu sigen/ allein gut;
O Herrscher/ dessen hertz/ Herr/ dessen
                    grossen muht
Gotsfurcht/ Gerechtigkeit/ Stärck/ Maaß
                    und Weißheit zieren:

O Held/ für dessen Schwert die Verfolger
                    die wuht/
Ihr klagen/ forcht/ gefahr die verfolgte
                    verlieren;
Mars/ Götlichen geschlechts/ von der
                    Errötter blut/
Wehrt über Tyranney und stoltz zu triumfieren.

Des feinds zorn/ hochmuht/ haß/
                    durch macht/ betrug/ untrew/
Hat schier in Dienstbarkeit/ Unrecht/
                    Abgötterey/
Des Teutschlands freyheit/ Recht und Gottes
                    dienst verkehret;

Als ewer haupt/ hertz/ hand/ gantz weiß/
                    gerecht/ bewehret/
Die feind bald ihren wohn und pracht in
                    hohn und Rew/
Die freind ihr leid in frewd zu verkehren/
                    gelehret.

An H. Martin Opitzen
Teutschen Poeten/ etc

Indem mein ohr/ hand/ mund schier müd/
                    die schwere plagen/

Die diser Grosse Krieg mit Schwert/ Pest/
                                    Hunger/ Brand/
Und unerhörter wuht auff unser Vaterland
Außgiesset/ ohn ablaß zu hören/ schreiben/
                                    klagen/

Da ward mit wunder mir und mit wohn
                                    fürgetragen/
Mein Opitz/ deiner Lieb und Freindschafft
                                    wehrtes pfand/
Pfand/ welches mir alßbald die feder auß
                                    der hand/
Und auß dem mund und geist die klag
                                    und leyd geschlagen.

Dan ja dein Orgelstraich/ und deiner
                                    Harpfen klang
So lieblich das gehör und hertz zugleich
                                    berühren/
Daß wer (sinn-reich) mit mir erforschet
                                    ihren zwang/

Der kan nichts dan dein werck und wehrt
                                    zu hertzen führen/
Und sein mund muß dich bald mit einem
                                    Lobgesang/
Und seine hand dein haupt mit
                                    Lorbör-zweigen zieren.

VENEDIG GEGEN SEINER LIEBSTEN VERGLICHEN

Witzloß war die Fürwitz/ aufsätzig der fürsatz/
Kreutz-geitzig der ehrgeitz/ die mich so
                                    sehr bethöret/
Daß eines Fürstens will (der Schön und
                                    Lieb gesatz
Zuwider) mich jetz ihm gehorsamen gelehret.

Dan was seind doch die Brent/ Galleen/
                                    Marxenplatz/

Die statliche Palläst/ der Schatz so weit
                                    vermehret/
Gegen der haaren strom von purem gold
                                    bewehret/
Und gegen der Schönheit und Tugend
                                    grösserm schatz?

Was ist des Hertzogs/ Rahts/ der Curtisanen
                                    prangen
In purpur/ scharlach/ gold/ in bestem saal
                                    und mahl/
Verglichen mit dem schmuck der lippen
                                    und der wangen?

Was seind die Müntz/ Zeughauß/ Geschütz
                                    und Arsenal/
Gegen dem schönen aug/ das billich
                                    (mein verlangen
Zustrafen) so weit ab mich tödtet wie
                                    ein strahl?

EIN RUND-UMB: AN EINE GROSSE F. ETC

Ein kleine weyl/ als ohn gefähr
Ich euch in einem Sahl gefunden/
Sah ich euch an/ bald mehr und mehr
Hat ewer haar mein hertz verbunden:
  Ihr auch lieb-äugleten mir sehr/
Da durch ich weiß nicht was empfunden/
Das meinem Geist/ dan leicht dan schwer/
Auß lieb und layd alßbald geschwunden
  Eine kleine weyl.
Biß ich von ewrer augen lehr/
Und ihr von meiner seufzen mähr
Die schuldigkeit der lieb verstunden;
Darauf wir heimlich ohn unehr
Einander frölich überwunden
  Eine kleine weyl.

IHRER SCHÖNHEIT
ÜBERNATÜRLICHE WÜRCKUNG

Ich sah/ als ihr gesicht/ der Morgen-röhtin
          gleich/
Als ihre zwilling-brust/ so weiß als schnee
          zu sehen/
Und ihren glatten halß vil taussent ringlein reich
Von ihrem krausen gold umbgaben/ sie
          auffstehen.

Auffstehen sah ich sie/ so kunstloß als
          Lieb-reich/
Mit solcher Schönheit schatz ohn müh/
          ohn sorg versehen/
Daß sie so Schön/ so früh in der lieb Königreich
Kont andren umb mittag gezieret weit vorgehen.

Alßbald ich sie ersah/ O wunder/ schry
          ich bald/
Was kan von diser brunst und disem band
          mich freyhen/
Wan götlich sie an macht/ und götlich
          an gestalt;

Und wan/ als sie mir wolt ihr angesicht
          verleyhen/
Je bloser ihre brust/ je stärcker ihr gewalt/
Je freyher ihre haar/ je mehr sie mich
          entfreyhen!

SIE IST GANTZ LIEBLICH
UND LÖBLICH

Das Gold des Morenlands/ wie pur es
          auch kan sein/
Muß ihres krausen haars köstlichem
          schimmern weichen:
Der rohteste Coral/ des schönsten Rubins
          schein

Ist ihres Rosen-munds reichtumb nicht
          zuvergleichen.

Und keine perlein seind so weiß/ so gleich/
          so rein/
Als die/ die ihres munds red und
          geschmöll bereichen:
So kan auch die Natur und Kunst kein
          helfenbein/
Das so zart/ glat und weiß/ wie ihr Leib/
          herauß streichen.

Kurtz/ meine Nymf Myrt ist ein Kunst-stuck
          der Natur/
Der hertzen brunst und wunsch/ die
          herrscherin der seelen/
Der holdseeligkeit quell/ der lieblichkeit
          figur/

Der augen süsse wayd/ die todte zu besehlen/
Der Schönheit gantze Sum/ der Tugenten
          Richtschnur;
Wie kan ich immer dan/ sie liebend/ lobend/
          fehlen?

DIE LIEB IST LEBEN UND TOD

Das Leben so ich führ ist wie der wahre Tod/
Ja über den Tod selbs ist mein trostloses Leben:
Es endet ja der Tod des menschen pein
          und Leben/
Mein Leben aber kan nicht enden diser Tod.
Bald kan ein anblick mich verlötzen auf
          den Tod/
Ein andrer anblick bald kan mich widrumb
          beleben/
Daß ich von blicken muß dan sterben und
          dan leben/
Und bin in einer stund bald lebendig bald tod.

Ach Lieb! verleyh mir doch numehr ein
          anders leben/
Wan ich ja leben soll/ oder den andern tod/

Dan weder disen tod lieb ich/ noch dises leben.

Verzeih mir/ Lieb/ ich bin dein lebendig
                                        und tod/
Und ist der tod mit dir ein köstlich-süsses
                                        leben/
Und leben von dir fern ist ein gantz bittrer tod.

UBER DEN FRÜHEN TOD ETC FRÄWLEINS ANNA AUGUSTA MARGGRÄFIN ZU BADEN ETC

Dein leben/ dessen end uns plaget/
War wie ein tag schön und nit lang/
Ein stern vor des morgens aufgang/
Die Röhtin wehrend weil es taget/
Ein seufz auß einer edlen brust/
Ein klag auß lieb nicht auß unlust/
Ein nebel den die sonn verjaget.

Ein staub der mit dem wind entstehet/
Ein Daw in des Sommers anbruch/
Ein luft mit lieblichem geruch/
Ein schnee der frülingszeit abgehet/
Ein blum die frisch und welck zugleich/
Ein regenbog von farben reich/
Ein zweig welchen der wind umbwehet.

Ein schaur in Sommers-zeit vergossen/
Ein eiß an haissem Sonnenschein/
Ein glaß also brüchig als rein/
Ein wasser über nacht verflossen/
Ein plitz zumahl geschwind und hell/
Ein strahl schiessend herab gar schnell/
Ein gelächter mit laid beschlossen.

Ein stim die lieblich dahin fähret/
Ein widerhall der stim in eyl/
Ein zeit vertriben mit kurtzweil/
Ein traum der mit dem schlaf aufhöret/
Ein flug des vogels mit begihr/
Ein schat wan die Sonn sticht herfür/
Ein rauch welchen der wind zustöret.

Also dein leben (schnell verflogen)
Hat sich nicht anderst dan ein Tag/
Stern/ morgenröht/ seufz/ nebel/ klag/
Staub/ daw/ luft/ schnee/ blum/ regenbogen/
Zweig/ schaur/ eiß/ glaß/ plitz/ wasserfall/
Strahl/ gelächter/ stim/ widerhall/
Zeit/ traum/ flug/ schat und rauch verzogen.

GRABSCHRIFFT

DES UNVERGLEICHLICHEN FÜRSTENS UND HELDENS/ H. BERNHARDEN/ HERTZOGEN ZU SACHSEN/ ETC.

Steh/ Leser/ seufz und wein. Der welcher
                                        keine müh
Gespahret/ des Reichs Recht und Freyheit
                                        hand zu haben/
Bernhard/ des Teutschlands Held/ und
                                mit ihm ist allhie
Die Teutsche Redlichkeit und Dapferkeit
                                        begraben.

AUFKLÄRUNG UND ROKOKO

Die Aufklärung hat ihre Wurzeln hauptsächlich im Humanismus. Der zentrale Gegenstand der Aufklärung ist die Vernunft und ihr Verhältnis zur Sinnlichkeit. Als Ausgangspunkt für die aufklärerische Bewegung ist England anzusehen. Vor allem John Locke und David Hume wirkten hier richtungsweisend. Wegbereiter der deutschen Aufklärung war Gottfried Wilhelm Leibniz (1646–1716). Seine Bemühung galt der Harmonisierung der geistlich-religiösen Weltsicht mit einer neuen materiellen, physikalisch fundamentierten. Fortentwickelt wurde dieser Ansatz von Christian Wolff (1679–1754), der auf der Basis vor allem antiker und mittelalterlicher Philosophie System in das Leibnizsche Gedankengebäude brachte. Wolff stellte hierbei ausdrücklich den gesunden Menschenverstand in den Mittelpunkt. Mit Johann Christoph Gottsched (1700–1766) wurde schließlich der Bezug zur Literatur hergestellt.

Das Zeitalter der Aufklärung wird im allgemeinen in die Jahre 1720 bis 1785 datiert. Hier, wie im wesentlichen auch im Barock, setzte sich die tragende Schicht aus den Vertretern der akademisch Gebildeten zusammen. Allerdings verlagerte sich der Schwerpunkt der Bildung weg von den Höfen hin zu den großen Handelszentren der Zeit, insbesondere nach Hamburg, Leipzig und Zürich.

Nach Auffassung der Aufklärung war zwar die Welt von Gott erschaffen, doch entwickelte sie sich eigenständig und war vollständig rational erklärbar. Der Glaube an das allmächtige Schicksal wurde mehr und mehr zurückgewiesen. Bisweilen nahm die Vernunftgläubigkeit der Aufklärer geradezu pedantische Züge an. Drei Elemente stellten die Grundsteine für das aufklärerische Selbstverständnis dar: Optimismus, Weltbürgertum und Rationalismus.

Im Optimismus spiegelte sich die Idee vom harmonisch geordneten Kosmos, der »besten aller Welten« wider (doch auch Kritik wurde geübt, beispielhaft für die zunehmende Skepsis am aufklärerischen Positivismus wurde Voltaires Roman »Candide ou l'optimisme«, der auch in Deutschland vielfältige Resonanz fand). Das Weltbürgertum sollte die geistige Beschränkung durch die nationale Sichtweise beseitigen. Der Rationalismus schließlich, dem alles Übersinnliche abhold war, drang bis in die tiefsten Bereiche selbst der Religion vor.

Mit der Vernunftgläubigkeit ging einher, daß Kunst nicht mehr nur reine »Vergnügenssache« sein konnte. Die Kunst mußte eine sinnvolle Aufgabe bekommen: Sie mußte nützlich sein, mußte den Geist fördern, indem sie ihn anregte. Dies konnte sie nach Auffassung der Aufklärer nur, indem sie die Natur nachahmte, welche aber ihrerseits durch ihre physikalischen Gesetzmäßigkeiten genau bestimmt war. So stellte die Literatur den Heldentypus in den Mittelpunkt, der sich von der Vernunft leiten läßt und sich so vervollkommnet. Kant brachte die Frage nach dem Wesen der Aufklärung mit dem »Ausgang des Menschen aus seiner selbstverschuldeten Unmündigkeit« auf den Punkt.

Hand in Hand mit der Aufklärung geht die Epoche des Rokoko. Diese Stilrichtung, die zuerst in Frankreich auftrat, läßt sich seit etwa 1740 in Deutschland verfolgen. Das Rokoko führt die barocken Traditionen in einer verfeinerten, stilisierten, manchmal vielleicht etwas manieristischen Form fort. Es betonte vor allem die Anmut und Heiterkeit der Dinge. Das Rokoko stand im klaren Gegensatz zur Aufklärung, ja kann als antiaufklärerisch bezeichnet werden. Es führte in der Literatur vor allem die Lyrik des Barock, die Schäferspiele und -idyllen, die Verserzählungen, das Sing- und das Lustspiel fort. Dabei wurden vielfach märchenhafte Elemente verwendet, die später im Zeitalter der Romantik wieder aufgegriffen wurden. Verständlicherweise florierte der Rokokostil vor allem an den Höfen, die ja wesentlich stärker in barocken Traditionen verhaftet und von der Realität weit entfernt waren.

Ein besonderes Phänomen der Aufklärung war das Aufkommen der Wochenschriften. Die verschiedensten Fragen des Lebens, sowohl des geistigen wie auch des praktischen, wurden darin aufgegriffen und mittels Erzählungen und Sittenschilderungen (sogenannten »Gemälden«) beantwortet. Damit waren diese Schriften, von denen eine stolze Anzahl kursierte, Vorläufer des modernen Erziehungswesens. Das besondere Verdienst der Wochenzeitschriften war, daß darin auch erstmals ernsthafte Forderungen nach Bildung und Anerkennung der Frau erhoben wurden. Die Wochenschriften, deren erste, »Der Vernünftler«, 1713 in Hamburg erschien, erzielten eine erstaunliche Breitenwirkung und trugen in hohem Maße zur Bildung des Bürgertums bei.

FRIEDRICH VON HAGEDORN

FRIEDRICH VON HAGEDORN

Friedrich von Hagedorn wurde am 23. April 1708 als Abkömmling einer angesehenen Familie von Diplomaten und Juristen in Hamburg geboren. Gleichwohl wuchs er nicht in großem Wohlstand auf. In den Jahren 1726/27 studierte er Rechtswissenschaften in Jena. Er brach jedoch das Studium ohne Abschluß ab und ging wenig später nach England, wo er Sekretär des dänischen Gesandten in London wurde. Tief beeindruckt war der junge Hagedorn von der Philosophie des Earl of Shaftesbury. Außerdem war er ein großer Verehrer Horaz'.

Das Amt des Sekretärs der »Company of Merchants Adventurers of England« brachte ihn 1733 zurück in seine Heimatstadt Hamburg. Von hier aus unterhielt er enge Kontakte zu den großen Denkern seiner Zeit. Seine zunehmende Popularität bescherte ihm eine wachsende Gemeinde von Bewunderern, insbesondere unter den jüngeren Dichtern und allen vorweg jenen aus dem Kreis der »Bremer Beyträge«.

Friedrich von Hagedorn starb am 28. Oktober 1754 als angesehener Mann von Welt in Hamburg.

Hagedorn gilt als einer der Väter des deutschen Rokoko. Zu seinen berühmtesten Werken zählen der 1738 erschienene »Versuch in poetischen Fabeln und Erzählungen« und seine »Sammlung neuer Oden und Lieder«, die in drei Teilen in den Jahren 1742–1752 entstanden. Viele von Hagedorns Gedichten wurden vertont und waren viele Jahrzehnte lang in ganz Deutschland überaus beliebt. Insoweit kann Friedrich von Hagedorn auch als einer der Begründer der neuen Gattung des Liedes angesehen werden, wie wir es bis weit in die Romantik hinein vorfinden.

DIE GRÖSSE EINES WEISLICH-ZUFRIEDENEN GEMÜTHES.

HORATIUS CARM. LIB. III.
ODA II.

> Virtus recludens immeritis mori
> Coelum negata tentat iter via:
> Coetusque vulgares et udam
> Spernit humum fugiente penna.

Ein grosser Geist, den nie der Schein betrieget,
Der jedes Ding nach seinem Wehrte misst:
Ein ruhigs Hertz, das in sich selbst vergnüget:
Ein edler Zug, der voller Weisheit ist,
Die scheinen mir mit Recht den höchsten
                Schätzen
Und allem Gut' auf Erden vorzusetzen.

Wo die vereint, da weichen Gram
              und Schmertzen,
Der Laster Heer flieht eine weise Brust,
Die Unschuld wird ein Gast in solchem
              Hertzen,
Die Tugend selbst gewährt ihm Ruh und Luft.
Das Glück muß ihm umsonst den Rücken
              wenden:
Was es vergnügt, kommt nicht aus dessen
              Händen.

Ach! mögten dis die Menschen doch erkennen,
Die insgemein der Thorheit Sclaven sind,
Sie würden nicht nach falschen Gütern rennen,
Wo sich der Reu' und Unruh' Anlaß find't.
Kein Selbst-Betrug hiess' ihre Freyheit
              kräncken,
Noch Lob und Ruhm dem äussern Ansehn
              schencken.

Wer ist itzt groß? Der sich mit Titeln
              schmücket.
Wer war es sonst? Der Gott und Tugend ehrt.

Wer scheint nun reich? Der, den sein
              Gut beglücket.
Allein wer ists? Der nicht zu viel begehrt.
So täuscht man sich und theilt sein
              gantzes Leben
In Sorgen ein, dem Blendwerck nachzustreben.

Ein Weiser lebt, obwol nicht krumme Griffe
Durch strotzend Gold ihm seine Seckel blähn:
Beschweret gleich sein wuchernd Gut
              nicht Schiffe
Und lässt er gleich nicht Flagg' und
              Wimpel wehn:
So darf er doch mit Recht sich glücklich
              preisen,
Kein frembder Fluch versaltzet seine Speisen.

Er schlummert sanfft, wann Reicher
              Sorgen wachen,
So bald der Wind sich auf dem Dache regt:
Kein Sturm und Nord vermag ihm Angst
              zu machen:
Sein sichres Hertz bleibt immer unbewegt:
Sein höchstes Gut das ist sein rein Gewissen.
Behält er dieß, was wird ihm dann entrissen?

Als erst die Welt sich blos mit Fellen deckte,
Eh' Ueppigkeit auf Seid' und Purpur sann:
Als uns der Schlaf auf Holtz und Rasen streckte,
Und noch der Stoltz kein Himmel-Bett gewann:
Da schertzten wir bey Kräutern und in Hürden,
Annoch entfernt von itzt-empfundnen Bürden.

Als niemand noch von theurem Schwelgen
              wuste
Und Mässigkeit aus kleinen Bechern tranck:
Da war kein Wolff, mit dem man heulen muste,
Da ward kein Leib durch frembde Würtze
              kranck.
Die Weisheit stand bey allen unsern Trieben;
Ihr war noch nicht der Scheide-Brief
              geschrieben.

Was nützen nun die theur-erworbnen Schätze,
Um die der Geitz nach fernen Gräntzen reis't?
Sie bleiben nur der Laster fesselnd Netze:
Der gröste Schatz das ist ein weiser Geist.
Nach diesem kan kein frecher Räuber streben,
Es bleibt an ihm kein Diebes-Finger kleben.

Auf! auf! mein Hertz, ihm eifrig nachzuringen.
Was gleichet ihm an Majestät und Pracht?
Er würckt vielleicht, daß itzt von allen Dingen
Das Glück dir den kleinsten Kummer macht.
Er waffnet dich: Lass' alle Wetter blitzen;
Du bist beschirmt, kanst du nur ihn besitzen.

Will Gott und Zeit dereinst mein
                          Horn erhöhen:
So nehm' ich es mit Danck und Demuht an;
Doch freu' ich mich gleichgültig anzusehen,
Was andere verführend blenden kan.
Verkläret mir die Weisheit, Witz und Augen:
Was werd' ich nicht alsdann zu sehen taugen?

Wolan, mein Geist! du lernest schon dich fassen:
Kein Zweifelmuht, setzt deiner Stille zu.
Wann alles tobt, so bleibest du gelassen:
Wann alles stürmt, so bist du voller Ruh.
Kan Furcht und Schmertz bey andern
                          Meister spielen:
So lernst du dich und deine Stärcke fühlen.

Wer nicht vorher den Wermuht schon
                          geschmecket,
Weiß kaum wie süß und wol der Zucker thut:
Der, den noch nicht ein Unfall aufgewecket,
Erkennt nur halb, wie schön sichs sanffte ruht.
Es können selbst die Widerwärtigkeiten
Uns zum Genuß vollkommner Freuden leiten.

Bist du beglückt und zählst du frohe Stunden:
So weicht dem Stoltz doch deine Tugend nicht.
Das feste Band, so dich mit ihr verbunden,
Verleiht dir mehr, als was das Glück verspricht.
So trotzest du mit einem Helden-Blicke
Dem günstigen wie dem erzürnten Glücke.

Dieß, was der Mensch an Wehrt und
                          Grösse heget,
Den Unterschied, der Witz und Einfalt trennt,
Hat die Natur in Brust und Geist geleget;
Kein äussrer Schein hat jemahls dies gegönnt.
Stand, Titel, Pracht und Hoheit ist verlohren;
Wofern uns nicht ein Vorzug angebohren.

Du geitzest nicht, mein Sinn, nach
                          grossen Ehren,
Was uns groß macht, das klopft, mein
                          Hertz in dir.
Kan fremder Schmuck die eigne Größe mehren?
Wer raubt dir die, und wer entzieht dich mir?
Du frohnest nicht dem niederträchtgen Neide,
Und weist zu wol was Menschen unterscheide.

Durch Trug und List zu hohen Würden steigen:
Auf kurtze Zeit geschmeichelt und geehrt
Der Nachwelt sich in Schand' und Blösse zeigen:
Dies scheinet dir wol nicht beneidens wehrt.
Du willt dich nicht in prächt'ge
                          Schlingen wagen,
Noch um ein Nichts dem wahren Wohl
                          entsagen.

Kan denn kein Lob die Freyheit dir entführen
Und giebst du nicht dem süssen Thon Gehör,
Der andrer Ohr so schmeichelhafft
                          kan rühren?
Es wünschen doch die meisten nichts so sehr.
Du bist gewiß von jenen niedren Geistern,
Die auch kein Lob vermögen zu bemeistern.

Mich deucht, du willt mir dis zur
                          Antwort geben:
Mich schläffert nicht ein knechtscher
                          Lob-Spruch ein.
Dis was mich soll (werd ich einst groß) erheben,
Das muß gewiß was ungleich-edlers seyn.
Kan auch ein Lob noch Kluge übereilen?
Sie müssens ja mit vielen Thoren theilen.

Die Einfalt lobt dis, was sie nicht erkennet,

Die Menschen-Furcht was sie nicht
                              stürtzen kan:
Wird ein Trajan von allen groß genennet:
So betet Rom doch auch Tiberen an.
Heut' ist offt der unsterblich ausgeschrien,
Deß Bild das Volck schon angespien.

Ist denn das Lob nur grossen Leuten eigen?
O nein. Es ist des Glückes Folge-Magd.
Oft taugt der mehr, von dem fast alle schweigen,
Als der, dem man stets Gutes vorgesagt,
Und der ist offt der Welt im Zorn gegeben,
Den Stadt und Land geschäftig zu erheben.

So spotte dann so bald entlarvter Künste
Und bleibe taub, so offt ein Heuchler spricht:
Der Nebel-Duft dergleichen giftger Dünste
Umwölckt bisher noch deine Einsicht nicht.
Kein Schmeichler macht in dir die Tugend träge,
Die Großmuth schwach, das Selbst-
                              Bewundern rege.

So bleibe nur stets in dir selbst zu frieden,
Wann deiner gleich kein Zeiten-Buch gedenckt:
Der wahre Ruhm, der Weisen nur beschieden,
Wird durch kein Blat verschwendrisch
                              weggeschenckt.
Ist man der Welt wahrhaftig nütz' gewesen:
So kan man ihn in aller Hertzen lesen.

Ich merck' es schon: ein Trieb will dich
                              entzünden,
Mit Fleiß und Lust der Weisheit nachzugehn:
Die Großmuht will der Fessel dich entbinden,
In deren Joch so viele Leute stehn.
So fahre fort in Demuth und im Stillen,
Bey heil'ger Müh' den Fürsatz zu erfüllen.

TAG DER FREUDE

Ergebet euch mit freyem Herzen
Der jugendlichen Fröhlichkeit:
Verschiebet nicht das süsse Scherzen,
Ihr Freunde, bis ihr älter seyd.
Euch lockt die Regung holder Triebe;
Dieß soll ein Tag der Wollust seyn:
Auf! ladet hier den Gott der Liebe,
Auf! ladet hier die Freuden ein.

Umkränzt mit Rosen eure Scheitel
(Noch stehen euch die Rosen gut)
Und nennet kein Vergnügen eitel,
Dem Wein und Liebe Vorschub thut.
Was kann das Todten-Reich gestatten?
Nein! lebend muß man fröhlich seyn.
Dort herzen wir nur kalte Schatten:
Dort trinkt man Wasser, und nicht Wein.

Seht! Phyllis kommt: O neues Glücke!
Auf! Liebe, zeige deine Kunst,
Bereiche hier die schönsten Blicke
Mit Sehnsucht und mit Gegengunst.
O Phyllis! glaube meiner Lehre:
Kein Herz muß unempfindlich seyn.
Die Sprödigkeit bringt etwas Ehre;
Doch kann die Liebe mehr erfreun.

Die Macht gereizter Zärtlichkeiten,
Der Liebe schmeichelnde Gewalt,
Die werden doch dein Herz erbeuten;
Und du ergiebst dich nicht zu bald.
Wir wollen heute dir vor allen
Die Lieder und die Wünsche weihn.
O könnten Küsse dir gefallen
Und deiner Lippen würdig seyn!

Der Wein, den ich dir überreiche,
Ist nicht vom herben Alter schwer.
Doch, daß ich dich mit ihm vergleiche,
Sey jung und feurig, so wie er.
So kann man dich vollkommen nennen:

So darf die Jugend uns erfreun,
Und ich der Liebe selbst bekennen:
Auf Phyllis Küsse schmeckt der Wein.

DIE GLÜCKSELIGKEIT

Es ist das wahre Glück an keinen Stand
                gebunden:
Das Mittel zum Genuß der schnellen
                Lebensstunden,
Das, was allein mit Recht beneidenswürdig
                heißt,
Ist die Zufriedenheit und ein gesetzter Geist.
Der ist des Weisen Theil. Die Nerven und
                die Stärke
Des männlichen Gemüths sind nicht des
                Zufalls Werke.

Nicht Erbrecht noch Geburt, das Herz macht
                groß und klein;
Ein Kaiser könnte Sklav', ein Sklave Kaiser
sein,
Und nur ein Ungefähr gibt, zu der Zeiten
                Schande,
Dem Nero Cäsars Thron, dem Epictet
                die Bande.

Der Pöbel, welcher kaum der Dinge
                Hälfte kennt,
Und nur die Schmeichelei des Zufalls
                Glück benennt,
Der Pöbel lebt im Traum, und zeigt in
                allen Rollen,
Die seine Wahnsucht spielt, was wir
                belachen sollen,
Gehorcht wie Tigellin, herrscht wie
                Svämis Sohn,
Ist Pöbel in dem Staub, und Pöbel auf
                dem Thron.
Grob oder leicht und falsch, stolz oder
                niederträchtig,
Noch blinder als sein Glück, und nie
                durch Weisheit mächtig.

Nur diese findet sich in würdiger Gestalt
Bei jeglichem Beruf, in jedem Aufenthalt.
Sie dichtet im Homer, gibt im Lycurg Gesetze,
Beschämt im Socrates der Redner
                Schulgeschwätze,
Bringt an den stolzen Hof den Plato,
                den Aeschin,
Gehorchet im Aesop, regiert im Antonin,
Und kann im Curius sich den Triumph ersie-
gen,
Doch auch mit gleicher Lust die starren
                Aecker pflügen.

Was ist die Weisheit denn, die Wenigen
gemein?
Sie ist die Wissenschaft, in sich beglückt zu
sein.
Was aber ist das Glück? Was alle Thoren mei-
den:
Der Zustand wahrer Lust und dauerhafter
                Freuden;
Empfindung, Kenntniß, Wahl der
                Vollenkommenheit,
Ein Wandel ohne Reu' und stete Fertigkeit,
Nach den natürlichen und wesentlichen
                Pflichten
Die freien Handlungen auf einen Zweck
                zu richten.

Ist nicht des Weisen Herz ein wahres
                Heiligthum,
Des höchsten Guten Bild, der Sitz von
                seinem Ruhm?
Den falschen Eigennutz unordentlicher Triebe
Verbannt aus seiner Brust die treue
                Menschenliebe.
Es quellen nur aus ihr der tugendhafte Muth,
Der Freunde nie verläßt, und Feinden
                Gutes thut,
Den Frieden liebt und wirkt, der Zwietracht
Wildheit zähmet,
Und nur durch neue Huld Undankbare
                beschämet;

Der Wünsche Mäßigung, wann nichts dem
             Wunsch entgeht;
Die Unerschrockenheit, wann Alles wider-
steht;
Der immergleiche Sinn, den Fälle nicht
             zerrütten;
Wahrhaftigkeit im Mund, und Wahrheit
             in den Sitten;
Die Neigung, die uns lehrt an aller Wohlfahrt
             baun,
Nicht blos auf unsre Zeit und auf uns
             selber schaun,
Mit eigenem Verlust der Nachwelt Glück
             erwerben,
Und für das Vaterland aus eigner Willkür
             sterben.

In diesem Vorzug liegt, was man nie g'nug
             verehrt,
Der Seele Majestät, der Menschen ächter
Werth:
Denn Wollust, Reichthum, Macht,
             was Tausende begehren,
Das pfleget die Natur auch Thieren zu gewähren.

Monarchisch herrscht und schreckt,
             zu schwächrer Nachbarn Weh,
Der Adler in der Luft, der Schwertfisch
             in der See,
Ein königlicher Löw', ein kriegerischer Tieger
Ist, Alexandern gleich, ein Haubt, ein Held,
             ein Sieger,
Und waget sich gewiß mit größerer Gefahr
An einen kühnern Feind, als dort Darius war.
Wird manche Muschel nicht an Schätzen
             mehr verwahren,
Als Polidor verspielt, und Cleons Aeltern
             sparen?
Belebt die Buhlerei nicht jeden Sperling mehr,
Als alle Lüsternheit den traurigen Tiber?
Es mag ein Sybarit auf weichen Rosen liegen,
Die leichte Spinne kann sich zehn Mal
             sanfter wiegen.

Die siegende Gewalt, die Gabe, reich zu sein,
Was Sinnen lockt und übt, hat nicht der
             Mensch allein.
Das kann, in mancher Art, auch ihm
             Vergnügen bringen:
Doch was unsterblich ist, folgt billig
             bessern Dingen.
Ich, ich weiß dieses längst, denkt ein
             gelehrter Geist,
Der nie sich glücklich schätzt, als wann er
             scharf beweist:
Der nicht gemeine Reiz erhab'ner
             Wissenschaften,
Der, lehrt er, und sonst nichts muß an der
             Seele haften.
Ich forsche, was sich stets in jenen Welten dreht,
Was Orpheus, Epicur und Brunus ausgespäht,
Wie jenes Firmament ein Heer von Sonnen
             zieret,
Ein neuer Stern erscheint, ein alter sich verlieret,
Was Flamsteed glücklicher, als Liebknecht,
             uns entdeckt,
Wie weit sich ihre Zahl und ihre Größ'
             erstreckt.
Was auch der Pöbel weiß, kann mich nicht
             lüstern machen.
Ein philosophisch Aug' ergötzen hohe Sachen:
Wie jeder Haubtplanet, im Bau der besten Welt,
Durch Wirbel reger Luft die Laufbahn
             richtig hält,
Stets um der Sonne Glut elliptisch sich beweget,
In dem sonst dunklen Kreis Land, Berge,
             Wasser heget,
Und, unsrer Erde gleich, vielleicht mit
             Menschen prangt,
Die auch Systemata, so gut als wir, erlangt,
Und unter denen jetzt, zum Nutzen
             ihrer Sphären,
Vielleicht ein andrer Wolf, ein andrer Newton
             lehren.
Sieht mich die Mitternacht bei meinem
             Sehrohr wach,
So ahm' ich höchstvergnügt berühmten
             Männern nach:

Und so entdeck' ich selbst, was, auch
        bei wachen Stunden,
Ein Deutscher, ja sogar ein Domherr,
        ausgefunden.

Freund! wer erkennet nicht den Werth
        der Wissenschaft?
Unendlich ist ihr Ruhm, ersprießlich ihre Kraft.
Doch sind wir, nach dem Zweck des
        Schöpfers aller Wesen,
Nur, um gelehrt zu sein, zum Dasein
        auserlesen?
Hat nicht an deinem Fleiß und wirksamen
        Verstand
Dein eignes Haus ein Recht, noch mehr
        dein Vaterland?
Wird durch den Sirius, der beim Orion blitzet,
Germanien befreit, und eine Stadt beschützet,
Der Unschuld Recht geschafft, der
        Frevelmut gestört,
Die Tugend groß gemacht, der Seele Glück
        vermehrt?
Bestimmst und ordnest du nach der
        Bewegung Schranken
Die sich verklagenden und richtenden
        Gedanken?
Nutzt nicht der grobe Pflug, die Egge
        mehr dem Staat,
Als ihm ein Fernglas nutzt, das dir
        entdecket hat,
Wie von Caßini Schneee, von Huygens
        weißer Erde
Im fernen Jupiter ein Land gefärbet werde?
Sah nicht ein Socrates aufs menschliche
        Geschlecht,
Und hatt' er etwa nicht bei seiner Strenge Recht,
Die von der Wissenschaft der Sterne
        nichts behielte,
Als was dem Feldbau half, und auf die
        Schiffahrt zielte?
Mich däucht, er gründe sich auf die
        Erfahrenheit:
Das, was uns glücklich macht, sei nicht
        Gelehrsamkeit.

Ja freilich! schreit Gryphin: das Rechnen
        ausgenommen,
Kann keine Wissenschaft und kein
        Erkenntniß frommen.
Allein wer kennet nicht den
        zählenden Gryphin?
Dem keine Staude grünt, dem keine
        Blumen blühn,
Kein Strahl der Sonne spielt, der nur die
        Sonne liebet,
Wann sie den Stier durchstreicht, uns
        längre Tage gibet,
Ihm Holz und Licht erspart: der, ganz
        erpicht auf Geld,
Die Münzer insgeheim für halbe Schöpfer hält,
Und nur die Schöpfung ehrt, die aus
        dem Reichthum stammet,
Durch den sein Vater sich, dem Sohn
        zum Trost, verdammet,
Der sich in Erz und Gold bald spiegelt,
        bald vergräbt,
Und, nach der Erben Wunsch, so wie
        sein Vater, lebt.
Erforschung der Natur, das schöne Weltgebäude
Sind nicht der Wuchrer Lust, noch grober
        Seelen Freude.
Gryphin bewacht sein Geld: an seiner
        Seite wacht
Ein Menschenfeind, der Geiz, der
        horchende Verdacht,
Der zänkische Betrug, der Meineid im Gewerbe,
Der ungestalte Neid, Lust zu des
        Nachbarn Erbe,
Verzweiflung bei Gefahr, und
        Unempfindlichkeit
Bei allen Predigten von Selbstzufriedenheit.

O wie beglückt ist der, auf dessen reine Schätze
Nicht Fluch und Schande fällt, noch
        Vorwurf der Gesetze,
Der aus dem Ueberfluß, den er mit
        Recht besitzt,
Der Armen Blöße deckt, und ihre
        Häuser stützt,

Die Künstler kennt und hegt, mit seinem
                              Beistand eilet,
Und mit gewohnter Hand des Kummers
                              Wunden heilet!
Vor ihm verlieren sich die Zähren banger Noth.
Die Milde seiner Huld entfernt der Greisen Tod,
Zieht ihre Kinder auf, die Väter zu verpflegen,
Und wird ein Gegenstand von ihrem
                              letzten Segen.
Die Lust an aller Wohl beseelet, was er thut.
Es ist sein Eigenthum ein allgemeines Gut.
Es überfließt sein Herz, der innre Freund der
                              Armen,
Von reger Zärtlichkeit, von göttlichem
                              Erbarmen.

Ja! Titus irrte nicht: Der Tag ist zu bereun,
An welchem wir durch nichts ein
                              leidend Herz erfreun.
Als Bürger einer Welt sind wir dazu
                              verbunden;
Verloren ist der Tag, und selten sind die Stunden,
Die, wann wir fähig sind, Bedrängten
                              beizustehn,
Beim Anblick ihres Harms uns unempfindlich
                              sehn;
Wann Mitleid, Lieb' und Huld mit Seufzern
                              sich verschleichen,
In enge Winkel fliehn, und dir, an Falschheit,
                              gleichen,
Du Rath der Heiligen, die stolze Demuth
                              krümmt!
Zunft! die den Brüdern schenkt, was sie
                              den Menschen nimmt:
Die mit der frommen Hand, die sich
                              zur Andacht faltet,
Nach ihrem innern Licht das Zeitliche
                              verwaltet,
Die Jünger feister macht, sonst Alle von
                              sich stößt,
Die Nackende bekleid't, Bekleidete entblößt,
Nur philadelphisch liebt, in Allem,
                              was geschiehet,

So schlau, als Saint-Cyran, den Finger
                              Gottes fliehet,
Sich für sein Häuflein schätzt, und,
                              falscher Bilder voll,
Die Welt ein Babel nennt, dem man
                              nichts opfern soll.
Der Allmacht mildre Gunst zeigt sich
                              in jedem Falle;
Nichts schränkt ihr Wohlthun ein; ihr
                              Segen strömt auf Alle.
Der, dessen kleines Herz, nach
                              klügelndem Bedacht,
Das Brod, das er verschenkt, recht schwer
                              und steinern macht,
Gleicht Neidern fremden Glücks, die selbst
                              kein Glück verdienen,
Verläugnern der Natur und hündischen
                              Gryphinen.

Die Baarschaft, die zu sehr an kargen
                              Fäusten klebt,
Nur ihrem Hüter lacht, der stets nach
                              mehrerm strebt;
Der Reichthum, der vertheilt so vielen
                              nützen würde,
Und aufgethürmtes Gold sind eine todte
                              Bürde,
Bis sie ein Menschenfreund, den nicht
                              ihr Schein ergötzt,
Zu vieler Glück beseelt und in Bewegung setzt.

Die Kunst versteht Fatill, der, Großen
                              nachzuahmen,
Reichsgräflich kauft und baut, und einen
                              edlen Namen,
Nach dem sein Diener oft so edel ist als er,
Durch Aufwand edler macht, und zu vergessen
                              schwer.
Er lebet ritterlich, und seines Reichthums
                              Quellen
Verrauschen schnell und stark, gleich jenen
                              Wasserfällen,
Die seiner Gärten Schmelz, durch Kosten
                              eitler Pracht,

Weit mehr, als durch Geschmack, berühmt
          und stolz gemacht:
Wo in Cybelens Mund sich Schaum und
          Strahlen krümmen,
Die Liebesgötter spein, und Huldgöttinnen
          schwimmen,
Und in dem Grottenwerk, das eine Fama
          stützt,
Vulcan im Schwall erstarrt, Neptun im
          Trocknen sitzt.
Vielleicht verkleidet er, den Pöbel zu
          verblenden,
Den unbemerkten Geiz in schimmerndes
          Verschwenden.
O nein! der Schmeichler Lob bläht
          seinen Uebermuth,
Und seine Hoffahrt wirkt, was nie sein
          Mitleid thut.
Sein Stolz hilft andern auf, weil sie ihn
          glücklich nennen,
Und ist den Künsten hold, auch ohne sie
          zu kennen.
Er stimmt die Tugenden der spröden Sängerin,
Trotz aller Heischerkeit, trotz allem Eigensinn;
Bereichert durch den Preis, den er
          Verdiensten zahlet,
Die Nadel, die ihm stickt, den Pinsel, der
          ihm malet;
Und was er andern nicht an baarer
          Gunst erweist,
Das ziehet, der ihm baut, und der ihm
          niederreißt,
Und stets mit blindem Fleiß, sobald er
          es befiehlet,
In Kammern Pflaster setzt, und nur die
          Säle diehlet.
Ihm stellt ins Schlafgemach, das er allein erfand,
Die Säulen-Ordnung Rom, Paris die
          Spiegelwand,
Vor der, in hellem Erz und stufenweis' erhöhet,
Der lächelnde Fatill auf schwarzem
          Marmor stehet.
Ein flitternd Blumenwerk bebt um des
          Fensters Fach.

Den nahen Pferdestall bedeckt ein
          kupfern Dach.
Nicht weit von diesem ruht, der Baukunst
          zum Exempel,
Auf Pfeilern deutscher Art ein
          Göttervoller Tempel;
So prächtig, daß der Stolz, den Kennern
          zum Verdruß,
Hier nichts der Kunst geweiht, als blos
          den Ueberfluß:
So offen, daß, sobald der Nord die Zinn
          erschüttert,
Der bange Jupiter mit allen Blitzen zittert,
Daß jüngst ein Regenguß Minerven
          fast verschwemmt,
Und daß ein Wiedehopf... Doch horcht!
          Der Hausherr kömmt:
Er kömmt! Es meldet ihn, und seines
          Glücks Genossen
Das rasselnde Geräusch raschrollender
          Carossen.
Sein Schwemmer fährt vorauf, aus dem
          der große Mann
Sein wichtiges Gesicht den Leuten zeigen kann,
Die, wann sie seinen Zug auch nur von
          weitem hören,
Bewundernd stille stehn, und ihn mit
          Grüßen ehren.
Nun sind die Gäste da. Er führt sie allzumal,
Nach langem Wortgepräng', in seinen Tafelsaal,
Zum wohlschattirten Tisch, wo Trachten
          seltner Speisen
Den fürstlichen Geschmack des theuren
          Kochs erweisen,
Und wo von allen doch den schwulstigen Fatill
Kein Reh, kein Ortolan, kein Rebhuhn
          reizen will.
Der Ekel darf ihm gar die frischen
          Bachforellen,
Den gelblich rothen Lachs, den Meerkrebs
          jetzt vergällen.
Ihm, den die saure Last so vieler
          Schmäuse preßt,

Schmeckt nicht die Ananas, noch Tunquins
                  Vogelnest.
Warum? Er muß bereits sein hochansehnlich
                  Leben
Dem Koch nicht anvertraun, nur Aerzten
                  untergeben.
Es überfällt ihn schon mit wüthender Gewalt
Der reuerfüllte Schmerz, der Scheinlust
                  Hinterhalt.
Der Hunger fliehet ihn, wie er die Arbeit
                  scheuet,
Die Reizung bester Art, die jenen Stand
                  erfreuet,
Der weidlich sich bewegt, sä't, ackert,
                  erntet, drischt,
Gräbt, pflanzet, wässert, walzt,
          schwimmt, rudert, flößt und fischt.
O Glück der Niedrigen, der Schnitter und
                  der Hirten,
Die sich in Flur und Wald, in Trifft und
                  Thal bewirthen,
Wo Einfalt und Natur, die ihre Sitten lenkt,
Auch jeder rauhen Kost Geschmack
                  und Segen schenkt!

Was kann sich zum Genuß ein mürber
                  Schlemmer wählen,
Wann Kitzel, Schärf und Saft der spröden
                  Zunge fehlen?
Dem Habicht, und nicht dir, o Thor, schmeckt
                  der Fasan,
Auf dessen Zucht und Hut du so viel
                  Geld verthan.
Der feisten Karpfen Satz, die dir nur
                  Ekel brächten,
Gebührt mit größerm Fug den weit
                  gesündern Hechten.
Schmaus', aber schmaus' im Traum: sonst
                  weist der rege Stab
Des strengen Rezio die Speisen von dir ab.
Im Traum? Doch ach! die Zeit erweckt dir
                  neuen Kummer:
Den Hunger nahm sie dir; sie raubt dir
                  auch den Schlummer.

Es schleicht der ächte Schlaf den Federpfühl
                  vorbei,
Ist falschen Städtern falsch, und treuen
                  Bauren treu,
Und kehrt in Dörfer ein, wo des Gewissens
                  Enge
Den Handschlag sichrer macht, als alles
                  Rechtsgepränge;
Wo noch des Landmanns Mund, nach Art
                  der alten Welt,
Frucht, Molken, Käs' und Schmalz für
                  Haubtgerichte hält,
Und, wann sich mit der Nacht die sichre
                  Stille paaret,
Die Ruhe gähnend hascht, und schnarchend
                  fest verwahret.
Man lieget, wenn noch jetzt das Sprichwort
                  gelten soll,
Auf guten Betten hart, auf harten Betten wohl,
Und die Erfahrung kann durch manches
                  Beispiel zeigen,
Der Schlaf, der güldne Schlaf, sei nicht
                  den Reichsten eigen;
Der Arbeit süßer Lohn, die so viel Gutes
                  schafft,
Der Schlaf, des Todes Bild, und doch des
                  Lebens Kraft.

Gryphin! und du, Fatill! ersieht man in
                  euch beiden
Den Zustand wahrer Lust und dauerhafter
                  Freuden?
Dem einen raubet Geiz, dem andern
                  Ueberdruß,
Durch lächerlichen Wahn, die Mittel
                  zum Genuß;
Und beiden kann ihr Geld nichts Trefflichers
                  gewähren,
Als jenem, reich zu sein, und diesem,
                  zu verzehren.
Den Frieden mit sich selbst, der nimmer
                  dem entsteht,
Der durch das innre Glück das äußre
                  Glück erhöht,

Das Kleinod kennt ihr nicht. O sollt' euch
              dieses kränken,
Was könnte jenes euch für Trost und
              Beistand schenken!
Hüllt' euch des Schicksals Grimm, der
              Größre niederschlug,
In jenes grobe Wamms, das euer Vater trug,
Und sollt' es eurem Gut auch nur die
              Hälfte nehmen;
Euch würd' an Männlichkeit ein Knab',
              ein Weib beschämen.
Nur Tugend, die allein die Seelen
              wehrhaft macht,
Wird durch Gefahr und Noth nie um den
              Sieg gebracht.
Eilt Verres, nach dem Bann, aus seinem
              Vaterlande,
So schwärzt sein Afterglück das Laster
              und die Schande:
Doch ist der starke Held, vor dem
              Carthago floh,
Im Feld, im Capitol, im Elend Scipio.
Der Weise hat ein Loos, das seinen Werth
              entscheidet:
Verdienste, wo er gilt, und Unschuld, wo
              er leidet.
Zu seinem Wesen wird vom Zufall nichts
              entliehn:
Recht, Wahrheit, Menschenhuld und Tugend
              bilden ihn.
Er ist, o seltnes Glück! durch eigne
              Trefflichkeiten
Von Vorurtheilen frei, getrost zu allen Zeiten,
Im Purpur nicht zu groß, durch Kittel
              nicht entehrt,
Stets edler als sein Stand, und stets
              bewundernswerth.
Er folget der Natur, in deren schönen Werken
Wir weder Mangel sehn, noch
              Ueberfluß bemerken.
Er kennt, belacht und flieht mit
              rühmlichem Entschluß
Den geizigen Besitz, den üppigen Genuß,

Den irdischen Geschmack. Der Vorzug
              weiser Sitten
Macht alles herrlicher, und adelt auch
              die Hütten.
Gesundheit, innre Ruh, und äußre Sicherheit,
Und heiterer Verstand, das ist's, was ihn
              erfreut.
Die Weisheit wählet oft, um diesen
              nachzugehen,
Den niedern Aufenthalt, und nicht
              umwölkte Höhen.
Ist auch ein rauschend Glück von
              schweren Bürden frei,
Und fällt die Wahrheit nicht der alten Fabel bei,
Die ehmals Cervius, dem nie kein
              Märchen fehlte,
Dem schlurfenden Horaz vor seinem
              Herd erzählte?

Zur Feldmaus kam einmal die Stadtmaus in
              den Wald,
In ihren dürftigen, gehöhlten Aufenthalt.
Hier lebte sie genau, um Vorrath aufzusparen;
Allein, weil Wirth und Gast längst gute
              Freunde waren,
Und sie, bei schmaler Kost, doch Gästen
              reichlich gab,
So ging auch dieses Mal nichts der
              Bewirthung ab.
Das lange Haberkorn, als ihrer Ernte Gaben,
Die Kichern, die sie sonst, als einen
              Schatz, vergraben,
Halb abgenagten Speck, gedörrter Beeren gnug,
Die sie mit eignem Mund ihm jetzt
              zur Tafel trug,
Das bringt sie, um zu sehn, ob nichts
              sein Maul verführte,
Das jeden Bissen nur mit stolzem Zahn
              berührte;
Da unser Hausherr hier auf frischen
              Spalzen saß,
Ihm gern das Beste ließ, selbst Tresp' und
              Roggen fraß.

Wie? hebt der Städter an: kannst du auf
diesen Höhen,
In diesem öden Wald dich so zufrieden sehen?
Stehn, statt der Wildniß, dir nicht Städt'
und Menschen an?
Zeuch immer mit mir, Freund! wenn ich dir
rathen kann.
Was ist uns allen mehr, als Sterblichkeit,
verliehn?
Von dem, was irdisch ist, wird nichts
dem Tod entfliehen:
Sogar ein Löwe stirbt. Es sterben Groß
und Klein:
Wir aber schmausen noch. O laß uns
fröhlich sein!
Leb' immer eingedenk, wie Jahr' und Zeit
verfließen.
Freund! lebe so wie ich, des Lebens zu genießen.

Die Feldmaus, die den Rath sich sehr
gefallen läßt,
Schickt sich zum Reisen an, und hüpfet
aus dem Nest.
Sie eilen beide fort, die Stadt halb zu erreichen,
Und durch die Mauer sich, bei Nacht,
hineinzuschleichen.
Den Himmel schwärzte schon die stille
Mitternacht;
Da kommen diese zwei in einen Sitz der
Pracht,
In eines Reichen Haus, wo scharlachrothe
Decken
Des Lagers Helfenbein mit stolzem Glanz
verstecken,
Und, zum gewünschten Fraß, vom
gestrigen Banket
Der aufgehäufte Rest in vollen Körben steht.
Der Städter, der den Gast auf Purpur
hingesetzet,
Und alles sucht und wählt, was Tellerlecker
ätzet,
Läuft emsig, wie ein Wirth, der sich die
Mühe kürzt,
Und, hurtiger zu sein, sich lustig aufgeschürzt.

Er will sich aufwartsam, ja Dienern
gleich, erweisen,
Und bringet und kredenzt die aufgetragnen
Speisen.
Die neue Lebensart erfreut die fremde Maus.
Wie vornehm ist ihr Sitz! wie köstlich ist
der Schmaus!
Doch ein Geräusch entsteht, die Thür
wird aufgerissen,
So daß sich Wirth und Gast urplötzlich
trollen müssen.

Sie liefen, voller Angst, das Zimmer auf und ab:
Allein, was beiden noch ein tödtlich
Schrecken gab,
War dieses, daß zugleich die großen
Hund' erwachten,
Und durch das ganze Haus ein stark
Gebelle machten.
Die Feldmaus zittert zwar, erholt sich doch,
und spricht:
Ich scheide. Fahre wohl! Dies Leben
dient mir nicht.
Die Höhl' und jener Wald soll mich,
bei schlechten Wicken,
In freier Sicherheit, mehr als die
Pracht, beglücken.

DIE ALSTER

Beförderer vieler Lustbarkeiten,
Du angenehmer Alsterfluß!
Du mehrest Hamburgs Seltenheiten
Und ihren fröhlichen Genuß.
Dir schallen zur Ehre,
Du spielende Flut,
Die singenden Chöre,
Der jauchzende Mut.

Der Elbe Schiffahrt macht uns reicher,
Die Alster lehrt gesellig sein!
Durch jene füllen sich die Speicher,

Auf dieser schmeckt der fremde Wein.
In treibenden Nachen
Schifft Eintracht und Lust,
Und Freiheit und Lachen
Erleichtern die Brust.
Das Ufer ziert ein Gang von Linden,
In dem wir holde Schönen sehn,
Die dort, wann Tag und Hitze schwinden,
Entzückend auf- und niedergehn.
Kaum haben vorzeiten
Die Nymphen der Jagd,
Dianen zur Seiten,
So reizend gelacht.

O siehst du jemals ohn Ergetzen,
Hammonia, des Walles Pracht,
Wann ihn die blauen Wellen netzen
Und jeder Frühling schöner macht?
Wann jenes Gestade,
Das Flora geschmückt,
So manche Najade
Gefällig erblickt?

Ertönt, ihr scherzenden Gesänge,
Aus unserm Lustschiff um den Strand!
Den steifen Ernst, das Wortgepränge
Verweist die Alster auf das Land.
Du leeres Gewäsche,
Dem Menschenwitz fehlt!
O fahr in die Frösche,
Nur uns nicht gequält!

Hier lärmt in Nächten voll Vergnügen
Der Pauken Schlag, des Waldhorns Schall,
Hier wirkt bei Wein und süßen Zügen
Die rege Freiheit überall.
Nichts lebet gebunden,
Was Freundschaft hier paart.
O glückliche Stunden!
O liebliche Fahrt!

GOTTHOLD EPHRAIM LESSING

GOTTHOLD EPHRAIM LESSING

Gotthold Ephraim Lessing, einer der führenden Köpfe der Aufklärung, wurde am 22. Januar 1729 in Kamenz/Oberlausitz geboren. Er war Sproß einer protestantischen Theologenfamilie. Von 1741 bis 1746 besuchte der junge Lessing die Fürstenschule St. Afra zu Meißen, ehe er in Leipzig ein Studium der Theologie begann, das er aber bald zugunsten eines Medizinstudiums aufgab. In Leipzig entdeckte er auch das Theater und versuchte sich erstmals als Übersetzer und Schriftsteller. Insbesondere der Gedanke des bürgerlichen Dramas, einer neuen Mode, und des Nationaltheaters, in dem er eine zentrale Institution der Aufklärung sah, begeisterten den jungen Dichter.

In Berlin, wo er sich in den Jahren 1748 bis 1751 aufhielt, pflegte Lessing Freundschaften mit bedeutenden Dichtern und Denkern seiner Zeit, allen voran Friedrich Nicolai und Moses Mendelssohn. Hier begann er auch, erstmals als Redakteur und Rezensent tätig zu werden. Die Jahre 1751/52 verbrachte Lessing in Wittenberg. Dort erwarb er den Titel des Magisters, ehe er wieder nach Berlin ging, wo 1753 bis 1755 seine »Schriften« erschienen.

1755 bis 1758 lebte Lessing in Leipzig. Von dort brach er 1756 zu einer Weltreise auf, die aber in Amsterdam mit dem Ausbruch des Siebenjährigen Krieges ein abruptes Ende fand. Lessing wurde Sekretär des Generalgouverneurs der preußischen Armee in Breslau. Im Militärdienst entstand unter anderem seine Komödie »Minna von Barnhelm«, in der er der preußischen Offiziersethik den Spiegel vorhielt.

Die Jahre 1767 bis 1770 verbrachte Lessing in Hamburg, wo er unter anderem als Dramaturg der »Hamburger Entreprise« tätig wurde, ehe er nach Wolfenbüttel ging. Dort fand er eine Anstellung als Bibliothekar. Als Begleiter eines braunschweigischen Prinzen reiste der Dichter 1775 nach Mailand, Venedig, Florenz und Rom, nachdem er zuvor in Berlin, Leipzig und Wien Station gemacht hatte.

Erst im Alter von 47 Jahren ging Lessing eine Ehe mit Eva König ein. Das war 1776. Die Ehe dauerte nur zwei Jahre, dann starb seine Frau.

Das Jahr 1777 war gekennzeichnet von Lessings Fehde mit dem Hauptpastor Melchior Goeze, übrigens nicht der ersten Fehde des Dichters. 1779 vollendete er das moralische Theaterstück »Nathan der Weise«, sein wohl berühmtestes Werk. Noch vor der Uraufführung des Dramas starb Gotthold Ephraim Lessing am 15. Februar 1781 während eines Aufenthalts in Braunschweig.

Lessing war eine der zentralen Gestalten der deutschen Aufklärung. Wie wenige andere seiner Zeit hat er die Theorie des Theaters vorangebracht und in seinen Stücken ein Beispiel der Harmonie von Inhalt und Anspruch verwirklicht. Zu seinen wichtigsten Werken gehören vor allem die

»Hamburgische Dramaturgie« und neben den genannten Stücken seine Dramen »Miß Sara Sampson« und »Emilia Galotti« sowie zahlreiche Fabeln. Von seinen Gedichten spiegeln die gereimten Fabeln am besten das Gedankengut der Aufklärung wider.

Johann Wolfgang von Goethe und Friedrich von Schiller, wie viele ihrer Zeitgenossen große Verehrer Lessings, schrieben in ihren »Xenien« über ihn: »Vormals im Leben ehrten wir dich wie einen der Götter; nun du tot bist, so herrscht über die Geister dein Geist.«

DIE DREY REICHE DER NATUR

Drey Reiche sinds, die in der Welt
Uns die Natur vor Augen stellt.
Die Anzahl bleibt in allen Zeiten
Bey den Gelehrten ohne Streiten.
Doch wie man sie beschreiben muß,
Da irrt fast jeder Physikus.
Hört, ihr Gelehrten, hört Mich an,
Ob Ich sie recht beschreiben kann?

Die Thiere sind den Menschen gleich,
Und beyde sind das erste Reich.
Die Thiere leben, trinken, lieben;
Ein jegliches nach seinen Trieben.
Der Fürst, Stier, Adler, Floh und Hund
Empfindt die Lieb und netzt den Mund.
Was also trinkt und lieben kann,
Wird in das erste Reich gethan.

Die Pflanze macht das andre Reich
Dem ersten nicht an Güte gleich.
Sie liebet nicht, doch kann sie trinken,
Wenn Wolken treufelnd niedersinken.
So trinkt die Ceder und der Klee,
Der Weinstock und die Aloe.
Drum was nicht liebt, doch trinken kann,
Wird in das andre Reich gethan.

Das Steinreich ist das dritte Reich,
Und dieß mach Sand und Demant gleich.
Kein Stein fühlt Durst und zarte Triebe;
Er wächset ohne Trunk und Liebe.
Drum was nicht liebt, noch trinken kann,
Wird in das letzte Reich gethan.
Denn ohne Lieb und ohne Wein,
Sprich, Mensch, was bleibst du noch?
       Ein Stein.

DIE BÄREN

Den Bären glückt es nun schon seit
       geraumer Zeit,
Mit Brummen, plumpem Ernst und stolzer
       Frömmigkeit,
Das Sittenrichteramt bei allen schwächern
       Tieren
Aus angemaßter Macht, gleich Wütrichen,
       zu führen.
Ein jedes fürchtet sich, und keines war
       so kühn,
Sich um die saure Pflicht nebst ihnen
       zu bemühn;
Bis endlich noch im Fuchs der
       Patriot erwachte
Und hier und da ein Fuchs auf Sittensprüche
       dachte.
Nun sah man beide stets auf gleiche
       Zwecke sehn;
Und beide sah man doch verschiedne
       Wege gehn.
Die Bären wollen nur durch Strenge
       heilig machen;
Die Füchse strafen auch, doch strafen sie
       mit Lachen.
Dort brauchet man nur Fluch, hier
       brauchet man nur Scherz;
Dort bessert man den Schein, hier bessert
       man das Herz;
Dort sieht man Düsterkeit, hier sieht
       man Licht und Leben;
Dort nach der Heuchelei, hier nach
       der Tugend streben.
Du, der du weiter denkst, fragst du mich
       nicht geschwind:
Ob beide Teile wohl auch gute Freunde sind?
O wären sie's! Welch Glück für Tugend,
       Witz und Sitten!
Doch nein, der arme Fuchs wird von dem
       Bär bestritten,
Und, trotz des guten Zwecks, von ihm in
       Bann getan.

Warum? Der Fuchs greift selbst die Bären
                              tadelnd an.

Ich kann mich diesmal nicht bei der
                                Moral verweilen;
Die fünfte Stunde schlägt; ich muß zum
                                Schauplatz eilen.
Freund, leg die Predigt weg! Willst du
                                nicht mit mir gehn?
Was spielt man? Den Tartüff.
                        Dies Schandstück sollt ich sehn?

DER TANZBÄR

Ein Tanzbär war der Kett' entrissen,
Kam wieder in den Wald zurück,
Und tanzte seiner Schar ein Meisterstück
Auf den gewohnten Hinterfüßen.
Seht, schrie er, das ist Kunst; das lernt man
                                in der Welt.
Tut mir es nach, wenn's euch gefällt,
Und wenn ihr könnt! Geh, brummt ein
                                alter Bär,
Dergleichen Kunst, sie sei so schwer,
Sie sei so rar sie sei,
Zeigt deinen niedern Geist und deine Sklaverei.

Ein großer Hofmann sein,
Ein Mann, dem Schmeichelei und List
Statt Witz und Tugend ist;
Der durch Kabalen steigt, des Fürsten
                                Gunst erstiehlt,
Mit Wort und Schwur als Komplimenten
                                spielt,
Ein solcher Mann, ein großer Hofmann sein,
Schließt das Lob oder Tadel ein?

DER LÖWE UND DIE MÜCKE

Ein junger Held vom muntern Heere,
Das nur der Sonnenschein belebt,
Und das mit saugendem Gewehre
Nach Ruhm gestochner Beulen strebt,
Doch die man noch, zum großen Glücke,
Durch zwei Paar Strümpfe hindern kann.
Der junge Held war eine Mücke.
Hört meines Helden Taten an!

Auf ihren Kreuz- und Ritterzügen
Fand sie, entfernt von ihrer Schar,
Im Schlummer einen Löwen liegen,
Der von der Jagd entkräftet war.
Seht, Schwestern, dort den Löwen schlafen,
Schrie sie die Schwestern gaukelnd an.
Jetzt will ich hin und will ihn strafen.
er soll mir bluten, der Tyrann!
Sie eilt, und mit verwegnem Sprunge
Setzt sie sich auf des Königs Schwanz.
Sie sticht, und flieht mit schnellem Schwunge,
Stolz auf den sauern Lorbeerkranz.
Der Löwe will sich nicht bewegen?
Wie? Ist er tot? Das heiß ich Wut!
Zu mördrisch war der Mücke Degen:
Doch sagt, ob er nicht Wunder tut?
Ich bin es, die den Wald befreit,
Wo seine Mordsucht sonst getobt.
Seht, Schwestern, den der Tiger scheut,
Der stirbt! Mein Stachel sei gelobt!
Die Schwestern jauchzen, voll Vergnügen,
Um ihre laute Siegerin.
Wie? Löwen, Löwen zu besiegen!
Wie, Schwester, kam dir das in Sinn?
Ja, Schwestern, wagen muß man! Wagen!
Ich hätt es selber nie gedacht.
Auf! Lasset uns mehr Feinde schlagen,
Der Anfang ist zu schön gemacht.
Doch unter diesen Siegesliedern,
Da jede von Triumphen sprach,
Erwacht der matte Löwe wieder
Und eilt erquickt dem Raube nach.

DER SPERLING UND DIE FELDMAUS

Zur Feldmaus sprach ein Spatz: »Sieh dort
          den Adler sitzen!
Sieh, weil du ihn noch siehst! er wiegt
          den Körper schon;
Bereit zum kühnen Flug, bekannt mit
          Sonn' und Blitzen,
Zielt er nach Jovis Thron.
Doch wette – seh' ich schon nicht adlermäßig
          aus – Ich flieg' ihm gleich.« – »Fleug,
          Prahler!« rief die Maus.
Indes flog jener auf, kühn auf geprüfte
          Schwingen;
Und dieser wagt's, ihm nachzudringen.
Doch kaum, daß ihr ungleicher Flug
Sie beide bis zur Höh' gemeiner Bäume trug,
Als beide sich dem Blick der blöden Maus
          entzogen
Und beide, wie sie schloß, gleich
          unermeßlich flogen.

Ein unbiegsamer F... will kühn wie
          Milton singen.
Nach dem der Richter wählt, nach dem wird's
          ihm gelingen.

FAUSTIN

Faustin, der ganze fünfzehn Jahr
Entfernt von Haus und Hof und Weib
          und Kindern war,
Ward, von dem Wucher reich gemacht,
Auf seinem Schiffe heimgebracht.
Gott, seufzt der redliche Faustin.
Als ihm die Vaterstadt in dunkler Fern
          erschien,
Gott, strafe mich nicht meiner Sünden
Und gib mir nicht verdienten Lohn!

Laß, weil du gnädig bist, mich Tochter,
          Weib und Sohn
Gesund und fröhlich wiederfinden.
So seufzt Faustin, und Gott erhört den Sünder.
Er kam und fand sein Haus in Überfluß
          und Ruh.
Er fand sein Weib und seine beiden Kinder
Und – Segen Gottes – zwei dazu.

DIE EHELICHE LIEBE

Klorinde starb; sechs Wochen drauf
Gab auch ihr Mann das Leben auf.
Und seine Seele nahm aus diesem
          Weltgetümmel
Den pfeilgeraden Weg zum Himmel.
Herr Petrus, rief er, aufgemacht!
Wer da? – Ein wackrer Christ.
Was für ein wackrer Christ?
Der manche Nacht,
Seitdem die Schwindsuch ihn aufs
          Krankenbette brachte,
In Furcht, Gebet und Zittern wachte.
Macht bald! – Das Tor wird aufgetan.
Ha! ha! Klorindens Mann!
Mein Freund, spricht Petrus, nur herein;
Noch wird bei Eurer Frau ein Plätzchen
          ledig sein.

Was? meine Frau im Himmel? Wie?
Klorinden habt Ihr eingenommen?
Lebt wohl! Habt Dank für Eure Müh!
Ich will schon sonstwo unterkommen!

DAS MUSTER DER EHEN

Ein rares Beispiel will ich singen,
Wobei die Welt erstaunen wird.
Daß alle Ehen Zwietracht bringen,
Glaubt jeder, aber jeder irrt.
Ich sah das Muster aller Ehen,

Still wie die stillste Sommernacht.
Oh, daß sie keiner möge sehen,
Der mich zum frechen Lügner macht!
Und gleichwohl war die Frau kein Engel
Und der Gemahl kein Heiliger;
Es hatte jedes seine Mängel.
Denn niemand ist von allen leer.
Doch sollte mich ein Spötter fragen,
Wie diese Wunder möglich sind?
Der lasse sich zur Antwort sagen:
Der Mann war taub, die Frau war blind.

NIX BODENSTROM

Nix Bodenstrom, ein Schiffer, nahm –
War es in Hamburg oder Amsterdam,
Daran ist wenig oder nichts gelegen –
Ein junges Weib.
»Das ist auch sehr verwegen,
Freund!« sprach ein Kaufherr, den zum
      Hochzeitschmause
Der Schiffer bat. »Du bist so lang und oft
      von Hause;
Dein Weibchen bleibt indes allein:
Und dennoch – willst du mit Gewalt
      denn Hahnrei sein?
Indes, daß du zur See dein Leben wagst,
Indes, daß du in Surinam, am Amazonenflusse,
Dich bei den Hottentotten, Kannibalen plagst:
Indes wird sie – –«
»Mit Eurem schönen Schlusse!«
Versetzte Nix. »Indes, indes! Ei nun!
Das Nämliche kann Euer Weibchen thun –
Denn, Herr, was braucht's dazu für Zeit? –
Indes Ihr auf der Börse seid.«

AUF LUCINDEN

Sie hat viel Welt, die muntere Lucinde.
Durch nichts wird sie mehr roth gemacht.
Zweydeutigkeit und Schmutz und Schand'
      und Sünde,
Sprecht was ihr wollt: sie winkt euch zu,
      und lacht.
Erröthe wenigstens, Lucinde,
Daß nichts dich mehr erröthen macht!

DIE SONNE

Der Stern, durch den es bei uns tagt –
Ach! Dichter, lern wie unsereiner sprechen!
Muß man, wenn du erzählst,
Und uns mit albern Fabeln quälst,
Sich denkend noch den Kopf zerbrechen?

Nun gut! Die Sonne ward gefragt:
Ob sie es nicht verdrösse,
Daß ihre unermessene Größe
Die durch den Schein betrogene Welt
Im Durchschnitt größer kaum als eine
      Spanne hält?
Mich, spricht sie, sollte dies kränken?
Wer ist die Welt? Wer sind sie, die so denken?
Ein blind Gewürm! Genug, wenn jene
      Geister nur,
Die auf der Wahrheit dunkeln Spur,
Das Wesen von dem Scheine trennen,
Wenn diese mich nur besser kennen!

Ihr Dichter, welche Feur und Geist
Des Pöbels blödem Blick entreißt,
Lernt, will euch mißgeschätzt des Lesers
      Kaltsinn kränken,
Zufrieden mit euch selbst, stolz wie die
      Sonne denken!

DER ADLER UND DIE EULE

Der Adler Jupiters und Pallas' Eule stritten.
Abscheulich Nachtgespenst! – Bescheidner,
        darf ich bitten,
Der Himmel heget mich und dich;
Was bist du also mehr als ich?
Der Adler sprach: Wahr ist's, im Himmel
        sind wir beide;
Doch mit dem Unterschiede:
Ich kam durch eigenen Flug,
Wohin dich deine Göttin trug.

DAS GEHEIMNIS

Hans war zum Pater hingetreten,
Ihm seine Sünden vorzubeten.
Hans war noch jung, doch ohne Ruhm,
So jung er war, von Herzen dumm.

Der Pater hört' ihn an. Hans beichtete
        nicht viel.
Was sollte Hans auch beichten?
Von Sünden wußt' er nichts und desto
        mehr vom Spiel.
Spiel ist ein Mittelding, das braucht er
        nicht zu beichten.
»Nun, soll das alles sein?
Fällt,« sprach der Pater, »dir sonst nichts
        zu beichten ein?«
»Ehrwürd'ger Herr, sonst nichts.« – »Sonst
        weißt du gar nichts mehr?« –
»Gar nichts, bei meiner Ehr'!« –
»Sonst weißt du nichts? Das wäre schlecht!
So wenig Sünden! Hans, besinn dich recht.« –
»Ach, Herr, mit Seinem scharfen Fragen.
Ich wüßte wohl noch was.« –
»Nu? Nur heraus!« – »Ja, das,
Herr Pater, kann ich Ihm bei meiner Treu
        nicht sagen.« –

»So? weißt du etwa schon, worüber
        junge Dirnen,
Wenn man es ihnen thut und ihnen nicht thut,
        zürnen?« –
»Herr, ich versteh' Euch nicht.« – »Und
        desto besser; gut.
Du weißt doch nichts von Dieberei, von Blut?
Dein Vater hurt doch nicht?« – »O,
        meine Mutter spricht's;
Doch das ist alles nichts.« –
»Nichts? Nu, was weißt du denn? Gesteh!
        du mußt es sagen!
Und ich versprech' es dir,
Was du gestehest, bleibt bei mir.« –
»Aus Sein Versprechen, Herr, mag es ein
        andrer wagen;
Daß ich kein Narre bin!
Er darf's, erwürd'ger Herr, nur einem
        Jungen sagen,
So ist mein Glücke hin.« –
»Verstockter Bösewicht,« fuhr ihn der Pater an,
»Weißt du, vor wem du stehst? ... daß ich dich
        zwingen kann?
Geh! dein Gewissen soll dich brennen!
Kein Heiliger dich kennen!
Dich kenn' Maria nicht, auch nicht
        Mariens Sohn!«
Hier wär' dem armen Bauerjungen
Vor Angst beinah das Herz zersprungen.
Er weint' und sprach voll Reu: »Ich weiß«
        – »Das weiß ich schon,
Daß du was weißt; doch was?« – »Was sich
        nicht sagen läßt«...
»Noch zauderst du?« – »Ich weiß« ... »Was
        denn?« ... »Ein Vogelnest.
Doch wo es ist, fragt nicht; ich fürchte,
        drum zu kommen.
Vorm Jahre hat mir Matz wohl zehne
        weggenommen.« –
»Geh, Narr, ein Vogelnest war nicht der
        Mühe wert,
Daß du es mir gesagt und ich's von
        dir begehrt.«

Ich kenn' ein drolligt Volk, mit mir kennt
                es die Welt,
Das schon seit manchen Jahren
Die Neugier auf der Folter hält,
Und dennoch kann sie nichts erfahren.
Hör' auf, leichgläub'ge Schar, sie
                forschend zu umschlingen!
Hör' auf, mit Ernst in sie zu dringen!
Wer kein Geheimnis hat, kann leicht
                den Mund verschließen!
Das Gift der Plauderei ist, nichts zu
                plaudern wissen.
Und wissen sie auch was, so kann mein
                Märchen lehren
Daß oft Geheimnisse uns nichts Geheimes
                lehren
Und man zuletzt wohl spricht: »War das
                der Mühe wert,
Daß ihr es mir gesagt und ich's von
                euch begehrt?«

Das Kruzifix

»Hans,« spricht der Pater, »du mußt laufen,
Uns in der nächsten Stadt ein Kruzifix
                zu kaufen.
Nimm Matzen mit, hier hast du Geld.
Du wirst wohl sehn, wie teuer man es hält.«

Hans kömmt mit Matzen nach der Stadt.
Der erste Künstler war der beste.
»Herr, wenn Er Kruzifixe hat,
So laß Er uns doch eins zum heil'gen
                Osterfeste.«

Der Künstler war ein schalk'scher Mann,
Der gern der Einfalt lachte ·
Und Dumme gern noch dümmer machte,
Und fing im Scherz zu fragen an:
»Was wollt Ihr denn für eines?«
»Je nun,« spricht Matz, »ein wacker feines.
Wir werden sehn, was Ihr uns gebt.«

»Das glaub ich wohl, allein das frag' ich nicht.
Ein totes oder eins, das lebt?«

Hans guckte Matzen, und Matz Hansen
                ins Gesicht.
Sie öffneten das Maul, allein es red'te nicht.

»Nun, gebt mir doch Bericht.
Habt ihr den Pater nicht gefragt?«
»Mein Blut!« spricht endlich Hans, der
                aus dem Traum erwachte,
»Mein Blut! er hat uns nichts gesagt.
Weißt du es, Matz?« – »Ich dachte:
Wenn du's nicht weißt, wie soll ich's wissen?«
»So werdet ihr den Weg noch einmal
                gehen müssen.«
»Das wollen wir wohl bleiben lassen.
Ja, wenn es nicht zur Frone wär'.«

Sie denken lange hin und her
Und wissen keinen Rat zu fassen.
Doch endlich fällt es Matzen ein:
»Je! Hans, sollt's nicht am besten sein,
Wir kauften eins, das lebt? – Denn sieh,
Ist's ihm nicht recht, so macht's ja wenig Müh,
Wär's auch ein Ochs, es tot zu schlagen.«

»Nun ja,« spricht Hans, »das wollt'
                ich eben sagen:
So haben wir nicht viel zu wagen.«

Das war ein Argument, ihr Herren Theologen,
Das Hans und Matz ex tuto zogen.

Der über uns

Hans Steffen stieg bei Dämmerung (und kaum
konnt' er vor Näschigkeit die Dämmerung
                erwarten).
In seines Edelmannes Garten
Und plünderte den besten Aepfelbaum.

Johann und Hanne konnten kaum
Vor Liebesglut die Dämmerung erwarten
Und schlichen sich in eben diesem Garten
Von ungefähr an eben diesen Aepfelbaum.

Hans Steffen, der im Winkel oben saß
Und fleißig brach und aß,
Ward mäuschenstill vor Wartung böser Dinge,
Daß seine Näscherei ihm diemal
                              schlecht gelinge.
Doch bald vernahm er unten Dinge,
Worüber er der Furcht vergaß
Und immer sachte weiter aß.

Johann warf Hannen in das Gras.
»O pfui!« rief Hanne; »welcher Spaß!
Nicht doch, Johann!« – "Ei was?« –
O, schäme dich! – Ein andermal – o, laß –
O, schäme dich! – Hier ist es naß.« – –
»Naß oder nicht; was schadet das?
Es ist ja reines Gras.« –

Wie dies Gespräche weiter lief,
Das weiß ich nicht. Wer braucht's zu wissen?
Sie stunden wieder auf, und Hanne
                              seufzte tief:
»So, schöner Herr! heißt das bloß küssen?
Das Männerherz! Kein einz'ger hat Gewissen!
Sie könnten es uns so versüßen!
Wie grausam aber müssen
Wir armen Mädchen öfters dafür büßen!
Wenn nun auch mir ein Unglück widerfährt --
Ein Kind – ich zittre – Wer ernährt
Mir dann das Kind? Kannst du es mir
                              ernähren?«
»Ich?« sprach Johann; »die Zeit mag's lehren.
Doch wird's auch nicht von mir ernährt,
Der über uns wird's schon ernähren.
Dem über uns vertrau'!«

Dem über uns! Dies hörte Steffen.
Was, dacht' er, will das Pack mich äffen?
Der über ihnen? Ei, wie schlau!

»Nein!« schrie er; »laßt euch andre
                              Hoffnung laben!
Der über euch ist nicht so toll!
Wenn ich ein Bankbein nähren soll,
So will ich es auch selbst gedrechselt haben!«

Wer hier erschrak und aus dem Garten rann,
Das waren Hanne und Johann.
Doch gaben bei dem Edelmann
Sie auch den Apfeldieb wohl an?
Ich glaube nicht, daß sie's gethan.

DER EREMIT

Im Walde, nah bei einer Stadt,
Die man mir nicht genennet hat,
Ließ einst ein seltenes Gefieder,
Ein junger Eremit, sich nieder.

»In einer Stadt,« denkt Applikant,
»Die man ihm nicht genannt?
Was muß er wohl für eine meinen?
Beinahe sollte mir es scheinen,
Daß die, – nein, die – gemeinet wär'.«
Kurz, Applikant denkt hin und her
Und schließt, noch eh' er mich gelesen,
Es sei gewiß Berlin gewesen.

»Berlin? Ja, ja, das sieht man bald;
Denn bei Berlin ist ja ein Wald.«

Der Schluß ist stark, bei meiner Ehre:
Ich dachte nicht, daß es so deutlich wäre.
Der Wald paßt herrlich auf Berlin,
Ohn' ihn beim Haar herbei zu ziehn.
Und ob das übrige wird passen,
Will ich dem Leser überlassen.
Auf griechisch weiß ich, wie sie hieß;
Doch wer versteht's? Kerapolis.

Hier, nahe bei Kerapolis.
War's, wo ein junger Eremite

In einer kleinen, leeren Hütte
Im dicksten Wald sich niederließ.
Was je ein Eremit gethan,
Fing er mit größtem Eifer an.
Er betete, er sang, er schrie
Des Tags, des Nachts und spät und früh.

Er aß kein Fleisch, er trank nicht Wein,
Ließ Wurzeln seine Nahrung sein
Und seinen Trank das helle Wasser;
Bei allem Appetit kein Prasser.
Er geißelte sich bis aufs Blut
Und wußte, wie das Wachen thut.
Er fastete wohl ganze Tage
Und blieb auf einem Fuße stehn
Und machte sich rechtschaffne Plage,
In Himmel mühsam einzugehn.
Was Wunder also, daß gar bald
Vom jungen Heiligen im Wald
Der Ruf bis in die Stadt erschallt?

Die erste, die aus dieser Stadt
Zu ihm die heil'ge Wallfahrt that,
War ein betagtes Weib.
Auf Krücken, zitternd, kam sie an
Und fand den wilden Gottesmann,
Der sie von weitem kommen sahe,
Dem hölzern Kreuze knieend nahe.
Je näher sie ihm kömmt, je mehr
Schlägt er die Brust und weint und winselt er,
Und wie es sich für einen Heil'gen schicket,
Erblickt sie nicht, ob er sie gleich erblicket;
Bis er zuletzt, vom Knieen matt
Und heiliger Verstellung satt,
Vom Fasten, Kreuz'gen, Klosterleben,
Marienbildern, Opfergeben,
Von Beichte, Salbung, Seelenmessen,
Ohn' das Vermächtnis zu vergessen,
Von Rosenkränzen mit ihr red'te
Und das so oratorisch sagt,
Daß sie erbärmlich weint und klagt,
Als ob er sie geprügelt hätte.
Zum Schluß bricht sie von seiner Hütte,
Wozu der saure Eremite

Mit Not ihr die Erlaubnis gab,
Sich einen heil'gen Splitter ab,
Den sie beküsset und belecket
Und in den welken Busen stecket.
Mit diesem Schatz von Heiligkeit
Kehrt sie zurück, begnadigt und erfreut,
Und läßt daheim die frömmsten Frauen
Ihn küssen, andre nur beschauen.
Sie ging zugleich von Haus zu Haus
Und rief auf allen Gassen aus:
»Der ist verloren und verflucht,
Der unsern Eremiten nicht besucht!«
Und brachte hundert Gründe bei,
Warum es sonderlich den Weibern nützlich sei.

Ein altes Weib kann Eindruck machen:
Zum Weinen bei der Frau und bei dem
                              Mann zum Lachen.
Zwar ist der Satz nicht allgemein;
Auch Männer können Weiber sein.
Doch diesmal waren sie es nicht.
Die Weiber schienen nur erpicht,
Den teuern Waldseraph zu sehen.
Die Männer aber? – wehrten's nicht
Und ließen ihre Weiber gehen.
Die Häßlichen und Schönen,
Die ältesten und jüngsten Frauen,
Das arme wie das reiche Weib, –
Kurz, jede ging, sich zu erbauen,
Und jede fand erwünschten Zeitvertreib.

»Was? Zeitvertreib, wo man erbauen will?
Was soll der Widerspruch bedeuten?«
Ein Widerspruch? Das wäre viel!
»Er sprach ja sonst von lauter Seligkeiten!« –
O! davon sprach er noch, nur mit dem
                              Unterscheide:
Mit Alten sprach er stets von Tod
                              und Eitelkeit,
Mit Armen von des Himmels Freude,
Mit Häßlichen von Ehrbarkeit,
Nur mit den Schönen allezeit
Vom ersten jeder Christentriebe.

Was ist das? Wer mich fragt, kann
            der ein Christ wohl sein?
Denn jeder Christ kömmt damit überein,
Es sei die liebe Liebe.

Der Eremit war jung; das hab' ich schon gesagt.
Doch schön? Wer nach der Schönheit fragt,
Der mag ihn hier besehn.
Genug, den Weibern war er schön.
Ein starker, frischer, junger Kerl,
Nicht dicke wie ein Faß, nicht hager wie
            ein Querl –
»Nun, nun, aus seiner Kost ist jenes leicht
            zu schließen.«
Doch sollte man auch wissen,
Daß Gott dem, den er liebt,
Zu Steinen wohl Gedeihen gibt;
Und das ist doch kein fett Gerichte!
Ein bräunlich männliches Gesichte,
Nicht allzu klein, nicht allzu groß,
Das sich im dichten Barte schloß;
Die Blicke wild, doch sonder Anmut nicht;
Die Nase lang, wie man die Kaisernasen dicht't.
Das ungebundne Haar floß straubicht um
            das Haupt;
Und wesentlichre Schönheitsstücke
Hat der zerrißne Rock dem Blicke
Nicht ganz entdeckt, nicht ganz geraubt.
Der Waden nur noch zu gedenken:
Sie waren groß und hart wie Stein.
Das sollen, wie man sagt, nicht schlimme
            Zeichen sein;
Allein den Grund wird man mir schenken.

Nun, wahrlich, so ein Kerl kann Weiber
            lüstern machen.
Ich sag' es nicht für mich; es sind
            geschehne Sachen.
»Geschehne Sachen? was?
So ist man gar zur That gekommen?«
Mein lieber Simplex, fragt sich das?
Weswegen hätt' er denn die Predigt
            unternommen?
Die süße Lehre süßer Triebe?

Die Liebe heischet Gegenliebe,
Und wer ihr Priester ist, verdienet keinen Haß.

O Andacht, mußt du doch so mache
            Sünde decken!
Zwar die Moral ist hier zu scharf,
Weil mancher Mensch sich nicht
            bespiegeln darf,
Aus Furcht, er möchte vor sich selbst
            erschrecken.
Drum will ich nur mit meinen Lehren
Ganz still nach Hause wieder kehren.
Kömmt mir einmal der Einfall ein,
Und ein Verleger will für mich so gnädig sein,
Mich in groß Quart in Druck zu nehmen,
So könnt' ich mich vieleicht bequemen,
Mit hundert englischen Moralen,
Die ich im Laden sah, zu prahlen,
Exempelschätze, Sittenrichter,
Die alten und die neuen Dichter
Mit witz'gen Fingern nachzuschlagen
Und, was sie sagen und nicht sagen,
In einer Note abzuschreiben.
Bringt, sag' ich noch einmal, man mich
            gedruckt an Tag;
Denn in der Handschrift lass' ich's bleiben,
Weil ich mich nicht belügen mag.

Ich fahr' in der Erzählung fort –
Doch möcht' ich in der That gestehn,
Ich hätte manchmal mögen sehn,
Was die und die, die an den Wallfahrtsort
Mit heiligen Gedanken kam,
Für fremde Mienen an sich nahm,
Wenn der verwegne Eremit
Fein listig, Schritt vor Schritt,
Vom Geist aufs Fleisch zu reden kam.
Ich zweifle nicht, daß die verletzte Scham
Den Zorn nicht ins Gesicht getrieben,
Daß Mund und Hand nicht in Bewegung kam,
Weil beide die Bewegung lieben;
Allein, daß die Versöhnung ausgeblieben,
Glaub' ich, und wer die Weiber kennt,
Nicht eher, als kein Stroh mehr brennt.

Denn wird doch wohl ein Löwe zahm;
Und eine Frau ist ohnedem ein Lamm.
»Ein Lamm? du magst die Weiber kennen.«
Je nun, man kann sie doch insoweit
              Lämmer nennen,
Als sie von selbst ins Feuer rennen.

»Fährst du in der Erzählung fort?
Und bleibst mit deinem Kritisieren
Doch ewig an demselben Ort?«
So kann das Nützliche den Dichter
              auch verführen.
Nun gut, ich fahre fort
Und sag', um wirklich fortzufahren,
Daß nach fünf Vierteljahren
Die Schelmereien ruchbar waren.
»Erst nach fünf Vierteljahren? Nu,
Der Eremit hat wacker ausgehalten.
So viel trau' ich mir doch nicht zu;
Ich möchte nicht sein Amt ein Vierteljahr
              verwalten.
Allein, wie ward es ewig kund?
Hat es ein schlauer Mann erfahren?
Verriet es einer Frau waschhafter Mund?
Wie? oder daß den Hochverrat
Ein alt neugierig Weib aus Neid begangen hat?«
O nein; hier muß man besser raten;
Zwei muntre Mädchen hatten Schuld,
Die voller frommen Ungeduld
Das thaten, was die Mütter thaten;
Und dennoch wollten sich die Mütter
              nicht bequemen,
Die guten Kinder mitzunehmen.
»Sie merkten also wohl den Braten?« –
Und haben ihn gar dem Papa verraten.
»Die Töchter sagten's dem Papa?
Wo blieb die Liebe zur Mama?«
O! die kann nichts darunter leiden;
Denn wenn ein Mädchen auch die
              Mutter liebt,
Daß es der Mutter in der Not
Den letzten Bissen Brot
Aus seinem Munde gibt,

So kann das Mädchen doch die Mutter
              hier beneiden,
Hier, wo so Lieb' als Klugheit spricht:
Ihr Schönen, trotz der Kinderpflicht,
Vergeßt euch selber nicht!
Kurz, durch die Mädchen kam's ans Licht,
Daß er, der Eremit, beinah die ganze Stadt
Zu Schwägern oder Kindern hat.

O! der verfluchte Schelm! Wer hätte
              das gedacht!
Hat er der weiblichen Andacht
Sich so zu Nutz gemacht?
Die ganze Stadt ward aufgebracht,
Und jeder Ehmann schwur, daß in der
              ersten Nacht
Er und sein Mitgenoß, der Hain,
Des Feuers Beute müsse sein.
Schon rotteten sich ganze Scharen,
Die zu der Rache fertig waren.
Doch ein hochweiser Magistrat
Besetzt das Tor und sperrt die Stadt,
Der Eigenrache vorzukommen,
Und schicket alsobald
Die Schergen in den Wald,
Die ihn vom Kreuze weg und in
              Verhaft genommen.
Man red'te schon von Galgen und von Rad,
So sehr schien sein Verbrechen häßlich;
Und keine Strafe war so gräßlich,
Die, wie man sagt, er nicht verdienet hat.
Und nur ein Hagestolz, ein schlauer Advokat,
Sprach: »O! dem kömmt man nicht ans Leben,
Der es Unzähligen zu geben
So rühmlich sich beflissen hat.«

Der Eremite, der die Nacht
Im Kerker ungewiß uns sorgend durchgewacht,
Ward morgen ins Verhör gebracht.
Der Richter war ein schalk'scher Mann,
Der jeden mit Vergnügen schraubte
Und doch – (wie man sich irren kann!)
Von seiner Frau das Beste glaubte.
»Sie ist ein Ausbund aller Frommen

Und nur einmal in Wald gekommen,
Den Pater Eremit zu sehn.
Einmal! Was kann da viel geschehn?«
So denkt der gütige Herr Richter.
Denk' immer so, zu deiner Ruh,
Lacht gleich die Wahrheit und der Dichter
Und deine fromme Frau dazu.

Nun tritt der Eremit vor ihn.
»Mein Freund, wollt ihr von selbst die nennen,
Die – die Ihr kennt, und die Euch kennen,
So könnt ihr der Tortur entfliehn.
Doch...« – »Darum lass' ich mich nicht plagen.
Ich will sie alle sagen.
Herr Richter, schreib' Er nur!« Und wie?
Der Eremit entdecket sie?
Ein Eremite kann nicht schweigen?
Sonst ist das Plaudern nur den Stutzern eigen.
Der Richter schrieb. »Die erste war
Kamilla...« – »Wer? Kamilla?« – »Ja, fürwahr!
Die andern sind: Sophia, Laura, Doris,
Angelika, Korinna, Chloris...« –
»Der Henker mag sie alle fassen,
Gemach! und eine nach der andern fein!
Denn eine nur vorbei zu lassen...« –
»Wird wohl kein großer Schade sein,«
Fiel jeder Ratsherr ihm ins Wort.
»Hört,« schrieen sie, »erzählt nur fort!«
Weil jeder Ratsherr in Gefahr
Sein eigen Weib zu hören war.
»Ihr Herren,« schrie der Richter, »nein!
Die Wahrheit muß am Tage sein;
Was können wir sonst für ein Urteil fassen?«
»Ihn,« schrieen alle, »gehn zu lassen.«
»Nein, die Gerechtigkeit« – und kurz,
                          der Delinquent
Hat jede noch einmal genennt,
Und jeder hing der Richter dann
Ein loses Wort für ihren Hahnrei an.
Das Hundert war schon mehr als voll;
Der Eremit, der mehr gestehen soll,
Stockt, weigert sich, scheut sich, zu sprechen –
»Nu, nu, nur fort! was zwingt Euch wohl,
So unvermutet abzubrechen?«

»Das sind sie alle!« – »Seid Ihr toll?
Ein Held wie Ihr! Gestehet nur, gesteht!
Die letzten waren, wie Ihr seht,
Klara, Pulcheria, Susanne,
Charlotte, Marianne, Hanne.
Denkt nach! ich lass' Euch Zeit dazu!« –
»Das sind sie wirklich alle!« – »Nu –
Macht, eh' wir schärfer in Euch dringen!« –
»Nein, keine mehr; ich weiß genau...« –
Ha! ha! ich seh', man soll Euch zwingen...«
»Nun gut, Herr Richter, – Seine Frau.« -

Daß man von der Erzählung nicht
Als einem Weibermärchen spricht,
So mach' ich sie zum Lehrgedicht
Durch beigefügten Unterricht:
Wer seines Nächsten Schande sucht,
Wird selber seine Schande finden!
Nicht wahr, so liest man mich mit Frucht?
Und ich erzähle sonder Sünden?

DIE BRILLE

Dem alten Freiherrn von Chrysant
Wagt's Amor, einen Streich zu spielen.
Für einen Hagestolz bekannt,
Fing um die Sechzig er sich wieder
                          an zu fühlen.

Es flatterte, von alt und jung begafft,
Mit Reizen ganz besondrer Kraft,
Ein Bürgermädchen in der Nachbarschaft.
Dies Bürgermädchen hieß Finette.
Finette war des Freiherrn Siegerin.
Ihr Bild stand mit ihm auf und ging mit
                          ihm zu Bette.
Da dacht' in seinem Sinn
Der Freiherr: »Und warum denn nur ihr Bild?
Ihr Bild, das zwar den Kopf, doch nicht
                          die Arme füllt?
Sie selbst steh' mit mir auf und geh' mit mir
                          zu Bette.

Sie werde meine Frau! Es schelte, wer da schilt;
Genäd'ge Tant' und Nicht' und Schwägerin!
Finett' ist meine Frau, und – Ihre Dienerin.«

Schon so gewiß? Man wird es hören.
Der Freiherr kömmt, sich zu erklären,
Er greift das Mädchen bei der Hand,
Thut, wie ein Freiherr, ganz bekannt
Und spricht: »Ich, Freiherr von Chrysant,
Ich habe Sie, mein Kind, zu meiner
                              Frau ersehen.
Sie wird sich hoffentlich nicht selbst
                              im Lichte stehen.
Ich habe Guts die Hüll' und Fülle.«
Und hierauf las er ihr durch eine große Brille
Von einem großen Zettel ab,
Wie viel ihm Gott an Gütern gab,
Wie reich er sie beschenken wolle;
Welch großen Witwenschatz sie einmal
                              haben solle.
Dies alles las der reiche Mann
Ihr von dem Zettel ab und guckte durch
                              die Brille
Bei jedem Punkte sie begierig an.

»Nun, Kind, was ist Ihr Wille?«
Mit diesen Worten schwieg der Freiherr stille
Und nahm mit diesen Worten seine Brille –
(Denn, dacht' er, wird das Mädchen nun
So wie ein kluges Mädchen thun;
Wird mich und sie ihr schnelles Ja beglücken;
Werd' ich den ersten Kuß auf
                              ihre Lippen drücken:
So könnt' ich im Entzücken
Die teure Brille leicht zerknicken!) –
Die teure Brille wohlbedächtig ab.
Finette, der dies Zeit, sich zu bedenken, gab,
Bedachte sich und sprach nach
                              reiflichem Bedenken:
»Sie sprechen, gnäd'ger Herr, vom Freien
                              und vom Schenken;
Ach! gnäd'ger Herr, das alles wär' sehr schön!
Ich würd' in Samt und Seide gehn –
Was gehn? Ich würde nicht mehr gehn;

Ich würde stolz mit Sechsen fahren.
Mir würden ganze Scharen
Von Dienern zu Gebote stehn.
Ach! wie gesagt, das alles wär' sehr schön,
Wenn ich – wenn ich – – «
»Ein Wenn? Ich will doch sehn«
(Hier sahe man den alten Herrn sich blähn),
»Was für ein Wenn mir kann im Wege stehn!«

»Wenn ich nur nicht verschworen hätte – – «
»Verschworen? was? Finette,
Verschworen, nicht zu frein? –
O Grille,« rief der Freiherr, *»Grille!«*
Und griff nach seiner Brille
Und nahm das Mädchen durch die Brille
Nochmals in Augenschein
Und rief beständig: *»Grille! Grille?*
Verschworen, nicht zu frein!« –
»Behüte!« sprach Finette,
»Verschworen nur, mir keinen Mann zu frein,
Der so, wie Ihre Gnaden pflegt,
Die Augen in der Tasche trägt!«

DIE KRANKE PULCHERIA

Pulcheria ward krank ... »Vielleicht die
                              Lust zu büßen,
Die ...« Pfui, wer wird nun gleich so voller
                              Argwohn sein?
Schweigt, Neider! hört mir zu! ich lenke
                              wieder ein.
Pulcheria ward krank. Unruhig im Gewissen,
Ließ ihr der Schmerz manchmal, die
                              Schwermut niemals Ruh.
»Wie? Was? Pulcheria wär' melancholisch
                              worden?
Sprich, Lügner, lieber gar, sie trat in
                              Nonnenorden.«
Schon wieder stört ihr mich? Schweigt
                              doch und hört mir zu!
Als sie einst ihre Not zu lauten Seufzern trieb,

Sprach Lady, ihre Magd: »Laßt doch den
Priester holen;
Legt dem die Beichte ab, so seid Ihr
Gott empfohlen;
Und beichten müsset Ihr, ist Euch der
Himmel lieb.«
»Ja, dieser Rat ist gut,« spricht unsre
kranke Schöne,
»Lauf oder schicke gleich zum Pater
Andres hin;
Andres... merkt's wohl... weil ich auch
sonst sein Beichtkind bin,
So oft ich mich mit dir, o lieber Gott!
versöhne.«
Gleich läuft ein Diener hin, klopft an
das Kloster an
Und so, als wenn das Thor davon zerspringen
solle.
»Nu, nu! Gemach! gemach!« Man fragt,
zu wem er wolle.
»Je, macht nur erstlich auf.« Das Thor
wird aufgethan.
»Der Pater Andres wird zu meiner Frau
begehret,
Die gerne beichten will, weil sie bald
sterben kann.«
»Wer?« fragt ein Bruder ihn; »Andres? der
gute Mann!
Zehn Jahre ist's schon, daß der im
Himmel Beichte höret.«

DER WUNSCH, ZU STERBEN

Ein durch die Jagd ergrimmter Bär
Latscht hinter einem Wandrer her.
Aus Rache will er ihn zerreißen.
(Das mag dem Wandrer wohl ein
unverdientes Unglück heißen.)
Aus Rache, dummes Tier? wird mancher
Leser sprechen,
Kannst du dich nicht an deinen Jägern rächen?
O, schimpft mir nicht das gute Vieh,

Es folgt den Trieben nur, Vernunft
regiert es nie.
Es hat ja unter uns... was sagt' ich? nein...
bei Hunden
Gewiß nicht wenige von gleicher Art
gefunden.
Geschwinde! Wanderer, geschwind und
rette dich.
Er läuft, der Bär läuft nach. Er schreit, will
sich verstecken;
Der Bär, nicht faul, sucht ihn, bricht
brummend durch die Hecken
Und jagt ihn wieder vor. Der ändert oft
den Lauf,
Bald rechts, bald vor, bald links. Doch
alle diese Ränke
Sind hier umsonst. Warum? der Bär hat
auch Gelenke.
Gewiß, so eine Jagd wär' mir nicht lächerlich!
Jedoch zu was wird sich der Wandrer nun
entschließen?
Er springt den nächsten Baum hinauf.
O! das wird niemand wohl das beste Mittel
nennen.
Er mußte doch in aller Angst nicht wissen,
Daß Bäre gleichfalls klettern können.
Das tolle Tier erblickt es kaum,
So stutzt es, brummt und kratzt den Baum,
Es bäumt den schweren Leib, es setzt die
Vordertatzen
An Rind' und Aesten ein, so schnell als
scheue Katzen.
So langsam gegenteils hebt es des
Körpers Wucht;
Doch kömmt es schon so hoch, daß der
den Gipfel sucht.
Was gibt uns oft die Angst nicht ein?
Der Wandrer sucht des Feindes los zu sein.
Er stößt, und stößt den Fuß mit voller
Leibesstärke
Dem Bäre vor den Kopf. Doch große
Wunderwerke
That dieses Stößchen nicht. Wie kann es
anders sein?

Wer Bäre töten will, braucht der den
                          Fuß allein?
Er taumelt nur, anstatt zu fallen,
Und fasset schnell mit seinen Krallen
Des Wandrers Fuß, der nach ihm stieß.
Er hält ihn, wie ein Bär. Durch Zerren
                    und durch Beißen
Sucht er den Raub herabzureißen.
Jedoch, je mehr er riß,
Je mehr hält jener sich
An Aesten fest und ritterlich.
Wenn Witz und Tapferkeit uns nicht
                    erretten kann,
Beut oft das blinde Glück uns seine
                          Rettung an.
Der wütend plumpe Bär
Ist für den dünnen Ast zu schwer;
Der bricht, und er fällt schütternd schnell
                    zu Boden.
Der Fall bringt ihn fast um den Oden,
Und keuchend schleicht er zornig fort.
Von Schrecken, Furcht und Schmerzen
                    eingenommen,
Sieht kaum der Wanderer, daß er der Not
                    entkommen.
Nun lobt er wohl durch jedes Wort
Mit zärtlich dankbarem Gemüte
Des Himmels unverhoffte Güte?
O, weit gefehlet! nein! mit zitternd
                    schwacher Sprache
Flucht, lästert, schreiet er selbst wider
                          Gott um Rache.
Er kriecht vom Baum herab und läßt sich
                    murrend nieder.
Sein nasses Auge sieht das Blut der
                    wunden Glieder.
Der Schmerz verführet ihn, daß er den
                          Tod begehrt,
Den Tod, vor dem er sich mit Fliehn
                    und Schrei'n gewehrt.
Bald flucht er auf den Bär, der ihn nicht ganz
                          zerrissen;
Bald flucht er auf sich selbst, daß er sich
                    retten müssen.

»O, näh're dich, erwünschter Tod!
Benimm mir Leben, Schmerz und Not!
Entführ' mir dieser Wunsch doch mit dem
                    letzten Hauche!«
St! St! was raschelt dort, dort hinter
                    jenem Strauche?
Beglückter Wanderer! dein Wunsch ist
                    schon erhört.
Es kömmt ein neuer Bär, der dich im
                    Klagen stört.
Ein Bär? Erschrick nur nicht! Ein Bär.
Ohn' Zweifel schickt der Tod ihn her.
Der Tod? Ja, ja, der Tod, den du
                    gewünschet hast,
Gewünschet und erfleht. »Das ist ein
                    schlimmer Gast.
Der Henker! weiß er denn gar nichts
                    von Komplimenten?
Wenn meine Beine mich doch nur
                    erretten könnten!«
Mit Mühe sucht er aufzustehn;
Doch kann er nicht vom Flecke gehn.
Hier kam ihm schnell ein ander Mittel ein,
Das ihm vorher nicht eingekommen.
Er hatt' es einst (zehn Jahre mocht' es sein)
Von einem Reisenden vernommen
Und hatt' es nie, nur in der Not, vergessen,
Daß Bäre selten Tote fressen.
Sein Einfall wirft ihn hurtig nieder;
Die schon vor Schrecken kalten Glieder
Streckt er starr von sich weg, so sehr er
                    immer kann,
Der Bär beschnopert ihn, findt keines
                    Lebens Spur,
Mag sich an Toten nicht begnügen,
Kehrt sittsam um und brummet nur
Und läßt den Schalk in Ruhe liegen.
Was ist bei dir ein Wunsch? Mein Freund,
                    laß mich's verstehen.
Du wünschst den Tod: er kömmt; du suchst
                    ihm zu entgehen.
Steh auf! der Bär ist fort. Was fluchst du
                    ihm noch nach?

Zum Danke, daß er dir nicht Hals und
                        Beine brach?
Was soll die Lästerung? Verringert sie
                        die Schmerzen?
Noch wünschest du den Tod? Das geht dir
                        wohl von Herzen?
Nur schade, daß er dich vorhin so spotten sah:
Sonst wär' er wahrlich längst auf dein
                        Ersuchen da.
Der schwüle Tag vergeht; der Abend
                        bricht herein.
O, könnt' er in geborstnen Feldern,
Wie durch die Hitze matten Wäldern,
Mein Wandrer, ebenfalls dir zur
                        Erquickung sein!
Man sieht die Luft, sich abzukühlen,
Mit stummen Blitzen häufig spielen.
»O!« schreit der Wanderer, »zög' sich
                        ein Wetter auf!
O, hemmten Blitz und Schlag mir Pein
                        und Lebenslauf!«
Schnell zeigt der Donnergott dem
                        Wunsche sich gewogen.
Des ganzen Himmels weite Ferne
Verdeckt viel Dunst; die hellsten Sterne
Sind schwarz mit Wolken überzogen,
Schnell fährt der Blitz heraus, kracht hier
                        und dort ein Schlag.
Auf, Wandrer, freue dich! das ist dein
                        Sterbetag!
Nun wird der Tod auf Donnerkeilen
Zur dir verlaßnem Armen eilen.

Was scherzt du noch voll Furcht?...
                        Ihr Freunde, gebt doch acht;
Doch bitt' ich, zwinget euch, daß ihr nicht
                        drüber lacht...
»Ja! das ist Pein... o, stürb' ich doch! – –
Komm, Tod! komm doch...
                        du zauderst noch?
Jedoch hier mag ich wohl nicht allzu
                        sicher liegen?
Ich habe ja einmal gehört,
Wie die Erfahrung oft gelehrt,
Daß Donner gern in Eichen schlügen.
O, machte mir ein Loorbeerbaum
Doch unter seinen Aesten Raum.
O weh! wie schmerzt das Bein! Erbarm'
                        dich doch, o Tod!
Jedoch dort schlug es ein... Nun ist's
                        die höchste Not,
Soll mich das Wetter nicht verletzen,
Mich schnell in Sicherheit zu setzen!«
Geh! dummer Wandrer, geh! such'
                        einen sichern Ort
Und wünsche bald den Tod, bald wünsch'
                        ihn wieder fort.
Mich soll dein Wankelmut der Menschen
                        Zagheit lehren,
Muß ich sie so, wie dich, verwegen
                        wünschen hören.
Glaubt, Freunde, glaubet mir! der ist
                        ein weiser Mann,
Der zwar das Leben liebt, doch mutig
                        sterben kann!

CHRISTOPH MARTIN WIELAND

CHRISTOPH MARTIN WIELAND

Christoph Martin Wieland, Sohn eines protestantischen Pfarrers, wurde am 5. September 1733 in Oberholzheim bei Biberach geboren. Während seiner pietistischen Schulausbildung machte Wieland erste Bekanntschaft mit der aufklärerischen Philosophie. 1749 begann er ein Studium der Rechtswissenschaft in Erfurt, das er ab 1750 in Tübingen fortsetzte. Von dort aus nahm er schriftlichen Kontakt zu dem angesehenen Literaten Johann Jakob Bodmer in Zürich auf, der ihn 1751 auf sein Epos »Hermann« hin in die Schweiz einlud. Von 1752 bis 1754 lebte Wieland bei Bodmer in dessen Haus in Zürich. Dort pflegte er Umgang mit anderen berühmten Köpfen seiner Zeit, allen voran Johann Jakob Breitinger, Salomon Geßner und Johann Kaspar Hirzel, und wandte sich der »seraphischen« Empfindsamkeit zu. Gerade von seinen lyrischen Werken entstanden sehr viele in dieser Zeit.

Nachdem Wieland einige Zeit als Hauslehrer tätig war, zog es ihn 1760 zurück nach Biberach, wo er die Stellung des Kanzleidirektors bekam. Bedeutenden Einfluß auf sein literarisches Schaffen übte hier der Kanzler Friedrich Graf Stadion aus, der Wieland zu heiteren, grazilen Rokokodichtungen anregte. In dieser Zeit entstanden unter anderem der Roman »Don Sylvio« (1764), die »Komischen Erzählungen« (1765) und das Versepos »Idris« (1768), vor allem aber die erste Fassung des »Agathon« (1766/67), in dem Zeitgenossen wie Gotthold Ephraim Lessing und Friedrich von Blanckenburg den besten deutschen Roman sahen.

Im Jahre 1769 folgte Christoph Martin Wieland einem Ruf an die Universität Erfurt, wo er als Professor der Philosophie lehrte. Diese Stellung gab er jedoch bereits drei Jahre später wieder auf, als ihn die Herzogin Anna Amalia nach dem Erscheinen seines Romans »Der goldene Spiegel« nach Weimar bat, um ihre beiden Söhne zu erziehen.

Seit 1773 betätigte sich der Dichter und Lehrer unter anderem mit der Herausgabe der angesehenen Zeitschrift »Der teutsche Merkur«. Er galt zu dieser Zeit als der berühmteste Dichter deutscher Sprache. Gleichwohl begann die Entwicklung der Literatur Wieland bereits zu überholen. Und so nimmt es nicht Wunder, daß seine Popularität sich unter den jüngeren Dichtern in Grenzen hielt, ja er zum Teil sogar massiv kritisiert und angefeindet wurde.

Dennoch entstanden in der Zeit zwischen 1780 und 1802 viele seiner bedeutendsten Werke, unter anderen das Versepos »Oberon«, der dialogische Roman »Peregrinus Proteus« und der Briefroman »Aristipp«.

Die meisten seiner lyrischen Werke fielen in die Phase der »seraphischen Empfindsamkeit«, einer besonders gefühlsbetonten literarischen Bewegung, die zusammen mit der Aufklärung den Nährboden für den späteren »Sturm und Drang« bildete.

Von 1798 bis 1803 lebte der Dichter auf Gut Oßmannstedt nahe Weimar, wo er unter anderem von seinem Verehrer Heinrich von Kleist besucht wurde.

Christoph Martin Wieland starb in dem damals sehr hohen Alter von fast 80 Jahren am 20. Januar 1813 in Weimar.

ODE

Tugend! o wie reizend schön bist du!
Himmelskind! ach kennten dich die Seelen
Die vor dich ein glänzend Nichts sich wählen
Und erkaufen Schmerz um Seelen-Ruh!
O wie würden sie die Stimme hassen,
Die sie jetzt zu süßem Elend ruft;
O, wie flöhen sie aus Circens Zaubergruft,
Zu dir auf die Königliche Straßen!

Ach daß doch ein schimmernd Nichts
                                    uns blendt!
Daß der Weise selbst, der Freund der Wahrheit,
Oft, mit einem Geist voll heitrer Klarheit,
Wie bezaubert sich zum Scheingut wendt!
O wie glühen jetzt die ernsten Wangen
Da zu spät ihn die Erfahrung lehrt
Daß Sein Arm, indem er dich begehrt,
Wie Ixion, einen Dunst umfangen!

Englische Sophie, mein Herz, mein Licht
Du bist selbst, ja Du bist selbst die Tugend,
Aus der Anmut aufgeblühter Jugend,
Reizt sie selbst in Dir ein klug Gesicht.
O wie strahlt aus Deinen schönen Blicken,
Wo mit weisem Ernst sich Anmut paart,
Eine Seele von Seraphscher Art,
Fähig mehr als Weise zu entzücken!

Doch Dein Mund, Dein liebenswerter Mund,
Nicht nur schön, wenn ihn die Küsse schließen,
Auch wenn kluge Worte von Ihm fließen,
Macht noch mehr als Deine Augen kund.
Und Dein Brief, in dem Dein Herz sich malet
O wie sanft erquickt er meine Brust!
O wie schwimmt Sie in ätherscher Lust!
Die mir reichlich Schmerz und Leid bezahlet.

Dich, Sophie, Dich gab der Himmel mir
Mich der Tugend liebreich zuzuführen;
Ja, ich war bereit mich zu verlieren,
Gott! Du sahest es, und gabst sie mir!

Jetzo dring ich *sicher* durch verwachsne
                                        Hecken,
Denn ihr redlich Herz verläßt mich nie;
Gott und Weisheit Tugend und Sophie
Sind bei mir, welch Unfall kann mich
                                        schrecken!

O Mein Engel, wenn wird einst der Tag
Mich, Dir, *liebstes Herz* auf ewig anvertrauen
Und mein Glück auf solche Felsen bauen,
Die kein Orkan nicht zertrümmern mag?
Denn bin ich beglückt der Not entgangen,
Die des Weisen Auge oft benetzt;
Denn wird nie ein Dunst von mir geschätzt,
Denn die Tugend selbst hält mich in Dir
                                        umfangen!

ODE

Wen Du, o Muse, da er geboren ward,
Lächelnd umfingest, den wird kein Sieges-
                                        geschrei
    Mit Lorbeern, die vom Blut der Feinde
    Tauen, bekrönt, durch das Schlachtfeld
                                        führen.

Daß ihm die Nachwelt bei den Erobrern seh,
Klagt keine Mutter, eilt aus des Mädchens Arm,
    Das ihm nachweint, kein Jüngling
    In in die Schlacht, sein Blut zu strömen.

Noch da er kindisch sich um den Busen
                                        schmiegt,
Oft mit Entzückung mütterlich angeweint,
    Fühlt er schon mehr als andre, tönet
    Etwas harmonisches in seinem Weinen.

Da schon empfindt er lächelnder Blicke Kraft,
Da wird sein Herz in ihrem Umarmungen
    Nach dem Herzen der Mutter gebildet,
    Zärtlich und schön, wie ein junger Amor.

Oft stehst du denn in Stunden der Mitternacht,
Erato, bei ihm; wenn itzt die Mutter müd
   Ihn zu umarmen, eingeschlummert,
      Und ihn in Träumen schon glücklich siehet.

Da stehst du bei ihm, wehst in sein offnes Herz
Mit Zephyrlippen deine Empfindungen.
   Formst in der wächsernen Brust des Säuglings
      Jeglichen Trieb, dir einst nachzufühlen.

Ihn trägt die hohe einsame Bahn dereinst
Auf Flaccus Spuren, oder den Hainen zu,
   Wo dein unsterbliches Lied, o Maro,
      Durch die Homerischen Lorbeern rauschet;

Oder in Täler hin zu dem Silberquell,
Der, wie dein Trinklied, Sänger von Teos, fließt,
   Oder wie deines Mädchens Küsse,
      Wenn du, von ihnen berauscht, geraset.

Denn lehrt ein Mädchen, welches der Doris
               gleicht,
So schön, mit Augen, die so begeisternd sind,
   Ihn umarmend, die Liebe singen,
      Und dich, o Unschuld, der Liebe Schwester.

Er übt die Haine, wenn sie der Morgen grüßt,
Oder wenn auf den Auen der Frühling schläft,
   Den Ruhm der Tugend nachzuhallen.
      Menschen sind taub, doch ihm horcht
               der Seraph!

Ihn wird die Nachwelt, wenn seine Stimme
               schon
Sich den Gesängen Englischer Harfen mischt,
   Hören, ihn segnen, seine Hymnen
      Vor dem nachahmenden Jüngling spielen,

Welcher, sie hörend, sich hingezücket fühlt,
Göttlich zu singen. Auch weint bei seinem Lied
   Einst manch jugendlich weiches Mädchen,
      Zärtlich wie Doris, und liebt den Sänger.

ODE AN DORIS

Erseufzte Stunde, da ich sie wiederseh,
Da sich ihr Arm mir zärtlich entgegenstreckt,
   Stunde der süßen Freudenschauer,
      Eil aus der Liebe Schoß hernieder.

Nur selten steiget eine der Seligen
Ätherschen Stunden, wie sie der Himmel lebt,
   Nieder zur Erde, wo die Menschen,
      sich nicht bekannt, die Zeit verträumen.

Aber dich sendet, goldene Stunde, mir
Der Gottheit Tochter, die ich, von wenigen
   Gehört, den Menschen sang, die Liebe,
      Selber aus ihrer Schoß hernieder.

So schweben über Liebende Seraphim
Mit Zephyrsüßen Stunden der Freude hin,
   So, wie ich dich genießen werde,
      Fühlt dich der Jüngling jenes Erdballs;

Der dort im Meer unzählicher Sonnen
               schwimmt,
Von Glanz bedecket, keinem Cassin bemerkt,
   Dir nur sichtbar, dem selbst Eloas
      Wohnplatz die himmlische Muse zeigte.

Was werd ich fühlen? Doris, was fühlst du dann?
Was keine Zunge sterblicher Sänger spricht,
   Was nicht die Seel in seinem Umfang
      Denken kann, was sie entzückt nur fühlet!

Kaum wird sie glauben, wenn ihr das Auge sagt,
Daß du ihr nah seist, bis sie vor Freude stumm,
   In Umarmungen sanft zerschmolzen,
      Zärtlichste Seele, Dich gegenwärtig.

Empfindet, bis die Schauer der Sympathie
Sie sanft durchdringen, daß von den Schauern
               dann
   Jede Begierde bebt und fröhlich
      Ihrer Geliebten entgegenwallet.

Was für Gedanken, was für Empfindungen,
Dem Mund unnennbar, redst du, o Auge, mir?
　Himmlisches Aug, was vor Entzückung
　　Weinst du, mit Blicken der holden Liebe

Auf meine Wangen? Heiliger Augenblick,
Da ich zuerst dir, Freundin, entgegenkam!
　Da ich dich liebte! Meines Glückes
　　Und dieser Stunde Quell sei gesegnet!

Wenn nun die Arme müd von Umarmungen
Sich ungern lassen, wenn sich die Seelen nun
　Aus der Empfindungen süßem Taumel
　　Bebend erholen und um sich sehen,

Denn blickt ein Auge wundernd das andre an,
Das volle Herz strömt noch von den
　　　　　　　　　　　　　Lippen nicht,
　Stumm, doch voll namenloser Freuden
　　Dankt dann der ernste Blick gen Himmel,

Lange verweilend; sinkt dann zurück und ruht
Auf dem geliebten Angesicht; jeder Blick,
　Jede Miene, des Herzens Ausdruck
　　Wird der aufmerksamen Liebe sichtbar.

Dann kommt, Stunden, denen mein
　　　　　　　　　　　　　tränend Aug
So vielmals nachsah, da ihr geflohen wart,
　Dann kommt ihr wieder, ihr der Weisheit
　　Ihr der Unsterblichkeit heilge Stunden.

Da wir von Gott, uns, oder der Tugend Glück,
Zärtlich besprachen, da wir Empfindungen
　Zu Gedanken erhöhten, und Klopstock
　　Uns mit den Engeln vertrauter machte.

Da führt uns Bodmer hin in die erste Welt,
Wo er im Garten, den einst sein Milton sang,
　Vor eine Eva, Drei voll Unschuld,
　　Jede Dir ähnlich, o Doris, zeiget.

Mit freiem Blicke sehn wir mit Addison
Ins Herz der Menschen, jeglichen Trieb spürt er

Aus seinen Höhlen aus, der Tugend
　Herrschenden Wink verstehn zu lernen.

Die Weisheit, die so fremde den Weisen ist,
Die Young so göttlich sang, die der Ewigkeit
　Uns leben lehret, zeigt uns Rowe
　　Menschlicher, schön wie sie selbst,
　　　　　　　　　　　　　in Bildern.

Sie selber sehn wir, wie sie am Frühlingsbach
Auf Blumen träumet, oder den Hain
　　　　　　　　　　　　　durchschweift,
　Und in der einsamen Schatten Stille
　　Ihre Gedanken behorcht und sammlet.

Wenn sie erzählet, sehn wir mit Augen fast,
Wie Rosalinde, schön wie ein Maientag
　Im Schäferkleide bei dem Jüngling,
　　Der in der Laube schlummert, still steht,

Ihn sanft erzitternd ansieht und zweiflend sinnt,
Ob er vielleicht nicht einer der Sylphen sei:
　Ihn gerne küßte, doch sonder Unruh
　　Bald ihn verläßt und oft zurücksieht.

So, Doris, eilen nicht nur an Küssen reich,
Vom Geist genossen, unsere Stunden weg.
　Da, Freundin, da verschönt dein Antlitz
　　Denkender Ernst und Begier nach Weisheit.

Wenn deine Lippen mir, was dein Herz
　　　　　　　　　　　　　empfindt,
Was deine Seele denkt, die so himmlisch denkt,
　Natürlich schön, in freier Anmut
　　Sagen, wenn jeder Gedank des Herzens

Aufrichtigs Bild ist, wenn ich der Augen Glanz
Nun nimmer sehe, wenn mich der schönste
　　　　　　　　　　　　　Mund
　Nicht mehr zu küssen lockt, wenn jede
　　Leblose Schönheit vor mir verschwindet:

Da schaut die Seele, voll unaussprechlicher
Geistlicher Freuden, nur deine Seele an,

Sieht, wie in ihr das Bild des Schöpfers
  Sich so seraphisch enthüllt und glänzet.

Schön ist der Schimmer, der um Auroren her
Aus Taugewölken nieder zur Erde fließt,
  Wenn sich die Rosen ihm eröffnen
  Und um ihn jeglicher Hügel aufblüht.

Schön ist des Mädchens redender Blick, wenn er
Die erste Liebe nimmer verhehlen kann
  Und schon die Träne der Entzückung
  Zitternd herauf ins Auge dringet.

Schöner als diese ist's, wenn ein blühend Kind,
Des Vaters Bildnis, sich, wie ein Liebesgott,
  Um den Busen der holden Mutter,
  Die ihm lächelt, voll Unschuld krümmet.

Aber noch schöner, nicht nur dem Auge schön,
Schön vor die Seele, reizend den Engeln selbst,
  Ist die Seele, wenn ihre Triebe
  Tugend und Harmonie beleben.

Das auszudrücken, was die uns fühlen lehrt,
Was sie vor Triebe in uns begeisternd zeigt,
  Sind Arm und Lippen unvermögend.
  Nur durch Gedanken und edler Taten

Zärtlichen Gleichlaut drückt es die Liebende
Der Freundin aus, die ihr mit antwortenden
  Gleichedlen Handlungen dann sagen,
  Daß sie sich ewig Lieben werden.

ODE AN SERENA

Alles schlief um mich her, traurige Stille lag,
Also schien es dem Schmerz, auf der
                    entschlafnen Welt,
  Gleich der schauernden Stille
  An dem Morgen des Weltgerichts.

Jeder nächtliche Hauch schien mir ein
                    Widerhall
Meiner Seufzer zu sein; wie mit erbleichtem
                    Glanz
  Eine sterbende Sonne
  Ihren zitternden Welten scheint,

Also schien mir der Mond, aber er hörte nicht
Meine Klagen. Doch der, der in Serenens Brust
  Jeder heiligen Neigung
  Sanftgebietende Stimme hört,

Hörte mich! Du auch vielleicht, Unter den
                    Seraphim
Vor den andern beglückt, den er Serenen gab,
  Daß der Tugenden keine
  Ohne himmlischen Zeugen sei,

Auch du sahest vielleicht wie ich geängstigt lag,
Ganz mit Kummer umzäunt! Denn sie
                    entflohen mir,
  Sie, durch die ich noch lebte,
  Tausend selige Hoffnungen.

Als ich weinend so lag, ringsum von furchtbaren
Künftigkeiten geschreckt; Siehe da trat das Bild
  Meiner sterbenden Freundin
  Vor mein bebendes Angesicht.

Allzuschön für die Welt, die Sie verkennet hat,
Und zum Himmel schon reif, hatte der Ewige
  Sie zu seiner Belohnung
  Von der Erden hinweg gerückt.

Denn sie hatte nunmehr, nach des Geschickes
                    Schluß
Alle Tränen geweint. Gottmensch, du
                    zähltest sie
  Und bestimmtest zum Lohne
  Jeder Trän eine Ewigkeit!

Die mit denen Sie oft, unter die Seraphim
Schon zum Thron hin entzückt, betend
                    am Himmel hing,

Ihre zärtlichen Augen,
Fielen ernst und gebrochen zu.

Fromme Unschuld, ein Herz welches nicht
heucheln kann
Das gewohnt ist dem Blick, des der
Allwissend ist
Seine Gedanken zu zeigen,
Und zärtlichste Menschenhuld

Spricht ihr Angesicht noch! Aber was sagt
mir hier
Dieser traurige Zug, der aus dem himmlischen
Sanften Lächeln hervorbricht?
Und auch Englische Seher rührt.

Also lag sie vor mir, die ich mit Zärtlichkeit
Mit Verehrung geliebt, deren erhabner Blick,
Gleich als wär sie mein Schutzgeist,
Mich zu jeglicher Tugend rief.

Ach! der blühende Leib, den die Natur so schön,
Wie zur Ewigkeit, schuf; soll er zu Staub
verblühn?
Und dies Antlitz der Liebe,
Seine Seele getreues Bild!

Weinet, die ihr sie kennt, Edlere Sterbliche!
Nicht ihr, denen der Geist ihres beredten Blicks
Und die Schönheit und Würde
Ihrer Seele nicht sichtbar war,

Weinet Freunde, die ihr je sie gesehen habt,
Und in ihrem Gesicht mehr als nur Grazien
Mehr als sterbliche Schönheit
Mit Verehrung gesehn habt!

Weint! itzt ist es bald Staub, was ihr mit
Wunder saht!
Ach! wie klopft mir mein Herz! Ach!
Sie belohnt nicht mehr
Meinen segnenden Blick, ach!
sie vernimmt es nicht
Was die weinende Liebe klagt!

Doch verstumme, mein Schmerz! Lästernde
Klage, flieh!
Denn es kommt einst der Tag, da sie wird
auferstehn,
Da in himmlischer Schöne
Dieser Leib aus dem Grabe geht.

Der, der einst für sie starb und für sie auferstand,
Wird mit eben dem Wort, welches den
Welten rief
Den entschlafnen Gebeinen
Sagen: wachet zum Himmel auf!

Für die Ewigkeit schön, dem der sein Bild
ihr gab
Ähnlich, tritt sie alsdann unter die Engel hin
Und umarmet voll Liebe
Ihren wiedergefundnen Freund.

Sei mir heilig, mein Herz! die du geliebet hast
Trug des Ewigen Bild, die dich geliebet hat
Lobt itzt über den Sonnen
Mit den Scharen den Ewigen!

Als die sinkende Brust, die schon erstarrete,
Sich vom letzten Gebet sanft, wie gen
Himmel, hub,
War der sterbenden Christin
Letztes heißes Gebet für Dich!

Welche Würde gibt dir, daß sie so für dich bat
Noch zu irdisches Herz! Sei nun nicht irdisch
mehr!
Sei es würdig, noch itzo
Von Serenen geliebt zu sein!

Hör, Unendlicher an, was an der Freundin Grab
Meine Seele gelobt! Hör auch verklärter Geist,
Aus den seligen Sphären
Meinen frommen Gelübden zu!

Klagen will ich dich nicht. Denn du bist seliger
Als ein sterblicher faßt. Sollt ich des
Christen Tod

Mit ungläubigen Tränen
  Und mit sträflichem Schmerz entweihn?

Aber, was ich noch hier lebe, das sei allein
Dir, mein Schöpfer, gelebt! Wo nun mein
                                    Erbe ist,
  Sei mein Wandel! im Himmel
    Wo Serena die Gottheit schaut.

Was vergänglich ist, flieh! Freuden der
                                    sterblichen
Euch verschmäh ich! Mir sind schon
                        in der Ewigkeit
  Helle Blicke gegönnet!
    Sie verdunkeln die Erde ganz.

Wie die Vorsicht es will, fern in der Einsamkeit
Oder unter der Welt, will ich mein übriges
  Dir geheiligtes Leben,
    Frommer tätiger Weisheit voll

Still verleben! dem Ruhm unbekannt; wenigen,
Deinen Freunden, bekannt! willig der
                                    Toren Hohn
  Unbeweglich zu dulden,
    Stets ein weiser, ein Menschenfreund!

So hat die ich geliebt, da Sie im Leibe war,
Stets verkannt von der Welt, aber von Gott
                                    gekannt,
  Bei den Menschen gewandelt
    Gleich unsichtbaren Seraphim.

Also flieget dahin, fliegt in die Ewigkeit
Meine Tage! euch bindt nichts an die Erde mehr
Als die Stimme der Vorsicht.
    Fliegt mit meinen Gebeten auf!

Niemals klage mein Mund! nicht ein
                                    entfliehender
Seufzer klag euch hinfort, goldene Hoffnungen,
  Engel-gleiche Gestalten
    Einer irdischen Seligkeit

In Serenens Besitz. Gott hat euch weggewinkt!
Dies nur sei mir erlaubt, daß ich in einsamen,
  Ernsten, wachenden Nächten
    Ins Vergangne zurücke seh!

In den goldnen August, da ich Serenen sah,
Da mein Leben mir nun neu und verhimmelt
                                    schien;
  Da in weisen Gesprächen
    Unsre schüchterne Liebe wuchs;

In die Stunden zurück, die wir der Zärtlichkeit
Und der Freundschaft geweiht; da nur
                                    Unsichtbare
  Unsern redenden Seelen
    Aus der Abendluft zugehört;

Da ihr geistiger Blick, was keine Sprache sagt,
Was kein Dichter ersinnt, neue Empfindungen
  Neue stolze Gedanken,
    In mein seliges Herz gestrahlt;

Da ich Tränen der Lust, Tränen der Dankbarkeit
In Entzückung zu Gott von ihr hinaufgeweint,
  Ihrer sittsamen Wange
    Stumm vor Freuden entküssete.

Also sei mir erlaubt, in mein vergangnes Glück
Mit wehmütiger Lust dankbar zurückzuschaun!
  Mit verlangenden Augen
    Will ich dann, o Serena, dich

Aus den Sternen herab, ringsum von Seraphim
Und von Klarheit umstrahlt, ehrfurchtvoll
                                    sinken sehn,
  Wie du mit segnendem Lächeln
    Mir zu deiner Umarmung winkst.

ODE

Die du, als mein Geschick mich zu der Erde rief,
Mich mit segnendem Mund küßtest und
                    weihetest,
Hier dein Sänger zu sein, Weisheit,
               begeistre mich,
  Daß ich von deiner Schönheit sing.

Ach wie wenige sind's, Göttin, wie wenige,
Denen Du dich vertraut? welche den
                   Sonnenglanz
Deiner Schönheit gesehn und den
                  entzückenden
  Süß harmonischen Mund gehört!

Und wie sollten sie dich finden? wo sucht
                 man dich?
Ist der Zugang zu dir mit unersteiglichen
Furchtbarn Alpen verwehrt? oder verbirgst
              du dich
  In cimmerische Finsternis?

Ist's ein blumenlos Land öd und von Raben nur
Und von Eulen bewohnt? Sind es cecropische
Labyrinthe, wodurch man zu den Höhen irrt,
  Die dein ewiger Tempel krönt?

Ist's der runzlichte Duns oder Caritides,
Der den dornichten Weg, Göttin, uns
               führen soll?
Ist dein Heiligtum denn staubichten
              Träumern nur,
  Aquinaten nur aufgetan?

Ach! so suchen sie dich! Dich, die mein Sokrates
Bei der holden Natur unter den Grazien,
(Ein entzückend Gesicht!) schwesterlich
              sitzen fand,
  Wie Diana bei Nymphen sitzt.

Wenn der stolze Sophist über die Sterne bald
Deine Larve verfolgt, bald dich im Abgrund
              späht,

Wenn ein schwärmender Kopf, fiebrischer
             Flammen voll,
  Dich in Wolken zu küssen wähnt,

So begegnest du, schön wie Unsterbliche,
Und mit offenem Arm suchenden Tullien,
Epikur sah dich so, unter hymettischen
  Rosen küßte dich Platon oft.

Mit wohlredendem Mund, wie ihn Diotima
Und mich Doris gelehrt, hast du den Weisesten,
Was kein Zänker gewußt, die vergeßne
              Kunst!
  Leben gelehrt und ein Mensch zu sein.

Höre, Weisheit, auch mich, wenn je mein
              junger Fuß
Deine Pfade gesucht, und mich Aurora oft
Wundernd ansah und dann einen zufriednen
              Glanz
  Um mein forschendes Auge goß,

O so zeige dich mir, wie du dich Bodmern
              zeigst,
Dich zu sehen gewohnt, voll des olympischen
Sanften Lichts, das dein Aug unerschöpft
            um sich gießt,
  Mißt Er leicht deine Gegenwart,

Lehr auch mich, wie du Ihn gelehrtest,
            die edle Kunst,
Dich in Menschen Gestalt (denn deinen
              Götterglanz
Trägt kein Sterblicher nicht;) reizend, daß
              jedes Herz
  Dein eroberndes Lächeln fühlt,

Vorzumalen; nicht so, wie dich Anakreon
Unterm taumelnden Chor, wild wie Eurypyle,
Oder jener gleich zeigt, die mit dem
             jauchzenden
  Sich in junge Gesträuch verlor,

In erhabner Gestalt, doch daß die Majestät

Deines göttlichen Blicks milder durch
              Anmut sei,
Ungekünstelt, das Haar oder den Busen nur
  Mit dem Schmuck der Natur bekränzt.

Von dir, Weisheit, gelehrt, von dir behaucht
              will ich
Deiner heiligeren Zahl, edleren Jünglingen,
Oder Mädchen, wie die, welche mich
              itzt umarmt,
  Singen, wie du so selig machst,

Wie nur der, nur der lebt, welchem du
              Heiterkeit
Und harmonisches Licht in seine Seele gabst,
Der gelehret von dir gegen die arme Ruh
  Goldne Sorgen nicht tauschen mag,

Der die Gottheit da sieht, wo Sie sich offenbart,
Der in jedem Geschöpf nicht ihren Strahl
              verkennt,
Und mit ordnendem Blick jeglichem Liebe
              schenkt,
  Das mit Schönheit und Güte reizt,

Daß der weise nur sei, der es gewaget hat,
In sein Herze zu sehn, ob sein geblendter Geist
Gleich zurücke gebebt, wie wenn ein kühner
              Blick
  Sich ins Antlitz der Sonne wagt.

Der da unterm Geweb zahlloser Neigungen,
Die ins innerste sich, schamhaft gesehn zu sein,
Oft verstecken, der da seiner Unsterblichkeit
  Samen, der Gottes Nachahmung, fand

Und der großen Idee voll vor sein Herze wacht,
Keinen kleinern Zweck vor seine Augen steckt,
Als, den göttlichen Teil, der seinen
              Leib beherrscht,
  Seinem ewigen Quell zu nahn.

Vor dir, Weisheit, gestärkt, will ich der
              Laster Brut

Und den Götzen des Wahns und dem
              vielköpfigen
Irrtum Widerstand tun, stets ein erklärter Feind
  Allem, was dich, o Menschheit schändt.

In bezauberndem Reiz, jugendlich schön
              und frei
Will ich die Wahrheit alsdann zeigen, in
              nackender
Liebenswerter Gestalt, so trat Elise dort,
  Ein lebendiger Marmor, her.

Freunde, höret mir zu, und euer edles Herz
Schlage stärker in euch, wenn ihr mich
              singen hört,
Dann erinnert mich oft: Freund, laß dein
              Leben stets
  Lehrend wie deine Lieder sein.

An Olympia

Im schönsten Haine
von Amathunt
sang jüngst, Olympia,
der Musen eine
Dein Lob der Rose
den Grazien vor:
ihr horcht der holde Chor
mit süßem Staunen,
und aus den Rosen
ragt das gespitzte Ohr
der jungen Faunen
entzückt hervor:
und Musen, Grazien,
und Amoretten
und Faunchen schlingen
mit Rosenketten
sich in ein tanzend Rund,
und alle singen
aus vollem Mund:
»Rosa, delicia
degli Amori,

Rosa, bellissima
de tutti i fiori!«
und Alle kränzen
mit ewgen Rosen
(die, dankerfüllt,
noch schöner glänzen,
noch süßer düften,)
Olympiens Bild.

AN PRINZESSIN CAROLINE VON SACHSEN-WEIMAR

In des Morgens stiller Frühe,
wenn aus Äther leicht gebildet
holde Träume uns umflattern,
sah ich einen schönen Engel
aus der Morgenröte langsam
sich zur Erde nieder senken,
ein Gewächs des Paradieses
in den Rosenarmen tragend,
um es in den Schoß der Erde
zu verpflanzen. Und der Engel,
auf das Kind des Paradieses
liebevolle Blicke heftend,
»Wachse«, sprach er, »holde Blume,
wachse, blühe und gedeihe
unverwelklich, und erfreue
alle Augen, alle Herzen!
Möchten immer milde Lüfte
sanftbewegend Dich umschweben,
immer eine milde Sonne
Deinen stillen Reiz entfalten,
immer sie, in deren Mitte
Du so schön erblühtest, dankbar
sich an Deinem Anblick laben!
Doch, in welchen fremden Boden
Auch das Schicksal Dich, Du Liebling
aller Himmlischen, versetze,
Sei getrost und fürchte keinen
Unfall, keinen Sturm! Denn niemals
wird Dein Engel Dich verlassen,

Der zum Schutz Dir zugegeben,
Deines heitern schönen Lebens
Heilge Flamme treu bewacht.«

Hier zerfloß die Engelsstimme
sanft im Hauch der Morgenlüfte
und ein Rosenwölkchen raubte
seinen Anblick meinen Augen.

ASPASIA
ODER
DIE PLATONISCHE LIEBE

Schön, liebenswert, mit jedem Reiz geschmückt
Der Aug und Herz und Geist zugleich entzückt,
An edlem Bau und langen blonden Haaren
Der schönsten Frau in Artaxatens Reich,
An Grazien nur Amors Mutter gleich,
Sah sich, im Flor von fünf und zwanzig Jahren,
Aspasia zum priesterlichen Stand
Aus eines Helden Arm, aus Cyrus Arm,
                              verbannt.

Es hatte zwar zu Ekbatane
(So hieß ihr Sitz) die Oberpriesterin
Der stets jungfräulichen Diane
Die Majestät von einer Königin.
Ihr Kerker war ein schimmernder Palast,
Ihr Zimmer ausgeschmückt mit Indischen
                              Tapeten;
Und, ihr Brevier gemächlicher zu beten,
Schwoll unter ihr mit Polstern von Damast
Der weichste Kanapee. Auch hielt die Frau
                              im Beten
(Wie billig) Maß, aß viel und niedlich, trank
Den besten Wein, den Kos und Cypern senden,
Und, wenn sie sich zur Ruh begab, versank
Die schöne Last der wohl gepflegten Lenden
In Schwanenflaum: und doch, bei frischem Blut
Und blühendem Gesicht, schlief sie
                              – nur selten gut.

Man glaubt, der Stand der Oberpriesterinnen
Sei diesem Ungemach vor andern ausgesetzt.
Vergebens hoffen sie mit ihren andern Sinnen
Was Einem abgeht zu gewinnen;
Durch alle fünfe wird der sechste nicht
                                        ersetzt.

Die Sta lehrt uns zwar, wir *können*
                        was wir *wollen*;
Allein dem Prahlen bin ich gram.
Aspasien hätte man, eh sie den Schleier nahm,
Vorher im Lethe baden sollen.
Liegt's etwa nur an ihr, sich nicht bewußt
                                zu sein?
Und kann man stets der Phantasie gebieten?
Sie mag sich noch so sehr vor Überraschung
                                hüten,
Gebärde, Kleidung, Blick mag noch so
                                geistlich sein;
Man ist deswegen nicht von Stein.
Oft fällt im Tempel selbst, bei ihrer Göttin
                                Schein,
Ein weltlicher Gedank ihr ein:
»So schien durch jenen Myrtenhain,
Wo Amorn über sie der erste Sieg gelungen,
Der stille Mond!« – Was für Erinnerungen!
An solchen Bildern schmilzt der priesterliche
                                Frost.
Diana selbst, um ihr die Strafe gern
                        zu schenken,
Darf an Endymion nur denken.
Ein Priester hälfe sich vielleicht, in süßem Most
Versuchungen, wie diese, zu ertränken:
Doch, wenn ich recht berichtet bin,
Schlägt dies Rezept nicht an bei einer Priesterin,
Galenus sagt: das Üble quille
Bei dieser aus der Herzensfülle.
Nichts hemmt und alles nährt bei ihr
                        die Phantasie;
Die Einsamkeit, die klösterliche Stille,
Die Andacht selbst vermehrt, ich weiß
                                nicht wie,
Den süßen Hang zu untersagten Freuden.
Muß Amor gleich Dianens Schwelle meiden,

Ist ihre Stirne gleich verhüllt:
Ihr Herz, von dem was sie geliebt erfüllt,
Läßt sich davon durch keine Gitter scheiden,
Und sieht im Mithras selbst des schönen
                                Cyrus Bild.

Mit Einem Wort: ihr ging's nach aller
                        Nonnen Weise.
Die gute Priesterin gestand sich selbst ganz leise,
Es irre, wer sie glücklich preise.
Die Schäferin, die, statt auf Sammt und Flaum
Im dunkeln Busch auf weiches Moos gestrecket,
Ihr junger Hirt leibhaftig, nicht im Traum,
Mit unverhofften Küssen wecket,
War, wenn sie schlaflos sich auf ihrem
                                Lager wand,
Oft ihres Neides Gegenstand.

Doch (wie uns die Natur für alle kleine Plagen
Des Lebens immer Mittel weist)
Auch unsre Priesterin fand endlich das Behagen,
Das ihr Gelübd und Zwang versagen –
Wo, meint ihr wohl? – *in ihrem Geist*

Der Zufall führt ihr einen Magen
Vom Strand des Oxus zu. Es war in seiner Art
Ein seltner Mann, wiewohl noch ohne Bart,
Von Ansehn jung, doch altklug an Betragen;
An Schönheit ein Adon, an Unschuld
                                ein Kombab;
Bei Damen, denen er sehr gern Besuche gab,
Kalt wie ein Bild von Alabaster;
Doch seelvoll, wie ein Geist in einem
                                Luftgewand,
Und mit dem *unsichtbaren Land*
Beinahe mehr als unsrer Welt bekannt;
Mit Einem Wort: ein zweiter Zoroaster!

Ein Weiser dieser Art schien wirklich
                                ganz allein
Für eine Priesterin, wie sie, gemacht zu sein.
Er sprach von dem, was in den Sphären
Zu sehen ist, mit aller Zuversicht
Der Männer, die, versengt an Angesicht

Und an Gehirn, vom Land der fabelhaften
                       Seren,
Gebläht mit Wundern, wiederkehren.

Der Weg – nur bis zum nächsten Stern,
Ist ziemlich weit, wie uns die Zache lehren:
Drum lügt sichs gut aus einer solchen Fern;
Und was er ihr erzählt – setzt, daß es Märchen
                       wären –
So wünscht man's wahr, und glaubt es gern.
Wie dem auch sei, die Luft der idealen Sphären
Bekam Aspasien gut; sie ward in kurzer Zeit
So schön davon! Ihr ist, es werde
So leicht ihr drin, so wohl, so weit
Ums Herz, daß ihr der Dunstkreis unsrer Erde
Bald grauenhafter scheint als eine Totengruft.

Die vorbesagte Luft
Hat eine sonderbare Tugend
Mit Lethes Flut gemein.
Aspasia sog darin von ihrer freiern Jugend
Ein gänzliches Vergessen ein.
Bald wurde selbst an jenen Myrtenhain,
Wo sie dem Liebesgott ihr erstes Opfer brachte,
Nicht mehr gedacht, als an ein Puppenspiel,
Das ihr vordem die Kindheit wichtig machte.
Ihr schien die Welt und was ihr einst gefiel
Ein Traum, woraus sie eben itzt erwachte.
Ihr Geist (der ganz allein itzt alles bei ihr tat,
Was bei uns andern pflegt mechanisch
                       zuzugehen)
Sah in der neuen Welt, in die er wundernd trat,
Rings um sich nichts als – *Geister* und *Ideen*.
Doch führt Herr Alkahest (so hieß
                     der Weise) sie
Nicht so geradezu ins Land der Phantasie.
Ihr neu geöffnet Aug ertrüge (wie er spricht)
Den unsichtbaren Glanz des Geistesreiches
                       nicht.
Erst läßt er (wie ein weiser Okuliste
In solchem Fall verfahren müßte)
Von dem, was wahr und immer schön
Und selbstbeständig ist, ihr nur *die*
                     Schatten sehn,

Die auf den Erdenkloß, auf dem wir alle wallen,
Herab aus höhern Welten fallen;
Denn was uns Wesen heißt, ist bloßer
                     Widerschein.
So malen sich im majestätschen Rhein,
Indem er stolz mit königlichem Schritte
Das schönste Land durchzieht, bald ein
                     bejahrter Hain,
Bald ein zertrümmert Schloß, bald Hügel
                     voller Wein,
Bald ein Palast, bald eine Fischerhütte.

Nachdem in weniger als einem Vierteljahr
Ihr diese Art zu sehn geläufig war:
Nun war es Zeit zu höhern Lehren!
Nun wies ihr Alkahest die edle Kunst –
                     zum Sehn
Der Augen gänzlich zu entbehren.
Notwendig mußte dies ein wenig langsam gehn.
Erst sah sie – *nichts*. Doch nur getrost
                     und immer
Hinein geguckt! Schon zeigt ich weiß nicht
                     welcher Schimmer
Von ferne sich. Was kann ein fester
                     Vorsatz nicht!
Zusehends öffnet sich ihr innerlich Gesicht
Dem nicht mehr blendenden unkörperlichen
                     Licht,
Dem Element ätherischer Geschöpfe.
Sie sieht – o welche Augenlust! –
Sie sieht bereits die schönsten Engelsköpfe
Mit goldnen Flügelchen; bald wächst die
schöne Brust
An jeden Kopf; an jeden Busen schließen
Sich schöne Arme an. Zuletzt stehn *Geister* da,
(So geistig als Aspasia
Sie immer glaubt) vom Kopf bis zu den Füßen
Den schönsten Knaben gleich, die man sich
denken kann:
Doch da es *Geister* sind, macht sie sich
                     kein Gewissen
Und sieht sie unerrötend an.

Der Name, wie man weiß, tut öfters viel
zur Sache.
Vor Alters stellten euch die von Böotien
Drei *Klötze* auf, und nannten's *Grazien*.
Man irrt noch heut zu Tag sehr gern in
diesem Fache.
Wie mancher sieht bei seinem Trauerspiel
Daß unsre Augen Wasser machen,
Und, überzeugt wir weinen aus Gefühl,
Bemerkt er nicht, wir weinen bloß vor Lachen.
Zwar Tränen sind's in diesem Falle wie
In jenem, nur die Quelle ist verschieden.
Allein, wie selten gibt auch jemand sich
hienieden
Den *Quellen* nachzuspähen Müh!
Die muntre rasche Phantasie
Hat einen kürzern Weg. Sie gibt den
Dingen Namen
Nach Willkür und Bequemlichkeit;
Vermenget Wesen, Form, Verhältnis, Ort
und Zeit,
Bestimmt den Platz und Wert der *Bilder*
nach den *Rahmen*,
Und läßt, wie Kinder, gern von jeder
Ähnlichkeit,
So plump sie ist, sich hintergehen.

Dies war Aspasiens Fall. Die gute Frau befand
Nur darum sich so wohl im Lande der Ideen,
Weil alles dort dem schönen Feenland,
Worin von Jugend an sie gern zu irren pflegte,
Dem Land der Phantasie, so wunderähnlich sah.

Ob Alkahest hiervon die Folgen überlegte;
Ob ihm nicht selbst vielleicht was
menschliches geschah,
Wovon er Anfangs nicht den kleinsten
Argwohn hegte;
Kurz, ob er, ohne die Gefahr
Voraus zu sehn, der Narr von seinem
Herzen war,
Getrauen wir uns nicht zu sagen.
Er fing sein Werk so systematisch an,
Daß man zur Not sich überreden kann,

Er habe nichts dabei zu wagen
Vermeint; – wiewohl für einen Mann
Von seiner Gattung gut zu sagen
Bedenklich ist. Genug, Herr Alkahest gewann
Bei seiner guten Art, die Damen
In den Mysterien der Geister einzuweihn.
Von je her, um ein *Herz* zu überschleichen,
nahmen
Die Alkahesten erst das *Cerebellum* ein.

Die Geister – konnten sie auch wohlerzogner
sein? –
Die Geister kamen nun, zwar ohne Fleisch
und Bein,
Doch so geputzt als Geister nur vermögen,
In *Mäntelchen von Sonnenschein*
Aspasien auf halbem Weg entgegen.
Den ganzen Weg zu ihr zurück zu legen,
Dies hieße (meint Herr Alkahest)
Mehr fordern als sich billig fordern läßt.
Man soll vielmehr zu beiden Teilen
Einander gleich entgegen eilen.
Wenn Geister, einer schönen Frau
Zu Lieb, in Rosenduft sich kleiden:
So ziemt es auch der schönen Frau
Der Geister wegen, selbst mit einem kleinen
Leiden,
Von Fleisch und Blut sich möglichst zu
entkleiden.
Nichts, dächt ich, kann so billig sein!
Aspasia ergibt sich desto leichter drein,
Da sie dabei an Schönheit zu gewinnen
Die beste Hoffnung hat. Den Salamanderinnen
An Reizen gleich zu sein, dies ist doch
wohl Gewinn
Für eine Oberpriesterin,
Die ihrem Spiegel gegen über
Mit jedem Tag ein Reizchen welken sieht?
Die unsrige, wie ganz natürlich, glüht
Vor Ungeduld, je schleuniger je lieber
Entkörpert sich zu sehn. Allein Herr Alkahest
Belehrt sie, daß sich hier nichts übereilen läßt.
Das große Werk kann nur durch Stufen
Zur Zeitigung gedeihn. Die *erste* ist, den Geist,

Der oft zur Unzeit sich am tätigsten erweist,
Von aller Wirksamkeit zum *Ruhen* abzurufen;
Die *zweite*, nach und nach ihn von der
                              Sinnlichkeit,
Von dem, worin wir uns den Tieren ähnlich
                              finden,
Selbst vom *Bedürfnis*, los zu winden;
Die *dritte* Stufe – Doch, so weit
Kam unser Pärchen nicht. Denn, leider!
                              auf der zweiten,
Schon auf der zweiten, glitscht der Fuß
                              den guten Leuten.
Auch ist der Schritt ein wenig dreist,
Wenn man es recht bedenkt. Verwickelt
Im Stoffe, wie wir sind – verstümmelt
                              und zerstückelt
Man leichter sich, als daß man los sich reißt.
Zum mindsten ist den Kandidaten
Des Geisterstandes *kaltes Blut*
Und *Eile langsam!* anzuraten:
Denn hier tut Eilen selten gut!

Herr Alkahest, um beim Entkörprungswesen
Recht ordentlich zu gehn, fing mit der *Tafel* an.
Aspasia aß und trank nach Skrupel und
                              nach Gran,
Und nur was ihr der Weise ausgelesen;
Nichts was nicht fein und leicht und geistig,
                              kurz so nah
An Nektar und Ambrosia
Als möglich, war, der echten Geisterspeise.
Dem *Schlummer* brach er gleicher Weise
Die Hälfte ab, zumal beim Mondenschein
In schönen warmen Sommernächten;
Nur ließ er sie alsdann, *aus Vorsicht*, nie allein.

Wir selbst gestehn, wir sind den
                              Sommernächten
Bei Mondschein gut, wiewohl wir dächten
Daß unserm schwärmerischen Paar
Die Hälfte schon entbehrlich war.

Der Mondschein hat dies eigen,
                              wie uns deucht,

Er scheinet uns *die Welt der Geister*
                              aufzuschließen:
Man fühlt sich federleicht,
Und glaubt in Luft dahin zu fließen;
Der Schlummer der Natur hält rings um
                              uns herum
Aus Ehrfurcht alle Wesen stumm;
Und aus den Formen, die im zweifelhaften
                              Schatten
Gar sonderbar sich mischen, wandeln, gatten,
Schafft unvermerkt der Geist sich ein *Elysium*.
Die Werktagswelt verschwindet. Ein
                              wollustreiches Sehnen
Schwellt sanft das Herz. Befreit von
                              irdischer Begier
Erhebt die Seele sich zum wesentlichen
                              Schönen,
Und hohe Ahnungen entwickeln sich in ihr.

Es sei nun was ihr wollt – denn hier es
                              zu entscheiden
Ist nicht der Ort – es sei ein süßer
                              Selbstbetrug,
Es sei Realität, es sei vermischt aus beiden,
Was diesen Seelenstand so reizend macht
                              – genug,
Ein Schwärmer, der in diesem Stande
Mit einer Schwärmerin, wenn alles dämmernd,
                              still
Und einsam um ihn ist, *platonisieren* will,
Gleicht einem, der bei dunkler Nacht
                              am Rande
Des steilsten Abgrunds schläft. Auch hier
                              macht *Ort* und *Zeit*
Und *Er* und *Sie* sehr vielen Unterscheid!

Die zärtlichste Empfindsamkeit
Bemächtigt unvermerkt sich
                              unsers Mystagogen.
Der Geist der Liebe weht durch dies Elysium
Wohin er mit Aspasien aufgeflogen.
Er schlägt, indem er spricht, den Arm
                              um sie herum,

Und schwärmt ihr von der Art wie sich
                die Geister lieben
Die schönsten Dinge vor, mit einem
                    Wörterfluß,
Mit einer Glut, daß selbst Ovidius
Corinnens Kuß nicht feuriger beschrieben.
»Wie glücklich diese Geister sind!
Wie viel ein Geist dadurch gewinnt,
Daß ihn im Ausdruck seiner Triebe
Kein Körper stört! – An ihm ist *alles* Liebe,
Und sein Genuß ist nicht ein Werk des
                    Nervenspiels.
Wie matt, wie unvollkommen malet
In *unsern Augen* sich die Allmacht des Gefühls!
Wenn dort ein Geist den andern ganz
                  durchstrahlet,
Ihn ganz durchdringt, erfüllt, mit ihm
                in Eins zerfließt,
Und, ewig unerschöpft, sich mitteilt
                und genießt!
Ach!« – ruft er aus und drückt (vor
           Schwärmen und Empfinden
Des, was er tut, sich unbewußt)
Sein glühendes Gesicht an ihre heiße Brust –
»Ach!« ruft er, »welch ein Glück vom Stoff
               sich los zu winden,
Der so viel Wonn uns vorenthält!«

Aspasia, in eine andre Welt
Mit ihm entzückt, und halb, wie er,
               entkörpert, fühlte
So wenig als ihr Freund, daß hier
Der unbemerkte Leib auch eine Rolle spielte.
Zum guten Glück kommt ihr – und mir
Ein Rosenbusch zu Hülf in dessen
              Duft und Schatten
Sie, in Gedanken, sich zuvor gelagert hatten.

Wie weit sie übrigens in dieser Sommernacht
Es im *Entkörprungswerk* gebracht
Läßt eine Lücke uns im Manuskript
                verborgen.
Nur so viel sagt es uns: Kaum war am
              nächsten Morgen

Das gute fromme Paar erwacht,
So wurden sie gewahr, der Weg den sie
                genommen,
Sei wenigstens – der *nächste* nicht
Um in die Geisterwelt zu kommen.
Sie sahn sich schweigend an, verbargen
              ihr Gesicht,
Versuchten oft zu reden, schlossen wieder
Den offnen Mund, und sahn beschämt
              zur Erde nieder.
Der junge Zoroaster fand,
Er habe bei dem Amt von einem Mystagogen
Sich selbst und seinen Gegenstand
Durch *wie?* und *wo?* und *wann?* betrogen.
Gern hätt er auf sich selbst, gern hätt
              auf sich und ihn
Aspasia gezürnt: allein sie fühlten beide
Ihr Herz nicht hart genug, in dem
              gemeinen Leide
Des Mitleids Trost einander zu entziehn.

»Freund«, sprach die Priesterin zuletzt:
           »wir müssen fliehn!
In dieser Art gilt Ein Versuch für hundert:
Wir würden immer rückwärts gehn;
Und alles was mich itzt bei unserm
              Zufall wundert,
Ist, *daß wir nicht den Ausgang vorgesehn.*«

Und nun – was haben wir aus allem dem
              zu lernen?
Sehr viel zu lernen, Freund, sehr viel!
Kennt ihr den Mann, der, als er nach
              den Sternen
Zu hitzig sah, in eine Grube fiel?
Es war ein Beispiel mehr! Laßt's euch
             zur Warnung dienen!
Auch, wenn ihr je bei Mondenlicht im Grünen
Platonisieren wollt, platonisiert *allein!*
Und kommt die Lust euch an, in einem
              heilgen Hain
Um solche Zeit – des Stoffs euch zu entladen,
So laßt dabei (so wie beim Baden
In einer Sommernacht) ja keine *Zeugin* sein!

Wir zögen leicht mehr schöner Sittenlehren
Aus der Geschichte noch heraus:
Allein wir lassen gern den Leser selbst gewähren.
Wer eine Nase hat – spürt sie unfehlbar aus;
Die andern können sie entbehren!

ENDYMONS TRAUM

Wo blieb auch, hätte nicht ein Maler und Poet
Das Recht, ins Schönere zu malen,
Die Zauberei des schönen Idealen?
Das Übermenschliche, wovon die Werke
                 strahlen,
Vor denen still entzückt der ernste Kenner steht?
Die Grazien, wozu die rohe Majestät
Und Einfalt der Natur das Urbild nie gegeben?
Die Galatheen, die Danaen und Heben. usw.

Ihn hört die Königin der Nacht,
Wie er versenkt in seinem Grame lieget,
Und seinen Sternen flucht; – Sie, die allein
                 noch wacht,
Indem der Schlummergott den halben
                 Erdkreis wieget;
Sie, welche launenvoll, in tausendfacher Tracht,
Die Schlafenden beschleicht, und mit
                 Gesichten trüget,
So wie ihr leichter Zauberstab
Um ihre Nasen tanzt, – ihn hört die Fee Mab.

Wer kennet nicht den unnachahmbarn Britten,
Der in die Geisterwelt, das unbekannte Land,
Auf seinem Steckenpferd so tief hinein geritten,
Und dieses Landes Sprach und Sitten
So gut gesprochen und gekannt,
Als hätt ihn Oberon zu uns herabgesandt?
Wenn seine Zeugschaft gilt, so trat der
                 Dame Mab
Der alte Morpheus längst das Reich
                 der Träume ab.

So wie die Schwärmerin auf ihrem
                 kleinen Wagen
Dem Krämer übern Hals, durchs Hirn dem
                 Pächter rollt,
Dem fetten Domherrn übern Magen,
Träumt jener stracks von einem
                 Ratsherrnkragen,
Der Domherr einen Schmaus, der Zöllner
                 lauter Gold;
Durch sie empfängt der Hauptmann
                 seinen Sold,
Der Höfling Pension, der Oheim Toby Risse
Von Festungen, und Schwester Klärchen...
                 Küsse.

Mitleidig läßt die Fee Mab
(Kaum halb so groß, als wie die Teufelchen
                 von Glase,
Wovon Cartesius uns die Erfindung gab)
Zu unserm Mann, der, wie gesagt, im Grase
An einer Linde lag, sich durch die
                 Nacht herab,
Und plötzlich schläft er ein, indem durch
                 seine Nase
Den nächsten Weg, der ins Gehirne führt,
Die kleine Mab mit Sechsen galoppiert.

Auf einmal wird's in seiner Zirbeldrüse
So hell, wie in dem Paradiese,
Womit der Mann, dem einst der volle Mond
Durch seinen Ärmel kroch,
                 die Gläubigen belohnt.
Ein goldnerer Palast, als jemals Zwerg und Riese
In einem Ritterbuch bewohnt,
Steht vor ihm da, und aus der Pforte winket
Ihm eine Schöne zu, die wie... ein Rabe
                 blinket.

Schön?... nämlich schön, wie sich's ein Neger
                 wünschen mag.
Schwarz, wie die Nacht, kurz, wie ein
                 Wintertag,
Die Nase platt, die Augen von Kristallen,
Der Mund ein Kanapee, wo Amor räumlich lag:

Gepolstert, weich, und röter als Korallen,
Statt Locken, die herab bis an die Hüften
                    wallen,
Ein wollicht Haar, von selbst gekräust,
Und Zähne, wie man sie gern hat und
                    gerne weist.

(MAN WEISS, DASS PILPAI)

(aus »Musarion«)

Man weiß, daß Pilpai, Trismegist,
Und Plato selbst sich oft herabgelassen,
Was von der Geisterwelt zu sagen rätlich ist,
In eine Art von Märchen zu verfassen,
Wobei, so blau sie auch beim ersten
                    Anblick sind,
Der beste Kopf genug zu denken findt.

Die Mode war in jenen alten Tagen
Die tiefe Weisheit gern in Bildern vorzutragen;
Und klüglich wie uns deucht; denn
                    ungebrochnes Licht
Taugt ganz gewiß für blöde Augen nicht.

Die Wahrheit läßt sich nur Adepten
Gewandlos sehn; und manches schwache
                    Haupt,
Das ungestraft sie anzugaffen glaubt,
Erfährt das Los der alten Nympholepten,
Und läßt, indem es gafft, für einen Augenblick
Zweideutger Lust, ein Bißchen Witz zurück.

Ein Schleier, wie der Morgerländer
Um seine Dame zieht, nicht eben siebenfach,
Doch auch so gläsern nicht wie
                    coische Gewänder,
Verhütet sehr bequem dergleichen Ungemach.
Liebhaber, die mit Witz Geschmack verbinden,
Gewinnen noch dabei: Sie finden
In einem Putz, der weder schwimmt noch preßt,
Viel schönes sehn, doch mehr erraten läßt,

Die Wahrheit, so wie andre Schönen,
Nur desto reizender. Den andern Erdensöhnen
Gefällt doch wenigstens die schöne Stickerei,
Der reiche Stoff, der Farben Spiel und Leben,
Sie würden um den Putz die Dame selber geben,
Und was verlören sie dabei?

STURM UND DRANG

Die Epoche des »Sturm und Drang« wird auch die »Geniezeit« der deutschen Dichtung genannt. Viele Literaten waren des Ideals der Aufklärung, des hochgebildeten, rein intellektuellen Vernunftmenschen überdrüssig. So entwickelte sich eine Strömung, die den natürlichen Menschen, eingebettet in eine natürliche Gesellschaftsordnung, suchte. Damit stand zwar der Sturm und Drang grundsätzlich nicht im Gegensatz zur Aufklärung. Durch die Überbetonung, ja durch die Vergötterung der Natur, bildete sich jedoch ein Ergebnis heraus, das schließlich nicht mehr Fortführung, sondern Abkehr von der Aufklärung bedeutete.

Das Ideal des Sturm und Drang war das Genie. Es war dem reinen Vernunftmenschen überlegen. Johann Gottfried Herder bezeichnete das Genie als die »Urkraft«, den »Erfinder«, das »Original«, Immanuel Kant sprach von ihm als dem »eigentümlichen Geist«, Johann Kaspar Lavater als dem »Aussprecher unaussprechlicher Dinge«. Dementsprechend wurde in der Kunst kein Mittel zum Zweck mehr gesehen, sondern eine urtümliche Gewalt, eine Offenbarung. Genialisch sollte die Kunst sein. Und dies drückt sich in der starken Symbolkraft aus, mit der die Literatur arbeitet. Das Genie eifert dem Göttlichen nach, es ahmt Gott nach: Prometheus wird zum Inbegriff des Genius.

Dabei waren die Stürmer und Dränger keineswegs die ersten, die das Genie entdeckten. Bereits Aufklärer wie Moses Mendelssohn, Gotthold Ephraim Lessing oder Friedrich Nicolai näherten sich dem Gedanken an, weil sie erkannten, daß sich die starr an der Vernunft orientierte Aufklärung mit dem praktischen Leben nur schwer in Einklang bringen ließ. Mendelssohn hatte erklärt: »Das Genie kann den Mangel der Exempel ersetzen, aber der Mangel des Genies ist unersetzlich.« Damit wurde auch das Genialische als Voraussetzung aller Kunst anerkannt. Der Sturm und Drang jedoch begnügte sich damit nicht, er stellte es als Selbstzweck dar.

Es kann nicht übersehen werden, daß der Sturm und Drang nach der Aufklärung wieder eine Orientierung auf die nationale Ebene mit sich führte. Die Kunst wurde von klassischen Mustern, insbesondere von ihren neulateinischen Zügen gereinigt und insgesamt deutscher. Gleichwohl lag darin nicht der geringste Chauvinismus. Im Gegenteil: »Je entschiedener unsere Werke deutsch und modern sind, um so verwandter werden sie den Griechen sein. Was uns ihnen gleich machen kann, ist allein die gleiche, unbefangene, geniale Schöpferkraft.« Dieses Zitat von Herder (aus seinen »Fragmenten«) drückt mit eindrucksvoller Schlichtheit aus, daß sich die Stürmer und Dränger sehr wohl in der geistigen Nachfolge auch antiker Vorbilder sahen, aber nicht glaubten, diesen durch bloße Imitation gerecht zu werden.

Die Literatur des Sturm und Drang fand hauptsächlich auf dem dramatischen Sektor statt. Hier ließ sich am besten ohne formalen Zwang ausdrücken, was dem Dichter am Herzen lag. In der Lyrik herrschte nun endgültig die Erlebnisdichtung. Formlosigkeit war beinahe ein Ideal für sich. Die Naturform war die beste. Deshalb wird die Lyrik des Sturm und Drang beherrscht vom ungereimten Vers, das Drama von der gesprochenen Prosa.

Den großen Leitsatz, der als aufklärerisch gedacht war, den sich aber auch die Epoche des Sturm und Drang auf ihre Fahnen schrieb, sprach ein Franzose: Jean-Jacques Rousseau. »Retour à la nature.« – Zurück zur Natur.

GOTTFRIED AUGUST BÜRGER

GOTTFRIED AUGUST BÜRGER

Gottfried August Bürger wurde am 31. Dezember 1747 als Sohn eines Pfarrers in Molmerswende im Harz geboren. Nachdem er das Pädagogium Niemeyer besucht hatte, nahm er 1764 ein Studium der Theologie in Halle auf, 1768 dann ein Jurastudium in Göttingen. 1772 trat er dem sogenannten Hainbund bei. Mit Heinrich Christian Boie verband ihn eine enge Freundschaft. Außerdem gehörten Ludwig Christoph Heinrich Hölty, Johann Heinrich Voß und die Grafen Christian und Friedrich Leopold zu Stolberg zu seinen Freunden. In dieser Zeit beschäftigte sich Bürger vor allem mit dem Nachdichten antiker Themen und mit Übersetzungen von Homer.

1772 wurde Gottfried August Bürger gräflicher Amtmann in Altengleichen. Seine Ehe mit Dorette Leonhart war gestört durch seine Liebe zu Dorettes Schwester Molly (eigentlich: Auguste). In der kulturellen Provinz Altengleichens entstanden seine Balladen »Der Raubgraf«, »Der Bauer an seinen durchlauchtigsten Tyrannen« und »Leonore«, die ihm neben »Der wilde Jäger« bald den Ruf des bedeutendsten Lyrikers des Sturm und Drang einbrachten.

1784 ging Bürger als Dozent nach Göttingen. Dort heiratete er nach dem Tode Dorettes deren Schwester Molly. Doch das Glück währte nicht lange. Molly starb bereits nach nur einjähriger Ehe 1786. 1789 brachte es Bürger zum außerordentlichen Professor für deutsche Sprache und Literatur an der Universität Göttingen, blieb jedoch ohne Gehalt. Auch eine dritte Ehe mit Elise Hahn währte nur zwei Jahre (1790–1792).

Gottfried August Bürger starb verarmt und als gebrochener Mann im Jahr 1794 in Göttingen.

Bürger orientierte sich in seiner Kunstauffassung stark an den Idealen Johann Gottfried Herders. Für ihn war die Volkstümlichkeit ein »Spiegel der Vollkommenheit in der Poesie«. Neben den bereits genannten Werken brachten es vor allem seine »Molly-Lieder« und seine Bearbeitung der Stoffe der Münchhausen-Sage zu Berühmtheit.

DER BAUER

AN SEINEN DURCHLAUCHTIGEN TYRANNEN

Wer bist du, Fürst, daß ohne Scheu
Zerrollen mich dein Wagenrad,
Zerschlagen darf dein Roß?

Wer bist du, Fürst, daß in mein Fleisch
Dein Freund, dein Jagdhund, ungebläut
Darf Klau' und Rachen hau'n?

Wer bist du, daß, durch Saat und Forst,
Das Hurra deiner Jagd mich treibt,
Entatmet, wie das Wild? —

Die Saat, so deine Jagd zertritt,
Was Roß, und Hund, und Du verschlingst,
Das Brot, du Fürst, ist mein.

Du Fürst hast nicht, bei Egg' und Pflug,
Hast nicht den Erntetag durchschwitzt.
Mein, mein ist Fleiß und Brot! —

Ha! du wärst Obrigkeit von Gott?
Gott spendet Segen aus; du raubst!
Du nicht von Gott, Tyrann!

DER RAUBGRAF

Es liegt nicht weit von hier ein Land,
Da reist' ich einst hindurch;
Am Weg' auf hohem Felsen stand,
Vor Alters, eine Burg.
Die alten Rudera davon
Wies mir der Schwager Postillon.

»Mein Herr, begann der Schwager Matz,
Mit heimlichem Gesicht,

Wär' mir beschert dort jener Schatz,
Führ' ich den Herrn wohl nicht.
Mein Seel! den König fragt' ich gleich:
Wie teuer, Herr, sein Königreich?

Wohl manchem wässerte der Mund,
Doch mancher ward geprellt.
Denn, Herr, Gott sei bei uns! Ein Hund
Bewacht das schöne Geld.
Ein schwarzer Hund, die Zähne bloß,
Mit Feueraugen, tellersgroß!

Nur immer alle sieben Jahr'
Läßt sich ein Flämmchen sehn.
Dann mag ein Bock, kohlschwarz von Haar,
Die Hebung wohl bestehn.
Um zwölf Uhr in Walpurgis Nacht,
Wird der dem Unhold dargebracht.

Doch merk' eins nur des Bösen List!
Wo noch zum Ungelück
Am Bock ein weißes Härchen ist,
Alsdann: Ade, Genick!
Den Kniff hat mancher nicht bedacht,
Und sich um Leib und Seel' gebracht.

Für meinen Part, mit großen Herrn,
Und Meister Urian,
Äß' ich wohl keine Kirschen gern.
Man läuft verdammt oft an.
Sie werfen einem, wie man spricht,
Gern Stiel und Stein ins Angesicht.

D'rum rat ich immer: Lieber Christ,
Laß dich mit keinem ein!
Wann der Kontrakt geschlossen ist,
Bricht man dir Hals und Bein.
Trotz allen Klauseln, glaube du,
Macht jeder dir ein X für U. —

Geldmacherei und Lotterie,
Nach reichen Weibern frei'n,
Und Schätze graben, segnet nie,
Wird manchen noch gereu'n.

Mein Sprüchlein heißt: Auf Gott vertrau,
Arbeite brav und leb' genau!

Ein alter Graf, fuhr Schwager Matz
Nach seiner Weise fort,
Vergrub zu Olims Zeit den Schatz
In seinem Keller dort.
Der Graf, mein Herr, hieß Graf von Rips,
Ein Kraut, wie Käsebier und Lips.

Der streifte durch das ganze Land,
Mit Wagen, Roß und Mann,
Und wo er was zu kapern fand,
Da macht' er frisch sich d'ran.
Wips! hatt' er's weg, wips! ging er durch,
Und schleppt' es heim auf seine Burg.

Und wann er erst zu Loche saß,
So schlug mein Graf von Rips, –
Denn hier tat ihm kein Teufel was, –
Gar höhnisch seinen Schnips.
Sein allverfluchtes Felsennest
War, wie der Königstein, so fest.

So übt' er nun gar lang' und oft
Viel Bubenstückchen aus,
Und fiel den Nachbarn unverhofft
In Hof und Stall und Haus.
Allein, der Krug geht, wie man spricht,
So lang' zu Wasser, bis er bricht.

Das Ding verdroß den Magistrat
Im nächsten Städtchen sehr,
D'rum riet der längst auf klugen Rat
Bedächtlich hin und her,
Und riet und riet – doch weiß man wohl! –
Die Herren rieten sich halb toll.

Da nun begab sich's daß einsmals,
Ob vielem Teufelsspaß,
Ein Lumpenhexchen auf den Hals
In Kett' und Banden saß.
Schon wetzte Meister Urian
Auf diesen Braten seinen Zahn.

Dies Hexchen sprach: Hört! laßt mich frei,
So schaff' ich ihn herein.
Wohl! sprach ein edler Rat, es sei!
Und gab ihr oben d'rein
Ein eisern Privilegium,
Zu hexen frank und frei herum.

Ein närr'scher Handel! Unsereins
Tät' nichts auf solchen Kauf.
Doch Satans Reich ist selten eins,
Und reibt sich selber auf.
Für diesmal spielt die Lügenbrut
Ihr Stückchen ehrlich und auch gut.

Sie kroch, als Kröt', auf's Räuberschloß,
Mit losem leisen Tritt,
Verwandelte sich in das Roß,
Das Rips gewöhnlich ritt;
Und als der Schloßhahn krähte früh,
Bestieg der Graf gesattelt sie.

Sie aber trug, trotz Gert' und Sporn,
So sehr er hieb und trat,
Ihn, über Stock und Stein und Dorn,
Gerades Wegs zur Stadt.
Früh, als das Tor ward aufgetan,
Sieh da! kam unser Hexlein an.

Mit Kratzfuß und mit Reverenz
Naht höhnisch alle Welt:
Willkommen hier, Ihr' Exzellenz!
Quartier ist schon bestellt!
Du hast uns lange satt geknufft;
Man wird dich wieder knuffen, Schuft!

Dem Schnapphahn ward, wie sich's gebührt,
Bald der Prozeß gemacht,
Und d'rauf, als man ihn kondemniert,
Ein Käficht ausgedacht.
Da ward mein Rips hineingesperrt
Und wie ein Murmeltier genärrt.

Und, als ihn hungern tät, da schnitt
Der Knips, mit Höllenqual,

Vom eignen Leib' ihm Glied für Glied,
Und briet es ihm zum Mahl.
Als jeglich Glied verzehret war,
Briet er ihm seinen Magen gar.

So schmaust' er sich denn selber auf,
Bis auf den letzten Stumpf,
Und endigte den Lebenslauf,
Den Nachbarn zum Triumph.
Der Eisenbau'r, worin er lag,
Wird aufbewahrt, bis diesen Tag. –

Mein Herr, fällt mir der Käficht ein,
So denk' ich oft bei mir:
Er dürfte noch zu brauchen sein,
Und weiß der Herr, wofür? –
Für die Französchen Raubmarquis
Die man zur Ferme kommen ließ.« –

Als Matz kaum ausgeperoriert,
Sieh da! kam querfeldan
Ein Sansfacon daher trottiert,
Und hielt den Wagen an,
Und visitierte, Pack für Pack,
Nach ungestempeltem Tabak.

DER WILDE JÄGER

Der Wild- und Rheingraf stieß ins Horn:
»Halloh, Halloh zu Fuß und Roß!«
Sein Hengst erhob sich wiehernd vorn;
Laut rasselnd stürzt' ihm nach der Troß;
Laut klifft' und klafft' es, frei vom Koppel,
Durch Korn und Dorn, durch Heid'
                                    und Stoppel.

Vom Strahl der Sonntagsfrühe war
Des hohen Domes Kuppel blank.
Zum Hochamt rufte dumpf und klar
Der Glocken ernster Feierklang.
Fern tönten lieblich die Gesänge
Der andachtsvollen Christenmenge.

Rischrasch quer über'n Kreuzweg ging's,
Mit Horridoh und Hussasa.
Sieh da! Sieh da, kam rechts und links
Ein Reiter hier, ein Reiter da!
Des Rechten Roß war Silbersblinken,
Ein Feuerfarbner trug den Linken.

Wer waren Reiter links und rechts?
Ich ahnd' es wohl, doch weiß ich's nicht.
Lichthehr erschien der Reiter rechts,
Mit mildem Frühlingsangesicht.
Graß, dunkelgelb der linke Ritter
Schoß Blitz vom Aug', wie Ungewitter.

»Willkommen hier, zu rechter Frist,
Willkommen zu der edlen Jagd!
Auf Erden und im Himmel ist
Kein Spiel, das lieblicher behagt.« –
Er rief's, schlug laut sich an die Hüfte,
Und schwang den Hut hoch in die Lüfte.

»Schlecht stimmet deines Hornes Klang«
Sprach der zur Rechten, sanften Muts,
»Zu Feierglock' und Chorgesang.
Kehr um! Erjagst dir heut nichts guts,
Laß dich den guten Engel warnen,
Und nicht vom Bösen dich umgarnen!« –

»Jagt zu, jagt zu, mein edler Herr!«
Fiel rasch der linke Ritter d'rein.
»Was Glockenklang? Was Chorgeplärr?
Die Jagdlust mag euch baß erfreun!
Laßt mich, was fürstlich ist, euch lehren
Und euch von Jenem nicht betören!« –

»Ha! Wohlgesprochen, linker Mann!
Du bist ein Held nach meinem Sinn.
Wer nicht des Waidwerks pflegen kann,
Der scher' ans Paternoster hin!
Mag's, frommer Narr, dich baß verdrießen,
So will ich meine Lust doch büßen!« –

Und hurre hurre vorwärts ging's,
Feld ein und aus, Berg ab und an.

Stets ritten Reiter Rechts und Links
Zu beiden Seiten neben an.
Auf sprang ein weißer Hirsch von Ferne,
Mit sechzehnzackigem Gehörne.

Und lauter stieß der Graf ins Horn;
Und rascher flog's zu Fuß und Roß;
Und sieh! bald hinten und bald vorn
Stürzt' Einer tot dahin vom Troß.
»Laß stürzen! Laß zur Hölle stürzen!
Das darf nicht Fürstenlust verwürzen.«

Das Wild duckt sich ins Ährenfeld
Und hofft da sichern Aufenthalt.
Sieh da! Ein armer Landmann stellt
Sich dar in kläglicher Gestalt.
»Erbarmen, lieber Herr, Erbarmen!
Verschont den sauern Schweiß des Armen!«

Der rechte Ritter sprengt heran,
Und warnt den Grafen sanft und gut.
Doch baß hetzt ihn der linke Mann
Zu schadenfrohem Frevelmut.
Der Graf verschmäht des Rechten Warnen
Und läßt vom Linken sich umgarnen.

»Hinweg, du Hund!« schnaubt fürchterlich
Der Graf den armen Pflüger an.
»Sonst hetz' ich selbst, beim Teufel! dich.
Halloh, Gesellen, drauf und dran!
Zum Zeichen, daß ich wahr geschworen,
Knallt ihm die Peitschen um die Ohren!«

Gesagt, getan! Der Wildgraf schwang
Sich übern Hagen rasch voran,
Und hinterher, bei Knall und Klang,
Der Troß mit Hund und Roß und Mann;
Und Hund und Mann und Roß zerstampfte
Die Halmen, daß der Acker dampfte.

Vom nahen Lärm emporgescheucht,
Feld ein und aus, Berg ab und an
Gesprengt, verfolgt, doch unerreicht,
Ereilt das Wild des Angers Plan;

Und mischt sich, da verschont zu werden,
Schlau mitten zwischen zahme Herden.

Doch hin und her, durch Flur und Wald,
Und her und hin, durch Wald und Flur,
Verfolgen und erwittern bald
Die raschen Hunde seine Spur.
Der Hirt, voll Angst für seine Herde,
Wirft vor dem Grafen sich zur Erde.

»Erbarmen, Herr, Erbarmen! Laßt
Mein armes stilles Vieh in Ruh!
Bedenket, lieber Herr, hier gras't
So mancher armen Witwe Kuh.
Ihr Eins und Alles spart der Armen!
Erbarmen, lieber Herr, Erbarmen!«

Der rechte Ritter sprengt heran,
Und warnt den Grafen sanft und gut.
Doch baß hetzt ihn der linke Mann
Zu schadenfrohem Frevelmut.
Der Graf verschmäht des Rechten Warnen
Und läßt vom Linken sich umgarnen.

»Verwegner Hund, der du mir wehrst!
Ha, daß du deiner besten Kuh
Selbst um und angewachsen wärst,
Und jede Vettel noch dazu!
So sollt' es baß mein Herz ergötzen,
Euch stracks ins Himmelreich zu hetzen.

Halloh, Gesellen, drauf und dran!
Jo! Doho, Hussasa!« –
Und jeder Hund fiel wütend an,
Was er zunächst vor sich ersah.
Bluttriefend sank der Hirt zur Erde,
Bluttriefend Stück für Stück die Herde.

Dem Mordgewühl entrafft sich kaum
Das Wild mit immer schwächerm Lauf.
Mit Blut besprengt, bedeckt mit Schaum
Nimmt jetzt des Waldes Nacht es auf.
Tief birgt sich's in des Waldes Mitte,
In eines Kläusners Gotteshütte.

Risch ohne Rast mit Peitschenknall,
Mit Horridoh und Hussasa,
Und Kliff und Klaff und Hörnerschall,
Verfolgt's der wilde Schwarm auch da.
Entgegen tritt mit sanfter Bitte
Der fromme Kläusner vor die Hütte.

»Laß ab, laß ab von dieser Spur!
Entweihe Gottes Freistatt nicht!
Zum Himmel ächzt die Kreatur
Und heischt von Gott dein Strafgericht.
Zum letzten male laß dich warnen,
Sonst wird Verderben dich umgarnen!«

Der Rechte sprengt besorgt heran
Und warnt den Grafen sanft und gut.
Doch baß hetzt ihn der linke Mann
Zu schadenfrohem Frevelmut.
Und wehe! trotz des Rechten Warnen,
Läßt er vom Linken sich umgarnen!

»Verderben hin, Verderben her!
Das«, ruft er, »macht mir wenig Graus.
Und wenn's im dritten Himmel wär,
So acht' ichs keine Fledermaus.
Mag's Gott und dich, du Narr, verdrießen;
So will ich meine Lust doch büßen!«

Er schwingt die Peitsche, stößt ins Horn:
»Halloh, Gesellen, drauf und dran!«
Hui, schwinden Mann und Hütte vorn,
Und hinten schwinden Roß und Mann;
Und Knall und Schall und Jagdgebrülle
Verschlingt auf einmal Totenstille.

Erschrocken blickt der Graf umher;
Er stößt ins Horn, es tönet nicht;
Er ruft und hört sich selbst nicht mehr;
Der Schwung der Peitsche sauset nicht;
Er spornt sein Roß in beide Seiten
Und kann nicht vor nicht rückwärts reiten.

D'rauf wird es düster um ihn her,
Und immer düstrer, wie ein Grab.

Dumpf rauscht es, wie ein fernes Meer.
Doch über seinem Haupt herab
Ruft furchtbar, mit Gewittergrimme,
Dies Urteil eine Donnerstimme:

»Du Wütrich, teuflischer Natur,
Frech gegen Gott und Mensch und Tier!
Das Ach und Weh der Kreatur,
Und deine Missetat an ihr
Hat laut dich vor Gericht gefodert,
Wo hoch der Rache Fackel lodert.

Fleuch, Unhold, fleuch, und werde jetzt,
Von nun an bis in Ewigkeit,
Von Höll' und Teufel selbst gehetzt!
Zum Schreck der Fürsten jeder Zeit,
Die, um verruchter Lust zu fronen,
Nicht Schöpfer noch Geschöpf verschonen!« –

Ein schwefelgelber Wetterschein
Umzieht hierauf des Waldes Laub.
Angst rieselt ihm durch Mark und Bein;
Ihm wird so schwül, so dumpf und taub!
Entgegen weht' ihm kaltes Grausen,
Dem Nacken folgt Gewittersausen.

Das Grausen weht, das Wetter saust,
Und aus der Erd' empor huhu!
Fährt eine schwarze Riesenfaust;
Sie spannt sich auf, sie krallt sich zu;
Hui! will sie ihn beim Wirbel packen;
Hui! steht sein Angesicht im Nacken.

Es flimmt und flammt rund um ihn her,
Mit grüner, blauer, roter Glut;
Es wallt um ihn ein Feuermeer;
Darinnen wimmelt Höllenbrut.
Jach fahren tausend Höllenhunde,
Laut angehetzt, empor vom Schlunde.

Er rafft sich auf durch Wald und Feld,
Und flieht lautheulend Weh und Ach;
Doch durch die ganze weite Welt
Rauscht bellend ihm die Hölle nach,

Bei Tag tief durch der Erde Klüfte,
Um Mitternacht hoch durch die Lüfte.

Im Nacken bleibt sein Antlitz stehn,
So rasch die Flucht ihn vorwärts reißt.
Er muß die Ungeheuer sehn,
Laut angehetzt vom bösen Geist,
Muß sehn das Knirschen und das Jappen
Der Rachen, welche nach ihm schnappen. –

Das ist des wilden Heeres Jagd,
Die bis zum jüngsten Tage währt,
Und oft dem Wüstling noch bei Nacht
Zu Schreck und Graus vorüberfährt.
Das könnte, müßt' er sonst nicht schweigen,
Wohl manches Jägers Mund bezeugen.

FREIHEIT

Freiheit wünschest du dir, und klagst alltäglich
      und zürnest,
  Daß dir Freiheit fehlt, über Despoten-
       gewalt? –
Lern' entbehren, o Freund! Beut Trotz dem
      Schmerz und dem Tode!
Und kein Gott des Olymps fühlet sich
       freier, als du. –
Aber noch fragt dein Blick: Wie lern' ich die
      schwerste der Künste,
  Wie den erhabenen Trotz gegen den
      Schmerz und den Tod? –
Wirb bei der Mutter Vernunft um Tugend,
      die göttliche Tochter,
  Wirb! – Und dein ist die Kunst, dein
      der erhabene Trotz.

AN DAS HERZ

Lange schon in manchem Sturm' und Drange
Wandeln meine Füße durch die Welt.
Bald den Lebensmüden beigesellt,
Ruh' ich aus von meinem Pilgergange.

Leise sinkend faltet sich die Wange;
Jede meiner Blüten welkt und fällt.
Herz, ich muß dich fragen: Was erhält
Dich in Kraft und Fülle noch so lange?

Trotz der Zeit Despoten-Allgewalt,
Fährst du fort, wie in des Lenzes Tagen,
Liebend wie die Nachtigall zu schlagen.

Aber ach! Aurora hört es kalt,
Was ihr Tithons Lippen Holdes sagen. –
Herz, ich wollte, du auch würdest alt!

ENTSAGUNG DER POLITIK

Ade, Frau Politik! Sie mag sich fürbaß trollen:
Die Schrift-Zensur ist heut zu Tage scharf.
Was mancher Edle will, scheint er oft nicht
       zu sollen;
Dagegen, was er schreiben soll und darf,
Kann doch ein Edler oft nicht wollen.

HIMMEL UND ERDE

In dem Himmel quillt die Fülle
Heiß ersehnter Seligkeit.
Ich auch, wär' es Gottes Wille,
Tränke gern aus dieser Fülle
Labsal für der Erde Leid;

Für den Wurm, der meiner Tage
Rosenblüte giftig sticht;

Dessen Schmerz ich in mir trage,
Den ich Arzt und Priester klage:
Aber ach! das hilft mir nicht.

Längst sind über Tal und Hügel
Alle Freuden mir entflohn.
Lahm sind meiner Hoffnung Flügel.
Rauher Hindernisse Hügel
Sprechen selbst den Wünschen Hohn. –

Dennoch setzt' ich auch auf Erden
Gern noch fort den Pilgerstab.
Sollte Molly mir nur werden,
Trüg' ich aller Welt Beschwerden
Noch den längsten Pfad hinab.

Die Elemente

Horch! Hohe Dinge lehr' ich dich:
Vier Elemente gatten sich;
Sie gatten sich, wie Mann und Weib,
Voll Liebesglut in einen Leib.
Der Gott der Liebe rief: Es werde!
Da ward Luft, Feuer, Wasser, Erde.

Des Feuers Quell, die Sonne, brennt
Am blauen Himmelsfirmament.
Sie strahlet Wärme, Tagesschein;
Sie reifet Korn und Obst und Wein;
Macht alles Lebens Säfte kochen,
Und seine Pulse rascher pochen.

Sie hüllt den Mond in stillen Glanz,
Und flicht ihm einen Sternenkranz.
Was leuchtet vor dem Wandrer her?
Was führt den Schiffer, durch das Meer,
Viel tausend Meilen in die Ferne?
Ihm leuchten Sonne, Mond und Sterne.

Die Luft umfängt den Erdenball,
Weht hie und dort, weht überall;
Ist Lebenshauch aus Gottes Mund,
Durchwandelt gar das Erdenrund,

Wo sie durch alle Höhlung webet,
Und selbst des Würmchens Lunge hebet.

Das Wasser braust durch Wald und Feld.
In tausend Arme nimmt's die Welt.
Wie Gottes Odem, dringt es auch
Tief durch der Erde finstern Bauch.
Die Wesen schmachteten und sänken,
Wo sie nicht seines Lebens tränken.

Drei Bräutigamen hat, als Braut,
Gott seine Erde angetraut.
Wann Luft und Wasser sie umarmt,
Und von der Sonn' ihr Schoß erwarmt,
Dann wird ihr Schoß, zu allen Stunden,
Von Kindern jeder Art entbunden.

All' ihre Kindlein hegt und pflegt
Sie, an ihr liebend Herz gelegt.
Sie ist die beste Mutter sie;
Sie säuget spät, sie säuget früh.
Kein Kindlein, so ihr Schoß geboren,
Geht ihrem Schoße je verloren.

Sieh hin und her! Sieh rund um dich!
Die Elemente lieben sich;
Sie gatten sich in Himmelsglut;
Je Eins dem Andern Liebes tut.
Aus solchem Liebestrieb' empfangen,
Bist du, o Mensch, hervorgegangen.

Nun prüfe dich, nun sage mir:
Glüht noch des Ursprungs Glut in dir?
Erhellt, wie Sonne, dein Verstand,
Erhellt er Haus und Stadt und Land?
Entlodert, gleich den Himmelskerzen,
Noch Liebeslohe deinem Herzen?

Und deine Zunge stimmet sie
Zur allgemeinen Harmonie?
Ist deine Rede, dein Gesang
Der Herzensliebe Widerklang?
Entweht dir Frieden, Freude, Segen,
Wie Maienluft und Frühlingsregen?

Hält unzerrissen deine Hand,
Das heilige Verlobungsband?
Reicht sie dem Nächsten in der Not
Von deinem Trank, von deinem Brot?
Und seinen nackenden Gebeinen
Von deiner Wolle, deinem Leinen? –

O du! O du! der das nicht kann,
Du Bastard du! was bist du dann? –
Und wärst du mächtig, schön und reich,
Dem Salomo an Weisheit gleich,
Und hättest gar mit Engelzungen
Zur Welt geredet und gesungen,

Du Bastard, der nicht lieben kann!
Was bist du ohne Liebe dann? –
Ein toter Klumpen ist dein Herz;
Du bist ein eiteltönend Erz;
Bist leerer Klingklang einer Schelle,
Und Tosen einer Wasserwelle.

DER GROSSE MANN

Es ist ein Ding, das mich verdreußt,
Wenn Schwindel oder Schmeichelgeist
Gemeines Maß für großes preist.

Du, Geist der Wahrheit, sag' es an:
Wer ist, wer ist ein großer Mann?
Der Ruhmverschwendung Acht und Bann!

Der, dem die Gottheit Sinn beschert,
Der Größe, Bild, Verhalt und Wert,
Und aller Wesen Kraft ihm lehrt;

Des weit umfassender Verstand,
Wie einen Ball mit hohler Hand
Ein ganzes Weltsystem umspannt;

Der weiß, was großes hie und da,
Zu allen Zeiten, fern und nah,
Und wo, und wann, und wie geschah;

Der Mann, der die Natur vertraut,
Gleichwie ein Bräutigam die Braut,
An allen Reizen nackend schaut;

Und warm an ihres Busens Glut,
Vermögen stets und Heldenmut
Und Lieb' und Leben saugend, ruht;

Und nun, was je ein Erdenmann
Für Menschenheil gekonnt und kann,
Wofern er will, desgleichen kann;

Dabei in seiner Zeit und Welt,
Wo sein Beruf ihn hingestellt,
Durch Tat der Kunst die Waage hält:

Der ist ein Mann, und der ist groß!
Doch ringt sich aus der Menschheit Schoß
Jahrhundertlang kaum Einer los.

NATURRECHT

Von Blum' und Frucht, so die Natur erschafft,
Darf ich zur Lust wie zum Bedürfnis, pflücken.
Ich darf getrost nach allem Schönen blicken,
Und atmen darf ich jeder Würze Kraft.

Ich darf die Traub', ich darf der Biene Saft,
Das Schafes Milch in meine Schale drücken.
Mir front der Stier; mir beut das Roß den
                                        Rücken;
Der Seidenwurm spinnt Atlas mir und Taft.

Es darf das Lied der holden Nachtigallen
Mich, hingestreckt auf Flaumen oder Moos,
Wohl in den Schlaf, wohl aus dem Schlafe
                                        hallen.

Was wehrt es denn mir Menschensatzung, bloß
Aus blödem Wahn, in Molly's Wonneschoß,
Von Lieb' und Lust bezwungen, hinzufallen?

DAS MÄDEL DAS ICH MEINE

O was in tausend Liebespracht
Das Mädel, das ich meine, lacht!
Nun sing', o Lied, und sag mir an!
Wer hat das Wunder aufgetan:
Daß so in tausend Liebespracht
Das Mädel, das ich meine, lacht?

Wer hat, wie Paradieseswelt,
Des Mädels blaues Aug' erhellt? –
Der liebe Gott! der hat's getan,
Der's Firmament erleuchten kann;
Der hat, wie Paradieseswelt,
Des Mädels blaues Aug' erhellt.

Wer hat das Rot auf Weiß gemalt,
Das von des Mädels Wange strahlt? –
Der liebe Gott! der hat's getan,
Der Pfirsichblüte malen kann;
Der hat das Rot auf Weiß gemalt,
Das von des Mädels Wange strahlt.

Wer schuf des Mädels Purpurmund
So würzig, süß, und lieb und rund? –
Der liebe Gott, der hat's getan,
Der Nelk' und Erdbeer' würzen kann;
Der schuf des Mädels Purpurmund
So würzig, süß, und lieb und rund.

Wer ließ vom Nacken, blond und schön,
Der Mädels seidne Locken wehn? –
Der liebe Gott! der gute Geist!
Der goldne Saaten reifen heißt;
Der ließ vom Nacken, blond und schön,
Des Mädels seidne Locken wehn.

Wer gab, zu Liebesred' und Sang,
Dem Mädel holder Stimme Klang? –
Der liebe, liebe Gott tat dies,
Der Nachtigallen flöten hieß;
Der gab, zu Liebesred' und Sang,
Dem Mädel holder Stimme Klang.

Wer hat, zur Fülle süßer Lust,
Gewölbt des Mädels weiße Brust? –
Der liebe Gott hat's auch getan,
Der stolz die Schwäne kleiden kann;
Der hat, zur Fülle süßer Lust,
Gewölbt des Mädels weiße Brust.

Durch welches Bildners Hände ward,
Des Mädels Wuchs so schlank und zart? –
Das hat die Meisterhand getan,
Die alle Schönheit bilden kann;
Durch Gott, den höchsten Bildner ward
Des Mädels Wuchs so schlank und zart.

Wer blies, so lichthell, schön und rein
Die fromme Seel' dem Mädel ein? –
Wer anders hat's als er getan,
Der Seraphim erschaffen kann;
Der blies so lichthell, schön und rein
Die Engelseel' dem Mädel ein. –

Lob sei, o Bildner, deiner Kunst!
Und hoher Dank für deine Gunst!
Daß du dein Abbild ausstaffiert,
Mit allem, was die Schöpfung ziert.
Lob sei, o Bildner, deiner Kunst!
Und hoher Dank für deine Gunst!

Doch ach! für wen auf Erden lacht
Das Mädel so in Liebespracht? –
O Gott! bei deinem Sonnenschein!
Bald möcht' ich nie geboren sein,
Wenn nie in solcher Liebespracht
Das Mädel mir auf Erden lacht.

DIE HEXE DIE ICH MEINE
PARODIE

O was in tausend Zauberpracht,
Die Hexe, die ich meine, lacht!
Nun sing, o Lied, und sag's der Welt:
Wer hat den Unfug angestellt;
Daß so in tausend Zauberpracht
Die Hexe, die ich meine, lacht?

Wer schuf, zu frommem Trug so schlau,
Ihr Auge sanft und himmelblau? –
Das tat des bösen Feindes Kunst;
Der ist ein Freund vom blauen Dunst;
Der schuf, zu frommem Trug so schlau,
Ihr Auge sanft und himmelblau.

Wer hat gesotten das Geblüt,
Das aus den Wangen strotzt und glüht? –
Der Koch, den ihr erraten könnt,
In dessen Küch' es immer brennt;
Der hat gesotten das Geblüt,
Das aus den Wangen strotzt und glüht.

Wer schwefelte so licht und klar
Der kleinen Hexe krauses Haar? –
Hans Satan, der zu aller Frist
Der größte Schwefelkrämer ist;
Der schwefelte so licht und klar
Der kleinen Hexe krauses Haar.

Wer gab zu Heuchelred' und Sang
Der Hexe holder Stimme Klang? –
O die Musik ist dessen wert,
Der die Sirenen trillern lehrt;
Der gar zu Heuchelred' und Sang
Der Hexe holder Stimme Klang.

Wer schuf, o Liedlein, mach es kund!
Der Hexe Brust so apfelrund? –
Der Adams Frau das Maul geschmiert
Und ihn mit Äpfeln angeführt;

Der schuf, zur Warnung sei es kund!
Der Hexe Brust so apfelrund.

Wer hat die Füßchen abgedreht,
Worauf die kleine Hexe geht? –
Ein Drechsler war es, der es tat,
Der selber Ziegenfüßchen hat:
Der hat die Füßchen abgedreht,
Worauf die kleine Hexe geht.

Und wer versah, so schlangenklug
So Herz als Mund mit Lug und Trug? –
Es tat's, der höllische Präfekt,
Der in die Welt die Lügen heckt;
Der, der versah, so schlangenklug,
So Herz als Mund mit Lug und Trug.

Wie kommt es, daß zu jeder Frist,
April der Hexe Wahlspruch ist? –
Der Teufel, der's ihr angetan,
Tat's ihr der Hörner wegen an;
Denn wenn die Hexe standhaft wär',
Wo nähm' der Teufel Hörner her?

Den gnade Gott, den sie berückt,
Und in ihr Zaubernetz verstrickt!
Denn, nicht für meiner Sünden Pein,
Möcht' ich des Teufels Schwager sein.
Drum gnade Gott, den sie berückt,
Und in ihr Zaubernetz verstrickt!

LUST AM LIEBCHEN

Wie selig, wer sein Liebchen hat,
Wie selig lebt der Mann!
Er lebt, wie in der Kaiserstadt
Kein Graf und Fürst es kann.

Ihm scheinet seiner Seligkeit
Kein Preis auf Erden gleich.
Selbst arm bis auf den letzten Deut,
Dünkt er sich Krösusreich.

Die Welt mag laufen, oder stehn;
Und alles mag rund um
Kopf unten oder oben gehn!
Was kümmert er sich d'rum?

Hui! ist sein Wort zu Strom und Wind,
Wer macht aus euch sich was?
Nichts mehr, als wehen kann der Wind,
Und Regen macht nur naß.

Gram, Sorg' und Grille sind ihm Spott;
Er fühlt sich frei und froh,
Und kräht, vergnügt in seinem Gott,
In dulci Jubilo.

Durch seine Adern kreiset frisch
Und ungehemmt sein Blut.
Gesunder ist er, wie ein Fisch,
In seiner klaren Flut.

Ihm schmeckt sein Mahl; er schlummert süß
Bei federleichtem Sinn,
Und träumt sich in ein Paradies
Mit seiner Eva hin.

In Götterfreuden schwimmt der Mann,
Die kein Gedanke mißt,
Der singen oder sagen kann,
Daß ihn sein Liebchen küßt. –

Doch ach! was sing' ich in den Wind,
Und habe selber keins?
O Evchen, Evchen, komm geschwind,
O komm und werde meins!

GEGENLIEBE

Wüßt' ich, wüßt' ich, daß du mich
Lieb und wert ein bißchen hieltest,
Und von dem, was ich für dich,
Nur ein Hundertteilchen fühltest;

Daß dein Dank hübsch meinem Gruß'
Halben Wegs entgegen käme,
Und dein Mund den Wechselkuß
Gerne gäb' und wiedernähme;

Dann, o Himmel, außer sich,
Würde ganz mein Herz zerlodern!
Leib und Leben könnt' ich dich
Nicht vergebens lassen fodern! –

Gegengunst erhöhet Gunst,
Liebe nähret Gegenliebe,
Und entflammt zur Feuersbrunst,
Was ein Aschenfünkchen bliebe.

FÜR SIE MEIN EINS UND ALLES

Nicht zum Fürsten hat mich das Geschick,
Nicht zum Grafen, noch zum Herrn geboren,
Und fürwahr nicht hellerswert verloren
Hat an mich das goldbeschwerte Glück.

Günstig hat auch keines Wesirs Blick
Mich im Staat zu hoher Würd' erkoren.
Alles stößt, wie gegen mich verschworen,
Jeden Wunsch mir unerhört zurück.

Von der Wieg' an, bis zu meinem Grabe,
Ist ein wohl ersung'nes Lorbeerreis
Meine Ehr' und meine ganze Habe.

Dennoch auch dies Eine, so ich weiß,
Spendet' ich mit Lust zur Opfergabe,
Wär', o Molly, dein Besitz der Preis.

ÜBERALL MOLLY UND LIEBE

Sonett

In die Nacht der Tannen oder Eichen,
Die das Kind der Freude schauernd flieht,
Such' ich oft, von Kummer abgemüht,
Aus der Welt Gerassel wegzuschleichen.

Könnt' ich nur, wie allem Meinesgleichen,
Auch sogar der Wildnis, die mich sieht,
Und den Sinn zu neuer Arbeit zieht,
Bis ins Nichts hinein zur Ruh' entweichen!

Dennoch ist so heimlich kein Revier,
Ist auch nicht ein Felsenspalt so öde,
Daß mich nicht, wie überall, auch hier

Liebe, die Verfolgerin, befehde;
Daß nicht ich mit ihr von Molly rede,
Oder sie, die Schwätzerin, mit mir.

LIEBESZAUBER

Mädel, schau mir ins Gesicht!
Schelmenauge, blinzle nicht!
Mädel, merke was ich sage!
Gib mir Rede, wenn ich frage!
Holla hoch mir ins Gesicht!
Schelmenauge, blinzle nicht!

Bist nicht häßlich, das ist wahr;
Äuglein hast du, blau und klar;
Wang' und Mund sind süße Feigen;
Ach! vom Busen laß mich schweigen!
Reizend, Liebchen, das ist wahr,
Reizend bist du offenbar.

Aber reizend her und hin!
Bist ja doch nicht Kaiserin;
Nicht die Kaiserin der Schönen.

Wer wird dich allein nur krönen?
Reizend her und reizend hin!
Viel fehlt noch zur Kaiserin!

Hundert Schönen sicherlich,
Hundert, hundert! fänden sich,
Die vor Eifer würden lodern,
Dich auf Schönheit 'rauszufodern.
Hundert Schönen fänden sich;
Hundert siegten über dich.

Dennoch hegst du Kaiserrecht
Über deinen treuen Knecht:
Kaiserrecht in seinem Herzen,
Bald zu Wonne bald zu Schmerzen.
Tod und Leben, Kaiserrecht,
Nimmt vor dir der treue Knecht!

Hundert ist wohl große Zahl;
Aber, Liebchen, laß es 'mal
Hunderttausend Schönen wagen,
Dich von Thron und Reich zu jagen!
Hunderttausend! Welche Zahl!
Sie verlören allzumal.

Schelmenauge, Schelmenmund,
Sieh mich an und tu mir's kund!
He, warum bist du die Meine?
Da allein und anders Keine?
Sieh mich an und tu mir's kund,
Schelmenauge, Schelmenmund!

Sinnig forsch' ich auf und ab:
Was so ganz dir hin mich gab? —
Ha! durch nichts mich so zu zwingen,
Geht nicht zu mit rechten Dingen.
Zaubermädel, auf und ab,
Sprich, wo ist dein Zauberstab?

AN DIE MENSCHENGESICHTER

Ich habe was Liebes, das hab' ich zu lieb;
Was kann ich, was kann ich dafür?
D'rum sind mir die Menschengesichter
                                nicht hold:
Doch spinn' ich ja leider nicht Seide,
                                noch Gold,
Ich spinne nur Herzeleid mir.

Auch mich hat was Liebes im Herzen zu lieb;
Was kann es, was kann es für's Herz?
Auch ihm sind die Menschengesichter
                                nicht hold:
Doch spinnt es ja leider nicht Seide noch Gold,
Es spinnt sich nur Elend und Schmerz.

Wir seufzen und sehnen, wir schmachten
                                uns nach,
Wir sehnen und seufzen uns krank.
Die Menschengesichter verargen uns das;
Sie reden, sie tun uns bald dies und bald das,
Und schmieden uns Fessel und Zwang.

Wenn ihr für die Leiden der Liebe was könnt,
Gesichter, so gönnen wir's euch.
Wenn wir es nicht können, so irr' es euch nicht!
Wir können, ach leider! wir können es nicht,
Nicht für das mogolische Reich!

Wir irren und quälen euch Andre ja nicht;
Wir quälen ja uns nur allein.
D'rum, Menschengesichter, wir bitten
                                euch sehr,
D'rum laßt uns gewähren, und quält uns
                                nicht mehr,
O laßt uns gewähren allein!

Was dränget ihr euch um die Kranken herum,
Und scheltet und schnarchet sie an?
Von Schelten und Schnarchen genesen
                                sie nicht.

Man liebet ja Tugend, man übet ja Pflicht;
Doch Keiner tut mehr, als er kann.

Die Sonne, sie leuchtet; sie schattet, die Nacht;
Hinab will der Bach, nicht hinan;
Der Sommerwind trocknet; der Regen
                                macht naß;
Das Feuer verbrennet. – Wie hindert ihr das? –
O laßt es gewähren, wie's kann!

Es hungert den Hunger, es dürstet den Durst;
Sie sterben von Nahrung entfernt.
Naturgang wendet kein Aber und Wenn. –
O Menschengesichter, wie zwinget ihr's denn,
Daß Liebe zu lieben verlernt?

DAS BLÜMCHEN WUNDERHOLD

Es blüht ein Blümchen irgend wo
In einem stillen Tal.
Das schmeichelt Aug' und Herz so froh,
Wie Abendsonnenstrahl.
Das ist viel köstlicher, als Gold,
Als Perl' und Diamant.
Drum wird es »Blümchen Wunderhold«
Mit gutem Fug genannt.

Wohl sänge sich ein langes Lied
Von meines Blümchens Kraft:
Wie es am Leib' und am Gemüt
So hohe Wunder schafft.
Was kein geheimes Elixier
Dir sonst gewähren kann,
Das leistet traun! mein Blümchen dir.
Man säh' es ihm nicht an.

Wer Wunderhold im Busen hegt,
Wird wie ein Engel schön.
Das hab' ich, inniglich bewegt,
An Mann und Weib gesehn.
An Mann und Weib, alt oder jung,
Zieht's, wie ein Talisman,

Der schönsten Seelen Huldigung
Unwiderstehlich an.

Auf steifem Hals ein Strotzerhaupt,
Des Wangen hoch sich bläh'n,
Des Nase nur nach Äther schnaubt,
Läßt doch gewiß nicht schön.
Wenn irgend nun ein Rang, wenn Gold
Zu steif den Hals dir gab,
So schmeidigt ihn mein Wunderhold
Und biegt dein Haupt herab.

Es webet über dein Gesicht
Der Anmut Rosenflor;
Und zieht des Auges grellem Licht
Die Wimper mildernd vor.
Es teilt der Flöte weichen Klang
Des Schreiers Kehle mit,
Und wandelt in Zephirengang
Des Stürmers Poltertritt.

Der Laute gleicht des Menschen Herz,
Zu Sang und Klang gebaut,
Doch spielen sie oft Lust und Schmerz
Zu stürmisch und zu laut:
Der Schmerz, wann Ehre, Macht und Gold
Vor deinen Wünschen fliehn,
Und Lust, wann sie in deinen Sold
Mit Siegeskränzen ziehn.

O wie dann Wunderhold das Herz
So mild und lieblich stimmt!
Wie allgefällig Ernst und Scherz
In seinem Zauber schwimmt!
Wie man alsdann nichts tut und spricht,
Drob Jemand zürnen kann!
Das macht, man trotzt und strotzet nicht
Und drängt sich nicht voran.

O wie man dann so wohlgemut,
So friedlich lebt und webt!
Wie um das Lager, wo man ruht,
Der Schlaf so segnend schwebt!
Denn Wunderhold hält alles fern,

Was giftig beißt und sticht;
Und stäch' ein Molch auch noch so gern,
So kann und kann er nicht.

Ich sing', o Lieber, glaub' es mir
Nichts aus der Fabelwelt,
Wenn gleich ein solches Wunder dir
Fast hart zu glauben fällt.
Mein Lied ist nur ein Widerschein
Der Himmelslieblichkeit,
Die Wunderhold auf Groß und Klein
In Tun und Wesen streut.

Ach! hättest du nur die gekannt,
Die einst mein Kleinod war –
Der Tod entriß sie meiner Hand
Hart hinterm Traualtar –
Dann würdest du es ganz verstehn,
Was Wunderhold vermag,
Und in das Licht der Wahrheit sehn,
Wie in den hellen Tag.

Wohl hundertmal verdank' ich ihr
Des Blümchens Segensflor.
Sanft schob sie's in den Busen mir
Zurück, wann ich's verlor.
Jetzt rafft ein Geist der Ungeduld
Es oft mir aus der Brust.
Erst, wann ich büße meine Schuld,
Bereu' ich den Verlust.

O was des Blümchens Wunderkraft
Am Leib' und am Gemüt
Ihr, meiner Holdin, einst verschafft,
Faßt nicht das längste Lied! –
Weil's mehr, als Seide, Perl' und Gold
Der Schönheit Zier verleiht,
So nenn' ich's »Blümchen Wunderhold«
Sonst heißt's – Bescheidenheit.

DER ENTFERNTEN

1. Sonett

O wie soll ich Kunde zu ihr bringen,
Kunde dieser ruhelosen Pein,
Von der Holden so getrennt zu sein,
Da Gefahren lauernd mich umringen?

Hüll' ich, der Entfernten sie zu singen,
In den Flor der Heimlichkeit mich ein:
Ach! so achtet sie wohl schwerlich mein;
Und vergebens muß mein Lied verklingen.

Doch getrost! Zerriß nicht, als sie schied,
Laut ihr Schwur die Pause stummer Schmerzen:
»Mann, du wohnest ewig mir im Herzen?« –

Diesem Herzen brauchest du, o Lied,
Des Verhüllten Namen nicht zu nennen:
An der Stimme wird es ihn erkennen.

DIE ENTFERNTEN

2. Sonett

Du mein Heil, mein Leben, meine Seele!
Süßes Wesen, von des Himmels Macht
Darum, dünkt mir, nur hervorgebracht,
Daß dich Liebe ganz mir anvermähle!

Welcher meiner todeswerten Fehle
Bannte mich in diesen Sklavenschacht,
Wo ich fern von dir, in öder Nacht,
Ohne Licht und Wärme mich zerquäle?

O warum entbehret mein Gesicht
Jenen Strahl aus deinem Himmelsauge,
Den ich dürftig nur im Geiste sauge?

Und die Lippe, welche singt und spricht,
Daß ich kaum ihr nachzulallen tauge,
O warum erquickt sie mich denn nicht?

SCHWANENLIED

Mir tut's so weh im Herzen!
Ich bin so matt und krank!
Ich schlafe nicht vor Schmerzen;
Mag Speise nicht und Trank;
Seh' alles sich entfärben,
Was Schönes mir geblüht.
Ach, Liebchen, will nur sterben!
Dies ist mein Schwanenlied.

Du wärst mir zwar ein Becher,
Von Heilungslabsal voll. –
Nur – daß ich armer Lecher
Nicht ganz ihn trinken soll!
Ihn, welcher so viel Süßes,
So tausend Süßes hat! –
Doch – hätt' ich des Genießes,
Nie hätt' ich dennoch satt.

D'rum laß mich, vor den Wehen
Der ungestillten Lust,
Zerschmelzen und vergehen,
Vergehn an deiner Brust!
Aus deinem süßen Munde
Laß saugen süßen Tod!
Denn, Herzchen, ich gesunde
Sonst nie von meiner Not!

HERR BACCHUS

Herr Bacchus ist ein braver Mann,
Das kann ich euch versichern;
Mehr, als Apoll, der Leiermann,
Mit seinen Notenbüchern.

Des Armen ganzer Reichtum ist
Der Klingklang seiner Leier,
Von der er prahlet, wie ihr wißt,
Sie sei entsetzlich teuer.

Doch borgt ihm auf sein Instrument
Kein Kluger einen Heller.
Denn frohere Musik ertönt
Aus Vater Evans Keller.

Obgleich Apollo sich voran
Mit seiner Dichtkunst blähet:
So ist doch Bacchus auch ein Mann,
Der seinen Vers verstehet.

Wie mag am waldigen Parnaß
Wohl sein Diskant gefallen?
Hier sollte Bacchus' Kantorbaß
Fürwahr weit besser schallen.

Auf, laßt uns ihn für den Apoll
Zum Dichtergott erbitten!
Denn er ist gar vortrefflich wohl
Bei großen Herrn gelitten.

Apoll muß tief gebückt und krumm
In Fürstensäle schleichen;
Allein mit Bacchus gehn sie um,
Als wie mit ihres Gleichen.

Dann wollen wir auf den Parnaß,
Vor allen andern Dingen,
Das große Heidelberger Faß
Voll Nierensteiner bringen.

Statt Lorbeerbäume wollen wir
Dort Rebenstöcke pflanzen,
Und rings um volle Tonnen, schier
Wie die Bacchanten tanzen.

Man lebte so nach altem Brauch
Bisher dort allzunüchtern.
D'rum blieben die neun Jungfern auch
Von je und je so schüchtern.

Ha! zapften sie sich ihren Trank
Aus Bacchus Nektartonnen,
Sie jagten Blödigkeit und Zwang
Ins Kloster zu den Nonnen.

Fürwahr! sie ließen nicht mit Müh'
Zur kleinsten Gunst sich zwingen,
Und ungerufen würden sie
Uns in die Arme springen.

DIE WEIBER VON WEINSBERG

Wer sagt mir an, wo Weinsberg liegt?
Soll sein ein wackres Städtchen,
Soll haben, fromm und klug gewiegt,
Viel Weiberchen und Mädchen.
Kömmt mir einmal das Freien ein,
So werd' ich eins aus Weinsberg frei'n.

Einsmals der Kaiser Konrad war
Dem guten Städtlein böse,
Und rückt' heran mit Kriegesschar
Und Reisigengetöse,
Umlagert' es, mit Roß und Mann,
Und schoß und rannte drauf und dran.

Und als das Städtlein widerstand,
Trotz allen seinen Nöten,
Da ließ er, hoch von Grimm entbrannt,
Den Herold 'nein trompeten:
Ihr Schurken, komm' ich 'nein, so, wißt,
Soll hängen, was die Wand bepißt.

Drob, als er den Avis also
Hinein trompeten lassen,
Gab's lautes Zetermordio,
Zu Haus und auf der Gassen.
Das Brot war teuer in der Stadt;
Doch teurer noch war guter Rat.

»O weh, mir armen Korydon!
O weh mir! die Pastores
Schrie'n: Kyrie Eleison!
Wir gehn, wir gehn kapores!
O weh, mir armen Korydon!
Es juckt mir an der Kehle schon.«

Doch wann's Matthä' am letzten ist,
Trotz Raten, Tun und Beten,
So rettet oft noch Weiberlist
Aus Ängsten und aus Nöten.
Denn Pfaffentrug und Weiberlist
Gehn über alles, wie ihr wißt.

Ein junges Weibchen Lobesan,
Seit gestern erst getrauet,
Gibt einen klugen Einfall an,
Der alles Volk erbauet;
Den ihr, sofern ihr anders wollt,
Belachen und beklatschen sollt.

Zur Zeit der stillen Mitternacht
Die schönste Ambassade
Von Weibern sich ins Lager macht,
Und bettelt dort um Gnade.
Sie bettelt sanft, sie bettelt süß,
Erhält doch aber nichts, als dies:

»Die Weiber sollten Abzug han,
Mit ihren besten Schätzen,
Was übrig bliebe, wollte man
Zerhauen und zerfetzen.«
Mit der Kapitulation
Schleicht die Gesandtschaft trüb' davon.

Drauf, als der Morgen bricht hervor,
Gebt Achtung! Was geschiehet?
Es öffnet sich das nächste Tor,
Und jedes Weibchen ziehet,
Mit ihrem Männchen schwer im Sack',
So wahr ich lebe! Huckepack. –

Manch Hofschranz suchte zwar sofort
Das Kniffchen zu vereiteln;
Doch Konrad sprach: »Ein Kaiserwort
Soll man nicht dreh'n noch deuteln.
Ha bravo! rief er, bravo so!
Meint' unsre Frau es auch nur so!«

Er gab Pardon und ein Bankett,
Den Schönen zu gefallen.

Da ward gegeigt, da ward trompet't,
Und durchgetanzt mit allen,
Wie mit der Burgemeisterin,
So mit der Besenbinderin.

Ei! sagt mir doch, wo Weinsberg liegt?
Ist gar ein wackres Städtchen.
Hat, treu und fromm und klug gewiegt,
Viel Weiberchen und Mädchen.
Ich muß, kömmt mir das Freien ein,
Fürwahr! muß Eins aus Weinsberg frei'n.

DAS DÖRFCHEN

Ich rühme mir
Mein Dörfchen hier!
Denn schön're Auen,
Als rings umher
Die Blicke schauen,
Blüh'n nirgends mehr.
Welch ein Gefilde,
Zum schönsten Bilde
Für Dietrichs Hand!
Hier Felsenwand,
Dort Ährenfelder
Und Wiesengrün,
Dem blaue Wälder
Die Grenze ziehn!
An jener Höhe
Die Schäferei,
Und in der Nähe
Mein Sorgenfrei!
So nenn' ich meine
Geliebte, kleine
Einsiedelei,
Worin ich lebe,
Zur Lust versteckt,
Die ein Gewebe
Von Ulm' und Rebe
Grün überdeckt.

Dort kränzen Schlehen
Die braune Kluft,
Und Pappeln wehen
In blauer Luft.
Mit sanftem Rieseln
Schleicht hier gemach
Auf Silberkieseln
Ein heller Bach;
Fließt unter Zweigen,
Die über ihn
Sich wölbend neigen,
Bald schüchtern hin;
Läßt bald im Spiegel
Den grünen Hügel,
Wo Lämmer gehn,
Des Ufers Büschchen
Und alle Fischchen
Im Grunde sehn,
Da gleiten Schmerlen
Und blasen Perlen.
Ihr schneller Lauf
Geht bald hinnieder,
Und bald herauf
Zur Fläche wieder.
Schön ist die Flur;
Allein Elise
Macht sie mir nur
Zum Paradiese.

Der erste Blick
Des Morgens wecket
Auch unser Glück.
Nur leicht bedecket
Führt sie mich hin,
Wo Florens Beete
Die Königin
Der Morgenröte
Mit Tränen näßt,
Und Perlen blitzen
Von allen Spitzen
Des Grases läßt.
Die Knospe spaltet
Die volle Brust;
Die Blume faltet

Sich auf zur Lust.
Sie blüht, und blühet
Doch schöner nicht,
Als das Gesicht
Elisens glühet.

Wann's heißer wird
Geht man selbander
Zu dem Mäander,
Der unten irrt.
Da sinkt zum Bade
Der Schäferin,
An das Gestade,
Das Röckchen hin.
Soll ich nicht eilen,
Die Lust zu teilen? –
Der Tag ist schwül,
Geheim die Stelle,
Und klar und kühl
Die Badequelle.

Ein leichtes Mahl
Mehrt dann die Zahl
Von unsern Freuden.
In weichem Gras,
An Pappelweiden,
Steht zwischen Beiden
Das volle Glas.
Der Trunk erweitert
Nun bald das Herz,
Und Witz erheitert
Den sanften Scherz.
Sie kömmt, und winket,
Und schenkt mir ein,
Doch lachend trinket
Sie selbst den Wein;
Flieht dann und dünket
Sich gut versteckt;
Doch bald entdeckt,
Muß sie mit Küssen
Den Frevel büßen.

Drauf mischet sie
Die Melodie

Der süßen Kehle
In das Ahi
Der Philomele,
Die so voll Seele
Nie sang, wie sie.

So zirkeln immer
Lust und Genuß,
Und Überdruß,
Befällt uns nimmer.

O Seligkeit!
Daß doch die Zeit
Dich nie zerstöre!
Mir frisches Blut,
Ihr treuen Mut
Und Reiz gewähre!
Das Glück mag dann,
Mit vollen Händen,
An Jedermann,
Der schleppen kann,
Sich arm verschwenden.
Ich seh' es an,
Entfernt vom Neide,
Und stimme dann
Mein Liedchen an,
Zum Tanz der Freude:
Ich rühme mir
Mein Dörfchen hier!

PROMETHEUS

Prometheus hatte kaum herab in Erdennacht
Den Quell des Lichts, der Wärm' und alles
                                        Lebens,
Das Feuer, vom Olymp gebracht;
Sieh, da verbrannte sich – denn Warnen war
                                        vergebens –
Manch dummes Jüngelchen die Faust aus
                                        Unbedacht.
Mein Gott! Was für Geschrei erhuben
Nicht da so manches dummen Buben

Erzdummer Papa,
Erzdumme Mama,
Erzdumme Leibs- und Seelenamme!
Welch Gänsegeschnatter die Klerisei,
Welch Truthahnsgekoller die Polizei! –

Ist's weise, daß man dich verdamme,
Gebenedeite Gottesflamme,
Allfreie Denk- und Druckerei?

WINTERLIED

Der Winter hat mit kalter Hand
Die Pappel abgelaubt,
Und hat das grüne Maigewand
Der armen Flur geraubt;
Hat Blümchen, blau und rot und weiß,
Begraben unter Schnee und Eis.

Doch, liebe Blümchen, hoffet nicht
Von mir ein Sterbelied.
Ich weiß ein holdes Angesicht,
Worauf ihr alle blüht.
Blau ist des Augensternes Rund,
Die Stirne weiß, und rot der Mund.

Was kümmert mich die Nachtigall,
Im aufgeblühten Hain?
Mein Liebchen trillert hundertmal
So süß und silberrein;
Ihr Atem ist, wie Frühlingsluft,
Erfüllt mit Hyazinthenduft.

Voll für den Mund, und würzereich,
Und allerfrischend ist,
Der purpurroten Erdbeer' gleich,
Der Kuß, den sie mir küßt. –
O Mai, was frag' ich viel nach dir?
Der Frühling lebt und webt in ihr.

DER LIEBESDICHTER

Ich will das Herz mein Leben lang
Der Lieb' und Schönheit weihen,
Und meinen leichten Volksgesang
Der Liebe Schmeicheleien.

Denn wahrlich keines Lobes Ton,
In aller Welt, gewähret
Dem Sänger einen süßern Lohn,
Als wenn er Schönheit ehret.

Wohlan, o Laute, werde dann
Der Schönen, die gesellig
Und freundlich ist, und danken kann,
Durch Lied und Lob gefällig!

Dein Schmeicheln mildert die Natur.
Schon lassen Schäferinnen
Sich hie und da, auf deutscher Flur,
Durch Lied und Lob gewinnen.

Du sollst noch manche Sommernacht,
Vor stillen Schäferhütten,
Das Mädchen, welches lauschend wacht,
Von mir zu träumen bitten.

Mir danket dann ihr Morgengruß,
Ihr liebevolles Nicken,
Ihr wonniglicher, warmer Kuß,
Ihr sanftes Händedrücken.

Erwerben werd' ich reiches Gut
An kleinen Herzenspfändern;
Und prangen wird mein Stab und Hut
Mit Rosen und mit Bändern.

Bei Spiel und Tanze werden mir
Die Schönsten immer winken;
Und, die ich fodre, werden schier
Sich mehr als Andre dünken.

Geliebt, geehrt, bis an mein Ziel,
Von einer Flur zur andern,
Werd' ich mit meinem Saitenspiel,
Herbeigerufen, wandern.

Und, wann ich längst gestorben bin,
Und unter Ulmen schlafe,
So weidet gern die Schäferin
Noch um mein Grab die Schafe;

Lehnt wankend sich auf ihren Stab,
Und senkt, voll heller Tränen,
Den sanften Blick zu mir herab,
Und klagt in weichen Tönen:

»Du, der so süße Lieder schuf,
So himmelsüße Lieder!
O wecke dich mein lauter Ruf
Aus deinem Grabe wieder!

Du würdest mich, nach deinem Brauch,
Gewiß ein wenig preisen.
Dann hätt' ich doch bei Schwestern auch
Ein Liedchen aufzuweisen.

Dein Schmeichelliedchen säng' ich dann,
Sollt' auch die Mutter schelten.
O lieber, lieber Leiermann,
Wie wollt' ich's dir vergelten!«

Dann wird mein Geist, wie Sommerluft,
Aus seiner Ulme Zweigen,
Zu ihr herunter auf die Gruft,
Sie anzuwehen, steigen;

Wird durch des Wiesenbaches Rohr,
Und Blätter, die sich kräuseln,
Ein Lied in ihr entzücktes Ohr
Zu ihrem Lobe säuseln.

JOHANN GOTTFRIED HERDER

JOHANN GOTTFRIED HERDER

Johann Gottfried Herder wurde am 25. August 1744 als Sohn eines Lehrers in Mohrungen in Ostpreußen geboren. Seine Kindheit verbrachte er in ärmlichen Verhältnissen. Sein 1762 aufgenommenes Medizinstudium gab er zugunsten eines Studiums der Theologie in Königsberg auf. Johann Georg Hamann und Immanuel Kant gehörten dort zu seinen Lehrern. In den Jahren 1764 bis 1769 arbeitete Herder als Lehrer und Geistlicher in Riga, ehe er zu einer Reise nach Nantes und Paris aufbrach.

Das Jahr 1770 hatte eine besondere Bedeutung im Leben Herders: In Straßburg traf er auf Johann Wolfgang von Goethe. Beide Dichter beeinflußten sich gegenseitig in außerordentlichem Maße. Goethe vermittelte Herder später eine Lebensstellung am Weimarer Hof. Herder wiederum bewirkte, daß Goethe sich auf die Begegnung hin mehr und mehr der Strömung des Sturm und Drang zuwendete. Zu dieser Zeit war Herder bereits als Autor der »Fragmente« und der »Kritischen Wälder« in Erscheinung getreten. Seine Liebe galt nicht nur der europäischen, sondern auch der orientalischen Literatur, was er mit seinem langjährigen Freund Goethe gemeinsam hatte.

1771 trat Herder das Amt des Hofpredigers in Bückeburg an. 1773 heiratete er Karoline Flachsland. In Weimar, wohin er 1776 ging, brachte er es zum Generalsuperintendenten und Oberkonsistorialrat. Die Freundschaft mit Goethe blieb nicht ungetrübt. Herder konnte dem Klassizismus nichts abgewinnen. Seit 1789, dem Jahr der Französischen Revolution, war die Beziehung schwer in Mitleidenschaft gezogen und brach vorübergehend ganz ab.

Die Jahre 1788/89 waren beherrscht von Herders Reise nach Italien. In dieser Zeit entstand unter anderem seine Sammlung internationaler »Volkslieder«.

Johann Gottfried Herder starb am 18. Dezember 1803 in Weimar. Zu seinen bekanntesten Werken zählen neben den genannten seine »Ideen zur Philosophie der Geschichte der Menschheit« (1784–1791) und sein Spätwerk »Adrastea« (1801–1803).

TRÄUME DER JUGEND

Fliegt, ihr meiner Jugend Träume,
Flattert, leichtbeschwingte Reime,
In mein frohes Jugendland,
Wo ich unter dichten Bäumen,
In der Muse selgen Träumen
Wahrheit suchte, Bilder fand.

Gleich den bunten Schmetterlingen
Schlüpften mir auf leichten Schwingen
Manche, manche längst vorbei;
Andre sind mir treu geblieben,
Und so bleib ich euch, ihr Lieben,
Auch mit Herz und Seele treu.

Ach, in deinen Schoß versunken
Sind die Welten, die ich trunken
In dir sahe, Silbersee.
Schlummert sanft, denn auch in jenen
Luftgefärbten, hellen Szenen
Winket mir der Wahrheit Höh!

Flieht, ihr meiner Jugend Träume,
Flattert, leichtbeschwingte Reime,
In die Hand der Jugendzeit!
Träume sind wir, denen Schatten
Sich mit Licht und Wahrheit gatten
Und die auch der Traum erfreut.

DIE LERCHE

Gegrüßet seist du, du Himmelsschwinge,
Des Frühlings Bote, du Liederfreundin!
Sei mir gegrüßet, geliebte Lerche,
Die beides lehret, Gesang und Leben!

Der Morgenröte, des Fleißes Freundin,
Erweckst du Felder, belebst du Hirten;
Sie treiben munter den Schlaf vom Auge,
Denn ihnen singet die frühe Lerche.

Du stärkst dem Landmann die Hand am Pfluge
Und gibst den Ton ihm zum Morgenliede:
»Wach auf und singe, mein Herz, voll Freude!
Wach auf und singe, mein Herz, voll Dankes!«

Und alle Schöpfung, die Braut der Sonne,
Erwacht, verjüngt vom langen Schlafe.
Die starren Bäume, sie hören wundernd
Gesang von oben und grünen wieder.

Die Zweige sprießen, die Blätter keimen,
Das Laub entschlüpfet und horcht dem Liede.
Die Vögel girren im jungen Neste,
Sie üben zweifelnd die alten Stimmen.

Denn du ermunterst sie, kühne Lerche,
Beim ersten Blicke des jungen Frühlings,
Hoch über Beifall und Neid erhoben,
Dem Aug entflogen, doch stets im Ohre.

Inbrünstig schwingst du dich auf zum Himmel
Und schlüpfst bescheiden zur Erde nieder;
Demütig nistest du tief am Boden
Und steigst frohlockend zum Himmel wieder.

Drum gab, o fromme, bescheidne Lerche,
Du über Beifall und Stolz erhobne,
Du muntre Freundin des frühen Fleißes,
Drum gab der Himmel dir auch zum Lohne

Die unermüdlich-beherzte Stimme,
Den Ton der Freude, den langen Frühling
Selbst Philomele, die Liedergöttin,
Muß deinem langen Gesange weichen.

Denn, ach, der Liebe, der Sehnsucht Klagen
In Philomelens Gesang ersterben;
Das Lied der Andacht, der Ton der Freude,
Das Lied des Fleißes hat langen Frühling.

DER VERSCHIEDENE GESANG

Einst schlug mit wundersüßem Schall
Die klagenreiche Nachtigall.
Ein muntrer Sperling hörte zu:
»O säng ich, Nachtigall, wie du!
Doch warum soll mirs nicht gelingen?
Ich will auch lernen also singen.«

Die Nachtigall spricht: »Nun wohlan!
Es singe, wer da singen kann!
Denn nie war ich um Kunst bemüht,
Nur aus dem Herzen quillt mein Lied.
Nur meiner Liebe zarte Klagen
Und tiefe Seufzer will ich sagen.«

»Wenn Liebe den Gesang dir gibt,
Wer ist mehr als der Spatz verliebt?
Ach klagen kann ich.« Was geschieht?
Der Sperling zirpt ein Klagelied,
Und seine Buhle war zufrieden;
Ihr war ein Sperlingsohr beschieden.

Nicht also wars die Nachtigall:
»Was quälest du den Widerhall?«
Sprach sie; »o bleib in deiner Art,
Die meine laß mir aufgespart!
Du tändelst froh, ich singe Schmerz;
Wie der Gesang, so ist das Herz.«

Die ihr der Sappho Töne wagt,
Hört, was die Nachtigall euch sagt!
Ein muntrer Spatz, der seufzen will,
O, schwieg' er mit den Seufzern still!
Ein Lied voll Philomelens Schmerz
Erfordert Philomelens Herz.

EINE BILDERFABEL FÜR GOETHE

Hinangeflogn da kam ein Specht
Von Frankfurt wohl am Main;
Der klatschte mit den Flügeln recht
Und lachte froh darein.
Es war ein bunter, lieber Specht;
Singt alle, singt darein:

Chor

Bunter Specht, lieber Specht!
Von Frankfurt wohl am Main!

Und in Westfaln in wildem Wald,
Wo einst Herr Hermann schlug,
Da saß ein armer junger Falk,
Zu früh gelähmt im Flug,
Zerknickt sein Flügel nur zu bald!
Darum der wilde Wald es schallt:

Chor

Armer Falk, armer Falk!
Zu früh gelähmt und bald!

Der Specht stolzierte hoch daher
Und schlug sein Flügelpaar.
Eia, ein lustger, muntrer Hähr,
Ein Specht, wie einer war.
Und hackt im Baum und klimmt daher,
Klimmt immer höhr und immer höhr.

Chor

Lustger Hähr, muntrer Hähr!
Ein Specht, wie einer war!

Und schnell mit Spechtstriumph und List
Trat er zum Falk hinan:
»Das ist, wenn man ein Falke ist,
Ein Raubtier, guter Mann;

Was man da spekulieren tut,
Ist alles wahr, ist alles gut.«

Chor

Dünkt Adeler sich, Jupiter,
Wenn man kaum Falke ist!

Der arme Falk erseufzte tief,
Sein Flügel hing ihm schwer:
»Das wohl kein Bruder aus dir rief,
Du schöner, bunter Hähr!
Lob ich nicht deiner Farben Zier,
Nußkern und Rindlein lasse dir?«

Chor

Bunter Specht! Apollos Specht!
Und seiner Leier Zier!

»Ich aber – Haupt und Flügel sinkt
Wie blutig mir und schwer!
Und dem es sonst denn auch gelingt,
Der Blick – nun dunkelt er.
Und eine matte Wolke zieht
Sich ums unschließbar Augenlid.«

Chor

»Armer Falk, armer Falk!«
Schallt ringsumher der Wald.

Und da trittst du verachtend an
Und höhnst sein Erdgewand
Und gaffst den Sträuberücken an
Und seine schlaffe Hand
Und willst ihm deines Jäckchens Tracht,
Dein Lustgeschrei und Häherjagd.

Chor

Schöner Specht, braver Specht!
Das war als Specht gedacht!

Mein Freund, auch über Falksnatur
Und Treu und Gnügsamkeit,
Was geht da, lieber Häher, nur,
Und Blick und Wachsamkeit!
Rastloses Hart – und edeler
Ist Falkenweib und schönr als er.

Chor

Bunter Specht, lieber Specht!
Wie, wenn er Falk dir wär?

Wie wenn, dem Flügel nun und Blick
Und Griff im Staube ruht,
Mit Feuerflamme schnell zurück –
Rückkehrte Jugendblut? –
Und – und ein Luftzug kam und schwang
Den Falken frisch empor.

Chor

Bunter Specht, schöner Specht! –
Wo – sich – Herr – Specht – ver – lor – – –

SELBSTGESPRÄCH

WER bin ich? Alles erwacht in mir! Mein
                                    Geist! –
Höhen – Tiefen – ich schaudre – die
                          nur Gott durchmißt! –
Dunkel liegt mein Grund – Leidenschaft
                                    durchfleußt
Ihn unendlich und braust – braust! – Geist,
                                    du bist
Eine Welt, ein All, ein Gott, Ich!

Mensch fühl ich mich und beten vor mir an?
Nein, aufrecht stehn und denken will ich mich!
Du jeder mein Gedank, des stärksten
                          Selbsttriebs Blut,
Und jede Nerv sei Kraft und jede Ader Glut,

Daß ich mich fühlen, fassen, lenken kann!
Es schläft in mir! Im Schoß des Chaos schläft
Welche Gedankenwelt!
Um einen Punkt dehnt ein unendlich Feld
Sich in der Ferne Schatten. Hier schläft
Um mein Jetzt die Asche von Vergangen,
In ihr der Keim der ganzen Künftigkeit.
So west im Totenkrug die Asche von Vergangen
Zum Keim der Künftigkeit! –

Wolkenhoch erwach ich am Segel, und
                       unter mir
Ruht ein Ozean! Doch in den hohlen Tiefen
Donnert herauf Neptun. So steigen hier
Gedanken empor; es rauscht das Feld in mir
Von Toten, die sich ins Leben riefen.

Oh, spräch ich: »Sei!« und meine ganze Welt
Erstünde mir, dem Gott, so! Welche Millionen!
Der Zoll der ganzen Schöpfung, tief versenkt
Ins Meer der Nacht! So ruht das Gold,
                       umschränkt
Von Acherons, von Cerbers rings umbellt,
Da Alpen, Klüfte, Plutons auf ihm thronen!
So ruhn im Meere Schätze Millionen,
Der Raub der Indiens, im Schiffbruch, ach,
                       ertränkt!
So schlummert unter Eis und Schneesthronen
Des Frühlings bunte Blumenwelt!

Wer ruft dich, Frühlingswind, der mich
                       von Banden
Enteist! Oh, welche Sonne gebiert
Aus mir eine Tempe und weckt ein hohes
                       Ährenheer,
Wie Riesen aus Jasons Saat entstanden!
Entwälzt kein Herkul die Felsen mir und
                       entführt
Der Hölle mein Gold! Wer spricht zum Meer:
»Gib deine Toten her!«

Und kann ich selbst nicht, selbst mir
                       Herkul sein?

Er, der den speinden Cerber, die
                       Allmachtskeule
Gefaßt, im Löwenschmuck
Voll Hyderblut erschien und Ruh und Säule
Und Kampf Olympens nachließ; denn es trug
Den Pappel-, Öl- und Lorbeer-Neugekrönten
Die Wolke himmelwärts,
Und dunkler Götterblitz im Auge des
                       Verhöhnten
Nahm Junons ganzes Herz
Und Pindars Geist, der seinen Spuren
Voll Trotz sich, Adler, nachschwang!
Wie Shakespeare, der aus Wildnisfluren
Im Räubersbart zu Göttern drang;
Denn er grub ins Menschenherz,
                       zur Höllenglut
Erschüttert, Simson, seine Tempelsäulen,
Er, fast sein Schöpfer. Und sein Schöpferstab
Spricht hier ein Feenreich, dort Wildnisse,
                       die heulen.
Das war er! und Mensch! – Mensch? und
                       ich knie vor dir!
Ich knie! Ja weinen will ich Blut
Mir, nicht dir! – und schwören mir,
Nicht Shakespeare, ich zu sein. Fallt ab,
Fesseln der Feigheit, ab! – – –

ZAGE NICHT

Der du in dem Sturm des Unglücks
    Mastlos und entsegelt fährst,
Zage nicht! Noch ist zu hoffen,
Plötzlich steht der Hafen offen,
    Wo du dich dem Sturm entwehrst.

Man entwaffnet durch die Hoffnung
    Künftgen Guts des Übels Wut;
Sieh, aus flüchtigem Gefieder
Stürzet Nacht und Tag hernieder,
    Und der Nord ergrimmt und ruht.

Unter wechselnden Gestalten
    Steht erschaffend die Natur;

So geschäftig steht der Weise
In der Änderungen Kreise,
  Stürzet nicht, entweichet nur.
Lieget unter kalten Schneen
  Sicher nicht die goldne Saat?
Unter diesem starren Schleier
Ruhet sie, bis daß das Feuer
  Titans sie erwärmet hat.

Die du edler als die Liebe
  Meines Lebens Atem bist,
Sanfte Hoffnung, dir zu Ehren
Laß ich frohe Töne hören;
  Du bist mehr, als Amor ist.

DIE SONNE

Und sollt der Eulen ganzes Heer
  Am Sonnenlicht erblinden,
Noch sendet sie ihr Strahlenmeer,
Das weite Weltall um sich her
  Mit Leben zu entzünden.

Doch sieh, wie sanft sich in der Luft
  Die Nebel rings zerstreuen!
Sie läßt den Eulen ihre Kluft,
Dem Maulwurf seine düstre Gruft
  Und will mit Licht erfreuen.

So laß, wenn deine Flammen glühn,
  Nicht schrecken sie, nicht toben!
Laß, wer da fliehen will, entfliehn!
Was blühen kann, wird durch sie blühn
  Und dich als Sonne loben.

DIE ERDE

Ich grüße dich, o Mutter Erde, dich,
Du Vielgebärerin, in deren Schoß
Der Vater aller Welt welch Samenheer
Lebendiger verbarg, die alle du

Zum Leben ausgebierst, sie mütterlich
Ernährst und trägest und dann friedlich sie
In deinen Schoß begräbst. Wie nenn ich dich,
Du gütge Alte, du Langmütige,
Die Bös und Gutes, Gift und Arzenei
Mit gleicher Sorg erzieht und gleiches Muts
Hier Wohlgerüche für die Sterblichen
In tausend Blumen aushaucht und dort Tod!

Du Immer-Jungfrau, du der Sonne Braut,
Die, ewig unermüdet, rastlos sich
Kehrt um sich selbst, sich an des Bräutigams
Strahlvollen Blicken zu erwärmen, und
In sich entschläft und wieder neu erwacht
Und prangt in süßen Jugendträumen! Du
Demütige, die unser Fuß zertritt
Und unser Blick verachtet, die sich selbst
In dunkles Grau, wie oder in das Kleid
Des kalten Winters hüllet, bis sie sich
Mit neuen Farben, ihren Kindern, schmückt,
Nicht sich, nur ihnen zur Erquickung und
Zur Wohlgestalt und Freude! Herrliche,
Ehrwürdige! Du Tausendkünstlerin,
Penelope, die ihren Schleier stickt
Und trennet, die des Menschen sauren Schweiß,
Der Brüder Blut und aller ihrer Kinder
Geliebte Asche sammlet und sie treu
An ihren Busen drückt, mit Tränen sie
Erquickend und mit warmen Seufzern sie einst
                      neu beseelend.

Und so denn will ich dich genießen, will
Dich jetzt auch ansehn, mütterliches Land!
Du reichst mir Blumen, doch nur für den Tag,
Erquickst mit Früchten nur den Wanderer,
Der nacket auf dir ankam und dich nackt
Verlassen wird, wenn seine Stunde schlägt.
Dann lebe wohl, du liebes Erdenrund,
Du Tropfe Stein und Leimen, der dem Schoß
Des Chaos einst entfloß und festgerann
Und sich begrünte, dann ein großes Heer
Von Lebenden gebar und sie begrub
Und wieder wegschmilzt in des Chaos Nacht.

Mir öffnet sich der Erde weites Reich!
Vorübergehen mir Jahrhunderte
Und Völker. – Welch ein weiter Schattenzug!
Ich sehe Könige mit ihren Kronen
Ins Grab hinsinkend, sehe Schar auf Schar;
Sie streiten, bluten, morden, quälen sich
Um eine Handvoll Erde, um ihr Grab.
Ameisen seh ich, kämpfend um den Halm,
Der ihnen nicht gehört und sonder den
Sie auch nicht leben können. Löwen seh ich
Und Tiger – welche Brut! – zerreißend den
Unschuldig-Armen! Arme betteln Brot,
Sie lesen auf verstohlne Ähren, die
Du uns so reichlich zollest, liebe Erde,
Und grämen sich und betteln um ihr Grab.

O Schattenspiel der Welt! Du Schaugerüst
Fruchtloser Wünsche, leerer Eitelkeit!
Ist auf dir Ewiges? Kann Ewiges
Der Geist sich auf dir träumen? Und doch bebt
Das bange Herz, dich zu verlassen, schlägt
Unruhig wie ein Fisch dicht überm Meer.

Und bin ich denn an dich gebunden? Ich,
Den zu beseligen du nie vermagst!
Brennt das, was in mir brennt, als Flamme nur
Des Aschehaufens in der Erde Dunst?
O nein, o nein! Der Dunst der Erde flammt
Nicht auf der Seele Feuer; er vertilgts,
Und Geister fesselt ihre Schwere nicht!

Wie wird mir sein, o Sphäre, wenn ich dich
Tief unter meinen Füßen sehe, dich,
Den kleinen Wandelstern, mit Dampf
                                und Nacht
Umgeben, fern der Sonne, dem Bezirk
Des kalten Mondes nah! Wie wird mir sein,
Wenn ich, ein Genius, mich über dich
Erhebe, atmend ganz im Ätherstrom!
Dann fesseln mich nicht deine Seufzer mehr,
Dann rufen deine Tränen nie zurück
Den Frohentkommenen! Es eilt mir nach,
Was mein ist, und ich segne, segne dich,
Du meiner Kindheit väterliche Flur.

Ich umfasse dich,
Auch meiner Mutter, meiner Nährerin
Und einst mein Grab; ich faß, so weit ich kann
Ein kleiner Raum, doch mehr als
                                Raumes gnug
Zu meiner Ruhestätte.

Doch mein Blick
Reicht auf dir weiter; nur mein träger Fuß
Ist es, der an dir klebt; mein edles Herz
Schlägt freier, und mein Geist denkt höher auf.
Gabst du mir den, o Erde? Gabst du ihn,
So Dank dir des Geschenkes! Zieh ihn auf,
O gute Mutter! Du erfüllst ihn nie.
Du leitest seine Kindheitschritte, beutst
Ihm deine Mutterbrust, gewährest ihm
Aus deinem Vorrat nur ein Bilderhaus
Aufwachender Gedanken, weckst in ihm
Durch gut' und böses Schicksal deiner Sturm–
Und Sonnentage, deiner Frühlinge
Und Winter, ach, Empfindungen von Wohl
Und Weh, von Qual und von Genuß,
Von Wechsel und der Allvergänglichkeit!

Ja, heilge Mutter, oft lag ich auf dir
Und weinte. Tröstend kühletest du dann
Mit deinen Blumen, deinem Grase, das
Wie ich verwelket, meine Stirn voll Glut.
Erquickend stieg aus dir ein Atem auf.
War es ein Seufzer, zu beklagen mich?
War es ein Mutterkuß? O Zärtliche,
Wie viele Klagen hast du schon gehört
Und nie gestillt! Wie viele Seufzer sind
In deiner Brust verborgen! Und du wirst
Nicht matt und müde, deine Lebenskraft
Geschöpfen mitzuteilen, freuest dich
Des Schattengaukelwerks, das auf dir spielt,
Der Trümmer von zerbrochnen Königreichen
Und Menschenherzen, all des leichten Volks
Der bunten Träume, das sich auf dir jagt? –

DIE PERLE

Nimm, o Freundin, dieser Perlen,
Dieser Silbertropfen Band!
Denn die Göttin stiller Anmut
Hat dir selbst sie zuerkannt.

Als sie aus des Meeres Wellen
Wie ein Traum der Liebe stieg,
Kam demütig eine Muschel,
Die sie trug und sittsam schwieg.

Wellen hüpften um die Göttin,
Weste buhlten um sie her;
Aber die gefällig-gute
Dienerin gefiel ihr mehr.

»Womit soll ich dich belohnen?«
Sprach sie, und vom Silberglanz
Ihrer Glieder schwamm die Muschel
Silbern schon im Wellentanz.

»Nimm den Tropfen meines Haares,
Künftig nur der Unschuld Schmuck!«
Und der Tropfen ward zur Perle
In der Muschel, die sie trug.

Ewig jetzt ein Schmuck der Unschuld,
Stiller Anmut selbst ein Bild,
Ohne Gaukelei der Farben
In bescheidnen Reiz gehüllt,

Sehnet sie sich aus der Krone
Des Monarchen in das Band,
Das der Unschuld Haar umschlinget,
Einer Göttin Haar entwand.

ST. JOHANNS NACHTTRAUM

Schönste Sommernacht!
Ich schwimm in Rosen und blühnden Bohnen
Und Blumen und Hecken und Nachtviolen,
In tausend Düften! – O Mutter Natur,
Wo kenn ich deine Kinder alle,
Die Bräute alle,
Die jetzt sich schmücken und lieben und paaren
Und Freude duften in der schönsten Brautnacht!

Schöne Nacht!
Wie die Schöpfung flammet und wallt
Und girret Liebe! Der allbelebende
Sonnenvater umarmt
Mit welcher Jugendinbrunst jetzt
Die Mutter Erd! Und der Himmel flammt,
Die Mitternacht ist Abendrot,
Und 'über wird Morgenrot
Kühler, dämmernder Tautag!

Schöne Nacht!
Und hundert Wesen schwirren empor
In Luft und Meer und See und Sand,
Summen empor, lieben. Wie steigt
Der häßliche Raupenwurm aus
                              Grabegespinsten
In hundert Farben und Gestalten empor,
Ein fliegender Engel!

Unendlich, ach!
Unerschöpflich bist du schön,
Mutter Natur!
Hundertgestaltige, deine Kinder
In Leben und Wesen und Lieb und Freuden,
Wer kann sie zählen, wer kann sie fühlen?
Nur du
In allen Gestalten und Leben und Wesen
Und Lieb und Freuden; fühlend dich,
Mutter Natur, wie nenn ich dich?

Wer bin ich unter den Millionen,
Die jetzt genießen? Wer

Unter den unendlichern Millionen,
Die ich genießen nicht seh,
In dieser Blüt, in dieser Blum,
Im Nachviolenduft hier,
Wie Tausende sind vielleicht,
Die die Blüte knospen, die die Ros errötend
Spinnen und färben und in Duft sich kühlen.
Ich seh sie nicht!

Da fliegt der leuchtende Funke Gottes,
Der Sommerwurm! Kleiner Wurm,
Funke Gottes, komm, glänze mir!
Wer warst du, daß die schaffende Hand
Dich so hat angeglüht
Mit Sonnenglanz, mit Sonnenglut!
Wer bist du?
Etwa der Seligen einer? Eine verschiedene
Unsterbliche Verbannete, verbannt
Aus Raupenstand und Grabegespinst,
Den Wurm zu erlösen?
Und trägst noch Siegel der Unsterblichkeit,
Den Sonnenglanz, die Sonnenglut;
Nicht Wasser erlöschbar,
Die Felsen zerreißen,
Nicht Strömen erlöschbar,
Die Gold zernagen! Glühest fort,
Lang im Tode noch fort,
Wenn dein Wurmkörperchen hin ist,
Und duftest Flamm und ziehst
Den Funken des Blitzes — Kleiner Wurm,
Wunderwurm!
Und kriechst im Staub und fleuchst — —
                                    wohin?
Fleuch hin, ich kenne dich nicht!
Wunderwurm!
Leb hin dein Sommerleben im Staub.
Im Fluge, wie's dein Vater will,
Und zeuge zarte Glanzgestalten!
Ich kenne dich nicht!

Und kenne mich? Meinen Funken,
Eben so klein, fliegend und wallend,
Aus Sonnenbrand getroffen — wer wars,
Der ihn in meinen Staub gab,

Daß er zwostrahlicht mir
Vom Auge leucht', im Herzen, ach, oft
Wie ermattend walle, walle kurz!
Und — lodert er fort dann?
Fleuchst, Funke, du fort,
Wenn mein Wurmkörper auch hin ist,
Bist auch bestimmt, aus Grabesnacht
Ein Würmchen zum Engel zu erlösen? —

All meine Sinne sind verschlossen!
Um meine Sinn ist Sommernacht!
Bin nicht zu denken hier, zu sein, zu fühlen,
Zu leben, mich zu freun!

Zu leben allein?
Der leuchtende Wurm ist nicht allein,
Wird, was er wird,
Einst nicht allein sein!

Und mich freun — allein?
Niemand zu sagen, wie schön im Sommer-
                                    liebesbrande,
Mutter Natur, du seist!
Schöne Mutter Natur!
Niemand zu haben, der mit mir
Schwirren die Schöpfung höre, gehn
Die leisen Räder und sehn den Engel fliegen
Und denken Unsterblichkeit!
Vereint sie denken und fühlen
Das Erdeleben vereint und drücken
An Freundesherz, o schöne Mutter Natur,
Dein edelster Funke!
Freundschaft! Edelster Funke, bin ichs wert?
Wie wenige sinds? O Mutter Natur,
In der heiligsten Zaubermitternacht
Bet ich, wünsche dich an!
Mach michs wert des edelsten Funken
In aller deiner Flammennatur!
Wann kommt mein leuchtender Engel,
Den Wurm zu erlösen?

Zauberlaube,
Wo seh ich dich?
Rosen und Mondstrahl um dich schwimmend

Und liebender Wachtelschlag.
Zauberlaube,
Wo seh ich dich?
Um mich gegossen
Mein sanftes Weib,
Mein edles Weib! Den Knaben
Am Mutterarm, an Mutterbrust
Das sanftere Mädchen,
Ihr gleich!
Zauberlaube
Wo seh ich dich?
Und der wilde, trotzige Knabe lernt
Im Staunen der Sommernacht
Hören Gott, fühlen sanft
Die Schöpfung, und das Mädchen trinkt
Sie sanfter schon
An der Mutterbrust.
Und ich umschlungen
Mit Vaterarm mein süßes Weib,
Mein süßes Drei – o Zaubertraum,
Wie bin ich allein!

TRÄUME DER ZUKUNFT

(aus »Salomons Hohem Liede«)

»O schön bist du meine Liebe,
O schön bist du!
Deine Augen Täubchen – – –«
»O schön bist du mein Lieber,
Auch hold bist du,
Und unser Bette grünt.

Die Balken unsrer Häuser Zedern,
Die Wände Zypressen,
Und ich die Rose des Feldes,
Die Lilie im Tal.«

»Wie die Lilie unter den Dornen
Ist meine Freundin unter den Töchtern.«

»Wie ein Apfelbaum unter den Bäumen
im Walde
So ist mein Lieber unter den Söhnen.
In seinem Schatten
Erquick ich mich
Und sitze nieder,
Und seine Frucht
Ist meinem Munde süß.

Er hat mich geführt
In ein Haus des Weins!
Und sein Panier
Über mir droben
Ist Liebe.

O stärkt mich mit dem Weine!
O labt mich mit den Äpfeln!
Denn ich bin krank für Liebe.

Seine Linke
Mir unterm Haupt,
Seine Rechte
Umfaßt mich.«

»Ich beschwör euch, Töchter Jerusalem,
Bei den Hinden, bei dem Rehe der Flur.
Wenn ihr sie weckt,
Wenn ihr sie regt, –
Bis es ihr gefällt.«

MORGENBESUCH DES FRÜHLINGS

(aus »Salomons Hohem Liede«)

Stimme meines Lieben!
Siehe, er kommt!
Springt über die Berge,
Hüpft über die Hügel.
Wie ein Reh ist mein Lieber,
Wie ein flüchtiger Hirsch.

Siehe, da stehet er schon
Dahinter der Wand,
Schaut durchs Geländer,
Blinket durchs Gitter.
Es spricht mein Lieber,
Er spricht zu mir:

»Steh auf, meine Liebe,
Steh auf, meine Schöne,
Komm! –

Denn siehe, der Winter ist über,
Der Regen ist über, vorüber!
Man sieht schon Blumen am Boden,
Die Zeit des Gesanges ist da.
Man hört die Stimme
Der Turteltaube
Auf unsrer Flur.

Der Feigenbaum hat seine Feigen
Mit Süße gewürzt.
Des Weinstocks junge Trauben
Duften schon.
Steh auf, meine Liebe,
Steh auf, meine Schöne,
Komm!

Mein Täubchen in den Spalten des Felsen,
In den hohlen Klüften der Steige,
Laß sehn mich deine Gestalt,
Laß deine Stimme mich hören,
Denn deine Stimme ist lieblich,
Denn deine Gestalt ist schön.«

DIE UNTREUE

(aus »Salomons Hohem Liede«)

Ich schlafe und mein Herz wacht.

Stimme meines Geliebten!
Er klopft!

»Tu auf mir, meine Schwester, meine Freundin,
Mein Täubchen, meine Reine,
Tu auf mir!«

»Mein Kleid ist ausgezogen,
Wie, soll ichs anziehn?
Meine Füße sind gewaschen,
Soll ich sie neu besudeln?« –

Mein Lieber streckte
Die Hand durchs Gitter,
Mein Innres bebte mir.

Schnell stand ich auf,
Zu tun ihm auf, dem Lieben.

Meine Hände troffen Myrrhen,
Meine Finger troffen Myrrhen,
Die über den Riegel liefen.

Auf tat ich meinem Lieben –
Mein Lieber war entwichen,
Verschwunden – – –

Meine Seele war mir entgangen,
Da er zu mir sprach.
Ich sucht ihn nun und fand ihn nicht.
Ich rief ihn, aber er
Antwortete mir nicht.

Mich fanden die Hüter,
Die die Stadt umgehn.
Sie schlugen mich,
Sie verwundten mich.
Sie raubten mir den Schleier,
Die Hüter der Mauern.

»Ich beschwör euch, Töchter Jerusalems!
Wenn ihr ihn findet,
Meinen Geliebten,
Was wollt ihr ihm sagen? –
Daß ich vor Liebe krank bin.«

»Was ist denn dein Geliebter vor Geliebten,
Du Schönste der Weiber?
Was ist denn dein Geliebter vor Geliebten,
Daß du uns so beschwurst?«

»Mein Lieber ist weiß und rot,
Ein Panier aus zehnmal Tausenden.

Sein Haupt das feinste Gold,
Seine Locken kraus,
Und schwarz wie ein Rabe.

Seine Augen wie die Täubchen über Quellen,
In Milch gebadet,
In Fülle schwimmend.

Seine Wangen sind wie Blumenbeete
Voll Blütenduft.

Seine Lippen Rosen,
Sie triefen strömende Myrrhe.

Seine Hände güldne Zylinder
Voll Türkise.

Sein Bauch ein lauteres Elfenbein,
Mit Saphiren bedeckt.

Seine Schenkel Marmorsäulen,
Gegründet auf güldnem Fuß.

Sein Ansehn wie der Libanon,
Erhaben wie ein Zederbaum.

Sein Gaumen Süßigkeiten
Und ganz er Lieblichkeiten.

Der ist mein Lieber, der ist mein Freund,
Ihr Töchter Jerusalems.«

»Und wohin ging denn dein Geliebter,
Du Schönste der Weiber?
Und wohin wandte sich dein Geliebter?
Wir wollen ihn suchen mit dir.«

»Mein Lieber ging in seinen Garten,
Zu seinen Blumenbeeten,
Zu weiden in den Gärten,
Zu sammlen Rosen sich.

Mein Lieber, ich bin sein,
Mein Lieber, er ist mein,
Der unter Rosen weidet.« – – –

DAS FLÜCHTIGSTE

Tadle nicht der Nachtigallen
Bald verhallend-süßes Lied;
Sieh, wie unter allen, allen
Lebensfreuden, die entfallen,
Stets zuerst die schönste flieht!

Sieh, wie dort im Tanz der Horen
Lenz und Morgen schnell entweicht;
Wie die Rose, mit Auroren
Jetzt im Silbertau geboren,
Jetzt Auroren gleich erbleicht!

Höre, wie im Chor der Triebe
Bald der zarte Ton verklingt!
Sanftes Mitleid, Wahn der Liebe,
Ach, daß er uns ewig bliebe!
Aber ach, sein Zauber sinkt.

Und die Frische dieser Wangen,
Deines Herzens rege Glut,
Und die ahnenden Verlangen,
Die am Wink der Hoffnung hangen –
Ach, ein fliehend, fliehend Gut!

Selbst die Blüte deines Strebens,
Aller Musen schönste Gunst,
Jede höchste Kunst des Lebens,
Freund, du fesselst sie vergebens;
Sie entschlüpft, die Zauberkunst.

Aus dem Meer der Götterfreuden
Ward ein Tropfe uns geschenkt,
Ward gemischt mit manchem Leiden,
Leerer Ahnung, falschen Freuden,
Ward im Nebelmeer ertränkt.

Aber auch im Nebelmeere
Ist der Tropfe Seligkeit;
Einen Augenblick ihn trinken,
Rein ihn trinken und versinken,
Ist Genuß der Ewigkeit.

DER GENIUS DER ZUKUNFT

Vom dunkeln Meer vergangener Taten steigt
Ein Schattenbild in die Seel empor!
Wer bist du, Dämon? Kommst du leiten
Mein Lebensschiff in die Höh dort auf,
In die blaue Nebelferne dort auf, wo Meer
                                    und Himmel
Verweben ihr Truggewand?
Wie, oder Flamme der hohen Masts,
Mit Irrphantom, und nicht der
                              Errettenden einer,
Der sternegekrönte Jüngling?

Flamm auf, du Licht der Zeiten, Gesang!
                              Du strahlst
Vom Angesicht der Vergangenheit und bist
Mir Fackel, meinen Gang dort fürder
Zu leiten, dort, wo die Zukunft graut,
Wo ihr Haupt der Saum der Wolke verhüllt,
                              wo Erd und Himmel
Sich weben, als wär es eins!
Denn was ist Lebenswissen und du,
Der Götter Geschenk, Prophetengesicht
                              und der Ahnung
Vorsingende Zauberstimme?

Mit Flammenzügen glänzt
In der Seelen Abgründen der Vorwelt Bild

Und schießt weitüber weissagend
                              starkes Geschoß
In das Herz der Zukunft! Siehe, da steigen
Der Mitternacht Gestalten empor, wie Götter
                              aus Gräbern empor
Aus Asche der Jugendglut die Seher! Sie
                              zerreißen
Mit Schwerterblitzen das Gewölk! Sie wehn
Im Blick durch die sieben der Himmel und
                              schwingen sich herab!
Denn liest der Geist in seines Meers
Zauberspiegel die Ewigkeit!

Dich bet ich an, o Seele, der Gottheit Bild
In deine Züge gesenkt! In dir
Zusammengehn des weiten Weltalls
Erhalterband'! Aus der Tiefe, dir
Aus dem Abgrund webt sich Weltengebäu
                              und sinnst und tatest
Zum Saume des Ends hinan!
Nur tief umhüllt, in schwangerem Schoß
Mit Wolken umhüllt, in Kluft des
                              erbrausenden Meers,
Da ruht die keimende Nachwelt!

Wer fand den Sonnenspiegel,
                              ins dunklen Meers
Verhüllte Schätze zu sehn? Wer fand
Das Auge dieser neuen Schöpfung
Und ging hinein im Triumph und nahm
Im Triumph die tiefen Welten gefangen
                              und kam und nannte
Den Herrscher des Abgrunds sich?
Es liegt verflochten und unentwirrt
Der Taten Gespinst! Des Glücks
                              unerforschlichen Knäul
Webt ab die leitende Zeit nur!

Ich aber komme jetzt
Von der rötenden Dämmerung Morgenhöhn
Und sinn hinüber und ziele gefiederten Blick
Zu des Ufers Hoffnung. Siehe, da kommen
Der Anfuhrt hohe Boten mir schon,
                              umkränzen mit Freudegesang

Die Gipfel des Schiffs! Ich seh, ihr Götter,
            da grünen
Gebürg wie Säulen des Triumphs! Da wehn
Sie wehn mit den Düften der Felder und
            laben mich hinan!
O Land, o Land, der schwarzen Überfahrt
Schlünden entrann ich, o Land!

Die Rettung

Gnug der drohenden, unglückschwangren
            Stürme,
Gnug des giftigen Nebels, der den Freunden
Freunde birget und alte Treu in neuer
    Höllengestalt zeigt,

Gnug des schrecklichen Hagels, der die Saaten
Aller Wünsche zerschlägt, hat uns das Schicksal
Zugesendet, das jüngst auf Thron' und Reiche
    Blitze geschleudert;

Hat die Völker erschreckt mit jener Zeiten
Rückkehr, da in Europas dunklen Wäldern
Wölfe heuleten und mit mehr als Wolfsgier
    Heere sich würgten.

Sahn wir, sehen wir nicht den Rhein, die Mosel,
Maas und Rhone vom Blut unschuldger Völker,
Rot vom Blute der Bürger, im Gefilde
    Berge von Leichen?

Väter, Jünglinge, Kinder füllten Gräber
Vor den Heeren, damit darüberstiegen
Neue Heere der Brüder in die offne
    Höhle des Todes!

Und weswegen? Du wirst es hören, Nachwelt,
Wenn vom Grimme der Väter uns noch Enkel
Bleiben, hören und richten uns, entkommne
    Weisere Nachwelt!

Wen der Götter, oh, wen soll unser Flehen
Niederrufen? Ihr heilgen Vestalinnen,
Treue Seelen, oh, wer soll unsern schweren
    Frevel entsühnen?

Nicht der blutige Mavors, Kriege zeugen
Kriege; Cypria nicht, ihr Band um Thronen,
Fein und lose gespannt, verewigt unsre
    Sorge der Nachzeit;

Nicht die Herrscherin Juno, sie verschwägert
Nationen zu ihres Stolzes Zwietracht.
Komm hernieder, o du, ein Strahlenjüngling,
    Priester Apollo,

Mit dem lindesten Griff in deine Saiten
Bändigend der Entbrannten Wut;
            ein Lichtstrahl
Deines goldenen Köchers trenne jeden
    Täuschenden Nebel,

Daß sich Brüder erkennen, daß sich Völker,
Wie von Träumen erwacht, mit Hülf umarmen!
Singe, singe den Menschen, du der Völker
    Einziger Hülfsgott,

Harmonien des allgemeinen Wohllauts,
Die des niedrigen Neides, der an sich nagt,
Und der tollen Begier, die nie genießet,
    Schändliche Töchter,

Habsucht, Sucht zu gebieten, in den Orkus
Bannen; singe den Königen den schönsten
Königsnamen, des Vaterlandes Vater,
    Tief in das Herz ein!

Denn nur Licht erfreuet und schafft Gestalten;
Nur die Muse beglückt, die aller Reiche
Wohllaut ordnet und selbst den heulend-wilden
    Cerberus bändigt.

GERMANIEN

Deutschland, schlummerst du noch? Siehe, was
          rings um dich,
Was dir selber geschah! Fühl es, ermuntre dich,
    Eh die Schärfe des Siegers
      Dir mit Hohne den Scheitel blößt!

Deine Nachbarin sieh, Polen, wie mächtig einst
Und wie stolz! O sie kniet, ehren- und schmuck-
          beraubt,
    Mit zerrissenem Busen
      Vor drei Mächtigen und verstummt.

Ach, es halfen ihr nicht ihre Magnaten, nicht
Ihre Edeln, es half keiner der Namen ihr,
    Die aus tapferer Vorzeit
      Ewig glänzen am Sterngezelt.

Und nun wende den Blick! Schau die zerfallenen
Trümmer, welche man sonst Burge und Freiheit
          hieß,
    Unzerstörbare Nester;
      Ein Wurf stürzte die Sichern hin.

Weiter schaue! Du siehst, ferne in Osten steht
Dir ein Riese; du selbst lehretest ihn,
          sein Schwert,
    Seine Keule zu schwingen;
      Zorndorf probte sie auch an dir.

Schau gen Westen! Es droht, fertig in
          jedem Kampf,
Vielgewandt und entglüht, trotzend auf Glück
          und Macht,
    Dir ein anderer Kämpfer,
      Der dir schon eine Locke nahm.

Und du säumetest noch, dich zu ermannen, dich
Klug zu einen? Du säumst, kleinlich im
          Eigennutz,
    Statt des polnischen Reichstags,
      Dich zu ordnen, ein mächtig Volk?

Soll dein Name verwehn? Willst du zerteilet
          auch
Knien vor Fremden? Und ist keiner der
          Väter dir,
    Dir dein eigenes Herz nicht,
      Deine Sprache nicht alles wert?

Sprich, mit welcher, o sprich, welcher
          begehrtest du
Sie zu tauschen? Dein Herz, soll es des Galliers,
    Des Kosaken, Kalmücken
      Pulsschlag fröhnen? Ermuntre dich!

Wer sich selber nicht schützt, ist er der
          Freiheit wert,
Der gemaleten, die nur ihm gegönnet ward?
    Ach, die Pfeile des Bündels,
      Einzeln bricht sie der Knabe leicht.

Höfe schützen dich nicht; Magnaten fliehn,
Wenn kaum nahet der Feind, Inful und
          Mitra nicht.
    Wirf die lähmende Deutschheit
      Weg und sei ein Germanien!

Träum ich, oder ich seh welch einen Genius
Niederschweben? Er knüpft, einig
          verknüpfet er
    Zwei germanische Freundes –
      Hände, Preußen und Österreich.

DIE MENSCHENNATUR

Edel sind der Menschheit Sinne,
Edler noch der Geist der Menschen,
Höher noch des Menschen Wille,
Die Vernunft das Höchste aller.
Sie bestimmt sich selbst und sieget
Über Willen, Geist und Sinn.

CHRISTIAN FRIEDRICH DANIEL SCHUBART

CHRISTIAN FRIEDRICH DANIEL SCHUBART

Christian Friedrich Daniel Schubart wurde am 24. März 1739 in Obersontheim/Württemberg als Sohn eines Pfarrvikars und Kantors geboren. Seine Kindheit verbrachte er in Aalen. In Nördlingen besuchte er das Lyzeum.

1764 trat er eine Stelle als Präzeptor und Organist in Geislingen an. Zu dieser Zeit zeigte sich bereits sein komplizierter, unsteter Charakter. Schubart war einerseits hochbegabt, sowohl auf literarischem als auch auf musikalischem Gebiet. Er war aber andererseits auch hitzköpfig und wankelmütig. So stand seine Ehe, die er in Geislingen einging, unter keinem guten Stern. Ebenso brachte eine Anstellung als Musikdirektor am württembergischen Hof 1769 keine Ordnung in sein Leben. Seine Ehe ruinierte Schubart durch zahlreiche Affären, seinen Beruf durch eine Vielzahl von Skandalen, die ihren Höhepunkt in der Beleidigung eines Höflings fanden. Schubart wurde daraufhin des Hofes verwiesen und führte fortan ein unruhiges Wanderleben. Auf seinem Weg durch verschiedene deutsche Städte, darunter Heilbronn, Mannheim, Heidelberg, Schwetzingen und München, machte er sich Freunde und Feinde gleichermaßen. Was viele an dem revolutionären, aufbrausenden Mann abstieß, zog andere – oft gerade die Einflußreicheren – an. 1774 gründete er in Augsburg die »Deutsche Chronik«, eine Zeitschrift ganz im Sinne des Strum und Drang. Schubart war ihr Herausgeber und alleiniger Autor.

Die wohl härteste Zeit im Leben des Dichters begann 1777, als er von den Leuten des württembergischen Herzogs Carl Eugen auf dessen Territorium gelockt und gefangengesetzt wurde. Zehn Jahre verbrachte Schubart, der zunehmend kränker wurde, eingesperrt auf dem Hohenasperg. Nach seiner Freilassung verblieben dem Dichter gerade noch vier Jahre, in denen er als Theater- und Musikdirektor in Stuttgart und auch wieder als Journalist tätig wurde. Christian Friedrich Daniel Schubart starb am 10. Oktober 1791.

DER FRÜHLING

Da kommt er nun wieder,
Der Jüngling des Himmels,
Und schüttelt aus seidnen Locken
Goldnen Tau in die Kelche
Der dürstenden Blümchen im Tal;
Die Hügel erwachen!
Es rauschen die Flüsse,
Entfesselt vom Eise!
Die Lüfte ertönen;
Die Wälder erklingen
Vom Vogelgesang.
Der frömmere Mensch
Blickt betend gen Himmel,
Und Freudentränen tropfen
Ins junge keimende Gras.

Willkommen! Willkommen!
Du lächelnder Lenz,
Gefährte der Engel
Im Bräutigamsschmuck!

Doch ach! ich soll dich nicht sehen,
Du Jüngling des Himmels,
Nicht sehen den blinkenden Goldtau,
Der sanft dir entträufelt;
Nicht hören deiner Flügel Melodie
Und das Geflüster der Winde,
Die deine glühende Wange kühlen?

Vergib mir's, vergib mir's,
Schaffer des Frühlings,
Wann ich in bebender Rechte
Mein Antlitz berg und weine!

Schöpfer, zwar hab ich gesündigt;
War seiner Blumengerüche,
Seiner fröhlichen Farbengemische,
Seiner Winde Säuseln nicht wert;
Nicht wert seiner Gesänge

Und des blütenbewehten Silberbachs!

Doch sah ich nicht auch
Vom lächelnden Antlitz des Frühlings
Zu dir, seinem Bildner, empor?
Ach Gott, du weißt's,
Oft tropften Tränen auf den Blütenzweig.
Den ich dankend brach und ihn
Flüstern ließ an der pochenden Brust;
Oft entküßt ich dem ersten Veilchen,
Von der Hand des Knaben gepflückt,
Die lichteren Tropfen und sog,
Gott fühlend, seinen Balsam auf;
Hörte preisen
Der steigenden Lerche Lied,
Der Grasmücke Gezwitscher
Aus der blühenden Linde Duft!
Und wie stieg mein Herz,
Wenn am Abend aus dunkelm Gebüsche
Die melodische Nachtigall gluckte!
Auch saß ich oft im Frühlingsgrase
Der fühlenden Gattin zur Seite,
Von goldlockichten Kindern umhüpft;
Da sah und fühlt ich dich, Schöpfer!
Fühlt's, daß du die Liebe bist. —
Sah im Wiesenblümchen dich!
Im Forellenbache dich!
In der Rosenknospe dich! —
Und ach! im schimmernden Blicke der Gattin
Und auf der Kinder rötlichen Wange
Dich, Freudengeber, dich! —
Ich mußte weinen, Vater!
Mein Aug in hohler Hand bergen
Und weinen, denn ach!
Ich habe gesündigt!
Bin des himmlischen Frühlings Anblick
Und seiner Umarmung nicht wert.
Drum warfst du mich zürnend
In des Felsen Nacht
Und sprachst: Fühl es, Berauschter,
Was es heiße, meinen Frühling nicht sehen!
Oh, ich fühl's, ich fühl's, Erbarmer!
Denn zu Gefühlen der Schönheit und Größe
War dies Herz immer geöffnet.
Ich fühl's, ich fühl's, was es sei,
Deinen Frühling nicht sehn;

Aber tragen deiner Ungnade Last,
Fühlen des Rächerblicks Flamme.
Nicht von der Rute des Vaters,
Nein, von der Geißel des Richters zerfleischt,
Liegen im Staube des Kerkers,
Von Finsternis und Fluch gedrückt,
Nicht sehn das Bruderantlitz des Menschen,
Der tröstenden Liebe Blick!
O das ist mehr, du Ewiger, mehr,
Als deinen Frühling nicht sehn...
O lächle mir wieder Gnade,
Erbarmer, Gnade, Gnade!
Laß das Zorngewölk zerfließen,
Das mir dein Antlitz verhüllt!
Und du, mein Erlöser,
Jesus Christus, mein König, mein Gott!
Dessen Opferblut
Auf die Frühlingsblume floß,
Erbarme dich meiner und bitte für mich!
Laß schreien dein Blut am Throne:
Gnade! Gnade! Gnade!! –
Dann erheb ich mein Haupt vom Staube,
Achte nicht mehr der Fesseln Geklirr
Und des schüchternen Frühlings,
Der mit blässerer Wange
Durch mein Eisengitter schaut.
Hast du mir vergeben, Erlöser, vergeben,
Dann geht mir jenseits des Grabes
Ein schönrer Frühling auf als der,
Der Gräber bescheint
Und dunklere Grüfte des Kerkers.

DIE FORELLE

In einem Bächlein helle,
    Da schoß in froher Eil
Die launische Forelle
    Vorüber wie ein Pfeil.
Ich stand an dem Gestade
    Und sah in süßer Ruh
Des muntern Fisches Bade
    Im klaren Bächlein zu.

Ein Fischer mit der Rute
    Wohl an dem Ufer stand
Und sah's mit kaltem Blute,
    Wie sich das Fischlein wand.
So lang dem Wasser Helle,
    So dacht ich, nicht gebricht,
So fängt er die Forelle
    Mit seiner Angel nicht.

Doch plötzlich ward dem Diebe
    Die Zeit zu lang. Er macht
Das Bächlein tückisch trübe,
    Und eh ich es gedacht; –
So zuckte seine Rute,
    Das Fischlein zappelt dran,
Und ich mit regem Blute
    Sah die Betrogne an.

Die ihr am goldnen Quelle
    Der sichern Jugend weilt,
Denkt doch an die Forelle;
    Seht ihr Gefahr, so eilt!
Meist fehlt ihr nur aus Mangel
    Der Klugheit. Mädchen, seht
Verführer mit der Angel! –
    Sonst blutet ihr zu spät.

FROSCHKRITIK

Sang in 'nem Busch 'ne Nachtigall –
So wunderlieblich war ihr Schall
Als wie der 'rausgezogne Ton
Aus Meister Liedels Bariton.
Es war 'n Sumpf nicht weit davon,
Drin lag 'ne ganze Legion
Von Fröschen; und die hörten all
Den Wundersang der Nachtigall.
Da war ein hochstudierter Frosch
Mit runzlichter Stirn und breiter Gosch,
Hatte die edle Musikam,
Den Kontrapunkt, die Algebram
In manchem Sumpf und Weiher studiert

Und orgelte, wie sich's gebührt.
Doch weil er war gar kalter Natur;
Empfand er nichts und *künstelte* nur.
Der hörte auch die Nachtigall
Und sprach: Ihr Brüder, hört 'nmal,
Wie singt das Tier so abgeschmackt,
Macht falsche Quinten, hält keinen Takt,
Weicht nicht in künstlicher Modulation
Aus einem Ton in andern Ton;
In ihrem eklen di – di – di –
Und dukdukdukdukduk – steckt ihre
                    ganze Melodie.
Magister Frosch – lacht drob so laut,
Daß ihm beinah zerplatzt die Haut,
Und sprach: Kameraden wißt ihr was? –
Eine Fuge klingt doch baß,
Wollen's singen im Sopran, Alt und Tenor,
Ich orgle euch das Thema vor.
Nun ging's an ein scheußlich Gequack
Im wahren antiken Geschmack.
Mit Bund und Motu contrario;
Der Frosch hielt Tasto solo;
Unaufgelöst in der Fuge ganz
Folgt Dissonanz auf Dissonanz.
Nach mancher halsbrechenden Modulation
Kam endlich doch der letzte Ton.
Die Fledermaus und der Uhu
Hörten dem Froschkonzerte zu.
Waren drob gar lustig und froh
Und schrien laut: Bravissimo!
Ein Jüngling voll Empfindsamkeit,
Gelockt von sanfter Abendzeit,
Kam aus dem nahen Rosental,
Hörte das Lied der Nachtigall
Und weint' und sah zum Himmel 'nauf –
Und als die Frösche fugierten drauf;
Da warf er Steine in den Teich
Und schrie: Der Henker hole euch!
Hm, sprach der Kritikus unterm Gewässer:
Der Kerl versteht's nicht besser! –

SCHLITTENLIED

Schon wiehert der Schimmel
Sein mutig Geschrei;
Er stampft; denn es glitten
Geflügelte Schlitten
Am Stalle vorbei.

Was wichsest du Kutscher
Den Schnurrbart? – Spann an!
Und schirre den Schimmel;
Denn schön ist der Himmel
Und prächtig die Bahn.

Hopp! heisa! Wie fliegt schon
Der Schlitten dahin!
In sausender Eile,
Wie zischende Pfeile,
So fliegt er dahin.

Schon hängt an der Mähne
Ein silberner Duft;
Der Himmel ist heiter,
Die Seele wird weiter
Und schwimmt in der Luft.

Harmonische Glocken
Ertönen wie schön!
Welch himmlische Klänge,
Wie Vogelgesänge,
Wie Flötengetön!

Es schüttelt der Schimmel
Der Schellen Musik;
Kling, ling, ling, wir lassen
Geglättete Straßen
Im Fluge zurück.

Dort zittert im Froste
Ein weibischer Tor,
Ein menschliches Häschen,
Der 's weidliche Näschen
Beinahe verlor.

Doch laßt es dort zittern,
Das Männchen von Brei!
Es klatsche die Peitsche,
Wir rollen als Deutsche
Im Fluge vorbei.

Schon sprudelt die Flasche
Vom rheinischen Most;
Trinkt, fröhliche Brüder,
Wein, Mädchen und Lieder
Verjagen den Frost.

DER REICHSADLER

(Ein aufgelöstes heraldisches Rätsel)

Ihr Forscher in der Wappenkunde,
Was fragt ihr ängstlich nach dem Grunde:
  Warum in jeder Schilderei
  Der deutsche Adler doppelköpfig sei?
»Zwei Köpfe«, sprecht ihr oft im Feuer,
»Sind ja ein wahres Ungeheuer,
  Und Köpfe noch dazu wie die,
  Voll bissiger Antipathie.«
O laßt doch einmal nach, mit Forschen euch
                        zu plagen,
Ein Novellist sogar kann euch die
                        Wahrheit sagen.
  Der eine Kopf, der *westwärts* blickt,
  Sanft scheint und desto schärfer pickt,
Ist Kaiser Josephs Kopf, des toleranten Weisen!
  Der andre Kopf, der *nordwärts* schaut,
  Scharf sieht und mit dem Schnabel haut: –
Ist Friederich, der Donnergott der Preußen.
  Warum sie aber uneins sind,
  Begreift beinah ein kleines Kind;
Sie sind entzweit in dem gemeinen Falle:
Was eine Kralle packt, packt auch
                        die andre Kralle; –
  Drum zerren sie so jämmerlich –
  O Vaterland, wie daurst du mich!!

MEIN REICHTUM

Elysium ist völlig mein,
Cytherens halber Lorbeerhain,
Am Styx hab ich Zypressenwälder
Und in Arkadien Hain, Silberbach und Felder.
  Die Berge Pindus und Parnaß,
  Den Helikon nicht zu vergessen,
Sind mein per nefas und per fas,
  Oh, das Empirium hab ich schon
                        längst besessen.
Mit prächtigen Regalien
Gehört mir ganz Thessalien,
Und im Olymp sind zwanzig Hufen meine,
Mit Haus und Hof und Scheune.
Nur leider bin ich itzt recht sehr um
                        Geld betreten,
  Und alles steht mir zum Verkauf;
Oh, liebes Deutschland, sei gebeten
  Und leih mir tausend Taler drauf.

ALSO, IHR HERRSCHER DER ERDE,

Soll wieder unsre Welt im Blute schwimmen,
  Weil euer Herrscherstolz gebeut
Und euer Donnerruf die Stimmen
  Der Friedenssöhne überschreit?
Ach, schrecklich ist's, der Menschen Mark
                        vergeuden
  Und mit der Würgehand
Umwühlen in der Menschen Eingeweiden,
  Vom Schlachtendurst entbrannt.
Steckt eure Schwerter in die Scheide,
  Laßt eure Donnerschlünde ruhn!
Gibt's größern Ruhm, gibt's reinre Freude,
  Als Friede geben, Gutes tun?

AN IHRO GNADEN

Es kennen Ihro Gnaden
Redouten, Maskeraden,
Die Prüden und Koketten
An ihren Toiletten.
Sie sprechen mit der Base
Französisch durch die Nase,
Sie können Deutschland schimpfen
Vornehm mit Nasenrümpfen;
  Den Bürger stolz verachten,
  Und die nach Weisheit trachten,
Bestraft ihr kühner Tadel – –
Mein Seel! Sie sind von Adel!

AN DIE SCHWABEN

Ihr lieben Schwaben insgesamt,
Wenn noch ein Fünklein in euch flammt
Von Ahnenglut, so höret mich;
Dann biderb, frei und deutsch bin ich.
Unüberwindlich groß und stark,
In ihrer Knochen Löwenmark,
War eurer großen Väter Art;
Jetzt seid ihr zärtlich, winzig, zart,
Tragt statt der Waffen Degelein
Mit Bändern dran, gar hüsch und fein,
Und sprecht mit eurem lieben Sohn
Franzosensprach im Nasenton.
Ihr lauft verbuhlt um eure Weiber,
Wie Maulwurf, Sperling oder Täuber.
Wer Komplimente schneiden kann,
Wer schmeicheln, kriechen, heucheln kann,
Der ist bei euch ein braver Mann.
Ihr haschet nur nach Rauch und Dunst
Und nicht nach Wissenschaft und Kunst;
Drum gilt bei euch der Gauch und Tropf
Mehr als der Weise und der Kopf.
Der Jüngling sitzt beim Wein so kalt,
Als wär er achtzig Jahre alt
Und säße auf der Alpen Höh

Mit bloßem A... im ew'gen Schnee.
Ist's Wunder, wenn man euch entehrt,
Als wenn ihr Yähoo wärt?
Schnipst euch der Sachs und Brenne doch
Verächtlich unters Nasenloch.
O denkt einmal im Ernste nach,
Was einst Bohemus von uns sprach:
Der Schwabe wird erst spät gescheit.
Ach denkt daran, 's ist hohe Zeit.
Seid klug, schon vor den vierzig Jahren,
Wie's eure braven Väter waren.
Wie schön, wenn einst der Enkel spricht:
Die Narrenkappe paßt mir nicht.

DIE LINDE

Warst so schön, breitwipflichter Baum,
  Als dir schwollen die Knospen,
Als du Blütendüfte verhauchtest;
  Warst so schön!

Dich umsummt' im Lenzabend der Käfer,
  Geflügelte Ameisen schwärmten
Wie Mittagswölkchen, die die Sonne
  Versilbert, um deinen Blütenzweig.

Die Blüte fiel; da warst du grün
  Und stärktest mein Auge,
Das, ans falsche Dunkel meines Kerkers
  Gewöhnt, blinzt' im Sonnenstrahl.

Und nun bist du halbnacht;
  Der Herbststurm blies in deinen Scheitel
Und deinen Schmuck; die goldnen Blätter
  Wälzt nun wogend der Odem des Sturms.

Die schwarzen Äste starren traurend,
  Ihrer Decke beraubt, in die Luft.
Dich flieht der Sperling, denn du bist
  Ihm nicht mehr Hülle gegen den Sperber. –

Einst knospete ich, o Linde!
  Schöner als du. Trug Blüten
Des Knaben, des Jünglings, die süßer
  Düfteten als du im Frühlingsschmuck.

Meine geringelte Seidenlocken
  Waren schöner als dein grünes Haar.
Schöner als deines Finken und Distelvogels
  Scholl mein Gesang und Flügelspiel.

Ich war ein Mann, breitwipflicht
  Und lieblich im Sonnenstrahl spielend.
Meines Geistes Fittich deckte die Meinen, —
  Wie dein schattender Wipfel den Pilger.

Aber ach! mein Herbst ist gekommen;
  So früh ist schon mein Herbst gekommen! —
Das Schicksal blies mit kaltem stürmendem
                              Odem;
  Und meine Blätter fielen.

Heiser ist mein Gesang;
  Die geflügelte Rechte lahmt
Auf den braunen Tasten
  Des goldnen Saitenspiels.

Meine Phantasie, der Riese,
  Zuckt ausgestreckt wie ein Geripp
Im Staube. Mein Witz, die Rose,
  Liegt entblättert, zerknickt.

Fern ist meine Liebe;
  Meine Kinder sind ferne; —
Der schwarze, starre, enthaarte Ast
  Vermag nicht mehr zu schatten die Lieben!

MÄDCHENLAUNE

Die Mädels sind veränderlich,
  Heut so und morgen so,
Kaum zeigt ein Rosenwölklein sich,
  So sind sie hell und froh!

  Doch morgen? —
  Ei, wie geschwind
  Dreht sich der Wind!

Sobald ein rauhes Lüftlein weht,
  Grämt sich das Mädel tief;
Ein Zährlein ihr im Äuglein steht,
  Das Mündlein krümmt sie schief.
    Doch morgen? —
  Tralla la la!
  Hopsa sa sa!

Das Mädlein sieht dich liebreich an,
  Du traust dem schlauen Blick
Und schwindelst auf zur Sonnenbahn
  Und träumst von deinem Glück.
    Doch morgen? —
  Kennt sie dich kaum;
  Nichtiger Traum!

Ihr Mädels, dreht mir noch so süß
  Die Äuglein hin und her,
Und kämt ihr aus dem Paradies,
  So trau ich keiner mehr.
    Ihr Falsche!
  Heut seid ihr heiß!
  Morgen wie Eis!

SCHWÄBISCHES BAUERNLIED

So herzig, wie mein Lisel,
Gibt's halt nichts auf der Welt,
Vom Köpflein bis zum Füßel
Ist sie gar wohl bestellt:
Die Wänglein weiß und rot,
Ihr Mund wie Zuckerbrot.
So herzig, wie mein Lisel,
Gibt's halt nicht auf der Welt.

Viel weicher als die Seide
Ist ihr kohlschwarzes Haar,
Und ihre Äuglein beide

Sind wie die Sternlein klar;
Sie blinzeln hin und her,
Sind schwarz wie Vogelbeer.
So herzig, wie mein Lisel,
Gibt's halt nichts auf der Welt.

Im Dörflein ist kein Mädchen
So fleißig wie mein' Braut;
Im Winter dreht sie 's Rädchen,
Im Frühling pflanzt sie 's Kraut;
Im Sommer macht sie Heu,
Trägt Obst im Herbst herbei.
So herzig, wie mein Lisel,
Gibt's halt nichts auf der Welt.

Auch schreibt sie, 's ist ein Wunder;
Jüngst schickt sie mir 'nen Brief,
Daß mir die Backen runter
Das helle Wasser lief;
Liest sie in der Postill,
So bin ich mäusleinsstill.
So herzig, wie mein Lisel,
Gibt's halt nichts auf der Welt.

Ihr sollt sie tanzen sehen,
Mein trautes Liselein;
Sie hüpft und kann sich drehen
Als wie ein Wieselein;
Doch schleift und tanzt sie dir
Am liebsten nur mit mir.
So herzig, wie mein Lisel,
Gibt's halt nichts auf der Welt.

Oh, traute Lisel! länger
Renn ich nicht hin und her;
Es wird mir immer bänger,
Wenn doch die Hochzeit wär:
Im ganzen Schwabenland
Kriegst keine treure Hand!
O du, mein traute Lisel!
Wenn doch die Hochzeit wär!

MÄRCHEN

Es starb 'nmal ein Bäuerlein,
Sein Engel – hell wie Sonnenschein,
Mit einem güldnen Stabe wies
Dies Bäuerlein ins Paradies.

Es ging an den bestimmten Ort
Auf einer Morgenröte fort;
Kam an das Tor von Diamant
Und klopfte sittsam mit der Hand:

St. Peter hütete die Tür
Und schrie: »Nun, wer ist wieder hier?«
»Ich bin ein armer Bauersmann,
Der auf der Erde nichts getan
Als seine Felder angebaut,
Mit einem Weibe sich getraut,
Die mir zum Stecken und zum Stab
'n Dutzend derbe Buben gab.

In meinem Leben gab ich gern
Die Steuren meinem gnäd'gen Herrn;
Ich glaubte, was der Pfarrer sprach,
Kam treulich seinen Lehren nach;
Und zahlt ihn redlich, wie mich deucht,
Für seine Predigt, Bet und Beicht.
Ich starb. Er salbte mich mit Öl;
Ein Engelein wies meine Seel
Zu dir ins Paradies herauf:
O heil'ger Peter mach mir auf!«

Nun öffnete die Pforte sich,
St. Peter sprach: »Ich lobe dich,
Du guter Mann verdienst gewiß
Ein Plätzchen in dem Paradies.
– Du sollst's auch haben: Aber heut,
Mein Bäuerlein, fehlt mir die Zeit.
Wir feiern heut ein großes Fest,
Das mich an dich nicht denken läßt.
Geh dort in jene Laube hin,
Gewölbt vom himmlischen Schasmin,
Und warte, bis ich komme, da,
Beim Nektar und Ambrosia!« –

Das Bäuerlein sprach: »Habe Dank!«
Setzt' sich auf eine Veilchenbank
Und wartete, bis Peter rief:
– Erhabne Stille herrschte tief.

Doch plötzlich sprang das goldne Tor,
Der ganze Himmel war Ein *Chor*:
Es schwammen süße Symphonien
Durch den entzückten Himmel hin;
Der Schatten eines Priesters schwebt
Herauf, vom Lobesang erbebt
Der Himmel: *»Leuchte wie ein Stern,*
Komm, du Gesegneter des Herrn!«

Mit Abraham und Isaak saß
Der Selige zu Tisch und aß
Das erstemal Ambrosia;
Und Amen und Hallelujah!
Sang laut der Seraphimen Chor
Um des entzückten Priesters Ohr.
Und erst am Himmelsabend kam
St. Peter vor das Tor und nahm
Mit sich den armen Bauersmann
Und wies ihm auch sein Plätzchen an.

Der Bauer faßte wieder Mut
Und sprach: »Herr Peter, sei so gut
Und sag mir, warum war denn heut
Im Himmel solche große Freud?«

»Sahst du's dann nicht«, sagt' Peter drauf,
»Ein frommer Priester schwebt' herauf?
Drum hab ob seiner Seligkeit
Der Himmel solche große Freud!«

»So müssen«, fiel der Bauer ein,
»Im Himmel lauter Feste sein,
Weil's ja viel tausend Priester gibt
Und jeder seinen Herrgott liebt?«

St. Peter lachte laut dazu
Und sprach: »Du liebe Einfalt du!
Ich, der ich bald zweitausend Jahr
Türhüter in dem Himmel war,

Hab vor den Pfaffen gute Ruh –
Doch solche Bauernkerls wie du,
Die kommen oft so häufig an,
Daß ich sie nimmer zählen kann.«

Dies Märchen hat Hans Sachs erdacht
Und es in Knittelvers gebracht:
Doch, ärgert dich's, mein frommer Christ,
So denk, daß es ein Märchen ist!!

DER GEFANGENE

Gefangner Mann, ein armer Mann!
  Durchs schwarze Eisengitter
Starr ich den fernen Himmel an
  Und wein und seufze bitter.

Die Sonne, sonst so hell und rund,
  Schaut trüb auf mich herunter;
Und kömmt die braune Abendstund,
  So geht sie blutig unter.

Mir ist der Mond so gelb, so bleich,
  Er wallt im Witwenschleier;
Die Sterne mir – sind Fackeln gleich
  Bei einer Totenfeier.

Mag sehen nicht die Blümlein blühn,
  Nicht fühlen Lenzeswehen;
Ach! lieber säh ich Rosmarin
  Im Duft der Gräber stehen.

Vergebens wiegt der Abendhauch
  Für mich die goldnen Ähren;
Möcht nur in meinem Felsenbauch
  Die Stürme brausen hören.

Was hilft mir Tau und Sonnenschein
  Im Busen einer Rose;
Denn nichts ist mein, ach! nichts ist mein,
  Im Muttererdenschoße.

Kann nimmer an der Gattin Brust,
  Nicht an der Kinder Wangen
Mit Gattenwonne, Vaterlust
  In Himmelstränen hangen.

Gefangner Mann, ein armer Mann!
  Fern von der Lieben allen,
Muß ich des Lebens Dornenbahn
  In Schauernächten wallen.

Es gähnt mich an die Einsamkeit,
  Ich wälze mich auf Nesseln;
Und selbst mein Beten wird entweiht
  Vom Klirren meiner Fesseln.

Mich drängt der hohen Freiheit Ruf;
  Ich fühl's, daß Gott nur Sklaven
Und Teufel für die Ketten schuf,
  Um sie damit zu strafen.

Was hab ich, Brüder! euch getan?
  Kommt doch und seht mich Armen!
Gefangner Mann! ein armer Mann!
  Ach! habt mit mir Erbarmen!

DER ARME

Gott, wie lange muß ich darben! –
  Ewig glücklich sind nun die,
Die vor mir im Frieden starben,
  Denn kein Elend drücket sie.
Hülfe, willst du lange säumen? –
  Halb verschmachtet steh ich hier.
Goldne Früchte an den Bäumen,
  Reicher Herbst, was helft ihr mir? –

Bauren sammeln in der Scheune
  Korn und Weizen auf wie Sand;
Aber wenn ich Armer weine,
  So verschließen sie die Hand.

Reiche rasseln mit dem Wagen;
  Fett vom Haber ist ihr Pferd; –
Rasselt nur, daß ihr die Klagen
  Eines armen Manns nicht hört.

Knabe, den mir Gott gegeben,
  Der sein Elend noch nicht fühlt,
Seh ich dich im Herbstwind beben,
  Der mit deinen Lumpen spielt;

Oh, dann krümm ich mich am Stabe,
  Höre dein Geschrei nach Brot,
Seufz im stillen: armer Knabe,
  Wärst du tot! ach, wärst du tot! –

Menschen, ist dann kein Erbarmen,
  Kein Erbarmen unter euch?
Sind die Dürftigen, die Armen,
  Euch an Fleisch und Blut nicht gleich?

O so werft, wie euren Hunden,
  Mir nur einen Bissen zu; –
Doch wer Armut nie empfunden,
  Weiß es nicht, wie weh sie tu.

Gott, so muß ich ewig darben? –
  O wie glücklich sind nun die,
Die vor mir im Frieden starben:
  Denn kein Elend drücket sie.

DER TOD EINES ARMEN

Da liegt der Bettler auf dem Stroh,
  Mit abgezehrten Lenden;
Bald wird er, wie ein Engel froh,
  Sein armes Leben enden.
Komm, kühle Erde, stilles Grab,
  Bedecke seine Glieder;
Er leget seinen Bettelstab
  Mit Freuden vor euch nieder.

Nicht Ehre, Häuser, Glück und Geld
  Sind seiner Wünsche Ketten.
Er eilet nackend aus der Welt,
  Als wie er sie betreten.
Er stirbt mit Freuden, als ein Christ,
  Wenn Reiche zittern müssen;
Sein ungeraubter Reichtum ist
  Ein – freudiges Gewissen,

Im schlechten Sarge lieget er,
  Sein Haupt auf harten Spänen;
Kein Leichenpomp starrt um ihn her
  Und weint erkaufte Tränen.
Unrühmlich wird er in dem Sand
  In kurzer Zeit verwesen.
Die Welt, die ihn schon hier verkannt,
  Vergißt – daß er gewesen.

Nur Gott an seinem Weltgericht
  Wird ihn bei Namen nennen;
Und seine stumme Tugend nicht,
  Als wie der Mensch, verkennen.
Der, den die Fetten in dem Land
  Verächtlich von sich stießen,
Wird einstens an der rechten Hand
  Den Stolz beschämen müssen.

Drum, Arme, trocknet das Gesicht:
  Gott wird euch schon erlösen.
Dann fragt euch euer Richter nicht:
  Ob ihr auch reich gewesen?
Seufzt nur umsonst am Bettelstab,
  Erbarmen zu erwecken;
Bald wird euch mitleidsvoll das Grab
  Mit warmen Flügeln decken.

Ist es dein ewiger Entschluß,
  Herr, soll ich Mangel leiden;
So bin ich fromm, wie Lazarus,
  Und wart auf deine Freuden.
Dann trägt dein Engel mich, wie ihn,
  Aus kummervollen Stunden;
Und durch die Himmel sing ich hin:
  Ich habe überwunden.

DIE FÜRSTENGRUFT

Da liegen sie, die stolzen Fürstentrümmer,
  Ehmals die Götzen ihrer Welt!
Da liegen sie, vom fürchterlichen Schimmer
  Des blassen Tags erhellt!

Die alten Särge leuchten in der dunklen
  Verwesungsgruft wie faules Holz,
Wie matt die großen Silberschilde funklen!
  Der Fürsten letzter Stolz.

Entsetzen packt den Wandrer hier am Haare,
  Geußt Schauer über seine Haut,
Wo Eitelkeit, gelehnt an eine Bahre,
  Aus hohlen Augen schaut.

Wie fürchterlich ist hier des Nachhalls Stimme!
  Ein Zehentritt stört seine Ruh.
Kein Wetter Gottes spricht mit lautrem
                     Grimme:
  O Mensch, wie klein bist du!

Denn ach! hier liegt der edle Fürst! der Gute!
  Zum Völkersegen einst gesandt,
Wie der, den Gott zur Nationenrute
  Im Zorn zusammenband.

An ihren Urnen weinen Marmorgeister;
  Doch kalte Tränen nur von Stein,
Und lachend grub – vielleicht ein welscher
                     Meister,
  Sie einst dem Marmor ein.

Da liegen Schädel mit verloschnen Blicken,
  Die ehmals hoch herabgedroht,
Der Menschheit Schrecken! – Denn an ihrem
                     Nicken
  Hing Leben oder Tod.

Nun ist die Hand herabgefault zum Knochen,
  Die oft mit kaltem Federzug
Den Weisen, der am Thron zu laut gesprochen,
  In harte Fesseln schlug.

Zum Totenbein ist nun die Brust geworden,
  Einst eingehüllt in Goldgewand,
Daran ein Stern und ein entweihter Orden
  Wie zween Kometen stand.

Vertrocknet und verschrumpft sind die Kanäle,
  Drin geiles Blut wie Feuer floß,
Das schäumend Gift der Unschuld in die Seele,
  Wie in den Körper goß.

Sprecht, Höflinge, mit Ehrfurcht auf der
                              Lippe,
  Nun Schmeichelein ins taube Ohr! –
Beräuchert das durchlauchtige Gerippe
  Mit Weihrauch wie zuvor!

Er steht nicht auf, euch Beifall zuzulächeln,
  Und wiehert keine Zoten mehr,
Damit geschminkte Zofen ihn befächeln,
  Schamlos und geil wie er.

Sie liegen nun, den eisern Schlaf zu schlafen,
  Die Menschengeißeln, unbetraurt!
Im Felsengrab, verächtlicher als Sklaven,
  In Kerker eingemaurt.

Sie, die im ehrnen Busen niemals fühlten
  Die Schrecken der Religion
Und gottgeschaffne, beßre Menschen hielten
  Für Vieh, bestimmt zur Fron;

Die das Gewissen, jenem mächt'gen Kläger,
  Der alle Schulden niederschreibt,
Durch Trommelschlag, durch welsche
                              Trillerschläger
  Und Jagdlärm übertäubt;

Die Hunde nur und Pferd' und fremde Dirnen
  Mit Gnade lohnten und Genie
Und Weisheit darben ließen; denn das Zürnen
  Der Geister schreckte sie.

Die liegen nun in dieser Schauergrotte,
  Mit Staub und Würmern zugedeckt,

So stumm! So ruhmlos! – Noch von
                              keinem Gotte
  Ins Leben aufgeweckt.

Weckt sie nur nicht mit eurem bangen Ächzen,
  Ihr Scharen, die sie arm gemacht,
Verscheucht die Raben, daß von ihrem
                              Krächzen
  Kein Wütrich hier erwacht!

Hier klatsche nicht des armen Landmanns
                              Peitsche,
  Die nachts das Wild vom Acker scheucht!
An diesem Gitter weile nicht der Deutsche,
  Der siech vorüberkeucht!

Hier heule nicht der bleiche Waisenknabe,
  Dem ein Tyrann den Vater nahm;
Nie fluche hier der Krüppel an dem Stabe,
  Von fremdem Solde lahm.

Damit die Quäler nicht zu früh erwachen;
  Seid menschlicher, erweckt sie nicht.
Ha! früh genug wird über ihnen krachen
  Der Donner am Gericht.
Wo Todesengel nach Tyrannen greifen,
  Wenn sie im Grimm der Richter weckt,
Und ihre Greul zu einem Berge häufen,
  Der flammend sie bedeckt.

Ihr aber, beßre Fürsten, schlummert süße
  Im Nachtgewölbe dieser Gruft!
Schon wandelt euer Geist im Paradiese,
  Gehüllt in Blütenduft.

Jauchzt nur entgegen jenem großen Tage,
  Der aller Fürsten Taten wiegt,
Wie Sternenklang tönt euch des Richters Waage,
  Drauf eure Tugend liegt.

Ach, unterm Lispel eurer frohen Brüder –
  Ihr habt sie satt und froh gemacht,
Wird eure volle Schale sinken nieder,
  Wenn ihr zum Lohn erwacht.

Wie wird's euch sein, wenn ihr vom
                              Sonnenthrone
   Des Richters Stimme wandeln hört:
»Ihr Brüder, nehmt auf ewig hin die Krone,
   Ihr seid zu herrschen wert.«

AUF DIE LEICHE
EINES REGENTEN

Seid ihr, Götter dieser Erde,
   Seid ihr menschengleich wie wir?
O so zittert! – Der Gefährte
   Eurer Größe lieget hier.
Steigt von goldnen Stufen nieder
Zu den Särgen eurer Brüder;
   Denkt beim Leichenpompe heut
   Auch an eure Sterblichkeit.

Habt ihr, wann der junge Waise
   Vor euch klagte, auch gehört?
Und den fetten Bauch vom Schweiße
   Einer Witwe nie genährt?
Seid ihr willig, reiche Sklaven
Schwarzer Laster zu bestrafen?
   Helfet ihr dem Tugendfreund,
   Wann er hülflos vor euch weint?

Frönt ihr selber nicht den Lüsten,
   Die ihr scharf an andern straft?
Seid ihr Bürger, seid ihr Christen?
   Seid ihr weis und tugendhaft?
Sieht man nie von stolzen Höhen
Euch verächtlich niedersehen?
   Kennt ihr eure Ritterpflicht?
   Oh! So kommt und zittert nicht.

Denn hier lieget ein Regente,
   Der verlaßnen Gutes tat
Und die richterlichen Hände
   Nie mit Blut gefärbet hat;
Der auf Lastertaten blitzte

Und der Witwen Recht beschützte;
   Der dem Waisen und der Not
   Willig seine Hände bot.

Unparteiisch, wie der Sonne
   Warmer, segenschwangrer Strahl,
Der den Zedern strömet Wonne
   Und dem Veilchen in dem Tal,
Strahlt' von seines Stuhles Höhen
Allgemeines Wohlergehen
   In der Reichen Marmorhaus,
   Wie in arme Hütten aus.

Noch in halbentnervten Händen
   Trug er den Regentenstab,
Und das Schwert an schlaffen Lenden,
   Das Gerechtigkeit ihm gab.
Und, wie Helden, wann sie sterben,
Sprach er, ohne zu entfärben:
   »Gott, hier ist die schwere Last,
   Die du mir vertrauet hast.«

Aufgelöst in Tränen schwanken
   Arme hinter seiner Bahr;
Stimmen der Verlaßnen danken
   Ihm, der ihre Stütze war.
Goldne Zierde deines Standes,
Vater unsers Vaterlandes,
   Unser unerkauftes Ach!
   Fliege deiner Seele nach.

Große, hebt die Angesichter
   Über jene Sternenbahn!
Dorten trefft ihr euren Richter,
   Wie der ärmste Bettler, an;
Ihn, vor dessen Ungewittern
Auch der Zedern Wipfel zittern.
   Drum so übt noch in der Zeit
   Tugend und Gerechtigkeit.

(DIE WELT IST NUN DES MENSCHENMORDENS MÜDE)

Die Welt ist nun des Menschenmordens müde;
  Die Krieger ziehn aus finsterm Streit.
Vom Himmel kommt – sein schönster Sohn,
                          der *Friede*,
  Und mit ihm kommt die Fruchtbarkeit.
Es neigen sich vor ihm die ährenschwere
                          Halmen,
  Die nun kein Pferdehuf zerknickt.
Und weit herum ertönen Friedenspsalmen
  Und Volksgesänge hochentzückt.
O seid es wert, ihr, Deutschlands Bürger,
  Durch Tugend seid des Friedens wert.
Daß Mavors nicht, der höllentflohne Würger,
  Auf ewig euer Land verheert.

Klassik

Als »Geburtsstunde« der Klassik wird heute allgemein Goethes italienische Reise 1786–1788 angesehen. Unter dem Eindruck der antiken Kultur und der Renaissance, die im Italien des 18. Jahrhunderts noch sehr lebendig waren, entwickelte Goethe die Ideale klassischer Dichtung. Verschiedene Dramen (Egmont, Iphigenie auf Tauris, Torquato Tasso), die er bereits vollendet hatte, arbeitete er um und schuf damit die ersten bedeutenden Werke der Klassik.

Zwar beschäftigte sich zu dieser Zeit auch Schiller bereits mit der Entwicklung eines neuen Stils nach antiken Vorbildern, doch läßt sich bei ihm der Aufbruch in die Klassik nicht auf einen bestimmten Zeitpunkt festlegen.

Neben diesen beiden Dichtern gelten nur noch Friedrich Hölderlin, Jean Paul, Johann Peter Hebel und Heinrich von Kleist als klassische Autoren. Hier unterscheidet sich die Klassik von anderen Epochen der Literatur: Im Gegensatz zu anderen Stilrichtungen, wie etwa dem Barock oder der Romantik, ist die Klassik keine »Strömung«. Sie ist kein in weiten Dichterkreisen verfolgtes Ideal, sondern bei näherer Betrachtung nur ein Intermezzo, an dem wenige Autoren beteiligt waren.

Dennoch hat die Klassik in höchstem Maß unsere Vorstellung von der Literatur geprägt.

Natürlich steht die Klassik nicht im »luftleeren Raum«, sondern findet ihren Platz im Rahmen einer bestimmten geistes- und kulturgeschichtlichen Entwicklung. Seit der Renaissance wurden in der Kunst immer wieder antike Vorbilder verfolgt. Dies, zusammen mit dem neuen geistigen Bewußtsein infolge der Aufklärung, führt zu einer Kunstauffassung, die Goethe auf die kurze Formel vom »Guten, Wahren und Schönen« bringt.

Damit sind übrigens nicht drei Elemente desselben gemeint, sondern eine Einheit: Das Gute ist immer auch wahr und schön, so wie das Wahre gut und schön und das Schöne gut und wahr ist. – So zumindest das klassische Ideal.

Die Klassik kehrt ab von der sinnlichen Naturverbundenheit des Sturm und Drang. Der klassische Mensch ist ein Mensch des Geistes. Er ist gleichzeitig innerlich frei und an hohe sittliche Maßstäbe gebunden. In der Natur folgt alles einer höheren Ordnung, der auch der Mensch unterworfen ist. Das höchste Ziel der Gesellschaft ist die Humanität. Goethe drückt dies mit seinen berühmten Worten aus: »Edel sei der Mensch, hilfreich und gut.« Das große Vorbild des klassischen Menschen ist vor allem die griechische Antike.

Die Lyrik nimmt in der klassischen Literatur einen besonderen Rang ein. Sie stilisiert die Sprache in hohem Maß. Damit entspricht sie dem Ideal der vollendeten Form. Deshalb sind auch die bedeutenden klassischen Dramen regelmäßig in Versform geschrieben. Der Roman führt dagegen eher ein Schattendasein. Weil er in seiner Form wesentlich freier ist, genießt er bei den Klassikern kein besonders hohes Ansehen. Außerdem gibt es für den Roman kein antikes Vorbild. Die wichtigen Werke der griechischen Antike sind durchweg in Versform abgefaßt. Gleichwohl sollen natürlich die Romane der Klassik, verfaßt von Goethe, Hölderlin und Jean Paul, nicht unerwähnt bleiben.

Wie sehr sich die Vorstellung von Inhalt und Form seit dem Sturm und Drang verändert haben, zeigen zwei Gedichte Goethes, nämlich das in seinen frühen Jahren entstandene »Wanderers Sturmlied« und das aus der klassischen Periode stammende »Wanderlied«. Die erste Strophe aus »Wanderers Sturmlied« lautet:

Wen du nicht verlässest, Genius,
Nicht der Regen, nicht der Sturm
Haucht ihm Schauer übers Herz.
Wen du nicht verlässest, Genius,
Wird dem Regengewölk,
Wird dem Schloßensturm
Entgegensingen,
Wie die Lerche,
Du da droben.

Hier spiegelt sich die wilde Naturverbundenheit des Sturm und Drang wider, das Genialische, das sich jedem Zwang und auch jedem Formkorsett widersetzt. Im groben Gegensatz dazu steht die erste Strophe des »Wanderlieds«:

Von dem Berge zu den Hügeln,
Niederab das Tal entlang,
Da erklingt es wie von Flügeln,
Da bewegt sichs wie Gesang;
Und dem unbedingten Triebe
Folget Freude, folget Rat;
Und dein Streben, sei's in Liebe,
Und dein Leben sei die Tat.

Auch hieraus spricht eine enge Beziehung des Menschen zur Natur. Wie gemäßigt und vernünftig klingen aber doch diese Zeilen, wie ruhig und bedächtig. Begriffe wie Rat, Leben, Tat stehen für die Ordnung und sind für Goethe untrennbar mit der Freude und der Liebe verbunden. Viele vergleichbare Stellen finden sich auch in den Gedichten und Balladen Schillers. Doch ist die klassische Naturverbundenheit Schillers deutlich geringer. Goethes langjähriger Freund rückt in seinen Werken direkter die Vernunft als das Maß aller Dinge und den Ursprung der Ordnung in den Vordergrund, während Goethe die Ordnung der Welt in unzähligen Naturbeschreibungen verschlüsselt wiedergibt (so z. B. in der Ergänzung von Berg und Tal, in der sich im Wasser spiegelnden Sonne oder im Lauf der Gestirne).

Wenngleich auch die anderen klassischen Dichter große Werke der deutschen Literatur geschaffen haben, sind sie doch bei weitem nicht so außerordentlich bedeutend für die Literaturgeschichte wie Goethe und Schiller. Diese beiden Autoren haben nicht nur den klassischen Stil in der Literatur geprägt, sie haben ihn entwickelt.

Von den anderen klassischen Dichtern hat nur Friedrich Hölderlin sich in nennenswerter Weise als Lyriker betätigt. Wir haben deshalb auch von ihm einige Gedichte in unsere Sammlung aufgenommen.

JOHANN WOLFGANG VON GOETHE

JOHANN WOLFGANG VON GOETHE

Johann Wolfgang Goethe wurde am 28. August 1749 als Sohn des Kaiserlichen Rats und Doktors der Rechte Johann Caspar Goethe und seiner Frau Catharina Elisabeth, geb. Textor, in Frankfurt am Main geboren. Von seinem dritten bis zum sechsten Lebensjahr besuchte er eine Spielschule, ehe er unter der Aufsicht seines Vaters privat unterrichtet wurde. Durch sein Elternhaus sammelte Goethe bereits während seiner Kindheit Eindrücke des politischen Zeitgeschehens.

Im Oktober 1765 begann er in Leipzig das Studium der Rechtswissenschaft, das er bis 1768 betrieb. In dieser Zeit prägten den jungen Goethe vielerlei Bekanntschaften, wie etwa die zu dem Zyniker Ernst Wolfgang Behrisch. Bei Adam Friedrich Oeser nahm er Zeichenunterricht. Goethe lernte die Werke Johann Joachim Winckelmanns kennen, den er bald verehrte.

Goethes erste literarische Versuche waren noch deutlich vom Rokoko geprägt. Von herausragender Bedeutung war seine Bekanntschaft mit Annette Käthchen Schönkopf, in die er sich heftig verliebte. Ihr widmete er sein Schäferspiel »Die Laune des Verliebten«, das in den Jahren 1767/68 entstand und seine eifersüchtige Liebe zu ihr beschrieb. 1768 wurde Goethes Studium durch einen Blutsturz unterbrochen. An seinem Geburtstag verließ er Leipzig, um sich in Frankfurt zu kurieren. Seine Genesung dauerte eineinhalb Jahre. Goethe befaßte sich nun mit Pietismus und Mystik, darin bestärkt durch Susanna Katharina von Klettenberg, eine Freundin seiner Mutter, die ihn während seiner langen Krankheit pflegte.

1770 ging Goethe nach Straßburg, wo er die entscheidende Begegnung mit Johann Gottfried Herder hatte, der ihn für den Sturm und Drang gewann. In Straßburg verliebte sich der junge Dichter in die Sesenheimer Pfarrerstochter Friederike Brion, der er seine 1771 entstandenen Gedichte widmete.

Am 6. August 1771 promovierte Goethe zum Lizentiaten der Rechte. Anschließend kehrte er nach Frankfurt zurück, wo er als Rechtsanwalt beim Schöffengericht tätig wurde. Als Praktikant am Reichskammergericht zu Wetzlar lernte er Charlotte Buff kennen und lieben.

In den Jahren 1772 bis 1774 entstanden Goethes bedeutendste Werke des Sturm und Drang. Der »Urfaust«, »Prometheus«, »Mahomet«, »Pilgers Morgenlied«, »Elysium«, vor allem aber »Götz von Berlichingen mit der eisernen Hand« und »Die Leiden des jungen Werthers«, ein Briefroman, der ihn über Nacht zum gefeierten und vielleicht bekanntesten Dichter jener Jahre machte. Das Buch, dessen Held sich das Leben nimmt, zog eine wahre Selbstmordwelle nach sich. Das Vorbild für die weibliche Hauptfigur »Lotte« war Charlotte Buff. Goethe selbst war es später lästig, immer als der Verfasser des »Werther« identifiziert zu werden.

Im April 1775 verlobte sich der inzwischen Fünfundzwanzigjährige mit Lili Schönemann. Kurz darauf reiste er erstmals in die Schweiz, wo er Johann Kaspar Lavater besuchte. Auf dieser Reise entstanden unter anderem sein Gedicht »Auf dem See« und erste Arbeiten am »Egmont«. Bereits im September 1775 löste Goethe wieder sein Verlöbnis und folgte einer Einladung des Herzogs Karl August nach Weimar.

Dort lernte er neben bedeutenden Männern seiner Zeit auch eine Frau kennen, die ihm viel bedeuten sollte: Charlotte von Stein. Seine Beziehung zum erst 18jährigen Herzog entwickelte sich bald zur engen Freundschaft, Goethe wurde in den »Weimarischen Musenhof« aufgenommen – und er entwickelte einen außerordentlichen Arbeitsdrang. Am 11. Juni 1776 trat der junge Dichter in den Weimarer Staatsdienst ein. Geheimer Legationsrat, Chef des Bergbaus, Leiter des Gartenbaus, Direktor für Kriegskommission und Wegebau und Finanzminister, dies waren die Stationen des Beamten Goethe, der seine Karriere mit Talent und Zielstrebigkeit verfolgte.

1776 war auch das Jahr, in dem Goethes Freund Herder an den Weimarer Hof kam. Die beiden wurden schon bald zusammen mit Christoph Martin Wieland die »Drei Weimarer Riesen« genannt. Goethes literarische Produktion jener Jahre litt etwas unter seinem beruflichen Engagement. Immerhin entstanden in dieser Zeit einige seiner schönsten Gedichte. Seine Dramen blieben lange unvollendet. Dafür verfaßte er »Meine Göttin«, »Der Erlkönig« und »Das Göttliche« sowie erstmals im Sinne der Klassik, die »Zueignung«.

Von herausragender Bedeutung für die deutsche Literaturgeschichte wurde Goethes Reise nach Italien in den Jahren 1786 bis 1788. Unter dem intensiven Eindruck der antiken Kunst reifte in dem Dichter das Gedankengut der Klassik heran. Seine bedeutendsten Dramen schrieb oder bearbeitete er in Italien. So brachte er »Iphigenie auf Tauris« in ihre endgültige Form, beendete den »Egmont« und arbeitete an »Faust«, »Torquato Tasso« und »Wilhelm Meister«.

Das Jahr seiner Rückkehr nach Weimar war gekennzeichnet von der beginnenden Liaison mit Christiane Vulpius und dem Bruch mit Charlotte von Stein. Das erste Zusammentreffen mit Schiller in Rudolstadt dagegen war eine Enttäuschung. 1789 kam Goethes Sohn August zur Welt. Er war das erste und einzige überlebende Kind, das der Dichter mit Christiane Vulpius hatte. 1791 übernahm der Dichter die Leitung des Weimarer Hoftheaters, bei der er von 1796 bis 1805 mit Schiller zusammenarbeitete. Im Jahr darauf begleitete er seinen Herzog auf dem Feldzug in Frankreich, auf dem er unter anderem die Kanonade von Valmy und die Belagerung von Mainz miterlebte.

Das Jahr 1794 markiert ebenfalls einen Meilenstein in der künstlerischen Entwicklung Goethes. Zwischen ihm und Schiller begann sich eine rege Freundschaft zu entwickeln, die von gegenseitiger Hochachtung geprägt war. Die anfängliche Abneigung war bald vergessen. Goethes dichterisches Schaffen bekam neuen Antrieb. Bis zu Schillers Tod 1805 herrschte zwischen den beiden Meistern eine enge Beziehung. Goethe verlor mit Friedrich Schiller seinen zeitlebens wichtigsten Kritiker und Förderer. Er wandte sich nach dem Tode Schillers mehr und mehr ab vom klassischen Ideal.

Im Jahr 1806, mit immerhin 57 Jahren, ging der Dichter seine erste und einzige Ehe ein. Seine Gattin wurde Christiane Vulpius, mit der er seit Jahren zusammengelebt hatte. Im Jahr seiner Eheschließung beendete Goethe sein bedeutendstes Drama, den »Faust« (1. Teil), eine Arbeit, die ihn sein ganzes dichterisches Leben lang begleitet hatte.

Christiane Vulpius war nicht die letzte Frau in Goethes Leben. Neben seiner Liebe zu Marianne von Willemer, der er auf einer Reise an den Rhein in den Jahren 1814/15 begegnete, spielte vor allem Ulrike von Levetzow eine Rolle, eine junge Frau von 19 Jahren, um deren Hand er, der inzwischen 74jährige Witwer (Christiane war 1816 gestorben), 1823 anhielt.

Auch schöpferisch war der alte Goethe in den Jahren nach der Jahrhundertwende nicht müde geworden. Viele seiner bedeutendsten Werke entstanden zwischen 1807 und 1831, darunter »Sonette«, die »Wahlverwandtschaften«, »Wilhelm Meisters Wanderjahre«, »Dichtung und Wahrheit«, der von Goethes Liebe zur orientalischen und insbesondere persischen Dichtung geprägte »West-östliche Divan« und »Faust II«.

Der Tod seines Sohnes 1830 traf den Dichter schwer. August hinterließ ihm drei Enkelkinder. Am 22. März 1832 starb Johann Wolfgang von Goethe im Alter von 82 Jahren als einer der angesehendsten Männer seiner Zeit.

Prometheus

Bedecke deinen Himmel, Zeus,
Mit Wolkendunst
Und übe, dem Knaben gleich,
Der Disteln köpft,
An Eichen dich und Bergeshöhn!
Mußt mir meine Erde
Doch lassen stehn
Und meine Hütte, die du nicht gebaut,
Und meinen Herd,
Um dessen Glut
Du mich beneidest.

Ich kenne nichts Ärmeres
Unter der Sonn als euch, Götter!
Ihr nähret kümmerlich
Von Opfersteuern
Und Gebetshauch
Eure Majestät
Und darbtet, wären
Nicht Kinder und Bettler
Hoffnungsvolle Toren.

Da ich ein Kind war,
Nicht wußte, wo aus noch ein,
Kehrt ich mein verirrtes Auge
Zur Sonne, als wenn drüber wär
Ein Ohr, zu hören meine Klage,
Ein Herz wie meins,
Sich des Bedrängten zu erbarmen.
Wer half mir
Wider der Titanen Übermut?
Wer rettete vom Tode mich,
Von Sklaverei?
Hast du nicht alles selbst vollendet,
Heilig glühend Herz?
Und glühtest jung und gut,
Betrogen, Rettungsdank
Dem Schlafenden da droben?

Ich dich ehren? Wofür?
Hast du die Schmerzen gelindert
Je des Beladenen?
Hast du die Tränen gestillet
Je des Geängsteten?
Hat mich nicht zum Manne geschmiedet
Die allmächtige Zeit
Und das ewige Schicksal,
Meine Herrn und deine?

Wähntest du etwa,
Ich sollte das Leben hassen,
In Wüsten fliehen,
Weil nicht alle
Blütenträume reiften?

Hier sitz ich, forme Menschen
Nach meinem Bilde,
Ein Geschlecht, das mir gleich sei,
Zu leiden, zu weinen,
Zu genießen und zu freuen sich,
Und dein nicht zu achten,
Wie ich!

Wanderers Sturmlied

Wen du nicht verlässest, Genius,
Nicht der Regen, nicht der Sturm
Haucht ihm Schauer übers Herz.
Wen du nicht verlässest, Genius,
Wird dem Regengewölk,
Wird dem Schloßensturm
Entgegensingen,
Wie die Lerche,
Du da droben.

Den du nicht verlässest, Genius,
Wirst ihn heben übern Schlammpfad
Mit den Feuerflügeln.
Wandeln wird er
Wie mit Blumenfüßen
Über Deukalions Flutschlamm,
Python tötend, leicht, groß,
Pythius Apollo.

Den du nicht verlässest, Genius,
Wirst die wollnen Flügel unterspreiten,
Wenn er auf dem Felsen schläft,
Wirst mit Hüterfittichen ihn decken
In des Haines Mitternacht.

Wen du nicht verlässest, Genius,
Wirst im Schneegestöber
Wärmumhüllen;
Nach der Wärme ziehn sich Musen,
Nach der Wärme Charitinnen.

Umschwebet mich, ihr Musen,
Ihr Charitinnen!
Das ist Wasser, das ist Erde,
Und der Sohn des Wassers und der Erde,
Über den ich wandle
Göttergleich.

Ihr seid rein wie das Herz der Wasser,
Ihr seid rein wie das Mark der Erde,
Ihr umschwebt mich, und ich schwebe
Über Wasser, über Erde,
Göttergleich.
Soll der zurückkehren,
Der kleine, schwarze, feurige Bauer?
Soll der zurückkehren, erwartend
Nur deine Gaben, Vater Bromius,
Und helleuchtend, umwärmend Feuer?
Der kehren mutig?
Und ich, den ihr begleitet,
Musen und Charitinnen alle,
Den alles erwartet, was ihr,
Musen und Charitinnen,
Umkränzende Seligkeit,
Rings ums Leben verherrlicht habt,
Soll mutlos kehren?

Vater Bromius!
Du bist Genius,
Jahrhunderts Genius,
Bist, was innre Glut
Pindarn war,
Was der Welt
Phöbus Apoll ist.

Weh! Weh! Innre Wärme,
Seelenwärme,
Mittelpunkt!
Glüh entgegen
Phöb Apollen!
Kalt wird sonst
Sein Fürstenblick
Über dich vorübergleiten,
Neidgetroffen
Auf der Zeder Kraft verweilen,
Die zu grünen
Sein nicht harrt.

Warum nennt mein Lied dich zuletzt?
Dich, von dem es begann,
Dich, in dem es endet,
Dich, aus dem es quillt,
Jupiter Pluvius!
Dich, dich strömt mein Lied,
Und kastalischer Quell
Rinnt ein Nebenbach,
Rinnet Müßigen,
Sterblich Glücklichen
Abseits von dir,
Der du mich fassend deckst,
Jupiter Pluvius!

Nicht am Ulmenbaum
Hast du ihn besucht,
Mit dem Taubenpaar
In dem zärtlichen Arm,
Mit der freundlichen Ros umkränzt,
Tändelnden ihn, blumenglücklichen
Anakreon,
Sturmatmende Gottheit!

Nicht im Pappelwald
An des Sybaris Strand,
An des Gebirgs
Sonnebeglänzter Stirn nicht
Faßtest du ihn,
Den Blumen-singenden,
Honig-lallenden,
Freundlich winkenden
Theokrit.

Wenn die Räder rasselten,
Rad an Rad rasch ums Ziel weg,
Hoch flog
Siegdurchglühter
Jünglinge Peitschenknall,
Und sich Staub wälzt',
Wie vom Gebirg herab
Kieselwetter ins Tal,
Glühte deine Seele Gefahren, Pindar,
Mut. – Glühte? –
Armes Herz!
Dort auf dem Hügel,
Himmlische Macht!
Nur so viel Glut,
Dort meine Hütte,
Dorthin zu waten!

Mahomets Gesang

Seht den Felsenquell,
Freudehell,
Wie ein Sternenblick!
Über Wolken
Nährten seine Jugend
Gute Geister
Zwischen Klippen im Gebüsch.

Jünglingfrisch
Tanzt er aus der Wolke
Auf die Marmorfelsen nieder,
Jauchzet wieder
Nach dem Himmel.

Durch die Gipfelgänge
Jagt er bunten Kieseln nach,
Und mit frühem Führertritt
Reißt er seine Bruderquellen
Mit sich fort.

Drunten werden in dem Tal
Unter seinem Fußtritt Blumen,
Und die Wiese

Labt von seinem Hauch.
Doch ihn hält kein Schattental,
Keine Blumen,
Die ihm seine Knie umschlingen,
Ihm mit Liebes-Augen schmeicheln:
Nach der Ebne dringt sein Lauf
Schlangenwandelnd.

Bäche schmiegen
Sich gesellig an. Nun tritt er
In die Ebne silberprangend,
Und die Ebne prangt mit ihm,
Und die Flüsse von der Ebne
Und die Bäche von den Bergen
Jauchzen ihm und rufen: Bruder!
Bruder, nimm die Brüder mit,
Mit zu deinem alten Vater,
Zu dem ewgen Ozean,
Der mit ausgespannten Armen
Unser wartet,
Die sich, ach! vergebens öffnen,
Seine Sehnenden zu fassen;
Denn uns frißt in öder Wüste
Gierger Sand; die Sonne droben
Saugt an unserm Blut; ein Hügel
Hemmet uns zum Teiche! Bruder,
Nimm die Brüder von der Ebne,
Nimm die Brüder von den Bergen
Mit, zu deinem Vater mit!

Kommt ihr alle! –
Und nun schwillt er
Herrlicher; ein ganz Geschlechte
Trägt den Fürsten hoch empor!
Und im rollenden Triumphe
Gibt er Ländern Namen, Städte
Werden unter seinem Fuß.

Unaufhaltsam rauscht er weiter,
Läßt der Türme Flammengipfel,
Marmorhäuser, eine Schöpfung
Seiner Fülle, hinter sich.

Zedernhäuser trägt der Atlas
Auf den Riesenschultern; sausend
Wehen über seinem Haupte
Tausend Flaggen durch die Lüfte,
Zeugen seiner Herrlichkeit.

Und so trägt er seine Brüder,
Seine Schätze, seine Kinder
Dem erwartenden Erzeuger
Freudebrausend an das Herz!

AN SCHWAGER KRONOS

Spude dich, Kronos!
Fort den rasselnden Trott!
Bergab gleitet der Weg;
Ekles Schwindeln zögert
Mir vor die Stirne dein Haudern.
Frisch, holpert es gleich,
Über Stock und Steine den Trott
Rasch ins Leben hinein!
Nun schon wieder
Den eratmenden Schritt
Mühsam Berg hinauf!
Auf denn! nicht träge denn!
Strebend und hoffend hinan!

Weit, hoch, herrlich der Blick
Rings ins Leben hinein!
Vom Gebirg zum Gebirg
Schwebet der ewige Geist,
Ewigen Lebens ahndevoll.

Seitwärts des Überdachs Schatten
Zieht dich an
Und ein Frischung verheißender Blick
Auf der Schwelle des Mädchens da.
Labe dich! – Mir auch, Mädchen,
Diesen schäumenden Trank,
Diesen frischen Gesundheitsblick!

Ab denn, rascher hinab!
Sieh, die Sonne sinkt!

Eh sie sinkt, eh mich Greisen
Ergreift im Moore Nebelduft,
Entzahnte Kiefer schnattern
Und das schlotternde Gebein:

Trunknen vom letzten Strahl
Reiß mich, ein Feuermeer
Mir im schäumenden Aug,
Mich Geblendeten, Taumelnden
In der Hölle nächtliches Tor!

Töne, Schwager, ins Horn,
Raßle den schallenden Trab,
Daß der Orkus vernehme: wir kommen!
Daß gleich an der Türe
Der Wirt uns freundlich empfange!

HEIDERÖSLEIN

Sah ein Knab ein Röslein stehn,
Röslein auf der Heiden,
War so jung und morgenschön,
Lief er schnell, es nah zu sehn,
Sahs mit vielen Freuden.
Röslein, Röslein, Röslein rot,
Röslein auf der Heiden.

Knabe sprach: Ich breche dich,
Röslein auf der Heiden!
Röslein sprach: Ich steche dich,
Daß du ewig denkst an mich,
Und ich wills nicht leiden.
Röslein, Röslein, Röslein rot,
Röslein auf der Heiden.

Und der wilde Knabe brach
's Röslein auf der Heiden;
Röslein wehrte sich und stach,
Half ihm doch kein Weh und Ach,
Mußt es eben leiden.
Röslein, Röslein, Röslein rot,
Röslein auf der Heiden.

MAILIED

Wie herrlich leuchtet
Mir die Natur!
Wie glänzt die Sonne!
Wie lacht die Flur!

Es dringen Blüten
Aus jedem Zweig
Und tausend Stimmen
Aus dem Gesträuch,

Und Freud und Wonne
Aus jeder Brust.
O Erd, o Sonne!
O Glück, o Lust!

O Lieb, o Liebe!
So golden schön,
Wie Morgenwolken
Auf jenen Höhn!

Du segnest herrlich
Das frische Feld,
Im Blütendampfe
Die volle Welt.

O Mädchen, Mädchen,
Wie lieb ich dich!
Wie blickt mein Auge!
Wie liebst du mich!

So liebt die Lerche
Gesang und Luft,
Und Morgenblumen
Den Himmelsduft,

Wie ich dich liebe
Mit warmem Blut,
Die du mir Jugend
Und Freud und Mut

Zu neuen Liedern
Und Tänzen gibst.

Sei ewig glücklich,
Wie du mich liebst!

DIE SCHÖNE NACHT

Nun verlaß ich diese Hütte,
Meiner Liebsten Aufenthalt,
Wandle mit verhülltem Schritte
Durch den öden finstern Wald.
Luna bricht durch Busch und Eichen,
Zephir meldet ihren Lauf,
Und die Birken streun mit Neigen
Ihr den süßten Weihrauch auf.

Wie ergötz ich mich im Kühlen
Dieser schönen Sommernacht!
O wie still ist hier zu fühlen,
Was die Seele glücklich macht!
Läßt sich kaum die Wonne fassen!
Und doch wollt ich, Himmel, dir
Tausend solcher Nächte lassen,
Gäb mein Mädchen Eine mir.

NEUE LIEBE NEUES LEBEN

Herz, mein Herz, was soll das geben?
Was bedränget dich so sehr?
Welch ein fremdes, neues Leben!
Ich erkenne dich nicht mehr.
Weg ist alles, was du liebtest,
Weg, warum du dich betrübtest,
Weg dein Fleiß und deine Ruh —
Ach, wie kamst du nur dazu!

Fesselt dich die Jugendblüte,
Diese liebliche Gestalt,
Dieser Blick voll Treu und Güte

Mit unendlicher Gewalt?
Will ich rasch mich ihr entziehen,
Mich ermannen, ihr entfliehen,
Führet mich im Augenblick,
Ach, mein Weg zu ihr zurück.

Und an diesem Zauberfädchen,
Das sich nicht zerreißen läßt,
Hält das liebe, lose Mädchen
Mich so wider Willen fest;
Muß in ihrem Zauberkreise
Leben nun auf ihre Weise.
Die Verändrung, ach, wie groß!
Liebe! Liebe! laß mich los!

LIEBHABER IN
ALLEN GESTALTEN

Ich wollt, ich wär ein Fisch,
So hurtig und frisch;
Und kämst du zu anglen,
Ich würde nicht manglen.
Ich wollt, ich wär ein Fisch,
So hurtig und frisch.

Ich wollt, ich wär ein Pferd,
Da wär ich dir wert.
O wär ich ein Wagen,
Bequem dich zu tragen.
Ich wollt, ich wär ein Pferd,
Da wär ich dir wert.

Ich wollt, ich wäre Gold,
Dir immer im Sold;
Und tätst du was kaufen,
Käm ich wieder gelaufen.
Ich wollt, ich wäre Gold,
Dir immer im Sold.

Ich wollt, ich wär treu,
Mein Liebchen stets neu;

Ich wollt mich verheißen,
Wollt nimmer verreisen.
Ich wollt, ich wär treu,
Mein Liebchen stets neu.

Ich wollt, ich wär alt
Und runzlig und kalt;
Tätst du mirs versagen,
Da könnt michs nicht plagen.
Ich wollt, ich wär alt
Und runzlig und kalt.

Wär ich Affe sogleich
Voll neckender Streich;
Hätt was ich verdrossen,
So macht ich dir Possen.
Wär ich Affe sogleich
Voll neckender Streich.

Wär ich gut wie ein Schaf,
Wie der Löwe so brav;
Hätt Augen wie's Lüchschen
Und Listen wie's Füchschen.
Wär ich gut wie ein Schaf,
Wie der Löwe so brav.

Was alles ich wär,
Das gönnt ich dir sehr;
Mit fürstlichen Gaben,
Du solltest mich haben.
Was alles ich wär,
Das gönnt ich dir sehr.

Doch bin ich, wie ich bin,
Und nimm mich nur hin!
Willst du Beßre besitzen,
So laß dir sie schnitzen.
Ich bin nun, wie ich bin;
So nimm mich nur hin!

AUF DEM SEE

Und frische Nahrung, neues Blut
Saug ich aus freier Welt;
Wie ist Natur so hold und gut,
Die mich am Busen hält!
Die Welle wieget unsern Kahn
Im Rudertakt hinauf,
Und Berge, wolkig himmelan,
Begegnen unserm Lauf.

Aug, mein Aug, was sinkst du nieder?
Goldne Träume, kommt ihr wieder?
Weg, du Traum! so gold du bist;
Hier auch Lieb und Leben ist.

Auf der Welle blinken
Tausend schwebende Sterne,
Weiche Nebel trinken
Rings die türmende Ferne;
Morgenwind umflügelt
Die beschattete Bucht,
Und im See bespiegelt
Sie die reifende Frucht.

AMOR ALS LANDSCHAFTSMALER

Saß ich früh auf einer Felsenspitze,
Sah mit starren Augen in den Nebel;
Wie ein grau grundiertes Tuch gespannet,
Deckt' er alles in die Breit und Höhe.

Stellt' ein Knabe sich mir an die Seite,
Sagte: Lieber Freund, wie magst du starrend
Auf das leere Tuch gelassen schauen?
Hast du denn zum Malen und zum Bilden
Alle Lust auf ewig wohl verloren?

Sah ich an das Kind und dachte heimlich!
Will das Bübchen doch den Meister machen!

Willst du immer trüb und müßig bleiben,
Sprach der Knabe, kann nichts Kluges werden;
Sieh, ich will dir gleich ein Bildchen malen,
Dich ein hübsches Bildchen malen lehren.

Und er richtete den Zeigefinger,
Der so rötlich war wie eine Rose,
Nach dem weiten ausgespannten Teppich,
Fing mit seinem Finger an zu zeichnen.

Oben malt' er eine schöne Sonne,
Die mir in die Augen mächtig glänzte,
Und den Saum der Wolken macht' er golden,
Ließ die Strahlen durch die Wolken dringen;
Malte dann die zarten leichten Wipfel
Frisch erquickter Bäume, zog die Hügel,
Einen nach dem andern, frei dahinter;
Unten ließ ers nicht an Wasser fehlen,
Zeichnete den Fluß so ganz natürlich,
Daß er schien im Sonnenstrahl zu glitzern,
Daß er schien am hohen Rand zu rauschen.

Ach, da standen Blumen an dem Flusse,
Und da waren Farben auf der Wiese,
Gold und Schmelz und Purpur und ein Grünes,
Alles wie Smaragd und wie Karfunkel!
Hell und rein lasiert' er drauf den Himmel
Und die blauen Berge fern und ferner,
Daß ich, ganz entzückt und neugeboren,
Bald den Maler, bald das Bild beschaute.

Hab ich doch, so sagt' er, dir bewiesen,
Daß ich dieses Handwerk gut verstehe;
Doch es ist das Schwerste noch zurücke.

Zeichnete darnach mit spitzem Finger
Und mit großer Sorgfalt an dem Wäldchen,
Grad ans Ende, wo die Sonne kräftig
Von dem hellen Boden wiederglänzte,
Zeichnete das allerliebste Mädchen,
Wohlgebildet, zierlich angekleidet,
Frische Wangen unter braunen Haaren,
Und die Wangen waren von der Farbe
Wie das Fingerchen, das sie gebildet.

O du Knabe! rief ich, welch ein Meister
Hat in seine Schule dich genommen,
Daß du so geschwind und so natürlich
Alles klug beginnst und gut vollendest?

Da ich noch so rede, sieh, da rühret
Sich ein Windchen und bewegt die Gipfel,
Kräuselt alle Wellen auf dem Flusse,
Füllt den Schleier des vollkommnen Mädchens
Und, was mich Erstaunten mehr erstaunte,
Fängt das Mädchen an, den Fuß zu rühren,
Geht zu kommen, nähert sich dem Orte,
Wo ich mit dem losen Lehrer sitze.

Da nun alles, alles sich bewegte,
Bäume, Fluß und Blumen und der Schleier
Und der zarte Fuß der Allerschönsten,
Glaubt ihr wohl, ich sei auf meinem Felsen
Wie ein Felsen still und fest geblieben?

MIR SCHLUG DAS HERZ

Mir schlug das Herz; geschwind zu Pferde,
Und fort, wild, wie ein Held zur Schlacht!
Der Abend wiegte schon die Erde,
Und an den Bergen hing die Nacht;
Schon stund im Nebelkleid die Eiche,
Ein aufgetürmter Riese, da
Wo Finsternis aus dem Gesträuche
Mit hundert schwarzen Augen sah.

Der Mond von seinem Wolkenhügel
Schien kläglich aus dem Duft hervor;
Die Winde schwangen leise Flügel,
Umsausten schauerlich mein Ohr;
Die Nacht schuf tausend Ungeheuer –
Doch tausendfacher war mein Mut;
Mein Geist war ein verzehrend Feuer,
Mein ganzes Herz zerfloß in Glut.

Ich sah dich, und die milde Freude
Floß aus dem süßen Blick auf mich.

Ganz war mein Herz an deiner Seite,
Und jeder Atemzug für dich.
Ein rosenfarbes Frühlingswetter
Lag auf dem lieblichen Gesicht,
Und Zärtlichkeit für mich, ihr Götter!
Ich hofft' es, ich verdient' es nicht.

Der Abschied, wie bedrängt, wie trübe!
Aus deinen Blicken sprach dein Herz.
In deinen Küssen, welche Liebe,
O welche Wonne, welcher Schmerz!
Du gingst, ich stund, und sah zur Erden,
Und sah dir nach mit nassem Blick;
Und doch, welch Glück! geliebt zu werden,
Und lieben, Götter, welch ein Glück.

RASTLOSE LIEBE

Dem Schnee, dem Regen,
Dem Wind entgegen,
Im Dampf der Klüfte,
Durch Nebeldüfte,
Immer zu! Immer zu!
Ohne Rast und Ruh!

Lieber durch Leiden
Möcht ich mich schlagen,
Als so viel Freuden
Des Lebens ertragen.
Alle das Neigen
Von Herzen zu Herzen,
Ach, wie so eigen
Schaffet das Schmerzen!

Wie soll ich fliehen?
Wälderwärts ziehen?
Alles vergebens!
Krone des Lebens,
Glück ohne Ruh,
Liebe, bist du!

ACH, WIE BIST DU MIR

Ach, wie bist du mir,
Wie bin ich dir geblieben!
Nein, an der Wahrheit
Verzweifl ich nicht mehr.

Ach, wenn du da bist,
Fühl ich, ich soll dich nicht lieben;
Ach, wenn du fern bist,
Fühl ich, ich lieb dich so sehr.

AN DEN MOND

Füllest du wieder 's liebe Tal
Still mit Nebelglanz,
Lösest endlich auch einmal
Meine Seele ganz;

Breitest über mein Gefild
Lindernd deinen Blick,
Wie der Liebsten Augen mild
Über mein Geschick.

Das du so beweglich kennst,
Dieses Herz im Brand,
Haltet ihr wie ein Gespenst
An den Fluß gebannt,

Wenn in öder Winternacht
Er vom Tode schwillt
Und bei Frühlingslebens Pracht
An den Knospen quillt.

Selig, wer sich vor der Welt
Ohne Haß verschließt,
Einen Mann am Busen hält
Und mit dem genießt,

Was, dem Menschen unbewußt
Oder wohl veracht,

Durch das Labyrinth der Brust
Wandelt in der Nacht.

ERLKÖNIG

Wer reitet so spät durch Nacht und Wind?
Es ist der Vater mit seinem Kind;
Er hat den Knaben wohl in dem Arm,
Er faßt ihn sicher, er hält ihn warm.

Mein Sohn, was birgst du so bang dein
Gesicht? –
Siehst, Vater, du den Erlkönig nicht?
Den Erlenkönig mit Kron und Schweif? –
Mein Sohn, es ist ein Nebelstreif.

»Du liebes Kind, komm, geh mit mir!
Gar schöne Spiele spiel ich mit dir;
Manch bunte Blumen sind an dem Strand,
Meine Mutter hat manch gülden Gewand.«

Mein Vater, mein Vater, und hörest du nicht,
Was Erlenkönig mir leise verspricht? –
Sei ruhig, bleibe ruhig, mein Kind;
In dürren Blättern säuselt der Wind. –

»Willst, feiner Knabe, du mit mir gehn?
Meine Tochter sollen dich warten schön;
Meine Töchter führen den nächtlichen Reihn,
Und wiegen und tanzen und singen dich ein.«

Mein Vater, mein Vater, und siehst du nicht
dort
Erlkönigs Töchter am düstern Ort? –
Mein Sohn, mein Sohn, ich seh es genau:
Es scheinen die alten Weiden so grau. –

»Ich liebe dich, mich reizt deine schöne Gestalt;
Und bist du nicht willig, so brauch ich Gewalt.«
Mein Vater, mein Vater, jetzt faßt er mich an!
Erlkönig hat mir ein Leids getan! –

Dem Vater grausets, er reitet geschwind,
Er hält in den Armen das ächzende Kind,
Erreicht den Hof mit Müh und Not;
In seinen Armen das Kind war tot.

FREUDEN DES JUNGEN WERTHERS

Ein junger Mensch, ich weiß nicht, wie,
Starb einst an der Hypochondrie
Und ward denn auch begraben.
Da kam ein schöner Geist herbei,
Der hatte seinen Stuhlgang frei,
Wie's denn so Leute haben.
Der setzt' notdürftig sich aufs Grab
Und legte da sein Häuflein ab,
Beschaute freundlich seinen Dreck,
Ging wohl eratmet wieder weg
Und sprach zu sich bedächtiglich:
»Der gute Mensch, wie hat er sich verdorben!
Hätt er geschissen so wie ich,
Er wäre nicht gestorben!«

GLÜCKLICHE FAHRT

Die Nebel zerreißen,
Der Himmel ist helle,
Und Äolus löset
Das ängstliche Band.
Es säuseln die Winde,
Es rührt sich der Schiffer.
Geschwinde! Geschwinde!
Es teilt sich die Welle,
Es naht sich die Ferne;
Schon seh ich das Land!

DER RATTENFÄNGER

Ich bin der wohlbekannte Sänger,
Der vielgereiste Rattenfänger,
Den diese altberühmte Stadt
Gewiß besonders nötig hat.
Und wärens Ratten noch so viele,
Und wären Wiesel mit im Spiele,
Von allen säubr ich diesen Ort,
Sie müssen miteinander fort.

Dann ist der gut gelaunte Sänger
Mitunter auch ein Kinderfänger,
Der selbst die wildesten bezwingt,
Wenn er die goldnen Märchen singt.
Und wären Knaben noch so trutzig,
Und wären Mädchen noch so stutzig,
In meine Saiten greif ich ein,
Sie müssen alle hintendrein.

Dann ist der vielgewandte Sänger
Gelegentlich ein Mädchenfänger;
In keinem Städtchen langt er an,
Wo ers nicht mancher angetan.
Und wären Mädchen noch so blöde,
Und wären Weiber noch so spröde,
Doch allen wird so liebebang
Bei Zaubersaiten und Gesang.

(Von Anfang)

WANDRERS NACHTLIED

Der du von dem Himmel bist,
Alles Leid und Schmerzen stillest,
Den, der doppelt elend ist,
Doppelt mit Erquickung füllest,
Ach, ich bin des Treibens müde!
Was soll all der Schmerz und Lust?
Süßer Friede,
Komm, ach komm in meine Brust!

KÜNSTLERS ABENDLIED

Ach, daß die innre Schöpfungskraft
Durch meinen Sinn erschölle!
Daß eine Bildung voller Saft
Aus meinen Fingern quölle!

Ich zittre nur, ich stottre nur,
Und kann es doch nicht lassen;
Ich fühl, ich kenne dich, Natur,
Und so muß ich dich fassen.

Bedenk ich dann, wie manches Jahr
Sich schon mein Sinn erschließet,
Wie er, wo dürre Heide war,
Nun Freudenquell genießet;

Wie sehn ich mich, Natur, nach dir,
Dich treu und lieb zu fühlen!
Ein lustger Springbrunn wirst du mir
Aus tausend Röhren spielen.

Wirst alle meine Kräfte mir
In meinem Sinn erheitern
Und dieses enge Dasein hier
Zur Ewigkeit erweitern.

AN DEN SCHLAF

Der du mit deinem Mohne
Selbst Götteraugen zwingst,
Und Bettler oft zum Throne,
Zum Mädchen Schäfer bringst,
Vernimm: Kein Traumgespinste
Verlang ich heut von dir,
Den größten deiner Dienste,
Geliebter, leiste mir.

An meines Mädchens Seite
Sitz ich, ihr Aug spricht Lust,
Und unter neidscher Seide
Steigt fühlbar ihre Brust;
Oft hatte meinen Küssen
Sie Amor zugebracht,
Dies Glück muß ich vermissen,
Die strenge Mutter wacht.

Am Abend triffst du wieder
Mich dort, o tritt herein,
Sprüh Mohn von dem Gefieder,
Da schlaf die Mutter ein:
Bei blassem Lichterscheinen
Von Lieb Annette warm
Sink, wie Mama in deinen,
In meinen giergen Arm.

GLEICH UND GLEICH

Ein Blumenglöckchen
Vom Boden hervor
War früh gesprosset
In lieblichem Flor;
Da kam ein Bienchen
Und naschte fein: –
Die müssen wohl beide
Füreinander sein.

GEGENWART

Alles kündet dich an!
Erscheinet die herrliche Sonne,
Folgst du, so hoff ich es, bald.

Trittst du im Garten hervor,
So bist du die Rose der Rosen,
Lilie der Lilien zugleich.

Wenn du im Tanze dich regst,
So regen sich alle Gestirne
Mit dir und um dich umher.

Nacht! und so wär es denn Nacht!
Nun überscheinst du des Mondes
Lieblichen, ladenden Glanz.

Ladend und lieblich bist du,
Und Blumen, Mond und Gestirne
Huldigen, Sonne, nur dir.

Sonne! so sei du auch mir
Die Schöpferin herrlicher Tage;
Leben und Ewigkeit ists.

ZUEIGNUNG

Der Morgen kam; es scheuchten seine Tritte
Den leisen Schlaf, der mich gelind umfing,
Daß ich, erwacht, aus meiner stillen Hütte
Den Berg hinauf mit frischer Seele ging;
Ich freute mich bei einem jeden Schritte
Der neuen Blume, die voll Tropfen hing;
Der junge Tag erhob sich mit Entzücken,
Und alles war erquickt, mich zu erquicken.

Und wie ich stieg, zog von dem Fluß der Wiesen
Ein Nebel sich in Streifen sacht hervor;
Er wich und wechselte, mich zu umfließen,
Und wuchs geflügelt mir ums Haupt empor:
Des schönen Blicks sollt ich nicht mehr
genießen,
Die Gegend deckte mir ein trüber Flor;
Bald sah ich mich von Wolken wie umgossen
Und mit mir selbst in Dämmrung
eingeschlossen.

Auf einmal schien die Sonne durchzudringen,
Im Nebel ließ sich eine Klarheit sehn.
Hier sank er, leise sich hinabzuschwingen,
Hier teilt' er steigend sich um Wald und Höhn.
Wie hofft ich ihr den ersten Gruß zu bringen!
Sie hofft ich nach der Trübe doppelt schön.
Der luftge Kampf war lange nicht vollendet,
Ein Glanz umgab mich, und ich stand
geblendet.

Bald machte mich, die Augen aufzuschlagen,
Ein innrer Trieb des Herzens wieder kühn,
Ich konnt es nur mit schnellen Blicken wagen,
Denn alles schien zu brennen und zu glühn.
Da schwebte, mit den Wolken hergetragen,
Ein göttlich Weib vor meinen Augen hin,
Kein schöner Bild sah ich in meinem Leben,
Sie sah mich an und blieb verweilend schweben.

Kennst du mich nicht? sprach sie mit
einem Munde
Dem aller Lieb und Treue Ton entfloß:
Erkennst du mich, die ich in manche Wunde
Des Lebens dir den reinsten Balsam goß?
Du kennst mich wohl, an die, zu ewgem
Bunde,
Dein strebend Herz sich fest und fester schloß.
Sah ich dich nicht mit heißen Herzenstränen
Als Knabe schon nach mir dich eifrig sehnen?

Ja! rief ich aus, indem ich selig nieder
Zur Erde sank, lang hab ich dich gefühlt;
Du gabst mir Ruh, wenn durch die jungen
Glieder
Die Leidenschaft sich rastlos durchgewühlt;
Du hast mir wie mit himmlischem Gefieder
Am heißen Tag die Stirne sanft gekühlt;
Du schenktest mir der Erde beste Gaben,
Und jedes Glück will ich durch dich nur
haben!

Dich nenn ich nicht. Zwar hör ich dich
von vielen
Gar oft genannt, und jeder heißt dich *sein*,
Ein jedes Auge glaubt auf dich zu zielen,
Fast jedem Auge wird dein Strahl zur Pein.
Ach, da ich irrte, hatt ich viel Gespielen,
Da ich dich kenne, bin ich fast allein;
Ich muß mein Glück nur mit mir selbst
genießen,
Dein holdes Licht verdecken und verschließen.

Sie lächelte, sie sprach: Du siehst, wie klug,
Wie nötig wars, euch wenig zu enthüllen!

Kaum bist du sicher vor dem gröbsten Trug,
Kaum bist du Herr vom ersten Kinderwillen,
So glaubst du dich schon Übermensch genug,
Versäumst die Pflicht des Mannes zu erfüllen!
Wieviel bist du von andern unterschieden?
Erkenne dich, leb mit der Welt in Frieden!

Verzeih mir, rief ich aus, ich meint es gut;
Soll ich umsonst die Augen offen haben?
Ein froher Wille lebt in meinem Blut,
Ich kenne ganz den Wert von deinen Gaben!
Für andre wächst in mir das edle Gut,
Ich kann und will das Pfund nicht mehr
                                    vergraben!
Warum sucht ich den Weg so sehnsuchtsvoll,
Wenn ich ihn nicht den Brüdern zeigen soll?

Und wie ich sprach, sah mich das hohe Wesen
Mit einem Blick mitleidger Nachsicht an;
Ich konnte mich in ihrem Auge lesen,
Was ich verfehlt und was ich recht getan.
Sie lächelte, da war ich schon genesen,
Zu neuen Freuden stieg mein Geist heran;
Ich konnte nun mit innigem Vertrauen
Mich zu ihr nahn und ihre Nähe schauen.

Da reckte sie die Hand aus in die Streifen
Der leichten Wolken und des Dufts umher;
Wie sie ihn faßte, ließ er sich ergreifen,
Er ließ sich ziehn, es war kein Nebel mehr.
Mein Auge konnt im Tale wieder schweifen,
Gen Himmel blickt ich, er war hell und hehr.
Nur sah ich sie den reinsten Schleier halten,
Er floß um sie und schwoll in tausend Falten.

Ich kenne dich, ich kenne deine Schwächen,
Ich weiß, was Gutes in dir lebt und glimmt!
— So sagte sie, ich hör sie ewig sprechen, —
Empfange hier, was ich dir lang bestimmt!
Dem Glücklichen kann es an nichts gebrechen,
Der dies Geschenk mit stiller Seele nimmt:
Aus Morgenduft gewebt und Sonnenklarheit,
Der Dichtung Schleier aus der Hand
                                    der Wahrheit.

Und wenn es dir und deinen Freunden schwüle
Am Mittag wird, so wird ihn in die Luft!
Sogleich umsäuselt Abendwindes Kühle,
Umhaucht euch Blumen-Würzgeruch
                                    und Duft.
Es schweigt das Wehen banger Erdgefühle,
Zum Wolkenbette wandelt sich die Gruft,
Besänftiget wird jede Lebenswelle,
Der Tag wird lieblich, und die Nacht wird helle.

So kommt denn, Freunde, wenn auf euren
                                    Wegen
Des Lebens Bürde schwer und schwerer drückt,
Wenn eure Bahn ein frischerneuter Segen
Mit Blumen ziert, mit goldnen Früchten
                                    schmückt,
Wir gehn vereint dem nächsten Tag entgegen!
So leben wir, so wandeln wir beglückt.
Und dann auch soll, wenn Enkel um uns
                                    trauern,
Zu ihrer Lust noch unsre Liebe dauern.

DAS GÖTTLICHE

Edel sei der Mensch,
Hilfreich und gut!
Denn das allein
Unterscheidet ihn
Von allen Wesen,
Die wir kennen.

Heil den unbekannten
Höhern Wesen,
Die wir ahnen!
Ihnen gleiche der Mensch;
Sein Beispiel lehr uns
Jene glauben.

Denn unfühlend
Ist die Natur:
Er leuchtet die Sonne
Über Bös' und Gute,

Und dem Verbrecher
Glänzen wie dem Besten
Der Mond und die Sterne.

Wind und Ströme,
Donner und Hagel
Rauschen ihren Weg
Und ergreifen
Vorüber eilend
Einen um den andern.

Auch so das Glück
Tappt unter die Menge,
Faßt bald des Knaben
Lockige Unschuld,
Bald auch den kahlen
Schuldigen Scheitel.

Nach ewigen, ehrnen,
Großen Gesetzen
Müssen wir alle
Unseres Daseins
Kreise vollenden.

Nur allein der Mensch
Vermag das Unmögliche:
Er unterscheidet,
Wählet und richtet;
Er kann dem Augenblick
Dauer verleihen.

Er allein darf
Den Guten lohnen,
Den Bösen strafen,
Heilen und retten,
Alles Irrende, Schweifende
Nützlich verbinden.

Und wir verehren
Die Unsterblichen,
Als wären sie Menschen,
Täten im Großen,
Was der Beste im Kleinen
Tut oder möchte.

Der edle Mensch
Sei hilfreich und gut!
Unermüdet schaff er
Das Nützliche, Rechte,
Sei uns ein Vorbild
Jener geahneten Wesen!

EINS UND ALLES

Im Grenzenlosen sich zu finden,
Wird gern der einzelne verschwinden,
Da löst sich aller Überdruß;
Statt heißem Wünschen, wildem Wollen,
Statt lästgem Fordern, strengem Sollen
Sich aufzugeben ist Genuß.

Weltseele, komm, uns zu durchdringen!
Dann mit dem Weltgeist selbst zu ringen,
Wird unsrer Kräfte Hochberuf.
Teilnehmend führen gute Geister,
Gelinde leitend höchste Meister
Zu dem, der alles schafft und schuf.

Und umzuschaffen das Geschaffne,
Damit sichs nicht zum Starren waffne,
Wirkt ewiges, lebendiges Tun.
Und was nicht war, nun will es werden
Zu reinen Sonnen, farbigen Erden;
In keinem Falle darf es ruhn.

Es soll sich regen, schaffend handeln,
Erst sich gestalten, dann verwandeln;
Nur scheinbar stehts Momente still.
Das Ewige regt sich fort in allen:
Denn alles muß in Nichts zerfallen,
Wenn es im Sein beharren will.

INS WEITE

Das geht so fröhlich
Ins Allgemeine!
Ist leicht und selig,
Als wärs auch reine.
Sie wissen gar nichts
Von stillen Riffen;
Und wie sie schiffen,
Die lieben Heitern,
Sie werden wie gar nichts
Zusammen scheitern.

GRABSCHRIFT

Als Knabe verschlossen und trutzig,
Als Jüngling anmaßlich und stutzig,
Als Mann zu Taten willig,
Als Greis leichtsinnig und grillig! –
Auf deinem Grabstein wird man lesen:
Das ist fürwahr ein Mensch gewesen.

DER ZAUBERLEHRLING

Hat der alte Hexenmeister
Sich doch einmal wegbegeben!
Und nun sollen seine Geister
Auch nach meinem Willen leben.
Seine Wort' und Werke
Merkt ich und den Brauch,
Und mit Geistesstärke
Tu ich Wunder auch.

   Walle! walle
   Manche Strecke,
   Daß, zum Zwecke,
   Wasser fließe
   Und mit reichem, vollem Schwalle
   Zu dem Bade sich ergieße.

Und nun komm, du alter Besen!
Nimm die schlechten Lumpenhüllen;
Bist schon lange Knecht gewesen:
Nun erfülle meinen Willen!
Auf zwei Beinen stehe,
Oben sei ein Kopf,
Eile nun und gehe
Mit dem Wassertopf!

   Walle! walle
   Manche Strecke,
   Daß, zum Zwecke,
   Wasser fließe
   Und mit reichem, vollem Schwalle
   Zu dem Bade sich ergieße.

Seht, er läuft zum Ufer nieder,
Wahrlich! ist schon an dem Flusse,
Und mit Blitzesschnelle wieder
Ist er hier mit raschem Gusse.
Schon zum zweiten Male!
Wie das Becken schwillt!
Wie sich jede Schale
Voll mit Wasser füllt!

   Stehe! stehe!
   Denn wir haben
   Deiner Gaben
   Vollgemessen! –
   Ach, ich merk es! Wehe! wehe!
   Hab ich doch das Wort vergessen!

Ach, das Wort, worauf am Ende
Er das wird, was er gewesen.
Ach, er läuft und bringt behende!
Wärst du doch der alte Besen!
Immer neue Güsse
Bringt er schnell herein,
Ach! und hundert Flüsse
Stürzen auf mich ein.

   Nein, nicht länger
   Kann ichs lassen;
   Will ihn fassen.

Das ist Tücke!
Ach! nun wird mir immer bänger!
Welche Miene! welche Blicke!

O, du Ausgeburt der Hölle!
Soll das ganze Haus ersaufen?
Seh ich über jede Schwelle
Doch schon Wasserströme laufen.
Ein verruchter Besen,
Der nicht hören will!
Stock, der du gewesen,
Steh doch wieder still!

Willst am Ende
Gar nicht lassen?
Will dich fassen,
Will dich halten
Und das alte Holz behende
Mit dem scharfen Beile spalten.

Seht, da kommt er schleppend wieder!
Wie ich mich nur auf dich werfe,
Gleich, o Kobold, liegst du nieder;
Krachend trifft die glatte Schärfe.
Wahrlich! brav getroffen!
Seht, er ist entzwei!
Und nun kann ich hoffen,
Und ich atme frei!

Wehe! wehe!
Beide Teile
Stehn in Eile
Schon als Knechte
Völlig fertig in die Höhe!
Helft mir, ach! ihr hohen Mächte!

Und sie laufen! Naß und nässer
Wirds im Saal und auf den Stufen.
Welch entsetzliches Gewässer!
Herr und Meister! hör mich rufen! –
Ach, da kommt der Meister!
Herr, die Not ist groß!
Die ich rief, die Geister
Werd ich nun nicht los.

»In die Ecke,
Besen! Besen!
Seids gewesen.
Denn als Geister
Ruft euch nur, zu diesem Zwecke,
Erst hervor der alte Meister.«

FRÜHLING ÜBERS JAHR

Das Beet, schon lockert
Sichs in die Höh,
Da wanken Glöckchen
So weiß wie Schnee;
Safran entfaltet
Gewaltge Glut,
Smaragden keimt es
Und keimt wie Blut.
Primeln stolzieren
So naseweis,
Schalkhafte Veilchen,
Versteckt mit Fleiß;
Was auch noch alles
Da regt und webt,
Genug, der Frühling,
Er wirkt und lebt.

Doch was im Garten
Am reichsten blüht,
Das ist des Liebchens
Lieblich Gemüt.
Da glühen Blicke
Mir immerfort,
Erregend Liedchen,
Erheiternd Wort;
Ein immer offen,
Ein Blütenherz,
Im Ernste freundlich
Und rein im Scherz.
Wenn Ros und Lilie
Der Sommer bringt,
Er doch vergebens
Mit Liebchen ringt.

WANDERLIED

Von dem Berge zu den Hügeln,
Niederab das Tal entlang,
Da erklingt es wie von Flügeln,
Da bewegt sichs wie Gesang;
Und dem unbedingten Triebe,
Folget Freude, folget Rat;
Und dein Streben, sei's in Liebe,
Und dein Leben sei die Tat.

Denn die Bande sind zerrissen,
Das Vertrauen ist verletzt;
Kann ich sagen, kann ich wissen,
Welchem Zufall ausgesetzt
Ich nun scheiden, ich nun wandern,
Wie die Witwe trauervoll,
Statt dem einen, mit dem andern
Fort und fort mich wenden soll!

Bleibe nicht am Boden heften,
Frisch gewagt und frisch hinaus!
Kopf und Arm mit heitern Kräften,
Überall sind sie zu Haus;
Wo wir uns der Sonne freuen,
Sind wir jede Sorge los;
Daß wir uns in ihr zerstreuen,
Darum ist die Welt so groß.

Doch was heißt in solchen Stunden,
Sich im Fernen umzuschaun?
Wer ein heimisch Glück gefunden,
Warum sucht ers dort im Blaun?
Glücklich, wer bei uns geblieben,
In der Treue sich gefällt!
Wo wir trinken, wo wir lieben,
Da ist reiche, freie Welt.

MEERES STILLE

Tiefe Stille herrscht im Wasser,
Ohne Regung ruht das Meer,
Und bekümmert sieht der Schiffer
Glatte Fläche ringsumher.
Keine Luft von keiner Seite!
Todesstille fürchterlich!
In der ungeheuern Weite
Reget keine Welle sich.

ELEMENTE

(Aus dem West-östlichen Divan)

Aus wie vielen Elementen
Soll ein echtes Lied sich nähren,
Daß es Laien gern empfinden,
Meister es mit Freuden hören?

Liebe sei vor allen Dingen
Unser Thema wenn wir singen;
Kann sie gar das Lied durchdringen,
Wirds um desto besser klingen.

Dann muß Klang der Gläser tönen,
Und Rubin des Weins erglänzen:
Denn für Liebende, für Trinker
Winkt man mit den schönsten Kränzen.

Waffenklang wird auch gefordert,
Daß auch die Drommete schmettre;
Daß, wenn Glück zu Flammen lodert,
Sich im Sieg der Held vergöttre.

Dann zuletzt ist unerläßlich,
Daß der Dichter manches hasse;
Was unleidlich ist und häßlich
Nicht wie Schönes leben lasse.

Weiß der Sänger, dieser viere
Urgewaltgen Stoff zu mischen,
Hafis gleich wird er die Völker
Ewig freuen und erfrischen.

AN HAFIS

(Aus dem West-östlichen Divan)

Was alle wollen weißt du schon
Und hast es wohl verstanden:
Denn Sehnsucht hält, von Staub und Thron,
Uns all in strengen Banden.

Es tut wo weh, so wohl hernach,
Wer sträubte sich dagegen?
Und wenn den Hals der eine brach,
Der andre bleibt verwegen.

Verzeihe, Meister – wie du weißt
Daß ich mich oft vermesse –
Wenn sie das Auge nach sich reißt
Die wandelnde Zypresse.

Wie Wurzelfasern schleicht ihr Fuß
Und buhlet mit dem Boden;
Wie leicht Gewölk verschmilzt ihr Gruß,
Wie Ost-Gekos' ihr Oden.

Das alles drängt uns ahndevoll,
Wo Lock an Locke kräuselt,
In brauner Fülle ringelnd schwoll,
So dann im Winde säuselt.

Nun öffnet sich die Stirne klar
Dein Herz damit zu glätten,
Vernimmst ein Lied so froh und wahr
Den Geist darin zu betten.

Und wenn die Lippen sich dabei
Aufs niedlichste bewegen,
Sie machen dich auf einmal frei,
In Fesseln dich zu legen.

Der Atem will nicht mehr zurück,
Die Seel zur Seele fliehend,
Gerüche winden sich durchs Glück
Unsichtbar wolkig ziehend.

Doch wenn es allgewaltig brennt
Dann greifst du nach der Schale:
Der Schenke läuft, der Schenke kömmt
Zum erst- zum zweiten Male.

Sein Auge blitzt, sein Herz erbebt,
Er hofft auf deine Lehren,
Dich, wenn der Wein den Geist erhebt,
Im höchsten Sinn zu hören.

Ihm öffnet sich der Welten Raum,
Im Innern Heil und Orden,
Es schwillt die Brust, es bräunt der Flaum,
Er ist ein Jüngling worden.

Und wenn dir kein Geheimnis blieb
Was Herz und Welt enthalte,
Dem Denker winkst du treu und lieb,
Daß sich der Sinn entfalte.

Auch daß vom Throne Fürstenhort
Sich nicht für uns verliere,
Gibst du dem Schah ein gutes Wort
Und gibst es dem Vesire.

Das alles kennst und singst du heut
Und singst es morgen eben:
So trägt uns freundlich dein Geleit
Durch rauhe, milde Leben.

NÄHE DES GELIEBTEN

Ich denke dein, wenn mir der Sonne Schimmer
Vom Meere strahlt;
Ich denke dein, wenn sich des Mondes
        Flimmer
In Quellen malt.

Ich sehe dich, wenn auf dem fernen Wege
Der Staub sich hebt;
In tiefer Nacht, wenn auf dem schmalen Stege
Der Wandrer bebt.

Ich höre dich, wenn dort mit dumpfem
                              Rauschen
Die Welle steigt.
Im stillen Haine geh ich oft zu lauschen,
Wenn alles schweigt.

Ich bin bei dir, du seist auch noch so ferne,
Du bist mir nah!
Die Sonne sinkt, bald leuchten mir die Sterne.
O wärst du da!

ZAHME XENIEN

I

ICH rufe dich, verrufnes Wort,
Zur Ordnung auf des Tags:
Denn Wichte, Schelme solchen Schlags,
Die wirken immer fort.

»WARUM willst du dich von uns allen
Und unsrer Meinung entfernen?«
Ich schreibe nicht, euch zu gefallen;
Ihr sollt was lernen!

»IST denn das klug und wohlgetan?
Was willst du Freund' und Feinde kränken!«
Erwachsne gehn mich nichts mehr an,
Ich muß nun an die Enkel denken.

UND sollst auch DU und DU und du
Nicht gleich mit mir zerfallen;
Was ich dem Enkel zuliebe tu,
Tu ich euch allen.

. . .

DEN hochbestandnen Föhrenwald
Pflanzt ich in jungen Tagen;
Er freut sich so! – ! – ! – Man wird ihn bald
Als Brennholz niederschlagen.

DIE Axt erklingt, da blinkt schon jedes Beil;
Die Eiche fällt, und jeder holzt sein Teil.

EIN alter Mann ist stets ein König Lear! –
Was Hand in Hand mitwirkte, stritt,
Ist längst vorbeigegangen;
Was mit und an dir liebte, litt,
Hat sich wo anders angehangen.
Die Jugend ist um ihretwillen hier,
Es wäre töricht, zu verlangen:
Komm, ältele du mit mir.

. . .

NICHTS vom Vergänglichen,
Wie's auch geschah!
Uns zu verewigen,
Sind wir ja da.

ICH hör es gern, wenn auch die Jugend
                              plappert;
Das Neue klingt, das Alte klappert.

»WARUM willst du nicht mit Gewalt
Unter die Toren, die Neulinge schlagen?«
Wär ich nicht mit Ehren alt,
Wie wollt ich die Jugend ertragen!

»WAS wir denn sollen?
Sag uns, in diesen Tagen.«
Sie machen, was sie wollen,
Nur sollen sie mich nicht fragen.

»WIE doch, betriegerischer Wicht,
Verträgst du dich mit allen?«
Ich leugne die Talente nicht,
Wenn sie mir auch mißfallen.

. . .

»DU hast an schönen Tagen
Dich manchmal abgequält!«
Ich habe mich nie verrechnet,
Aber oft verzählt.

...

WO RECHT viel Widersprüche schwirren,
Mag ich am liebsten wandern;
Niemand gönnt dem andern –
Wie lustig! – das Recht, zu irren.

STÄMME wollen gegen Stämme pochen,
Kann doch einer, was der andere kann!
Steckt doch Mark in jedem Knochen,
Und in jedem Hemde steckt ein Mann.

HAT Welscher-Hahn an seinem Kropf,
Storch an dem Langhals Freude;
Der Kessel schilt den Ofentopf,
Schwarz sind sie alle beide.

WIE gerne säh ich jeden stolzieren,
Könnt er das Pfauenrad vollführen.

...

WAS willst du mit den alten Tröpfen?
Es sind Knöpfe, die nicht mehr knöpfen.

...

»WAS willst du, daß von deiner Gesinnung
Man dir nach ins Ewige sende?«
Er gehörte zu keiner Innung,
Blieb Liebhaber bis ans Ende.

...

DA LOBEN sie den Faust,
Und was noch sunsten
In meinen Schriften braust,
Zu ihren Gunsten;

DAS alte Mick und Mack,
Das freut sie sehr;
Es meint das Lumpenpack,
Man wärs nicht mehr!

...

KOMM her! wir setzen uns zu Tisch;
Wen möchte solche Narrheit rühren!
Die Welt geht auseinander wie ein fauler Fisch,
Wir wollen sie nicht balsamieren.

EPILOG ZU SCHILLERS GLOCKE

Freude dieser Stadt bedeute,
Friede sei ihr erst Geläute!

Und so geschahs! Dem friedenreichen Klange
Bewegte sich das Land, und segenbar
Ein frisches Glück erschien: im Hochgesange
Begrüßten wir das junge Fürstenpaar;
Im Vollgewühl, in lebensregem Drange
Vermischte sich die tätge Völkerschar,
Und festlich ward an die geschmückten Stufen
Die *Huldigung der Künste* vorgerufen.

Da hör ich schreckhaft mitternächtges Läuten,
Das dumpf und schwer die Trauertöne
                              schwellt.
Ists möglich? Soll es unsern Freund bedeuten,
An den sich jeder Wunsch geklammert hält?
Den Lebenswürdgen soll der Tod erbeuten?
Ach! wie verwirrt solch ein Verlust die Welt!
Ach! was zerstört ein solcher Riß den Seinen!
Nun weint die Welt, und sollten wir nicht
                              weinen?

Denn er war unser! Wie bequem gesellig
Den hohen Mann der gute Tag gezeigt,
Wie bald sein Ernst, anschließend, wohlgefällig,
Zur Wechselrede heiter sich geneigt,
Bald raschgewandt, geistreich und sicherstellig
Der Lebenspläne tiefen Sinn erzeugt
Und fruchtbar sich in Rat und Tat ergossen:
Das haben wir erfahren und genossen.

Denn er war unser! Mag das stolze Wort
Den lauten Schmerz gewaltig übertönen!
Er mochte sich bei uns, im sichern Port,

Nach wildem Sturm zum Dauernden
                              gewöhnen.
Indessen schritt sein Geist gewaltig fort
Ins Ewige des Wahren, Guten, Schönen,
Und hinter ihm, in wesenlosem Scheine,
Lag, was uns alle bändigt, das Gemeine.

Nun schmückt' er sich die schöne Gartenzinne,
Von wannen er der Sterne Wort vernahm,
Das dem gleich ewgen, gleich lebendgen Sinne
Geheimnisvoll und klar entgegenkam.
Dort, sich und uns zu köstlichem Gewinne,
Verwechselt' er die Zeiten wundersam,
Begegnet' so, im Würdigsten beschäftigt,
Der Dämmerung, der Nacht, die uns
                              entkräftigt.

Ihm schwollen der Geschichte Flut- und Fluten,
Verspülend, was getadelt, was gelobt,
Der Erdbeherrscher wilde Heeresgluten,
Die in der Welt sich grimmig ausgetobt,
Im niedrig Schrecklichsten, im höchsten Guten
Nach ihrem Wesen deutlich durchgeprobt. –
Nun sank der Mond, und zu erneuter Wonne
Vom klaren Berg herüber stieg die Sonne.

Nun glühte seine Wange rot und röter
Von jener Jugend, die uns nie entfliegt,
Von jenem Mut, der, früher oder später,
Den Widerstand der stumpfen Welt besiegt,
Von jenem Glauben, der sich, stets erhöhter,
Bald kühn hervordrängt, bald geduldig
                              schmiegt,
Damit das Gute wirke, wachse, fromme,
Damit der Tag dem Edlen endlich komme.

Doch hat er, so geübt, so vollgehaltig,
Dies bretterne Gerüste nicht verschmäht;
Hier schildert er das Schicksal, das gewaltig
Von Tag zu Nacht die Erdenachse dreht,
Und manches tiefe Werk hat, reichgestaltig,
Den Wert der Kunst, des Künstlers Wert erhöht.
Er wendete die Blüte höchsten Strebens,
Das Leben selbst, an dieses Bild des Lebens.

Ihr kanntet ihn, wie er mit Riesenschritte
Den Kreis des Wollens, des Vollbringens maß,
Durch Zeit und Land, der Völker Sinn
                              und Sitte,
Das dunkle Buch mit heiterm Blicke las;
Doch wie er atemlos in unsrer Mitte
In Leiden bangte, kümmerlich genas,
Das haben wir in traurig schönen Jahren,
Denn er war unser, leidend miterfahren.

Ihn, wenn er vom zerrüttenden Gewühle
Des bittern Schmerzes wieder aufgeblickt,
Ihn haben wir dem lästigen Gefühle
Der Gegenwart, der stockenden, entrückt,
Mit guter Kunst und ausgesuchtem Spiele
Den neubelebten edlen Sinn erquickt
Und noch am Abend vor den letzten Sonnen
Ein holdes Lächeln glücklich abgewonnen.

Er hatte früh das strenge Wort gelesen,
Dem Leiden war er, war dem Tod vertraut.
So schied er nun, wie er so oft genesen;
Nun schreckt uns das, wofür uns längst gegraut.
Doch schon erblicket sein verklärtes Wesen
Sich hier verklärt, wenn es herniederschaut.
Was Mitwelt sonst an ihm beklagt, getadelt,
Es hats der Tod, es hats die Zeit geadelt.

Auch manche Geister, die mit ihm gerungen,
Sein groß Verdienst unwillig anerkannt,
Sie fühlen sich von seiner Kraft durchdrungen,
In seinem Kreise willig festgebannt:
Zum Höchsten hat er sich emporgeschwungen,
Mit allem, was wir schätzen, eng verwandt.
So feiert ihn! Denn was dem Mann das Leben
Nur halb erteilt, soll ganz die Nachwelt
                              geben.

So bleibt er uns, der vor so manchen Jahren –
Schon zehne sinds! – von uns sich weggekehrt!
Wir alle haben segenreich erfahren,
Die Welt verdank ihm, was er sie gelehrt;
Schon längst verbreitet sichs in ganze Scharen,
Das Eigenste, was ihm allein gehört.

Er glänzt uns vor, wie ein Komet
                          entschwindend,
Unendlich Licht mit seinem Licht verbindend.

VERMÄCHTNIS

Kein Wesen kann zu nichts zerfallen!
Das Ewge regt sich fort in allen,
Am Sein erhalte dich beglückt!
Das Sein ist ewig: denn Gesetze
Bewahren die lebendgen Schätze,
Aus welchen sich das All geschmückt.

Das Wahre war schon längst gefunden,
Hat edle Geisterschaft verbunden;
Das alte Wahre, faß es an!
Verdank es, Erdensohn, dem Weisen,
Der ihr, die Sonne zu umkreisen,
Und dem Geschwister wies die Bahn.

Sofort nun wende dich nach innen:
Das Zentrum findest du da drinnen,
Woran kein Edler zweifeln mag.
Wirst keine Regel da vermissen.
Denn das selbständige Gewissen
Ist Sonne deinem Sittentag.

Den Sinnen hast du dann zu trauen,
Kein Falsches lassen sie dich schauen,
Wenn dein Verstand dich wach erhält.
Mit frischem Blick bemerke freudig
Und wandle, sicher wie geschmeidig,
Durch Auen reichbegabter Welt.

Genieße mäßig Füll und Segen;
Vernunft sei überall zugegen,
Wo Leben sich des Lebens freut.
Dann ist Vergangenheit beständig,
Das Künftige voraus lebendig,
Der Augenblick ist Ewigkeit.

Und war es endlich dir gelungen,
Und bist du vom Gefühl durchdrungen:
Was fruchtbar ist, allein ist wahr –
Du prüfst das allgemeine Walten,
Es wird nach seiner Weise schalten,
Geselle dich zur kleinsten Schar.

Und wie von alters her, im stillen,
Ein Liebewerk nach eignem Willen
Der Philosoph, der Dichter schuf,
So wirst du schönste Gunst erzielen:
Denn edlen Seelen vorzufühlen
Ist wünschenswertester Beruf.

GUTE NACHT

(Aus dem West-östlichen Divan)

Nun so legt euch, liebe Lieder,
An den Busen meinem Volke!
Und in einer Moschus-Wolke
Hüte Gabriel die Glieder
Des Ermüdeten gefällig;
Daß er frisch und wohlerhalten,
Froh wie immer, gern gesellig,
Möge Felsenklüfte spalten,
Um des Paradieses Weiten,
Mit Heroen aller Zeiten,
Im Genusse zu durchschreiten;
Wo das Schönste, stets das Neue,
Immer wächst nach allen Seiten,
Daß die Unzahl sich erfreue.
Ja, das Hündlein gar, das treue,
Darf die Herren hinbegleiten.

FRIEDRICH HÖLDERLIN

FRIEDRICH HÖLDERLIN

Friedrich Hölderlin wurde am 20. März 1770 im württembergischen Laufen geboren. Noch im frühen Kindesalter verlor er den Vater. In Nürtingen und Denkendorf ging der Knabe auf die Lateinschule. 1788 bekam er ein Stipendium des Tübinger Stifts, wo er Hegel und Schelling kennenlernte. Tief beeindruckt haben den jungen Hölderlin die Ereignisse um die Französische Revolution 1789. Im Jahre 1793 vermittelte Friedrich Schiller dem vielversprechenden jungen Mann eine Stelle als Hauslehrer bei Freiherr von Kalb in Waltershausen. Hölderlin blieb jedoch nicht lange im Hause derer von Kalb. Bereits 1794 begann er ein Studium der Philosophie bei dem von ihm hochverehrten Johann Gottlieb Fichte in Jena. Auch eine zweite Anstellung als Hauslehrer bei dem Bankier Jakob Friedrich Gontard in Frankfurt am Main in den Jahren 1796 bis 1798 endete unglücklich, da Hölderlin sich in dessen Frau Susette verliebte, die er in seinen Gedichten als »Diotima« verewigt hat.

Die Jahre 1798 bis 1800 verbrachte der Dichter in Homburg, wo er bei seinem Studienfreund Isaak von Sinclair lebte. Dort bekam er auch Kontakt zu den Reformpolitikern der württembergischen »Landschaft«.

Während einer Reise nach Bordeaux 1802 erreichte Hölderlin die Nachricht von der Erkrankung Susette Gontards, die ihn umgehend zur Rückreise veranlaßte. Ihren Tod konnte der Dichter nicht verwinden. Einem Zusammenbruch folgten zunehmend schizophrene Anwandlungen. Die Jahre 1802 bis 1804 verbrachte Friedrich Hölderlin bei seiner Mutter in Nürtingen, bis ihm sein Jugendfreund Sinclair eine Scheinanstellung als Bibliothekar in Homburg verschaffte.

Da sich sein Zustand immer mehr verschlimmerte, wurde Hölderlin 1806 in eine Tübinger Heilanstalt eingeliefert. Er sträubte sich aufs Äußerste und glaubte an eine Entführung durch die Leibwächter. Nach einem halben Jahr im Klinikum des Professors Authenrieth wurde Hölderlin als unheilbar krank eingestuft. Der Arzt gab ihm gerade noch drei Jahre und verfügte, daß der Patient dem Schreinermeister Ernst Zimmer und dessen Frau anvertraut werde, was wohl als ein großes Glück für den Dichter angesehen werden muß. »Im Klinikum... wurde es mit ihm noch schlimmer«, berichtete Zimmer 1835. »... Ich besuchte Hölderlin im Klinikum und bedauerte ihn sehr, daß ein so schöner herrlicher Geist zu Grund gehen soll. Da im Klinikum nichts weiter mit Hölderlin zu machen war, so machte der Kanzler Authenrieth mir den Vorschlag, Hölderlin in mein Haus aufzunehmen...« Und so geschah es denn auch. Hölderlin lebte nicht, wie sein Arzt meinte, noch drei Jahre, er verbrachte ganze 36 Jahre im Hause Zimmers. Bedrängt nur von seinem eigenen Geist, ging er dort unter anderem dem Klavierspiel nach und schuf auch in seinen letzten Jahren in lichten Zeiten noch wunderbare Gedichte. In einem Gespräch bat Hölderlin einmal seinen Gastgeber, ihm einen kleinen Tempel aus Holz zu zimmern. Als dieser ihm die Bitte ausschlagen mußte, seufzte der Dichter: »Ach, ich bin doch ein armer Mensch.« Und er nahm einen Bleistift zur Hand und schrieb auf ein Brett die Verse:

>»Die Linien des Lebens sind verschieden,
>Wie Wege sind, und wie der Berge Grenzen.
>Was hier wir sind, kann dort ein Gott ergänzen
>Mit Harmonien und ewigem Lohn und Frieden.«

Am 7. Juni 1843 ereilte Friedrich Hölderlin des Nachts um 11 Uhr ein sanfter Tod, den der Dichter geahnt hatte. Lotte Zimmer und ein Mieter der Schreinersleute wachten an seinem Bett.

Zu seinen Bewunderern zählten die berühmtesten Zeitgenossen Hölderlins, darunter Friedrich Schiller, Friedrich Wilhelm von Schelling, Georg Wilhelm Friedrich Hegel, Christian Ludwig Neuffer, Friedrich Schlegel, Ludwig Tieck, Clemens Brentano und viele andere.

An die Unerkannte

Kennst du sie, die selig, wie die Sterne,
Von des Lebens dunkler Woge ferne
Wandellos in stiller Schöne lebt,
Die des Herzens löwenkühne Siege,
Des Gedankens fesselfreie Flüge,
Wie der Tag den Adler, überschwebt?

Die uns trifft mit ihren Mittagsstrahlen,
Uns entflammt mit ihren Idealen,
Wie vom Himmel, uns Gebote schickt,
Die die Weisen nach dem Wege fragen,
Stumm und ernst, wie von dem Sturm
                          verschlagen
Nach dem Orient der Schiffer blickt?

Die das Beste gibt aus schöner Fülle,
Wenn aus ihr die Riesenkraft der Wille
Und der Geist sein stilles Urteil nimmt,
Die dem Lebensliede seine Weise,
Die das Maß der Ruhe, wie dem Fleiße
Durch den Mittler, unsern Geist, bestimmt?

Die, wenn uns des Lebens Leere tötet,
Magisch uns die welken Schläfe rötet,
Uns mit Hoffnungen das Herz verjüngt,
Die den Dulder, den der Sturm zertrümmert,
Den sein fernes Ithaka bekümmert,
In Alcinous Gefilde bringt?

Kennst du sie, die uns mit Lorbeerkronen,
Mit der Freude beßrer Regionen,
Ehe wir zu Grabe gehn, vergilt,
Die der Liebe göttlichstes Verlangen,
Die das Schönste, was wir angefangen,
Mühelos im Augenblick erfüllt?

Die der Kindheit Wiederkehr beschleunigt,
Die den Halbgott, unsern Geist, vereinigt
Mit den Göttern, die er kühn verstößt,
Die des Schicksals ehrne Schlüsse mildert,
Und im Kampfe, wenn das Herz verwildert,
Uns besänftigend den Harnisch löst?

Die das Eine, das im Raum der Sterne,
Das du suchst in aller Zeiten Ferne
Unter Stürmen, auf verwegner Fahrt,
Das kein sterblicher Verstand ersonnen,
Keine, keine Tugend noch gewonnen,
Die des Friedens goldne Frucht bewahrt?

Die Nacht

Seid gegrüßt, ihr zufluchtsvolle Schatten,
Ihr Fluren, die ihr einsam um mich ruht;
Du stiller Mond, du hörst, nicht wie
                      Verleumder lauren,
Mein Herz, entzückt von deinem Perlenglanz.

Aus der Welt, wo tolle Toren spotten,
Um leere Schattenbilder sich bemühn,
Flieht der zu euch, der nicht das
                    schimmernde Getümmel
Der eitlen Welt; nein! nur die Tugend liebt.

Nur bei dir empfindt auch hier die Seele,
Wie göttlich sie dereinst wird sein,
Die Freude, deren falschem Schein so
                    viel Altäre,
So viele Opfer hier gewidmet sind.

Weit hinauf, weit über euch, ihr Sterne,
Geht sie entzückt mit heilgem Seraphsflug;
Sieht über euch herab mit göttlich heilgem
                    Blicke,
Auf ihre Erd, da wo sie schlummernd ruht...

Goldner Schlaf, nur dessen Herz zufrieden
Wohltätger Tugend wahre Freude kennt,
Nur der fühlt dich. — Hier stellst du dürftig
                    schwache Arme,
Die seine Hülfe suchen, vor ihn hin.

Schnell fühlt er des armen Bruders Leiden;
Der arme weint, er weinet auch mit ihm;

Schon Trost genug! Doch spricht er, gab Gott
                                    seine Gaben
Nur mir? nein, auch für andre lebe ich. —

Nicht von Stolz, noch Eitelkeit getrieben,
Kleidt er den Nackten dann, und sättigt den,
Dem blasse Hungersnot sein schwach
                                    Gerippe zählet;
Und himmlisch wird sein fühlend
                                    Herz entzückt.

So ruht er, allein des Lasters Sklaven
Quält des Gewissens bange Donnerstimm,
Und Todesangst wälzt sie auf ihren
                                    weichen Lagern,
Wo Wollust selber sich die Rute hält.

LIED DER LIEBE

Zweite Fassung

Engelfreuden ahnend, wallen
Wir hinaus auf Gottes Flur,
Daß von Jubel widerhallen
Höhn und Tiefen der Natur.
Heute soll kein Auge trübe,
Sorge nicht hienieden sein,
Jedes Wesen soll der Liebe
Frei und froh, wie wir, sich weihn!

Singt den Jubel, Schwestern, Brüder,
Fest geschlungen, Hand in Hand!
Hand in Hand das Lied der Lieder,
Selig an der Liebe Band!
Steigt hinauf am Rebenhügel,
Blickt hinab ins Schattental!
Überall der Liebe Flügel,
Hold und herrlich überall!

Liebe lehrt das Lüftchen kosen
Mit den Blumen auf der Au,
Lockt zu jungen Frühlingsrosen

Aus der Wolke Morgentau,
Liebe ziehet Well an Welle
Freundlich murmelnd näher hin,
Leitet aus der Kluft die Quelle
Sanft hinab ins Wiesengrün.

Berge knüpft mit ehrner Kette
Liebe an das Firmament,
Donner ruft sie an die Stätte,
Wo der Sand die Pflanze brennt.
Um die hehre Sonne leitet
Sie die treuen Sterne her,
Folgsam ihrem Winke gleitet
Jeder Strom ins weite Meer.

Liebe wallt durch Ozeane,
Durch der dürren Wüste Sand,
Blutet an der Schlachtenfahne,
Steigt hinab ins Totenland!
Liebe trümmert Felsen nieder,
Zaubert Paradiese hin,
Schaffet Erd und Himmel wieder —
Göttlich, wie im Anbeginn.

Liebe schwingt den Seraphsflügel,
Wo der Gott der Götter thront,
Lohnt die Trän am Felsenhügel,
Wann der Richter einst belohnt,
Wann die Königsstühle trümmern,
Hin ist jede Scheidewand,
Biedre Herzen heller schimmern,
Reiner, denn der Krone Tand.

Laßt die Scheidestunde schlagen,
Laßt des Würgers Flügel wehn!
Brüder, drüben wird es tagen!
Schwestern, dort ist Wiedersehn!
Jauchzt dem heiligsten der Triebe,
Den der Gott der Götter gab,
Brüder, Schwestern, jauchzt der Liebe,
Sie besiegt Zeit und Grab!

Schwabens Mägdelein

So lieb wie Schwabens Mägdelein
Gibts keine weit und breit,
Die Engel in dem Himmel freun
Sich ihrer Herzlichkeit.

Mir war noch immer wohl zu Sinn,
So lang ich bei ihr war,
Bei meiner Herzenskönigin
Im blonden Lockenhaar.

Sie blickt des lieben Herrgotts Welt
So traut, so freundlich an
Und geht gerad und unverstellt
Den Lebensweg hinan.

Die Blumen wachsen sichtbarlich,
Wenn sie das Land begießt,
Es beuget Birk und Erle sich,
Wenn sie den Hain begrüßt.

Entgegen hüpft ihr jedes Kind
Und schmiegt sich traulich an,
Die Mütter in dem Dorfe sind
Ihr sonders zugetan.

Es freun sich alle, fern und nah,
Die meine Holdin sehn,
Du lieber Gott! wie sollt ich da
Die süße Minne schmähn.

Nicht minder lob ich alle mir
Die Schwabenmägdelein
Und tracht im Herzen für und für
Mich ihrer Gunst zu freun.

Und zieh ich einst um Ruhmsgewinn
In Helm und Harnisch aus —
Kommt ihr, ihr Lieben, mir in Sinn,
Stracks kehrt der Held nach Haus.

Und träuft mir einst von Honigseim
Das Land Arabia,
So ruft: Herr Schwabe, komm er heim!
Flugs bin ich wieder da.

Wes Herz die Holdin nicht verehrt,
Der höre meinen Hohn,
Er ist des Vaterlands nicht wert,
Er ist kein Schwabensohn.

Er schmähe mir die Minne nicht,
Die Minne treu und rein;
Es spricht der Tor: Die Rose sticht,
Laß Rose Rose sein.

Das menschliche Leben

Menschen, Menschen! was ist euer Leben,
Eure Welt, die tränenvolle Welt,
Dieser Schauplatz, kann er Freuden geben,
Wo sich Trauern nicht dazu gesellt?
O! die Schatten, welche euch umschweben,
Die sind euer Freudenleben.

Tränen, fließt! o fließet, Mitleidstränen,
Taumel, Reue, Tugend, Spott der Welt,
Wiederkehr zu ihr, ein neues Sehnen,
Banges Seufzen, das die Leiden zählt,
Sind der armen Sterblichen Begleiter,
O, nur allzu wenig heiter!

Banger Schauer faßt die trübe Seele,
Wenn sie jene Torenfreuden sieht,
Welt, Verführung, manches Guten Hölle,
Flieht von mir, auf ewig immer flieht!
Ja, gewiß, schon manche gute Seele hat,
                            betrogen,
Euer tötend Gift gesogen.

Wann der Sünde dann ihr Urteil tönet,
Des Gewissens Schreckensreu sie lehrt,
Wie die Lasterbahn ihr Ende krönet,

Schmerz, der ihr Gebein versehrt!
Dann sieht das verirrte Herz zurücke;
Reue schluchzen seine Blicke.

Und die Tugend bietet ihre Freuden
Gerne Mitleid lächelnd an,
Doch die Welt — bald streut sie ihre Leiden
Auch auf die zufrieden heitre Bahn:
Weil sie dem, der Tugendfreuden kennet,
Sein zufrieden Herz nicht gönnet.

Tausend mißgunstvolle Lästerungen
Sucht sie dann, daß ihr die Tugend gleicht;
Beißend spotten dann des Neides Zungen,
Bis die arme Unschuld ihnen weicht;
Kaum verflossen etliche Freudentage,
Sieh, so sinkt der Tugend Waage.

Etliche Kämpfe — Tugend und Gewissen —
Nur noch schwach bewegen sie das Herz,
Wieder umgefallen! — und es fließen
Neue Tränen, neuer Schmerz!
O du Sünde, Dolch der edlen Seelen,
Muß denn jede sich erwählen?

Schwachheit, nur noch etlich Augenblicke,
So entfliehst du, und dann göttlich schön
Wird der Geist verklärt, ein beßres Glücke
Wird dann glänzender mein Auge sehn;
Bald umgibt dich, unvollkommne Hülle,
Dunkle Nacht, des Grabes Stille.

Der Kampf der Leidenschaft

Ras ich ewig? noch nicht ausgestritten
Ist der heiße Streit der Leidenschaft?
Hab ich Armer nicht genug gelitten?
Sie ist hin — ist hin — des Kämpfers Kraft.
Engelsauge! immer um mich schweben —
O warum? warum? du liebe Grausame!

Schone! schone! sieh! dies schwache Beben!
Weibertränen weint der Überwundene.

Weibertränen weinen? Weibertränen?
Wirklich? wein ich wirklich, Zauberin?
Und dies Klopfen, dieses bange Sehnen,
Ists um Luzias Umarmungen?
Nein! ich kann nicht! will nicht! diese Tränen
Stieß der Zorn ins Auge, sie vergoß
                            der Grimm;
O! mich schmelzen keine Mädchenmienen,
Nur der Freiheit brauste dieses Ungestüm.

Aber wie? dein Stolz hat sich betrogen,
Siehe! Lügen straft die Liebe mich;
Männergröße hat dein Herz gelogen,
Und im schwachen Kampf verkennst du dich.
Stolz verschmähst du alle Mädchenherzen,
Weil dir Luzia ihr großes Herz nicht gibt,
Kindisch heuchelst du verbißne Schmerzen,
Armer Heuchler! weil dich Luzia nicht liebt.

Weh! sie kann, sie kann mich nimmer lieben,
Mir geraubt durch ein tyrannisch Joch,
Nur die Wunde noch ist mir geblieben,
Fühlst dus? Fühlst dus? Weib! die
                            Wunde noch.
Ha! ein Abgrund droht vor meinen Sinnen —
Laß mich! laß mich! todesvolle Leidenschaft!
Höllenflamme? willt du ewig brennen?
Schone! schone! sie ist hin, des Kämpfers Kraft.

Lied der Freundschaft

Zweite Fassung

Wie der Held am Siegesmahle
Ruhen wir um die Pokale,
Wo der edle Wein erglüht,
Feurig Arm in Arm geschlungen,
Trunken von Begeisterungen
Singen wir der Freundschaft Lied.

Schwebt herab aus kühlen Lüften,
Schwebet aus den Schlummergrüften,
Helden der Vergangenheit!
Kommt in unsern Kreis hernieder,
Staunt und sprecht: Da ist sie wieder,
Unsre deutsche Herzlichkeit!

Uns ist Wonne, Gut und Leben
Für den Edlen hinzugeben,
Der für unser Herz gehört,
Der zu groß, in stolzen Reigen
Sich vor eitlem Tand zu beugen,
Gott und Vaterland nur ehrt.

Schon erhebt das Herz sich freier,
Wärmer reicht zur frohen Feier
Schon der Freund den Becher dar,
Ohne Freuden, ohne Leben
Kostet' er den Saft der Reben,
Als er ohne Freunde war.

Bruder! schleichen bang und trübe
Deine Tage? beugt der Liebe
Folterpein das Männerherz?
Stürzt im heißen Durst nach Ehre
Dir um Mitternacht die Zähre?
Bruder, segne deinen Schmerz!

Könnten wir aus Götterhänden
Freuden dir und Leiden spenden,
Ferne wärst du da von Harm;
Weiser ist der Gott der Liebe:
Sorgen gibt er bang und trübe,
Freunde gibt er treu und warm.

Stärke, wenn Verleumder schreien,
Wahrheit, wenn Despoten dräuen,
Männermut im Mißgeschick,
Duldung, wenn die Schwachen sinken,
Liebe, Duldung, Wärme trinken
Freunde von des Freundes Blick.

Lieblich, wie der Sommerregen,
Reich, wie er, an Erntesegen,
Wie die Perle klar und hell,
Still, wie Edens Ströme gleiten,
Endlos, wie die Ewigkeiten,
Fleußt der Freundschaft Silberquell.

Drum, so wollen, eh die Freuden
Trennungen und Tode neiden,
Wir im hehren Eichenhain
Oder unter Frühlingsrosen,
Wenn am Becher Weste kosen,
Würdig uns der Freundschaft freun.

Rufet aus der trauten Halle
Auch die Auserwählten alle
In die Ferne das Geschick,
Bleibt, auf freundelosen Pfaden
Hinzugehn, mit Schmerz beladen,
Tränend Einer nur zurück.

Wankt er nun in Winterstürmen,
Wankt er, wo sich Wolken türmen
Ohne Leiter, ohne Stab,
Lauscht er abgebleicht und düster
Bangem Mitternachtsgeflüster
Ahndungsvoll am frischen Grab,

O da kehren all die Stunden
Lächelnd, wie sie hingeschwunden
Unter Schwüren, wahr und warm,
Still und sanft, wie Blumen sinken,
Ruht er, bis die Väter winken,
Dir, Erinnerung! im Arm.

Rauscht ihm dann des Todes Flügel,
Schläft er ruhig unterm Hügel,
Wo sein Bund den Kranz ihm flicht,
In den Locken seiner Brüder
Säuselt noch sein Geist hernieder,
Lispelt leis: Vergeßt mich nicht!

An die Nachtigall

Dir flüsterts leise — Nachtigall! dir allein,
Dir, süße Tränenweckerin! sagt es nur
Die Saite. — Stellas wehmutsvoller
Seufzer — er raubte mein Herz —
dein Kehlchen —

Es klagte — o! es klagte — wie Stella ists.
Starr sah ich hin beim Seufzer, wie,
als dein Lied
Am liebevollsten schlug, am schönsten
Aus der melodischen Kehle strömte.

Dann sah ich auf, sah bebend, ob Stellas Blick
Mir lächle — ach! ich suche dich, Nachtigall!
Und du verbirgst dich. — Wem, o Stella!
Seufztest du? Sangest du mir, du süße?

Doch nein! doch nein! ich will es ja nicht,
dein Lied,
Von ferne will ich lauschen — o! singe dann!
Die Seele schläft — und plötzlich schlägt die
Brust mir empor zum erhabnen Lorbeer.

O Stella! sag es! sag es! — ich bebe nicht! —
Es tötete die Wonne, geliebt zu sein,
Den Schwärmer. — Aber tränend will ich
Deinen beglückten Geliebten segnen.

An die Stille

Dort im waldumkränzten Schattentale
Schlürft ich, schlummernd unterm
Rosenstrauch,
Trunkenheit aus deiner Götterschale,
Angeweht von deinem Liebeshauch.
Sieh, es brennt an deines Jünglings Wange
Heiß und glühend noch Begeisterung,
Voll ist mir das Herz vom Lobgesange,
Und der Fittig heischet Adlerschwung.

Stieg ich kühnen Sinns zum Hades nieder,
Wo kein Sterblicher dich noch ersah,
Schwänge sich das mutige Gefieder
Zum Orion auf, so wärst du da;
Wie ins weite Meer die Ströme gleiten,
Stürzen dir die Zeiten alle zu,
In dem Schoß der alten Ewigkeiten,
In des Chaos Tiefen wohntest du.

In der Wüste dürrem Schreckgefilde,
Wo der Hungertod des Wallers harrt,
In der Stürme Land, wo schwarz und wilde
Das Gebirg im kalten Panzer starrt,
In der Sommernacht, in Morgenlüften,
In den Hainen weht dein Schwestergruß,
Über schauerlichen Schlummergrüften
Stärkt die Lieblinge dein Götterkuß.

Ruhe fächelst du der Heldenseele
In der Halle, wann die Schlacht beginnt,
Hauchst Begeistrung in der Felsenhöhle,
Wo um Mitternacht der Denker sinnt,
Schlummer träufst du auf die düstre Zelle,
Daß der Dulder seines Grams vergißt,
Lächelst traulich aus der Schattenquelle,
Wo den ersten Kuß das Mädchen küßt.

Ha! dir träuft die wonnetrunkne Zähre
Und Entzückung strömt in mein Gebein,
Millionen bauen dir Altäre,
Zürne nicht! auch dieses Herz ist dein!
Dort im Tale will ich Wonne trinken,
Wiederkehren in die Schattenkluft,
Bis der Göttin Arme trauter winken,
Bis die Braut zum stillen Bunde ruft.

Keine Lauscher nahn der Schlummerstätte,
Kühl und schattig ists im Leichentuch,
Abgeschüttelt ist die Sklavenkette,
Maigesäusel wird Gewitterfluch;
Schöner rauscht die träge Flut der Zeiten,
Rings umdüstert von der Sorgen Schwarm;
Wie ein Traum verfliegen Ewigkeiten,
Schläft der Jüngling seiner Braut im Arm.

An die Vollendung

Vollendung! Vollendung! –
O du der Geister heiliges Ziel!
Wann werd ich siegestrunken
Dich umfahen und ewig ruhn?

Und frei und groß
Entgegenlächeln der Heerschar,
Die zahllos aus den Welten
In den Schoß dir strömt?

Ach ferne, ferne von dir!
Mein göttlichster, schönster Gedanke
War, wie der Welten
Fernstes Ende, ferne von dir!

Und fleugt auf des Sturmes Flügeln
Aeonen lang die Liebe dir zu,
Noch schmachtet sie ferne von dir,
Ach! ferne, ferne von dir!

Doch kühner gewaltiger
Unaufhaltbarer immer
Fleugt durch Myriaden Aeonen
Dir zu die glühende Liebe.

Voll hoher Einfalt,
Einfältig still und groß
Rangen des Siegs gewiß,
Rangen dir zu die Väter.

Ihre Hülle verschlang die Zeit,
Verwest, zerstreut ist der Staub,
Doch rang des Sieges gewiß
Der Funke Gottes, ihr Geist, dir zu.

Sind sie eingegangen zu dir,
Die da lebten im Anbeginn?
Ruhen, ruhen sie nun,
Die frommen Väter?

Vollendung! Vollendung!
Der Geister heiliges Ziel!
Wann werd ich siegestrunken
Dich umfahen und ewig ruhn?

Diotima

Mittlere Fassung

Lange tot und tiefverschlossen,
Grüßt mein Herz die schöne Welt;
Seine Zweige blühn und sprossen,
Neu von Lebenskraft geschwellt;
O! ich kehre noch ins Leben,
Wie heraus in Luft und Licht
Meiner Blumen selig Streben
Aus der dürren Hülse bricht.

Wie so anders ists geworden!
Alles, was ich haßt und mied,
Stimmt in freundlichen Akkorden
Nun in meines Lebens Lied,
Und mit jedem Stundenschlage
Werd ich wunderbar gemahnt
An der Kindheit goldne Tage,
Seit ich dieses Eine fand.

Diotima! selig Wesen!
Herrliche, durch die mein Geist,
Von des Lebens Angst genesen,
Götterjugend sich verheißt!
Unser Himmel wird bestehen,
Unergründlich sich verwandt,
Hat sich, eh wir uns gesehen,
Unser Innerstes gekannt.

Da ich noch in Kinderträumen,
Friedlich, wie der blaue Tag,
Unter meines Gartens Bäumen
Auf der warmen Erde lag,
Und in leiser Lust und Schöne
Meines Herzens Mai begann,

Säuselte, wie Zephirstöne,
Diotimas Geist mich an.

Ach! und da, wie eine Sage,
Mir des Lebens Schöne schwand,
Da ich vor des Himmels Tage
Darbend, wie ein Blinder, stand,
Da die Last der Zeit mich beugte,
Und mein Leben, kalt und bleich,
Sehnend schon hinab sich neigte
In der Schatten stummes Reich;

Da, da kam vom Ideale,
Wie vom Himmel, Mut und Macht,
Du erscheinst mit deinem Strahle,
Götterbild! in meiner Nacht;
Dich zu finden, warf ich wieder,
Warf ich den entschlafnen Kahn
Von dem toten Porte nieder
In den blauen Ozean. —

Nun! ich habe dich gefunden,
Schöner, als ich ahndend sah
In der Liebe Feierstunden,
Hohe! Gute! bist du da;
O der armen Phantasien!
Dieses Eine bildest nur
Du, in ewgen Harmonien
Frohvollendete Natur!

Wie die Seligen dort oben,
Wo hinauf die Freude flieht,
Wo, des Daseins überhoben,
Wandellose Schöne blüht,
Wie melodisch bei des alten
Chaos Zwist Urania,
Steht sie, göttlich rein erhalten,
Im Ruin der Zeiten da.

Unter tausend Huldigungen
Hat mein Geist, beschämt, besiegt,
Sie zu fassen schon gerungen,
Die sein Kühnstes überfliegt.
Sonnenglut und Frühlingsmilde,

Streit und Frieden wechselt hier
Vor dem schönen Engelsbilde
In des Busens Tiefe mir.

Viel der heilgen Herzenstränen
Hab ich schon vor ihr geweint,
Hab in allen Lebenstönen
Mit der Holden mich vereint,
Hab, ins tiefste Herz getroffen,
Oft um Schonung sie gefleht,
Wenn so klar und heilig offen
Mir ihr eigner Himmel steht;

Habe, wenn in reicher Stille,
Wenn in einem Blick und Laut
Seine Ruhe, seine Fülle
Mir ihr Genius vertraut,
Wenn der Gott, der mich begeistert,
Mir an ihrer Stirne tagt,
Von Bewundrung übermeistert,
Zürnend ihr mein Nichts geklagt;

Dann umfängt ihr himmlisch Wesen
Süß im Kinderspiele mich,
Und in ihrem Zauber lösen
Freudig meine Bande sich;
Hin ist dann mein dürftig Streben,
Hin des Kampfes letzte Spur,
Und ins volle Götterleben
Tritt die sterbliche Natur.

Da, wo keine Macht auf Erden,
Keines Gottes Wink uns trennt,
Wo wir Eins und Alles werden,
Das ist nun mein Element;
Wo wir Not und Zeit vergessen,
Und den kärglichen Gewinn
Nimmer mit der Spanne messen,
Da, da weiß ich, daß ich bin.

Wie der Stern der Tyndariden,
Der in lichter Majestät
Seine Bahn, wie wir, zufrieden
Dort in dunkler Höhe geht,

Wie er in die Meereswogen,
Wo die schöne Ruhe winkt,
Von des Himmels steilem Bogen
Klar und groß hinuntersinkt:

O Begeisterung, so finden
Wir in dir ein selig Grab,
Tief in deine Wogen schwinden,
Still frohlockend, wir hinab,
Bis der Hore Ruf wir hören
Und, mit neuem Stolz erwacht,
Wie die Sterne wieder kehren
In des Lebens kurze Nacht.

HYMNE AN DIE SCHÖNHEIT

Erste Fassung

Hab ich vor der Götter Ohren,
Zauberische Muse, dir
Lieb und Treue nicht geschworen?
Sankst du nicht in Lust verloren
Glühend in die Arme mir? —
Ha! so wall ich ohne Zagen,
Durch die Liebe froh und kühn,
Lächelnd zu den Höhen hin,
Wo die letzten Nächte tagen,
Wo der Sonnen letzte schien.

Waltend über Orionen,
Wo der Sterne Klang verhallt,
Lächelt, opfernden Dämonen
Mit der Liebe Blick zu lohnen,
Schönheit in der Urgestalt;
Dort dem hohen Götterglanze
Der Gebieterin zu nahn,
Flammet Lieb und Stolz mich an,
Denn mit hellem Siegeskranze
Lohnet sie die kühne Bahn.

Reinere Begeisterungen
Trinkt die freie Seele schon,

Meines Lebens Peinigungen
Hat die neue Lust verschlungen,
Nacht und Wolke sind entflohn;
Wann im schreckenden Gerichte
Schnell der Welten Achse bricht,
Hier erbebt die Liebe nicht,
Wo von ihrem Angesichte
Lieb und Göttergröße spricht.

Stiegst du so zur Erde nieder,
Hohe süße Zauberin!
Ha! der Staub erwachte wieder
Und des Kummers morsche Glieder
Hüpften üppig vor dir hin;
Von der Liebe Blick betroffen
Bebt' und küßte brüderlich
Groll und wilder Hader sich,
Wie der Himmel, hell und offen
Grüßten Wahn und Irre dich.

Schon im grünen Erdenrunde
Schmeckt ich hohen Vorgenuß,
Bebend dir am Göttermunde
Trank ich früh der Weihestunde
Süßen mütterlichen Kuß;
Fremde meinem Kindersinne
Folgte mir zu Wies und Wald
Die arkadische Gestalt.
Ha! und staunend ward ich inne
Ihres Zaubers Allgewalt.

In den Tiefen und den Höhen
Der erfreuenden Natur
Fand ich, Wonne zu erspähen
Von der Holdin ausersehen,
Liebetrunken ihre Spur;
Wo das Tal der Blumenhügel
Freundlich in die Arme schloß,
Wo die Quelle niederfloß
In den klaren Wasserspiegel,
Fand ich Spuren, hold und groß!

Glühend an der Purpurwange
Sanft berührt vom Lockenhaar,

Von der Lippe, süß und bange
Bebend in dem Liebesdrange,
Vom geschloßnen Augenpaar, —
In der hohen Meisterzüge
Wonniglicher Harmonie,
In der Stimme Melodie
Fand, verraten ihrem Siege,
Fand die trunkne Seele Sie.

HYMNE AN DIE LIEBE

Froh der süßen Augenweide
Wallen wir auf grüner Flur;
Unser Priestertum ist Freude,
Unser Tempel die Natur; —
Heute soll kein Auge trübe,
Sorge nicht hienieden sein!
Jedes Wesen soll der Liebe,
Frei und froh, wie wir, sich freun!

Höhnt im Stolze, Schwestern, Brüder!
Höhnt der scheuen Knechte Tand!
Jubelt kühn das Lied der Lieder,
Festgeschlungen Hand in Hand!
Steigt hinauf am Rebenhügel,
Blickt hinab ins weite Tall!
Überall der Liebe Flügel,
Hold und herrlich überall!

Liebe bringt zu jungen Rosen
Morgentau von hoher Luft,
Lehrt die warmen Lüfte kosen
In der Maienblume Duft;
Um die Orione leitet
Sie die treuen Erden her,
Folgsam ihrem Winke, gleitet
Jeder Strom ins weite Meer;

An die wilden Berge reihet
Sie die sanften Täler an,
Die entbrannte Sonn erfreuet
Sie im stillen Ozean;

Siehe! mit der Erde gattet
Sich des Himmels heilge Lust,
Von den Wettern überschattet
Bebt entzückt der Mutter Brust.

Liebe wallt durch Ozeane,
Höhnt der dürren Wüste Sand,
Blutet an der Siegesfahne
Jauchzend für das Vaterland;
Liebe trümmert Felsen nieder,
Zaubert Paradiese hin —
Lächelnd kehrt die Unschuld wieder,
Göttlichere Lenze blühn.

Mächtig durch die Liebe, winden
Von der Fessel wir uns los,
Und die trunknen Geister schwinden
Zu den Sternen, frei und groß!
Unter Schwur und Kuß vergessen
Wir die träge Flut der Zeit,
Und die Seele naht vermessen
Deiner Lust, Unendlichkeit!

DER FRÜHLING

Wenn auf Gefilden neues Entzücken keimt
   Und sich die Ansicht wieder verschönt
                              und sich
      An Bergen, wo die Bäume grünen,
         Hellere Lüfte, Gewölke zeigen,

O! welche Freude haben die Menschen! froh
   Gehn an Gestaden Einsame, Ruh und Lust
      Und Wonne der Gesundheit blühet,
         Freundliches Lachen ist auch nicht ferne.

AN EINE ROSE

Ewig trägt im Mutterschoße,
Süße Königin der Flur!

Dich und mich die stille, große,
Allbelebende Natur;
Röschen! unser Schmuck veraltet,
Stürm entblättern dich und mich,
Doch der ewge Keim entfaltet
Bald zu neuer Blüte sich.

An die Ehre

Einst war ich ruhig, schlummerte sorgenfrei
　Am stillen Moosquell, träumte von
　　　　　　　　　Stellas Kuß —
　Da riefst du, daß der Waldstrom stille
　　Stand und erbebte, vom Eichenwipfel —

Auf sprang ich, fühlte taumelnd
　　　　　　　　die Zauberkraft,
　Hin flog mein Atem, wo sie den Lieblingen
　Die schweißbetraufte Stirn im Haine
　　Kühlend, die Eich und die Palme spendet.

Umdonnert, Meereswogen, die einsame
　Gewagte Bahn! euch höhnet mein
　　　　　　　　　kühnes Herz,
　Ertürmt euch, Felsen, ihr ermüdet
　　Nie den geflügelten Fuß des Sängers.

So rief ich — stürzt im Zauber des Aufrufs hin —
　Doch ha! der Täuschung — wenige Schritte
　　　　　　　　　sinds!
　Bemerkbar kaum! und Hohn der Spötter,
　　Freude der Feigen umzischt den Armen.

Ach! schlummert ich am murmelnden
　　　　　　　　Moosquell noch,
　Ach! träumt ich noch von Stellas
　　　　　　　　Umarmungen.
　Doch nein! bei Mana nein! auch Streben
　　Ziert, auch der Schwächeren Schweiß
　　　　　　　　　ist edel.

Ermunterung

Zweite Fassung

Echo des Himmels! heiliges Herz! warum,
　Warum verstummst du unter den Lebenden,
　　Schläfst, freies! von den Götterlosen
　　　Ewig hinab in die Nacht verwiesen?

Wacht denn, wie vormals, nimmer des
　　　　　　　　Aethers Licht?
　Und blüht die alte Mutter, die Erde nicht?
　　Und übt der Geist nicht da und dort, nicht
　　　Lächelnd die Liebe das Recht
　　　　　　　　noch immer?

Nur du nicht mehr! doch mahnen
　　　　　　　　die Himmlischen,
　Und stillebildend weht, wie ein kahl Gefild,
　　Der Othem der Natur dich an, der
　　　Alleserheiternde, seelenvolle.

O Hoffnung! bald, bald singen die Haine nicht
　Des Lebens Lob allein, denn es ist die Zeit,
　　Daß aus der Menschen Munde sie, die
　　　Schönere Seele, sich neuverkündet,

Dann liebender im Bunde mit Sterblichen
　Das Element sich bildet, und dann erst reich,
　　Bei frommer Kinder Dank, der Erde
　　　Brust, die unendliche, sich entfaltet

Und unsre Tage wieder, wie Blumen, sind,
　Wo sie, des Himmels Sonne, sich ausgeteilt
　　Im stillen Wechsel sieht und wieder
　　　Froh in den Frohen das Licht sich findet,

Und er, der sprachlos waltet und unbekannt
　Zukünftiges bereitet, der Gott, der Geist
　　Im Menschenwort, am schönen Tage
　　　Kommenden Jahren, wie einst,
　　　　　　　　sich ausspricht.

DER SPAZIERGANG

Ihr Wälder schön an der Seite,
Am grünen Abhang gemalt,
Wo ich umher mich leite,
Durch süße Ruhe bezahlt
Für jeden Stachel im Herzen,
Wenn dunkel mir ist der Sinn,
Den Kunst und Sinnen hat Schmerzen
Gekostet von Anbeginn.
Ihr lieblichen Bilder im Tale,
Zum Beispiel Gärten und Baum,
Und dann der Steg, der schmale,
Der Bach zu sehen kaum,
Wie schön aus heiterer Ferne
Glänzt einem das herrliche Bild
Der Landschaft, die ich gerne
Besuch in Witterung mild.
Die Gottheit freundlich geleitet
Uns erstlich mit Blau,
Hernach mit Wolken bereitet,
Gebildet wölbig und grau,
Mit sengenden Blitzen und Rollen
Des Donners, mit Reiz des Gefilds,
Mit Schönheit, die gequollen
Vom Quell ursprünglichen Bilds.

AN DIE KLUGEN RATGEBER

Ich sollte nicht im Lebensfelde ringen,
Solang mein Herz nach höchster Schöne strebt,
Ich soll mein Schwanenlied am Grabe singen,
Wo ihr so gern lebendig uns begräbt?
O! schonet mein und laßt das rege Streben,
Bis seine Flut ins fernste Meer sich stürzt,
Laßt immerhin, ihr Ärzte, laßt mich leben,
Solang die Parze nicht die Bahn verkürzt.

Des Weins Gewächs verschmäht die
                                      kühlen Tale,
Hesperiens beglückter Garten bringt

Die goldnen Früchte nur im heißen Strahle,
Der, wie ein Pfeil, ins Herz der Erde dringt;
Was warnt ihr dann, wenn stolz und
                                      ungeschändet
Des Menschen Herz von kühnem Zorn
                                      entbrennt,
Was nimmt ihr ihm, der nur im Kampf
                                      vollendet,
Ihr Weichlinge, sein glühend Element?

Er hat das Schwert zum Spiele nicht genommen,
Der Richter, der die alte Nacht verdammt,
Er ist zum Schlafe nicht herabgekommen,
Der reine Geist, der aus dem Aether stammt;
Er strahlt heran, er schröckt, wie Meteore,
Befreit und bändigt, ohne Ruh und Sold,
Bis, wiederkehrend durch des Himmels Tore,
Sein Kämpferwagen im Triumphe rollt.

Und ihr, ihr wollt des Rächers Arme lähmen,
Dem Geiste, der mit Götterrecht gebeut,
Bedeutet ihr, sich knechtisch zu bequemen,
Nach eures Pöbels Unerbittlichkeit?
Das Irrhaus wählt ihr euch zum Tribunale,
Dem soll der Herrliche sich unterziehn,
Den Gott in uns, den macht ihr zum Skandale,
Und setzt den Wurm zum König über ihn. —

Sonst ward der Schwärmer doch ans
                                      Kreuz geschlagen,
Und oft in edlem Löwengrimme rang
Der Mensch an donnernden
                                      Entscheidungstagen,
Bis Glück und Wut das kühne Recht bezwang;
Ach! wie die Sonne, sank zur Ruhe nieder,
Wer unter Kampf ein herrlich Werk begann,
Er sank und morgenrötlich hub er wieder
In seinen Lieblingen zu leuchten an.
Jetzt blüht die neue Kunst, das Herz
                                      zu morden,
Zum Todesdolch in meuchlerischer Hand
Ist nun der Rat des klugen Manns geworden,
Und furchtbar, wie ein Scherge, der Verstand;
Bekehrt von euch zu feiger Ruhe, findet

Der Geist der Jünglinge sein schmählich Grab,
Ach! ruhmlos in die Nebelnächte schwindet
Aus heitrer Luft manch schöner Stern hinab.

Umsonst, wenn auch der Geister Erste fallen,
Die starken Tugenden, wie Wachs, vergehn,
Das Schöne muß aus diesen Kämpfen allen,
Aus dieser Nacht der Tage Tag entstehn;
Begräbt sie nur, ihr Toten, eure Toten!
Indes ihr noch die Leichenfackel hält,
Geschiehet schon, wie unser Herz geboten,
Bricht schon herein die neue beßre Welt.

EMPEDOKLES

Das Leben suchst du, suchst, und es quillt
　　　　　　　　und glänzt
　　Ein göttlich Feuer tief aus der Erde dir,
　　　Und du in schauderndem Verlangen
　　　　Wirfst dich hinab, in des Aetna Flammen.

So schmelzt' im Weine Perlen der Übermut
　　Der Königin; und mochte sie doch! hättst du
　　　Nur deinen Reichtum nicht, o Dichter,
　　　　Hin in den gärenden Kelch geopfert!

Doch heilig bist du mir, wie der Erde Macht,
　　Die dich hinwegnahm, kühner Getöteter!
　　　Und folgen möcht ich in die Tiefe,
　　　　Hielte die Liebe mich nicht, dem Helden.

DER RHEIN

An Isaak von Sinclair

Im dunkeln Efeu saß ich, an der Pforte
Des Waldes, eben, da der goldene Mittag,
Den Quell besuchend, herunterkam
Von Treppen des Alpengebirgs,
Das mir die göttlichgebaute,

Die Burg der Himmlischen heißt
Nach alter Meinung, wo aber
Geheim noch manches entschieden
Zu Menschen gelanget; von da
Vernahm ich ohne Vermuten
Ein Schicksal, denn noch kaum
War mir im warmen Schatten
Sich manches beredend, die Seele
Italia zu geschweift
Und fernhin an die Küsten Moreas.

Jetzt aber, drin im Gebirg,
Tief unter den silbernen Gipfeln
Und unter fröhlichem Grün,
Wo die Wälder schauernd zu ihm,
Und der Felsen Häupter übereinander
Hinabschaun, taglang, dort
Im kältesten Abgrund hört
Ich um Erlösung jammern
Den Jüngling, es hörten ihn, wie er tobt',
Und die Mutter Erd anklagt',
Und den Donnerer, der ihn gezeuget,
Erbarmend die Eltern, doch
Die Sterblichen flohn von dem Ort,
Denn furchtbar war, da lichtlos er
In den Fesseln sich wälzte,
Das Rasen des Halbgotts.

Die Stimme wars des edelsten der Ströme,
Des freigeborenen Rheins,
Und anderes hoffte der, als droben
　　　　　　　　von den Brüdern,
Dem Tessin und dem Rhodanus,
Er schied und wandern wollt, und
　　　　　　　　ungeduldig ihn
Nach Asia trieb die königliche Seele.
Doch unverständig ist
Das Wünschen vor dem Schicksal.
Die Blindesten aber
Sind Göttersöhne. Denn es kennet der Mensch
Sein Haus und dem Tier ward, wo
Es bauen solle, doch jenen ist
Der Fehl, daß sie nicht wissen wohin
In die unerfahrne Seele gegeben.

Ein Rätsel ist Reinentsprungenes. Auch
Der Gesang kaum darf es enthüllen. Denn
Wie du anfingst, wirst du bleiben,
So viel auch wirket die Not,
Und die Zucht, das meiste nämlich
Vermag die Geburt,
Und der Lichtstrahl, der
Dem Neugebornen begegnet.
Wo aber ist einer,
Um frei zu bleiben.
Sein Leben lang, und des Herzens Wunsch
Allein zu erfüllen, so
Aus günstigen Höhn, wie der Rhein,
Und so aus heiligem Schoße
Glücklich geboren, wie jener?

Drum ist ein Jauchzen sein Wort.
Nicht liebt er, wie andere Kinder,
In Wickelbanden zu weinen;
Denn wo die Ufer zuerst
An die Seit ihm schleichen, die krummen,
Und durstig umwindend ihn,
Den Unbedachten, zu ziehn
Und wohl zu behüten begehren
Im eigenen Zahne, lachend
Zerreißt er die Schlangen und stürzt
Mit der Beut und wenn in der Eil
Ein Größerer ihn nicht zähmt,
Ihn wachsen läßt, wie der Blitz, muß er
Die Erde spalten, und wie Bezauberte fliehn
Die Wälder ihm nach und zusammensinkend
                          die Berge.

Ein Gott will aber sparen den Söhnen
Das eilende Leben und lächelt,
Wenn unenthaltsam, aber gehemmt
Von heiligen Alpen, ihm
In der Tiefe, wie jener, zürnen die Ströme.
In solcher Esse wird dann
Auch alles Lautre geschmiedet,
Und schön ists, wie er drauf,
Nachdem er die Berge verlassen,
Stillwandelnd sich im deutschen Lande
Begnüget und das Sehnen stillt

Im guten Geschäfte, wenn er das Land baut,
Der Vater Rhein, und liebe Kinder nährt
In Städten, die er gegründet.

Doch nimmer, nimmer vergißt ers.
Denn eher muß die Wohnung vergehn,
Und die Satzung und zum Unbild werden
Der Tag der Menschen, ehe vergessen
Ein solcher dürfte den Ursprung
Und die reine Stimme der Jugend.
Wer war es, der zuerst
Die Liebesbande verderbt
Und Stricke von ihnen gemacht hat?
Dann haben des eigenen Rechts
Und gewiß des himmlischen Feuers
Gespottet die Trotzigen, dann erst
Die sterblichen Pfade verachtend
Verwegnes erwählt
Und den Göttern gleich zu werden getrachtet.

Es haben aber an eigner
Unsterblichkeit die Götter genug, und bedürfen
Die Himmlischen eines Dings,
So sinds Heroen und Menschen
Und Sterbliche sonst. Denn weil
Die Seligsten nichts fühlen von selbst,
Muß wohl, wenn solches zu sagen
Erlaubt ist, in der Götter Namen
Teilnehmend fühlen ein Andrer,
Den brauchen sie; jedoch ihr Gericht
Ist, daß sein eigenes Haus
Zerbreche der und das Liebste
Wie den Feind schelt und sich Vater und Kind
Begrabe unter den Trümmern,
Wenn einer, wie sie, sein will und nicht
Ungleiches dulden, der Schwärmer.

Drum wohl ihm, welcher fand
Ein wohlbeschiedenes Schicksal,
Wo noch der Wanderungen
Und süß der Leiden Erinnerung
Aufrauscht am sichern Gestade,
Daß da und dorthin gern
Er sehn mag bis an die Grenzen,

Die bei der Geburt ihm Gott
Zum Aufenthalte gezeichnet.
Dann ruht er, seligbescheiden,
Denn alles, was er gewollt,
Das Himmlische, von selber umfängt
Es unbezwungen, lächelnd
Jetzt, da er ruhet, den Kühnen.

Halbgötter denk ich jetzt
Und kennen muß ich die Teuern,
Weil oft ihr Leben so
Die sehnende Brust mir beweget.
Wem aber, wie, Rousseau, dir,
Unüberwindlich die Seele,
Die starkausdauernde, ward,
Und sicherer Sinn
Und süße Gabe zu hören,
Zu reden so, daß er aus heiliger Fülle
Wie der Weingott, törig göttlich
Und gesetzlos sie, die Sprache der
                              Reinesten, gibt
Verständlich den Guten, aber mit Recht
Die Achtungslosen mit Blindheit schlägt,
Die entweihenden Knechte, wie nenn ich
                              den Fremden?

Die Söhne der Erde sind, wie die Mutter,
Alliebend, so empfangen sie auch
Mühlos, die Glücklichen, Alles.
Drum überraschet es auch
Und schröckt den sterblichen Mann,
Wenn er den Himmel, den
Er mit den liebenden Armen
Sich auf die Schultern gehäuft,
Und die Last der Freude bedenket;
Dann scheint ihm oft das Beste,
Fast ganz vergessen da,
Wo der Strahl nicht brennt,
Im Schatten des Walds
Am Bielersee in frischer Grüne zu sein,
Und sorglosarm an Tönen,
Anfängern gleich, bei Nachtigallen zu lernen.

Und herrlich ists, aus heiligem Schlafe dann
Erstehen und, aus Waldes Kühle
Erwachend, abends nun
Dem milderen Licht entgegenzugehn,
Wenn, der die Berge gebaut
Und den Pfad der Ströme gezeichnet,
Nachdem er lächelnd auch
Der Menschen geschäftiges Leben,
Das othemarme, wie Segel
Mit seinen Lüften gelenkt hat,
Auch ruht und zu der Schülerin jetzt,
Der Bildner, Gutes mehr
Denn Böses findend,
Zur heutigen Erde der Tag sich neiget. —

Dann feiern das Brautfest Menschen und Götter,
Es feiern die Lebenden all,
Und ausgeglichen
Ist eine Weile das Schicksal.
Und die Flüchtlinge suchen die Herberg,
Und süßen Schlummer die Tapfern,
Die Liebenden aber
Sind, was sie waren, sie sind
Zu Hause, wo die Blume sich freuet
Unschädlicher Glut und die finstern Bäume
Der Geist umsäuselt, aber die Unversöhnten
Sind umgewandelt und eilen
Die Hände sich ehe zu reichen,
Bevor das freundliche Licht
Hinuntergeht und die Nacht kommt.

Doch einigen eilt
Dies schnell vorüber, andere
Behalten es länger.
Die ewigen Götter sind
Voll Lebens allzeit; bis in den Tod
Kann aber ein Mensch auch
Im Gedächtnis doch das Beste behalten,
Und dann erlebt er das Höchste.
Nur hat ein jeder sein Maß.
Denn schwer ist zu tragen
Das Unglück, aber schwerer das Glück.
Ein Weiser aber vermocht es
Vom Mittag bis in die Mitternacht,

Und bis der Morgen erglänzte,
Beim Gastmahl helle zu bleiben.

Dir mag auf heißem Pfade unter Tannen oder
Im Dunkel des Eichwalds gehüllt
In Stahl, mein Sinclair! Gott erscheinen oder
In Wolken, du kennst ihn, da du kennest,
                                        jugendlich,
Des Guten Kraft, und nimmer ist dir
Verborgen das Lächeln des Herrschers
Bei Tage, wenn
Es fieberhaft und angekettet das
Lebendige scheinet oder auch
Bei Nacht, wenn alles gemischt
Ist ordnungslos und wiederkehrt
Uralte Verwirrung.

DIE HEIMAT

Froh kehrt der Schiffer heim an den
                                stillen Strom,
  Von Inseln fernher, wenn er geerntet hat;
    So käm auch ich zur Heimat, hätt ich
      Güter so viele, wie Leid, geerntet.

Ihr teuern Ufer, die mich erzogen einst,
  Stillt ihr der Liebe Leiden, versprecht
                                ihr mir,
    Ihr Wälder meiner Jugend, wenn ich
      Komme, die Ruhe noch einmal wieder?

Am kühlen Bache, wo ich der Wellen Spiel,
  Am Strome, wo ich gleiten die Schiffe sah,
    Dort bin ich bald; euch traute Berge,
      Die mich behüteten einst, der Heimat

Verehrte sichre Grenzen, der Mutter Haus
  Und liebender Geschwister Umarmungen
    Begrüß ich bald und ihr umschließt mich,
      Daß, wie in Banden, das Herz mir heile,

Ihr treugebliebnen! aber ich weiß, ich weiß
  Der Liebe Leid, dies heilet so bald mir nicht,
    Dies singt kein Wiegensang, den tröstend
      Sterbliche singen, mir aus dem Busen.

Denn sie, die uns das himmlische Feuer leihn,
  Die Götter schenken heiliges Leid uns auch,
    Drum bleibe dies. Ein Sohn der Erde
      Schein ich; zu lieben gemacht, zu leiden.

AN DIE PARZEN

Nur Einen Sommer gönnt, ihr Gewaltigen!
  Und einen Herbst zu reifem Gesange mir,
    Daß williger mein Herz, vom süßen
      Spiele gesättiget, dann mir sterbe.

Die Seele, der im Leben ihr göttlich Recht
  Nicht ward, sie ruht auch drunten im
                                Orkus nicht;
    Doch ist mir einst das Heilge, das am
      Herzen mir liegt, das Gedicht, gelungen,

Willkommen dann, o Stille der Schattenwelt!
  Zufrieden bin ich, wenn auch mein Saitenspiel
    Mich nicht hinab geleitet; Einmal
      Lebt ich, wie Götter, und mehr
                                bedarfs nicht.

GEH UNTER, SCHÖNE SONNE

Geh unter, schöne Sonne, sie achteten
  Nur wenig dein, sie kannten dich,
                                Heilge, nicht,
    Denn mühelos und stille bist du
      Über den Mühsamen aufgegangen.

Mir gehst du freundlich unter und auf, o Licht!
  Und wohl erkennt mein Auge dich,
                                Herrliches!

Denn göttlich stille ehren lernt ich,
  Da Diotima den Sinn mir heilte.

O du des Himmels Botin! wie lauscht ich dir!
  Dir, Diotima! Liebe! wie sah von dir
    Zum goldnen Tage dieses Auge
                    Glänzend und dankend empor.
                                      Da rauschten

Lebendiger die Quellen, es atmeten
  Der dunkeln Erde Blüten mich liebend an,
    Und lächelnd über Silberwolken
      Neigte sich segnend herab der Aether.

ABBITTE

Heilig Wesen! gestört hab ich die goldene
  Götterruhe dir oft, und der geheimeren,
    Tiefern Schmerzen des Lebens
      Hast du manche gelernt von mir.

O vergiß es, vergib! gleich dem Gewölke dort
  Vor dem friedlichen Mond, geh ich dahin,
                                      und du
    Ruhst und glänzest in deiner
      Schöne wieder, du süßes Licht!

LEBENSLAUF

Hoch auf strebte mein Geist, aber die
                                      Liebe zog
  Schön ihn nieder; das Leid beugt ihn
                                      gewaltiger;
    So durchlauf ich des Lebens
      Bogen und kehre, woher ich kam.

ABSCHIED

Wenn ich sterbe mit Schmach, wenn an
                            den Frechen nicht
  Meine Seele sich rächt, wenn ich hinunter bin,
    Von des Genius Feinden
      Überwunden, ins feige Grab,

Dann vergiß mich, o dann rette vom
                            Untergang
  Meinen Namen auch du, gütiges Herz!
                            nicht mehr,
    Dann erröte, die du mir
      Hold gewesen, doch eher nicht!

Aber weiß ich es nicht? Wehe! du liebender
  Schutzgeist! ferne von dir spielen
                            zerreißend bald
    Auf den Saiten des Herzens
      Alle Geister des Todes mir.

O so bleiche dich denn, Locke der mutigen
  Jugend! heute noch, du, lieber als morgen mir,

    …hier, wo am einsamen
      Scheideweg der Schmerz mich,
      Mich der Tötende niederwirft.

FRIEDRICH VON SCHILLER

FRIEDRICH VON SCHILLER

Friedrich von Schiller, mit ganzem Namen Johann Christoph Friedrich von Schiller, wurde am 10. November 1759 als Sohn des Wundarztes und späteren Offiziers Johann Kaspar Schiller und seiner Frau Elisabeth Dorothea in Marbach am Neckar geboren.

Seine ersten literarischen Versuche (das Trauerspiel »Die Christen und Absolm«) unternahm er bereits im zarten Alter von 13 Jahren. Leider blieb der Nachwelt von diesen frühen Arbeiten nichts erhalten. Das Bild von der Dichtkunst, das der junge Schiller entwickelte, wurde maßgeblich von den Werken Shakespeares geprägt. Die Dramen des Engländers verkörperten Ideale, wie sie in der Zeit des Sturm und Drang verfolgt wurden. Unter dem Eindruck Shakespeares entstand auch das erste Theaterstück Schillers, »Die Räuber«, das er 1780, in seinem Abschlußjahr an der militärischen Pflanzschule des Fürsten Karl Eugen, fertigstellte. Das Studium der Medizin, das er seit 1775 betrieben hatte, brachte der junge Mann nur mit Mühe zum erfolgreichen Abschluß (Schiller mußte zwei Dissertationen verfassen, weil die erste nicht die Anerkennung seiner Lehrer fand).

Das Drama »Die Räuber« machte Schiller, der in den Jahren 1781/ 82 als Militärarzt und Schriftsteller arbeitete, über Nacht berühmt, als es am 13. Januar 1782 erstmals (in Mannheim) auf die Bühne kam. Der Bericht eines Augenzeugen ist uns überliefert, wo es heißt: »Das Theater glich einem Irrenhause, rollende Augen, geballte Fäuste, heisere Aufschreie im Zuschauerraum. Fremde Menschen fielen einander schluchzend in die Arme, Frauen wankten, einer Ohnmacht nahe, zur Türe. Es war eine allgemeine Auflösung wie im Chaos, aus dessen Nebeln eine neue Schöpfung hervorbricht.« So bewegt, schockiert und begeistert war das Publikum von Schillers revolutionärem Stück. Die Freude über den Erfolg wurde aber getrübt durch den Zorn, den das Stück beim Landesfürsten hervorrief. Am 22. September 1782 flüchtete Schiller via Mannheim, Frankfurt und Oggersheim nach Bauerbach (Thüringen).

In Mannheim fand der junge Literat später eine Stelle als Theaterdichter für 300 Gulden im Jahr, ein geringes Gehalt. Schiller, der den Umgang mit Geld nicht beherrschte, wurde bald von seinen Gläubigern verfolgt. Sein Stück »Fiesko« brachte nur mäßigen Erfolg. Für »Kabale und Liebe« wurde er zwar vom Publikum gefeiert, fiel jedoch wegen des darin angeschlagenen revolutionären Tons bei seinen Arbeitgebern in Ungnade. Sein Vertrag wurde nicht verlängert.

Erstmals Anerkennung auch in höfischen Kreisen fand Schiller, als er bei einer Einladung an den Darmstädter Hof den 1. Akt aus seinem gerade begonnenen Stück »Don Carlos« vortrug, dem Werk, mit dem er zum erstenmal auch den Sturm und Drang überwinden wollte: Fürst Karl August verlieh ihm den Titel eines Rats.

Nach Aufenthalten in Leipzig und Dresden kam Schiller Ende Juli 1787 nach Weimar. Mit Spannung hatte er das Zusammentreffen mit den »3 Weimarer Riesen«, wie Herder, Wieland und Goethe genannt wurden, erwartet. Goethe befand sich jedoch zu der Zeit auf der (für die Klassik mitentscheidenden) italienischen Reise. Vor allem zu Wieland entwickelte Schiller bald eine enge Freundschaft. – Und er begann unermüdlich zu arbeiten. Erstmals legte er auch Wert auf die finanziellen Aspekte der Schriftstellerei und begann so, lukrativere geschichtliche Werke zu verfassen (vor allem die »Geschichte des Abfalls der Niederlande von der Spanischen Regierung«). Mit seiner Erzählung »Der Geisterseher« geschah es ihm wie so oft: Während er selbst von seiner Arbeit enttäuscht war, bescherte ihm das Werk mehr Leser als alle seine früheren Arbeiten zusammen.

In Rudolstadt, wo Schiller seine spätere Frau, Charlotte von Lengefeld, kennenlernte, traf er auch erstmals mit Goethe zusammen. Beide waren von dieser ersten Begegnung enttäuscht. Der ältere Goethe schrieb später: »Er war mir verhaßt.«

1788 wurde Schiller als Professor für Geschichte nach Jena berufen, wo er 1790, inzwischen Hofrat, heiratete. Es war die Zeit der französischen Revolution. Schillers frühe Schriften, vor allem sein Jugendwerk »Die Räuber«, begeisterten die Revolutionäre. So erhielt der Dichter für Werke, deren Inhalt und Stil er längst überwunden hatte, von der französischen Nationalversammlung die höchste Ehre, die einem Ausländer zuteil werden konnte: das französische Bürgerrecht.

1797 gilt als Schillers großes Balladenjahr. In dieser Zeit entstanden viele seiner berühmtesten lyrischen Arbeiten (u. a. Der Taucher, Der Handschuh, Die Kraniche des Ibykus). Schiller und Goethe, die inzwischen gute Freunde geworden waren, übten mit diesen Dichtungen eine Art Wettstreit aus.

Seine letzten Jahre verlebte der Dichter in Weimar, wo er 1802 geadelt wurde. Bei seinem letzten Theaterbesuch am 29. April 1805 wurde er von einem Fieberanfall heimgesucht. Zehn Tage später, am 9. Mai 1805, war Johann Christoph Friedrich von Schiller tot.

Schiller war neben Goethe die zentrale Gestalt klassischer deutscher Dichtung. Er konnte zwei Epochen, dem »Sturm und Drang« und der »Klassik«, wesentliche Impulse geben. Anders als Goethe meisterte Schiller jedoch sein Leben nicht mit solcher Leichtigkeit. Er war gewissermaßen ein verkanntes Genie. Immer wieder wurde er gefeiert für Werke, die er selbst nicht zu seinen besten zählte. So wegen der »Räuber«, dem »Geisterseher« oder dem »Abfall der Niederlande«. Ihm wichtige Werke fanden dagegen nicht die Beachtung, die sie verdient hätten. Im Vergleich zu Goethe war Schiller immer der kompliziertere Charakter und Dichter und vielleicht auch der intellektuellere.

MONUMENT MOORS
DES RÄUBERS

Vollendet!
Heil dir! Vollendet!
Majestätischer Sünder!
Deine furchtbare Rolle vollbracht!

Hoher Gefallener!
Deines Geschlechts Beginner und Ender!
Seltner Sohn ihrer schrecklichsten Laune,
Erhabner Verstoß der Mutter Natur!

Durch wolkigte Nacht ein prächtiger Blitz!
Hui! hinter ihm schlagen die
Pforten zusammen!
Geizig schlingt ihn der Rachen der Nacht!
Zucken die Völker
Unter seiner verderbenden Pracht!
Aber Heil dir! vollendet!
Majestätischer Sünder!
Deine furchtbare Rolle vollbracht!

Modre — verstieb
In der Wiege des offnen Himmls!
Fürchterlich jedem Sünder zur Schau,
Wo dem Thron gegenüber
Heißer Ruhmsucht furchtbare Schranke steigt!
Siehe! der Ewigkeit übergibt dich die Schande!
Zu den Sternen des Ruhms
Klimmst du auf den Schultern der Schande!
Einst wird unter dir auch die Schande
zerstieben,
Und dich reicht — die Bewunderung.

Nassen Auges an deinem schauernden Grabe
Männer vorüber —
Freue dich der Träne der Männer,
Des Gerichteten Geist!
Nassen Auges an deinem schauernden Grabe
Jüngst ein Mädchen vorüber,
Hörte die furchtbare Kunde

Deiner Taten vom steinernen Herold,
Und das Mädchen — freue dich! freue dich!
Wischte die Träne nicht ab.
Ferne stand ich — sah die Perle fallen,
Und ich rief ihr: Amalia!

Jünglinge! Jünglinge!
Mit des Genies gefährlichem Ätherstrahl
Lernt behutsamer spielen.
Störrig knirscht in dem Zügel das Sonnenroß,
Wie's am Seile des Meisters
Erd und Himmel in sanfterem
Schwunge wiegt,
Flammt's am kindischen Zaume
Erd und Himmel in lodernden Brand!
Unterging in den Trümmern
Der mutwillige Phaëthon.

Kind des himmlischen Genius,
Glühendes, tatenlechzendes Herz!
Reizet dich das Mal meines Räubers?
War wie du glühenden, tatenlechzenden
Herzens,
War wie du des himmlischen Genius Kind.
Aber du lächelst und gehst —
Dein Blick durchfliegt den Raum der
Weltgeschichte,
Moorn den Räuber findest du nicht —
Steh und lächle nicht, Jüngling!
Seine Sünde lebt, lebt seine Schande —
Räuber Moor nur, ihr Name, nicht.

DER TRIUMPH DER LIEBE

Eine Hymne

Selig durch die Liebe
Götter — durch die Liebe
Menschen Göttern gleich!
Liebe macht den Himmel
Himmlischer — die Erde
Zu dem Himmelreich.

Einstens hinter Pyrrhas Rücken,
  Stimmen Dichter ein,
Sprang die Welt aus Felsenstücken,
  Menschen aus dem Stein.

Stein und Felsen ihre Herzen,
  Ihre Seelen Nacht,
Von des Himmels Flammenkerzen
  Nie in Glut gefacht.

Noch mit sanften Rosenketten
Banden junge Amoretten
  Ihre Seelen nie —
Noch mit Liedern ihren Busen
Huben nicht die weichen Musen,
  Nie mit Saitenharmonie.

Ach! noch wanden keine Kränze
  Liebende sich um!
Traurig flüchteten die Lenze
  Nach Elysium.

Ungegrüßet stieg Aurora
  Aus dem Schoß des Meers,
Ungegrüßet sank die Sonne
  In den Schoß des Meers.

Wild umirrten sie die Haine
Unter Lunas Nebelscheine,
  Trugen eisern Joch.
Sehnend an der Sternenbühne
Suchte die geheime Träne
  Keine Götter noch.

Und sieh! der blauen Flut entquillt
Die Himmelstochter sanft und mild,
  Getragen von Najaden
  Zu trunkenen Gestaden.

Ein jugendlicher Maienschwung
Durchwebt, wie Morgendämmerung,
  Auf das allmächt'ge Werde
  Luft, Himmel, Meer und Erde.

Des holden Tages Auge lacht
In düstrer Wälder Mitternacht;
  Balsamische Narzissen
  Blühn unter ihren Füßen.

Schon flötete die Nachtigall
  Den ersten Sang der Liebe,
Schon murmelte der Quellen Fall
  In weiche Busen Liebe.

Glückseliger Pygmalion!
Es schmilzt, es glüht dein Marmor schon!
  Gott Amor Überwinder!
  Umarme deine Kinder!

Selig durch die Liebe
Götter — durch die Liebe
  Menschen Göttern gleich!
Liebe macht den Himmel
Himmlischer — die Erde
  Zu dem Himmelreich.

Unter goldnem Nektarschaum,
Ein wollüst'ger Morgentraum,
  Ewig Lustgelage,
  Fliehn der Götter Tage.

  Thronend auf erhabnem Sitz
  Schwingt Kronion seinen Blitz;
Der Olympus schwankt erschrocken,
Wallen zürnend seine Locken —
Göttern läßt er seine Throne,
Niedert sich zum Erdensohne,
  Seufzt arkadisch durch den Hain;
Zahme Donner untern Füßen,
Schläft, gewiegt von Ledas Küssen,
  Schläft der Riesentöter ein.

Majestät'sche Sonnenrosse
  Durch des Lichtes weiten Raum
  Leitet Phöbus' goldner Zaum,
Völker stürzt sein rasselndes Geschosse;

Seine weißen Sonnenrosse,
Seine rasselnden Geschosse,
Unter Lieb und Harmonie,
Ha! wie gern vergaß er sie!

Vor der Gattin des Kroniden
Beugen sich die Uraniden;
  Stolz vor ihrem Wagenthrone
Brüstet sich das Pfauenpaar,
  Mit der goldnen Herrscherkrone
Schmückt sie ihr ambrosisch Haar.

Schöne Fürstin! Ach, die Liebe
Zittert, mit dem süßen Triebe
  Deiner Majestät zu nahn.
Und von ihren stolzen Höhen
  Muß die Götterkönigin
Um des Reizes Gürtel flehen
  Bei der Herzenfeßlerin.

  Selig durch die Liebe
  Götter – durch die Liebe
    Menschen Göttern gleich!
  Liebe macht den Himmel
  Himmlischer – die Erde
    Zu dem Himmelreich.

Liebe sonnt das Reich der Nacht,
  Amors süßer Zaubermacht
Ist der Orkus untertänig:
Freundlich blickt der schwarze König,
Wenn ihm Ceres' Tochter lacht;
Liebe sonnt das Reich der Nacht.

Himmlisch in die Hölle klangen
Und den wilden Hüter zwangen
  Deine Lieder, Thrazier –
Minos, Tränen im Gesichte,
Mildete die Qualgerichte,
Zärtlich um Megärens Wangen
Küßten sich die wilden Schlangen,

Keine Geißel klatschte mehr;
Aufgejagt von Orpheus' Leier
Flog von Tityos der Geier;
  Leiser hin am Ufer rauschten
  Lethe und Cocytus, lauschten
    Deinen Liedern, Thrazier!
  Liebe sangst du, Thrazier!

  Selig durch die Liebe
  Götter – durch die Liebe
    Menschen Göttern gleich!
  Liebe macht den Himmel
  Himmlischer – die Erde
    Zu dem Himmelreich.

  Durch die ewige Natur
  Düftet ihre Blumenspur,
Weht ihr goldner Flügel.
  Winkte mir vom Mondenlicht
  Aphroditens Auge nicht,
Nicht vom Sonnenhügel,
  Lächelte vom Sternenmeer
  Nicht die Göttin zu mir her –
Stern und Sonn und Mondenlicht
Regten mir die Seele nicht.
  Liebe, Liebe lächelt nur
  Aus dem Auge der Natur
Wie aus einem Spiegel!

  Liebe rauscht der Silberbach,
  Liebe lehrt ihn sanfter wallen;
    Seele haucht sie in das Ach
  Klagenreicher Nachtigallen –
    Liebe, Liebe lispelt nur
    Auf der Laute der Natur.

Weisheit mit dem Sonnenblick,
Große Göttin, tritt zurück,
  Weiche vor der Liebe!
Nie Erobrern, Fürsten nie
Beugtest du ein Sklavenknie,
  Beug es itzt der Liebe!

Wer die steile Sternenbahn
Ging dir heldenkühn voran
   Zu der Gottheit Sitze?
Wer zerriß das Heiligtum,
Zeigte dir Elysium
   Durch des Grabes Ritze?
Lockte *sie* uns nicht hinein,
Möchten wir unsterblich sein?
Suchten auch die Geister
Ohne sie den Meister?
   Liebe, Liebe leitet nur
   Zu dem Vater der Natur,
Liebe nur die Geister.

   Selig durch die Liebe
   Götter – durch die Liebe
     Menschen Göttern gleich!
   Liebe macht den Himmel
   Himmlischer – die Erde
     Zu dem Himmelreich.

DIE FREUNDSCHAFT

Freund! genügsam ist der Wesenlenker –
Schämen sich kleinmeisterische Denker,
   Die so ängstlich nach Gesetzen spähn! –
Geisterreich und Körperweltgewühle
Wälzet eines Rades Schwung zum Ziele,
   Hier sah es mein Newton gehn.

Sphären lehrt es, Sklaven *eines* Zaumes,
Um das Herz des großen Weltenraumes
   Labyrinthenbahnen ziehn –
Geister in umarmenden Systemen
Nach der großen Geistersonne strömen,
   Wie zum Meere Bäche fliehn.

War's nicht dies allmächtige Getriebe,
Das zum ew'gen Jubelbund der Liebe
   Unsre Herzen aneinander zwang?
Raphael, an deinem Arm – o Wonne! –
Wag auch ich zur großen Geistersonne
   Freudigmutig den Vollendungsgang.

Glücklich! glücklich! dich hab ich gefunden,
Hab aus Millionen dich umwunden,
   Und aus Millionen mein bist du –
Laß das Chaos diese Welt umrütteln,
Durcheinander die Atomen schütteln:
   Ewig fliehn sich unsre Herzen zu.

Muß ich nicht aus deinen Flammenaugen
Meiner Wollust Widerstrahlen saugen?
   Nur in dir bestaun ich mich –
Schöner malt sich mir die schöne Erde,
Heller spiegelt in des Freunds Gebärde,
   Reizender der Himmel sich.

Schwermut wirft die bange Tränenlasten,
Süßer von des Leidens Sturm zu rasten,
   In der Liebe Busen ab; –
Sucht nicht selbst das folternde Entzücken
In des Freunds beredten Strahlenblicken
   Ungeduldig ein wollüst'ges Grab? –

Stünd im All der Schöpfung ich alleine,
Seelen träumt ich in die Felsensteine
   Und umarmend küßt ich sie –
Meine Klagen stöhnt ich in die Lüfte,
Freute mich, antworteten die Klüfte,
   Tor genug! der süßen Sympathie.

Tote Gruppen sind wir – wenn wir hassen,
Götter – wenn wir liebend uns umfassen,
   Lechzen nach dem süßen Fesselzwang –
Aufwärts durch die tausendfache Stufen
Zahlenloser Geister, die nicht schufen,
   Waltet göttlich dieser Drang.

Arm in Arme, höher stets und höher,
Vom Mongolen bis zum griech'schen Seher,
   Der sich an den letzten Seraph reiht,
Wallen wir, einmüt'gen Ringeltanzes,
Bis sich dort im Meer des ew'gen Glanzes
   Sterbend untertauchen Maß und Zeit. –

Freundlos war der große Weltenmeister,
Fühlte Mangel – darum schuf er Geister,

Sel'ge Spiegel seiner Seligkeit!
Fand das höchste Wesen schon kein gleiches,
Aus dem Kelch des ganzen Seelenreiches
Schäumt ihm — die Unendlichkeit.

AN DIE FREUDE

Freude, schöner Götterfunken,
  Tochter aus Elysium,
Wir betreten feuertrunken,
  Himmlische, dein Heiligtum.
Deine Zauber binden wieder,
  Was die Mode streng geteilt,
Alle Menschen werden Brüder,
  Wo dein sanfter Flügel weilt.

    Chor

Seid umschlungen, Millionen!
  Diesen Kuß der ganzen Welt!
  Brüder — überm Sternenzelt
Muß ein lieber Vater wohnen.

Wem der große Wurf gelungen,
  Eines Freundes Freund zu sein,
Wer ein holdes Weib errungen,
  Mische seinen Jubel ein!
Ja — wer auch nur *eine* Seele
  Sein nennt auf dem Erdenrund!
Und wer's nie gekonnt, der stehle
  Weinend sich aus diesem Bund!

    Chor

Was den großen Ring bewohnet,
  Huldige der Sympathie!
  Zu den Sternen leitet sie,
Wo der Unbekannte thronet.

Freude trinken alle Wesen
  An den Brüsten der Natur,
Alle Guten, alle Bösen
Folgen ihrer Rosenspur.
Küsse gab sie uns und Reben,
  Einen Freund, geprüft im Tod,
Wollust ward dem Wurm gegeben,
  Und der Cherub steht vor Gott.

    Chor

Ihr stürzt nieder, Millionen?
  Ahnest du den Schöpfer, Welt?
  Such ihn überm Sternenzelt,
Über Sternen muß er wohnen.

Freude heißt die starke Feder
  In der ewigen Natur.
Freude, Freude treibt die Räder
  In der großen Weltenuhr.
Blumen lockt sie aus den Keimen,
  Sonnen aus dem Firmament,
Sphären rollt sie in den Räumen,
  Die des Sehers Rohr nicht kennt.

    Chor

Froh, wie seine Sonnen fliegen
  Durch des Himmels prächt'gen Plan,
  Wandelt, Brüder, eure Bahn,
Freudig wie ein Held zum Siegen.

Aus der Wahrheit Feuerspiegel
  Lächelt sie den Forscher an.
Zu der Tugend steilem Hügel
  Leitet sie des Dulders Bahn.
Auf des Glaubens Sonnenberge
  Sieht man ihre Fahnen wehn,
Durch den Riß gesprengter Särge
  Sie im Chor der Engel stehn.

    Chor

Duldet mutig, Millionen!
  Duldet für die beßre Welt!
  Droben überm Sternenzelt
Wird ein großer Gott belohnen.

Göttern kann man nicht vergelten,
   Schön ist's, ihnen gleich zu sein.
Gram und Armut soll sich melden,
   Mit den Frohen sich erfreun.
Groll und Rache sei vergessen,
   Unserm Todfeind sei verziehn,
Keine Träne soll ihn pressen,
   Keine Reue nage ihn.

   Chor

Unser Schuldbuch sei vernichtet!
   Ausgesöhnt die ganze Welt!
Brüder — überm Sternenzelt
Richtet Gott, wie wir gerichtet.

Freude sprudelt in Pokalen,
   In der Traube goldnem Blut
Trinken Sanftmut Kannibalen,
   Die Verzweiflung Heldenmut —
Brüder, fliegt von euren Sitzen,
   Wenn der volle Römer kreist,
Laßt den Schaum zum Himmel
                spritzen:
Dieses Glas dem guten Geist!

   Chor

Den der Sterne Wirbel loben,
   Den des Seraphs Hymne preist,
Dieses Glas dem guten Geist
Überm Sternenzelt dort oben!

Festen Mut in schweren Leiden,
   Hilfe, wo die Unschuld weint,
Ewigkeit geschwornen Eiden,
   Wahrheit gegen Freund und Feind,
Männerstolz vor Königsthronen —
   Brüder, gält es Gut und Blut —
Dem Verdienste seine Kronen,
   Untergang der Lügenbrut!

   Chor

Schließt den heil'gen Zirkel dichter,
   Schwört bei diesem goldnen Wein,
   Dem Gelübde treu zu sein,
Schwört es bei dem Sternenrichter!

DAS GEHEIMNIS

Sie konnte mir kein Wörtchen sagen,
   Zu viele Lauscher waren wach,
Den Blick nur durft ich schüchtern fragen,
   Und wohl verstand ich, was er sprach.
Leis komm ich her in deine Stille,
   Du schön belaubtes Buchenzelt,
Verbirg in deiner grünen Hülle
   Die Liebenden dem Aug der Welt!

Von ferne mit verworrnem Sausen
   Arbeitet der geschäft'ge Tag,
Und durch der Stimmen hohles Brausen
   Erkenn ich schwerer Hämmer Schlag.
So sauer ringt die kargen Lose
   Der Mensch dem harten Himmel ab,
Doch leicht erworben, aus dem Schoße
   Der Götter fällt das Glück herab.

Daß ja die Menschen nie es hören,
   Wie treue Lieb uns still beglückt!
Sie können nur die Freude stören,
   Weil Freude nie sie selbst entzückt.
Die Welt wird nie das Glück erlauben,
   Als Beute wird es nur gehascht,
Entwenden mußt du's oder rauben,
   Eh dich die Mißgunst überrascht.

Leis auf den Zehen kommt's geschlichen,
   Die Stille liebt es und die Nacht,
Mit schnellen Füßen ist's entwichen,
   Wo des Verräters Auge wacht.
O schlinge dich, du sanfte Quelle,
   Ein breiter Strom um uns herum,
Und drohend mit empörter Welle
   Verteidige dies Heiligtum!

AN DIE PARZEN

Nicht ins Gewühl der rauschenden Redouten,
　Wo Stutzerwitz sich wunderherrlich spreißt
Und leichter als das Netz der fliegenden
　　　　　　　　　　　　Bajouten
　Die Tugend junger Schönen reißt;

Nicht vor die schmeichlerische Toilette,
　Wovor die Eitelkeit, als ihrem Götzen, kniet,
Und oft in wärmere Gebete
　Als zu dem Himmel selbst entglüht;

Nicht hinter der Gardinen list'gen Schleier,
　Wo heuchlerische Nacht das Aug der Welt
　　　　　　　　　　　　betrügt
Und Herzen, kalt im Sonnenfeuer,
　In glühende Begierden wiegt,

Wo wir die Weisheit schamrot überraschen,
　Die kühnlich Phöbus' Strahlen trinkt,
Wo Männer gleich den Knaben diebisch
　　　　　　　　　　　　naschen,
　Und Plato von den Sphären sinkt —

Zu dir — zu dir, du einsames Geschwister,
　Euch Töchtern des Geschickes, flieht
Bei meiner Laute leiserem Geflister
　Schwermütig süß mein Minnelied.

Ihr einzigen, für die noch kein Sonett gegirret,
　Um deren Geld kein Wucherer noch warb,
Kein Stutzer noch Klagarien geschwirret,
　Kein Schäfer noch arkadisch starb,

Die ihr den Nervenfaden unsers Lebens
　Durch weiche Finger sorgsam treibt,
Bis unterm Klang der Schere sich vergebens
　Die zarte Spinngewebe sträubt.

Daß du auch mir den Lebensfaden spinntest,
　Küß ich, o Klotho, deine Hand; —
Daß du noch nicht den jungen Faden trenntest,
　Nimm, Lachesis, dies Blumenband.

Oft hast du Dornen an den Faden,
　Noch öfter Rosen drangereiht,
Für Dorn und Rosen an dem Faden
　Sei, Klotho, dir dies Lied geweiht.

Oft haben stürmende Affekte
　Den weichen Zwirn herumgezerrt,
Oft riesenmäßige Projekte
　Des Fadens freien Schwung gesperrt;

Oft in wollüstig süßer Stunde
　War mir der Faden fast zu fein,
Noch öfter an der Schwermut
　　　　　　　　　　　　Schauerschlunde
　Mußt er zu fest gesponnen sein:

Dies, Klotho, und noch andre Lügen
　Bitt ich dir itzt mit Tränen ab,
Nun soll mir auch fortan genügen,
　Was mir die weise Klotho gab.

Nur laß an Rosen nie die Schere klirren,
　An Dornen nur — doch wie du willst.
Laß, wenn du willst, die Totenschere klirren,
　Wenn du dies eine nur erfüllst:
Wenn, Göttin, itzt an Laurens Mund
　　　　　　　　　　　　beschworen
　Mein Geist aus seiner Hülse springt,
Verraten, ob des Totenreiches Toren
　Mein junges Leben schwindelnd hängt,

Laß ins Unendliche den Faden wallen,
　Er wallet durch ein Paradies,
Dann, Göttin, laß die böse Schere fallen!
　laß sie fallen, Lachesis!

AN DEN FRÜHLING

Willkommen, schöner Jüngling!
　Du Wonne der Natur!
Mit deinem Blumenkörbchen
　Willkommen auf der Flur!

Ei! ei! da bist ja wieder!
  Und bist so lieb und schön!
Und freun wir uns so herzlich,
  Entgegen dir zu gehn.

Denkst auch noch an mein Mädchen?
  Ei, Lieber, denke doch!
Dort liebte mich das Mädchen,
  Und's Mädchen liebt mich noch!

Fürs Mädchen manches Blümchen
  Erbat ich mir von dir —
Ich komm und bitte wieder,
  Und du? — du gibst es mir?

Willkommen, schöner Jüngling!
  Du Wonne der Natur!
Mit deinem Blumenkörbchen
  Willkommen auf der Flur!

Die Blumen

Kinder der verjüngten Sonne,
  Blumen der geschmückten Flur,
Euch erzog zu Lust und Wonne,
  Ja, euch liebte die Natur.
Schön das Kleid mit Licht gesticket,
Schön hat Flora euch geschmücket,
  Mit der Farben Götterpracht.
Holde Frühlingskinder, klaget!
Seele hat sie euch versaget,
  Und ihr selber wohnt in Nacht.

Nachtigall und Lerche singen
  Euch der Liebe selig Los,
Gaukelnde Sylphiden schwingen
  Buhlend sich auf eurem Schoß.
Wölbte eures Kelches Krone
Nicht die Tochter der Dione
  Schwellend zu der Liebe Pfühl?
Zarte Frühlingskinder, weinet!
Liebe hat sie euch verneinet,
  Euch das selige Gefühl.

Aber hat aus Nannys Blicken
  Mich der Mutter Spruch verbannt,
Wenn euch meine Hände pflücken
  Ihr zum zarten Liebespfand,
Leben, Sprache, Seelen, Herzen,
Stumme Boten süßer Schmerzen,
  Goß euch dies Berühren ein,
Und der mächtigste der Götter
Schließt in eure stillen Blätter
  Seine hohe Gottheit ein.

Der Jüngling am Bache

An der Quelle saß der Knabe,
  Blumen wand er sich zum Kranz,
Und er sah sie fortgerissen,
  Treiben in der Wellen Tanz:
Und so fliehen meine Tage
  Wie die Quelle rastlos hin!
Und so bleichet meine Jugend,
  Wie die Kränze schnell verblühn!

Fraget nicht, warum ich traure
  In des Lebens Blütenzeit!
Alles freuet sich und hoffet,
  Wenn der Frühling sich erneut.
Aber diese tausend Stimmen
  Der erwachenden Natur
Wecken in dem tiefen Busen
  Mir den schweren Kummer nur.

Was soll mir die Freude frommen,
  Die der schöne Lenz mir beut?
Eine nur ist's, die ich suche,
  Sie ist nah und ewig weit.
Sehnend breit ich meine Arme
  Nach dem teuren Schattenbild,
Ach, ich kann es nicht erreichen,
  Und das Herz bleibt ungestillt!

Komm herab, du schöne Holde,
  Und verlaß dein stolzes Schloß!

Blumen, die der Lenz geboren,
  Streu ich dir in deinen Schoß.
Horch, der Hain erschallt von Liedern,
  Und die Quelle rieselt klar!
Raum ist in der kleinsten Hütte
  Für ein glücklich liebend Paar.

DER HANDSCHUH

Vor seinem Löwengarten,
Das Kampfspiel zu erwarten,
Saß König Franz,
Und um ihn die Großen der Krone
Und rings auf hohem Balkone
Die Damen in schönem Kranz.

Und wie er winkt mit dem Finger,
Auf tut sich der weite Zwinger,
Und herein mit bedächtigem Schritt
Ein Löwe tritt,
Und sieht sich stumm
Rings um,
Mit langem Gähnen,
Und schüttelt die Mähnen
Und streckt die Glieder
Und legt sich nieder.

Und der König winkt wieder,
Da öffnet sich behend
Ein zweites Tor,
Daraus rennt
Mit wildem Sprunge
Ein Tiger hervor.

Wie der den Löwen erschaut,
Brüllt er laut,
Schlägt mit dem Schweif
Einen furchtbaren Reif
Und recket die Zunge,
Und im Kreise scheu
Umgeht er den Leu
Grimmig schnurrend;

Drauf streckt er sich murrend
Zur Seite nieder.

Und der König winkt wieder,
Da speit das doppelt geöffnete Haus
Zwei Leoparden auf einmal aus.
Die stürzen mit mutiger Kampfbegier
Auf das Tigertier;
Das packt sie mit seinen grimmigen Tatzen,
Und der Leu mit Gebrüll
Richtet sich auf – da wird's still,
Und herum im Kreis,
Von Mordsucht heiß,
Lagern die greulichen Katzen.

Da fällt von des Altans Rand
Ein Handschuh von schöner Hand
Zwischen den Tiger und den Leun
Mitten hinein.
Und zu Ritter Delorges spottenderweis
Wendet sich Fräulein Kunigund':
»Herr Ritter, ist Eure Lieb so heiß,
Wie Ihr mir's schwört zu jeder Stund,
Ei, so hebt mir den Handschuh auf!«

Und der Ritter in schnellem Lauf
Steigt hinab in den furchtbarn Zwinger
Mit festem Schritte,
Und aus der Ungeheuer Mitte
Nimmt er den Handschuh mit keckem Finger.

Und mit Erstaunen und mit Grauen
Sehen's die Ritter und Edelfrauen,
Und gelassen bringt er den Handschuh zurück.
Da schallt ihm sein Lob aus jedem Munde,
Aber mit zärtlichem Liebesblick –
Er verheißt ihm sein nahes Glück –
Empfängt ihn Fräulein Kunigunde.
Und er wirft ihr den Handschuh ins Gesicht:
»Den Dank, Dame, begehr ich nicht!«
Und verläßt sie zur selben Stunde.

RITTER TOGGENBURG

»Ritter, treue Schwesterliebe
  Widmet Euch dies Herz;
Fordert keine andre Liebe,
  Denn es macht mir Schmerz.
Ruhig mag ich Euch erscheinen,
  Ruhig gehen sehn;
Eurer Augen stilles Weinen
  Kann ich nicht verstehn.«

Und er hört's mit stummem Harme,
  Reißt sich blutend los,
Preßt sie heftig in die Arme,
  Schwingt sich auf sein Roß,
Schickt zu seinen Mannen allen
  In dem Lande Schweiz;
Nach dem heil'gen Grab sie wallen,
  Auf der Brust das Kreuz.

Große Taten dort geschehen
  Durch der Helden Arm,
Ihres Helmes Büsche wehen
  In der Feinde Schwarm,
Und des Toggenburgers Name
  Schreckt den Muselmann;
Doch das Herz von seinem Grame
  Nicht genesen kann.

Und ein Jahr hat er's getragen,
  Trägt's nicht länger mehr,
Ruhe kann er nicht erjagen
  Und verläßt das Heer,
Sieht ein Schiff von Joppes Strande,
  Das die Segel bläht,
Schiffet heim zum teuren Lande,
  Wo ihr Atem weht.

Und an ihres Schlosses Pforte
  Klopft der Pilger an,
Ach, und mit dem Donnerworte
  Wird sie aufgetan:
»Die Ihr suchet, trägt den Schleier,
  Ist des Himmels Braut,

Gestern war des Tages Feier,
  Der sie Gott getraut.«

Da verlässet er auf immer
  Seiner Väter Schloß,
Seine Waffen sieht er nimmer,
  Noch sein treues Roß;
Von der Toggenburg hernieder
  Steigt er unbekannt,
Denn es deckt die edeln Glieder
  Härenes Gewand.

Und erbaut sich eine Hütte
  Jener Gegend nah,
Wo das Kloster aus der Mitte
  Düstrer Linden sah;
Harrend von des Morgens Lichte
  Bis zu Abends Schein,
Stille Hoffnung im Gesichte,
  Saß er da allein.

Blickte nach dem Kloster drüben,
  Blickte stundenlang
Nach dem Fenster seiner Lieben,
  Bis das Fenster klang,
Bis die Liebliche sich zeigte,
  Bis das teure Bild
Sich ins Tal herunterneigte,
  Ruhig, engelmild.

Und dann legt' er froh sich nieder,
  Schlief getröstet ein,
Still sich freuend, wenn es wieder
  Morgen würde sein.
Und so saß er viele Tage,
  Saß viel Jahre lang,
Harrend ohne Schmerz und Klage,
  Bis das Fenster klang,

Bis die Liebliche sich zeigte,
  Bis das teure Bild
Sich ins Tal herunterneigte,
  Ruhig, engelmild.
Und so saß er, eine Leiche,
  Eines Morgens da,

Nach dem Fenster noch das bleiche,
  Stille Antlitz sah.

Die Kraniche des Ibykus

Zum Kampf der Wagen und Gesänge,
Der auf Korinthus' Landesenge
Der Griechen Stämme froh vereint,
Zog Ibykus, der Götterfreund.
Ihm schenkte des Gesanges Gabe,
Der Lieder süßen Mund Apoll;
So wandert' er an leichtem Stabe
Aus Rhegium, des Gottes voll.

Schon winkt auf hohem Bergesrücken
Akrokorinth des Wandrers Blicken,
Und in Poseidons Fichtenhain
Tritt er mit frommem Schauder ein.
Nichts regt sich um ihn her, nur Schwärme
Von Kranichen begleiten ihn,
Die fernhin nach des Südens Wärme
In graulichtem Geschwader ziehn.

»Seid mir gegrüßt, befreund'te Scharen,
Die mir zur See Begleiter waren!
Zum guten Zeichen nehm ich euch,
Mein Los, es ist dem euren gleich:
Von fernher kommen wir gezogen
Und flehen um ein wirtlich Dach.
Sei uns der Gastliche gewogen,
Der von dem Fremdling wehrt die Schmach!«

Und munter fördert er die Schritte
Und sieht sich in des Waldes Mitte,
Da sperren auf gedrangem Steg
Zwei Mörder plötzlich seinen Weg.
Zum Kampfe muß er sich bereiten,
Doch bald ermattet sinkt die Hand,
Sie hat der Leier zarte Saiten,
Doch nie des Bogens Kraft gespannt.

Er ruft die Menschen an, die Götter,
Sein Flehen dringt zu keinem Retter;
Wie weit er auch die Stimme schickt,
Nichts Lebendes wird hier erblickt.
»So muß ich hier verlassen sterben,
Auf fremdem Boden, unbeweint,
Durch böser Buben Hand verderben,
Wo auch kein Rächer mir erscheint!«

Und schwer getroffen sinkt er nieder,
Da rauscht der Kraniche Gefieder;
Er hört, schon kann er nicht mehr sehn,
Die nahen Stimmen furchtbar krähn.
»Von euch, ihr Kraniche dort oben,
Wenn keine andre Stimme spricht,
Sei meines Mordes Klag erhoben!«
Er ruft es, und sein Auge bricht.

Der nackte Leichnam wird gefunden,
Und bald, obgleich entstellt von Wunden,
Erkennt der Gastfreund in Korinth
Die Züge, die ihm teuer sind.
»Und muß ich so dich wiederfinden,
Und hoffte mit der Fichte Kranz
Des Sängers Schläfe zu umwinden,
Bestrahlt von seines Ruhmes Glanz!«

Und jammernd hören's alle Gäste,
Versammelt bei Poseidons Feste,
Ganz Griechenland ergreift der Schmerz,
Verloren hat ihn jedes Herz.
Und stürmend drängt sich zum Prytanen
Das Volk, es fordert seine Wut,
Zu rächen des Erschlagnen Manen,
Zu sühnen mit des Mörders Blut.

Doch wo die Spur, die aus der Menge,
Der Völker flutendem Gedränge,
Gelocket von der Spiele Pracht,
Den schwarzen Täter kenntlich macht?
Sind's Räuber, die ihn feig erschlagen?
Tat's neidisch ein verborgner Feind?
Nur Helios vermag's zu sagen,
Der alles Irdische bescheint.

Er geht vielleicht mit frechem Schritte
Jetzt eben durch der Griechen Mitte,
Und während ihn die Rache sucht,
Genießt er seines Frevels Frucht.
Auf ihres eignen Tempels Schwelle
Trotzt er vielleicht den Göttern, mengt
Sich dreist in jene Menschenwelle,
Die dort sich zum Theater drängt.

Denn Bank an Bank gedränget sitzen,
Es brechen fast der Bühne Stützen,
Herbeigeströmt von fern und nah,
Der Griechen Völker wartend da.
Dumpfbrausend wie des Meeres Wogen,
Von Menschen wimmelnd, wächst der Bau
In weiter stets geschweiftem Bogen
Hinauf bis in des Himmels Blau.

Wer zählt die Völker, nennt die Namen,
Die gastlich hier zusammenkamen?
Von Kekrops' Stadt, von Aulis' Strand,
Von Phokis, vom Spartanerland,
Von Asiens entlegner Küste,
Von allen Inseln kamen sie
Und horchen von dem Schaugerüste
Des Chores grauser Melodie,

Der streng und ernst nach alter Sitte,
Mit langsam abgemeßnem Schritte,
Hervortritt aus dem Hintergrund,
Umwandelnd des Theaters Rund.
So schreiten keine ird'schen Weiber,
Die zeugete kein sterblich Haus!
Es steigt das Riesenmaß der Leiber
Hoch über menschliches hinaus.

Ein schwarzer Mantel schlägt die Lenden,
Sie schwingen in entfleischten Händen
Der Fackel düsterrote Glut,
In ihren Wangen fließt kein Blut.
Und wo die Haare lieblich flattern,
Um Menschenstirnen freundlich wehn,
Da sieht man Schlangen hier und Nattern
Die giftgeschwollnen Bäuche blähn.

Und schauerlich, gedreht im Kreise,
Beginnen sie des Hymnus Weise,
Der durch das Herz zerreißend dringt,
Die Bande um den Frevler schlingt.
Besinnungraubend, herzbetörend
Schallt der Erinnyen Gesang.
Er schallt, des Hörers Mark verzehrend,
Und duldet nicht der Leier Klang:

»Wohl dem, der frei von Schuld und Fehle
Bewahrt die kindlich reine Seele!
Ihm dürfen wir nicht rächend nahn,
Er wandelt frei des Lebens Bahn.
Doch wehe, wehe, wer verstohlen
Des Mordes schwere Tat vollbracht!
Wir heften uns an seine Sohlen,
Das furchtbare Geschlecht der Nacht.

Und glaubt er fliehend zu entspringen,
Geflügelt sind wir da, die Schlingen
Ihm werfend um den flücht'gen Fuß,
Daß er zu Boden fallen muß.
So jagen wir ihn, ohn Ermatten,
Versöhnen kann uns keine Reu,
Ihn fort und fort bis zu den Schatten
Und geben ihn auch dort nicht frei.«

So singend, tanzen sie den Reigen,
Und Stille, wie des Todes Schweigen,
Liegt überm ganzen Hause schwer,
Als ob die Gottheit nahe wär.
Und feierlich nach alter Sitte
Umwandelnd des Theaters Rund
Mit langsam abgemeßnem Schritte,
Verschwinden sie im Hintergrund.

Und zwischen Trug und Wahrheit schwebet
Noch zweifelnd jede Brust und bebet
Und huldiget der furchtbarn Macht,
Die richtend im Verborgnen wacht,
Die unerforschlich, unergründet
Des Schicksals dunkeln Knäuel flicht,
Dem tiefen Herzen sich verkündet,
Doch fliehet vor dem Sonnenlicht.

Da hört man auf den höchsten Stufen
Auf einmal eine Stimme rufen:
»Sieh da, sieh da, Timotheus,
Die Kraniche des Ibykus!«
Und finster plötzlich wird der Himmel,
Und über dem Theater hin
Sieht man in schwärzlichtem Gewimmel
Ein Kranichheer vorüberziehn.

»Des Ibykus!« — Der teure Name
Rührt jede Brust mit neuem Grame,
Und wie im Meere Well aus Well,
So läuft's von Mund zu Munde schnell:
»Des Ibykus? den wir beweinen?
Den eine Mörderhand erschlug!
Was ist's mit dem? was kann er meinen?
Was ist's mit diesem Kranichzug?«

Und lauter immer wird die Frage,
Und ahnend fliegt's mit Blitzesschlage
Durch alle Herzen: »Gebet acht,
Das ist der Eumeniden Macht!
Der fromme Dichter wird gerochen,
Der Mörder bietet selbst sich dar.
Ergreift ihn, der das Wort gesprochen,
Und ihn, an den's gerichtet war!«

Doch dem war kaum das Wort entfahren,
Möcht er's im Busen gern bewahren;
Umsonst! der schreckenbleiche Mund
Macht schnell die Schuldbewußten kund.
Man reißt und schleppt sie vor den Richter,
Die Szene wird zum Tribunal,
Und es gestehn die Bösewichter,
Getroffen von der Rache Strahl.

DIE BÜRGSCHAFT

Zu Dionys, dem Tyrannen, schlich
Damon, den Dolch im Gewande;
Ihn schlugen die Häscher in Bande.
»Was wolltest du mit dem Dolche, sprich!«
Entgegnet ihm finster der Wüterich.

»Die Stadt vom Tyrannen befreien!«
»Das sollst du am Kreuze bereuen.«

»Ich bin«, spricht jener, »zu sterben bereit
Und bitte nicht um mein Leben;
Doch willst du Gnade mir geben,
Ich flehe dich um drei Tage Zeit,
Bis ich die Schwester dem Gatten gefreit;
Ich lasse den Freund dir als Bürgen,
Ihn magst du, entrinn ich, erwürgen.«

Da lächelt der König mit arger List
Und spricht nach kurzem Bedenken:
»Drei Tage will ich dir schenken.
Doch wisse! Wenn sie verstrichen, die Frist,
Eh du zurück mir gegeben bist,
So muß er statt deiner erblassen,
Doch dir ist die Strafe erlassen.«
Und er kommt zum Freunde: »Der König
                                    gebeut,
Daß ich am Kreuz mit dem Leben
Bezahle das frevelnde Streben;
Doch will er mir gönnen drei Tage Zeit,
Bis ich die Schwester dem Gatten gefreit.
So bleib du dem König zum Pfande,
Bis ich komme, zu lösen die Bande.«

Und schweigend umarmt ihn der treue Freund
Und liefert sich aus dem Tyrannen;
Der andere ziehet von dannen.
Und ehe das dritte Morgenrot scheint,
Hat er schnell mit dem Gatten die
                                    Schwester vereint,
Eilt heim mit sorgender Seele,
Damit er die Frist nicht verfehle.

Da gießt unendlicher Regen herab,
Von den Bergen stürzen die Quellen,
Und die Bäche, die Ströme schwellen.
Und er kommt ans Ufer mit
                                    wanderndem Stab,
Da reißet die Brücke der Strudel hinab,
Und donnernd sprengen die Wogen
Des Gewölbes krachenden Bogen.

Und trostlos irrt er an Ufers Rand;
Wie weit er auch spähet und blicket
Und die Stimme, die rufende, schicket,
da stößet kein Nachen vom sichern Strand,
Der ihn setze an das gewünschte Land,
Kein Schiffer lenket die Fähre,
Und der wilde Strom wird zum Meere.

Da sinkt er ans Ufer und weint und fleht,
Die Hände zum Zeus erhoben:
»O hemme des Stromes Toben!
Es eilen die Stunden, im Mittag steht
Die Sonne, und wenn sie niedergeht
Und ich kann die Stadt nicht erreichen,
So muß der Freund mir erbleichen.«

Doch wachsend erneut sich des Stromes Wut,
Und Welle auf Welle zerrinnet,
Und Stunde an Stunde entrinnet.
Da treibt ihn die Angst, da faßt er sich Mut
Und wirft sich hinein in die brausende Flut
Und teilt mit gewaltigen Armen
Den Strom, und ein Gott hat Erbarmen.

Und gewinnt das Ufer und eilet fort
Und danket dem rettenden Gotte;
Da stürzet die raubende Rotte
Hervor aus des Waldes nächtlichem Ort,
Den Pfad ihm sperrend, und schnaubet Mord
Und hemmet des Wanderers Eile
Mit drohend geschwungener Keule.

»Was wollt ihr?« ruft er, für Schrecken bleich,
»Ich habe nichts als mein Leben,
Das muß ich dem Könige geben!«
Und entreißt die Keule dem nächsten gleich:
»Um des Freundes willen erbarmet euch!«
Und drei, mit gewaltigen Streichen,
Erlegt er, die andern entweichen.

Und die Sonne versendet glühenden Brand,
Und von der unendlichen Mühe
Ermattet sinken die Knie:
»O hast du mich gnädig aus Räubershand,
Aus dem Strom mich gerettet ans heilige Land,

Und soll hier verschmachtend verderben,
Und der Freund mir, der liebende, sterben!«

Und horch! da sprudelt es silberhell
Ganz nahe, wie rieselndes Rauschen,
Und stille hält er, zu lauschen;
Und sieh, aus dem Felsen, geschwätzig, schnell,
Springt murmelnd hervor ein lebendiger Quell,
Und freudig bückt er sich nieder
Und erfrischet die brennenden Glieder.

Und die Sonne blickt durch der Zweige Grün
Und malt auf den glänzenden Matten
Der Bäume gigantische Schatten;
Und zwei Wanderer sieht er die Straße ziehn,
Will eilenden Laufes vorüberfliehn,
Da hört er die Worte sie sagen:
»Jetzt wird er ans Kreuz geschlagen.«

Und die Angst beflügelt den eilenden Fuß,
Ihn jagen der Sorge Qualen;
Da schimmern in Abendrots Strahlen
Von ferne die Zinnen von Syrakus,
Und entgegen kommt ihm Philostratus,
Des Hauses redlicher Hüter,
Der erkennet entsetzt den Gebieter:

»Zurück! du rettest den Freund nicht mehr,
So rette das eigene Leben!
Den Tod erleidet er eben.
Von Stunde zu Stunde gewartet' er
Mit hoffender Seele der Wiederkehr,
Ihm konnte den mutigen Glauben
Der Hohn des Tyrannen nicht rauben.«

»Und ist es zu spät und kann ich ihm nicht
Ein Retter willkommen erscheinen,
So soll mich der Tod ihm vereinen.
Des rühme der blut'ge Tyrann sich nicht,
Daß der Freund dem Freunde gebrochen die
        Pflicht;
Er schlachte der Opfer zweie
Und glaube an Liebe und Treue.«

Und die Sonne geht unter, da steht er am Tor
Und sieht das Kreuz schon erhöhet,

Das die Menge gaffend umstehet;
An dem Seile schon zieht man den
                       Freund empor,
Da zertrennt er gewaltig den dichten Chor:
»Mich, Henker!« ruft er »erwürget!
Da bin ich, für den er gebürget!«

Und Erstaunen ergreifet das Volk umher,
In den Armen liegen sich beide
Und weinen für Schmerzen und Freude.
Da sieht man kein Auge tränenleer,
Und zum Könige bringt man die Wundermär,
Der fühlt ein menschliches Rühren,
Läßt schnell vor den Thron sie führen.

Und blicket sie lange verwundert an;
Drauf spricht er: »Es ist euch gelungen,
Ihr habt das Herz mir bezwungen,
Und die Treue, sie ist doch kein leerer Wahn —
So nehmet auch mich zum Genossen an.
Ich sei, gewährt mir die Bitte,
In eurem Bunde der dritte.«

DAS LIED VON DER GLOCKE

Vivos voco. Mortuos plango. Fulgura frango

Fest gemauert in der Erden
Steht die Form, aus Lehm gebrannt.
Heute muß die Glocke werden!
Frisch, Gesellen, seid zur Hand!
  Von der Stirne heiß
  Rinnen muß der Schweiß,
Soll das Werk den Meister loben;
Doch der Segen kommt von oben.

Zum Werke, das wir ernst bereiten,
Geziemt sich wohl ein ernstes Wort;
Wenn gute Reden sie begleiten,
Dann fließt die Arbeit munter fort.
So laßt uns jetzt mit Fleiß betrachten,
Was durch die schwache Kraft entspringt;
Den schlechten Mann muß man verachten,
Der nie bedacht, was er vollbringt.
Das ist's ja, was den Menschen zieret,

Und dazu ward ihm der Verstand,
Daß er im innern Herzen spüret,
Was er erschafft mit seiner Hand.

  Nehmet Holz vom Fichtenstamme,
  Doch recht trocken laßt es sein,
  Daß die eingepreßte Flamme
  Schlage zu dem Schwalch hinein!
    Kocht des Kupfers Brei,
    Schnell das Zinn herbei,
  Daß die zähe Glockenspeise
  Fließe nach der rechten Weise!
Was in des Dammes tiefer Grube
Die Hand mit Feuers Hilfe baut,
Hoch auf des Turmes Glockenstube,
Da wird es von uns zeugen laut.
Noch dauern wird's in späten Tagen
Und rühren vieler Menschen Ohr
Und wird mit dem Betrübten klagen
Und stimmen zu der Andacht Chor.
Was unten tief dem Erdensohne
Das wechselnde Verhängnis bringt,
Das schlägt an die metallne Krone,
Die es erbaulich weiterklingt.

  Weiße Blasen seh ich springen,
  Wohl! die Massen sind im Fluß.
  Laßt's mit Aschensalz durchdringen,
  Das befördert schnell den Guß.
    Auch von Schaume rein
    Muß die Mischung sein,
  Daß vom reinlichen Metalle
  Rein und voll die Stimme schalle.

Denn mit der Freude Feierklange
Begrüßt sie das geliebte Kind
Auf seines Lebens erstem Gange,
Den es in Schlafes Arm beginnt;
Ihm ruhen noch im Zeitenschoße
Die schwarzen und die heitern Lose,
Der Mutterliebe zarte Sorgen
Bewachen seinen goldnen Morgen. —
Die Jahre fliehen pfeilgeschwind.
Vom Mädchen reißt sich stolz der Knabe,

Er stürmt ins Leben wild hinaus,
Durchmißt die Welt am Wanderstabe.
Fremd kehrt er heim ins Vaterhaus,
Und herrlich, in der Jugend Prangen,
Wie ein Gebild aus Himmelshöhn,
Mit züchtigen, verschämten Wangen
Sieht er die Jungfau vor sich stehn.
Da faßt ein namenloses Sehnen
Des Jünglings Herz, er irrt allein,
Aus seinen Augen brechen Tränen,
Er flieht der Brüder wilden Reihn.
Errötend folgt er ihren Spuren
Und ist von ihrem Gruß beglückt,
Das Schönste sucht er auf den Fluren,
Womit er seine Liebe schmückt.
O zarte Sehnsucht, süßes Hoffen,
Der ersten Liebe goldne Zeit!
Das Auge sieht den Himmel offen,
Es schwelgt das Herz in Seligkeit.
O daß sie ewig grünen bliebe,
Die schöne Zeit der jungen Liebe!

Wie sich schon die Pfeifen bräunen!
Dieses Stäbchen tauch ich ein;
Sehn wir's überglast erscheinen,
Wird's zum Gusse zeitig sein.
　Jetzt, Gesellen, frisch!
　Prüft mir das Gemisch,
Ob das Spröde mit dem Weichen
Sich vereint zum guten Zeichen.

Denn wo das Strenge mit dem Zarten,
Wo Starkes sich und Mildes paarten,
Da gibt es einen guten Klang.
Drum prüfe, wer sich ewig bindet,
Ob sich das Herz zum Herzen findet!
Der Wahn ist kurz, die Reu ist lang.
Lieblich in der Bräute Locken
Spielt der jungfräuliche Kranz,
Wenn die hellen Kirchenglocken
Laden zu des Festes Glanz.
Ach! des Lebens schönste Feier
Endigt auch den Lebensmai,
Mit dem Gürtel, mit dem Schleier

Reißt der schöne Wahn entzwei.
Die Leidenschaft flieht,
Die Liebe muß bleiben;
Die Blume verblüht,
Die Frucht muß treiben.
Der Mann muß hinaus
Ins feindliche Leben,
Muß wirken und streben
Und pflanzen und schaffen,
Erlisten, erraffen,
Muß wetten und wagen,
Das Glück zu erjagen.

Da strömet herbei die unendliche Gabe,
Es füllt sich der Speicher mit köstlicher Habe,
Die Räume wachsen, es dehnt sich das Haus.
Und drinnen waltet
Die züchtige Hausfrau,
Die Mutter der Kinder,
Und herrschet weise
Im häuslichen Kreise,
Und lehret die Mädchen
Und wehret den Knaben,
Und reget ohn Ende
Die fleißigen Hände,
Und mehrt den Gewinn
Mit ordnendem Sinn,
Und füllet mit Schätzen die duftenden Laden,
Und dreht um die schnurrende Spindel
　　　　　　　　　　den Faden,
Und sammelt im reinlich geglätteten Schrein
Die schimmernde Wolle, den schneeigten Lein,
Und füget zum Guten den Glanz und
　　　　　　　　　　den Schimmer,
Und ruhet nimmer.

Und der Vater mit frohem Blick
Von des Hauses weitschauendem Giebel
Überzählet sein blühend Glück,
Siehet der Pfosten ragende Bäume
Und der Scheunen gefüllte Räume
Und die Speicher, vom Segen geborgen,
Und des Kornes bewegte Wogen,
Rühmt sich mit stolzem Mund:
Fest, wie der Erde Grund,

Gegen des Unglücks Macht
Steht mir des Hauses Pracht!
Doch mit des Geschickes Mächten
Ist kein ew'ger Bund zu flechten,
Und das Unglück schreitet schnell.

Wohl! nun kann der Guß beginnen,
Schön gezacket ist der Bruch.
Doch, bevor wir's lassen rinnen,
Betet einen frommen Spruch.
Stoßt den Zapfen aus!
Gott bewahr das Haus!
Rauchend in des Henkels Bogen
Schießt's mit feuerbraunen Wogen.

Wohltätig ist des Feuers Macht,
Wenn sie der Mensch bezähmt, bewacht,
Und was er bildet, was er schafft,
Das dankt er dieser Himmelskraft;
Doch furchtbar wird die Himmelskraft,
Wenn sie der Fessel sich entrafft,
Einhertritt auf der eignen Spur
Die freie Tochter der Natur.
Wehe, wenn sie losgelassen,
Wachsend ohne Widerstand
Durch die volkbelebten Gassen
Wälzt den ungeheuren Brand!
Denn die Elemente hassen
Das Gebild der Menschenhand.
Aus der Wolke
Quillt der Segen,
Strömt der Regen;
Aus der Wolke, ohne Wahl,
Zuckt der Strahl!
Hört ihr's wimmern hoch vom Turm!
Das ist Sturm!
Rot wie Blut
Ist der Himmel,
Das ist nicht des Tages Glut!
Welch Getümmel
Straßen auf!
Dampf wallt auf!
Flackernd steigt die Feuersäule,
Durch der Straße lange Zeile

Wächst es fort mit Windeseile,
Kochend wie aus Ofens Rachen
Glühn die Lüfte, Balken krachen,
Pfosten stürzen, Fenster klirren,
Kinder jammern, Mütter irren,
Tiere wimmern
Unter Trümmern,
Alles rennet, rettet, flüchtet,
Taghell ist die Nacht gelichtet.
Durch der Hände lange Kette
Um die Wette
Fliegt der Eimer, hoch im Bogen
Spritzen Quellen, Wasserwogen.
Heulend kommt der Sturm geflogen,
Der die Flamme brausend sucht.
Prasselnd in die dürre Frucht
Fällt sie, in des Speichers Räume
In der Sparren dürre Bäume,
Und als wollte sie im Wehen
Mit sich fort der Erde Wucht
Reißen in gewalt'ger Flucht,
Wächst sie in des Himmels Höhen
Riesengroß!
Hoffnungslos
Weicht der Mensch der Götterstärke,
Müßig sieht er seine Werke
Und bewundernd untergehn.

Leergebrannt
Ist die Stätte,
Wilder Stürme rauhes Bette;
In den öden Fensterhöhlen
Wohnt das Grauen,
Und des Himmels Wolken schauen
Hoch hinein.
Einen Blick
Nach dem Grabe
Seiner Habe
Sendet noch der Mensch zurück —
Greift fröhlich dann zum Wanderstabe.
Was Feuers Wut ihm auch geraubt,
Ein süßer Trost ist ihm geblieben:
Er zählt die Häupter seiner Lieben,
Und sieh! ihm fehlt kein teures Haupt.

In die Erd ist's aufgenommen,
Glücklich ist die Form gefüllt;
Wird's auch schön zutage kommen,
Daß es Fleiß und Kunst vergilt?
    Wenn der Guß mißlang?
    Wenn die Form zersprang?
Ach! vielleicht, indem wir hoffen,
Hat uns Unheil schon getroffen.

Dem dunkeln Schoß der heil'gen Erde
Vertrauen wir der Hände Tat,
Vertraut der Sämann seine Saat
Und hofft, daß sie entkeimen werde
Zum Segen, nach des Himmels Rat.
Noch köstlicheren Samen bergen
Wir trauernd in der Erde Schoß
Und hoffen, daß er aus den Särgen
Erblühen soll zu schönerm Los.

Von dem Dome,
Schwer und bang,
Tönt die Glocke
Grabgesang.
Ernst begleiten ihre Trauerschläge
Einen Wandrer auf dem letzten Wege.
Ach! die Gattin ist's, die teure,
Ach! es ist die treue Mutter,
Die der schwarze Fürst der Schatten
Wegführt aus dem Arm des Gatten,
Aus der zarten Kinder Schar,
Die sie blühend ihm gebar,
Da sie an der treuen Brust
Wachsen sah mit Mutterlust —
Ach! des Hauses zarte Bande
Sind gelöst auf immerdar,
Denn sie wohnt im Schattenlande,
Die des Hauses Mutter war,
Denn es fehlt ihr treues Walten,
Ihre Sorge wacht nicht mehr,
An verwaister Stätte schalten
Wird die Fremde, liebeleer.

Bis die Glocke sich verkühlet,
Laßt die strenge Arbeit ruhn;

Wie im Laub der Vogel spielet,
Mag sich jeder gütlich tun.
    Winkt der Sterne Licht,
    Ledig aller Pflicht
Hört der Bursch die Vesper schlagen,
Meister muß sich immer plagen.

Munter fördert seine Schritte
Fern im wilden Forst der Wandrer
Nach der lieben Heimathütte.
Blökend ziehen heim die Schafe,
Und der Rinder
Breitgestirnte, glatte Scharen
Kommen brüllend,
Die gewohnten Ställe füllend.
Schwer herein
Schwankt der Wagen,
Kornbeladen;
Bunt von Farben
Auf den Garben
Liegt der Kranz,
Und das junge Volk der Schnitter
Fliegt zum Tanz.
Markt und Straße werden stiller,
Um des Lichts gesell'ge Flamme
Sammeln sich die Hausbewohner,
Und das Stadttor schließt sich knarrend.
Schwarz bedecket
Sich die Erde,
Doch den sichern Bürger schrecket
Nicht die Nacht,
Die den Bösen gräßlich wecket,
Denn das Auge des Gesetzes wacht.

Heil'ge Ordnung, segenreiche
Himmelstochter, die das Gleiche
Frei und leicht und freudig bindet,
Die der Städte Bau gegründet,
Die herein von den Gefilden
Rief den ungesell'gen Wilden,
Eintrat in der Menschen Hütten,
Sie gewöhnt zu sanften Sitten
Und das teuerste der Bande
Wob, den Trieb zum Vaterlande!

Tausend fleiß'ge Hände regen,
Helfen sich in munterm Bund,
Und in feurigem Bewegen
Werden alle Kräfte kund.
Meister rührt sich und Geselle
In der Freiheit heil'gem Schutz,
Jeder freut sich seiner Stelle,
Bietet dem Verächter Trutz.
Arbeit ist des Bürgers Zierde,
Segen ist der Mühe Preis;
Ehrt den König seine Würde,
Ehret uns der Hände Fleiß.

Holder Friede,
Süße Eintracht,
Weilet, weilet
Freundlich über dieser Stadt!
Möge nie der Tag erscheinen,
Wo des rauhen Krieges Horden
Dieses stille Tal durchtoben,
Wo der Himmel,
Den des Abends sanfte Röte
Lieblich malt,
Von der Dörfer, von der Städte
Wildem Brande schrecklich strahlt!

Nun zerbrecht mir das Gebäude,
Seine Absicht hat's erfüllt,
Daß sich Herz und Auge weide
An dem wohlgelungnen Bild.
Schwingt den Hammer, schwingt,
Bis der Mantel springt!
Wenn die Glock soll auferstehen,
Muß die Form in Stücken gehen.

Der Meister kann die Form zerbrechen
Mit weiser Hand, zur rechten Zeit,
Doch wehe, wenn in Flammenbächen
Das glühend Erz sich selbst befreit!
Blindwütend, mit des Donners Krachen,
Zersprengt es das geborstne Haus,
Und wie aus offnem Höllenrachen
Speit es Verderben zündend aus.
Wo rohe Kräfte sinnlos walten,

Da kann sich kein Gebild gestalten;
Wenn sich die Völker selbst befrein,
Da kann die Wohlfahrt nicht gedeihn.

Weh, wenn sich in dem Schoß der Städte
Der Feuerzunder still gehäuft,
Das Volk, zerreißend seine Kette,
Zur Eigenhilfe schrecklich greift!
Da zerret an der Glocke Strängen
Der Aufruhr, daß sie heulend schallt
Und, nur geweiht zu Friedensklängen,
Die Losung anstimmt zur Gewalt.

Freiheit und Gleichheit! hört man schallen,
Der ruh'ge Bürger greift zur Wehr,
Die Straßen füllen sich, die Hallen,
Und Würgerbanden ziehn umher;
Da werden Weiber zu Hyänen
Und treiben mit Entsetzen Scherz,
Noch zuckend, mit des Panthers Zähnen,
Zerreißen sie des Feindes Herz.
Nichts Heiliges ist mehr, es lösen
Sich alle Bande frommer Scheu,
Der Gute räumt den Platz dem Bösen,
Und alle Laster walten frei.
Gefährlich ist's, den Leu zu wecken,
Verderblich ist des Tigers Zahn,
Jedoch der schrecklichste der Schrecken,
Das ist der Mensch in seinem Wahn.
Weh denen, die dem Ewigblinden
Des Lichtes Himmelsfackel leihn!
Sie strahlt ihm nicht, sie kann nur zünden
Und äschert Stadt und Länder ein.

Freude hat mir Gott gegeben!
Sehet! wie ein goldner Stern
Aus der Hülse, blank und eben,
Schält sich der metallne Kern.
Von dem Helm zum Kranz
Spielt's wie Sonnenglanz,
Auch des Wappens nette Schilder
Loben den erfahrnen Bilder.

Herein! herein!
Gesellen alle, schließt den Reihen,
Daß wir die Glocke taufend weihen!
Concordia soll ihr Name sein.
Zur Eintracht, zu herzinnigem Vereine
Versammle sie die liebende Gemeine.

Und dies sei fortan ihr Beruf,
Wozu der Meister sie erschuf:
Hoch überm niedern Erdenleben
Soll sie in blauem Himmelszelt
Die Nachbarin des Donners schweben
Und grenzen an die Sternenwelt,
Soll eine Stimme sein von oben,
Wie der Gestirne helle Schar,
Die ihren Schöpfer wandelnd loben
Und führen das bekränzte Jahr.
Nur ewigen und ernsten Dingen
Sei ihr metallner Mund geweiht,
Und stündlich mit den schnellen Schwingen
Berühr im Fluge sie die Zeit.
Dem Schicksal leihe sie die Zunge,
Selbst herzlos, ohne Mitgefühl,
Begleite sie mit ihrem Schwunge
Des Lebens wechselvolles Spiel.
Und wie der Klang im Ohr vergehet,
Der mächtig tönend ihr entschallt,
So lehre sie, daß nichts bestehet,
Daß alles Irdische verhallt.

Jetzo mit der Kraft des Stranges
Wiegt die Glock mir aus der Gruft,
Daß sie in das Reich des Klanges
Steige, in die Himmelsluft.
Ziehet, ziehet, hebt!
Sie bewegt sich, schwebt.
Freude dieser Stadt bedeute,
Friede sei ihr erst Geläute.

DER GANG NACH DEM EISENHAMMER

Ein frommer Knecht war Fridolin
Und in der Furcht des Herrn
Ergeben der Gebieterin,
Der Gräfin von Savern.
Sie war so sanft, sie war so gut,
Doch auch der Launen Übermut
Hätt er geeifert zu erfüllen
Mit Freudigkeit, um Gottes willen.

Früh von des Tages erstem Schein,
Bis spät die Versper schlug,
Lebt' er nur ihrem Dienst allein,
Tat nimmer sich genug.
Und sprach die Dame: »Mach dir's leicht!«
Da wurd ihm gleich das Auge feucht,
Und meinte seiner Pflicht zu fehlen,
Durft er sich nicht im Dienste quälen.

Drum vor dem ganzen Dienertroß
Die Gräfin ihn erhob,
Aus ihrem schönen Munde floß
Sein unerschöpftes Lob.
Sie hielt ihn nicht als ihren Knecht,
Es gab sein Herz ihm Kindesrecht,
Ihr klares Auge mit Vergnügen
Hing an den wohlgestalten Zügen.

Darob entbrennt in Roberts Brust,
Des Jägers, gift'ger Groll,
Dem längst von böser Schadenlust
Die schwarze Seele schwoll.
Und trat zum Grafen, rasch zur Tat
Und offen des Verführers Rat,
Als einst vom Jagen heim sie kamen,
Streut' ihm ins Herz des Argwohns Samen.

»Wie seid Ihr glücklich, edler Graf«,
Hub er voll Arglist an,
»Euch raubet nicht den goldnen Schlaf

Des Zweifels gift'ger Zahn.
Denn ihr besitzt ein edles Weib,
Es gürtet Scham den keuschen Leib;
Die fromme Treue zu berücken,
Wird nimmer dem Versucher glücken.«

Da rollt der Graf die finstern Brau'n;
»Was redst du mir, Gesell?
Werd ich auf Weibestugend baun,
Beweglich wie die Well?
Leicht locket sie des Schmeichlers Mund,
Mein Glaube steht auf festerm Grund:
Vom Weib des Grafen von Saverne
Bleibt, hoff ich, der Versucher ferne.«

Der andre spricht: »So denkt Ihr recht.
Nur Euren Spott verdient
Der Tor, der, ein geborner Knecht,
Ein solches sich erkühnt
Und zu der Frau, die ihm gebeut,
Erhebt der Wünsche Lüsternheit.« —
»Was?« fällt ihm jener ein und bebet,
»Redest du von einem, der da lebet?« —

»Ja doch, was aller Mund erfüllt,
Das bärg sich meinem Herrn?
Doch weil Ihr's denn mit Fleiß verhüllt,
So unterdrück ich's gern.« —
»Du bist des Todes, Bube, sprich!«
Ruft jener streng und fürchterlich.
»Wer hebt das Aug zu Kunigonden?« —
»Nun ja, ich spreche von dem Blonden.

Er ist nicht häßlich von Gestalt«,
Fährt er mit Arglist fort,
Indem's den Grafen heiß und kalt
Durchrieselt bei dem Wort.
»Ist's möglich, Herr? Ihr saht es nie,
Wie er nur Augen hat für sie?
Bei Tafel Eurer selbst nicht achtet,
An ihren Stuhl gefesselt schmachtet?

Seht da die Verse, die er schrieb
Und seine Glut gesteht —«
»Gesteht!« — »Und sie um Gegenlieb,

Der freche Bube! fleht.
Die gnäd'ge Gräfin, sanft und weich,
Aus Mitleid wohl verbarg sie's Euch;
Mich reuet jetzt, daß mir's entfahren,
Denn, Herr, was habt Ihr zu befahren?«

Da ritt in seines Zornes Wut
Der Graf ins nahe Holz,
Wo ihm in hoher Öfen Glut
Die Eisenstufe schmolz.
Hier nährten früh und spat den Brand
Die Knechte mit geschäft'ger Hand;
Der Funke sprüht, die Bälge blasen,
Als gält es, Felsen zu verglasen.

Des Wassers und des Feuers Kraft
Verbündet sieht man hier;
Das Mühlrad, von der Flut gerafft,
Umwälzt sich für und für.
Die Werke klappern Nacht und Tag,
Im Takte pocht der Hämmer Schlag,
Und bildsam von den mächt'gen Streichen
Muß selbst das Eisen sich erweichen.

Und zweien Knechten winket er,
Bedeutet sie und sagt:
»Den ersten, den ich sende her,
Und der euch also fragt:
›Habt ihr befolgt des Herren Wort?‹
Den werft mir in die Hölle dort,
Daß er zu Asche gleich vergehe
Und ihn mein Aug nicht weiter sehe!«

Des freut sich das entmenschte Paar
Mit roher Henkerslust,
Denn fühllos wie das Eisen war
Das Herz in ihrer Brust.
Und frischer mit der Bälge Hauch
Erhitzen sie des Ofens Bauch
Und schicken sich mit Mordverlangen,
Das Todesopfer zu empfangen.

Drauf Robert zum Gesellen spricht
Mit falschem Heuchelschein:
»Frisch auf, Gesell, und säume nicht,

Der Herr begehret dein.«
Der Herr, der spricht zu Fridolin:
»Mußt gleich zum Eisenhammer hin,
Und frage mir die Knechte dorten,
Ob sie getan nach meinen Worten.«

Und jener spricht: »Es soll geschehn!«
Und macht sich flugs bereit.
Doch sinnend bleibt er plötzlich stehn:
»Ob *sie* mir nichts gebeut?«
Und vor die Gräfin stellt er sich:
»Hinaus zum Hammer schickt man mich,
So sag, was kann ich dir verrichten?
Denn dir gehören meine Pflichten.«

Darauf die Dame von Savern
Versetzt mit sanftem Ton:
»Die heil'ge Messe hört ich gern,
Doch liegt mir krank der Sohn.
So gehe denn, mein Kind, und sprich
In Andacht ein Gebet für mich,
Und denkst du reuig deiner Sünden,
So laß auch mich die Gnade finden!«

Und froh der vielwillkommnen Pflicht
Macht er im Flug sich auf;
Hat noch des Dorfes Ende nicht
Erreicht im schnellen Lauf,
Da tönt ihm von dem Glockenstrang
Hellschlagend des Geläutes Klang,
Das alle Sünder, hochbegnadet,
Zum Sakramente festlich ladet.

»Dem lieben Gotte weich nicht aus,
Findst du ihn auf dem Weg!«
Er spricht's und tritt ins Gotteshaus;
Kein Laut ist hier noch reg.
Denn um die Ernte war's, und heiß
Im Felde glüht' der Schnitter Fleiß,
Kein Chorgehilfe war erschienen,
Die Messe kundig zu bedienen.

Entschlossen ist er alsobald
Und macht den Sakristan.
»Das«, spricht er, »ist kein Aufenthalt,

Was fördert himmelan.«
Die Stola und das Zingulum
Hängt er dem Priester dienend um,
Bereitet hurtig die Gefäße,
Geheiliget zum Dienst der Messe.

Und als er dies mit Fleiß getan,
Tritt er als Ministrant
Dem Priester zum Altar voran,
Das Meßbuch in der Hand,
Und knieet rechts und knieet links
Und ist gewärtig jedes Winks,
Und als des Sanktus Worte kamen,
Da schellt er dreimal bei dem Namen.
Drauf als der Priester fromm sich neigt
Und, zum Altar gewandt,
Den Gott, den gegenwärt'gen, zeigt
In hocherhabner Hand,
Da kündet es der Sakristan
Mit hellem Glöcklein klingend an,
Und alles kniet und schlägt die Brüste,
Sich fromm bekreuzend vor dem Christe.

So übt er jedes pünktlich aus
Mit schnell gewandtem Sinn,
Was Brauch ist in dem Gotteshaus,
Er hat es alles inn';
Und wird nicht müde bis zum Schluß,
Bis beim Vobiscum Dominus
Der Priester zur Gemein sich wendet,
Die heil'ge Handlung segnend endet.

Da stellt er jedes wiederum
In Ordnung säuberlich,
Erst reinigt er das Heiligtum,
Und dann entfernt er sich
Und eilt in des Gewissens Ruh
Den Eisenhütten heiter zu,
Spricht unterwegs, die Zahl zu füllen,
Zwölf Paternoster noch im stillen.

Und als er rauchen sieht den Schlot
Und sieht die Knechte stehn,
Da ruft er: »Was der Graf gebot,

Ihr Knechte, ist's geschehn?«
Und grinsend zerren sie den Mund
Und deuten in des Ofens Schlund:
»Der ist besorgt und aufgehoben,
Der Graf wird seine Diener loben.«

Die Antwort bringt er seinem Herrn
In schnellem Lauf zurück.
Als der ihn kommen sieht von fern,
Kaum traut er seinem Blick.
»Unglücklicher! wo kommst du her?« —
»Vom Eisenhammer.« — »Nimmermehr!
So hast du dich im Lauf verspätet?« —
»Herr, nur so lang, bis ich gebetet.

Denn als von Eurem Angesicht
Ich heute ging, verzeiht,
Da fragt ich erst, nach meiner Pflicht,
Bei der, die mir gebeut.
Die Messe, Herr, befahl sie mir
Zu hören; gern gehorcht ich ihr
Und sprach der Rosenkränze viere
Für Euer Heil und für das ihre.«

In tiefes Staunen sinket hier
Der Graf, entsetzet sich:
»Und welche Antwort wurde dir
Am Eisenhammer? sprich!« —
»Herr, dunkel war der Rede Sinn,
Zum Ofen wies man lachend hin:
Der ist besorgt und aufgehoben,
Der Graf wird seine Diener loben.«

»Und Robert?« fällt der Graf ihm ein,
Es überläuft ihn kalt,
»Sollt er dir nicht begegnet sein?
Ich sandt ihn doch zum Wald.« —
»Herr, nicht im Wald, nicht in der Flur
Fand ich von Robert eine Spur.« —
»Nun«, ruft der Graf und steht vernichtet,
»Gott selbst im Himmel hat gerichtet!«

Und gütig, wie er nie gepflegt,
Nimmt er des Dieners Hand,
Bringt ihn der Gattin, tiefbewegt,

Die nichts davon verstand.
»Dies Kind, kein Engel ist so rein,
Laßt's Eurer Huld empfohlen sein!
Wie schlimm wir auch beraten waren,
Mit dem ist Gott und seine Scharen.«

HOFFNUNG

Es reden und träumen die Menschen viel
   Von bessern künftigen Tagen,
Nach einem glücklichen goldenen Ziel
   Sieht man sie rennen und jagen;
Die Welt wird alt und wird wieder jung,
Doch der Mensch hofft immer Verbesserung.

Die Hoffnung führt ihn ins Leben ein,
   Sie umflattert den fröhlichen Knaben,
Den Jüngling locket ihr Zauberschein,
   Sie wird mit dem Greis nicht begraben;
Denn beschließt er im Grabe den müden Lauf,
Noch am Grabe pflanzt er — die Hoffnung auf.

Es ist kein leerer schmeichelnder Wahn,
   Erzeugt im Gehirne des Toren,
Im Herzen kündet es laut sich an:
   Zu was Besserm sind wir geboren.
Und was die innere Stimme spricht,
Das täuscht die hoffende Seele nicht.

LICHT UND WÄRME

Der beßre Mensch tritt in die Welt
   Mit fröhlichem Vertrauen,
Er glaubt, was ihm die Seele schwellt,
   Auch außer sich zu schauen,
Und weiht, von edlem Eifer warm,
Der Wahrheit seinen treuen Arm.

Doch alles ist so klein, so eng!
   Hat er es erst erfahren,

Da sucht er in dem Weltgedräng
  Sich selbst nur zu bewahren;
Das Herz, in kalter stolzer Ruh,
Schließt endlich sich der Liebe zu.

Sie geben, ach! nicht immer Glut,
  Der Wahrheit helle Strahlen.
Wohl denen, die des Wissens Gut
  Nicht mit dem Herzen zahlen.
Drum paart, zu eurem schönsten Glück,
Mit Schwärmers Ernst des Weltmanns Blick.

ABSCHIED VOM LESER

Die Muse schweigt. Mit jungfräulichen Wangen,
Erröten im verschämten Angesicht,
Tritt sie vor dich, ihr Urteil zu empfangen;
Sie achtet es, doch fürchtet sie es nicht.
Des Guten Beifall wünscht sie zu erlangen,
Den Wahrheit rührt, den Flimmer
                              nicht besticht;

Nur wem ein Herz, empfänglich für
                              das Schöne,
Im Busen schlägt, ist wert, daß er sie kröne.

Nicht länger wollen diese Lieder leben,
Als bis ihr Klang ein fühlend Herz erfreut,
Mit schönern Phantasien es umgeben,
Zu höheren Gefühlen es geweiht;
Zur fernen Nachwelt wollen sie nicht schweben,
Sie tönten, sie verhallen in der Zeit.
Des Augenblickes Lust hat sie geboren,
Sie fliehen fort im leichten Tanz der Horen.

Der Lenz erwacht, auf den erwärmten Triften
Schießt frohes Leben jugendlich hervor,
Die Staude würzt die Luft mit Nektardüften,
Den Himmel füllt ein muntrer Sängerchor,
Und jung und alt ergeht sich in den Lüften
Und freuet sich und schwelgt mit Aug
                              und Ohr.
Der Lenz entflieht! Die Blume schießt
                              in Samen,
Und keine bleibt von allen, welche kamen.

ROMANTIK

Mit der Romantik wurde eine Epoche der Rückbesinnung eingeleitet. Sie wird allgemein in den Jahren zwischen 1798 und 1835 angesiedelt und fällt damit in eine politisch sehr bewegte Zeit. Seit der Französischen Revolution erfaßte der revolutionäre Gedanke ganz Europa. Die harten Fronten der Umstürzler und der reaktionären Adelsschicht standen sich gegenüber. Die Kunst, einerseits finanziell oft noch abhängig vom reichen Adel, andererseits der intellektuellen Schicht angehörend, stand dazwischen.

Die Romantik begegnete diesen stürmischen Zeiten mit dem Wunsch nach innerer Ordnung der Gesellschaft. Eine solche Ordnung, in der jeder den ihm gebührenden Platz fand, sah sie im Mittelalter als zuletzt vorhanden an. Also begannen die Romantiker, zuerst auf kritisch wissenschaftlicher, dann aber auf breiter künstlerischer Basis, sich zurückzubesinnen. Sie wollten eine vom ganzen Volk getragene Kunst verwirklichen, ähnlich derjenigen der mittelalterlichen Volkslieder. Darin wurde aber nicht die bloße Wiederannahme mittelalterlicher Traditionen gesehen, sondern deren planvolle Fortentwicklung für eine menschlichere, einheitlichere, wir würden vielleicht sagen gemütlichere Zukunft. Die ganzheitliche Kultur wurde gesucht.

Dies drückte sich unter anderem darin aus, daß die einzelnen Kunstgattungen mehr und mehr verschmolzen. Der Gesamteindruck wurde gesucht. Am deutlichsten mag dies heute noch in den romantischen Musikstücken zu erkennen sein, die einerseits die Dichtungen zum romantischen Lied vervollkommneten (z. B. in den Liedern Schuberts und Schumanns) und andererseits (in den großen Kompositionen) Musik geradezu plastisch fühlbar machten. Für die Inszenierungen wurden erstmals eindrucksvolle Bühnenbilder verwendet.

Der Glaubenssatz der Romantiker lautete: Alles im Universum ist beseelt. So stellt sich denn die Natur selbst in der Romantik als Gottheit dar. Mit dieser sinnlichen und gleichzeitig übersinnlichen Auffassung geht die Wiederentdeckung der Mythologie einher, die uns in zahllosen Märchen, etwa der Brüder Grimm, begegnet. Auch die Religion, vor allem die katholische, gelangte zu einer wahren Renaissance. Sie betonte in zeitgemäßer Weise das mystische Element. Die protestantischen Religionen wurden demgegenüber als eine Brutstätte der Zersplitterung betrachtet. Sie verursachten nach Meinung der Romantiker Uneinigkeit, den Anfang allen Übels.

Das Märchen, das ja der christlichen Religion objektiv in vielen entgegensteht, zumal soweit es sich um alte Sagen handelt, war für die Romantiker nicht unbedingt mit der Religion unvereinbar. Es stand vielmehr für die Volksnähe, für die reine Volksdichtung, wie sie bereits im Mittelalter geherrscht hatte. Das Märchen wurde aber vor allem von den frühen Romantikern benutzt. Es spiegelte für sie die Natürlichkeit des Wunderbaren wider.

Insgesamt betrachtet war die Kunst der Romantik dazu bestimmt, Stimmungen zu schildern und Erlebnisse darzustellen. Auf Formvollendung kam es dabei nicht an. Wichtig war vielmehr die Orientierung des Künstlers an romantischen Idealen. In der Literatur kam nach dem Sturm und Drang und der Klassik nun nach langem wieder der Roman zu großer Bedeutung. Die Lyrik nahm sich vor allem das mittelalterliche Volkslied zum Vorbild. Auch in ihrer Popularität kam sie diesem sehr nahe. Romantische Gedichte wurden zum Teil in breiten Bevölkerungsschichten beliebt und sind es mitunter noch heute.

Politisch betrachtet stellt sich die Romantik im großen und ganzen als eine reaktionäre, antirevolutionäre Bewegung dar. Erst gegen Ende der Epoche griffen Dichter, etwa Adalbert von Chamisso, auch soziale, zeitgeschichtliche Themen auf. Eine Wegbereiterrolle für die spätere Literatur, insbesondere für den Realismus, kann darin aber kaum gesehen werden.

CLEMENS BRENTANO

CLEMENS BRENTANO

Clemens Brentano wurde am 9. September 1778 als Sohn eines aus Italien stammenden Frankfurter Kaufmanns in Ehrenbreitstein geboren. Seine Großmutter war die Dichterin Sophie von LaRoche. Er lernte zunächst den Beruf seines Vaters, brach dann aber die Ausbildung ab und versuchte sich seit 1797 als Student in mehreren Fächern an verschiedenen Universitäten, ehe er sich 1798 in Jena entschloß, Schriftsteller zu werden. Dort lernte er unter anderem Christoph Martin Wieland, Friedrich von Schlegel, Johann Gottfried Herder und Johann Wolfgang von Goethe kennen sowie Sophie Mereau, die er 1803 heiratete.

Von hervorragender Bedeutung für sein künstlerisches Werk wurde die Bekanntschaft mit Achim von Arnim, die er 1801 in Göttingen machte und die sich bald zu einer engen Freundschaft entwickelte. Gemeinsam mit ihm gab Brentano 1805−1808 die berühmte Liedersammlung »Des Knaben Wunderhorn« heraus, eine Zusammenstellung bearbeiteter deutscher Lieder.

1804 zog Brentano mit seiner Frau nach Heidelberg. Doch das Glück währte nicht lange. 1806 starb Sophie. In den Jahren 1809 bis 1818 hielt sich der Dichter meist in Berlin auf, zum Teil auch in Wien. Seinen Glauben an die Religion fand Brentano durch die Pfarrerstochter L. Hensel wieder, die er mit religiös thematisierten Liebesgedichten umwarb. Von 1818 bis 1824 lebte er in Dülmen, um in der Nähe der stigmatisierten Nonne Anna Katharina Emmerick zu sein, die ihn zutiefst beeindruckte.

Sein episches Alterswerk, das er zunehmend in den Dienst des katholischen Glaubens stellte, wurde stark von den Visionen der Nonne beeinflußt. Nach ihrem Tod führte der Dichter ein unruhiges Reiseleben, das ihn unter anderem nach Bonn, Winkel, Wiesbaden, Frankfurt, Koblenz und Straßburg brachte. Seine letzten Jahre lebte Brentano in Koblenz, Regensburg und vor allem in München (1833 bis 1842). Er starb am 28. Juli 1842 in Aschaffenburg.

Clemens Brentano wird vielfach als der vielseitigste Dichter der Romantik bezeichnet. Er war einer der bedeutendsten deutschen Lyriker. Vor allem befaßte er sich mit Themen aus der Mythologie und Sagenwelt sowie − in seinen späten Jahren − aus der Religion. Zu seinen bekanntesten Werken gehören die Dramen »Ponce de Leon« (1804), »Die Gründung Prags« (1815), »Die Geschichte vom braven Kasperl und dem schönen Annerl« (1817), »Aus der Chronika eines fahrenden Schülers« (1818), »Gockel, Hinkel und Gackeleia« (1838) und »Die Märchen«, eine erst postum 1846/47 veröffentlichte Sammlung brentanoscher Werke.

ICH WOLLT' EIN STRÄUSSLEIN BINDEN

Ich wollt' ein Sträußlein binden,
Da kam die dunkle Nacht,
Kein Blümlein war zu finden,
Sonst hätt' ich dir's gebracht.

Da flossen von den Wangen
Mir Tränen in den Klee,
Ein Blümlein aufgegangen
Ich nun im Garten seh'.

Das wollte ich dir brechen
Wohl in dem dunklen Klee,
Doch fing es an zu sprechen:
»Ach tue mir nicht weh!

Sei freundlich in dem Herzen,
Betracht' dein eigen Leid,
Und lasse mich in Schmerzen
Nicht sterben vor der Zeit.«

Und hätt's nicht so gesprochen,
Im Garten ganz allein,
So hätt' ich dir's gebrochen,
Nun aber darf's nicht sein.

Mein Schatz ist ausgeblieben,
Ich bin so ganz allein.
Im Lieben wohnt Betrüben,
Und kann nicht anders sein.

AM SOPHIENTAG

Süßer Mai du Quell des Lebens
Bist so süßer Blumen voll
Liebe sucht auch nicht vergebens
Wem sie Kränze winden soll.

Süßer Mai, mit Blumenglocken
Läutest du das Fest mir ein
Ich bekränze ihre Locken,
Will ein frommer Gast auch sein.

Süßer Mai, zum Liebesmahle
Trägst du Blumenkelche ein
Blütensäulen stehn im Saale
Drüber wölbt sich Sonnenschein.

Süßer Mai, in deinen Kelchen
Küssen fromme Bienen sich
Aber unter allen welchen
Hast du eingefüllt für mich!

Süßer Mai, du bringest nieder
Blume, Blüte, Sonnenschein,
Daß ich wisse, wem die Lieder,
Wem das Herz, das Leben weihn.

EIN RITTER AN DEM RHEINE RITT

Ein Ritter an dem Rheine ritt
In dunkler Nacht dahin,
Ein Ritterlein, das reitet mit
Und fragt: wohin dein Sinn?

Mein Sinn, der steht nach Minnen,
Ich hab' mich rumgeschlagen,
Und konnt' doch nichts gewinnen,
Und mußt' das Leben wagen.

Ei hast du nicht die Ehr' davon?
Die Ehr' ist hohes Gut —
Ich hätt' die liebe Zeit davon,
Die Ehr' ist mir kein Gut. —

Mein Blut ist hingeflossen
Rot zu der Erde nieder,
So warm ich es vergossen,
Giebt mir's die Ehr' nicht wieder.

Das sprach das kleine Ritterlein:
Daß Gott sich dein erbarm'!
Du mußt ein schlechter Ritter sein,
Weil deine Ehr' so arm. —

Ich will nun mit dir rechten,
Weil du nicht ehrst die Ehre;
Mein Ehr' will ich verfechten,
Setz deine nur zur Wehre.

Des Ritters Unwill war sehr groß,
Drum er vom Rosse sprang,
Auch machet sich der kleine los
Und sich zur Erde schwang. —

Da fühlt sich der Geselle
Von hinten fest umwinden,
Es ist die Nacht nicht helle,
Sie streiten wie die Blinden.

Und sinken beide in den Klee —
Ei sprich! wer hat gesiegt!
Der Ritter ohne Ach und Weh —
Bei einer Jungfrau liegt.

Ei hast du nicht die Ehr' davon?
Die Ehr' ist hohes Gut —
Ich hätt' die liebe Zeit davon,
Die Ehr' ist mir kein Gut. —

Auf einen grünen Zweig

Zur Fremde zog ein frommer Knabe
An Gold so arm, wie Gold so treu,
Er sang ein Lied um milde Gabe,
Sein Lied war alt, die Welt war neu.

Wie Freiheit singt in Liebesbanden,
So stieg das Lied aus seiner Brust;
Die Welt hat nicht sein Lied verstanden,
Er sang mit Schmerzen von der Lust.

Das Leben leichter zu erringen,
Tut er der eignen Lust Gewalt;
Will nimmer spielen, nimmer singen,
Geht Kräuter suchen in den Wald.

Die Füße muß er wund sich laufen
Zum heißen Fels, zum kühlen Bach,
Und muß um wenig Brot verkaufen,
Die Blume, deren Dorn ihn stach.

Und wie er durch die Wälder irret,
Ein seltsam Tönen zu ihm drang;
Durch wildes Singen rasselnd schwirret,
Ein schmerzlicher metallner Klang.

Der Knabe teilt die wilden Hecken,
Und vor ihm steht ein gift'ger Baum;
Die Zweige dürr hinaus sich strecken,
Mit Blech geziert und goldnem Schaum.

Und viel gemeine Vögel kreisen,
Rings um des Baumes schneidend Laub;
Und die von seinen Früchten speisen,
Sie sind des goldnen Giftes Raub.

Da rührt der Knabe seine Laute,
Er singt ein schmerzlich wildes Lied;
Und in dem Baum, zu dem er schaute,
Er einen bunten Vogel sieht.

Er sitzt betrübt, die bunten Schwingen
Senkt an der Silberbrust er hin,
Und kann nicht fliegen, kann nicht singen
Des Baumes Gifte fesseln ihn.

Dem Knaben regt sich's tief im Herzen,
Das Vöglein zieht ihn mächtig an,
Und seines Liedes kind'sche Schmerzen
Hört gern das kranke Vöglein an.

Und weil im Wind die Blätter klingen,
So kann es nicht das Lied verstehn;
Doch er hört nimmer auf zu singen,
Bleibt treu vor seiner Liebe stehn.

Und singt ihm vor zu tausendmalen
Von Liebeslust und Frühlingslust,
Von grünen Bergen, milden Talen
Und Ruhe an geliebter Brust.

Schon regt das Vöglein seine Schwingen,
Schaut freundlich zu dem Knaben hin;
Des Arme um den Baum sich schlingen,
Die Liebe machet mutig ihn.

Er klimmet in den gift'gen Zweigen
Zerreißt mit Lust die Hände sich,
Das kranke Vöglein zu ersteigen,
Es spricht: Ach nimmer heilst du mich.

Und sinket stille zu ihm nieder,
An seinem Herzen hält er's warm;
Und ordnet sorglich sein Gefieder,
Und trägt's zur Sonne auf dem Arm.

Steigt auf die Berge, läßt es trinken
Des blauen Himmels freie Luft,
Und weiß zu blicken, weiß zu winken,
Bis er die Freude wieder ruft.

Die Freude kömmt, die bunten Schwingen,
Sie funkeln Liebesstrahlen gleich;
Das Vöglein weiß so süß zu singen,
Es singt den armen Knaben reich.

Wie auch zum Flug die Flüglein streben,
So bleibt es doch dem Treuen treu;
In Liebesfesseln will es schweben,
In Liebesfesseln ist es frei.

Und ich der ich dies Lied dir singe
Bin wohl dem treuen Knaben gleich,
Vertrau mir Vöglein, denn ich bringe
Dich noch auf einen grünen Zweig.

HERBSTLIED

Die grünen Blätter sind gefallen,
Die Schwalben fortgezogen sind,
Da will zu seiner Heimat wallen,
Ein armes elternloses Kind.

Als Führer auf der weiten Reise,
Fliegt vor ihm hin ein Schmetterling,
Ihr Bündelchen trägt selbst die Waise,
Ihr Hab und Gut ist sehr gering.

Der Vater ist ihm früh gestorben,
Die Mutter hat es weggesandt,
Im Ausland hat es nichts erworben,
Und arm kehrt es zum Vaterland.

Und wie sie durch die Wälder gingen,
Der Schmetterling zum Kinde spricht:
»Um meinen Lohn ist noch zu dingen,
Den kleinen Freund vergesse nicht.

Ich werde nicht mehr lange leben
Und möchte mich noch einmal freun,
Zu deiner Heimat will ich schweben,
Zum Lohn gieb mir ein Blümelein.«

Das Kind sprach: »Keins ist hier zu sehen,
Doch ist in meinem Vaterland
Ein stiller Garten, darin stehen
Der süßen Blumen allerhand.

Ein Engel gehet in dem Garten,
Der giebt dir sicher doppelt Lohn,
O wolle bis zur Heimat warten,
Ich irre, wenn du mir entflohn.

In einem stillen Tale wohnet
Der Engel und ich bin sein Kind,
Ich weiß, daß er dich reich belohnet,
Drum laß uns eilen, schnell geschwind«

Der Führer hebt die bunten Schwingen,
Der kleine Wandrer folgt ihm schnell.
Er spricht: »hörst du die Vöglein singen,
Im Garten singen sie so hell.

Ich atme schon die Blumendüfte,
O lieber Führer eile schnell.«
»Ich fühle nur die kühlen Lüfte,«
Spricht da der bunte Reis'gesell.

»O willst du nicht den Lohn mir geben,
Ich sterb', eh' ich die Heimat seh',
Ich werde nicht mehr lange leben,
Die kühlen Lüfte tun mir weh.«

»So nehme alles, was ich habe,«
Sprach weinend da das arme Kind,
»Von jenem Engel eine Gabe,
Die welken Rosenblätter sind.«

Der Führer stirbt und in den Rosen,
Weiht ihm das Kind ein frommes Grab.
Schon hört es nah des Stromes Tosen,
Und steiget zu dem Tal hinab.

Da steht es an der Heimat Schwellen,
Und ruft: »o Mutter höre mich,
O führ' mich zu dir durch die Wellen,
Zum süßen Garten führe mich!

Mein armer Führer ist gestorben,
Da Freude floh und Sonnenschein,
Zum Lohn hat er ein Grab erworben,
Wohl in den süßen Rosen dein.«

Die Mutter höret nicht sein Klagen,
Da ward dem Kinde Mut verliehn.
Die Wellen es hinübertragen,
Es eilet zu dem Garten hin.

Die Blumen all die Kelche neigen,
Und gießen still die Liebe aus,
Die Mutter will sich nirgends zeigen,
Im Garten nicht, und nicht im Haus.

»O Heimat in dem Frühlingsscheine,
O Jugend liebste Mutter mein,
Dein Kind die Liebe ist alleine,
O wollet nicht verloren sein!«

Da sprach ein Vöglein von dem Baume,
»Gott grüß' dich, bist du wieder hier?
Es denkt mir dunkel wie im Traume,
Du trugst einst treue Lieb' zu mir.

Im Maie wardst du hier geboren,
Da lernte ich ein Lied von dir,
Ist Mai, und Jugend auch verloren,
Dein süßes Lied, das bleibet mir.«

Da fing das Vöglein an zu singen,
»Der Frühling blüht, der Sommer glüht,
Die Liebesblumen süß entspringen,
Der Zweig ist müd, die Frucht ihn zieht.

Die Liebe kehrt zur Heimat wieder,
Zur Fremde sie getrieben ward,
Der Herbst sinkt zu der Erde nieder,
Die Lieb' erstarrt im Winter hart.«

Und was das Vöglein freundlich singet,
Wohl schmerzlich zu dem Kinde klang,
Die Zeit wohl streng zur Wahrheit bringet,
Was einst das Kind prophetisch sang.

Die Mutter hat es hart verstoßen,
Wo es der Frühlingsschein gewiegt,
Da ist sein Grab nun bei den Rosen,
Und treu das Vöglein niederfliegt,

Und deckte es mit welken Blüten
Aus alter, treuer Freundschaft zu,
Dem Vöglein mög' es Gott vergüten,
Es sang das Kind wohl in die Ruh'.

»O Heimat in dem Frühlingsscheine,
O Jugend, harte Mutter sein,
Dein Kind, die Liebe ich beweine
Sein einz'ger Freund ein Vögelein.«

Zu Bacharach am Rheine

Zu Bacharach am Rheine
Wohnt eine Zauberin,
Sie war so schön und feine
Und riß viel Herzen hin.

Und brachte viel zu schanden
Der Männer rings umher,
Aus ihren Liebesbanden
War keine Rettung mehr.

Der Bischof ließ sie laden
Vor geistliche Gewalt —
Und mußte sie begnaden,
So schön war ihr' Gestalt.

Er sprach zu ihr gerühret:
»Du arme Lore Lay!
Wer hat dich denn verführet
Zu böser Zauberei?«

»Herr Bischof laßt mich sterben,
Ich bin des Lebens müd,
Weil jeder muß verderben,
Der meine Augen sieht.

Die Augen sind zwei Flammen,
Mein Arm ein Zauberstab —
O legt mich in die Flammen!
O brechet mir den Stab!«

»Ich kann dich nicht verdammen,
Bis du mir erst bekennt,
Warum in diesen Flammen
Mein eigen Herz schon brennt.

Den Stab kann ich nicht brechen,
Du schöne Lore Lay!
Ich müßte dann zerbrechen
Mein eigen Herz entzwei.«

»Herr Bischof mit mir Armen
Treibt nicht so bösen Spott,
Und bittet um Erbarmen,
Für mich den lieben Gott.

Ich darf nicht länger leben,
Ich liebe keinen mehr —
Den Tod sollt Ihr mir geben,
Drum kam ich zu Euch her. —

Mein Schatz hat mich betrogen,
Hat sich von mir gewandt,
Ist fort von hier gezogen,
Fort in ein fremdes Land.

Die Augen sanft und wilde,
Die Wangen rot und weiß,
Die Worte still und milde
Das ist mein Zauberkreis.

Ich selbst muß drin verderben,
Das Herz tut mir so weh,
Vor Schmerzen möcht' ich sterben,
Wenn ich mein Bildnis seh'.

Drum laßt mein Recht mich finden,
Mich sterben wie ein Christ,
Denn alles muß verschwinden,
Weil er nicht bei mir ist.«

Drei Ritter läßt er holen:
»Bringt sie ins Kloster hin,
Geh Lore! — Gott befohlen
Sei dein berückter Sinn.

Du sollst ein Nönnchen werden,
Ein Nönnchen schwarz und weiß,
Bereite dich auf Erden
Zu deines Todes Reis'.«

Zum Kloster sie nun ritten,
Die Ritter alle drei,
Und traurig in der Mitten
Die schöne Lore Lay.

»O Ritter laßt mich gehen,
Auf diesen Felsen groß,
Ich will noch einmal sehen
Nach meines Lieben Schloß.

Ich will noch einmal sehen
Wohl in den tiefen Rhein,
Und dann ins Kloster gehen
Und Gottes Jungfrau sein.«

Der Felsen ist so jähe,
So steil ist seine Wand,
Doch klimmt sie in die Höhe,
Bis daß sie oben stand.

Es binden die drei Ritter,
Die Rosse unten an,
Und klettern immer weiter,
Zum Felsen auch hinan.

Die Jungfrau sprach: »da gehet
Ein Schifflein auf dem Rhein,
Der in dem Schifflein stehet,
Der soll mein Liebster sein.

Mein Herz wird mir so munter,
Er muß mein Liebster sein! —«
Da lehnt sie sich hinunter
Und stürzet in den Rhein.

Die Ritter mußten sterben,
Sie konnten nicht hinab,
Sie mußten all verderben,
Ohn' Priester und ohn' Grab.

Wer hat dies Lied gesungen?
Ein Schiffer auf dem Rhein,
Und immer hat's geklungen
Von dem drei Ritterstein:

 Lore Lay
 Lore Lay
 Lore Lay

Als wären es meiner drei.

WENN ICH EIN BETTELMANN WÄR'

Wenn ich ein Bettelmann wär'
Käm' ich zu Dir,
Säh' Dich gar bittend an
Was gäbst Du mir? —

Der Pfennig hilft mir nicht
Nimm ihn zurück,
Goldner als golden glänzt
Allen Dein Blick;

Und was Du allen giebst
Gebe nicht mir
Nur was mein Aug' begehrt
Will ich von Dir.

Bettler wie helf' ich Dir? —
Sprächst Du nur so,
Dann wär' im Herzen ich
Glücklich und froh.

Laufst auf Dein Kämmerlein
Holst ein Paar Schuh
Die sind mir viel zu klein,
Sieh einmal zu. —

Sieh nur wie klein sie sind
Drücken mich sehr,
Jungfrau süß lächelst Du
O gieb mir mehr.

14. JULI 1834

Ich weiß wohl, was dich bannt in mir,
Die Lebensglut in meiner Brust,
Die süße zauberhafte Zier,
Der bangen tiefgeheimen Lust,
Die aus mir strahlet, ruft zu dir,

Schließ mich in einen Felsen ein,
Ruft doch arm Lind durch Mark und Bein:
Komm, lebe, liebe, stirb an mir,
Leg' dir diesen Fels auf deine Brust,
    Du mußt, mußt.

Ich weiß wohl, was du liebst in mir —
Es ist die Glut in meiner Brust —
Es ist die zauberhafte Zier,
Der tief geheimen innern Lust,
Die strahlt aus mir, und ruft zu dir:
Schließ mich in einen Felsenstein,
So ruf' ich doch durch Mark und Bein!
Komm, lebe, liebe, stirb bei mir
    Du mußt, du mußt. —

DU

Die Erde war gestorben
Ich lebte ganz allein
Die Sonne war verdorben,
Bis auf die Augen dein.

Du bietest mir zu trinken
Und blickest mich nicht an
Läßt du die Augen sinken
So ist's um mich getan.

Der Frühling regt die Schwingen
Die Erde sehnet sich
Sie kann nichts wiederbringen
Als dich, du Gute, dich.

Die Erde war gestorben
Ich lebte ganz allein,
Die Sonne war verdorben,
Zwei Augen gaben Schein,

Da bot sie mir zu trinken
Und blickte mich nicht an,
Sie ließ die Augen sinken,
Es war um mich getan.

Reg' Frühling nur die Schwingen
Sehn' nur, du Erde, dich,
Ich kann nicht anders singen,
Als, Jesus schau auf mich.

SONETT

Es saß ein Kind ganz still zu meinen Füßen,
Und spielte froh mit freundlichen Gedanken,
Es blickt mich an, bis ihm die Blicke sanken,
Und goldne ferne Lande sich erschließen,

Von allen Seiten dringt ein süßes Grüßen,
Das alte Leben muß nun abwärts wanken,
Daß neue frohe Zweige grün umranken
Und rund umher ihm zarte Blumen sprießen.

Das Kind erwacht, und fraget mich mit Bangen,
Ob andern wohl ein solcher Traum gelinge,
Ob ich's allein mit Zauberei umfangen,

Daß dankbar es die Arme um mich schlinge.
Da rötet mir Verwunderung die Wangen
Woher das Kind die kühne Frag' erschwinge.

25. AUGUST 1817

Einsam will ich untergehn
Keiner soll mein Leiden wissen,
Wird der Stern, den ich gesehn
Von dem Himmel mir gerissen
Will ich einsam untergehn
Wie ein Pilger in der Wüste.

Einsam will ich untergehn
Wie ein Pilger in der Wüste,
Wenn der Stern, den ich gesehn
Mich zum letzten Male grüßte
Will ich einsam untergehn
Wie ein Bettler auf der Heide.

Einsam will ich untergehn
Wie ein Bettler auf der Heide,
Giebt der Stern, den ich gesehn,
Mir nicht weiter das Geleite
Will ich einsam untergehn
Wie der Tag im Abendgrauen.

Einsam will ich untergehn
Wie der Tag im Abendgrauen,
Will der Stern, den ich gesehn
Nicht mehr auf mich niederschauen,
Will ich einsam untergehn
Wie ein Sklave an der Kette.

Einsam will ich untergehn
Wie ein Sklave an der Kette,
Scheint der Stern, den ich gesehn
Nicht mehr auf mein Dornenbette
Will ich einsam untergehn
Wie ein Schwanenlied im Tode.

Einsam will ich untergehn
Wie ein Schwanenlied im Tode,
Ist der Stern, den ich gesehn
Mir nicht mehr ein Friedensbote
Will ich einsam untergehn
Wie ein Schiff in wüsten Meeren.

Einsam will ich untergehn
Wie ein Schiff in wüsten Meeren,
Wird der Stern, den ich gesehn
Jemals weg von mir sich kehren,
Will ich einsam untergehn
Wie der Trost in stummen Schmerzen.

Einsam will ich untergehn
Wie der Trost in stummen Schmerzen,
Soll den Stern, den ich gesehn
Jemals meine Schuld verscherzen,
Will ich einsam untergehn
Wie mein Herz in deinem Herzen.

ADELBERT VON CHAMISSO

ADELBERT VON CHAMISSO

Adelbert von Chamisso, eigentlich Louis Charles Adélaïde de Chamisso, wurde am 30. Januar 1781 auf Schloß Boncourt in der Champagne als Sproß einer alten französischen Adelsfamilie geboren. In den Wirren der Französischen Revolution flüchtete seine Familie über Belgien nach Holland und schließlich (1796) nach Berlin. Dort bekam der junge Chamisso eine Anstellung als Page der Königin, und dort erst lernte er die deutsche Sprache.

Nach einer Schulzeit am französischen Gymnasium in Berlin wurde Chamisso 1798 Fähnrich der preußischen Armee, später Leutnant. Gleichwohl hatte der junge Mann für den Militärdienst nicht viel übrig. Vielmehr bildete sich in ihm in jener Zeit seine liberale politische Weltanschauung aus.

In den Jahren 1806 bis 1812, nachdem die preußische Armee in der Schlacht von Jena und Auerstedt besiegt worden war, pendelte Chamisso zwischen Frankreich, Deutschland und der Schweiz. Eine schwierige Identitätssuche begann für den 25jährigen, der sowohl Franzose als auch Deutscher war, dessen Freunde zumeist Deutsche waren, dessen Bewunderung aber Napoleon galt.

1810 nahm er eine Stelle als Lehrer für Griechisch am Lyzeum von Napoleonville, einer Stadt in der Bretagne, an. In Paris traf er alte Freunde, allen voran Karl August Varnhagen, David Ferdinand Koreff, August Wilhelm Schlegel und Alexander von Humboldt. Vor allem aber Helmina von Chezy, die er aus seiner Pagenzeit kannte und in die er sich nun verliebte. Die Liebe gab seinem dichterischen Schaffen neuen Schwung. Die Beziehung wurde jedoch abgebrochen, als Helmina von Chezy wieder nach Deutschland zurückreiste. Chamisso folgte nicht ihr, sondern seinem Freund Schlegel, der die von Napoleon aus Paris verbannte Schriftstellerin von Stael ins Exil nach Chaumont begleitete.

Im September 1812 kehrte Chamisso nach Berlin zurück, wo er ein Studium der Medizin aufnahm. In einem Brief an Rosa Maria Varnhagen schrieb er: »Tauge ich überhaupt zu irgend etwas, so ist es für die Naturwissenschaften, auf dem Wege der Erfahrung. Die Freunde selbst haben mir nie einreden können, daß ich zum Dichter geboren...« Bei seinem Entschluß, das Dichten aufzugeben, blieb es jedoch nicht lange. Als die Universität 1813 unter der französischen Besatzung Berlins die Tore schloß und Chamisso sich auf das Landgut des Grafen Itzenplitz zurückzog, entstand unter anderem sein Werk »Peter Schlemihls wundersame Geschichte«, das ihn weithin zu einem der berühmtesten Dichter machte.

Die komplizierten Verhältnisse, denen sich der Dichter in den Zeiten des Krieges, zumal zwischen Preußen und Frankreich, ausgesetzt sah, trugen dazu bei, daß er sich 1815 einer dreijährigen russischen Expedition zur Erforschung des nördlichen Polarmeers anschloß. Seinen Bericht von dieser Reise veröffentlichte er 1836 unter dem Titel »Reise um die Welt«.

1818 wurde Chamisso am Berliner botanischen Garten angestellt. Seit diesem Jahr bis zu seinem Tod entstanden neben einer Reihe von naturwissenschaftlichen Schriften seine bedeutendsten Werke der Lyrik. Adelbert von Chamisso starb am 21. August 1838 in Berlin.

DIE GOLDENE ZEIT

Oh le bon siècle, mes frères,
Que le siècle où nous vivons!

Armand Charlemagne
(Fliegendes Blatt)

Füllt die Becher bis zum Rand,
Tut, ihr Freunde, mir Bescheid:
Das befreite Vaterland
Und die gute goldne Zeit!
Denn der Bürger denkt und glaubt,
Spricht und schreibt nun alles frei,
Was die hohe Polizei
Erst geprüft hat und erlaubt.

Du eröffnest mir den Mund,
Du geschwätzger Traubensaft,
Und die Wahrheit mach ich kund
Rücksichtslos mit freud'ger Kraft.
Steigt die Sonne, wird es Tag,
Sinkt sie unter, wird es Nacht.
Nehm vor Feuer sich in Acht,
Wer sich nicht verbrennen mag.

Ungeschickt zum Löschen ist,
Wer da Öl gießt, wo es brennt;
Noch ist drum kein guter Christ,
Der zu Mahom sich bekennt.
Scheut die Eule gleich das Licht,
Fährt sichs doch vorm Winde gut,
Besser noch mit Wind und Flut,
Aber gegen beide nicht.

Wer nicht sehen kann, ist blind,
Wer auf Krücken geht, ist lahm;
Mancher redet in den Wind,
Mancher geht, so wie er kam.
Grünt die Erde weit und breit,
Glaube nicht den Frühling fern;
Rückwärts gehn die Krebse gern,
Aber vorwärts eilt die Zeit.

Zwar ist nicht das Dunkle klar,
Doch ist nicht, was gut ist, schlecht;
Und was recht ist, bleibt doch recht.
Goldes-Überfluß macht reich,
Aber Lumpen sind kein Geld.
Wer mit Steinen düngt sein Feld,
Macht gar einen dummen Streich.

An der Zeit ist nicht zu spät,
Doch Geschehnes ist geschehn,
Und wer Disteln hat gesät,
Wird nicht Weizen reifen sehn.
Gestern wars, nun ist es heut,
Morgen bringt auch seinen Lohn;
Kluge Leute wissens schon,
Nur sind Narren nicht gescheut.

Und am besten weiß, wer klagt,
Wo ihn drückt der eigne Schuh;
Wer zuerst nur A gesagt,
Setzt vielleicht noch B hinzu;
Denn, wie *Adam Riese* spricht,
Zwei und zwei sind eben vier —
Gott! wer pocht an unsre Tür?
Ihr, verratet mich nur nicht!

»Hebt auf das verruchte Nest,
Sie mißbrauchen die Geduld.
Setzt den Jakobiner fest,
Wir sind Zeugen seiner Schuld;
Er hat öffentlich gelehrt:
Zwei und zwei sind eben vier.« —
Nein, ich sagte... »Fort mit dir,
Daß die Lehre keiner hört!«

NACHTWÄCHTERLIED

Éteignons les lumières
Et rallumons le feu.
        Béranger

Hört, ihr Herrn, und laßt euch sagen,
Was die Glocke hat geschlagen:
  Geht nach Haus und wahrt das Licht,
  Daß dem Staat kein Schaden geschicht.
    Lobt die Jesuiten!

Hört, ihr Herrn, wir brauchen heute
Gute, nicht gelehrte Leute,
  Seid ihr einmal doch gelehrt,
  Sorgt, daß keiner es erfährt.
    Lobt die Jesuiten!

Hört, ihr Herrn, so soll es werden:
Gott im Himmel, wir auf Erden,
  Und der König absolut,
  Wenn er unsern Willen tut.
    Lobt die Jesuiten!

Seid, ihr Herrn, es wird euch frommen,
Von den gutgesinnten Frommen;
  Blase jeder, was er kann,
  Lichter aus, und Feuer an.
    Lobt die Jesuiten!

Feuer, ja, zu Gottes Ehren,
Um die Ketzer zu bekehren,
  Und die Philosophen auch,
  Nach dem alten, guten Brauch.
    Lobt die Jesuiten!

Hört, ihr Herrn, ihr seid geborgen,
Geht nach Haus, und ohne Sorgen
  Schlaft die lange, liebe Nacht,
  Denn wir halten gute Wacht.
    Lobt die Jesuiten!

KLEIDERMACHER-MUT

Und als die Schneider revoltiert, –
  Courage! Courage!
So haben gar grausam sie massakriert
Und stolz am Ende parlamentiert:
  Herr König, das sollst du uns schwören.

Und drei Bedingungen wollen wir stelln: –
  Courage! Courage!
Schaff ab, zum ersten, die Schneider-Mamselln,
Die das Brod verkürzt uns Schneider-Geselln;
  Herr König, das sollst du uns schwören.
Die brennende Pfeife, zum andern, sei –
  Courage! Courage!
Zum höchsten Ärger der Polizei,
Auf offener Straße uns Schneidern frei;
  Herr König, das sollst du uns schwören.

Das dritte, Herr König, noch wissen
                 wirs nicht, –
  Courage! Courage!
Doch bleibt es das Beste an der
                 ganzen Geschicht,
Wir bestehn auch darauf bis ans
                 Jüngste Gericht;
  Das dritte, das sollst du uns schwören.

AN FRIEDERICH SCHILLER

Des heilgen Herzens tiefstem Grund
                 entschweben
  Der Ideale göttliche Gestalten,
  Den Stimmen gleich der himmlischen
                 Gewalten,
  Erstrahlen deine Lieder in das Leben.

Dir mußte sich das junge Herz hingeben,
  Da glühend ihm die starken Töne hallten;
  Ich sah des Lebens Blüten sich entfalten,
  Den Retter, dich, in fernem Lichte schweben.

Dir wollt ich nahn in Geistes Umarmungen,
Nach jenem Lichte wollt ich stark
                  mich schwingen,
O höhne nicht des Strebenden Erkühnen!

Vom Lorbeer nicht das Haupt mir
                 zu umgrünen,
Nicht um gemeinen Lobpreis zu erzwingen;
Um deines Herzens Preis hab ich gerungen.

UNGEWITTER

Auf hohen Burgeszinnen
  Der alte König stand
Und überschaute düster
  Das düster umwölkte Land.

Es zog das Ungewitter
  Mit Sturmesgewalt herauf,
Er stützte seine Rechte
  Auf seines Schwertes Knauf.

Die Linke, der entsunken
  Das goldene Zepter schon,
Hielt noch auf der finstern Stirne
  Der schwere goldene Kron.

Da zog ihn seine Buhle
  Leis an des Mantels Saum:
Du hast mich einst geliebet,
  Du liebst mich wohl noch kaum?

Was Lieb und Lust und Minne?
  Laß ab, du süße Gestalt!
Das Ungewitter ziehet
  Herauf mit Sturmesgewalt.

Ich bin auf Burgeszinnen
  Nicht König mit Schwert und Kron,
Ich bin der empörten Zeiten
  Unmächtiger, bangender Sohn.

Was Lieb und Lust und Minne?
  Laß ab, du süße Gestalt!
Das Ungewitter ziehet
  Herauf mit Sturmesgewalt.

NACHT UND WINTER

Von des Nordes kaltem Wehen
  Wird der Schnee daher getrieben,
  Der die dunkle Erde decket;

Dunkle Wolken ziehn am Himmel,
  Und es flimmern keine Sterne,
  Nur der Schnee im Dunkel schimmert.

Herb und kalt der Wind sich reget,
  Schaurig stöhnt er in die Stille;
  Tief hat sich die Nacht gesenket.

Wie sie ruhn auf dem Gefilde,
  Ruhn mir in der tiefsten Seele
  Dunkle Nacht und herber Winter.

Herb und kalt der Wind sich reget,
  Dunkle Wolken ziehn am Himmel,
  Tief hat sich die Nacht gesenket.

Nicht der Freude Kränze zieren
  Mir das Haupt im jungen Lenze,
  Und erheitern meine Stirne:

Denn am Morgen meines Lebens,
  Liebend und begehrend Liebe,
  Wandl ich einsam in der Fremde,

Wo das Sehnen meiner Liebe,
  Wo das heiße muß, verschmähet,
  Tief im Herzen sich verschließen.

Herb und kalt der Wind sich reget,
  Dunkle Wolken ziehn am Himmel,
  Und es flimmern keine Sterne.

Wie sie ruhn auf dem Gefilde,
  Ruhn mir in der tiefsten Seele
  Dunkle Nacht und herber Winter.

Leise hallen aus der Ferne
  Töne, die den Tag verkünden. —
  Wird der Tag denn sich erhellen?

Freudebringend dem Gefilde
  Wird er strahlen, Nacht entschweben,
  Herber Winter auch entfliehen,

Und des Jahres Kreis sich wenden,
  Und der junge Lenz in Liebe
  Nahen der verjüngten Erde.

Mir nur, mir nur ewger Winter,
  Ewge Nacht, und Schmerz, und Tränen,
  Kein Tag, keines Sternes Flimmer!

FRÜHLINGSLIED

Wohl war der Winter ein harter Gast,
Den armen, den trauernden Vögeln verhaßt,
  Die fröhlich wieder nun singen;
Aus blauer Luft, auf grüner Flur,
  Wie hört man's munter erklingen!

Und als sich der Wald aufs neue belaubt,
Da hat es mir nicht zu weilen erlaubt,
  Ich mußte hinaus und wandern;
Es singen so lustig die Vögel umher,
  Ich singe mein Lied wie die andern.

Und komm ich ans Wirtshaus, so kehr ich ein:
Frau Wirtin, Frau Wirtin, ein gut Glas Wein,
  Ich habe mich durstig gesungen.
Da kommt mit dem Weine die Tochter sogleich
  So munter zu mir gesprungen.

Der Wein, den du schenkest, er ist fürwahr
So rot wie dein Mund, wie dein Auge so klar,

Gar kräftig und lieblich zu schlürfen;
Und darf ich dich ansehn und trinken
                              den Wein,
  So werd ich wohl singen auch dürfen.

Ich habe soeben ein Lied mir erdacht,
Und hab es für dich ganz eigens gemacht,
  Hab's nimmer zuvor noch gesungen;
So höre mir zu, du rosige Maid,
  Und sprich: ob's gut mir gelungen?

Ich liebe den Frühling, des Waldes Grün,
Der Vögel Gesang, der Bienen Bemühn,
  Der Blumen Farben und Düfte,
Den Strahl der Sonne, des Himmels Blau,
  Den Hauch der wärmeren Lüfte.

Sieh dort am Tor, was die Schwalben tun,
Wie emsig sie fliegen, sie werden nicht ruhn,
  Bis fertig ihr Nestchen sie schauen;
Ich sang, wie die Vögel, mein munteres Lied,
  Vergaß, ein Nest mir zu bauen.

Ich liebe, die, frischer als Waldes-Grün,
Noch emsiger schafft als sich Bienen bemühn,
  Vor der die Rosen sich neigen,
Deren Blick mich erwärmt wie der
                              Sonne Strahl,
  Daß Lieder dem Busen entsteigen.

Ich habe gesungen, was sagest du nun?
Sieh dort am Tor, was die Schwalben tun!
  Was sollte es uns nicht gelingen?
Frau Wirtin, Frau Mutter, sie kommt
                              eben recht,
  Sie soll noch ihr Amen uns singen.

FRÜHLING UND HERBST

Fürwahr, der Frühling ist erwacht;
  Den holden Liebling zu empfahn,
Hat sich mit frischer Blumenpracht
  Die junge Erde angetan.

Die muntern Vögel, lieberwärmt,
  Begehn im grünen Hain ihr Fest.
Ein jeder singt, ein jeder schwärmt,
  Und bauet emsig sich sein Nest.

Und alles lebt und liebt und singt
  Und preist den Frühling wunderbar,
Der Frühling, der die Freude bringt;
  Ich aber bleibe stumm und starr.

Dir, Erde, gönn ich deine Zier,
  Euch, Sänger, gönn ich eure Lust,
So gönnet meine Trauer mir,
  Den tiefen Schmerz in meiner Brust.

Für mich ist Herbst; der Nebelwind
  Durchwühlet kalt mein falbes Laub;
Die Äste mir zerschlagen sind,
  Und meine Krone liegt im Staub.

DIE SONNE BRINGT ES AN DEN TAG

Gemächlich in der Werkstatt saß
Zum Frühtrunk Meister Nikolas,
Die junge Hausfrau schenkt' ihm ein,
Es war im heitern Sonnenschein. —
  Die Sonne bringt es an den Tag.

Die Sonne blinkt von der Schale Rand,
Malt zitternde Kringel an die Wand,
Und wie den Schein er ins Auge faßt,

So spricht er für sich, indem er erblaßt:
  Du bringst es doch nicht an den Tag.

Wer nicht? was nicht? die Frau fragt gleich,
Was stierst du so an? was wirst du so bleich?
Und er darauf: Sei still, nur still;
Ich's doch nicht sagen kann, noch will.
  Die Sonne bringt's nicht an den Tag.

Die Frau nur dringender forscht und fragt,
Mit Schmeicheln ihn und Hadern plagt,
Mit süßem und mit bitterm Wort,
Sie fragt und plagt ihn fort und fort:
  Was bringt die Sonne nicht an den Tag?

Nein, nimmermehr! — Du sagst es mir noch. —
Ich sag es nicht. — Du sagst es mir doch. —
Da ward zuletzt er müd und schwach,
Und gab der Ungestümen nach. —
  Die Sonne bringt es an den Tag.

Auf der Wanderschaft, 's sind zwanzig Jahr,
Da traf es mich einst gar sonderbar,
Ich hatt nicht Geld, nicht Ranzen, noch Schuh',
War hungrig und durstig und zornig dazu. —
  Die Sonne bringt's nicht an den Tag.

Da kam mir just ein Jud in die Quer,
Ringsher war's still und menschenleer:
Du hilfst mir, Hund, aus meiner Not;
Den Beutel her, sonst schlag ich dich tot!
  Die Sonne bringt's nicht an den Tag.

Und er: Vergieße nicht mein Blut,
Acht Pfennige sind mein ganzes Gut!
Ich glaubt ihm nicht, und fiel ihn an;
Er war ein alter, schwacher Mann —
  Die Sonne bringt's nicht an den Tag.

So rücklings lag er blutend da,
Sein brechendes Aug in die Sonne sah;
Noch hob er zuckend die Hand empor,
Noch schrie er röchelnd mir ins Ohr:
  Die Sonne bringt es an den Tag.

Ich macht ihn schnell noch vollends stumm,
Und kehrt ihm die Taschen um und um:
Acht Pfenn'ge, das war das ganze Geld.
Ich scharrt ihn ein auf selbigem Feld —
   Die Sonne bringt's nicht an den Tag.

Dann zog ich weit und weiter hinaus,
Kam hier ins Land, bin jetzt zu Haus. —
Du weißt nun meine Heimlichkeit,
So halte den Mund und sei gescheit;
   Die Sonne bringt's nicht an den Tag.

Wann aber sie so flimmernd scheint,
Ich merk es wohl, was sie da meint,
Wie sie sich müht und sich erbost, —
Du, schau nicht hin, und sei getrost:
   Sie bringt es doch nicht an den Tag.

So hatte die Sonn eine Zunge nun,
Der Frauen Zungen ja nimmer ruhn. —
Gevatterin, um Jesus Christ!
Laßt Euch nicht merken, was Ihr nun wißt. —
   Nun bringt's die Sonne an den Tag.

Die Raben ziehen krächzend zumal
Nach dem Hochgericht, zu halten ihr Mahl.
Wen flechten sie aufs Rad zur Stund?
Was hat er getan? wie ward es kund?
   Die Sonne bracht es an den Tag.

DIE QUELLE

Unsre Quelle kommt im Schatten
   Duft'ger Linden an das Licht,
Und wie dort die Vögel singen,
   Nein, das weiß doch jeder nicht!

Und das Mädchen kam zur Quelle,
   Einen Krug in jeder Hand,
Wollte schnell die Krüge füllen,
   Als ein Jüngling vor ihr stand.

Mögen wohl geplaudert haben,
   Kam das Mädchen spät nach Haus:
Gute Mutter, sollst nicht schelten,
   Sandtest selbst ja mich hinaus.

Geht man leicht zur Quelle, trägt man
   Doch zu Haus ein schwer Gewicht,
Und wie dort die Vögel singen —
   Mutter, nein, das weißt du nicht!

ZUR UNZEIT

Ich wollte, wie gerne, dich herzen,
   Dich wiegen in meinem Arm,
Dich drücken an meinem Herzen,
   Dich hegen so traut und warm.

Man verscheucht mit Rauch die Fliegen,
   Mit Verdrießlichkeit wohl den Mann;
Und wollt ich an dich mich schmiegen,
   Ich täte nicht weise daran.

Wohl zieht vom strengen Norden
   Ein trübes Gewölk herauf,
Ich bin ganz stille geworden,
   Ich schlage die Augen nicht auf.

DER KLAPPERSTORCH

1

Was klappert im Hause so laut? horch, horch!
Ich glaub, ich glaube, das ist der Storch.

Das war der Storch. Seid, Kinder, nur still,
Und hört, was gern ich erzählen euch will.

Er hat euch gebracht ein Brüderlein
Und hat gebissen Mutter ins Bein.

Sie liegt nun krank, doch freudig dabei,
Sie meint, der Schmerz zu ertragen sei.

Das Brüderlein hat euer gedacht,
Und Zuckerwerk die Menge gebracht,

Doch nur von den süßen Sachen erhält,
Wer artig ist und still sich verhält.

2

Und als das Kind geboren war,
  Sie mußten der Mutter es zeigen;
Da ward ihr Auge voll Tränen so klar,
  Es strahlte so wonnig, so eigen.

Gern litt ich und werde, mein süßes Licht,
  Viel Schmerzen um dich noch erleben.
Ach! lebt von Schmerzen die Liebe nicht,
  Und nicht von Liebe das Leben?

3

Der Vater kam, der Vater frug nach
                    seinem Jungen,
  Und weil der Knabe so geweint,
So hat ihm auch der Alte gleich ein
                    Lied gesungen,
  Wie er's im Herzen treu gemeint.

Als so ich schrie, wie du nun schreist, die
                    Zeiten waren
  Nicht so, wie sie geworden sind,
Geduld, Geduld! und kommst du erst zu
                    meinen Jahren,
  So wird es wieder anders, Kind!

Da legten sie, mit gläub'gem Sinn, zu mir,
                    dem Knaben,
  Des Vaters Wappenschild und Schwert;
Mein Erbe war's, und hatte noch, und
                    sollte haben
  Auf alle Zeiten guten Wert.

Ich bin ergraut, die alte Zeit ist abgelaufen,
  Mein Erb ist worden eitel Rauch.
Ich mußte, was ich hab und bin, mir
                    selbst erkaufen,
  Und du, mein Sohn, das wirst du auch.

DER GLÜCKSVOGEL

Es fliegt ein Vogel in dem Hain
Und singt und lockt: man soll' ihn fangen.
Es fliegt ein Vogel in dem Hain,
Aus dem Hain in den Wald, in die Welt hinein,
In die Welt und über die See.
  Und könnte wer den Vogel fangen,
  Der würde frei von aller Pein,
  Von aller Pein und Weh!

Es fliegt der Vogel in dem Hain,
»O könnt ich mir den Vogel fangen!«
Es fliegt der Vogel in dem Hain,
Aus dem Hain in den Wald, in die Welt hinein,
In die Welt und über die See.
  »O könnt ich mir den Vogel fangen,
  So würd ich frei von aller Pein,
  Von aller Pein und Weh!«

Der Knabe lief wohl in den Hain;
Er will den schönen Vogel fangen:
Der Vogel flog wohl aus dem Hain,
Aus dem Hain in den Wald, in die Welt hinein,
In die Welt und über die See.
  Und hat der Knab ihn erst gefangen,
  So wird er frei von aller Pein,
  Von aller Pein und Weh!

DIE GIFTMISCHERIN

Dies hier der Block, und dorten klafft
                    die Gruft.
Laßt einmal noch mich atmen diese Luft,

Und meine Leichenrede selber halten.
Was schauet ihr mich an so grausenvoll?
Ich führte Krieg, wie jeder tut und soll,
    Gen feindliche Gewalten.
Ich tat nur eben, was ihr alle tut,
Nur besser; drum, begehret ihr mein Blut,
    So tut ihr gut.

Es sinnt Gewalt und List nur dies Geschlecht;
Was will, was soll, was heißet denn das Recht?
Hast du die Macht, da hast das Recht
                auf Erden.
Selbstsüchtig schuf der Stärkre das Gesetz,
Ein Schlächterbeil zugleich und Fangenetz.
    Für Schwächere zu werden.
Der Herrschaft Zauber aber ist das Geld:
Ich weiß mir Beßres nichts auf dieser Welt,
    Als Gift und Geld.

Ich habe mich aus tiefer Schmach entrafft,
Vor Kindermärchen Ruhe mir geschafft,
Die Schrecken vor Gespenstern überwunden.
Das Gift erschleicht im Dunkeln Geld
                und Macht,
Ich hab es zum Genossen mir erdacht,
    Und hab es gut befunden.
Hinunter stieß ich in das Schattenreich
Mann, Brüder, Vater, und ich ward zugleich
    Geehrt und reich.

Drei Kinder waren annoch mir zur Last,
Drei Kinder meines Leibes; mir verhaßt,
Erschwerten sie, mein Ziel mir zu erreichen.
Ich habe sie vergiftet, sie gesehn,
Zu mir um Hülfe rufend, untergehn,
    Bald stumme, kalte Leichen.
Ich hielt die Leichen lang auf meinem Schoß
Und schien mir, sie betrachtend tränenlos,
    Erst stark und groß.

Nun frönt ich sicher heimlichem Genuß,
Mein Gift verwahrte mich vor Überdruß
Und ließ die Zeugen nach der Tat
                verschwinden.

Daß Lust am Gift, am Morden ich gewann,
Wer, was ich tat, erwägt und fassen kann,
    Der wird's begreiflich finden.
Ich teilte Gift wie milde Spenden aus,
Und weilte lüstern Auges, wo im Haus
    Der Tod hielt Schmaus.

Ich habe mich zu sicher nur geglaubt,
Und büß es billig mit dem eignen Haupt,
Daß ich der Vorsicht einmal mich begeben.
Den Fehl, den einen Fehl bereu ich nur,
Und gäbe, zu vertilgen dessen Spur,
    Wie viele eurer Leben!
Du, schlachte mich nun ab, es muß ja sein.
Ich blicke starr und fest vom Rabenstein
    Ins Nichts hinein.

DON QUIXOTE

Noch ein Abenteuer,
Welches Ruhm verspricht;
Siehst du auf dem Hügel
Dort die Riesen nicht?
Turmhoch, mißgeschaffen,
Drohend in den Wind,
Welche anzuschauen
Fast wie Mühlen sind?
  Mit Vergunst, Herr Ritter,
  Kann ich da nur sehn
  Mühlen, die im Winde
  Ihre Flügel drehn.

Seien, feiger Knappe,
Deinem stumpfen Sinn
Diese Ungeheuer
Mühlen immerhin;
Hülle sich mit Trugschein
Zauberhaft der Graus,
Findet doch der Ritter
Sich die Riesen aus.
  Mit Vergunst, Herr Ritter,
  Glaubt's mir, auf mein Wort,

Das sind echte Mühlen,
Auf dem Hügel dort.

Dürft ihr's euch erfrechen,
Haltet mir nur Stand,
Strauß mit euresgleichen
Ist mir Kindertand.
Einer gegen alle,
Falsche Höllenbrut,
Und die Erde trinkt bald
Eures Herzens Blut.
  Mit Vergunst, Herr Ritter,
  Hört mich doch nur an,
  Mühlen sind's, nur Mühlen,
  Wie ich schwören kann.

Süße Dulcinea,
Blick auf mich herab!
So der wackre Ritter,
Spornt den Gaul in Trab;
Treibet auf den ersten,
Der da seiner harrt —
Und geschleudert stürzt er
Auf die Erde hart.
  Lebt Ihr, guter Ritter,
  Oder seid Ihr tot?
  Aber tat's mit Mühlen
  Euch zu raufen not?

Sollte wer mich fragen,
Wie man vieles fragt,
Ob es Riesen waren,
Wie der Herr es sagt,
Oder bloße Mühlen,
Wie es meint der Knecht;
Geb ich unbedenklich
Unserm Ritter Recht.
  Mit den Herrn es halten,
  Bleibt das klügste noch;
  Was von solchen Dingen
  Wissen Knechte doch!

DIE KORBFLECHTERIN

Der Regen fällt, die Sonne scheint,
  Die Windfahn dreht sich nach dem Wind, —
Du findst uns Mädchen hier vereint,
  Und singest uns ein Lied geschwind.

Die Windfahn dreht sich nach dem Wind,
  Die Sonne färbt die Wolken rot, —
Ich sing euch wohl ein Lied geschwind,
  Ein Lied von übergroßer Not.

Die Sonne färbt die Wolken rot,
  Ein Vogel singt und lockt die Braut, —
Was hat's für übergroße Not
  Bei Mädchen fein, bei Mädchen traut?

Ein Vogel singt und lockt die Braut,
  Dem Fische wird das Netz gestellt, —
Ein Mädchen fein, ein Mädchen traut,
  Ein rasches Mädchen mir gefällt.

Dem Fische wird das Netz gestellt,
  Es sengt die Fliege sich am Licht,
Ein rasches Mädchen dir gefällt,
  Und du gefällst dem Mädchen nicht.

WAS SOLL ICH SAGEN?

  Mein Aug ist trüb, mein Mund ist stumm,
Du heißest mich reden, es sei darum.

  Dein Aug ist klar, dein Mund ist rot,
Und was du nur wünschest, das ist ein Gebot.

  Mein Haar ist grau, mein Herz ist wund,
Du bist so jung und bist so gesund.

  Du heißest mich reden, und machst
                              mir's so schwer,
Ich seh dich so an und zittre so sehr.

DIE STERBENDE

Geläute schallt vom Turm herab,
  Es ruft der Tod, es gähnt ein Grab.
Ihr sünd'gen Menschen, zum Gebet!
Ein gleiches Los bevor euch steht.

Im Sterben liegt ein schönes Weib,
  Sie weint um ihren jungen Leib,
  Sie weint um ihre sünd'ge Lust,
  Sie ringt die Hände, sie schlägt ihre Brust.

Es harrt des Ausgangs ihr Gemahl,
  Blickt starr und kalt auf ihre Qual;
  Sie windet sich in dieser Stund
  Zu seinen Füßen, sie öffnet den Mund:

»Vergib mir, Gott, in deiner Huld,
  Vergib, Gemahl, mir meine Schuld;
  Ich klag es an in bittrer Reu,
  Weh mir! ich brach geschworne Treu.« —

»Vertrauen ist Vertrauen wert,
  Und machst du mir kund, wie du
                              mich entehrt,
  So mach ich dir kund in deiner Not,
  Du stirbst am Gift, das ich dir bot.«

DAS VERMÄCHTNIS

Ich bin schon alt, es mahnt der Zeiten Lauf
  Mich oft an längst geschehene Geschichten,
  Und die erzähl ich, horcht auch niemand auf.
So weiß ich aus der Chronik und Gedichten,
  Wie bei der Pest es in Ferrara war,
  Und will davon nur einen Zug berichten.
Es scheute wohl sich jeder vor Gefahr,
  Den pesterkrankten Vater floh der Sohn,
  Die Mutter selbst das Kind, das sie gebar.
Es war zu heißer Sommerzeit; geflohn
  Von Freunden und Verwandten, weltverlassen

Lag Basso della Penna sterbend schon.
Sein Testament, das wollt er schreiben lassen;
  Es ließ sich endlich ein Notar bewegen,
  Das Dokument rechtskräftig zu verfassen.
Und er: Ich will es ihnen auferlegen,
  Ich meine meinen Kindern, meinen Erben,
  Anständig meine Fliegen zu verpflegen.
Und der Notar: Ihr lieget schon im Sterben,
  Wie schickt sich's, Basso, daß Ihr
                              Scherze treibt,
  Anstatt um Euer Heil Euch zu bewerben.
Drauf dieser: Schreibt, wie ich Euch sage,
                              schreibt!
  Ihr seht mich ja verlassen von den Meinen,
  Da noch dies Fliegenvolk mir treu verbleibt.
Nur treu aus Eigennutz, so mögt ihr meinen;
  Ich will's nicht untersuchen, will allein
  Es wissen, daß die Treusten sie mir scheinen;
Bei Gott! ich muß und will erkenntlich sein.
  Drum schreibt es nieder, so wie ich
                              Euch sage,
  Denn wohlerwogen ist der Wille mein:
Alljährig sollen sie am Jakobstage
  Aussetzen einen Scheffel reifer Feigen
  Den Fliegen allzumal zum Festgelage.
Und sollten sie darin sich lässig zeigen,
  Und unterblieb' es nur ein einzig Mal,
  Fällt Hab und Gut dem Armenhaus
                              zu eigen. —
Und noch geschieht es so, wie er befahl,
  Und am bestimmten Tage zugemessen
  Wird noch den Fliegen ihr bestimmtes Mahl.
Der Fliegen hat kein Erbe je vergessen.

DAS SCHLOSS BONCOURT

Ich träum als Kind mich zurücke
  Und schüttle mein greises Haupt;
Wie sucht ihr mich heim, ihr Bilder,
  Die lang ich vergessen geglaubt?

Hoch ragt aus schatt'gen Gehegen

Ein schimmerndes Schloß hervor,
Ich kenne die Türme, die Zinnen,
  Die steinerne Brücke, das Tor.

Es schauen vom Wappenschilde
  Die Löwen so traulich mich an,
Ich grüße die alten Bekannten,
  Und eile den Burghof hinan.

Dort liegt die Sphinx am Brunnen,
  Dort grünt der Feigenbaum,
Dort, hinter diesen Fenstern,
  Verträumt ich den ersten Traum.

Ich tret in die Burgkapelle
  Und suche des Ahnherrn Grab,
Dort ist's, dort hängt vom Pfeiler
  Das alte Gewaffen herab.

Noch lesen umflort die Augen
  Die Züge der Inschrift nicht,
Wie hell durch die bunten Scheiben
  Das Licht darüber auch bricht.

So stehst du, o Schloß meiner Väter,
  Mir treu und fest in dem Sinn,
Und bist von der Erde verschwunden,
  Der Pflug geht über dich hin.

Sei fruchtbar, o teurer Boden,
  Ich segne dich mild und gerührt,
Und segn' ihn zwiefach, wer immer
  Den Pflug nun über dich führt.

Ich aber will auf mich raffen,
  Mein Saitenspiel in der Hand,
Die Weiten der Erde durchschweifen,
  Und singen von Land zu Land.

DIE LETZTEN SONETTE

1

»Du sangest sonst von Frauen-Lieb und Leben,
  Mein trauter Freund, mir schöne Lieder vor;
  An deinen lieben Lippen hing mein Ohr,
  Ich fühlte mich in Lieb und Lust erbeben.

Du singst nicht mehr; — um deine Lyra weben
  Die Spinnen, dünkt mich, einen Trauerflor;
  Sprich, wirst du nie die Lust, die ich verlor,
  Du süßer Liedermund, mir wiedergeben?«

Ich trage selbst — still, still! mein gutes Kind —
  Geduldig und entbehre sonder Klage;
  Bin müde jetzt, verklungen ist mein Singen.

Ein Sänger war ich, wie die Vögel sind,
  Die kleinen, die nur zwitschern ihre Tage. —
  Der Schwan nur... — Reden wir von
                andern Dingen.

2

Ich fühle mehr und mehr die Kräfte schwinden;
  Das ist der Tod, der mir am Herzen nagt,
  Ich weiß es schon und, was ihr immer sagt,
  Ihr werdet mir die Augen nicht verbinden.

Ich werde müd und müder so mich winden,
  Bis endlich der verhängte Morgen tagt,
  Dann sinkt der Abend und, wer nach
                mir fragt,
  Der wird nur einen stillen Mann noch finden.

Daß so vom Tod ich sprechen mag und Sterben,
  Und doch sich meine Wangen nicht
                entfärben,
  Es dünkt euch mutig, übermutig fast.

Der Tod! — der Tod? — Das Wort erschreckt
                mich nicht,
  Doch hab ich im Gemüt ihn nicht erfaßt
  Und noch ihm nicht geschaut ins Angesicht.

JOSEPH FREIHERR VON EICHENDORFF

JOSEPH FREIHERR VON EICHENDORFF

Joseph Freiherr von Eichendorff wurde am 10. März 1788 auf Schloß Lubowitz in Oberschlesien geboren. Er verlebte eine schöne und unbeschwerte Kindheit. Seit 1801 besuchte er das Gymnasium zu Breslau, seit 1805 studierte er zunächst Rechtswissenschaft in Halle und später (ab 1807) Philosophie in Heidelberg. Dort lernte er Joseph Görres kennen und freundete sich mit dem Romantiker Otto Heinrich Graf Loeben an. Nach einer Reise nach Paris und Wien im Jahre 1808 kehrte Eichendorff auf das heimatliche Schloß Lubowitz zurück. Seine erste Prosadichtung, »Die Zauberei im Herbste«, entstand.

In den Jahren 1809/10 unternahm der junge Dichter eine mehrmonatige Reise nach Berlin, wo er unter anderen Adam Müller, Clemens Brentano, Achim von Arnim und Heinrich von Kleist kennenlernte. 1810 nahm Eichendorff Abschied von Lubowitz (seine Gefühle drückte er in dem berühmten Gedicht »O Täler weit, o Höhen« aus), um sich nach Wien zu begeben, wo er im Jahr darauf sein Referendarexamen ablegte.

In den Befreiungskriegen von 1813 bis 1815 brachte er es zum Leutnant, was ihm später eine Stelle als Expedient beim Oberkriegskommissariat in Berlin einbrachte. 1815 war ein bewegtes Jahr im Leben Eichendorffs. Noch zwischen den Feldzügen heiratete er Luise von Larisch. Er überwarf sich mit seinen Eltern, und sein Sohn Hermann kam zur Welt.

Nach seiner Tätigkeit als Referendar bei der Breslauer Regierung und als Assessor wurde er 1820 Regierungsrat in Danzig. Bis 1844 blieb Eichendorff Beamter in Breslau, Berlin und Königsberg, wo er vor allem mit dem Wiederaufbau der Marienburg befaßt war.

Mit dem Tod seiner Eltern (der Vater starb 1818, die Mutter 1822) war auch der Verlust des Vermögens der Familie verbunden. So war Eichendorff die meiste Zeit seines Lebens mit finanziellen Sorgen geplagt. Nach einer schweren Erkrankung 1843 folgte 1844 seine Versetzung in den Ruhestand. 1846/47 unternahm er eine ausgedehnte Wien-Reise, auf der der Dichter unter anderen Robert und Clara Schumann kennenlernte. Es folgten Aufenthalte in Danzig, Berlin, Köthen und Dresden.

Im Jahr 1833 wurde Eichendorff mit dem Maximiliansorden für Wissenschaft und Kunst durch den bayerischen König Maximilian II. geehrt.

Nach der Übersiedlung nach Neiße, wo die gemeinsame Tochter lebte, starb 1855 Eichendorffs Frau Luise. Seine letzten Jahre verbrachte der Dichter zum Teil auf Gut Sedlnitz in Mähren. Joseph Freiherr von Eichendorff starb am 26. November 1857 in Neiße.

Zu seinen bedeutendsten Werken gehören, neben einer Vielzahl der schönsten Gedichte der deutschen Romantik, der Roman »Ahnung und Gegenwart« (1815), die Novelle »Das Marmorbild« (1819) und der Roman »Aus dem Leben eines Taugenichts« (1826). Im Unterschied zu den meisten seiner Zeitgenossen und »Mit-Romantiker« war Eichendorff kein ideologisch verklärter Dichter, sondern einer, der von der »guten alten Zeit«, die er sich so sehr herbeisehnte, eine ganz konkrete Vorstellung hatte.

ANKLÄNGE

1

Liebe, wunderschönes Leben,
Willst du wieder mich verführen,
Soll ich wieder Abschied geben
Fleißig ruhigem Studieren?

Offen stehen Fenster, Türen,
Draußen Frühlingsboten schweben,
Lerchen schwirrend sich erheben,
Echo will im Wald sich rühren.

Wohl, da hilft kein Widerstreben,
Tief im Herzen muß ich's spüren:
Liebe, wunderschönes Leben,
Wieder wirst du mich verführen!

2

Hoch über stillen Höhen
Stand in dem Wald ein Haus,
So einsam war's zu sehen
Dort übern Wald hinaus.

Ein Mädchen saß darinnen
Bei stiller Abendzeit,
Tät seidne Fäden spinnen
Zu ihrem Hochzeitskleid.

JAGDLIED

Durch schwankende Wipfel
Schießt güldner Strahl,
Tief unter den Gipfeln
Das neblige Tal.
Fern hallt es am Schlosse,
Das Waldhorn ruft,
Es wiehern die Rosse,
In die Luft, in die Luft!

Bald Länder und Seen
Durch Wolkenzug
Tief schimmernd zu sehen
In schwindelndem Flug,
Bald Dunkel wieder
Hüllt Reiter und Roß,
O Lieb, o Liebe,
So laß mich los! —

Immer weiter und weiter
Die Klänge ziehn,
Durch Wälder und Heiden
Wohin, ach wohin?
Erquickliche Frische,
Süßschaurige Lust!
Hoch flattern die Büsche,
Frei schlägt die Brust.

DER MORGEN

Fliegt der erste Morgenstrahl
Durch das stille Nebeltal,
Rauscht erwachend Wald und Hügel:
Wer da fliegen kann, nimmt Flügel!

Und sein Hütlein in die Luft
Wirft der Mensch vor Lust und ruft:
»Hat Gesang doch auch noch Schwingen,
Nun, so will ich fröhlich singen!«

Hinaus, o Mensch, weit in die Welt,
Bangt dir das Herz in krankem Mut;
Nichts ist so trüb in Nacht gestellt,
Der Morgen leicht macht's wieder gut.

MORGENLIED

Ein Stern still nach dem andern fällt
Tief in des Himmels Kluft,
Schon zucken Strahlen durch die Welt,
Ich wittre Morgenluft.

In Qualmen steigt und sinkt das Tal;
Verödet noch vom Fest
Liegt still der weite Freudensaal,
Und tot noch alle Gäst.

Da hebt die Sonne aus dem Meer
Eratmend ihren Lauf;
Zur Erde geht, was feucht und schwer
Was klar, zu ihr hinauf.

Hebt grüner Wälder Trieb und Macht
Neurauschend in die Luft,
Zieht hinten Städte, eitel Pracht,
Blau' Berge durch den Duft.

Spannt aus die grünen Tepp'che weich,
Von Strömen hell durchrankt,
Und schallend glänzt das frische Reich,
So weit das Auge langt.

Der Mensch nun aus der tiefen Welt
Der Träume tritt heraus,
Freut sich, daß alles noch so hält,
Daß noch das Spiel nicht aus.

Und nun geht's an ein Fleißigsein!
Umsumsend Berg und Tal,
Agieret lustig groß und klein
Den Plunder allzumal.

Die Sonne steiget einsam auf,
Ernst über Lust und Weh
Lenkt sie den ungestörten Lauf
Zu stiller Glorie. —

Und *wie* er dehnt die Flügel aus
Und *wie* er auch sich stellt,
Der Mensch kann nimmermehr hinaus
Aus dieser Narrenwelt.

Der verliebte Reisende

1

Da fahr ich still im Wagen,
Du bist so weit von mir,
Wohin er mich mag tragen,
Ich bleibe doch bei dir.

Da fliegen Wälder, Klüfte
Und schöne Täler tief,
Und Lerchen hoch in den Lüften,
Als ob dein' Stimme rief.

Die Sonne lustig scheinet
Weit über das Revier,
Ich bin so froh verweinet
Und singe still in mir.

Vom Berge geht's hinunter,
Das Posthorn schallt im Grund,
Mein' Seel' wird mir so munter,
Grüß dich aus Herzensgrund.

2

Ich geh durch die dunklen Gassen
Und wandre von Haus zu Haus,
Ich kann mich noch immer nicht fassen,
Sieht alles so trübe aus.

Da gehen viel Männer und Frauen,
Die alle so lustig sehn,
Die fahren und lachen und bauen,
Daß mir die Sinne vergehn.

Oft, wenn ich bläuliche Streifen
Seh über die Dächer fliehn,
Sonnenschein draußen schweifen,
Wolken am Himmel ziehn:

Da treten mitten im Scherze
Die Tränen ins Auge mir,
Denn die mich lieben von Herzen,
Sind alle so weit von hier.

3

Lied, mit Tränen halb geschrieben,
Dorthin über Berg und Kluft,
Wo die Liebste mein geblieben,
Schwing dich durch die blaue Luft!

Ist sie rot und lustig, sage:
Ich sei krank von Herzensgrund;
Weint sie nachts, sinnt still bei Tage,
Ja, dann sag: ich sei gesund!

Ist vorbei ihr treues Lieben,
Nun, so end auch Lust und Not,
Und zu allen, die mich lieben,
Flieg und sage: ich sei tot!

4

Ach Liebchen, dich ließ ich zurücke,
Mein liebes, herziges Kind,
Da lauern viel Menschen voll Tücke,
Die sind dir so feindlich gesinnt.

Die möchten so gerne zerstören
Auf Erden das schöne Fest,
Ach, könnte das Lieben aufhören,
So mögen sie nehmen den Rest.

Und alle die grünen Orte,
Wo wir gegangen im Wald,
Die sind nun wohl anders geworden,
Da ist's nun so still und kalt.

Da sind nun am kalten Himmel
Viel tausend Sterne gestellt,
Es scheint ihr goldnes Gewimmel
Weit übers beschneite Feld.

Mein' Seele ist so beklommen,
Die Gassen sind leer und tot,
Da hab ich die Laute genommen
Und singe in meiner Not.

Ach, wär ich im stillen Hafen!
Kalte Winde am Fenster gehn,
Schlaf ruhig, mein Liebchen, schlafe,
Treu' Liebe wird ewig bestehn!

5

Grün war die Weide,
Der Himmel blau,
Wir saßen beide
Auf glänzender Au.

Sind's Nachtigallen
Wieder, was ruft,
Lerchen, die schallen
Aus warmer Luft?

Ich hör die Lieder,
Fern, ohne dich,
Lenz ist's wohl wieder,
Doch nicht für mich.

6

Wolken, wälderwärts gegangen,
Wolken, fliegend übers Haus,
Könnt ich an euch fest mich hangen,
Mit euch fliegen weit hinaus!

Taglang durch die Wälder schweif ich,
Voll Gedanken sitz ich still,
In die Saiten flüchtig greif ich,
Wieder dann auf einmal still.

Schöne, rührende Geschichten
Fallen ein mir, wo ich steh,
Lustig muß ich schreiben, dichten,
Ist mir selber gleich so weh.

Manches Lied, das ich geschrieben
Wohl vor manchem langen Jahr,
Da die Welt vom treuen Lieben
Schön mir überglänzet war,

Find ich's wieder jetzt voll Bangen:
Werd ich wunderbar gerührt,
Denn so lang ist das vergangen,
Was mich zu dem Lied verführt.

Diese Wolken ziehen weiter,
Alle Vögel sind erweckt,
Und die Gegend glänzet heiter,
Weit und fröhlich aufgedeckt.

Regen flüchtig abwärts gehen,
Scheint die Sonne zwischendrein,
Und dein Haus, dein Garten stehen
Überm Wald im stillen Schein.

Doch du harrst nicht mehr mit Schmerzen,
Wo so lang dein Liebster sei —
Und mich tötet noch im Herzen
Dieser Schmerzen Zauberei.

DAS MÄDCHEN

Stand ein Mädchen an dem Fenster,
Da es draußen Morgen war,
Kämmte sich die langen Haare,
Wusch sich ihre Äuglein klar.

Sangen Vöglein aller Arten,
Sonnenschein spielt' vor dem Haus,
Draußen überm schönen Garten
Flogen Wolken weit hinaus.

Und sie dehnt' sich in den Morgen,
Als ob sie noch schläfrig sei,
Ach, sie war so voller Sorgen,
Flocht ihr Haar und sang dabei:

»Wie ein Vöglein hell und reine,
Ziehet draußen muntre Lieb',
Lockt hinaus zum Sonnenscheine,
Ach, wer da zu Hause blieb'!«

STECKBRIEF

Grüß euch aus Herzensgrund:
Zwei Augen hell und rein,
Zwei Röslein auf dem Mund,
Kleid blank aus Sonnenschein!

Nachtigall klagt und weint,
Wollüstig rauscht der Hain,
Alles die Liebste meint:
Wo weilt sie so allein?

Weil's draußen finster war,
Sah ich viel hellern Schein,
Jetzt ist es licht und klar,
Ich muß im Dunkeln sein.

Sonne nicht steigen mag,
Sieht so verschlafen drein,
Wünschet den ganzen Tag,
Daß wieder Nacht möcht sein.

Liebe geht durch die Luft,
Holt fern die Liebste ein;
Fort über Berg und Kluft!
Und Sie wird doch noch mein!

LEID UND LUST

Euch Wolken beneid ich
In blauer Luft,
Wie schwingt ihr euch freudig
Über Berg und Kluft!

Mein Liebchen wohl seht ihr
Im Garten gehn,
Am Springbrunnen steht sie
So morgenschön.

Und wäscht an der Quelle
Ihr goldenes Haar,
Die Äugelein helle,
Und blickt so klar.

Und Busen und Wangen
Dürft ihr da sehn. –
Ich brenn vor Verlangen
Und muß hier stehn!

Euch Wolken bedaur ich
Bei stiller Nacht;
Die Erde bebt schaurig,
Der Mond erwacht:

Da führt mich ein Bübchen
Mit Flügelein fein
Durchs Dunkel zum Liebchen,
Sie läßt mich ein.

Wohl schaut ihr die Sterne
Weit, ohne Zahl,
Doch bleiben sie ferne
Euch allzumal.

Mir leuchten zwei Sterne
Mit süßem Strahl,
Die küß ich so gerne
Vieltausendmal.

Euch grüßt mit Gefunkel
Der Wasserfall
Und tief aus dem Dunkel
Die Nachtigall.

Doch süßer es grüßet
Als Wellentanz,
Wenn Liebchen hold flüstert:
»Dein bin ich ganz.«

So segelt denn traurig
In öder Pracht!
Euch Wolken bedaur ich
Bei süßer Nacht.

ABENDSTÄNDCHEN

Schlafe, Liebchen, weil's auf Erden
Nun so still und seltsam wird!
Oben gehn die goldnen Herden,
Für uns alle wacht der Hirt.

In der Ferne ziehn Gewitter;
Einsam auf dem Schifflein schwank,
Greif ich draußen in die Zither,
Weil mir gar so schwül und bang.

Schlingend sich an Bäum' und Zweigen,
In dein stilles Kämmerlein
Wie auf goldnen Leitern steigen
Diese Töne aus und ein.

Und ein wunderschöner Knabe
Schifft hoch über Tal und Kluft,
Rührt mit seinem goldnen Stabe
Säuselnd in der lauen Luft.

Und in wunderbaren Weisen
Singt er ein uraltes Lied,
Das in linden Zauberkreisen
Hinter seinem Schifflein zieht.

Ach, den süßen Klang verführet
Weit der buhlerische Wind,
Und durch Schloß und Wand ihn spüret
Träumend jedes schöne Kind.

RÜCKKEHR

Mit meinem Saitenspiele,
Das schön geklungen hat,
Komm ich durch Länder viele
Zurück in diese Stadt.

Ich ziehe durch die Gassen,
So finster ist die Nacht
Und alles so verlassen,
Hatt's anders mir gedacht.

Am Brunnen steh ich lange,
Der rauscht fort, wie vorher,
Kommt mancher wohl gegangen,
Es kennt mich keiner mehr.

Da hört ich geigen, pfeifen,
Die Fenster glänzten weit,
Dazwischen drehn und schleifen
Viel fremde, fröhliche Leut.

Und Herz und Sinne mir brannten,
Mich trieb's in die weite Welt,
Es spielten die Musikanten,
Da fiel ich hin im Feld.

DER POET

Bin ich fern Ihr: schau ich nieder
Träumend in die Täler hier,
Ach, ersinn ich tausend Lieder,
Singt mein ganzes Herz von ihr.
Doch was hilft die Gunst der Musen,
Daß die Welt mich Dichter nennt?
Keiner frägt, wie mir im Busen
Sorge tief und Sehnsucht brennt.

Ja, darf ich bei Liebchen weilen:
Fühl ich froh der Stunden Schwall
Wohl melodischer enteilen

Als der schönste Silbenfall,
Will ich singen, Lippen neigen
Sich auf mich und leiden's nicht,
Und wie gerne mag ich schweigen,
Wird mein Leben zum Gedicht!

DAS ZERBROCHENE RINGLEIN

In einem kühlen Grunde,
Da geht ein Mühlenrad,
Mein Liebste ist verschwunden,
Die dort gewohnet hat.

Sie hat mir Treu versprochen,
Gab mir ein'n Ring dabei,
Sie hat die Treu gebrochen,
Mein Ringlein sprang entzwei.

Ich möcht als Spielmann reisen
Weit in die Welt hinaus
Und singen meine Weisen
Und gehn von Haus zu Haus.

Ich möcht als Reiter fliegen
Wohl in die blut'ge Schlacht,
Um stille Feuer liegen
Im Feld bei dunkler Nacht.

Hör ich das Mühlrad gehen:
Ich weiß nicht, was ich will —
Ich möcht am liebsten sterben,
Da wär's auf einmal still!

ABSCHIED

O Täler weit, o Höhen,
O schöner, grüner Wald,
Du meiner Lust und Wehen
Andächt'ger Aufenthalt!
Da draußen, stets betrogen,

Saust die geschäft'ge Welt,
Schlag noch einmal die Bogen
Um mich, du grünes Zelt!

Wenn es beginnt zu tagen,
Die Erde dampft und blinkt,
Die Vögel lustig schlagen,
Daß dir dein Herz erklingt:
Da mag vergehn, verwehen
Das trübe Erdenleid,
Da sollst du auferstehen
In junger Herrlichkeit!

Da steht im Wald geschrieben
Ein stilles, ernstes Wort
Von rechtem Tun und Lieben,
Und was des Menschen Hort.
Ich habe treu gelesen
Die Worte schlicht und wahr,
Und durch mein ganzes Wesen
Ward's unaussprechlich klar.

Bald werd ich dich verlassen,
Fremd in der Fremde gehn,
Auf buntbewegten Gassen
Des Lebens Schauspiel sehn;
Und mitten in dem Leben
Wird deines Ernsts Gewalt
Mich Einsamen erheben,
So wird mein Herz nicht alt.

ZWEIFEL

Könnt es jemals denn verblühen,
Dieses Glänzen, dieses Licht,
Das durch Arbeit, Sorgen, Mühen
Wie der Tag durch Wolken bricht,
Blumen, die so farbig glühen,
Um das öde Leben flicht?

Golden sind des Himmels Säume,
Abwärts ziehen Furcht und Nacht,

Rüstig rauschen Ström und Bäume,
Und die heitre Runde lacht,
Ach, das sind nicht leere Träume,
Was im Busen da erwacht!

Bunt verschlingen sich die Gänge,
Tost die Menge her und hin,
Schallen zwischendrein Gesänge,
Die durchs Ganze golden ziehn,
Still begegnet im Gedränge
Dir des Lebens ernster Sinn.

Und das Herz denkt sich verloren,
Besser andrer Tun und Wust,
Fühlt sich wieder dann erkoren,
Ewig einsam doch die Brust.
O des Wechsels, o des Toren,
O der Schmerzen, o der Lust!

ZORN

Seh ich im verfallnen, dunkeln
Haus die alten Waffen hangen,
Zornig aus dem Roste funkeln,
Wenn der Morgen aufgegangen,

Und den letzten Klang verflogen,
Wo im wilden Zug der Wetter,
Aufs gekreuzte Schwert gebogen,
Einst gehaust des Landes Retter;

Und ein neu Geschlecht von Zwergen
Schwindelnd um die Felsen klettern,
Frech, wenn's sonnig auf den Bergen,
Feige krümmend sich in Wettern,

Ihres Heilands Blut und Tränen
Spottend noch einmal verkaufen,
Ohne Klage, Wunsch und Sehnen
In der Zeiten Strom ersaufen;

Denk ich dann, wie Du gestanden
Treu, da niemand treu geblieben:
Möcht ich, über unsre Schande
Tiefentbrannt in zorn'gem Lieben,

Wurzeln in der Felsen Marke
Und empor zu Himmels Lichten
Stumm anstrebend, wie die starke
Riesentanne, mich aufrichten.

KLAGE

O könnt ich mich niederlegen
Weit in den tiefsten Wald,
Zu Häupten den guten Degen,
Der noch von den Vätern alt,

Und dürft von allem nichts spüren
In dieser dummen Zeit,
Was sie da unten hantieren,
Von Gott verlassen, zerstreut;

Von fürstlichen Taten und Werken,
Von alter Ehre und Pracht,
Und was die Seele mag stärken,
Verträumend die lange Nacht!

Denn eine Zeit wird kommen,
Da macht der Herr ein End,
Da wird den Falschen genommen
Ihr unechtes Regiment.

Denn wie die Erze vom Hammer,
So wird das lockre Geschlecht
Gehaun sein von Not und Jammer
Zu festem Eisen recht.

Da wird Aurora tagen
Hoch über den Wald hinauf,
Da gibt's was zu singen und schlagen,
Da wacht, ihr Getreuen, auf.

DER JUNGE EHEMANN

Hier unter dieser Linde
Saß ich vieltausendmal
Und schaut nach meinem Kinde
Hinunter in das Tal,
Bis daß die Sterne standen
Hell über ihrem Haus
Und weit in den stillen Landen
Alle Lichter löschten aus.

Jetzt neben meinem Liebchen
Sitz ich im Schatten kühl,
Sie wiegt ein muntres Bübchen,
Die Täler schimmern schwül,
Und unten im leisen Winde
Regt sich das Kornfeld kaum,
Und über uns säuselt die Linde —
Es ist mir noch wie ein Traum.

WER EINMAL TIEF UND DURSTIG HAT GETRUNKEN

Wer einmal tief und durstig hat getrunken,
Den zieht zu sich hinab die Wunderquelle,
Daß er melodisch mit zieht selbst als Welle,
Auf der die Welt sich bricht in tausend Funken.

Es wächst sehnsüchtig, stürzt und leuchtet
                                    trunken
Jauchzend im Innersten die heil'ge Quelle,
Bald Bahn sich brechend durch die Kluft
                                    zur Helle,
Bald kühle rauschend dann in Nacht
                                    versunken.

So laß es ungeduldig brausen, drängen!
Hoch schwebt der Dichter drauf in
                                    goldnem Nachen,
Sich selber heilig opfernd in Gesängen.

Die alten Felsen spalten sich mit Krachen,
Von drüben grüßen schon verwandte Lieder,
Zum ew'gen Meere führt er alle wieder.

MITTAGSRUH

Über Bergen, Fluß und Talen,
Stiller Lust und tiefen Qualen
Webet heimlich, schillert, Strahlen!

Sinnend ruht des Tags Gewühle
In der dunkelblauen Schwüle,
Und die ewigen Gefühle,

Was dir selber unbewußt,
Treten heimlich groß und leise
Aus der Wirrung fester Gleise,
Aus der unbewachten Brust
In die stillen, weiten Kreise.

IN DER FREMDE

Ich hör die Bächlein rauschen
Im Walde her und hin,
Im Walde in dem Rauschen
Ich weiß nicht, wo ich bin.

Die Nachtigallen schlagen
Hier in der Einsamkeit,
Als wollten sie was sagen
Von der alten, schönen Zeit.

Die Mondesschimmer fliegen,
Als säh ich unter mir
Das Schloß im Tale liegen,
Und ist doch so weit von hier!

Als müßte in dem Garten
Voll Rosen weiß und rot
Meine Liebste auf mich warten,
Und ist doch lange tot.

DIE BLAUE BLUME

Ich suche die blaue Blume,
Ich suche und finde sie nie,
Mir träumt, daß in der Blume
Mein gutes Glück mir blüh.

Ich wandre mit meiner Harfe
Durch Länder, Städt und Au'n,
Ob nirgends in der Runde
Die blaue Blume zu schaun.

Ich wandre schon seit lange,
Hab lang gehofft, vertraut,
Doch ach, noch nirgends hab ich
Die blaue Blum geschaut.

EIN WUNDERLAND IST OBEN AUFGESCHLAGEN

Ein Wunderland ist oben aufgeschlagen,
Wo goldne Ströme gehn und dunkel schallen,
Gesänge durch das Rauschen tief verhallen,
Die möchten gern ein hohes Wort dir sagen.

Viel goldne Brücken sind dort kühn geschlagen,
Darüber alte Brüder sinnend wallen —
Wenn Töne wie im Frühlingsregen fallen,
Befreite Sehnsucht will dorthin dich tragen.

Wie bald läg unten alles Bange, Trübe,
Du strebtest lauschend, blicktest nicht
       mehr nieder,
Und höher winkte stets der Brüder Liebe:

Wen einmal so berührt die heil'gen Lieder,
Sein Leben taucht in die Musik der Sterne,
Ein ewig Ziehn in wunderbare Ferne!

Der Freiheit Wiederkehr

1

Um mich wogt es wie ein Meer
Fast wie in vergangnen Tagen,
Da die Wälder ringsumher
Rauschten von uralten Sagen.

Dort blitzt's auf, das ist der Rhein,
Wo sich zwischen Rebenhügeln
Bei dem glühen Morgenschein
Burgen in den Fluten spiegeln.

Sei gegrüßt, du schöner Strom!
Brüderlich wob seine Äste
Damals deiner Wälder Dom
Dir zum Schutz und Trutz als Veste,

Als der Römeradler flog
Und ich flüchtet vor dem Volke,
Das den Erdkreis überzog,
Eine Zornes-Wetterwolke;

Das einst kühn nach Heldenart
Mit dem Schwert die Welt gemessen,
Doch geworden stolz und hart,
Seit es meiner hatt vergessen.

Hinter mir in Schmach und Tod
Sah ich da die Länder dunkeln,
Vor mir frisches Morgenrot
Rings von deinen Bergen funkeln.

Freudig zog ich zu dir hin,
Bracht dir aller Länder Kronen,
Bis auch du in blödem Sinn
Mir's nicht länger mochtest lohnen.

Jetzt nach langer banger Fahrt
Hab ich wieder dich gefunden,
Und es grüßt nach Landesart
Mich die ganze weite Runde.

Feuerzeichen steigen auf,
Von den Gipfeln ringsum schallt es,
Und zum Willkomm mir herauf
Rauscht der Rhein und widerhallt es.

Und von Berg zu Bergeswand
Weit hinab durch alle Gaue
Segn' ich dich, du deutsches Land,
Dem ich wieder mich vertraue.

2

Geht ein Klingen in den Lüften,
Aus der Tiefe rauscht der Fluß,
Quellen stürzen von den Klüften,
Bringen ihr der Höhen Gruß.

Denn es naht in Morgenblitzen
Eine hohe Frau zu Roß,
Als wär mit den Felsenspitzen
Das Gebirge dort ihr Schloß.

Und die grauen Schatten sinken,
Wie sie durch die Dämmrung bricht,
Und die Kreaturen trinken
Dürstend alle wieder Licht.

Je, sie ist's, die wir da schauen,
Unsre Königin im Tal,
Holde Freiheit, schöne Frauen,
Grüß dich Gott vieltausendmal!

Neue Liebe

Herz, mein Herz, warum so fröhlich,
So voll Unruh und zerstreut,
Als käm über Berge selig
Schon die schöne Frühlingszeit?

Weil ein liebes Mädchen wieder
Herzlich an dein Herz sich drückt,

Schaust du fröhlich auf und nieder,
Erd und Himmel dich erquickt.

Und ich hab die Fenster offen,
Neu zieh in die Welt hinein
Altes Bangen, altes Hoffen!
Frühling, Frühling soll es sein!

Still kann ich hier nicht mehr bleiben,
Durch die Brust ein Singen irrt,
Doch zu licht ist's mir zum Schreiben,
Und ich bin so froh verwirrt.

Also schlendr' ich durch die Gassen,
Menschen gehen her und hin,
Weiß nicht, was ich tu und lasse,
Nur, daß ich so glücklich bin.

IM HERBST

Der Wald wird falb, die Blätter fallen,
Wie öd und still der Raum!
Die Bächlein nur gehn durch die
                    Buchenhallen,
Lind rauschend wie im Traum,
Und Abendglocken schallen
Fern von des Waldes Saum.

Was wollt ihr mich so wild verlocken
In dieser Einsamkeit?
Wie in der Heimat klingen diese Glocken
Aus stiller Kinderzeit —
Ich wende mich erschrocken,
Ach, was mich liebt, ist weit!

So brecht hervor nur, alte Lieder,
Und brecht das Herz mir ab!
Noch einmal grüß ich aus der Ferne wieder,
Was ich nur Liebes hab,
Mich aber zieht es nieder
Vor Wehmut wie ins Grab.

WINTERNACHT

Verschneit liegt rings die ganze Welt,
Ich hab nichts, was mich freuet,
Verlassen steht der Baum im Feld,
Hat längst sein Laub verstreuet.

Der Wind nur geht bei stiller Nacht
Und rüttelt an dem Baume,
Da rührt er seinen Wipfel sacht
Und redet wie im Traume.

Er träumt von künft'ger Frühlingszeit,
Von Grün und Quellenrauschen,
Wo er im neuen Blütenkleid
Zu Gottes Lob wird rauschen.

NACHTWANDERER

Er reitet nachts auf einem braunen Roß,
Er reitet vorüber an manchem Schloß:
Schlaf droben, mein Kind, bis der
                    Tag erscheint,
Die finstre Nacht ist des Menschen Feind!

Er reitet vorüber an einem Teich,
Da stehet ein schönes Mädchen bleich
Und singt, ihr Hemdlein flattert im Wind,
Vorüber, vorüber, mir graut vor dem Kind!

Er reitet vorüber an einem Fluß,
Da ruft ihm der Wassermann seinen Gruß,
Taucht wieder unter dann mit Gesaus,
Und stille wird's über dem kühlen Haus.

Wann Tag und Nacht in verworrenem Streit,
Schon Hähne krähen in Dörfern weit,
Da schauert sein Roß und wühlet hinab,
Scharret ihm schnaubend sein eigenes Grab.

DER TIROLER NACHTWACHE

In stiller Bucht, bei finstrer Nacht,
Schläft tief die Welt im Grunde,
Die Berge rings stehn auf der Wacht,
Der Himmel macht die Runde,
Geht um und um,
Ums Land herum
Mit seinen goldnen Scharen,
Die Frommen zu bewahren.

Kommt nur heran mit eurer List,
Mit Leitern, Strick und Banden,
Der Herr doch noch viel stärker ist,
Macht euren Witz zuschanden.
Wie wart ihr klug! —
Nun schwindelt Trug
Hinab vom Felsenrande —
Wie seid ihr dumm! o Schande!

Gleichwie die Stämme in dem Wald
Wolln wir zusammenhalten,
Ein feste Burg, Trutz der Gewalt,
Verbleiben treu die alten.
Steig, Sonne, schön!
Wirf von den Höhn
Nacht und die mit ihr kamen
Hinab in Gottes Namen.

NACHTLIED

Vergangen ist der lichte Tag,
Von ferne kommt der Glocken Schlag;
So reist die Zeit die ganze Nacht,
Nimmt manchen mit, der's nicht gedacht.

Wo ist nun hin die bunte Lust,
Des Freundes Trost und treue Brust,
Des Weibes süßer Augenschein?
Will keiner mit mir munter sein?

Da's nun so stille auf der Welt,
Ziehn Wolken einsam übers Feld,
Und Feld und Baum besprechen sich —
O Menschenkind! was schauert dich?

Wie weit die falsche Welt auch sei,
Bleibt mir doch einer nur getreu,
Der mit mir weint, der mit mir wacht,
Wenn ich nur recht an ihn gedacht.

Frisch auf denn, liebe Nachtigall,
Du Wasserfall mit hellem Schall!
Gott loben wollen wir vereint,
Bis daß der lichte Morgen scheint!

DIE FREUNDE

1

Wer auf den Wogen schliefe,
Ein sanft gewiegtes Kind,
Kennt nicht des Lebens Tiefe,
Vor süßem Träumen blind.

Doch wen die Stürme fassen
Zu wildem Tanz und Fest,
Wen hoch auf dunklen Straßen
Die falsche Welt verläßt:

Der lernt sich wacker rühren,
Durch Nacht und Klippen hin
Lernt der das Steuer führen
Mit sichrem, ernstem Sinn.

Der ist vom echten Kerne,
Erprobt zu Lust und Pein,
Der glaubt an Gott und Sterne,
Der soll mein Schiffmann sein!

2

An L...

Vor mir liegen deine Zeilen,
Sind nicht Worte, Schriften nicht,
Pfeile, die verwundend heilen,
Freundesaugen, treu und schlicht.

Niemals konnte so mich rühren
Noch der Liebsten Angesicht,
Wenn uns Augen süß verführen,
Und die Welt voll Glanz und Licht:

Als in Freundesaugen lesen
Meiner eignen Seele Wort,
Fester Treue männlich Wesen,
In Betrübnis Trost und Hort.

So verschlingen in Gedanken
Sich zwei Stämme wundertreu,
Andre dran sich mutig ranken
Kron an Krone immer neu.

Prächt'ger Wald, wo's kühl zu wohnen,
Stille wachsend Baum an Baum,
Mit den brüderlichen Kronen
Rauschend in dem Himmelsraum!

DER LETZTE GRUSS

Ich kam vom Walde hernieder,
Da stand noch das alte Haus,
Mein Liebchen, sie schaute wieder
Wie sonst zum Fenster hinaus.

Sie hat einen andern genommen,
Ich war draußen in Schlacht und Sieg,
Nun ist alles anders gekommen,
Ich wollt, 's wär wieder erst Krieg.

Am Wege dort spielte ihr Kindlein,
Das glich ihr recht auf ein Haar,
Ich küßt's auf sein rotes Mündlein:
»Gott segne dich immerdar!«

Sie aber schaute erschrocken
Noch lange Zeit nach mir hin
Und schüttelte sinnend die Locken
Und wußte nicht, wer ich bin. –

Da droben hoch stand ich am Baume,
Da rauschten die Wälder so sacht,
Mein Waldhorn, das klang wie im Traume
Hinüber die ganze Nacht.

Und als die Vögelein sangen
Frühmorgens, sie weinte so sehr,
Ich aber war weit schon gegangen,
Nun sieht sie mich nimmermehr!

ERINNERUNG

1

Lindes Rauschen in den Wipfeln,
Vöglein, die ihr fernab fliegt,
Bronnen von den stillen Gipfeln,
Sagt, wo meine Heimat liegt?

Heut im Traum sah ich sie wieder,
Und von allen Bergen ging
Solches Grüßen zu mir nieder,
Daß ich an zu weinen fing.

Ach, hier auf den fremden Gipfeln:
Menschen, Quellen, Fels und Baum,
Wirres Rauschen in den Wipfeln —
Alles ist mir wie ein Traum.

2

Die fernen Heimathöhen,
Das stille, hohe Haus,
Der Berg, von dem ich gesehen
Jeden Frühling ins Land hinaus,
Mutter, Freunde und Brüder,
An die ich so oft gedacht,
Es grüßt mich alles wieder
In stiller Mondesnacht.

STERBEGLOCKEN

Nun legen sich die Wogen
Und die Gewitter schwül
Sind alle hinabgezogen,
Mir wird das Herz so kühl.

Die Täler alle dunkeln,
Ist denn das Morgenzeit?
Wie schön die Gipfel funkeln,
Und Glocken hör ich weit.

So hell noch niemals klangen
Sie übern Waldessaum —
Wo war ich denn so lange?
Das war ein schwerer Traum.

VORBEI

Das ist der alte Baum nicht mehr,
Der damals hier gestanden,
Auf dem ich gesessen im Blütenmeer
Über den sonnigen Landen.

Das ist der Wald nicht mehr, der sacht
Vom Berge rauschte nieder,
Wenn ich vom Liebchen ritt bei Nacht,
Das Herz voll neuer Lieder.

Das ist nicht mehr das tiefe Tal
Mit den grasenden Rehen.
In das wir nachts vieltausendmal
Zusammen hinausgesehen. —

Es ist der Baum noch, Tal und Wald,
Die Welt ist jung geblieben,
Du aber wurdest seitdem alt,
Vorbei ist das schöne Lieben.

NACHRUF

Du liebe, treue Laute,
Wie manche Sommernacht,
Bis daß der Morgen graute,
Hab ich mit dir durchwacht!

Die Täler wieder nachten,
Kaum spielt noch Abendrot,
Doch die sonst mit uns wachten,
Die liegen lange tot.

Was wollen wir nun singen
Hier in der Einsamkeit,
Wenn alle von uns gingen,
Die unser Lied erfreut?

Wir wollen dennoch singen!
So still ist's auf der Welt;
Wer weiß, die Lieder dringen
Vielleicht zum Sternenzelt.

Wer weiß, die da gestorben
Sie hören droben mich
Und öffnen leis die Pforten
Und nehmen uns zu sich.

NOVALIS

NOVALIS

Novalis, mit bürgerlichem Namen Georg Philipp Friedrich von Hardenberg, wurde am 2. Mai 1772 als zweites von elf Kindern des kursächsischen Salinendirektors Heinrich Ulrich Erasmus von Hardenberg und seiner Frau Auguste Bernhardine in Oberwiederstedt geboren. Bereits mit 16 Jahren fertigte er erste Schriften. Von besonderer Bedeutung für die Entwicklung des jungen Hardenberg war eine Begegnung mit Gottfried August Bürger im Jahre 1789.

1790 nahm er das Studium der Rechtswissenschaft an der Universität Jena auf. Unter anderem hörte er Vorlesungen Friedrich Schillers und Karl Reinholds. Erste dichterische Erfolge konnte Hardenberg verbuchen, als Christoph Martin Wieland seine »Klagen eines Jünglings« 1791 im »Neuen Teutschen Merkur« erscheinen ließ.

1792 knüpfte der Dichter erste Kontakte zu Friedrich Schlegel. Nach einer unglücklichen Liebe zu einer Leipzigerin (»Julie«) entschloß er sich, Soldat zu werden, was jedoch mangels Geld für die Ausstattung scheiterte. 1793 schrieb er sich an der Universität von Wittenberg ein, wo er im Juni des folgenden Jahres sein juristisches Examen ablegte.

Als Kreisaktuarius in Tennstedt lebte Hardenberg beim Kreisamtmann Karl Leonhard Just. Ein Aufenthalt im nahegelegenen Grüningen ließ ihn erstmals mit Sophie von Kühn zusammentreffen, mit der er sich am 15. März 1795 heimlich verlobte. Sophie erkrankte jedoch im Herbst schwer und starb am 19. März 1797, einen Monat vor Hardenbergs Bruder Erasmus. An ihn hatte der junge Dichter einmal geschrieben, mit Sophie sei er alles, ohne sie ein Rohr im Wind. Ihr Tod traf ihn schwer. Zwar schrieb er in einem Brief an Just: »Ihr Bild soll und wird mein besseres Selbst seyn – das Wunderbild, das in meinem Innern von einer ewigen Lampe erleuchtet wird und das mich gewiß retten wird für so manchen Anfechtungen des Bösen und Unlautern«. Doch kehrte er der Welt den Rücken, legte sich auf ihr Grab, kleidete sich selbst in ihr Sterbekleid und glaubte, binnen Jahresfrist ebenfalls zu sterben. Mit ihrem Todestag begann Hardenberg eine neue Zeitrechnung.

1795 hatte er sich mit Johann Gottlieb Fichte und Friedrich Hölderlin getroffen und sich auf Fichtes Arbeiten konzentriert, 1796 die Beziehungen zu Schlegel wieder aufgenommen. Seit 1797 führte er sein »Journal«. In dieses Jahr fiel auch ein Treffen mit Friedrich Schelling. 1798, inzwischen Student an der Bergakademie in Freiberg, besuchte Hardenberg Johann Wolfgang von Goethe in Weimar und Schiller in Jena. Als er im April des Jahres seine »Vermischten Bemerkungen« unter dem Titel »Blüthenstaub« im Athenäum zur Veröffentlichung brachte, benutzte Hardenberg erstmals sein Pseudonym »Novalis«, was soviel bedeutet wie »Der Neuland Rodende«. Von nun an erschienen seine Schriften in schneller Folge.

Im Dezember des Jahres verlobte sich der Dichter mit Julie von Charpentier. Das Jahr 1799 war gekennzeichnet von Treffen mit den berühmtesten Dichtern seiner Zeit. Im Sommer begegnete Novalis Ludwig Tieck, Johann Gottfried Herder und Goethe, im Herbst nahm er am Romantikertreffen in Jena teil, auf dem unter anderen die Gebrüder Schlegel, Tieck, Schelling und Johann Wilhelm Ritter anwesend waren. Beruflich fiel in diese Zeit die Ernennung zum Salinen-Assessor. 1800 erkrankte der Dichter an einer Lungenschwindsucht. Als sich sein Bruder Bernhard im Oktober des Jahres das Leben nahm, verschlimmerte sich sein Zustand.

Am 25. März 1801 starb Georg Philipp Friedrich von Hardenberg, der sich selbst Novalis nannte, in Weißenfels im Alter von nur 28 Jahren.

Zu seinen bedeutendsten Werken gehören »Die Christenheit oder Europa« (1799), die »Hymnen an die Nacht« (1800), »Die Lehrlinge zu Sais«, »Geistliche Lieder« sowie »Heinrich von Ofterdingen« (sämtlich 1802 postum veröffentlicht).

GEHOBEN IST DER STEIN

(aus »Hymnen an die Nacht«)

Gehoben ist der Stein —
Die Menschheit ist erstanden —
Wir alle bleiben dein
Und fühlen keine Banden.
Der herbste Kummer fleucht
Vor deiner goldnen Schale,
Wenn Erd und Leben weicht
Im letzten Abendmahle.

Zur Hochzeit ruft der Tod —
Die Lampen brennen helle —
Die Jungfraun sind zur Stelle —
Um Öl ist keine Not —
Erklänge doch die Ferne
Von deinem Zuge schon,
Und ruften uns die Sterne
Mit Menschenzung' und Ton.

Nach dir, Maria, heben
Schon tausend Herzen sich.
In diesem Schattenleben
Verlangten sie nur dich.
Sie hoffen zu genesen
Mit ahndungsvoller Lust —
Drückst du sie, heilges Wesen,
An deine treue Brust.

So manche, die sich glühend
In bittrer Qual verzehrt
Und diese Welt entfliehend
Nach dir sich zugekehrt;
Die hülfreich uns erschienen
In mancher Not und Pein —
Wir kommen nun zu ihnen
Um ewig da zu sein.

Nun weint an keinem Grabe,
Für Schmerz, wer liebend glaubt.
Der Liebe süße Habe

Wird keinem nicht geraubt —
Die Sehnsucht ihm zu lindern,
Begeistert ihn die Nacht —
Von treuen Himmelskindern
Wird ihm sein Herz bewacht.

Getrost, das Leben schreitet
Zum ewgen Leben hin;
Von innrer Glut geweitet
Verklärt sich unser Sinn.
Die Sternwelt wird zerfließen
Zum goldnen Lebenswein,
Wir werden sie genießen
Und lichte Sterne sein.

Die Lieb' ist freigegeben,
Und keine Trennung mehr.
Es wogt das volle Leben
Wie ein unendlich Meer.
Nur eine Nacht der Wonne —
Ein ewiges Gedicht —
Und unser aller Sonne
Ist Gottes Angesicht.

DER SÄNGER GEHT AUF RAUHEN PFADEN

(aus »Heinrich von Ofterdingen«)

Der Sänger geht auf rauhen Pfaden,
Zerreißt in Dornen sein Gewand;
Er muß durch Fluß und Sümpfe baden,
Und keins reicht hülfreich ihm die Hand.
Einsam und pfadlos fließt in Klagen
Jetzt über sein ermattet Herz;
Er kann die Laute kaum noch tragen,
Ihn übermannt ein tiefer Schmerz.

»Ein traurig Los ward mir beschieden,
Ich irre ganz verlassen hier,
Ich brachte allen Lust und Frieden,

Doch keiner teilte sie mit mir.
Es wird ein jeder seiner Habe
Und seines Lebens froh durch mich;
Doch weisen sie mit karger Gabe
Des Herzens Forderung von sich.

Man läßt mich ruhig Abschied nehmen,
Wie man den Frühling wandern sieht;
Es wird sich keiner um ihn grämen,
Wenn er betrübt von dannen zieht.
Verlangend sehn sie nach den Früchten,
Und wissen nicht, daß er sie sät;
Ich kann den Himmel für sie dichten,
Doch meiner denkt nicht ein Gebet.

Ich fühle dankbar Zaubermächte
An diese Lippen festgebannt.
O knüpfte nur an meine Rechte
Sie auch der Liebe Zauberband.
Es kümmert keine sich des Armen,
Der dürftig aus der Ferne kam;
Welch Herz wird sein sich noch erbarmen
Und lösen seinen tiefen Gram?«

Er sinkt im hohen Grase nieder,
Und schläft mit nassen Wangen ein;
Da schwebt der hohe Geist der Lieder
In die beklemmte Brust hinein:
»Vergiß anjetzt, was du gelitten,
In kurzem schwindet deine Last,
Was du umsonst gesucht in Hütten,
Das wirst du finden im Palast.

Du nahst dem höchsten Erdenlohne,
Bald endigt der verschlungne Lauf;
Der Myrtenkranz wird eine Krone,
Dir setzt die treuste Hand sie auf.
Ein Herz voll Einklang ist berufen
Zur Glorie um einen Thron;
Der Dichter steigt auf rauhen Stufen
Hinan, und wird des Königs Sohn.«

...

Der Sänger fährt aus schönen Träumen
Mit froher Ungeduld empor;
Er wandelt unter hohen Bäumen
Zu des Palastes ehrnem Tor.
Die Mauern sind wie Stahl geschliffen,
Doch sie erklimmt sein Lied geschwind,
Es steigt von Lieb' und Weh ergriffen
Zu ihm hinab des Königs Kind.

Die Liebe drückt sie fest zusammen,
Der Klang der Panzer treibt sie fort;
Sie lodern auf in süßen Flammen,
Im nächtlich stillen Zufluchtsort.
Sie halten furchtsam sich verborgen,
Weil sie der Zorn des Königs schreckt;
Und werden nun von jedem Morgen
Zu Schmerz und Lust zugleich geweckt.

Der Sänger spricht mit sanften Klängen
Der neuen Mutter Hoffnung ein;
Da tritt, gelockt von den Gesängen,
Der König in die Kluft hinein.
Die Tochter reicht in goldnen Locken
Den Enkel von der Brust ihm hin;
Sie sinken reuig und erschrocken,
Und mild zergeht sein strenger Sinn.

Der Liebe weicht und dem Gesange
Auch auf dem Thron ein Vaterherz,
Und wandelt bald in süßem Drange
Zu ewger Lust den tiefen Schmerz.
Die Liebe gibt, was sie entrissen,
Mit reichem Wucher bald zurück,
Und unter den Versöhnungsküssen
Entfaltet sich ein himmlisch Glück.

Geist des Gesangs, komm du hernieder,
Und steh auch jetzt der Liebe bei;
Bring die verlorne Tochter wieder,
Daß ihr der König Vater sei! —
Daß er mit Freuden sie umschließet,
Und seines Enkels sich erbarmt,
Und wenn das Herz ihm überfließet,
Den Sänger auch als Sohn umarmt.

DIE LIEBE

Wenn sanft von Rosenhügeln
Der Tag nach Westen schleicht,
Der Nacht mit Schlummerflügeln
Und Sternenchor entweicht,

Will ich die Liebe singen
Auf der Theorbe hier,
Mein Lockenhaar umschlingen
Mit süßen Myrten ihr.

Es soll dann widertönen
In dieser Grotte Nacht
Das Loblied meiner Schönen,
Wenn nur die Quelle wacht.

Und wenn vom Morgensterne
Mir Wonne niederblinkt,
Und sich die heitre Ferne
Mit Rosenkranz umschlingt,

Tön ich in kühlen Klüften
Auch meiner Liebe Lied,
Umtanzt von Blumendüften,
Wenn aller Schlummer flieht,

Und rund um mich erwachet
Der Nachtigallen Chor
Und jede Aue lachet
Und jeder Hirt ist Ohr.

Nein, Süßers als die Liebe
Empfand kein Sterblicher,
Was hie bevor war trübe,
Wird durch sie lieblicher.

IHR HERZ UND KUSS

Mir wirds so weit im Busen drin,
So offen, hehr und frei,
Nie wars so hell in meinem Sinn
Und meiner Phantasei;

Mir glüht die Wange und die Stirn,
Mir schmückt der Himmel sich,
Und süßer dünkt der Weste Girrn
In jenen Eichen mich;

Um mich tanzt Blumentrift und Flur,
Und jedes Hälmchen lacht,
Und seliger blüht die Natur
Mir in der Frühlingstracht.

Der Mond, der dort voll Freundlichkeit
Sich sonnt, so hell und klar,
Ist mir noch eins so lieber heut,
Als er mir sonst wohl war.

Ha! wie sich schnell mein Rosenblut
Durch alle Adern rafft;
Wie jede Fiber schwellt von Mut
Und niegefühlter Kraft.

Doch weißt du, Freund, woher, woher?
Der Wonne Überfluß?
Sie gab mir heut von ohngefähr
Ihr Herz und einen Kuß.

ES FÄRBTE SICH
DIE WIESE GRÜN

Es färbte sich die Wiese grün
Und um die Hecken sah ichs blühn,
Tagtäglich sah ich neue Kräuter,
Mild war die Luft, der Himmel heiter:
Ich wußte nicht, wie mir geschah,
Und wie das wurde, was ich sah.

Und immer dunkler ward der Wald,
Auch bunter Sänger Aufenthalt,
Es drang mir bald auf allen Wegen
Ihr Klang in süßem Duft entgegen.
Ich wußte nicht, wie mir geschah,
Und wie das wurde, was ich sah.

Es quoll und trieb nun überall
Mit Leben, Farben, Duft und Schall,
Sie schienen gern sich zu vereinen,
Daß alles möchte lieblich scheinen.
Ich wußte nicht, wie mir geschah,
Und wie das wurde, was ich sah.

So dacht ich: ist ein Geist erwacht,
Der alles so lebendig macht
Und der mit tausend schönen Waren
Und Blüten sich will offenbaren?
Ich wußte nicht, wie mir geschah,
Und wie das wurde, was ich sah.

Vielleicht beginnt ein neues Reich —
Der lockre Staub wird zum Gesträuch,
Der Baum nimmt tierische Geberden,
Das Tier soll gar zum Menschen werden.
Ich wußte nicht, wie mir geschah,
Und wie das wurde, was ich sah.

Wie ich so stand und bei mir sann,
Ein mächtger Trieb in mir begann.
Ein freundlich Mädchen kam gegangen
Und nahm mir jeden Sinn gefangen.
Ich wußte nicht, wie mir geschah,
Und wie das wurde, was ich sah.

Sie ging vorbei, ich grüßte sie,
Sie dankte, das vergeß ich nie —
Ich mußte ihre Hand erfassen
Und Sie schien gern sie mir zu lassen.
Ich wußte nicht, wie mir geschah,
Und wie das wurde, was ich sah.

Uns barg der Wald vor Sonnenschein.
Das ist der Frühling, fiel mir ein;

Kurz um, ich sah, daß jetzt auf Erden
Die Menschen sollten Götter werden.
Nun wußt ich wohl, wie mir geschah,
Und wie das wurde, was ich sah.

DER HIMMEL WAR UMZOGEN

Der Himmel war umzogen,
Es war so trüb und schwül,
Heiß kam der Wind geflogen,
Und trieb sein seltsam Spiel.

Ich schlich in tiefen Sinnen,
Von stillem Gram verzehrt —
Was sollt ich nun beginnen?
Mein Wunsch blieb unerhört.

»Ach könnte sie sich fassen,
Mein Bild nur von sich tun,
So ging ich bald gelassen
Im stillen Hof zu ruhn.«

Wenn Menschen könnten leben
Wie kleine Vögelein,
So wollt ich zu ihr schweben
Und fröhlich mit ihr sein.

Wär hier nichts mehr zu finden,
Wär Feld und Staude leer,
So flögen, gleich den Winden,
Wir übers dunkle Meer.

Wie blieben bei dem Lenze
Und von dem Winter weit,
Wir hätten Frücht' und Kränze
Und immer gute Zeit.

Die Myrte sproßt im Tritte
Der Wohlfahrt leicht hervor,
Doch um des Elends Hütte
Schießt Unkraut nur empor.

Mir war so bang zu Mute,
Da sprang ein Kind heran,
Schwang fröhlich eine Rute
Und sah mich freundlich an.

»Warum mußt du dich grämen?
O weine doch nicht so,
Kannst meine Gerte nehmen,
Dann wirst du wieder froh.«

Ich nahm sie und es hüpfte
Mit Freuden wieder fort,
Und stille Rührung knüpfte
Sich an des Kindes Wort.

Wie ich so bei mir dachte,
»Was soll die Rute dir?«
Schwankt aus den Büschen sachte
Ein grüner Glanz zu mir.

Die Königin der Schlangen
Schlich durch die Dämmerung.
Sie schien gleich goldnen Spangen,
In wunderbarem Prunk.

Ihr Krönchen sah ich funkeln
Mit bunten Strahlen weit,
Und alles war im Dunkeln
Mit grünem Gold bestreut.

Ich nahte mich ihr leise
Und traf sie mit dem Zweig,
So, wunderbarer Weise
Ward ich unsäglich reich.

DIE LIEBE GING
AUF DUNKLER BAHN

(aus »Heinrich von Ofterdingen«)

Die Liebe ging auf dunkler Bahn
Vom Monde nur erblickt,
Das Schattenreich war aufgetan
Und seltsam aufgeschmückt.

Ein blauer Dunst umschwebte sie
Mit einem goldnen Rand,
Und eilig zog die Phantasie
Sie über Strom und Land.

Es hob sich ihre volle Brust
In wunderbarem Mut;
Ein Vorgefühl der künft'gen Lust
Besprach die wilde Glut.

Die Sehnsucht klagt' und wußt' es nicht,
Daß Liebe näher kam,
Und tiefer grub in ihr Gesicht
Sich hoffnungsloser Gram.

Die kleine Schlange blieb getreu:
Sie wies nach Norden hin,
Und beide folgten sorgenfrei
Der schönen Führerin.

Die Liebe ging durch Wüstenein
Und durch der Wolken Land,
Trat in den Hof des Mondes ein
Die Tochter an der Hand.

Er saß auf seinem Silberthron,
Allein mit seinem Harm;
Da hört' er seines Kindes Ton,
Und sank in ihren Arm.

BRICHT DAS MATTE HERZ NOCH IMMER

(aus »Heinrich von Ofterdingen«)

Bricht das matte Herz noch immer
Unter fremdem Himmel nicht?
Kommt der Hoffnung bleicher Schimmer
Immer mir noch zu Gesicht?
Kann ich wohl noch Rückkehr wähnen?
Stromweis stürzen meine Tränen,
Bis mein Herz in Kummer bricht.

Könnt ich dir die Myrten zeigen
Und der Zeder dunkles Haar!
Führen dich zum frohen Reigen
Der geschwisterlichen Schar!
Sähst du im gestickten Kleide,
Stolz im köstlichen Geschmeide
Deine Freundin, wie sie war.

Edle Jünglinge verneigen
Sich mit heißem Blick vor ihr;
Zärtliche Gesänge steigen
Mit dem Abendstern zu mir.
Dem Geliebten darf man trauen;
Ewge Lieb' und Treu den Frauen,
Ist der Männer Losung hier.

Hier, wo um kristallne Quellen
Liebend sich der Himmel legt,
Und mit heißen Balsamwellen
Um den Hain zusammenschlägt,
Der in seinen Lustgebieten,
Unter Früchten, unter Blüten
Tausend bunte Sänger hegt.

Fern sind jene Jugendträume!
Abwärts liegt das Vaterland!
Längst gefällt sind jene Bäume,
Und das alte Schloß verbrannt.
Fürchterlich, wie Meereswogen

Kam ein rauhes Heer gezogen,
Und das Paradies verschwand.

Fürchterliche Gluten flossen
In die blaue Luft empor,
Und es drang auf stolzen Rossen
Eine wilde Schar ins Tor.
Säbel klirrten, unsre Brüder,
Unser Vater kam nicht wieder,
Und man riß uns wild hervor.

Meine Augen wurden trübe;
Fernes, mütterliches Land,
Ach, sie blieben dir voll Liebe
Und voll Sehnsucht zugewandt!
Wäre nicht dies Kind vorhanden,
Längst hätt' ich des Lebens Banden
Aufgelöst mit kühner Hand.

DAS GESICHT

Himmlisches Leben im blauen Gewande,
Stiller Wunsch in blassem Schein —
Flüchtig gräbt in buntem Sande
Sie den Zug des Namens ein —

Unter hohen festen Bogen,
Nur von Lampenlicht erhellt,
Liegt, seitdem der Geist entflogen,
Nun das Heiligste der Welt.

Leise kündet bessre Tage
Ein verlornes Blatt uns an,
Und wir sehn der alten Sage
Mächt'ge Augen aufgetan.

Naht euch stumm dem ernsten Tore,
Harrt auf seinen Flügelschlag
Und vernehmt herab vom Chore,
Wo weißragend der Marmor lag.

Flüchtiges Leben und lichte Gestalten
Füllten die weite, leere Nacht,
Nur von Scherzen aufgehalten
Wurden unendliche Zeiten verbracht —

Liebe brachte gefüllte Becher,
Also perlt in Blumen der Geist,
Ewig trinken die kindlichen Zecher,
Bis der geheiligte Teppich zerreißt.

Fort durch unabsehliche Reihn
Schwanden die bunten, rauschenden Wagen,
Endlich von farbigen Käfern getragen
Kam die Blumenfürstin allein,

Schleier, wie Wolken zogen
Von der blendenden Stirn zu den Füßen,
Wir fielen nieder sie zu grüßen —
Wir weinten bald — sie war entflogen.

WELCHER LEBENDIGE, SINNBEGABTE

(aus »Hymnen an die Nacht«)

Welcher Lebendige,
Sinnbegabte,
Liebt nicht vor allen
Wundererscheinungen
Des verbreiteten Raums um ihn
Das allerfreuliche Licht —
Mit seinen Strahlen und Wogen
Seinen Farben,
Seiner milden Allgegenwart
Im Tage.
Wie des Lebens
Innerste Seele
Athmet es die Riesenwelt
Der rastlosen Gestirne
Die in seinem blauen Meere schwimmen,
Athmet es der funkelnde Stein,

Die ruhige Pflanze
Und der Thiere
Vielgestaltete,
Immerbewegte Kraft —
Athmen es vielfarbige
Wolken und Lüfte
Und vor allen
Die herrlichen Fremdlinge
Mit den sinnvollen Augen
Dem schwebenden Gange
Und dem tönenden Munde.
Wie ein König
Der irrdischen Natur
Ruft es jede Kraft
Zu zahllosen Verwandlungen
Und seine Gegenwart allein
Offenbart die Wunderherrlichkeit
Des irrdischen Reichs.
Abwärts wend ich mich
Zu der heiligen, unaussprechlichen
Geheimnißvollen Nacht —
Fernab liegt die Welt,
Wie versenkt in eine tiefe Gruft
Wie wüst und einsam
Ihre Stelle!
Tiefe Wehmuth
Weht in den Sayten der Brust
Fernen der Errinnerung
Wünsche der Jugend
Der Kindheit Träume
Des ganzen, langen Lebens
Kurze Freuden
Und vergebliche Hoffnungen
Kommen in grauen Kleidern
Wie Abendnebel
Nach der Sonne,
Untergang.
Fernab liegt die Welt
Mit ihren bunten Genüssen.
In andern Räumen
Schlug das Licht auf
Die lustigen Gezelte.
Sollt es nie wiederkommen
Zu seinen treuen Kindern,

Seinen Gärten
In sein herrliches Haus?
Doch was quillt
So kühl und erquicklich
So ahndungsvoll
Unterm Herzen
Und verschluckt
Der Wehmuth weiche Luft,
Hast auch du
Ein menschliches Herz
Dunkle Macht?
Was hältst du
Unter deinem Mantel
Das mir unsichtbar kräftig
An die Seele geht?
Du scheinst nur furchtbar —
Köstlicher Balsam
Träuft aus deiner Hand
Aus dem Bündel Mohn

In süßer Trunkenheit
Entfaltest du die schweren Flügel des Gemüths.
Und schenkst uns Freuden
Dunkel und unaussprechlich
Heimlich, wie du selbst bist,
Freuden, die uns
Einen Himmel ahnden lassen.
Wie arm und kindisch
Dünkt mir das Licht,
Mit seinen bunten Dingen
Wie erfreulich und gesegnet
Des Tages Abschied.
Also nur darum
Weil die Nacht dir
Abwendig macht die Dienenden
Säetest du
In des Raums Weiten
Die leuchtenden Kugeln
Zu verkünden deine Allmacht,
Deine Wiederkehr
In den Zeiten deiner Entfernung.
Himmlischer als jene blitzenden Sterne
In jenen Weiten
Dünken uns die unendlichen Augen

Die die Nacht
In uns geöffnet.
Weiter sehn sie
Als die blässesten
Jener zahllosen Heere
Unbedürftig des Lichts
Durchschaun sie die Tiefen
Eines liebenden Gemüths,
Was einen höhern Raum
Mit unsäglicher Wollust füllt.
Preis der Weltköniginn
Der hohen Verkündigerinn
Heiliger Welt,
Der Pflegerinn
Seliger Liebe
Du kommst, Geliebte —
Die Nacht ist da —
Entzückt ist meine Seele —
Vorüber ist der irrdische Tag
Und du bist wieder Mein.
Ich schaue dir ins tiefe dunkle Auge,
Sehe nicht als Lieb und Seligkeit.
Wir sinken auf der Nacht Altar
Aufs weiche Lager —
Die Hülle fällt
Und angezündet von dem warmen Druck
Entglüht des süßen Opfers
Reine Glut.

GERN VERWEIL' ICH NOCH IM TALE

(aus »Heinrich von Ofterdingen«)

Gern verweil' ich noch im Tale
Lächelnd in der tiefen Nacht,
Denn der Liebe volle Schale
Wird mir täglich dargebracht.

Ihre heilgen Tropfen heben
Meine Seele hoch empor,

Und ich steh in diesem Leben
Trunken an des Himmels Tor.

Eingewiegt in selges Schauen
Ängstigt mein Gemüt kein Schmerz.
O die Königin der Frauen
Gibt mir ihr getreues Herz.

Bangverweinte Jahre haben
Diesen schlechten Ton verklärt,
Und ein Bild ihm eingegraben,
Das ihm Ewigkeit gewährt.

Jene lange Zahl von Tagen
Dünkt mir nur ein Augenblick;
Werd ich einst von hier getragen,
Schau ich dankbar noch zurück.

Geistliche Lieder

Auszug

I.

Was wär ich ohne dich gewesen?
Was würd' ich ohne dich nicht sein?
Zu Furcht und Ängsten auserlesen,
Ständ' ich in weiter Welt allein.
Nichts wüßt' ich sicher, was ich liebte,
Die Zukunft wär ein dunkler Schlund;
Und wenn mein Herz sich tief betrübte,
Wem tät ich meine Sorge kund?

Einsam verzehrt von Lieb' und Sehnen,
Erschien' mir nächtlich jeder Tag;
Ich folgte nur mit heißen Tränen
Dem wilden Lauf des Lebens nach.
Ich fände Unruh im Getümmel,
Und hoffnungslosen Gram zu Haus.
Wer hielte ohne Freund im Himmel,
Wer hielte da auf Erden aus?

Hat Christus sich mir kundgegeben,
Und bin ich seiner erst gewiß,
Wie schnell verzehrt ein lichtes Leben
Die bodenlose Finsternis!
Mit ihm bin ich erst Mensch geworden;
Das Schicksal wird verklärt durch ihn,
Und Indien muß selbst im Norden
Um den Geliebten fröhlich blühn.

Das Leben wird zur Liebesstunde,
Die ganze Welt spricht Lieb' und Lust.
Ein heilend Kraut wächst jeder Wunde,
Und frei und voll klopft jede Brust.
Für alle seine tausend Gaben
Bleib ich sein demutvolles Kind,
Gewiß ihn unter uns zu haben,
Wenn zwei auch nur versammelt sind.

O! Geht hinaus auf allen Wegen,
Und holt die Irrenden herein,
Streckt jedem eure Hand entgegen,
Und ladet froh sie zu uns ein.
Der Himmel ist bei uns auf Erden,
Im Glauben schauen wir ihn an;
Die Eines Glaubens mit uns werden,
Auch denen ist er aufgetan.

Ein alter, schwerer Wahn von Sünde
War fest an unser Herz gebannt;
Wir irrten in der Nacht wie Blinde,
Von Reu und Lust zugleich entbrannt.
Ein jedes Werk schien uns Verbrechen,
Der Mensch ein Götterfeind zu sein,
Und schien der Himmel uns zu sprechen,
So sprach er nur von Tod und Pein.

Das Herz, des Lebens reiche Quelle,
Ein böses Wesen wohnte drin;
Und wards in unserm Geiste helle,
So war nur Unruh der Gewinn.
Ein eisern Band hielt an der Erde
Die bebenden Gefangnen fest;
Furcht vor des Todes Richterschwerte
Verschlang der Hoffnung Überrest.

Da kam ein Heiland, ein Befreier,
Ein Menschensohn, voll Lieb' und Macht
Und hat ein allbelebend Feuer
In unserm Innern angefacht.
Nun sahn wir erst den Himmel offen
Als unser altes Vaterland,
Wir konnten glauben nun und hoffen,
Und fühlten uns mit Gott verwandt.

Seitdem verschwand bei uns die Sünde,
Und fröhlich wurde jeder Schritt;
Man gab zum schönsten Angebinde
Den Kindern diesen Glauben mit;
Durch ihn geheiligt zog das Leben
Vorüber, wie ein selger Traum,
Und, ew'ger Lieb' und Lust ergeben,
Bemerkte man den Abschied kaum.

Noch steht in wunderbarem Glanze
Der heilige Geliebte hier,
Gerührt von seinem Dornenkranze
Und seiner Treue weinen wir.
Ein jeder Mensch ist uns willkomen,
Der seine Hand mit uns ergreift,
Und in sein Herz mit aufgenommen
Zur Frucht des Paradieses reift.

II.

Fern im Osten wird es helle,
Graue Zeiten werden jung;
Aus der lichten Farbenquelle
Einen langen tiefen Trunk!
Alter Sehnsucht heilige Gewährung,
Süße Lieb' in göttlicher Verklärung.

Endlich kommt zur Erde nieder
Aller Himmel selges Kind,
Schaffend im Gesang weht wieder
Um die Erde Lebenswind,
Weht zu neuen ewig lichten Flammen
Längst verstiebte Funken hier zusammen.

Überall entspringt aus Grüften
Neues Leben, neues Blut,
Ewgen Frieden uns zu stiften,
Taucht er in die Lebensflut;
Steht mit vollen Händen in der Mitte
Liebevoll gewärtig jeder Bitte.

Lasse seine milden Blicke
Tief in deine Seele gehn,
Und von seinem ewgen Glücke
Sollst du dich ergriffen sehn.
Alle Herzen, Geister und die Sinnen
Werden einen neuen Tanz beginnen.

Greife dreist nach seinen Händen,
Präge dir sein Antlitz ein,
Mußt dich immer nach ihm wenden,
Blüte nach dem Sonnenschein;
Wirst du nur das ganze Herz ihm zeigen,
Bleibt er wie ein treues Weib dir eigen.

Unser ist sie nun geworden,
Gottheit, die uns oft erschreckt,
Hat im Süden und im Norden
Himmelskeime rasch geweckt.
Und so laßt im vollen Gottesgarten
Treu uns jede Knosp' und Blüte warten.

III.

Wer einsam sitzt in seiner Kammer,
Und schwere, bittre Tränen weint,
Wem nur gefärbt von Not und Jammer
Die Nachbarschaft umher erscheint;

Wer in das Bild vergangner Zeiten
Wie tief in einen Abgrund sieht,
In welchen ihn von allen Seiten
Ein süßes Weh hinunter zieht; —

Es ist, als lägen Wunderschätze
Da unten für ihn aufgehäuft,
Nach deren Schloß in wilder Hetze
Mit atemloser Brust er greift.

Die Zukunft liegt in öder Dürre
Entsetzlich lang und bang vor ihm —
Er schweift umher, allein und irre,
Und sucht sich selbst mit Ungestüm.

Ich fall' ihm weinend in die Arme:
Auch mir war einst, wie dir, zu Mut,
Doch ich genas von meinem Harme,
Und weiß nun, wo man ewig ruht.

Dich muß, wie mich, ein Wesen trösten,
Das innig liebte, litt und starb;
Das selbst für die, die ihm am wehsten
Getan, mit tausend Freuden starb.

Er starb, und dennoch alle Tage
Vernimmst du seine Lieb' und ihn
Und kannst getrost in jeder Lage
Ihn zärtlich in die Arme ziehn.

Mit ihm kommt neues Blut und Leben
In dein erstorbenes Gebein —
Und wenn du ihm dein Herz gegeben,
So ist auch seines ewig dein.

Was du verlorst, hat er gefunden;
Du triffst bei ihm, was du geliebt:
Und ewig bleibt mit dir verbunden,
Was seine Hand dir wiedergibt.

IV.

Unter tausend frohen Stunden,
So im Leben ich gefunden,
Blieb nur *eine* mir getreu;
Eine, wo in tausend Schmerzen
Ich erfuhr in meinem Herzen,
Wer für uns gestorben sei.

Meine Welt war mir zerbrochen,
Wie von einem Wurm gestochen
Welkte Herz und Blüte mir;
Meines Lebens ganze Habe,

Jeder Wunsch lag mir im Grabe,
Und zur Qual war ich noch hier.

Da ich so im stillen krankte,
Ewig weint' und wegverlangte,
Und nur blieb vor Angst und Wahn:
Ward mir plötzlich wie von oben
Weg des Grabes Stein gehoben,
Und mein Innres aufgetan.

Wen ich sah, und wen an seiner
Hand erblickte, frage keiner,
Ewig werd' ich dies nur sehn;
Und von allen Lebensstunden
Wird nur die, wie meine Wunden
Ewig heiter, offen stehn.

VII.

Hymne

Wenige wissen
Das Geheimnis der Liebe,
Fühlen Unersättlichkeit
Und ewigen Durst.
Des Abendmahls
Göttliche Bedeutung
Ist den irdischen Sinnen Rätsel;
Aber wer jemals
Von heißen, geliebten Lippen
Atem des Lebens sog,
Wem heilige Glut
In zitternde Wellen das Herz schmolz,
Wem das Auge aufging,
Daß er des Himmels
Unergründliche Tiefe maß,
Wird essen von seinem Leibe
Und trinken von seinem Blute
Ewiglich.

Wer hat des irdischen Leibes
Hohen Sinn erraten?
Wer kann sagen,

Daß er das Blut versteht?
Einst ist alles Leib,
Ein Leib,
In himmlischem Blute
Schwimmt das selige Paar. —

O! daß das Weltmeer
Schon errötete,
Und in duftiges Fleisch
Aufquölle der Fels!
Nie endet das süße Mahl,
Nie sättigt die Liebe sich.
Nicht innig, nicht eigen genug
Kann sie haben den Geliebten.
Von immer zärteren Lippen
Verwandelt wird das Genossene
Inniglich und näher.

Heißere Wollust
Durchbebt die Seele.
Durstiger und hungriger
Wird das Herz:
Und so währet der Liebe Genuß
Von Ewigkeit zu Ewigkeit.
Hätten die Nüchternen
Einmal gekostet
Alles verließen sie,
Und setzten sich zu uns
An den Tisch der Sehnsucht,
Der nie leer wird.
Sie erkennten der Liebe
Unendliche Fülle,
Und priesen die Nahrung
Von Leib und Blut.

XIII.

Wenn in bangen trüben Stunden
Unser Herz beinah verzagt,
Wenn von Krankheit überwunden
Angst in unserm Innern nagt;
Wir der Treugeliebten denken,
Wie sie Gram und Kummer drückt,

Wolken unsern Blick beschränken,
Die kein Hoffnungsstrahl durchblickt:

O! dann neigt sich Gott herüber,
Seine Liebe kommt uns nah,
Sehnen wir uns dann hinüber,
Steht ein Engel vor uns da,
Bringt den Kelch des frischen Lebens,
Lispelt Mut und Trost uns zu;
Und wir beten nicht vergebens
Auch für die Geliebten Ruh.

ALLE MENSCHEN SEH ICH LEBEN

Alle Menschen seh ich leben,
Viele leicht vorüberschweben,
Wenig mühsam vorwärts streben,
Doch nur Einem ists gegeben
Leichtes Streben, schwebend leben.

Wahrlich der Genuß ziemt Toren,
An der Zeit sind sie verloren,
Gleichen ganz den Ephemeren.
In dem Streit mit Sturm und Wogen
Wird der Weise fortgezogen,
Kämpft um niemals aufzuhören,
Und so wird die Zeit betrogen,
Endlich unters Joch gebogen,
Muß des Weisen Macht vermehren.

Ruh' ist Göttern nur gegeben,
Ihnen ziemt der Überfluß,
Doch für uns ist Handeln Leben,
Macht zu üben nur Genuß.

Der ist der Herr der Erde

(aus »Heinrich von Ofterdingen«)

Der ist der Herr der Erde,
Wer ihre Tiefen mißt,
Und jeglicher Beschwerde
In ihrem Schoß vergißt.

Wer ihrer Felsenglieder
Geheimen Bau versteht,
Und unverdrossen nieder
Zu ihrer Werkstatt geht.

Er ist mit ihr verbündet,
Und inniglich vertraut,
Und wird von ihr entzündet,
Als wär sie seine Braut.

Er sieht ihr alle Tage
Mit neuer Liebe zu,
Und scheut nicht Fleiß und Plage,
Sie läßt ihm keine Ruh.

Die mächtigen Geschichten
Der längst verfloßnen Zeit,
Ist sie ihm zu berichten
Mit Freundlichkeit bereit.

Der Vorwelt heilge Lüfte
Umwehn sein Angesicht,
Und in die Nacht der Klüfte
Strahlt ihm ein ewges Licht.

Er trifft auf allen Wegen
Ein wohlbekanntes Land,
Und gern kommt sie entgegen
Den Werken seiner Hand.

Ihm folgen die Gewässer
Hülfreich den Berg hinauf;
Und alle Felsenschlösser,
Tun ihr Schätz' ihm auf.

Er führt des Goldes Ströme
In seines Königs Haus,
Und schmückt die Diademe
Mit edlen Steinen aus.

Zwar reicht er treu dem König
Den glückbegabten Arm,
Doch fragt er nach ihm wenig
Und bleibt mit Freuden arm.

Sie mögen sich erwürgen
Am Fuß um Gut und Geld,
Er bleibt auf den Gebürgen
Der frohe Herr der Welt.

Sehnsucht nach dem Tode

Hinunter in der Erde Schoß,
Weg aus des Lichtes Reichen,
Der Schmerzen Wut und wilder Stoß
Ist froher Abfahrt Zeichen.
Wir kommen in dem engen Kahn
Geschwind am Himmelsufer an.

Gelobt sei uns die ewge Nacht.
Gelobt der ewge Schlummer.
Wohl hat der Tag uns warm gemacht.
Und welk der lange Kummer.
Die Lust der Fremde ging uns aus,
Zum Vater wollen wir nach Haus.

Was sollen wir auf dieser Welt
Mit unsrer Lieb' und Treue.
Das Alte wird hintangestellt,
Was soll uns dann das Neue.
O! einsam steht und tiefbetrübt,
Wer heiß und fromm die Vorzeit liebt.

Die Vorzeit, wo die Sinne licht
In hohen Flammen brannten,
Des Vaters Hand und Angesicht
Die Menschen noch erkannten.

Und hohen Sinns, einfältiglich
Noch mancher seinem Urbild glich.

Die Vorzeit, wo noch blütenreich
Uralte Stämme prangten,
Und Kinder für das Himmelreich
nach Qual und Tod verlangten.
Und wenn auch Lust und Leben sprach,
Doch manches Herz für Liebe brach.

Die Vorzeit, wo in Jugendglut
Gott selbst sich kundgegeben
Und frühem Tod in Liebesmut
Geweiht sein süßes Leben.
Und Angst und Schmerz nicht von sich trieb,
Damit er uns nur teuer blieb.

Mit banger Sehnsucht sehn wir sie
In dunkle Nacht gehüllet,
In dieser Zeitlichkeit wird nie
Der heiße Durst gestillet.
Wir müssen nach der Heimat gehn,
Um diese heilge Zeit zu sehn.

Was hält noch unsre Rückkehr auf,
Die Liebsten ruhn schon lange.
Ihr Grab schließt unsern Lebenslauf,
Nun wird uns weh und bange.
Zu suchen haben wir nichts mehr —
Das Herz ist satt — die Welt ist leer.

Unendlich uns geheimnisvoll
Durchströmt uns süßer Schauer —
Mir däucht, aus tiefen Fernen scholl
Ein Echo unsrer Trauer.
Die Lieben sehnen sich wohl auch
Und sandten uns der Sehnsucht Hauch.

Hinunter zu der süßen Braut,
Zu Jesus, dem Geliebten —
Getrost, die Abenddämmrung graut
Den Liebenden, Betrübten.
Ein Traum bricht unsre Banden los
Und senkt uns in des Vaters Schoß.

Vergiss mein nicht!

Vergiß mein nicht, wenn lockre kühle Erde
　　Dies Herz einst deckt, das zärtlich für
　　　　　　　　　　dich schlug.
Denk, daß es dort vollkommner lieben werde,
　　Als da voll Schwachheit ichs vielleicht
　　　　　　　　　　voll Fehler trug.

Dann soll mein freier Geist oft segnend
　　　　　　　　　dich umschweben
　　Und deinem Geiste Trost und süße
　　　　　　　　　Ahndung geben.
Denk, daß ichs sei, wenns sanft in deiner
　　　　　　　　　Seele spricht;
　　Vergiß mein nicht! Vergiß mein nicht!

BIEDERMEIER

Die Stilrichtung des Biedermeier stellt – wie dies so oft in der Kunst der Fall ist – eine Reaktion auf die politischen und sozialen Umstände der Zeit dar. Was war geschehen?

Europa war durch die Französische Revolution politisch in seinen Grundfesten erschüttert worden. Progressive und reaktionäre Kräfte hatten sich erbitterte Kämpfe geliefert, die vorerst zum Sieg der Monarchen in den Karlsbader Beschlüssen von 1819 und der Wiener Schlußakte 1820 geführt hatten. Gleichwohl war in die Politik keine Ruhe eingekehrt. Auch in Deutschland, das zersplittert war in eine Vielzahl von Klein- und Kleinststaaten, zog der revolutionäre Gedanke immer mehr vor allem junge Menschen an. Gleichzeitig begann das Zeitalter der Industrialisierung. Gesellschaftliche Spannungen waren vorprogrammiert. Auch die Künstler erkannten, daß die Romantik nicht mehr zeitgemäß war. Es mußte eine Kunst geschaffen werden, die weniger wirklichkeitsfremd war. Dafür boten sich im wesentlichen zwei Wege: die revolutionäre Kunst des Jungen Deutschland und des Vormärz oder das Biedermeier.

Nach heutiger weitverbreiteter Auffassung vom Biedermeier mag der Gedanke, diese Stilrichtung sei nicht wirklichkeitsfremd gewesen, womöglich selbst wirklichkeitsfremd erscheinen. Tatsächlich kommt es aber auf den Blickwinkel an, unter dem wir das Biedermeier betrachten.

Das Biedermeier ist eine von Grund auf bürgerliche Kunstrichtung. Es war in keiner Weise mehr von Hof und Adel abhängig oder geistig daran gebunden. Zwar stand es äußerlich in der Tradition der Romantik, jedoch erkannten die biedermeierschen Dichter, daß eine so stark ideologisierte Kunst, wie sie für praktisch alle vorangegangenen kulturhistorischen Epochen bezeichnend gewesen war, notwendig mit der Realität nicht vereinbar sein konnte. Ihr Bemühen war es deshalb, Ideal und Realität in der Kunst harmonisch zusammenzuführen. Dabei lehnten sie auch den politischen Idealismus des Jungen Deutschland und des Vormärz ab und beschränkten sich auf überschaubare, ja oft kleinlich anmutende Themen, in denen eine innere Ordnung möglich schien. Dies führte zu einer Beschränkung des künstlerischen Schaffens auf Bereiche des Privatlebens. Es entstand eine Sehnsucht nach der Zurückgezogenheit, in der dann oft zwangsläufig Staat, Religion und Politik als feste Elemente unkritisch übernommen wurden.

Das Biedermeier war eine grundsätzlich unpolitische Stilrichtung. Es hatte wohl seinen Ursprung auch in der Politik, wollte jedoch nicht politisch bewegen. Eine Folge davon war die zunehmende Resignation vieler Dichter, die Zügelung allen Lebenshungers und die Zufriedenheit mit der im kleinen gewonnenen Ordnung, kurzum der Wunsch nach innerem Frieden. Damit verbunden waren die Unterordnung unter die gegebene Weltordnung, das Stillhalten, die Scheu vor der Tat: der Weg des geringsten Wiederstands. Das Bild vom selbstzufriedenen, kuschenden Biedermeier, das Bild vom Spießbürger, wie wir es heute noch kennen und benutzen, entstand. (Der Name »Biedermeier« stammt übrigens aus einem Romantitel Eichrodts: »Gedichte des schwäbischen Schullehrers Gottlieb Biedermeier und seines Freundes Horatius Treuherz«, der 1850 in den »Fliegenden Blättern« erschien und eine Parodie auf die Zeit darstellte. »Biedermeier« war also von Anfang an eine eher abschätzige Bezeichnung.)

Die Biedermeierkunst arbeitete wie die Romantik viel mit Stimmungen und bewunderte wie diese die Natur. Doch im Gegensatz zu jener hatte diese ein sehr reales Verhältnis zur Natur, in der allein sie die Ordnung zwischen Ideal und Wirklichkeit für gegeben sahen. Auch sonst unterschieden sich die Biedermeier von den Romantikern in erster Linie dadurch, daß sie versuchten, der Darstellung ihrer Gefühle, Stimmungen und Phantasien einen reellen Rahmen zu geben. Daß dabei die Wirklichkeit auch zur Fessel der Phantasie werden mußte, drückt Paul Kluckholm sehr treffend aus, wenn er behauptet, die Literatur des Biedermeier sei »Heiterkeit auf dem Grunde der Schwermut«.

Rein sprachlich führte das Biedermeier die Tradition aus klassischer und romantischer Periode fort. Zu besonderer Bedeutung gelangte dabei die Versform, die unter anderem die Ballade zu neuer Blüte führte. Die lyrische Dichtung war überhaupt besonders beliebt, da sie eine sehr kurze und trotzdem stimmungsvolle Darstellung erlaubt. In diesem Zusammenhang wird vom Biedermeier häufig als einer Epoche der Kleinkunst gesprochen.

Zeitlich wird das Biedermeier etwa zwischen 1820 und 1850 angesiedelt. Seine bedeutendsten Vertreter waren neben Annette von Droste-Hülshoff, Nikolaus Lenau und Eduard Mörike Franz Grillparzer, Karl Immermann, Ferdinand Raimund und Adalbert Stifter.

ANNETTE VON DROSTE-HÜLSHOFF

ANNETTE VON DROSTE-HÜLSHOFF

Anna Elisabeth Freifräulein von Droste zu Hülshoff wurde am 10. Januar 1797 auf Burg Hülshoff bei Münster geboren. Ihre Kindheit und Jugend war von einer strengen, äußerst konservativen Erziehung geprägt. Gleichwohl genoß sie eine vielseitige Bildung. Im Todesjahr ihres Vaters 1826 zog die Droste mit ihrer Mutter auf deren Witwensitz Rüschhaus. Das Leben dort war für die junge Frau gekennzeichnet von Abgeschiedenheit und Einsamkeit. Einzige Abwechslung brachten verschiedene Reisen zu Verwandten, unter anderem nach Koblenz, Köln und Bonn, auf denen die Droste auch Kontakte zu literarischen Kreisen knüpfen konnte.

Von besonderer Bedeutung insbesondere auch für das literarische Schaffen der Dichterin war ihre enge Freundschaft zu dem Schriftsteller Levin Schücking, den sie 1837 auf einem ihrer Besuche bei ihrer Schwester in Meersburg am Bodensee kennenlernte. In den Jahren 1841/42 war Schücking als Bibliothekar auf Schloß Meersburg, einem Besitz des Schwagers der Droste, tätig. Besonders in dieser Zeit pflegte die Dichterin, die aus gesundheitlichen Gründen seit 1840 auf dem Schloß lebte, ein herzliches Verhältnis zu Schücking. Der Schriftsteller verhalf ihr unter anderem zu der Publikation ihrer Gedichte bei Cotta, für deren Honorar sich die Dichterin das »Fürstenhäusle« in Meersburg kaufen konnte.

Einen Bruch bekam die Beziehung, als Schücking eine Ehe einging und sich mehr der Bewegung des Jungen Deutschland zuwandte. Annette von Droste-Hülshoff blieb dagegen in ihrer anachronistischen Grundeinstellung verhaftet und hinkte insoweit ihrer hochpolitischen Zeit hinterher (gleichzeitig war es zu früh für ihren realistischen Stil).

So stand die Dichterin gewissermaßen zwischen den Epochen und konnte zu Lebzeiten nicht die Bedeutung erlangen, die ihr ihrer literarischen Qualität nach zugestanden hätte. Annette von Droste-Hülshoff starb am 24. Mai 1848 in Meersburg. Zu ihren bedeutendsten Werken zählen neben den Gedichten vor allem das Versepos »Des Arztes Vermächtnis« (1838) und die Novelle »Die Judenbuche« (1842).

LUFT

Der Morgen, der Jäger

Wo die Felsenlager stehen,
Sich des Schnees Daunen blähen,
Auf des Chimborasso Höhen
Ist der junge Strahl erwacht;
Regt und dehnt die ros'gen Glieder,
Schüttelt dann sein Goldgefieder,
Mit dem Flimmerauge nieder
Blinzt er in des Tales Schacht.
Hörst du, wie es fällt und steigt?
Fühlst du, wie es um dich streicht?
Dringt zu dir im weichen Duft
Nicht der Himmelsodem – Luft?

Ins frische Land der Jäger tritt:
»Gegrüßt du fröhlicher Morgen!
Gegrüßt du Sonn, mit dem leichten Schritt
Wir beiden ziehn ohne Sorgen.
Und dreimal gegrüßt mein Geselle Wind,
Der stets mir wandelt zur Seite,
Im Walde flüstert durch Blätter lind,
Zur Höh gibt springend Geleite.
Und hat die Gems, das listige Tier,
Mich verlockt in ihr zackiges Felsrevier,
Wie sind wir drei dann so ganz allein,
Du, Luft, und ich und der uralte Stein!«

WASSER

Der Mittag, der Fischer

Alles still ringsum –
Die Zweige ruhen, die Vögel sind stumm.
Wie ein Schiff, das im vollen Gewässer brennt,
Und das die Windsbraut jagt,
So durch den Azur die Sonne rennt
Und immer flammender tagt.

Natur schläft – ihr Odem steht,
Ihre grünen Locken hangen schwer,
Nur auf und nieder ihr Pulsschlag geht
Ungehemmt im heiligen Meer.
Jedes Räupchen sucht des Blattes Hülle,
Jeden Käfer nimmt sein Grübchen auf;
Nur das Meer liegt frei in seiner Fülle
Und blickt zum Firmament hinauf.

In der Bucht wiegt ein Kahn,
Ausgestreckt der Fischer drin,
Und die lange Wasserbahn
Schaut er träumend überhin.
Neben ihm die Zweige hängen,
Unter ihm die Wellchen drängen,
Plätschernd in der blauen Flut
Schaukelt seine heiße Hand:

»Wasser,« spricht er, »Welle gut,
Hauchst so kühlig an den Strand.
Du, der Erde köstlich Blut,
Meinem Blute nah verwandt,
Sendest deine blanken Wellen,
Die jetzt kosend um mich schwellen,
Durch der Mutter weites Reich,
Börnlein, Strom und glatter Teich,
Und an meiner Hütte gleich
Schlürf ich dein geläutert Gut,
Und du wirst mein eignes Blut,
Liebe Welle! heil'ge Flut!« –
Leiser plätschernd schläft er ein
Und das Meer wirft seinen Schein
Um Gebirg und Feld und Hain;
Und das Meer zieht seine Bahn
Um die Welt und um den Kahn.

ERDE

Der Abend, der Gärtner

Rötliche Flöckchen ziehen
Über die Berge fort,
Und wie Purpurgewänder
Und wie farbige Bänder
Flattert es hier und dort
In der steigenden Dämmrung Hort.

Gleich einem Königsgarten,
Den verlassen die Fürstin hoch –
Nur in der Kühle ergehen
Und um die Beete sich drehen
Flüsternd ein paar Hoffräulein noch.

Da des Himmels Vorhang sinkt,
Öffnet sich der Erde Brust;
Leise, leise Kräutlein trinkt
Und entschlummert unbewußt;
Und sein furchtsam Wächterlein,
Würmchen mit dem grünen Schein,
Zündet an dem Glühholz sein
Leuchtchen klein.

Der Gärtner, über die Blumen gebeugt,
Spürt an der Sohle den Tau,
Gleich vom nächsten Halme er streicht
Lächelnd die Tropfen lau;
Geht noch einmal entlang den Wall,
Prüft jede Knospe genau und gut:
»Schlaft denn,« spricht er, »ihr Kindlein all,
Schlafet! Ich laß euch der Mutter Hut;
Liebe Erde, mir sind die Wimpern schwer,
Hab die letzte Nacht durchwacht,
Breit' wohl deinen Taumantel um sie her,
Nimm wohl mir die Kleinen in acht.«

FEUER

Die Nacht, der Hammerschmied

Dunkel! All Dunkel schwer!
Wie Riesen schreiten Wolken her –
Über Gras und Laub
Wirbelts wie schwarzer Staub;
Hier und dort ein grauer Stamm,
Am Horizont des Berges Kamm
Hält die gespenstige Wacht,
Sonst alles Nacht – Nacht – nur Nacht.

Was blitzt dort auf? – ein roter Stern –
Nun scheint es nah, nun wieder fern;
Schau! wie es zuckt und zuckt und schweift,
Wie's ringelnd gleich der Schlange pfeift.
Nun am Gemäuer klimmt es auf,
Unwillig wirfts die Asch hinauf,
Und wirbelnd überm Dach hervor
Die Funkensäule steigt empor.

Und dort der Mann im ruß'gen Kleid,
– Sein Angesicht ist bleich und kalt,
Ein Bild der listigen Gewalt –
Wie er die Flamme dämpft und facht
Und hält den Eisenblock bereit!
Den soll ihm die gefangne Macht,
Die wilde hartbezähmte Glut
Zermalmen gleich in ihrer Wut.

Schau, wie das Feuer sich zersplittert!
Wie's tückisch an der Kohle knittert!
Lang aus die rote Kralle streckt
Und nach dem Kerkermeister reckt!
Wie's vor verhaltnem Grimme zittert:

»O hätt ich dich, o könnte ich
Mit meinen Klauen fassen dich!
Ich lehrte dich den Unterschied
Von dir zu Elementes Zier,
An deinem morschen, staub'gen Glied,
Du ruchlos Menschentier!«

JUNGE LIEBE

Über dem Brünnlein nicket der Zweig,
Waldvögel zwitschern und flöten,
Wild Anemon und Schlehdorn bleich
Im Abendstrahle sich röten,
Und ein Mädchen mit blondem Haar
Beugt über der glitzernden Welle,
Schlankes Mädchen, kaum fünfzehn Jahr,
Mit dem Auge der scheuen Gazelle.

Ringelblumen blättert sie ab:
»Liebt er? – liebt er mich nimmer?«
Und wenn »liebt« das Orakel gab,
Um ihr Antlitz gleitet ein Schimmer:
»Liebt er nicht« – o Grimm und Graus!
Daß der Himmel den Blüten gnade!
Gras und Blumen, den ganzen Strauß,
Wirft sie zürnend in die Kaskade.

Gleitet dann in die Kräuter lind,
Ihr Auge wird ernst und sinnend;
Frommer Eltern heftiges Kind,
Nur Minne nehmend und minnend,
Kannte sie nie ein anderes Band
Als des Blutes, die schüchterne Hinde;
Und nun einer, der nicht verwandt –
Ist das nicht eine schwere Sünde?

Mutlos seufzet sie niederwärts,
In argem Schämen und Grämen,
Will zuletzt ihr verstocktes Herz
Recht ernstlich in Frage nehmen.
Abenteuer sinnet sie aus:
Wenn das Haus nun stände in Flammen,
Und um Hilfe riefen heraus
Der Karl und die Mutter zusammen?

Plötzlich ein Perlenregen dicht
Stürzt ihr glänzend aus beiden Augen,
In die Kräuter gedrückt ihr Gesicht,
Wie das Blut der Erde zu saugen,
Ruft sie schluchzend: »Ja, ja, ja!«

Ihre kleinen Hände sich ringen,
»Retten, retten würd ich Mama,
Und zum Karl in die Flamme springen!«

DIE BANK

Im Parke weiß ich eine Bank,
Die schattenreichste nicht von allen,
Nur Erlen lassen, dünn und schlank,
Darüber karge Streifen wallen;
Da sitz ich manchen Sommertag
Und laß mich rösten von der Sonnen,
Rings keiner Quelle Plätschern wach,
Doch mir im Herzen springt der Bronnen.

Dies ist der Fleck, wo man den Weg
Nach allen Seiten kann bestreichen,
Das staub'ge Gleis, den grünen Steg
Und dort die Lichtung in den Eichen:
Ach manche, manche liebe Spur
Ist unterm Rade aufgeflogen!
Was mich erfreut, bekümmert, nur
Von drüben kam es hergezogen.

Du frommer Greis im schlichten Kleid,
Getreuer Freund seit zwanzig Jahren,
Dem keine Wege schlimm und weit,
Galt es den heil'gen Dienst zu wahren;
Wie oft sah ich den schweren Schlag
Dich drehn mit ungeschickten Händen,
Und langsam steigend nach und nach
Dein Käppchen an des Dammes Wänden.

Und du in meines Herzens Grund,
Mein lieber schlanker blonder Junge,
Mit deiner Büchs und braunem Hund,
Du klares Aug und muntre Zunge,
Wie oft hört ich dein Pfeifen nah,
Wenn zu der Dogge du gesprochen;
Mein lieber Bruder warst du ja,
Wie sollte mir das Herz nicht pochen?

Und manches, was die Zeit verweht,
Und manches, was sie ließ erkalten,
Wie Bankos Königsreihe geht
Und trabt es aus des Waldes Spalten.
Auch was mir noch geblieben und
Was neu erblüht im Lebensgarten,
Der werten Freunde heitren Bund,
Von drüben muß ich ihn erwarten.

So sitz ich Stunden wie gebannt,
Im Gestern halb und halb im Heute,
Mein gutes Fernrohr in der Hand,
Und laß es streifen durch die Weite.
Am Damme steht ein wilder Strauch,
O, schmählich hat mich der betrogen!
Rührt ihn der Wind, so mein ich auch,
Was Liebes komme hergezogen!

Mit jedem Schritt weiß er zu gehn,
Sich anzuformen alle Züge;
So mag er denn am Hange stehn,
Ein wert Phantom, geliebte Lüge;
Ich aber hoffe für und für,
Sofern ich mich des Lebens freue,
Zu rösten an der Sonne hier,
Geduld'ger Märtyrer der Treue.

Am Weiher

Ein milder Wintertag

An jenes Waldes Enden,
Wo still der Weiher liegt,
Und längs den Fichtenwänden
Sich lind Gemurmel wiegt;

Wo in der Sonnenhelle,
So matt und kalt sie ist,
Doch immerfort die Welle
Das Ufer flimmernd küßt:

Da weiß ich, schön zum Malen,
Noch eine schmale Schlucht,
Wo all die kleinen Strahlen
Sich fangen in der Bucht;

Ein trocken, windstill Eckchen
Und so an Grüne reich,
Daß auf dem ganzen Fleckchen
Mich kränkt kein dürrer Zweig.

Will ich den Mantel dichte
Nun legen übers Moos,
Mich lehnen an die Fichte
Und dann auf meinen Schoß

Gezweig und Kräuter breiten,
So gut ichs finden mag:
Wer will mirs übel deuten,
Spiel ich den Sommertag?

Will nicht die Grille hallen,
So säuselt doch das Ried;
Sind stumm die Nachtigallen,
So sing ich selbst ein Lied.

Und hat Natur zum Feste
Nur wenig dargebracht:
Die Lust ist stets die beste,
Die man sich selber macht.

Unter der Linde

Es war an einem Morgen,
Die Vöglein sangen süß,
Und überm Rasen wallte
Der schönste Blumenvließ.
Das Börnlein mir zur Seite
Sprang leise, leise fort,
Mit halbgeschloßnem Auge
Saß ich und lauschte dort.

Ich sah die Schmetterlinge
Sich jagen durch das Licht,
Und der Libelle Flügel
Mir zittern am Gesicht;
Still saß ich, wie gestorben,
Und ließ mirs wohlig sein,
Und mich mit Blütenflocken
Vom Lindenzweig bestreun.

Mein Sitz war dicht am Wege,
Ich konnte ruhig spähn;
Doch mich, verhüllt vom Strauche,
Mich hat man nicht gesehn;
Wenn knarrend Wagen rollten,
Dann drang zu mir der Staub,
Und wenn die Vöglein hüpften,
Dann zitterte das Laub.

Und nahe mir am Hange
'ne alte Buche stand,
Um die der ernste Eppich
Sich hoch und höher wand.
Sein düstres Grün umrankte
Noch manchen kranken Zweig;
Doch die gesunden spielten
Wie doppelt grün und reich.

Es war im Maienmonde,
Die Blätter atlaszart;
Wie hast du, alter Knabe,
So frisches Herz bewahrt?
Auf einer Seite trauernd
Und auf der andern licht,
Zeigst du auf grauer Säule
Ein Janusangesicht.

Und eines Freundes dacht ich,
Des Locken grau und lind,
Ein armes Wrack sein Körper
Und ach, sein Herz ein Kind;
Mich dünkt', ich sah ihn starren
Mit Tränen in ein Grab,
Und seitwärts Blumen streuen
In eine Wieg hinab.

Da weckten Rinderglocken
Mich aus den Phantasein;
Ein wüster Staubeswirbel
Drang durchs Gebüsch hinein,
Und mit Geschrei und Schelten
Riß Ast und Efeustab
Der Treiberknecht vom Baume
Und trieb sein Vieh bergab.

Ich hörte lang sein Toben
Und seinen wüsten Schrei;
Doch horch, was trabt so neckend,
So drall und knapp herbei?
Das Ränzel auf dem Rücken,
Barett im blonden Haar,
Kam ein Student gepfiffen,
Ein lustiger Scholar.

»O pescator dell' onde!«
Es gellt mir dicht am Ohr;
Nun stand er an der Buche,
Er hob den Arm empor,
Verbrämt sein schlichtes Käpplein
Mit linden Zweiges Zier,
Und pfeifend trug er weiter
Sein flatterndes Zimier.

Glück auf, mein frischer Junge,
Gott gönn dir Luft und Raum!
Wie gern die schmucke Flagge
Dir gönnt der heitre Baum;
Er ist kein schlimmer Alter,
Dem in verdorrter Brust
Das Herz vor Ärger zittert
Bei blanker Jugend Lust.

Doch still, was naht sich wieder?
Ein Husten, kurz und hohl,
Es schlurft den Anger nieder, –
Die Schritte kenn ich wohl!
Es ist der Buche Zwilling,
Mein greiser, siecher Freund,
Auf dessen Haupt so flammend
Die Maiensonne scheint.

Nun stand er an dem Baume,
Lugt' unterm Zelt hinaus,
Wie roch er so behaglich
An seinem Veilchenstrauß.
Nun sucht' er an der Rinde,
Er spähte um und um
Und lachte ganz verstohlen
Und sah verschüchtert um.

Dort fand ich tiefe Risse
Und dachte Frostes Spalt;
Doch wärens Namenszüge,
Vermorscht und adamsalt?
Nun schlägt er einen Nagel,
Er hängt sein Kränzchen auf,
Mich dünkt, ich sah erröten
Ihn an die Stirn hinauf.

O, konntest du mich ahnen,
Mein grauer Lysias,
In deinem ganzen Leben
Warst du nicht wieder blaß.
Doch wer dein spotten könnte,
Du Herz voll Kindessinn,
Das wär gewiß kein Mädchen
Und keine Dichterin.

DAS ESELEIN

Auf einem Wiesengrund ging einmal
Ein muntres Rößlein weiden,
Ein Schimmelchen wars, doch etwas fahl,
Sein Äußeres nenn ich bescheiden,
Das schlechteste und auch das beste nicht,
Wir wollen nicht drüber zanken,
Doch hatt' es ein klares Augenlicht
Und starke geschmeidige Flanken.

In selbem Grunde schritt oft und viel
Ein edler Jüngling spazieren,
Hinter jedem Ohre ein Federkiel,
Das tät ihn wunderbar zieren!
Am Rücken ein Gänseflügelpaar,

Die täten rauschen und wedeln,
Und wißt, seine göttliche Gabe war,
Die schlechte Natur zu veredeln.

Den Tropfen, der seiner Stirne entrann,
Den soll wie Perle man fassen,
Ach, ohne ihn hätte die Sonne man
So simpelhin scheinen lassen,
Und ohne ihn wäre der Wiesengrund
Ein nüchterner Anger geblieben,
Ein Quellchen blank, ein Hügelchen rund
Und eine Handvoll Maßlieben!

Er aber fing in Spiegel den Strahl
Und ließ ihn zucken wie Flammen,
Die ruppigen Gräser strich er zumal
Und flocht sie sauber zusammen,
An Steinen schleppt' er sich krank und matt,
Für ein Ruinchen am Hügel,
Dem Hasen kämmt' er die Wolle glatt
Und frisiert' den Mücken die Flügel.

So hat er mit saurem Schweiß und Müh
Das ganz Gemeine verbessert,
Und klareres Wasser fand man nie,
Als wo er schaufelt' und wässert',
Und wie's nun aller Edlen Manier,
Sich mild und nobel zu zeigen,
So, sei's Gestein, Mensch oder Tier,
Er gab ihm von seinem Eigen.

Einst saß er mit seinem Werkgerät,
Mit Schere, Pinsel und Flasche,
In der eine schwärzliche Lymphe steht,
Mit Spiegel, Feder und Tasche;
Er saß und lauschte, wie in der Näh
Mein Schimmelchen galoppieret;
Auf dem Finger pfiff er: »Pst, Pferdchen, he!«
Und wacker kam es trottieret.

Dann sprach der Edle: »Du wärst schon gut,
'ne passable Rosinante,
Nähm ich dich ernstlich in meine Hut,
Daß ich den Koller dir bannte;

Ein leiser Traber – ein schmuckes Tier –
Ein unermüdeter Wandrer!
Kurz, wenig wüßt ich zu rügen an dir,
Wärst du nur völlig ein andrer.«

»Drum sei verständig, trab heran
Und laß mich ruhig gewähren,
Und sollts dich kneipen, nicht zuck mir dann,
Du weißt, oft zwicken die Scheren.«
Mein Schimmelchen stutzt, es setzt seitab,
Ein paarmal rennt es in Kreisen,
Dann sachte trabt es den Anger hinab,
Dann stand es still vor dem Weisen.

Der sprach: »Dein Ohr – ein armer Stumpf!
Armselig bist du geboren!
Kommandowort und der Siegstriumph,
Das geht dir alles verloren.«
Drauf rüstig setzt' er die Zangen an
Und zarrt' und dehnte an beiden;
Mein Schimmelchen ächzt' und dachte dann:
O wehe, Hoffart muß leiden!

»Auch deine Farbe – erbärmlich schlecht!
Nicht blank und dennoch zu lichte,
Nicht für die romantische Dämmrung recht
Und nicht für die klare Geschichte.«
Drauf emsig langt' er den Pinsel her
Und mischte Schwarz zu dem Weißen;
Mein Schimmelchen zuckt', es juckt' ihn sehr,
Doch dacht es: Wie werd ich gleißen!

»Und gar dein Schweif – unseliges Vieh!
Der flattert und schlenkert wie Segel,
Ich wette, du meinst dich ein Kraftgenie,
Und scheinst doch andern ein Flegel.«
Drauf mit der Schere, Gang an Gang,
Beginnt er hurtig zu zwicken,
Hinauf hinunter, die Wurzel entlang,
Von der Kuppe bis an den Rücken.

Dann spricht er freudig: »Mein schmuckes
                                            Tier,
Mein Zelter, edel wie keiner!«

Und eilends langt er den Spiegel herfür:
»Nun sieh und freue dich deiner!
Nun bist ein Paderößlein, baß
Wie eines von Münster bis Wesel.«
Der Schimmel blinzt und schaut ins Glas –
O Himmel, da war er ein Esel!

GRÜSSE

Steigt mir in diesem fremden Lande
Die allbekannte Nacht empor,
Klatscht es wie Hufesschlag vom Strande,
Rollt sich die Dämmerung hervor,
Gleich Staubeswolken mir entgegen
Von meinem lieben starken Nord,
Und fühl ich meine Locken regen
Der Luft geheimnisvolles Wort –

Dann ist es mir, als hör ich reiten
Und klirren und entgegenziehn
Mein Vaterland von allen Seiten,
Und seine Küsse fühl ich glühn;
Dann wird des Windes leises Munkeln
Mir zu verworrnen Stimmen bald,
Und jede schwache Form im Dunkeln
Zur tiefvertrautesten Gestalt.

Und meine Arme muß ich strecken,
Muß Küsse, Küsse hauchen aus,
Wie sie die Leiber könnten wecken,
Die modernden, im grünen Haus;
Muß jeden Waldeswipfel grüßen,
Und jede Heid und jeden Bach,
Und alle Tropfen, die da fließen,
Und jedes Hälmchen, das noch wach.

Du Vaterhaus, mit deinen Türmen,
Vom stillen Weiher eingewiegt,
Wo ich in meines Lebens Stürmen
So oft erlegen und gesiegt; –
Ihr breiten, laubgewölbten Hallen,
Die jung und fröhlich mich gesehn,

Wo ewig meine Seufzer wallen
Und meines Fußes Spuren stehn.
Du feuchter Wind von meinen Heiden,
Der wie verschämte Klage weint,
Du Sonnenstrahl, der so bescheiden
Auf ihre Kräuter niederscheint; –
Ihr Gleise, die mich fortgetragen,
Ihr Augen, die mir nachgeblinkt,
Ihr Herzen, die mir nachgeschlagen,
Ihr Hände, die mir nachgewinkt.

Und Grüße, Grüße, ach, wo immer
Die treuste Seele mein vergißt
Und jetzt bei ihres Lämpchens Schimmer
Für mich den Abendsegen liest,
Wo bei des Hahnes erstem Krähen
Sie matt die graue Wimper streicht
Und einmal noch vor Schlafengehen
An mein verlaßnes Lager schleicht.

Ich möcht euch alle an mich schließen,
Ich fühl euch alle um mich her,
Ich möchte mich in euch ergießen,
Gleich siechem Bache in das Meer.
O, wüßtet ihr, wie krank gerötet,
Wie fieberhaft ein Äther brennt,
Wo keine Seele für uns betet
Und keiner unsre Toten kennt!

Der Knabe im Moor

O schaurig ists übers Moor zu gehn,
Wenn es wimmelt vom Heiderauche,
Sich wie Phantome die Dünste drehn
Und die Ranke häkelt am Strauche,
Unter jedem Tritte ein Quellchen springt,
Wenn aus der Spalte es zischt und singt,
O schaurig ists übers Moor zu gehn,
Wenn das Röhricht knistert im Hauche!

Fest hält die Fibel das zitternde Kind
Und rennt, als ob man es jage;

Hohl über die Fläche sauset der Wind –
Was raschelt drüben am Hage?
Das ist der gespenstische Gräberknecht,
Der dem Meister die besten Torfe verzecht;
Hu, hu, es bricht wie ein irres Rind!
Hingeducket das Knäblein zage.

Vom Ufer starret Gestumpf hervor,
Unheimlich nicket die Föhre,
Der Knabe rennt, gespannt das Ohr,
Durch Riesenhalme wie Speere;
Und wie es rieselt und knittert darin!
Das ist die unselige Spinnerin,
Das ist die gebannte Spinnlenor,
Die den Haspel dreht im Geröhre!

Voran, voran! nur immer im Lauf,
Voran, als woll es ihn holen!
Vor seinem Fuße brodelt es auf,
Es pfeift ihm unter den Sohlen
Wie eine gespenstige Melodei;
Das ist der Geigenmann ungetreu,
Das ist der diebische Fiedler Knauf,
Der den Hochzeitheller gestohlen!

Da birst das Moor, ein Seufzer geht
Hervor aus der klaffenden Höhle;
Weh, weh, da ruft die verdammte Margret:
»Ho, ho, meine arme Seele!«
Der Knabe springt wie ein wundes Reh;
Wär nicht Schutzengel in seiner Näh,
Seine bleichenden Knöchelchen fände spät
Ein Gräber im Moorgeschwele.

Da mählich gründet der Boden sich,
Und drüben, neben der Weide,
Die Lampe flimmert so heimatlich,
Der Knabe steht an der Scheide.
Tief atmet er auf, zum Moor zurück
Noch immer wirft er den scheuen Blick:
Ja, im Geröhre wars fürchterlich,
O schaurig wars in der Heide!

IM MOOSE

Als jüngst die Nacht dem sonnenmüden Land
Der Dämmrung leise Boten hat gesandt,
Da lag ich einsam noch in Waldes Moose.
Die dunklen Zweige nickten so vertraut,
An meiner Wange flüsterte das Kraut,
Unsichtbar duftete die Heiderose.

Und flimmern sah ich durch der Linde Raum
Ein mattes Licht, das im Gezweig der Baum
Gleich einem mächt'gen Glühwurm schien
                         zu tragen,
Es sah so dämmernd wie ein Traumgesicht,
Doch wußte ich, es war der Heimat Licht,
In meiner eignen Kammer angeschlagen.

Ringsum so still, daß ich vernahm im Laub
Der Raupe Nagen, und wie grüner Staub
Mich leise wirbelnd Blätterflöckchen trafen.
Ich lag und dachte, ach, so manchem nach,
Ich hörte meines eignen Herzens Schlag,
Fast war es mir, als sei ich schon entschlafen.

Gedanken tauchten aus Gedanken auf,
Das Kinderspiel, der frischen Jahre Lauf,
Gesichter, die mir lange fremd geworden;
Vergeßne Töne summten um mein Ohr,
Und endlich trat die Gegenwart hervor,
Da stand die Welle, wie an Ufers Borden.

Dann, gleich dem Bronnen, der verrinnt
                         im Schlund
Und drüben wieder sprudelt aus dem Grund,
So stand ich plötzlich in der Zukunft Lande;
Ich sah mich selber, gar gebückt und klein,
Geschwächten Auges, am ererbten Schrein
Sorgfältig ordnen staub'ge Liebespfande.

Die Bilder meiner Lieben sah ich klar,
In einer Tracht, die jetzt veraltet war,
Mich sorgsam lösen aus verblichnen Hüllen,
Löckchen, vermorscht, zu Staub zerfallen
                         schier,

Sah über die gefurchte Wange mir
Langsam herab die karge Träne quillen.

Und wieder an des Friedhofs Monument,
Dran Namen standen, die mein Lieben kennt,
Da lag ich betend, mit gebrochnen Knieen,
Und – horch, die Wachtel schlug! kühl
                      strich der Hauch –
Und noch zuletzt sah ich, gleich einem Rauch,
Mich leise in der Erde Poren ziehen.

Ich fuhr empor und schüttelte mich dann,
Wie einer, der dem Scheintod erst entrann,
Und taumelte entlang die dunklen Hage,
Noch immer zweifelnd, ob der Stern am Rain
Sei wirklich meiner Schlummerlampe Schein
Oder das ew'ge Licht am Sarkophage.

DAS HAUS IN DER HEIDE

Wie lauscht, vom Abendschein umzuckt,
Die strohgedeckte Hütte,
Recht wie im Nest der Vogel duckt,
Aus dunkler Föhren Mitte.

Am Fensterloche streckt das Haupt
Die weißgestirnte Sterke,
Bläst in den Abendduft und schnaubt
Und stößt ans Holzgewerke.

Seitab ein Gärtchen, dornumhegt,
Mit reinlichem Gelände,
Wo matt ihr Haupt die Glocke trägt,
Aufrecht die Sonnenwende.

Und drinnen kniet ein stilles Kind,
Das scheint den Grund zu jäten,
Nun pflückt sie eine Lilie lind
Und wandelt längs die Beeten.

Am Horizonte Hirten, die
Im Heidekraut sich strecken

Und mit des Aves Melodie
Träumende Lüfte wecken.

Und von der Tenne ab und an
Schallt es wie Hammerschläge,
Der Hobel rauscht, es fällt der Span,
Und langsam knarrt die Säge.

Da hebt der Abendstern gemach
Sich aus den Föhrenzweigen,
Und grade ob der Hütte Dach
Scheint er sich mild zu neigen.

Es ist ein Bild, wie still und heiß
Es alte Meister hegten,
Kunstvolle Mönche, und mit Fleiß
Es auf den Goldgrund legten.

Der Zimmermann – die Hirten gleich
Mit ihrem frommen Liede –
Die Jungfrau mit dem Lilienzweig –
Und rings der Gottesfriede. –

Des Sternes wunderlich Geleucht
Aus zarten Wolkenfloren –
Ist etwa hier im Stall vielleicht
Christkindlein heut geboren?

DER WEIHER

Er liegt so still im Morgenlicht,
So friedlich, wie ein fromm Gewissen;
Wenn Weste seinen Spiegel küssen,
Des Ufers Blume fühlt es nicht;
Libellen zittern über ihn,
Blaugoldne Stäbchen und Karmin,
Und auf des Sonnenbildes Glanz
Die Wasserspinne führt den Tanz;
Schwertlilienkranz am Ufer steht
Und horcht des Schilfes Schlummerliede;
Ein lindes Säuseln kommt und geht,
Als flüstre's: Friede! Friede! Friede! –

DER FISCHER

Wehe dem kleinen Fischerssohn,
Des Vater fischen gegangen!
An den Strand läuft er täglich hinaus,
Am Morgen, am Abend nicht minder:
»Kehre, Vater, kehre zurück
Und bringe die guten Fische!
Kleider reiche, Sandalen auch,
Und rede freundliche Worte!
Denn die Mutter in Grämen ist stumm,
Und der Gläub'ger nahm die Gewande!«

AN DIE MUTTER

Bin ich zu spät gekommen,
So war mein Herz bei dir
Und dacht in diesen Tagen
Nur deiner für und für.

Ich hab gezählt, gerechnet
Und dennoch nicht genug,
Da war die liebe Stunde
Und ungesäumt mein Tuch.

Du trugst, du liebe Mutter,
So oft mit mir Geduld,
Hast Schlimmres mir vergeben
Als die Gedächtnisschuld.

So geht mirs leider immer:
Ich mach es anfangs schlecht,
Und wenn ich mich besonnen,
Erst hintennach wohl recht.

Die beste Politik

Von allem, was zu Leid und Frommen
Bisher das Leben mir gebracht,
Ist manches unverhofft gekommen,
Und manches hatt' ich überdacht;
Doch seltsam! wo ich schlau und fein
Mich abgesorgt zu grauen Haaren,
Da bin ich meistens abgefahren,
Und Unverhofftes schlug mir ein.

Ein jeder kommt doch gern zu Brode,
Doch blieben mir die Gönner kalt,
Tat ich gleich klein wie eine Lode
Gen einen mächt'gen Eichenwald;
Und nur der ärmliche Student,
Bei dem ich manche Nacht verwachte,
Als Mangel ihn aufs Lager brachte,
Der dachte mein als Präsident.

Den Frauen will man auch gefallen,
– Zumal, sieht man nicht übel aus –
In die Salons sah man mich wallen,
Verschmitzt hinein, verdutzt heraus;
Und nur die täglich recht und schlicht
Mich wandeln sah im eignen Hause,
Die trug in meine kleine Klause
Des Lebens süßestes Gedicht.

Auch Ruhm ist gar ein scharfer Köder,
Ich habe manchen Tag verschwitzt,
Verschnitzelt hab ich manche Feder,
Und bin doch schmählich abgeblitzt;
Und nur als ich, entmutigt ganz,
Gedanken flattern ließ wie Flocken,
Da plötzlich fiel auf meine Locken
Ein junger frischer Lorbeerkranz.

So hab aus allem ich gezogen
Das treue Fazit mir zuletzt:
Daß dem das Glück zumeist gewogen,
Der es am mindesten gehetzt;
Und daß, wo Wirken ein Geschick

Nach eigner Willkür kann bereiten,
Nur Offenheit zu allen Zeiten
Die allerbeste Politik.

Der Greis

Allah! laß des Greises Los
Mich nicht, des Greises, erleben!
Aus dem Haupte das Haar ihm fällt
Und des Bartes köstliche Zierde.
Ach, und Zillahs liebe Gestalt
Und Zillahs schwebende Stimme,
Kalt und fühllos stößt ers zurück,
Wie das Riff der Nachtigall Töne.

Der Todesengel

's gibt eine Sage, daß wenn plötzlich matt
Unheimlich Schaudern einen übergleite,
Daß dann ob seiner künft'gen Grabesstatt
Der Todesengel schreite.

Ich hörte sie und malte mir ein Bild
Mit Trauerlocken, mondbeglänzter Stirne,
So schaurig schön, wie's wohl zuweilen quillt
Im schwimmenden Gehirne.

In seiner Hand sah ich den Ebenstab
Mit leisem Strich des Bettes Lage messen,
– So weit das Haupt – so weit der Fuß
                                – hinab!
Verschüttet und vergessen!

Mich graute, doch ich sprach dem
                        Grauen Hohn,
Ich hielt das Bild in Reimes Netz gefangen,
Und frevelnd wagt ich aus der Totenkron
Ein Lorbeerblatt zu langen.

O, manche Stunde denk ich jetzt daran,
Fühl ich mein Blut so matt und
                        stockend schleichen,
Schaut aus dem Spiegel mich ein Antlitz an –
Ich mag es nicht vergleichen; –

Als ich zuerst dich auf dem Friedhof fand,
Tiefsinnig um die Monumente streifend,
Den schwarzen Ebenstab in deiner Hand
Entlang die Hügel schleifend;

Als du das Auge hobst, so scharf und nah,
Ein leises Schaudern plötzlich mich befangen,
O wohl, wohl ist der Todesengel da
Über mein Grab gegangen!

LETZTE WORTE

Geliebte, wenn mein Geist geschieden,
So weint mir keine Träne nach;
Denn, wo ich weile, dort ist Frieden,
Dort leuchtet mir ein ew'ger Tag!

Wo aller Erdengram verschwunden,
Soll euer Bild mir nicht vergehn,
Und Linderung für eure Wunden,
Für euern Schmerz will ich erflehn.

Weht nächtlich seine Seraphsflügel
Der Friede übers Weltenreich,
So denkt nicht mehr an meinen Hügel,
Denn von den Sternen grüß ich euch!

NIKOLAUS LENAU

NIKOLAUS LENAU

Nikolau Lenau, der mit vollem und richtigem Namen Nikolaus Franz Niembsch (sowie ab 1820) Edler von Strehlenau hieß, wurde am 13. August 1802 in Csatád in Ungarn geboren. Seine Kindheit war geprägt vom frühen Verlust des Vaters und der liebevollen Erziehung durch die Mutter und auch durch die Großeltern.

Nach dem Ende seiner Schulzeit begann er zunächst Philosophie zu studieren, wechselte dann zu ungarischem Recht, Landwirtschaft, französischer Sprache und deutschem Recht, um schließlich bei der Medizin zu landen. Auch seine Studienorte wechselten sich ab. Von Preßburg über Ungarisch-Altenburg und Wien bis nach Heidelberg betrieb der junge Niembsch seine Studien während der Jahre 1819 bis 1832. Nach Stuttgart fand er, nachdem eine Liebe unglücklich geendet hatte und im Jahr 1829 seine Mutter gestorben war. Die strenge Zensur in Österreich tat das übrige.

1832 erlangte er durch die Veröffentlichung seiner Gedichte bei Cotta gute Kontakte zu den schwäbischen Dichterkreisen. Zu seinen Freunden zählten schon bald wichtige Persönlichkeiten, darunter Gustav Schwab, Justinus Kerner, Karl Mayer, Ludwig Uhland und Alexander Graf von Württemberg. Zärtliche Gefühle hegte der junge Dichter zu Schwabs Nichte Charlotte Gmelin, der er seine »Schilflieder« widmete.

Eine Amerikareise 1832/33 enttäuschte Lenau. Nach seiner Rückkehr lebte er abwechselnd in Württemberg und Österreich. Letzteres vor allem wegen einer Romanze mit Sophie Löwenthal, der Cousine eines Jugendfreundes. Zwischen 1833 und 1842 entstanden Lenaus bedeutendste Werke, darunter seine Versepen »Faust« (1836), »Savonarola« (1837) und die »Albigenser« (1842).

1844 verlobte sich der Dichter mit Marie Behrends. Mit Cotta schloß er einen Verlagsvertrag, der ihm Sicherheit für die Zukunft bot. Dann fiel Lenau in geistige Umnachtung. Er wurde in die Irrenanstalt Winnenthal eingeliefert, in der er drei Jahre blieb, ehe ihn sein Schwager Anton Schurz nach Oberdöbling bei Wien brachte. Dort starb Nikolaus Franz Niembsch Edler von Strehlenau am 22. August 1850.

An die Melancholie

Du geleitest mich durchs Leben,
Sinnende Melancholie!
Mag mein Stern sich strahlend heben,
Mag er sinken – weichest nie!

Führst mich oft in Felsenklüfte,
Wo der Adler einsam haust,
Tannen starren in die Lüfte
Und der Waldstrom donnernd braust.

Meiner Toten dann gedenk ich,
Wild hervor die Träne bricht,
Und an deinen Busen senk ich
Mein umnachtet Angesicht.

Vanitas

Eitles Trachten, eitles Ringen
Frißt dein bißchen Leben auf,
Bis die Abendglocken klingen,
Still dann steht der tolle Lauf.

Gastlich bot dir auf der Reise
Die Natur ihr Heiligtum;
Doch du stäubtest fort im Gleise,
Sahst nach ihr dich gar nicht um.

Blütenduft und Nachtigallen,
Mädchenkuß und Freundeswort
Riefen dich in ihre Hallen;
Doch du jagtest fort und fort.

Eine Törin dir zur Seite
Trieb mit dir ein arges Spiel,
Wies dir stets ins graue Weite:
»Siehst du, Freund, dort glänzt das Ziel!«

War es Gold, wars Macht und Ehre,
Was sie schmeichelnd dir verhieß:

Täuschung wars nur der Hetäre
Eitel Land ist das und dies.

Sieh! noch winkt sie dir ins Weite,
Und du wardst ein alter Knab!
Nun entschlüpft dir dein Geleite,
Und du stehst allein – am Grab.

Kannst nicht trocknen mehr die Stirne,
Da du mit dem Tode ringst;
Hörst du ferne noch der Dirne
Hohngelächter – und versinkst!

An die Wolke

Zieh nicht so schnell vorüber
An dieser stillen Heide,
Zieh nicht so scheu vorüber
An meinem tiefen Leide,
Du Wolke in der Höh,
Steh still bei meinem Weh!

O nimm auf deine Schwingen
Und trag zu ihr die Kunde,
Wie Schmerz und Groll noch ringen
Und bluten aus der Wunde,
Die mir mit ihrem Trug
Die Ungetreue schlug.

Und kommst auf deinen Wegen
Du an vor ihrem Hause,
So stürze dich als Regen
Herunter mit Gebrause,
Daß sie bei dunkler Nacht
Aus ihrem Traum erwacht.

Schlag an die Fensterscheibe
Und schlag an ihre Türe
Und sei dem falschen Weibe
Ein Mahner an die Schwüre,
Die sie mir weinend sprach,
Und die sie lächelnd brach.

Und will sie das nicht hören,
So magst von deinem Sitze
Du, Donner, dich empören,
Dann rüttelt, all ihr Blitze,
Wenn ihr vorüberzieht,
An ihrem Augenlid!

BLICK IN DEN STROM

Sahst du ein Glück vorübergehn,
Das nie sich wiederfindet,
Ists gut in einen Strom zu sehn,
Wo alles wogt und schwindet.

O! starre nur hinein, hinein,
Du wirst es leichter missen,
Was dir, und solls dein Liebstes sein,
Vom Herzen ward gerissen.

Blick unverwandt hinab zum Fluß,
Bis deine Tränen fallen,
Und sieh durch ihren warmen Guß
Die Flut hinunterwallen.

Hinträumend wird Vergessenheit
Des Herzens Wunde schließen;
Die Seele sieht mit ihrem Leid
Sich selbst vorüberfließen.

DIE HEIDELBERGER RUINE

Freundlich grünen diese Hügel,
Heimlich rauscht es durch den Hain,
Spielen Laub und Mondenschein,
Weht des Todes leiser Flügel.

Wo nun Gras und Staude beben,
Hat in froher Kraft geblüht,
Ist zu Asche bald verglüht
Manches reiche Menschenleben.

Mag der Hügel noch so grünen;
Was dort die Ruine spricht
Mit verstörtem Angesicht,
Kann er nimmer doch versühnen.

Mit gleichgültiger Gebärde
Spielt die Blum in Farb und Duft,
Wo an einer Menschengruft
Ihren Jubel treibt die Erde.

Kann mein Herz vor Groll nicht hüten:
Ob sie holde Düfte wehn
Und mit stillem Zauber sehn:
Kalt und roh sind diese Blüten.

Über ihrer Schwestern Leichen,
Die der rauhe Nord erschlug,
Nehmen sie den Freudenzug;
Gibt der Lenz sein Siegeszeichen.

Der Natur bewegte Kräfte
Eilen fort im Kampfgewühl;
Fremd ist weiches Mitgefühl
Ihrem rüstigen Geschäfte. –

Unten braust der Fluß im Tale,
Und der Häuser bunte Reihn,
Buntes Leben schließend ein,
Schimmern hell im Mondenstrahle.

Auf den Frohen, der genießet
Und die Freude hält im Arm;
Auf den Trüben, der in Harm
Welkt und Tränen viel vergießet;

Auf der Taten kühnen Fechter –
Winkt hinab voll Bitterkeit
Die Ruine dort, der Zeit
Steinern stilles Hohngelächter.

Doch hier klagt noch eine Seele.
Sei gegrüßt in deinem Strauch!
Sende mir den bangen Hauch,
Wunderbare Philomele!

Wohl verstehst du die Ruine,
Und du klagst es tief und laut,
Daß durch all die Blüten schaut
Eine kalte Todesmiene;

Folgst dem Lenz auf seinen Zügen;
Und zu warnen unser Herz
Vor der Täuschung bittrem Schmerz,
Straft ihn deine Stimme Lügen.

Doch – nun schweigst du, wie zu lauschen,
Ob in dieser Maiennacht
Heimlich nicht noch andres wacht
Als der Lüfte sanftes Rauschen.

Die der Tod hinweggenommen,
Die hier einst so glücklich war,
Der geschiednen Seelen Schar,
Nachtigall, du hörst sie kommen;

Von den öden Schattenheiden
Rief des Frühlings mächtig Wort
Sie zurück zum schönen Ort
Ihrer frühverlaßnen Freuden.

An den vollen Blütenzweigen
Zieht dahin der Geisterschwall,
Wo du lauschest, Nachtigall,
Halten sie den stillen Reigen;

Und sie streifen und sie drängen
– Dir nur träumerisch bewußt –
Deine weiche, warme Brust,
Rühren sie zu süßen Klängen.

Selber können sie nicht künden,
Seit der Leib im Leichentuch,
Ihren nächtlichen Besuch
Diesen treugeliebten Gründen.

Nun sie wieder müssen eilen
In das öde Schattenreich,
Rufest du so dringend weich
Ihnen nach, sie möchten weilen. –

Blüten seh ich niederschauern;
Die mein Klagen roh und kalt
Gegen die Gestorbnen schalt,
Jetzo muß ich sie bedauern;

Denn mich dünkt, ihr frohes Drängen
Ist der Sehnsucht Weiterziehn,
Mit den Blüten, die dahin,
Um so bälder sich zu mengen.

Hat die leichten Blütenflocken
Hingeweht der Abendwind?
Ist des Frühlings zartes Kind
An dem Geisterzug erschrocken?

SCHILFLIEDER

1

Drüben geht die Sonne scheiden,
Und der müde Tag entschlief.
Niederhangen hier die Weiden
In den Teich, so still, so tief.

Und ich muß mein Liebstes meiden:
Quill, o Träne, quill hervor!
Traurig säuseln hier die Weiden
Und im Winde bebt das Rohr.

In mein stilles, tiefes Leiden
Strahlst du, Ferne! hell und mild,
Wie durch Binsen hier und Weiden
Strahlt des Abendsternes Bild.

2

Trübe wirds, die Wolken jagen,
Und der Regen niederbricht,
Und die lauten Winde klagen:
»Teich, wo ist dein Sternenlicht?«

Suchen den erloschnen Schimmer
Tief im aufgewühlten See.
Deine Liebe lächelt nimmer
Nieder in mein tiefes Weh!

3

Auf geheimem Waldespfade
Schleich ich gern im Abendschein
An das öde Schilfgestade,
Mädchen, und gedenke dein!

Wenn sich dann der Busch verdüstert,
Rauscht das Rohr geheimnisvoll,
Und es klaget, und es flüstert,
Daß ich weinen, weinen soll.

Und ich mein, ich höre wehen
Leise deiner Stimme Klang
Und im Weiher untergehen
Deinen lieblichen Gesang.

4

Sonnenuntergang;
Schwarze Wolken ziehn,
O wie schwül und bang
Alle Winde fliehn!

Durch den Himmel wild
Jagen Blitze, bleich;
Ihr vergänglich Bild
Wandelt durch den Teich.

Wie gewitterklar
Mein ich dich zu sehn
Und dein langes Haar
Frei im Sturme wehn!

5

Auf dem Teich, dem regungslosen,
Weilt des Mondes holder Glanz,
Flechtend seine bleichen Rosen
In des Schilfes grünen Kranz.

Hirsche wandeln dort am Hügel,
Blicken in die Nacht empor;
Manchmal regt sich das Geflügel
Träumerisch im tiefen Rohr.

Weinend muß mein Blick sich senken;
Durch die tiefste Seele geht
Mit ein süßes Deingedenken,
Wie ein stilles Nachtgebet!

DIE DREI

Drei Reiter nach verlorner Schlacht,
Wie reiten sie so sacht, so sacht!

Aus tiefen Wunden quillt das Blut,
Es spürt das Roß die warme Flut.

Vom Sattel tropft das Blut, vom Zaum,
Und spült hinunter Staub und Schaum.

Die Rosse schreiten sanft und weich,
Sonst flöß das Blut zu rasch, zu reich.

Die Reiter reiten dicht gesellt,
Und einer sich am andern hält.

Sie sehn sich traurig ins Gesicht,
Und einer um den andern spricht:

»Mir blüht daheim die schönste Maid,
Drum tut mein früher Tod mir leid.«

»Hab Haus und Hof und grünen Wald,
Und sterben muß ich hier so bald!«

»Den Blick hab ich in Gottes Welt,
Sonst nichts, doch schwer mirs Sterben fällt.«

Und lauernd auf den Todesritt
Ziehn durch die Luft drei Geier mit.

Sie teilen kreischend unter sich:
»Den speisest du, den du, den ich.«

DIE ASKETEN

O spottet nicht der traurigen Asketen,
Daß sie den Leib mit scharfen Leiden plagen,
Die süßen Erdenfreuden sich versagen,
Die flüchtigen, nur allzuschnell verwehten!

Nebst solchen, die das Futter gierig mähten,
Seit des verlornen Paradieses Tagen,
Hat eine Schar von Herzen stets geschlagen,
Die, abgewandt, die Weide hier verschmähten.

Ein schüchternes Gefühl: »Wir sind gefallen!«
Hält sie vom lauten Freudenmarkt zurück,
Heißt sie den Pfad einsamer Dornen wallen.

Es wächst ihr Ernst, wenn sie vorüberstreifen
An einem unverdienten Erdenglück;
Die Scham verbietet, keck darnach zu greifen.

HERBST

Nun ist es Herbst, die Blätter fallen,
Den Wald durchbraust des Scheidens Weh;
Den Lenz und seine Nachtigallen
Versäumt ich auf der wüsten See.

Der Himmel schien so mild, so helle,
Verloren ging sein warmes Licht;
Es blühte nicht die Meereswelle,
Die rohen Winde sangen nicht.

Und mir verging die Jugend traurig,
Des Frühlings Wonne blieb versäumt;
Der Herbst durchweht mich trennungschaurig,
Mein Herz dem Tod entgegenträumt.

HERBSTGEFÜHL

Mürrisch braust der Eichenwald,
Aller Himmel ist umzogen,
Und dem Wandrer, rauh und kalt,
Kommt der Herbstwind nachgeflogen.

Wie der Wind zu Herbsteszeit
Mordend hinsaust in den Wäldern,
Weht mir die Vergangenheit
Von des Glückes Stoppelfeldern.

An den Bäumen, welk und matt,
Schwebt des Laubes letzte Neige,
Niedertaumelt Blatt auf Blatt
Und verhüllt die Waldessteige;

Immer dichter fällt es, will
Mir den Reisepfad verderben,
Daß ich lieber halte still,
Gleich am Orte hier zu sterben.

NEBEL

Du, trüber Nebel, hüllest mir
Das Tal mit seinem Fluß,
Den Berg mit seinem Waldrevier
Und jeden Sonnengruß.

Nimm fort in deine graue Nacht
Die Erde weit und breit!
Nimm fort, was mich so traurig macht,
Auch die Vergangenheit!

BITTE

Weil auf mir, du dunkles Auge,
Übe deine ganze Macht,
Ernste, milde, träumerische,
Unergründlich süße Nacht!

Nimm mit deinem Zauberdunkel
Diese Welt von hinnen mir,
Daß du über meinem Leben
Einsam schwebest für und für.

DIE DREI ZIGEUNER

Drei Zigeuner fand ich einmal
Liegen an einer Weide,
Als mein Fuhrwerk mit müder Qual
Schlich durch sandige Heide.

Hielt der eine für sich allein
In den Händen die Fiedel,
Spielte, umglüht vom Abendschein,
Sich ein feuriges Liedel.

Hielt der zweite die Pfeif im Mund,
Blickte nach seinem Rauche,
Froh, als ob er vom Erdenrund
Nichts zum Glücke mehr brauche.

Und der dritte behaglich schlief,
Und sein Zimbal am Baum hing,
Über die Saiten der Windhauch lief,
Über sein Herz ein Traum ging.

An den Kleidern trugen die drei
Löcher und bunte Flicken,
Aber sie boten trotzig frei
Spott den Erdengeschicken.

Dreifach haben sie mir gezeigt,
Wenn das Leben uns nachtet,

Wie mans verraucht, verschläft, vergeigt
Und es dreimal verachtet.

Nach den Zigeunern lang noch schaun
Mußt ich im Weiterfahren,
Nach den Gesichtern dunkelbraun,
Den schwarzlockigen Haaren.

BETTLERS KLAGE

Bin einsam, schwach und alt,
Mich hüllen Lumpen ein,
Wie bläst der Wind so kalt,
Geht mir durch Mark und Bein.

Ich bettle vor der Tür,
Und hab ich lang gefleht,
So tönt es oft herfür:
»In Gottes Namen geht!«

Da fährt durchs hohe Tor
Ein Herr, – der Rosse Huf
Verstampfet seinem Ohr
Des Bettelmannes Ruf.

Die Dame wend't den Blick
Voll Ekel von mir; ach,
Mein schreckliches Geschick
Fühl ich dann siebenfach!

WINTERNACHT

1

Vor Kälte ist die Luft erstarrt,
Es kracht der Schnee von meinen Tritten,
Es dampft mein Hauch, es klirrt mein Bart;
Nur fort, nur immer fortgeschritten!

Wie feierlich die Gegend schweigt!
Der Mond bescheint die alten Fichten,
Die sehnsuchtsvoll zum Tod geneigt,
Den Zweig zurück zur Erde richten.

Frost! friere mir ins Herz hinein,
Tief in das heißbewegte, wilde!
Daß einmal Ruh mag drinnen sein,
Wie hier im nächtlichen Gefilde!

2

Dort heult im tiefen Waldesraum
Ein Wolf; – wies Kind aufweckt die Mutter,
Schreit er die Nacht aus ihrem Traum
Und heischt von ihr sein blutig Futter.

Nun brausen über Schnee und Eis
Die Winde fort mit tollem Jagen,
Als wollten sie sich rennen heiß:
Wach auf, o Herz, zu wildem Klagen!

Laß deine Toten auferstehn
Und deiner Qualen dunkle Horden!
Und laß sie mit den Stürmen gehn,
Dem rauhen Spielgesind aus Norden!

EINSAMKEIT

1

Hast du schon je dich ganz allein gefunden,
Lieblos und ohne Gott auf einer Heide,
Die Wunden schnöden Mißgeschicks
                              verbunden
Mit stolzer Stille, zornig dumpfem Leide?

War jede frohe Hoffnung dir entschwunden,
Wie einem Jäger an der Bergesscheide
Stirbt das Gebell von den verlornen Hunden,
Wies Vöglein zieht, daß es den Winter meide?

Warst du auf einer Heide so allein,
So weißt du auch, wies einen dann bezwingt,
Daß er umarmend stürzt an einen Stein;

Daß er, von seiner Einsamkeit erschreckt,
Entsetzt empor vom starren Felsen springt
Und bang dem Winde nach die Arme streckt.

2

Der Wind ist fremd, du kannst ihn nicht
                              umfassen,
Der Stein ist tot, du wirst beim kalten, derben
Umsonst um eine Trosteskunde werben,
So fühlst du auch bei Rosen dich verlassen;

Bald siehst du sie, dein ungewahr, erblassen,
Beschäftigt nur mit ihrem eignen Sterben.
Geh weiter: überall grüßt dich Verderben
In der Geschöpfe langen dunklen Gassen;

Siehst hier und dort sie aus den Hütten
                              schauen,
Dann schlagen sie vor dir die Fenster zu,
Die Hütten stürzen, und du fühlst ein Grauen.

Lieblos und ohne Gott! der Weg ist schaurig,
Der Zugwind in den Gassen kalt; und du? –
Die ganze Welt ist zum Verzweifeln traurig.

WUNSCH

Fort möcht ich reisen
Weit, weit in die See,
O meine Geliebte,
Mit dir allein!

Die Dränger und Lauscher
Und kalten Störer,
Sie hielt' uns ferne
Der wallende Abgrund,
Das drohende Meer,
Wir wären so sicher

Und selig allein.
Und käme der Sturm,
Uch würd dich halten
An meiner Brust.
Wenn donnernde Wogen
Zum Himmel schlügen,
Doch höher schlüge
Mein trunkenes Herz;
Und meine Liebe,
Die ewige, starke,
Sie würde frohlockend
Dich halten im Sturm.
Du würdest zitternd
Mir blicken ins Auge
Und würdest erblicken,
Was nimmer scheitert
In allen Stürmen,
Und würdest lächeln
Und nicht mehr zittern.

Sieh, nun ermüdet
Der tobende Aufruhr,
In Schlummer sinken
Die Wellen und Winde,
Und über den Wassern
Ist tiefe Stille.
Da ruhst du sinnend
An meiner Brust.
So tiefe Stille:
Mein lauschendes Herz
Hört Antwort pochen
Dein lauschendes Herz.
Wir sind allein,
Doch flüsterst du leise,
Um nicht zu stören
Das sinnende Meer.
Nur sanft erzittern
Die Lippen dir,
Die schwellenden Blätter
Der süßen Rose,
Ich sauge dein Wort,
Den klingenden Duft
Der süßen Rose.

Im Osten hebt sich
Der klare Mond,
Und Gott bedecket
Den Himmel mit Sternen,
Und ich bedecke,
Selig wie er,
Dein liebes Antlitz,
Den schönern Himmel,
Mit feurigen Küssen.

VERGÄNGLICHKEIT

Vom Berge schaut hinaus ins tiefe Schweigen
Der mondbeseelten schönen Sommernacht
Die Burgruine; und in Tannenzweigen
Hinseufzt ein Lüftchen, das allein bewacht
Die trümmervolle Einsamkeit,
Den bangen Laut: »Vergänglichkeit!«

»Vergänglichkeit!« mahnt mich im stillen Tale
Die ernste Schar bekreuzter Hügel dort,
Wo dauernder der Schmerz in Totenmale
Als in verlaßne Herzen sich gebohrt;
Bei Sterbetages Wiederkehr
Befeuchtet sich kein Auge mehr.

Der wechselnden Gefühle Traumgestalten
Durchrauschen äffend unser Herz; es sucht
Vergebens seinen Himmel festzuhalten,
Und fortgerissen in die rasche Flucht
Wird auch der Jammer; und der Hauch
Der sanften Wehmut schwindet auch.

Horch ich hinab in meines Busens Tiefen,
»Vergänglichkeit!« klagts hier auch meinem
                                                        Ohr,
Wo längst der Kindheit Freudenkläng
                                                        entschliefen,
Der Liebe Zauberlied sich still verlor;
Wo bald in jenen Seufzer bang
Hinstirbt der letzte frohe Klang.

EDUARD MÖRIKE

EDUARD MÖRIKE

Eduard Mörike wurde am 8. September 1804 in Ludwigsburg geboren. Zu seinen Jugendfreunden gehörten Friedrich Theodor Vischer, David Friedrich Strauß und Wilhelm Waiblinger. Von 1822 bis 1826 studierte Mörike Theologie am Tübinger Stift. Während dieser Zeit pflegte er eine enge Freundschaft zu Ludwig Bauer. 1823 verliebte er sich in Maria Meyer, die in seinen Gedichten zu »Peregrina« wurde.

In den Jahren nach dem Studium bis 1834 hatte Mörike verschiedene Stellen als Pfarrer in kleinen württembergischen Dörfern inne. Er bemühte sich vergebens, sich aus dieser Tätigkeit zu befreien. In jene Zeit fiel auch seine Liebe zu Luise Rau. 1834 wurde ihm eine Pfarrei in Cleversulzbach zugeteilt, die er bis 1843 leitete.

Seine Krankheit und andauernde psychische Labilität bewirkten schließlich Mörikes Pensionierung. Die weiteren Stationen seines Lebens waren Schwäbisch Hall und Bad Mergentheim, wo er seine spätere Frau Margarethe Speeth kennenlernte, die er 1851 heiratete.

Im Jahr seiner Hochzeit nahm Mörike einen Lehrauftrag an einer höheren Mädchenschule in Stuttgart an, den er bis 1867 erfüllte. Während dieser Jahre lernte er unter anderen Moritz von Schwind, Paul Heyse und Theodor Storm kennen. Seine Ehe verlief leidlich. Zu sehr kam sich der seelisch angeschlagene und hypochondrische Dichter bedrängt vor.

Die letzten Jahre verlebte Eduard Mörike in Lorch, Nürtingen und Stuttgart, wo er am 4. Juni 1875 starb.

Zu seinen bedeutendsten Schriften zählen neben den Gedichten die Novellen »Maler Nolten« (1832) und »Mozart auf der Reise nach Prag« (1855) sowie das Epos »Idylle vom Bodensee« (1846).

IN DER FRÜHE

Kein Schlaf noch kühlt das Auge mir,
Dort gehet schon der Tag herfür
An meinem Kammerfenster.
Es wühlet mein verstörter Sinn
Noch zwischen Zweifeln her und hin
Und schaffet Nachtgespenster.
– Ängste, quäle
Dich nicht länger, meine Seele!
Freu dich! schon sind da und dorten
Morgenglocken wach geworden.

EIN STÜNDLEIN WOHL VOR TAG

Derweil ich schlafend lag,
Ein Stündlein wohl vor Tag,
Sang vor dem Fenster auf dem Baum
Ein Schwälblein mir, ich hört es kaum,
Ein Stündlein wohl vor Tag:

»Hör an, was ich dir sag,
Dein Schätzlein ich verklag:
Derweil ich dieses singen tu,
Herzt er ein Lieb in guter Ruh,
Ein Stündlein wohl vor Tag.«

O weh! nichts weiter sag!
O still! nichts hören mag!
Flieg ab! flieg ab von meinem Baum!
– Ach, Lieb und Treu ist wie ein Traum
Ein Stündlein wohl vor Tag.

FRÜH IM WAGEN

Es graut vom Morgenreif
In Dämmerung das Feld,
Da schon ein blasser Streif
Den fernen Ost erhellt;

Man sieht im Lichte bald
Den Morgenstern vergehn,
Und doch am Fichtenwald
Den vollen Mond noch stehn:

So ist mein scheuer Blick,
Den schon die Ferne drängt,
Noch in das Schmerzensglück
Der Abschiedsnacht versenkt.

Dein blaues Auge steht,
Ein dunkler See, vor mir,
Dein Kuß, dein Hauch umweht,
Dein Flüstern mich noch hier.

An deinem Hals begräbt
Sich weinend mein Gesicht,
Und Purpurschwärze webt
Mir vor dem Auge dicht.

Die Sonne kommt; – sie scheucht
Den Traum hinweg im Nu,
Und von den Bergen streicht
Ein Schauer auf mich zu.

ZU VIEL

Der Himmel glänzt vom reinsten
                              Frühlingslichte,
Ihm schwillt der Hügel sehnsuchtsvoll
                                    entgegen,
Die starre Welt zerfließt in Liebessegen
Und schmiegt sich rund zum zärtlichsten
                                    Gedichte.

Am Dorfeshang, dort bei der luftgen Fichte,
Ist meiner Liebsten kleines Haus gelegen –
O Herz, was hilft dein Wiegen und dein Wägen,
Daß all der Wonnestreit in dir sich schlichte!

Du, Liebe, hilf den süßen Zauber lösen,
Womit Natur in meinem Innern wühlet!
Und du, o Frühling, hilf die Liebe beugen!

Lisch aus, o Tag! Laß mich in Nacht genesen!
Indes ihr sanften Sterne göttlich kühlet,
Will ich zum Abgrund der Betrachtung steigen.

LIED EINES MÄDCHENS

Bist du, goldner Frühling,
Wieder auf dem Wege,
Wirst du wieder rege,
　Warme Lebensluft?

Daß du holder Knabe,
Vor der Türe stehest,
Linde mich umwehest,
　Spür ich lange schon.

Willst du erst mich necken,
Dann mit schnellen Schwingen
Mir entgegenspringen,
　Wie der Braut in Arm?

Deine grüne Jacke
Sah ich lange blitzen,
Und aus allen Ritzen
　Flimmert sie hervor.

Nur den alten Winter
Laß sich nimmer regen!
Laß dich nimmer legen
　In das Leichentuch!

Sonst folg ich dem Sieger
Fort in alle Weite,
Und im Flockenkleide
　Kehr ich nun zurück,

Daß du beim Erwachen
Kalt und starr mich findest
Auch beinah erblindest
　Vor dem Flockenmann!

Magst mit Rosen schmeicheln
Und mit Blumenschmelze, –
Ei, am weißen Pelze
　Steht die Blüte wohl!

Glaubst mich zu erwärmen,
Mir das Kleid zu rauben? –
Wollts ja gern erlauben, –
　Ach, so komme nur!

DAS VERLASSENE MÄGDLEIN

Früh, wann die Hähne krähn,
Eh die Sternlein verschwinden,
Muß ich am Herde stehn,
Muß Feuer zünden.

Schön ist der Flammen Schein,
Es springen die Funken;
Ich schaue so drein,
In Leid versunken.

Plötzlich, da kommt es mir,
Treuloser Knabe,
Daß ich die Nacht von dir
Geträumet habe.

Träne auf Träne dann
Stürzet hernieder;
So kommt der Tag heran –
O ging er wieder!

LIED EINES VERLIEBTEN

In aller Früh, ach, lang vor Tag,
Weckt mich mein Herz, an dich zu denken,
Da doch gesunde Jugend schlafen mag.

Hell ist mein Aug um Mitternacht,
Heller als frühe Morgenglocken:
Wann hättst du je am Tage mein gedacht?

Wär ich ein Fischer, stünd ich auf,
Trüge mein Netz hinab zum Flusse,
Trüg herzlich froh die Fische zum Verkauf.

In der Mühle, bei Licht, der Müllerknecht
Tummelt sich, alle Gänge klappern;
So rüstig Treiben wär mir eben recht!

Weh, aber ich! o armer Tropf!
Muß auf dem Lager mich müßig grämen,
Ein ungebärdig Mutterkind im Kopf.

DER JÄGER

Drei Tage Regen fort und fort,
Kein Sonnenschein zur Stunde;
Drei Tage lang kein gutes Wort
Aus meiner Liebsten Munde!

Sie trutzt mit mir und ich mit ihr,
So hat sie's haben wollen;
Mir aber nagts am Herzen hier,
Das Schmollen und das Grollen.

Willkommen denn, des Jägers Lust,
Gewittersturm und Regen!
Fest zugeknöpft die heiße Brust
Und jauchzend euch entgegen!

Nun sitzt sie wohl daheim und lacht
Und scherzt mit den Geschwistern;
Ich höre in des Waldes Nacht
Die alten Blätter flüstern.

Nun sitzt sie wohl und weinet laut
Im Kämmerlein, in Sorgen;
Mir ist es wie dem Wilde traut,
In Finsternis geborgen.

Kein Hirsch und Rehlein überall!
Ein Schuß zum Zeitvertreibe!
Gesunder Knall und Widerhall
Erfrischt das Mark im Leibe. –

Doch wie der Donner nun verhallt
In Tälern, durch die Runde,
Ein plötzlich Weh mich überwallt,
Mir sinkt das Herz zu Grunde.

Sie trutzt mit mir und ich mit ihr,
So hat sie's haben wollen;
Mir aber frißts am Herzen hier,
Das Schmollen und das Grollen.

Und auf! und nach der Liebsten Haus!
Und sie gefaßt ums Mieder!
»Drück mir die nassen Locken aus,
Und küß und hab mich wieder!«

JÄGERLIED

Zierlich ist des Vogels Tritt im Schnee,
Wenn er wandelt auf des Berges Höh:
Zierlicher schreibt Liebchens liebe Hand,
Schreibt ein Brieflein mir in ferne Land'.

In die Lüfte hoch ein Reiher steigt,
Dahin weder Pfeil noch Kugel fleugt:
Tausendmal so hoch und so geschwind
Die Gedanken treuer Liebe sind.

DER GÄRTNER

Auf ihrem Leibrößlein,
So weiß wie der Schnee,
Die schönste Prinzessin
Reit't durch die Allee.

Der Weg, den das Rößlein
Hintanzet so hold,
Der Sand, den ich streute,
Er blinket wie Gold.

Du rosenfarbs Hütlein,
Wohl auf und wohl ab,
O wirf eine Feder
Verstohlen herab!

Und willst du dagegen
Eine Blüte von mir,
Nimm tausend für *eine*,
Nimm alle dafür!

Nächtliche Fahrt

Jüngst im Traum ward ich getragen
Über fremdes Heideland;
Vor den halbverschloßnen Wagen
Schien ein Trauerzug gespannt.

Dann durch mondbeglänzte Wälder
Ging die sonderbare Fahrt,
Bis der Anblick offner Felder
Endlich mir bekannter ward.

Wie im lustigen Gewimmel
Tanzt nun Busch und Baum vorbei!
Und ein Dorf nun – guter Himmel!
O mir ahnet, was es sei.

Sah ich doch vorzeiten gerne
Diese Häuser oft und viel,
Die am Wagen die Laterne
Streift im stummen Schattenspiel.

Ja, dort unterm Giebeldache
Schlummerst du, vergeßlich Herz!
Und daß dein Getreuer wache,
Sagt dir kein geheimer Schmerz. –

– Ferne waren schon die Hütten:
Sieh! da flatterts durch den Wind.
Eine Gabe zu erbitten
Schien ein armes, holdes Kind.

Wie vom bösen Geist getrieben
Werf ich rasch der Bettlerin
Ein Geschenk von meiner Lieben,
Jene goldne Kette, hin.

Plötzlich scheint ein Rad gebunden,
Und der Wagen steht gebannt,
Und das schöne Mädchen unten
Hält mich schelmisch bei der Hand.

»Denkt man so damit zu schalten?
So entdeck ich den Betrug?
Doch den Wagen festzuhalten,
War die Kette stark genug.

Willst du, daß ich dir verzeihe,
Sei erst selber wieder gut!
Oder wo ist deine Treue,
Böser Junge, falsches Blut?«

Und sie streichelt mir die Wange,
Küßt mir das erfrorne Kinn,
Steht und lächelt, weinet lange
Als die schönste Büßerin.

Doch mir bleibt der Mund verschlossen,
Und kaum weiß ich, was geschehn;
Ganz in ihren Arm gegossen,
Schien ich selig zu vergehn.

Und nun fliegt mit uns, ihr Pferde,
In die graue Welt hinein!
Unter uns vergeh die Erde,
Und kein Morgen soll mehr sein!

Der Knabe und das Immlein

Im Weinberg auf der Höhe
Ein Häuslein steht so windebang,
Hat weder Tür noch Fenster,
Die Weile wird ihm lang.

Und ist der Tag so schwüle,
Sind all verstummt die Vögelein,
Summt an der Sonnenblume
Ein Immlein ganz allein.

Mein Lieb hat einen Garten,
Da steht ein hübsches Immenhaus:
Kommst du daher geflogen?
Schickt sie dich nach mir aus?

»O nein, du feiner Knabe,
Es hieß mich niemand Boten gehn;
Dies Kind weiß nichts von Lieben,
Hat dich noch kaum gesehn.

Was wüßten auch die Mädchen,
Wenn sie kaum aus der Schule sind!
Dein herzallerliebstes Schätzchen
Ist noch ein Mutterkind.

Ich bring ihm Wachs und Honig;
Ade! – ich hab ein ganzes Pfund;
Wie wird das Schätzchen lachen,
Ihm wässert schon der Mund.«

Ach, wolltest du ihr sagen,
Ich wüßte, was viel süßer ist:
Nichts Lieblichers auf Erden
Als wenn man herzt und küßt!

Im Freien

An euch noch glaub ich
Mich trösten zu können,
Meine Sehnsucht – an euch!
Ihr Lüfte, webend über den Wiesen!
Und ich eilte zu euch
Unter die Weiden;
Aber nun wehet ihr,
Und, ich sehe, das stillet mich nicht!

Da ich ohne euch war,
Unter dem Druck der Stadt,
Mahnts mich mit einmal an euch,
Wunder-Hoffnung durchzückt mich,
Tränen der Wonne schossen vom Auge mir
Bei deinem langvergessenen Namen,
Ruhige, gute Natur!
Und wie ein Knabe, heftig schluchzend,
Zur verzeihenden Mutter hinläuft,
Also lief ich entgegen euch,
Und nun seid ihr mir Lüfte nur!
Jetzt verlässet mich alles!

Oder bin ich dir gestorben,
Du unsterblicher Geist der Natur?
Konnte die weichliche Pein
Jener unseligen Liebe
Dich mir auf ewig entfremden?
Und so verzweifl ich jetzt,
Weil ich mein Herzblut gab
Für einen Schatten?

Wühlt durch die Locken mir,
Ihre Winde!
Verbirg dein Antlitz, freundlicher Himmel,
Mit dieser Wolken beruhigendem Grau!
Laß dichter deine großen Tropfen fallen
Auf diese Gräser, diese Bäum, diesen
                        schwellenden Fluß!
Ach! Dumpfer, schöner Donner,
Wie erquickest du mich!
Laß dichter deine großen Tropfen fallen!
Rolle donnernder durch die Wölbung!
Daß es mich aufregt
Aus dem unerquicklichen
Matten Tod!
Nur daß ich fühl: ich lebe!
Und seh einen Wandel, ein Geschäft der Natur!
Die tot mir lag,
Mir Einsamen.

Wie die beneidenswerten
Käfer und Würmchen der Erde,
Die im Gewitter

In ihre heimlichen Wohnungen ducken,
Will ich dann auch in
Meines Herzens Wohnung
Zu kehren meinen,
Mit gleicher ahnungsvoller Freude,
Als fänd ich einen Tropfen Nahrung,
Einen Lebensgedanken;
Dein mahnend Schauspiel schaut ich dann,
Gott, aus ruhigem Winkel,
Und Kräfte brütend, saugt ich
Zu eignem Tun!
Heile mich, Mutter Natur, ach, an deinem
Lautschlagenden Busen!
Oder gefällt es dir, ja, so sende,
Send aus den Höhen auf meine Stirn
Reine Blitze,
Mein Leben zu scheiden!

DER SCHATTEN

Von Dienern wimmelts früh vor Tag,
Von Lichtern, in des Grafen Schloß.
Die Reiter warten sein am Tor,
Es wiehert morgendlich sein Roß.

Doch er bei seiner Frauen steht
Alleine noch im hohen Saal:
Mit Augen gramvoll prüft er sie,
Er spricht sie an zum letztenmal.

»Wirst du, derweil ich ferne bin
Bei des Erlösers Grab, o Weib,
In Züchten leben und getreu
Mir sparen deinen jungen Leib?

Wirst du verschließen Tür und Tor
Dem Manne, der uns lang entzweit,
Wirst meines Hauses Ehre sein,
Wie du nicht warest jederzeit?«

Sie nickt; da spricht er: »Schwöre denn!«
Und zögernd hebt sie auf die Hand.

Da sieht er bei der Lampe Schein
Des Weibes Schatten an der Wand.

Ein Schauer ihn befällt – er sinnt,
Er seufzt und wendet sich zumal.
Er winkt ihr einen Scheidegruß
Und lässet sie allein im Saal.

Elf Tage war er auf der Fahrt,
Ritt krank ins welsche Land hinein:
Frau Hilde gab den Tod ihm mit
In einem giftigen Becher Wein.

Es liegt eine Herberg an der Straß,
Im wilden Tal, heißt Mutintal,
Da fiel er hin in Todesnot,
Und seine Seele Gott befahl.

Dieselbe Nacht Frau Hilde lauscht,
Frau Hilde luget vom Altan:
Nach ihrem Buhlen schaut sie aus,
Das Pförtlein war ihm aufgetan.

Es tut einen Schlag am vordern Tor
Und aber einen Schlag, daß es dröhnt und hallt;
Im Burghof mitten steht der Graf –
Vom Turm der Wächter kennt ihn bald.

Und Vogt und Zofen auf dem Gang
Den toten Herrn mit Grausen sehn,
Sehn ihn die Stiegen stracks herauf
Nach seiner Frauen Kammer gehn.

Man hört sie schreien und stürzen hin,
Und eine jähe Stille war.
Das Gesinde, das flieht, auf die Zinnen es flieht
Da scheinen am Himmel die Sterne so klar.

Und als vergangen war die Nacht,
Und stand am Wald das Morgenrot,
Sie fanden das Weib in dem Gemach
Am Bettfuß unten liegen tot.

Und als sie treten in den Saal,
O Wunder! steht an weißer Wand
Frau Hildes Schatten, hebet steif
Drei Finger an der rechten Hand.

Und da man ihren Leib begrub,
Der Schatten blieb am selben Ort
Und blieb, bis daß die Burg zerfiel;
Wohl stünd er sonst noch heute dort.

DER TAMBOUR

Wenn meine Mutter hexen könnt,
Da müßt sie mit dem Regiment
Nach Frankreich, überall mit hin,
Und wär die Marketenderin.
Im Lager, wohl um Mitternacht
Wenn niemand auf ist als die Wacht,
Und alles schnarchet, Roß und Mann,
Vor meiner Trommel säß ich dann:
Die Trommel müßt eine Schüssel sein,
Ein warmes Sauerkraut darein,
Die Schlegel Messer und Gabel,
Ein lange Wurst mein Sabel;
Mein Tschako wär ein Humpen gut,
Den füll ich mit Burgunderblut.
Und weil es mir an Lichte fehlt,
Da scheint der Mond in mein Gezelt;
Scheint er auch auf franzö'sch herein,
Mir fällt doch meine Liebste ein:
Ach weh! Jetzt hat der Spaß ein End!
– Wenn nur meine Mutter hexen könnt!

GUTE LEHRE

In unsers Pfarrers Garten,
Es fällt ein warmes Regelein,
Wie duften da die Blumen,
Die Apfelblüt so fein!

Im Häuselein da drüben
Ein Bauer vespert wohlgemut,
Hats Fensterlein halb offen,
Das Lüftlein tät ihm gut.

»Ei«, spricht er bei sich selbsten,
»Ein Sonntagssträußchen hätt ich gern,
Auf morgen in die Predigt,
Tulipanen oder Stern.«

Ein Vöglein hats vernommen,
Das denkt: dir soll geholfen sein!
Tät gleich ein Blümlein holen
Und bringts im Schnäbelein.

Ei, lachte da mein Peter!
Hat flugs sein Fenster zugemacht
Hats Vögelein gefangen
Und in den Käfig bracht.

Ach, muß das Vöglein trauern!
Und war auch von der Stunde krank.
Sind wüste Kerl, die Bauern,
Die geben Stank für Dank!

SEHNSUCHT

In dieser Winterfrühe
Wie ist mir doch zumut!
O Morgenrot, ich glühe
Von deinem Jugendblut.

Es glüht der alte Felsen,
Und Wald und Burg zumal,
Berauschte Nebel wälzen
Sich jäh hinab das Tal.

Mit tatenfroher Eile
Erhebt sich Geist und Sinn,
Und flügelt goldne Pfeile
Durch alle Ferne hin.

Auf Zinnen möcht ich springen
In alter Fürsten Schloß,
Möcht hohe Lieder singen,
Mich schwingen auf das Roß!

Und stolzen Siegeswagen
Stürzt ich mich brausend nach!
Die Harfe wird zerschlagen,
Die nur von Liebe sprach.

– Wie? schwärmst du so vermessen,
Herz, hast du nicht bedacht,
Hast du mit eins vergessen,
Was dich so trunken macht?

Ach wohl! was aus mir singet,
Ist nur der Liebe Glück,
Die wirren Töne schlinget
Sie sanft in sich zurück.

Was hilft, was hilft mein Sehnen?
Geliebte, wärst du hier!
In tausend Freudetränen
Verging die Erde mir.

LIEBESGLÜCK

Wenn Dichter oft in warmen Phantasien
Von Liebesglück und schmerzlichem
                                    Vergnügen,
Sich oder uns, nach ihrer Art, belügen,
So sei dies Spielwerk ihnen gern verziehen.

Mir aber hat ein gütger Gott verliehen,
Den Himmel, den sie träumen, zu durchfliegen,
Ich sah die Anmut mir im Arm sich schmiegen,
Der Unschuld Blick von raschem Feuer glühen.

Auch ich trug einst der Liebe Müh und Lasten,
Verschmähte nicht den herben Kelch
                                    zu trinken,
Damit ich seine Lust nun ganz empfinde.

Und dennoch gleich ich jenen Erzphantasten:
Mir will mein Glück so unermeßlich dünken,
Daß ich mir oft im wachen Traum verschwinde.

STORCHENBOTSCHAFT

Des Schäfers sein Haus und das steht auf
                                    zwei Rad,
Steht hoch auf der Heiden, so frühe, wie spat;
Und wenn nur ein mancher so 'n
                                    Nachtquartier hätt!
Ein Schäfer tauscht nicht mit dem König
                                    sein Bett.

Und käm ihm zu Nacht auch was
                                    Seltsames vor,
Er betet sein Sprüchel und legt sich aufs Ohr;
Ein Geistlein, ein Hexlein, so lustige Wicht,
Sie klopfen ihm wohl, doch er antwortet nicht.

Einmal doch, da ward es ihm wirklich zu bunt:
Es knopert am Laden, es winselt der Hund;
Nun ziehet mein Schäfer den Riegel – ei schau!
Da stehen zwei Störche, der Mann und die Frau.

Das Pärchen, es machet ein schön Kompliment,
Es möchte gern reden, ach, wenn es nur könnt!
Was will mir das Ziefer? – ist so was erhört?
Doch ist mir wohl fröhliche Botschaft beschert.

Ihr seid wohl dahinten zu Hause am Rhein?
Ihr habt wohl mein Mädel gebissen ins Bein?
Nun weinet das Kind und die Mutter
                                    noch mehr,
Sie wünschet den Herzallerliebsten sich her?

Und wünschet daneben die Taufe bestellt:
Ein Lämmlein, ein Würstlein, ein
                                    Beutelein Geld?
So sagt nur, ich käm in zwei Tag' oder drei,
Und grüßt mir mein Bübel und rührt ihm
                                    den Brei!

Doch halt! warum stellt ihr zu zweien euch ein?
Es werden doch, hoff ich, nicht Zwillinge
                         sein? –
Da klappern die Störche im lustigsten Ton,
Sie nicken und knicksen und fliegen davon.

PEREGRINA

(aus »Maler Nolten«)

I.

Der Spiegel dieser treuen, braunen Augen
Ist wie von innerm Gold ein Widerschein;
Tief aus dem Busen scheint ers anzusaugen,
Dort mag solch Gold in heilgem Gram gedeihn.
In diese Nacht des Blickes mich zu tauchen,
Unwissend Kind, du selber lädst mich ein –
Willst, ich soll kecklich mich und
                       dich entzünden,
Reichst lächelnd mir den Tod im Kelch
                       der Sünden!

II.

Aufgeschmückt ist der Freudensaal.
Lichterhell, bunt, in laulicher Sommernacht
Stehet das offene Gartengezelte.
Säulengleich steigen, gepaart,
Grün-umranket, eherne Schlangen,
Zwölf mit verschlungenen Hälsen,
Tragend und stützend das
Leicht gegitterte Dach.

Aber die Braut noch wartet verborgen
In dem Kämmerlein ihres Hauses.
Endlich bewegt sich der Zug der Hochzeit,
Fackeln tragend,
Feierlich stumm.
Und in der Mitte,
Mich an der rechten Hand,

Schwarz gekleidet, geht einfach die Braut;
Schön gefaltet ein Scharlachtuch
Liegt um den zierlichen Kopf geschlagen.
Lächelnd geht sie dahin; das Mahl schon duftet.

Später im Lärmen des Fests
Stahlen wir seitwärts uns beide
Weg, nach den Schatten des Gartens wandelnd,
Wo im Gebüsche die Rosen brannten,
Wo der Mondstrahl um Lilien zuckte,
Wo die Weymouthsfichte mit schwarzem Haar
Den Spiegel des Teiches halb verhängt.

Auf seidnem Rasen dort, ach, Herz am Herzen,
Wie verschlangen, erstickten meine Küsse den
                       scheueren Kuß!
Indes der Springquell, unteilnehmend
An überschwenglicher Liebe Geflüster,
Sich ewig des eigenen Plätscherns freute;
Uns aber neckten von fern und lockten
Freundliche Stimmen,
Flöten und Saiten umsonst.

Ermüdet lag, zu bald für mein Verlangen,
Das leichte, liebe Haupt auf meinem Schoß.
Spielender Weise mein Aug auf ihres drückend,
Fühlt ich ein Weilchen die langen Wimpern,
Bis der Schlaf sie stellte,
Wie Schmetterlingsgefieder auf und
                       nieder gehn.

Eh das Frührot schien,
Eh das Lämpchen erlosch im Brautgemache,
Weckt ich die Schläferin,
Führte das seltsame Kind in mein Haus ein.

III.

Ein Irrsal kam in die Mondscheingärten
Einer einst heiligen Liebe.
Schaudernd entdeckt ich verjährten Betrug.
Und mit weinendem Blick, doch grausam,
Hieß ich das schlanke,

Zauberhafte Mädchen
Ferne gehen von mir.
Ach, ihre hohe Stirn
War gesenkt, denn sie liebte mich;
Aber sie zog mit Schweigen
Fort in die graue
Welt hinaus.

Krank seitdem,
Wund ist und wehe mein Herz.
Nimmer wird es genesen!

Als ginge, luftgesponnen, ein Zauberfaden
Von ihr zu mir, ein ängstig Band.
So zieht es, zieht mich schmachtend ihr nach!
– Wie? wenn ich eines Tags auf meiner
                Schwelle
Sie sitzen fände, wie einst, im
                  Morgen-Zwielicht,
Das Wanderbündel neben ihr,
Und ihr Auge, treuherzig zu mir aufschauend,
Sagte: da bin ich wieder
Hergekommen aus weiter Welt!

IV.

Warum, Geliebte, denk ich dein
Auf einmal nun mit tausend Tränen,
Und kann gar nicht zufrieden sein,
Und will die Brust in alle Weite dehnen?

Ach, gestern in den hellen Kindersaal,
Beim Flimmern zierlich aufgesteckter Kerzen,
Wo ich mein selbst vergaß in Lärm
                und Scherzen,
Tratst du, o Bildnis mitleid-schöner Qual;
Es war dein Geist, er setzte sich ans Mahl,
Fremd saßen wir mit stumm verhaltnen
                Schmerzen;
Zuletzt brach ich in lautes Schluchzen aus,
Und Hand in Hand verließen wir das Haus.

V.

Die Liebe, sagt man, steht am Pfahl gebunden;
Geht endlich arm, zerrüttet, unbeschuht;
Dies edle Haupt hat nicht mehr, wo es ruht,
Mit Tränen netzet sie der Füße Wunden.

Ach, Peregrinen hab ich so gefunden!
Schön war ihr Wahnsinn, ihrer Wange Glut,
Noch scherzend in der Frühlingsstürme Wut
Und wilde Kränze in das Haar gewunden.

War's möglich, solche Schönheit zu verlassen?
– So kehrt nur reizender das alte Glück!
O komm, in diese Arme dich zu fassen!

Doch weh! o weh! was soll mir dieser Blick?
Sie küßt mich zwischen Lieben noch
              und Hassen,
Sie kehrt sich ab und kehrt mir nie zurück.

ZWEI LIEBCHEN

Ein Schifflein auf der Donau schwamm,
Drin saßen Braut und Bräutigam,
  Er hüben und sie drüben.

Sie sprach: »Herzliebster, sage mir,
Zum Angebind, was geb ich dir?«

Sie streift zurück ihr Ärmelein,
Sie greift ins Wasser frisch hinein.

Der Knabe, der tät gleich also
Und scherzt mit ihr und lacht so froh.

»Ach, schöne Frau Done, geb sie mir
Für meinen Schatz eine hübsche Zier!«

Sie zog heraus ein schönes Schwert;
Der Knab hätt lang so eins begehrt.

Der Knab, was hält er in der Hand?
Milchweiß ein köstlich Perlenband.

Er legt's ihr um ihr schwarzes Haar;
Sie sah wie eine Fürstin gar.

»Ach, schöne Frau Done, geb sie mir
Für meinen Schatz eine hübsche Zier!«

Sie langt hinein zum andernmal,
Faßt einen Helm von lichtem Stahl.

Der Knab vor Freud entsetzt sich schier,
Fischt ihr einen goldnen Kamm dafür.

Zum dritten sie ins Wasser griff:
Ach weh! da fällt sie aus dem Schiff.

Er springt ihr nach, er faßt sie keck,
Frau Done reißt sie beide weg:

Frau Done hat ihr Schmuck gereut,
Das büßt der Jüngling und die Maid.

Das Schifflein leer hinunterwallt;
Die Sonne sinkt hinter die Berge bald.

Und als der Mond am Himmel stand,
Die Liebchen schwimmen tot ans Land,
  Er hüben und sie drüben.

EINER SCHÖNEN

Im Spiegel zu lesen

Ein artig Lob, du wirst es nicht verwehren,
Obwohl gewohnt, es jeden Tag zu hören,
Gern möcht ich denn das platte »Du bist schön«
In lauter feinen Wendungen gestehn;
Doch wenn es mir an Worten nun gebricht,
Verschmäh ich auch ein listig Mittel nicht:
Ich weiß mit wundersamer Schrift zu necken

Und meine Meinung zierlich zu verstecken.
Damit ich aber gleich die Ungeduld versöhne,
Führ ich mit meinem Blatt vors Spiegelglas
          die Schöne,
Und was kein Schmeichler ungestraft gewagt, –
Ihr eigen Bild hat es ihr nun gesagt.

AN DIE GELIEBTE

Wenn ich, von deinem Anschaun tief gestillt,
Mich stumm an deinem heilgen Wert
          vergnüge,
Dann hör ich recht die leisen Atemzüge
Des Engels, welcher sich in dir verhüllt,

Und ein erstaunt, ein fragend Lächeln quillt
Auf meinem Mund, ob mich kein Traum
          betrüge,
Daß nun in dir, zu ewiger Genüge,
Mein kühnster Wunsch, mein einziger,
          sich erfüllt?

Von Tiefe dann zu Tiefen stürzt mein Sinn,
Ich höre aus der Gottheit nächtger Ferne
Die Quelle des Geschicks melodisch rauschen.

Betäubt kehr ich den Blick nach oben hin,
Zum Himmel auf – da lächeln alle Sterne;
Ich kniee, ihrem Lichtgesang zu lauschen.

SEPTEMBER-MORGEN

Im Nebel ruhet noch die Welt,
Noch träumen Wald und Wiesen:
Bald siehst du, wenn der Schleier fällt,
Den blauen Himmel unverstellt,
Herbstkräftig die gedämpfte Welt
In warmem Golde fließen.

FRAGE UND ANTWORT

Fragst du mich, woher die bange
Liebe mir zum Herzen kam,
Und warum ich ihr nicht lange
Schon den bittern Stachel nahm?

Sprich, warum mit Geisterschnelle
Wohl der Wind die Flügel rührt,
Und woher die süße Quelle
Die verborgnen Wasser führt?

Banne du auf seiner Fährte
Mir den Wind in vollem Lauf!
Halte mit der Zaubergerte
Du die süßen Quellen auf!

UM MITTERNACHT

Gelassen stieg die Nacht ans Land,
Lehnt träumend an der Berge Wand,
Ihr Auge sieht die goldne Waage nun
Der Zeit in gleichen Schalen stille ruhn;
   Und kecker rauschen die Quellen hervor,
   Sie singen der Mutter, der Nacht, ins Ohr
   Vom Tage,
Vom heute gewesenen Tage.

Das uralt alte Schlummerlied,
Sie achtets nicht, sie ist es müd;
Ihr klingt des Himmels Bläue süßer noch,
Der flüchtgen Stunden gleichgeschwungnes
                       Joch.
   Doch immer behalten die Quellen das Wort,
   Es singen die Wasser im Schlafe noch fort
   Vom Tage,
Vom heute gewesenen Tage.

RÜCKBLICK

Zu einer Konfirmation

Bei jeder Wendung deiner Lebensbahn,
Auch wenn sie glückverheißend sich erweitert
Und du verlierst, um Größres zu gewinnen:
– Betroffen stehst du plötzlich still, den Blick
Gedankenvoll auf das Vergangne heftend;
Die Wehmut lehnt an deine Schulter sich
Und wiederholt in deine Seele dir,
Wie lieblich alles war, und daß es nun
Damit vorbei auf immer sei, auf immer!

Ja, liebes Kind, und dir sei unverhohlen:
Was vor dir liegt von künftgem Jugendglück,
Die Spanne mißt es einer Mädchenhand.
Doch also ward des Lebens Ordnung uns
Gesetzt von Gott; den schreckt sie
                      nimmermehr,
Der einmal recht in seinem Geist gefaßt,
Was unser Dasein soll. Du freue dich
Gehabter Freude; andre Freuden folgen,
Den Ernst begleitend; dieser aber sei
Der Kern und sei die Mitte deines Glücks!

DENK ES, O SEELE!

Ein Tännlein grünet wo,
Wer weiß, im Walde,
Ein Rosenstrauch, wer sagt,
In welchem Garten?
Sie sind erlesen schon,
Denk es, o Seele,
Auf deinem Grab zu wurzeln
Und zu wachsen.

Zwei schwarze Rößlein weiden
Auf der Wiese,
Sie kehren heim zur Stadt
In muntern Sprüngen.

Sie werden schrittweis gehn
Mit deiner Leiche;
Vielleicht, vielleicht noch eh
An ihren Hufen
Das Eisen los wird,
Das ich blitzen sehe.

LEBE WOHL

»Lebewohl!« – Du fühltest nicht,
Was es heißt, dies Wort der Schmerzen;
Mit getrostem Angesicht
Sagtest du's und leichtem Herzen.

Lebe wohl! – Ach, tausendmal
Hab ich mir es vorgesprochen,
Und in nimmersatter Qual
Mir das Herz damit gebrochen.

JUNGES DEUTSCHLAND UND VORMÄRZ

Für das politische Umfeld der Dichtung des Jungen Deutschland und des Vormärz gilt im wesentlichen nichts anderes als für jenes des Biedermeier. Die beiden Bewegungen fanden zeitlich weitgehend parallel statt, wenngleich die Epoche des Jungen Deutschland und Vormärz erst einige Jahre später einsetzte als das Biedermeier. Auslöser für die literarische Neuerung wurde vor allem die französische Julirevolution von 1830. Ihr Ende fand die Strömung des Jungen Deutschland und des Vormärz mit dem kläglichen Ausgang der deutschen Revolution von 1848. Deshalb wird die Epoche im allgemeinen mit den Jahren 1830 und 1850 eingegrenzt.

Das Junge Deutschland bestand hauptsächlich aus den Schriftstellern Ludwig Börne, Heinrich Heine, Ludolf Wienbarg, Heinrich Laube, Theodor Mundt und Karl Gutzkow, deren Schriften 1835 von der Bundesversammlung verboten wurden, nachdem bereits Preußen diesen Schritt vollzogen hatte. Offiziell begründet wurde das Verbot damit, daß die von diesen Dichtern geschaffene Literatur antichristlich, gotteslästerlich, kurzum unmoralisch sei. Der tatsächliche Grund lag freilich darin, daß die Obrigkeit die Schriften dieser revolutionär gesinnten Männer als Gefahr für ihre restaurative Ordnung betrachtete.

Die Dichter des Vormärz unterschieden sich im wesentlichen kaum von denen des Jungen Deutschland. Sie standen stark unter dem Eindruck der hegelschen Philosophie und hatten vor allem zwei Ziele: staatliche Einheit des in viele Kleinstaaten zersplitterten Deutschland und verfassungsmäßige Freiheit als Ablösung des Spätabsolutismus. Auch die Vertreter des Vormärz wurden verfolgt, und viele von ihnen befanden sich im Exil. Die bedeutendsten Vertreter dieser Gruppe waren Anasthasius Grün, Georg Herwegh und Ferdinand Freiligrath.

Eine deutliche Unterscheidung der beiden Gruppen, sowohl im Hinblick auf ihre Dichtung als auch im Hinblick auf ihre politischen Ziele, ist kaum möglich, zumal es sich ja nicht um homogene Einheiten handelt. Deshalb wird häufig auch die Gruppe des Vormärz zum Jungen Deutschland gezählt.

Von besonderer Bedeutung für beide Gruppen war die rasante Entwicklung des Pressewesens jener Jahre. Dutzende von Zeitschriften und Zeitungen wurden neu veröffentlicht. Viele davon standen den jungen Revolutionären sehr aufgeschlossen gegenüber. Die Presse war nicht mehr nur berichterstattendes, sie wurde vielmehr zum meinungsbildenden Organ. In den Jahren um 1840 begründete das Pressewesen in Deutschland seine Funktion als »vierte Gewalt im Staat«. Dementsprechend scharf war auch die Zensur jener Zeit ausgeprägt. Und so wurde zu einer der Hauptforderungen des Jungen Deutschland und des Vormärz die Pressefreiheit.

Die Romantik wurde von beiden Gruppen als rückschrittlich empfunden, das Biedermeier als drückebergerisch und kleinkrämerisch verachtet. Literatur wurde zum Mittel aktiver Stellungnahme und demonstrativer Opposition. Auch die Jungdeutschen und die Vormärzler suchten in ihrem Schaffen das Schöne, sie sahen es jedoch nicht in der Vergeistigung der Dinge (ein Grund für sie, etwa auch den Ästhetizismus der Goethezeit abzulehnen), sondern in der Einheit von Geist und Körper, wobei keiner von beiden dem anderen unterzuordnen sei. Als Kern des Lebens wurde nicht mehr ein abstraktes Ziel anerkannt, sondern das Leben selbst. »Das Leben ist des Lebens höchster Zweck« lautete die Devise.

Dabei wurde keineswegs das Faustrecht propagiert. Sonst hätten die Anhänger der Strömung ja dem machiavellistischen Absolutismus nicht das Leben schwer zu machen brauchen. Vielmehr bestand die Theorie vom Leben als Selbstzweck darin, den Menschen für sich selbst und seine Umwelt verantwortlich zu machen. Bezeichnend für diese Weltsicht war der Philosoph Ludwig Feuerbach. Nach ihm trat an die Stelle Gottes die Natur und an die Stelle des Glaubens die Vernunft. In der Entwicklung der Revolutionäre stand auch Karl Marx, der zusammen mit Friedrich Engels 1848 eine der am weitesten gehenden Schriften veröffentlichte, das Kommunistische Manifest.

Die Dichtung des Jungen Deutschland und des Vormärz war alles in allem eine von Optimismus getragene Bewegung, die ein deutliches Ziel vor Augen hatte: die Besserung der gesellschaftlichen Ordnung und auch des Menschen. Man kann sie vielleicht als eine modifizierte und radikalisierte Form des Neo-Humanismus und der Neo-Aufklärung bezeichnen.

FERDINAND FREILIGRATH

FERDINAND FREILIGRATH

Ferdinand Freiligrath wurde am 17. Juni 1810 als Sohn eines Lehrers in Detmold geboren. Nach einer Lehre als Kaufmann ging er für vier Jahre nach Amsterdam. Seine »Gedichte« veröffentlichte Freiligrath, der sich neben seiner kaufmännischen Ausbildung mit Studien der englischen und der französischen Literatur beschäftigt hatte, erstmals 1838. Diese unpolitischen Arbeiten machten seinen Namen weithin berühmt.

Erst in den vierziger Jahren des 19. Jahrhunderts beschäftigte sich Freiligrath, der bis dahin eine Pension von jährlich 300 Talern von Friedrich Wilhelm IV. bezogen hatte, mit gesellschaftskritischen Themen. Der Dichter, inzwischen mit Ida Melos verheiratet, veröffentlichte 1844 seine Gedichtesammlung »Ein Glaubensbekenntnis«. Damit begann eine Lebens- und Schaffensphase aktiver Opposition und Parteinahme für die revolutionären Kräfte.

Unter dem Druck der preußischen Repression flüchtete Freiligrath zunächst nach Brüssel, später in die Schweiz und nach London. Im Revolutionsjahr 1848 kehrte er nach Deutschland zurück, wo er bald Redakteur der »Neuen Rheinischen Zeitung«, einem von Karl Marx geleiteten Blatt, wurde. Freiligraths berühmteste Werke entstanden in dieser Zeit, in der er in Düsseldorf lebte, so die Revolutionshymne »Die Toten an die Lebenden« und seine »Neueren politischen und sozialen Gedichte«.

Am 29. August 1848 erfolgte seine Verhaftung wegen staatsfeindlicher Umtriebe. Sein Freispruch erfolgte zwei Monate später. 1849 floh der Dichter erneut, diesmal nach Holland, 1851 dann wieder nach London, wo er während der langen Jahre der Emigration besonders um die Beziehung der deutschen und der anglo-amerikanischen Literatur bemüht war.

Freiligrath kehrte erst 1866 wieder nach Deutschland zurück. 1870 veröffentlichte er einige seiner späteren gemäßigten Gedichte. Diesmal begeisterte er das national-konservative Publikum. Doch der Dichter betrachtete sich keineswegs als unpolitischen Menschen. Das Motto seiner letzten Jahre lautete: »Meinen Idealen, meinen Überzeugungen bleibe ich treu, aber mit Programmen und Manifesten bleibt mir vom Leibe.«

Ferdinand Freiligrath starb am 18. März 1876 in Cannstadt.

EIN BRIEF

Das war ein lustig Ziehen
und Reisen durch die Welt!
Das war ein Fackelsprühen
von Zürich bis zum Belt!
Aus Herzen und aus Küchen
stieg Weihrauch dir empor;
Pelotons von Tafelsprüchen
schlugen knatternd an dein Ohr!

Ein neuer Held Sankt Jürgen
durch Deutschland zogst du frei,
im Fluge zu erwürgen
den Molch der Tyrannei!
Wie kommt es, daß der grause
noch züngelt ungescheut?
Verpaßtest du beim Schmause
vielleicht die rechte Zeit?

Du trotziger Diktator,
wie bald zerbrach dein Stab!
Dahin der Agitator,
und übrig nur – der Schwab!
Verwelkt schon deine Blume!
Dein Kranz, o Freund, hängt schief!
Du schriebst dem eignen Ruhme,
ach, den Uriasbrief!

Nun können sie dich bänd'gen,
Philister und Zelot:
»Da habt ihr den Lebend'gen!
Er schlug sich selber tot!«
Wen Ruhmeskleider zieren,
der hüte sie, wie Schnee!
Wahr ist es: Renommieren
verdirbt das Renommee!

Wer sagt, er stände Wache
fürs Recht, der halte Stich,
und gebe statt der Sache
nicht immer nur sein Ich!
Der schwinge, wo fürs Ganze

man ernste Speere bricht,
ruhmredig nicht die Lanze,
mit der die Hoffart ficht!

Wer so mit Wein der Ehren
empfangen ward, wie du,
wie mocht er den betören,
trank auch ein Volk ihm zu?
O Schmach, im Rausch zu fallen,
in Händen noch den Krug!
Berauscht sich zu erlallen
des Lächerlichen Fluch!

Das ist's – Wohl wird geschlagen
ein Held im Kriegsgewühl;
in alt und neuen Tagen
schritt mancher ins Exil;
doch rings im Volksgetümmel
kein Höhnen und kein Groll:
sein Stern erlosch am Himmel –
doch rein und würdevoll!

Die Freiheit rang die Hände,
da seine band der Strick!
Wie tote Fackelbrände
der Freunde düstrer Blick!
Ringsum Gewitterstirnen,
rings Murmeln durchs Visier,
ringsum verhaltnes Zürnen –
Oh, ständ es so mit dir!

Dir folgt, wie plumpen Schnittern,
ein Rauschen, hörbar kaum;
das ist der Triebe Zittern
am jungen Freiheitsbaum!
Der Knospen und der Triebe,
die freudig ihn geschmückt!
Die, ach, mit einem Hiebe
du alle fast geknickt!

So ziehst du! – Was ich sagte,
wohl klingt es schonungslos!
Doch wer uns Arndt verklagte,
zog selber sich das Los!

Du nanntest den alten Riesen
zu alt zu dieser Frist?
Du hast uns nur bewiesen,
daß du zu jung noch bist!

Zieh hin, – doch umzukehren!
Die Freiheit kann verzeihn!
Bring ein die alten Ehren,
mit Liedern bring sie ein!
Der Dichtung Goldstandarte,
laß wehn sie, doppeltreich: –
Poet, wetz aus die Scharte,
wetz aus den Schwabenstreich!

St. Goar, Januar 1843

WIE MAN'S MACHT!

So wird es kommen, eh ihr denkt: –
      Das Volk hat nichts zu beißen mehr!
Durch seine Lumpen pfeift der Wind!
      Wo nimmt es Brot und Kleider her? –
Da tritt ein kecker Bursche vor; der spricht:
      »Die Kleider wüßt ich schon.
Mir nach, wer Rock und Hosen will! Zeug
      für ein ganzes Bataillon!«

Und wie man eine Hand umdreht, stellt er
      in Rotten sie und Reihn,
schreit: »Linksum kehrt!« und »Vorwärts,
marsch!« und führt zur Kreisstadt sie hinein.
Vor einem steinernen Gebäu Halt machen
      läßt er trutziglich:
»Seht da, mein Kleidermagazin – das
      Landwehrzeughaus nennt es sich!

Darinnen liegt, was ihr bedürft: Leinwand
      zu Hemden, derb und schwer!
Wattierte Jacken, frisch genäht – dazu von
      zweierlei Couleur!
Tuchmäntel für die Regennacht! Feldmützen
      auch und Handschuh viel,

und alles, was sich sonst gehört zu Heerschau
      und Paradespiel!

Ihr kennt den ganzen Rummel ja! Ob auch
      mit Hadern jetzt bedeckt,
haben die meisten doch von euch in der
      Montierung schon gesteckt!
Wehrmänner seid ihr allzumal! So lange
      jeder denn vom Pflock
sich seinen eignen Hosensack und seinen
      eignen blauen Rock!

Ja, seinen Rock! Wer faselt noch vom Rock
      des Königs? – Liebe Zeit!
Gabt ihr die Wolle doch dazu:
      geschorne Schafe, die ihr seid!
Du da – ist nicht die Leinwand hier
      der Flachs, den deine Mutter spann,
indes vom kummervollen Aug die Trän ihr
      auf den Faden rann?

Nehmt denn! So recht! Da prunkt ihr ja,
      als ging's zu Felde morgen früh
oder doch allerwenigstens nach
      Grimlinghausen zur Revue!
Nur die Muskete fehlt euch noch! Doch sieh,
      da steht von ungefähr
der ganze Saal voll! Zum Versuch: –
      Gewehr in Arm! Schultert's Gewehr!

Ganz, wie sich's hört! Das nenn ich Schick!
      Am Ende... Jungens, wißt ihr was?
Auch die Gewehre wandern mit! – Gewehr
      bei Fuß! – Das wird ein Spaß!
Und würd es Ernst... Nun möglich ist's!
      Sie machen immer groß Geschrei
und nennen diesen Kleiderwitz vielleicht
      noch gar Rebellerei!

Nennen ihn Einbruch noch und Raub! –
      In wenig Stunden sollt ihr sehn,
wird uns ein Linienregiment schlagfertig
      gegenüberstehn!

Da heißt es denn für seinen Rock die Zähne
           weisen! Dran und drauf!
Patronen her! Geladen, Kerls! Und pflanzt
           die Bajonette auf!

Stülpt auch den Tschako auf den Kopf,
           und hängt den Degen vor den Steiß:
daß ihr ihn »Käsemesser« nennt, ein
           glückverkündend Omen sei's!
Kein Hirn, will's Gott, besudelt ihn! Kein
           Herzblut, hoff ich, färbt ihn rot –
Für Weib und Kinder »Käse« nur soll er
           zerhaun und nahrhaft Brot!

Und nun hinaus! Tambour voran,
           Querpfeifer und Hornistenpaar!
Soll auch die Adlerfahne noch vorflattern,
           Brüder, eurer Schar?
Den Teufel auch! Was kümmert uns
           vergangner Zeit Raubvögelpack!
Wollt ihr ein Banner: eines nur schickt sich
           für euch – der Bettelsack!

Den pflanzt auf irgendein Gerüst: – da,
           hier ist ein Ulanenspeer! –
Und tragt ihn, wie die Geusen einst,
           mit zorn'gem Stolze vor euch her!
Ihr könnt es füglicher als sie! Ihr tragt den
           Sack nicht bloß zum Staat,
ihr seid nicht bloß dem Namen nach –
           nein, ihr seid Bettler in der Tat!

Marsch denn, ihr Geusen dieser Zeit!
           Marsch, Proletarier-Bataillon!«
Da naht zu Fuß und naht zu Roß die
           königliche Linie schon!
»Feuer!« befiehlt der General; »Choc!« heißt
           es bei der Reiterei. –
Doch, ha! Kein Renner hebt den Fuß,
           und keine Flinte schickt ihr Blei!

Ein Murren aber rollt durch Heer: »Auch
           wir sind ein Volk! Was königlich!«

Und plötzlich vor dem Bettelsack senkt tief
           die Adlerfahne sich!
Dann Jubelschrei: »Wir sind mit euch!
           Denn wir sind ihr, und ihr seid wir!«
»Kanaille!« ruft der Kommandeur – da
           reißt ein Leutnant ihn vom Tier!

Und wie ein Sturm zur Hauptstadt geht's!
           Anschwillt ihr Zug lawinengleich!
Umstürzt den Thron, die Krone fällt, in
           seinen Angeln ächzt das Reich!
Aus Brand und Glut erhebt das Volk sieghaft
           sein lang zertreten Haupt: –
Wehen hat jegliche Geburt! – So wird es
           kommen, eh ihr glaubt!

DIE FREIHEIT! DAS RECHT!

Oh, glaubt nicht, sie ruhe fortan bei den Toten,
oh, glaubt nicht, sie meide fortan
           dies Geschlecht,
weil mutigen Sprechern das Wort man verboten
und Nichtdelatoren verweigert das Recht!
Nein, ob ins Exil auch die Eidfesten schritten;
ob, müde der Willkür, die endlos sie litten,
sich andre im Kerker die Adern zerschnitten –
doch lebt noch die Freiheit, und mit
           ihr das Recht!
    – Die Freiheit! Das Recht!

Nicht macht uns die einzelne Schlappe
           verlegen!
Die fördert die Siege des Ganzen erst recht;
die wirkt, daß wir doppelt uns rühren
           und regen,
noch lauter es rufen: die Freiheit! Das Recht!
denn ewig sind eins diese heiligen Zweie!
Sie halten zusammen in Trutz und in Treue;
wo das Recht ist, da wohnen von selber
           schon Freie,

und immer, wo Freie sind, waltet das Recht!
— Die Freiheit! Das Recht!

Und auch das sei ein Trost uns: nie flogen,
                          wie heuer,
die freudigen Zwei von Gefecht zu Gefecht!
Nie flutete voller ihr Odem und freier,
durch die Seele selbst brausend dem
                          niedrigsten Knecht!
Sie machen die Runde der Welt und der Lande,
sie wecken und werben von Strande
                          zu Strande,
schon sprengten sie kühn des Leibeignen
                          Bande,
und sagten zu denen des Negers: Zerbrecht!
— Die Freiheit! Das Recht!

Ja, ihr Banner entflattert und weht allerorten,
daß die Unbill gesühnt sei, die Schande gerächt!
Ja, und siegen sie hier nicht, so siegen
                          sie dorten,
und am Ende doch siegen sie gründlich
                          und echt!
O Gott, welch ein Kranz wird sie
                          glorreich dann zieren!
All die Läuber, die Völker im Fahnentuch
                          führen!
Die Olive des Griechen, das Kleeblatt des Iren,
und vor allem germanisches Eichengeflecht!
— Die Freiheit! Das Recht!

Wohl ruhn dann schon manche, die jetzo
                          noch leiden —
doch ihr Schlummer ist süß, und ihr Ruhn
                          ist gerecht!
Und licht an den Gräbern stehen die beiden,
die wir ihnen auch danken — die Freiheit!
                          Das Recht!
Unterdes hebt die Gläser! Ihr Wohl, die
                          da stritten!
Die da stritten, und mutig ins Elend
                          drum schritten!
Die das Recht uns verfochten, und
                          Unrecht drum litten!

Hoch ewig das Recht — und die Freiheit
                          durchs Recht!
— Die Freiheit durchs Recht!

St. Goar, Dezember 1843

TROTZ ALLEDEM!

Nach Robert Burns

Ob Armut euer Los auch sei,
hebt hoch die Stirn, trotz alledem!
Geht kühn den feigen Knecht vorbei:
wagt's arm zu sein, trotz alledem!
Trotz alledem und alledem,
trotz niederm Pack und alledem,
der Rang ist das Gepräge nur,
der Mann das Gold trotz alledem!

Und sitzt ihr auch beim kargen Mahl
in Zwilch und Lein und alledem,
gönnt Schurken Samt und Goldpokal —
ein Mann ist Mann trotz alledem!
Trotz alledem und alledem,
trotz Prunk und Pracht und alledem!
Der brave Mann, wie dürftig auch,
ist König doch trotz alledem!

Heißt »gnäd'ger Herr« das Bürschchen dort,
man sieht's am Stolz und alledem;
doch lenkt auch Hunderte sein Wort,
's ist nur ein Tropf trotz alledem!
Trotz alledem und alledem,
trotz Band und Stern und alledem!
Der Mann von unabhängigem Sinn
sieht zu, und lacht zu alledem!

Ein Fürst macht Ritter, wenn er spricht,
mit Sporn und Schild und alledem;
den braven Mann kreiert er nicht,
der steht zu hoch trotz alledem:
Trotz alledem und alledem!
Trotz Würdenschnack und alledem —

Des innern Wertes stolz Gefühl
Läuft doch den Rang ab alledem!

Drum jeder fleh, daß es gescheh,
wie es geschieht trotz alledem,
daß Wert und Kern, so nah wie fern,
den Sieg erringt trotz alledem!
Trotz alledem und alledem,
es kommt dazu trotz alledem,
daß rings der Mensch die Bruderhand
dem Menschen reicht trotz alledem!

St. Goar, Dezember 1843

DIE AUSWANDERER

Sommer 1832

Ich kann den Blick nicht von euch wenden;
ich muß euch anschaun immerdar:
wie reich ihr mit geschäft'gen Händen
dem Schiffer eure Habe dar!

Ihr Männer, die ihr von dem Nacken
die Körbe langt, mit Brot beschwert,
das ihr aus deutschem Korn gebacken,
geröstet habt auf deutschem Herd.

Und ihr, im Schmuck der langen Zöpfe,
ihr Schwarzwaldmädchen, braun und schlank,
wie sorgsam stellt ihr Krüg und Töpfe
auf der Schaluppe grüne Bank!

Das sind dieselben Töpf und Krüge,
oft an der Heimat Born gefüllt!
Wenn am Missouri alles schwiege,
sie malten euch der Heimat Bild.

Des Dorfes steingefaßte Quelle,
zu der ihr schöpfend euch gebückt,
des Herdes traute Feuerstelle,
das Wandgesims, das sie geschmückt.

Bald zieren sie im fernen Westen
des leichten Bretterhauses Wand;
bald reicht sie müden, braunen Gästen,
voll frischen Trunkes, eure Hand.

Es trinkt daraus der Tscherokese,
ermattet, von der Jagd bestaubt;
nicht mehr von deutscher Rebenlese
tragt ihr sie heim, mit Grün belaubt.

O sprecht! Warum zogt ihr von dannen?
Das Neckartal hat Wein und Korn;
der Schwarzwald steht voll finstrer Tannen,
im Spessart klingt des Älplers Horn.

Wie wird es in den fremden Wäldern
euch nach der Heimatberge Grün,
nach Deutschlands gelben Weizenfeldern,
nach seinen Rebenhügeln ziehn!

Wie wird das Bild der alten Tage
durch eure Träume glänzend wehn!
Gleich einer stillen, frommen Sage
wird es euch vor der Seele stehn.

Der Bootsmann winkt! – Zieht hin in Frieden:
Gott schütze euch, Mann, Weib und Greis!
Sei Freude eurer Brust beschieden,
und euren Feldern Reis und Mais!

AM BAUM DER MENSCHHEIT
DRÄNGT SICH BLÜT AN BLÜTE

Am Baum der Menschheit drängt sich Blüt
                    an Blüte,
nach ew'gen Regeln wiegen sie sich drauf;
wenn hier die eine matt und welk verglühte,
springt dort die andre voll und prächtig auf.
Ein ewig Kommen und ein ewig Gehen,
und nun und nimmer träger Stillstand!

Wir sehn sie auf, wir sehn sie nieder wehen,
und jede Blüte ist ein Volk, ein Land!

Wir, die wir wandeln noch auf jungen Sohlen,
sahn doch schon manche sterbend
            und geknickt.
Vom Steppengeier ward die Rose Polen
vor unsern Augen wild und grimm zerpflückt!
Durchs Laub Hispanien ernst auf ihrem Gange
stürmt die Geschichte – ob es fallen muß?
Ob nicht ein andres, morsch und faul
            schon lange,
zerflatternd hinaussaust über'n Bosporus?

Doch neben diesen, die des Weltgeists Weben
vom Aste schüttelt mit gewalt'ger Kraft,
sehn wir ans Licht auch andre Triebe streben,
hellaugig, freudig, voll von jungem Saft.
Oh, welch ein Sprossen, welch ein reich
            Entfalten!
Oh, welch ein Drang in alt und neuem Holz!
Wie manche Knospe sahn auch wir sich spalten,
wie manche platzen, laut und voll und stolz!

Der Knospe Deutschland auch, Gott
            sei gepriesen!
regt sich's im Schoß! Dem Bersten scheint
            sie nah –
Frisch, wie sie Hermann auf den Weserwiesen,
frisch, wie sie Luther von der Wartburg sah!
Ein alter Trieb! Doch immer mutig keimend,
doch immer lechzend nach der Sonne Strahl,
doch immer Frühling, immer Freiheit
            träumend –
oh, wird die Knospe Blume nicht einmal?

Ja, voller Kelch! – Dafern man nur nicht hütet,
was frei und freudig sich entwickeln muß!
Dafern man nicht, was die Natur gebietet,
für Ranke nimmt und eitel wilden Schuß!
Dafern man zusieht, daß kein Mehltau zehre
tief an der Blätter edlem, zartem Kern!
Dafern den Bast man wegwirft und die Schere!
Dafern – ja nun, ich meine nur: dafern!

Der du die Blumen auseinanderfaltest,
oh, Hauch des Lenzes, weh auch uns heran!
Der du der Völker heil'ge Knospen spaltest,
oh, Hauch der Freiheit, weh auch diese an!
In ihrem tiefsten, stillsten Heiligtume
oh, küß sie auf zu Duft und Glanz
            und Schein –
Herrgott im Himmel, welche Wunderblume
wird einst vor allen dieses Deutschland sein!

Am Baum der Menschheit drängt sich Blüt
            an Blüte,
nach ew'gen Regeln wiegen sie sich drauf;
wenn hier die eine matt und welk verglühte,
springt dort die andre voll und prächtig auf.
Ein ewig Kommen und ein ewig Gehen,
und nun und nimmer träger Stillstand!
Wir sehn sie auf, wir sehn sie nieder wehen –
und ihre Lose ruhn in Gottes Hand!

St. Goar, Januar 1844

VON ACHT ROSSEN

Fährt im Land 'ne Staatskarosse;
ziehn sie acht famose Rosse,
feurig, ein beherzt Gespann!
Eines ward am Rhein geboren,
hebt das Haupt und spitzt die Ohren,
zieht vor allen mutig an.

Beißt ein andres in die Stange,
wo der Fischer mit Gesange
froh den goldnen Bernstein fischt;
kräftig schnaubt es mit den Nüstern;
die es lechzend in den düstern
Ostseewellen sich erfrischt.

Ist das dritte aufgewachsen
in dem guten Lande Sachsen,
tritt den Boden fest und stark.
Dies hier stammt aus Schlesiens Talen,

jene zwei sind aus Westfalen
und der Brandenburger Mark.

Seht alsdann mit breitem Nacken
noch den Pommern und Polacken –
auch ein derb und stattlich Paar! –
Also ziehn die acht trotz einem;
frisch und mutig – doch an keinem
ist auch nur ein falsches Haar!

Wollt es glauben nur der Lenker!
Doch der denkt: »Hol euch der Henker!
Immer mehr schwillt euch der Kamm!
Wahr ist's, ihr seid brav und wacker!
Doch ein paar von euch sind Racker!«
Hält somit die Zügel stramm.

Tönt herauf zu ihm ein Schnauben,
spricht er: »Was sich die erlauben!«
Ruckt mit Zürnen am Gebiß.
Schallt ein Ruf recht dreist metallen,
gleich erregt es sein Mißfallen –
Ja doch, es gefällt ihm miß!

Wollen sie sich eines neuen
Peitschenreglements nicht freuen –
Ei, wie straft sie da sein Pfiff!
Ei, wie fällt ihm da vom Munde
ander Wort, als zu der Stunde,
drin die Zügel er ergriff!

Wolln mit ehrerbiet'gem Wieh'ren
flehn sie oder Klage führen,
solches gilt als Schabernack!
Vollends wird der Stab gebrochen
über gar ein zweites Pochen
um denselben Habersack!

Ziehn darum, die gerne flögen,
stolz und brausend gern ihn zögen,
langsam jetzo sein Gefährt!
Stets des rechten Vorwärts harrend,
stampfend nicht, doch dafür scharrend
in der Stille desto mehr!

Immer ruhig, immer sachte,
ihr getreuen, lieben Achte!
Eines glaubt und bleibt dabei:
Steckt der Karrn einmal im Drecke,
hui, dann geht es rasch vom Flecke,
und die Zäune fliegen frei!

St. Goar, Januar 1844

DER MOHRENFÜRST

1.

Sein Heer durchwogte das Palmental.
Er wand um die Locken den Purpurschal;
er hing um die Schulter die Löwenhaut;
kriegerisch klirrte der Becken Laut.

Wie Termiten wogte der wilde Schwarm.
Den goldumreiften, den schwarzen Arm
schlang er um die Geliebte fest:
»Schmücke dich, Mädchen, zum Siegesfest!

Sieh, glänzende Perlen bring ich dir dar!
Sie flicht durch dein krauses, schwarzes Haar!
Wo Persias Meerflut Korallen umzischt,
da haben sie triefende Taucher gefischt.

Sieh, Federn vom Strauße! Laß sie dich
                              schmücken,
weiß auf dein Antlitz, das dunkle, nicken!
Schmücke das Zelt! Bereite das Mahl!
Fülle, bekränze den Siegespokal!«

Aus dem schimmernden weißen Zelte hervor
tritt der schlachtgerüstete fürstliche Mohr;
so tritt aus schimmernder Wolken Tor
der Mond, der verfinsterte, dunkle hervor.

Da grüßt ihn jubelnd der Seinen Ruf,
da grüßt ihn stampfend der Rosse Huf.

Ihm rollt der Neger treues Blut,
und des Nigers rätselhafte Flut.

»So führ uns zum Siege, so führ uns
                              zur Schlacht!«
Sie stritten vom Morgen bis tief in die Nacht.
Des Elefanten gehöhlter Zahn
feuerte schmetternd die Kämpfer an.

Es fleucht der Leu, es fliehn die Schlangen
vor dem Rasseln der Trommel, mit Schädeln
                              behangen,
hoch weht die Fahne, verkündend den Tod;
das Gelb der Wüste färbt sich rot. –

So tobt der Kampf im Palmental!
Sie aber bereitet daheim das Mahl;
sie füllt den Becher mit Palmensaft,
umwindet mit Blumen der Zeltstäbe Schaft.

Mit Perlen, die Persias Flut gebar,
durchflicht sie das krause, schwarze Haar,
schmückt die Stirn mit wallenden Federn, und
den Hals und die Arme mit Muscheln bunt.

Sie setzt sich vor der Geliebten Zelt;
sie lauscht, wie ferne das Kriegshorn gellt.
Der Mittag brennt und die Sonne sticht:
die Kränze welken, sie achtet's nicht.

Die Sonne sinkt, und der Abend siegt;
der Nachttau rauscht, und der Glühwurm fliegt.
Aus dem lauen Strom blickt das Krokodil,
als ob es der Kühle genießen will.

Es regt sich der Leu und brüllt nach Raub,
Elefantenrudel durchrauschen das Laub.
Die Giraffe sucht des Lagers Ruh,
Augen und Blumen schließen sich zu.

Ihr Busen schwillt vor Angst empor;
da naht ein flüchtiger, blutender Mohr.
»Verloren die Hoffnung! Verloren die Schlacht!
Dein Buhle gefangen, gen Westen gebracht!

Ans Meer! Den blanken Menschen verkauft!«
Da stürzt sie zur Erde: das Haar zerrauft,
die Perlen zerdrückt sie mit zitternder Hand,
birgt die glühende Wange im glühenden Sand.

2.

Auf der Messe, da zieht es, da stürmt es hinan
zum Zirkus, zum glatten, geebneten Plan.
Es schmettern Trompeten, das Becken klingt,
dumpf wirbelt die Trommel, Bajazzo springt.

Herbei, herbei! – Das tobt und drängt;
die Reiter fliegen; die Bahn durchsprengt
der Türkenrapp und der Britenfuchs!
Die Weiber zeigen den üppigen Wuchs.

Und an der Reitbahn verschleiertem Tor
steht ernst ein krausgelockter Mohr;
die türkische Trommel schlägt er laut,
auf der Trommel liegt eine Löwenhaut.

Er sieht nicht der Reiter zierlichen Schwung,
er sieht nicht der Rosse gewagten Sprung.
Mit starrem, trocknem Auge schaut
der Mohr auf die zottige Löwenhaut.

Er denkt an den fernen, fernen Niger,
und daß er gejagt den Löwen, den Tiger;
und daß er geschwungen im Kampfe
                              das Schwert,
und daß er nimmer zum Lager gekehrt.

Und daß sie Blumen für ihn gepflückt,
und daß sie das Haar mit Perlen geschmückt –
sein Auge ward naß, mit dumpfem Klang
schlug er das Fell, das rasselnd zersprang.

MEINER FRAU ZUM GEBURTSTAGE

Mit einer Erika

Die Heide, die bei uns zuland
allwärts ihr Grün vergeudet;
die Berg und Schlucht und Felsenwand
mit starren Büscheln kleidet;
die hoch und tief sich blicken läßt,
die bring ich dir zu deinem Fest
in schlichter irdner Scherbe.

Wo du und ich geboren sind,
da rauscht sie allerorten;
sie schüttelt sich im Morgenwind
vor deiner Wartburg Pforten;
sie spiegelt sich in Ilm und Saal,
und in der Unstrut goldnes Tal
herschaut sie vom Kyffhäuser.

Und auch bei mir mit hellem Schein
schmückt sie die Bergeshalde;
sie wallt um meinen Externstein
und rings im Lipp'schen Walde;
da summen Bienen um sie her,
und durch ihr rotes Blütenmeer
ausschlagend jagt der Senner.

Der alte Rhein, der Traubenkoch,
könnt ihrer wohl entbehren;
doch ward auch ihm die Heide noch
zu seinen andern Ehren.
Wie oft an Forst- und Gründelbach
unter der Birke weh'ndem Dach
winkt' uns ihr schwellend Kissen!

Da bebt sie spät, da bebt sie früh,
da flammt sie durchs Gehölze;
da krönt die siebte Mühle sie
und auch die Silberschmelze;
da krönt sie Brunn und Felsenschlucht,

oh, möge dieser Scherbenhucht
an alles das dich mahnen!

Und dann – nicht wahr, seit alter Zeit
ist es der Brauch gewesen,
daß man aus Pfriemenkraut und Heid
gebunden hat den Besen?
Den Besen, der die Gassen kehrt,
der wie ein Wetter niederfährt,
wo Staub und Wust sich brüsten!

So sei dir denn auch noch vertraut,
was junge Sagen künden:
bald wird aus niederm Heidekraut
sich selbst ein Besen binden,
ein ries'ger, der der Niedertracht
und Sklaverei ein Ende macht
in Deutschland und auf Erden!

Dann wird auch uns zur Wiederkehr
der Freiheit Glocke läuten;
dann wird uns keine Scherbe mehr
Heimat und Herd bedeuten;
dann – doch mir schlägt das Herz wie toll!
Rasch, gieß mir einen Tummler voll,
daß ich dich leben lasse!

Brüssel, Dezember 1844

»PRINZ EUGEN, DER EDLE RITTER«

Zelte, Posten, Werda-Rufer!
Lust'ge Nacht am Donauufer!
Pferde stehn im Kreis umher
angebunden an den Pflöcken;
an den engen Sattelböcken
hangen Karabiner schwer.

Um das Feuer auf der Erde,
vor den Hufen seiner Pferde

liegt das östreich'sche Pikett.
Auf dem Mantel liegt ein jeder,
von den Tschakos weht die Feder,
Leutnant würfelt und Kornett.

Neben seinem müden Schecken
ruht auf einer wollnen Decken
der Trompeter ganz allein:
»Laßt die Knöchel, laßt die Karten!
Kaiserliche Feldstandarten
wird ein Reiterlied erfreun!

Vor acht Tagen die Affäre
hab ich, zu Nutz dem ganzen Heere,
in gehör'gen Reim gebracht;
Selber auch gesetzt die Noten;
drum, ihr Weißen und ihr Roten!
Merket auf und gebet acht!«

Und er singt die neue Weise
einmal, zweimal, dreimal leise
denen Reitersleuten vor;
und wie er zum letzten Male
endet, bricht mit einem Male
los der volle kräft'ge Chor:

»Prinz Eugen, der edle Ritter!«
Hei, das klang wie Ungewitter
weit ins Türkenlager hin.
Der Trompeter tät den Schnurrbart streichen,
und sich auf die Seite schleichen
zu der Marketenderin.

Schwarz-Rot-Gold

In Kümmernis und Dunkelheit,
da mußten wir sie bergen!
Nun haben wir sie doch befreit,
befreit aus ihren Särgen!
Ha, wie das blitzt und rauscht und rollt!
Hurra, du Schwarz, du Rot, du Gold!
    Pulver ist schwarz,

Blut ist rot,
    golden flackert die Flamme!

Das ist das alte Reichspanier,
das sind die alten Farben!
Darunter haun und holen wir
uns bald wohl junge Narben!
Denn erst der Anfang ist gemacht,
noch steht bevor die letzte Schlacht!
    Pulver ist schwarz,
    Blut ist rot,
    golden flackert die Flamme!

Ja, die das Banner ihr gestickt,
ihr Jungfern unverdrossen,
derweil am Feuer wir gebückt
uns Flintenkugeln gossen:
nicht, wo man singt nur oder tanzt,
geschwungen sei's und aufgepflanzt! –
    Pulver ist schwarz,
    Blut ist rot,
    golden flackert die Flamme!

Denn das ist noch die Freiheit nicht,
die Deutschland muß begnaden,
wenn eine Stadt in Waffen spricht
und hinter Barrikaden:
»Kurfürst, verleih! Sonst – hüte dich! –
Sonst werden wir großherzoglich!«
    Pulver ist schwarz,
    Blut ist rot,
    golden flackert die Flamme!

Das ist noch lang die Freiheit nicht,
die ungeteilte, ganze,
wenn man ein Zeughaustor erbricht,
und Schwert sich nimmt und Lanze;
sodann ein weniges sie schwingt,
und – folgsamlich zurück sie bringt!
    Pulver ist schwarz,
    Blut ist rot,
    golden flackert die Flamme!

Das ist noch lang die Freiheit nicht,
wenn ihr an Brockhaus' Glase
ausübt ein klirrend Strafgericht
ob einer Dresdner Nase!
Was liegt euch an dem Sozius?
Drauf: – in die Hofburg Stein und Schuß!
    Pulver ist schwarz,
    Blut ist rot,
    golden flackert die Flamme!

Das ist noch lang die Freiheit nicht,
wenn man, statt mit Patronen,
mit keiner andern Waffe ficht,
als mit Petitionen!
Du lieber Gott: – Petitioniert!
Parlamentiert, illuminiert!
    Pulver ist schwarz,
    Blut ist rot,
    golden flackert die Flamme!

Das ist noch lang die Freiheit nicht,
sein Recht als Gnade nehmen
von Buben, die zu Recht und Pflicht
aus Furcht nur sich bequemen!
Auch nicht: daß, die ihr gründlich haßt,
ihr dennoch auf den Thronen laßt!
    Pulver ist schwarz,
    Blut ist rot,
    golden flackert die Flamme!

Die Freiheit ist die Nation,
ist aller gleich Gebieten!
Die Freiheit ist die Auktion
von dreißig Fürstenhüten!
Die Freiheit ist die Republik!
Und abermals: die Republik!
    Pulver ist schwarz,
    Blut ist rot,
    golden flackert die Flamme!

Die eine deutsche Republik,
die mußt du noch erfliegen!
Mußt jeden Strick und Galgenstrick
dreifarbig noch besiegen!

Das ist der große letzte Strauß –
Flieg aus, du deutsch Panier, flieg aus!
    Pulver ist schwarz,
    Blut ist rot,
    golden flackert die Flamme!

Zum Kampfe denn, zum Kampfe jetzt!
Der Kampf nur gibt dir Weihe!
Und kehrst du rauchig und zerfetzt,
so stickt man dich aufs neue!
Nicht wahr, ihr deutschen Jungfräulein?
Hurra, das wird ein Sticken sein!
    Pulver ist schwarz,
    Blut ist rot,
    golden flackert die Flamme!

Und der das Lied für euch erfand
in einer dieser Nächte,
der wollte, daß ein Musikant
es bald in Noten brächte!
Heißt das: ein rechter Musikant!
Dann kläng es hell durch deutsche Land:
    Pulver ist schwarz,
    Blut ist rot,
    golden flackert die Flamme!

London, 17. März 1848

DIE TOTEN AN DIE LEBENDEN

Die Kugel mitten in der Brust, die Stirne
                    breit gespalten,
so habt ihr uns auf blut'gem Brett hoch in die
                    Luft gehalten!
Hoch in die Luft mit wildem Schrei, daß
                    unsre Schmerzgebärde
dem, der zu töten uns befahl, ein Fluch
                    auf ewig werde!
Daß er sie sehe Tag und Nacht, im Wachen
                    und im Traume –
Im Öffnen seines Bibelbuchs wie im
                    Champagnerschaume!

Daß wie ein Brandmal sie sich tief in
                     seine Seele brenne;
daß nirgendwo und nimmermehr er vor
                     ihr fliehen könne!
Daß jeder qualverzogne Mund, daß jede
                     rote Wunde
ihn schrecke noch, ihn ängste noch in
                     seiner letzten Stunde!
Daß jedes Schluchzen um uns her dem
                     Sterbenden noch schalle,
daß jede tote Faust sich noch nach
                     seinem Haupte balle –
Mög er das Haupt nun auf ein Bett, wie
                     andre Leute pflegen,
mög er es auf ein Blutgerüst zum letzten
                     Atem legen!

So war's! Die Kugel in der Brust, die
                     Stirne breit gespalten,
so habt ihr uns auf schwankem Brett auf
                     zum Altan gehalten!
»Herunter!« – und er kam gewankt –
                     gewankt an unser Bette;
»Hut ab!« – er zog – er neigte sich!
                     (so sank zur Marionette,
der erst ein Komödiante war!) – bleich
                     stand er und beklommen!
Das Heer indes verließ die Stadt, die
                     sterbend wir genommen!
Dann »Jesus meine Zuversicht!« wie ihr's
                     im Buch könnt lesen:
Ein »Eisen meine Zuversicht« wär
                     paßlicher gewesen!

Das war den Morgen auf die Nacht, in der
                     man uns erschlagen;
so habt ihr triumphierend uns in unsre
                     Gruft getragen!
Und wir – wohl war der Schädel uns
                     zerschossen und zerhauen,
doch lag des Siegers froher Stolz auf
                     unsern grimmen Brauen.
Wir dachten: hoch zwar ist der Preis,
                     doch echt auch ist die Ware!

Und legten uns in Frieden drum zurecht
                     auf unsre Bahre.

Weh euch, wir haben uns getäuscht!
                     Vier Monden erst vergangen,
und alles feig durch euch verscherzt,
                     was trotzig wir errangen!
Was unser Tod euch zugewandt, verlottert
                     und verloren –
Oh, alles, alles hörten wir mit leisen
                     Geisterohren!
Wie Wellen braust' an uns heran, was
                     sich begab im Lande:
Der Aberwitz des Dänenkriegs, die letzte
                     Polenschande;
das rüde Toben der Vendée in stockigen
                     Provinzen;
der Soldateska Wiederkehr, die Wiederkehr
                     des Prinzen;
die Schmach zu Mainz, die Schmach zu Trier,
                     das Hänseln, das Entwaffnen
allüberall der Bürgerwehr, der eben
                     erst geschaffnen;
die Tücke, die den Zeughaussturm zu
                     einem Diebszug machte,
die selber uns, die selbst das Grab noch
                     zu begeifern dachte;
so weit es Barrikaden gab, der Druck
                     auf Schrift und Rede;
mit der Versammlung freiem Recht die
                     täglich frechre Fehde;
der Kerkertore dumpf Geknarr im Norden
                     und im Süden;
für jeden, der zum Volke steht, das alte
                     Ketten schmieden;
der Bund mit dem Kosakentum; das Brechen
                     jedes Stabes,
ach, über euch, die wert ihr seid des
                     lorbeerreichsten Grabes:
Ihr von des Zukunftsdranges Sturm am
                     weitesten! Getragnen
Ihr – Juni-Kämpfer von Paris! Ihr
                     siegenden Geschlagnen!

Dann der Verrat, hier und am Main
            im Taglohn unterhalten –
O Volk, und immer Friede nur in
            deines Schurzfells Falten?
Sag an, birgt es nicht auch den Krieg?
            Den Krieg herausgeschüttelt!
Den zweiten Krieg, den letzten Krieg
            mit allem, was dich büttelt!
Laß deinen Ruf: »Die Republik!« die
            Glocken überdröhnen,
die diesem allerneuesten
            Johannesschwindel tönen!

Umsonst! Es täte not, daß ihr uns aus
            der Erde grübet,
und wiederum auf blut'gem Brett hoch
            in die Luft erhübet!
Nicht, jenem abgetanen Mann, wie damals,
            uns zu zeigen –
Nein, zu den Zelten, auf den Markt,
            ins Land mit uns zu steigen!
Hinaus ins Land, soweit es reicht!
            Und dann die Insurgenten
auf ihre Bahren hingestellt in beiden
            Parlamenten!
O ernste Schau! Da lägen wir, im
            Haupthaar Erd und Gräser,
das Antlitz fleckig, halbverwest –
            die rechten Reichsverweser!
Da lägen wir und sagten aus: Eh wir
            verfaulen konnten,
ist eure Freiheit schon verfault, ihr
            trefflichen Archonten!
Schon fiel das Korn, das keimend stand,
            als wir im Märze starben;
der Freiheit Märzsaat ward gemäht noch
            vor den andern Garben!
Ein Mohn im Felde hier und dort entging
            der Sense Hieben –
Oh, wär der Grimm, der rote Grimm,
            im Lande so geblieben!

Und doch, er blieb! Es ist ein Trost im
            Schelten uns gekommen:

Zuviel schon hattet ihr erreicht, zuviel
            ward euch genommen!
Zuviel des Hohns, zuviel der Schmach
            wird täglich euch geboten:
Euch muß der Grimm geblieben sein –
            oh, glaubt es uns, den Toten!
Er blieb euch! Ja, und er erwacht! Er wird
            und muß erwachen!
Die halbe Revolution zur ganzen wird
            er machen!
Er wartet nur des Augenblicks: dann
            springt er auf allmächtig;
gehobnen Armes, wehnden Haars
            dasteht er wild und prächtig!
Die rost'ge Büchse legt er an, mit
            Fensterblei geladen:
Die rote Fahne läßt er wehn hoch auf den
            Barrikaden!
Sie fliegt voran der Bürgerwehr, sie fliegt
            voran dem Heere –
Die Throne gehn in Flammen auf,
            die Fürsten fliehn zum Meere!
Die Adler fliehn; die Löwen fliehn;
            die Klauen und die Zähne! –
Und seine Zukunft bildet selbst das Volk,
            das souveräne!

Indessen, bis die Stunde schlägt, hat
            dieses unser Grollen
Euch, die ihr vieles schon versäumt,
            das Herz ergreifen wollen!
Oh, steht gerüstet! Seid bereit! Oh, schaffet,
            daß die Erde,
Darin wir liegen strack und starr, ganz
            eine freie werde!
Daß fürder der Gedanke nicht uns stören
            kann im Schlafen:
Sie waren frei: doch wieder jetzt – und ewig –
            sind sie Sklaven!

Düsseldorf, Juli 1848

O LIEB, SO LANG DU LIEBEN KANNST!

O lieb, so lang du lieben kannst!
O lieb, so lang du lieben magst!
Die Stunde kommt, die Stunde kommt,
wo du an Gräbern stehst und klagst!

Und sorge, daß dein Herze glüht
und Liebe hegt und Liebe trägt,
so lang ihm noch ein ander Herz
in Liebe warm entgegenschlägt!

Und wer dir seine Brust erschließt,
o tu ihm, was du kannst, zulieb!
Und mach ihm jede Stunde froh,
und mach ihm keine Stunde trüb!

Und hüte deine Zunge wohl,
bald ist ein böses Wort gesagt!
O Gott, es war nicht bös gemeint, –
der andre aber geht und klagt.

O lieb, so lang du lieben kannst!
O lieb, so lang du lieben magst!
Die Stunde kommt, die Stunde kommt,
wo du an Gräbern stehst und klagst!

Dann kniest du nieder an der Gruft,
und birgst die Augen, trüb und naß,
– sie sehn den andern nimmermehr –
ins lange, feuchte Kirchhofsgras.

Und sprichst: O schau auf mich herab,
der hier an deinem Grabe weint!
Vergib, daß ich gekränkt dich hab!
O Gott, es war nicht bös gemeint!

Er aber sieht und hört dich nicht,
kommt nicht, daß du ihn froh umfängst;
der Mund, der oft dich küßte, spricht
nie wieder: ich vergab dir längst!
Er tat's, vergab dir lange schon,
doch manche heiße Träne fiel
um dich und um dein herbes Wort –
doch still – er ruht, er ist am Ziel!

O lieb, so lang du lieben kannst!
O lieb, so lang du lieben magst!
Die Stunde kommt, die Stunde kommt,
wo du an Gräbern stehst und klagst!

HEINRICH HEINE

HEINRICH HEINE

Nicht überall auf der Welt ist das kulturelle Deutschland als »Das Land von Goethe und Schiller« bekannt. Franzosen, die von der Kulturnation Deutschland sprechen, meinen damit zumeist »Das Land Heinrich Heines«.

Heinrich Heine gehört wohl zu den fünf oder zehn bedeutendsten Dichtern deutscher Sprache. Als Sohn des jüdischen Kaufmanns Samson Heine und dessen Ehefrau Betty (geb. von Geldern) wurde Heine, der ursprünglich mit Vornamen Harry hieß, am 13. Dezember 1797 in Düsseldorf geboren. Obwohl begabt und lernfähig, brach er das Gymnasium ohne Reifezeugnis ab und besuchte eine Handelsschule. Nach einer Kaufmannslehre, unter anderem im Kontor des Bankhauses seines Onkels Salomon Heine in Hamburg, eröffnete er mit dessen Hilfe ein Manufakturgeschäft. Harry Heine war nun Inhaber der Firma »Harry Heine & Comp.«, die jedoch bereits nach einem Jahr 1818 wieder aufgegeben werden mußte, da sie dem Bankrott nahe stand.

1819 entschloß sich der inzwischen 22jährige für die Aufnahme eines Jurastudiums, zunächst in Bonn, dann in Göttingen (wo er wegen einer Duellaffaire vom Universitätsgericht von der Burschenschaft ausgeschlossen wurde; Heine behielt Göttingen zeitlebens in schlechter Erinnerung, was ihm umgekehrt die Göttinger heute noch vielfach übelnehmen) und schließlich in Berlin.

Begegnungen mit Friedrich Hegel (1822) und Johann Wolfgang von Goethe (1824) sowie zahlreiche Reisen folgten in den nächsten Jahren. 1824 unternahm der junge Dichter eine Fußwanderung durch den Harz. Sein erstes berühmtes Werk, die »Harzreise«, entstand.

1825, nachdem er in Heiligenstadt Religionsunterricht genommen hatte, konvertierte Heine zum evangelisch-lutherischen Glauben und ließ sich auf den Namen Heinrich taufen. Im gleichen Jahr promovierte er zum Dr. jur.

Die Jahre 1827 bis 1831 waren von zahlreichen Reisen, unter anderem nach Italien, geprägt.

Da er in Deutschland für sich keine Berufsaussichten sah, entschloß sich Heinrich Heine, nach Frankeich zu gehen, wo er als Korrespondent für verschiedene deutsche Zeitungen und Zeitschriften tätig wurde. Bald schon arbeitete er auch bei französischen Zeitschriften und machte sich in Frankreich einen Namen. Dort begegnete er auch Crescence Eugénie Mirat, die er am 31. August 1841 heiratete.

In Deutschland stieß zu jener Zeit bereits Heines revolutionärer, sozialreformerischer Ton bei der Obrigkeit zunehmend auf Mißgunst. Während am 11. Dezember 1835 in Preußen ein Verbot sämtlicher Schriften des Dichters erging, gewährte ihm die französische Regierung 1836 eine Pension von 4000 Francs jährlich, die ihm ab 1840 ausbezahlt wurde.

Heines Aufenthalte in Deutschland waren kurz. Er befand sich ständig auf der Flucht, solange er auf deutschem Boden weilte, zumal 1844 die preußische Regierung Haftbefehl gegen die Mitarbeiter der »Deutsch-Französischen Jahrbücher« erlassen hatte, in denen seine »Lobgesänge auf König Ludwig« veröffentlicht worden waren.

Nach seinem Zusammenbruch im Pariser Louvre vor der Venus von Milo 1848 war Heine ans Bett gefesselt, an seine »Matratzengruft«, wie er selbst es ausdrückte. Seine letzten Jahre empfand der vielgereiste Mann als Qual. So sehr er in Deutschland verfolgt und geschmäht wurde, so viel Verehrung brachten ihm die Franzosen entgegen. Es nimmt daher nicht wunder, daß die erste Gesamtausgabe seiner Werke bereits zu seinen Lebzeiten, und zwar in französischer Sprache, erschien. Heine selbst arbeitete daran ab 1854.

Am 17. Februar 1856 starb Heinrich Heine in seiner Wahlheimat und in seinem Exil in Paris. Drei Tage später wurde er auf dem berühmten Friedhof am Montmartre beigesetzt. Seine Trauergäste, unter anderen Alexandre Dumas, François-Auguste Mignet und Theophile Gautier, gehörten zu den angesehensten Persönlichkeiten ihrer Zeit.

Lange Jahrzehnte fand Heinrich Heine nicht den ihm gebührenden Platz in der deutschen Literaturgeschichte. Dem alten Reich war er zu revolutionär, den Nationalsozialisten außerdem zu jüdisch. Generationen lernten in der Schule seine weithin berühmten Gedichte (z. B. die »Loreley«), ohne ihren Verfasser zu kennen. Noch heute sagt man den Deutschen ein gestörtes Verhältnis zu Heine nach. Dabei zeigt sich immer wieder, daß Deutschlands kritischste Dichter auch seine größten sind.

SCHÖPFUNGSLIEDER

1

Im Beginn schuf Gott die Sonne,
Dann die nächtlichen Gestirne;
Hierauf schuf er auch die Ochsen,
Aus dem Schweiße seiner Stirne.

Später schuf er wilde Bestien,
Löwen mit den grimmen Tatzen;
Nach des Löwen Ebenbilde
Schuf er hübsche kleine Katzen.

Zur Bevölkerung der Wildnis
Ward hernach der Mensch erschaffen;
Nach des Menschen holdem Bildnis
Schuf er intressante Affen.

Satan sah dem zu und lachte:
Ei, der Herr kopiert sich selber!
Nach dem Bilde seiner Ochsen
Macht er noch am Ende Kälber.

2

Und der Gott sprach zu dem Teufel:
Ich, der Herr, kopier mich selber,
Nach der Sonne mach ich Sterne,
Nach den Ochsen mach ich Kälber,
Nach den Löwen mit den Tatzen
Mach ich kleine liebe Katzen,
Nach den Menschen mach ich Affen;
Aber du kannst gar nichts schaffen.

3

Ich hab mir zu Ruhm und Preis erschaffen
Die Menschen, Löwen, Ochsen, Sonne;
Doch Sterne, Kälber, Katzen, Affen
Erschuf ich zu meiner eigenen Wonne.

4

Kaum hab ich die Welt zu schaffen begonnen,
In einer Woche war's getan.
Doch hatt ich vorher tief ausgesonnen
Jahrtausendlang den Schöpfungsplan.

Das Schaffen selbst ist eitel Bewegung,
Das stümpert sich leicht in kurzer Frist;
Jedoch der Plan, die Überlegung,
Das zeigt erst, wer ein Künstler ist.

Ich hab allein dreihundert Jahre
Tagtäglich darüber nachgedacht,
Wie man am besten Doctores Juris
Und gar die kleinen Flöhe macht.

5

Sprach der Herr am sechsten Tage:
Hab am Ende nun vollbracht
Diese große, schöne Schöpfung,
Und hab alles gut gemacht.

Wie die Sonne rosengoldig
In dem Meere widerstrahlt!
Wie die Bäume grün und glänzend!
Ist nicht alles wie gemalt?

Sind nicht weiß wie Alabaster
Dort die Lämmchen auf der Flur?
Ist sie nicht so schön vollendet
Und natürlich die Natur?

Erd und Himmel sind erfüllet
Ganz von meiner Herrlichkeit,
Und der Mensch, er wird mich loben
Bis in alle Ewigkeit!

6

Der Stoff, das Material des Gedichts,
Das saugt sich nicht aus dem Finger;
Kein Gott erschafft die Welt aus nichts,
So wenig wie irdische Singer.

Aus vorgefundenem Urweltsdreck
Erschuf ich die Männerleiber,
Und aus dem Männerrippenspeck
Erschuf ich die schönen Weiber.

Den Himmel erschuf ich aus der Erd
Und Engel aus Weiberentfaltung;
Der Stoff gewinnt erst seinen Wert
Durch künstlerische Gestaltung.

7

Warum ich eigentlich erschuf
Die Welt, ich will es gern bekennen:
Ich fühlte in der Seele brennen
Wie Flammenwahnsinn den Beruf.

Krankheit ist wohl der letzte Grund
Des ganzen Schöpfungsdrangs gewesen;
Erschaffend konnte ich genesen,
Erschaffend wurde ich gesund.

MIR TRÄUMT': ICH BIN DER LIEBE GOTT

(aus »Die Heimkehr«)

Mir träumt': ich bin der liebe Gott
Und sitz im Himmel droben,
Und Englein sitzen um mich her,
Die meine Verse loben.

Und Kuchen ess ich und Konfekt
Für manchen lieben Gulden,
Und Kardinal trink ich dabei
Und habe keine Schulden.

Doch Langeweile plagt mich sehr,
Ich wollt, ich wär auf Erden,
Und wär ich nicht der liebe Gott,
Ich könnt des Teufels werden.

Du langer Engel Gabriel,
Geh, mach dich auf die Sohlen,
Und meinen teuren Freund Eugen
Sollst du herauf mir holen.

Such ihn nicht im Kollegium,
Such ihn beim Glas Tokayer;
Such ihn nicht in der Hedwigskirch,
Such ihn bei Mamsell Meyer.

Da breitet aus sein Flügelpaar
Und fliegt herab der Engel,
Und packt ihn auf und bringt herauf
Den Freund, den lieben Bengel.

Ja, Jung, ich bin der liebe Gott,
Und ich regier die Erde!
Ich hab's ja immer dir gesagt,
Daß ich was Rechts noch werde.

Und Wunder tu ich alle Tag,
Die sollen dich entzücken!
Und dir zum Spaße will ich heut
Die Stadt Berlin beglücken.

Die Pflastersteine auf der Straß,
Die sollen jetzt sich spalten,
Und eine Auster, frisch und klar,
Soll jeder Stein enthalten.

Ein Regen von Zitronensaft
Soll tauig sie begießen,
Und in den Straßengossen soll
Der beste Rheinwein fließen

Wie freuen die Berliner sich,
Sie gehen schon ans Fressen;
Die Herren von dem Landgericht,
Die saufen aus den Gössen.

Wie freuen die Poeten sich
Bei solchem Götterfraße!
Die Leutnants und die Fähnderichs,
Die lecken ab die Straße.

Die Leutnants und die Fähnderichs,
Das sind die klügsten Leute,
Sie denken: alle Tag geschieht
Kein Wunder so wie heute.

An meine Mutter

B. Heine, geborne v. Geldern

1

Ich bin's gewohnt, den Kopf recht hoch
                          zu tragen,
Mein Sinn ist auch ein bißchen starr und zähe;
Wenn selbst der König mir ins Antlitz sähe,
Ich würde nicht die Augen niederschlagen.

Doch, liebe Mutter, offen will ich's sagen:
Wie mächtig auch mein stolzer Mut sich blähe,
In deiner selig süßen, trauten Nähe
Ergreift mich oft ein demutvolles Zagen.

Ist es dein Geist, der heimlich mich bezwinget,
Dein hoher Geist, der alles kühn durchdringet
Und blitzend sich zum Himmelslichte
                          schwinget?

Quält mich Erinnerung, daß ich verübet
So manche Tat, die dir das Herz betrübet,
Das schöne Herz, das mich so sehr geliebet?

2

Im tollen Wahn hatt ich dich einst verlassen,
Ich wollte gehn die ganze Welt zu Ende,
Und wollte sehn, ob ich die Liebe fände,
Um liebevoll die Liebe zu umfassen.

Die Liebe suchte ich auf allen Gassen,
Vor jeder Türe streckt ich aus die Hände
Und bettelte um g'ringe Liebesspende –
Doch lachend gab man mir nur kaltes Hassen.

Und immer irrte ich nach Liebe, immer
Nach Liebe, doch die Liebe fand ich nimmer
Und kehrte um nach Hause, krank und trübe.

Doch da bist du entgegen mir gekommen,
Und ach! Was da in deinem Aug'
                          geschwommen,
Das war die süße, lang gesuchte Liebe.

Frühling

Die Wellen blinken und fließen dahin –
Es liebt sich so lieblich im Lenze!
Am Flusse sitzt die Schäferin
Und windet die zärtlichsten Kränze.

Das knospet und quillt, mit duftender Lust
Es liebt sich so lieblich im Lenze!
Die Schäferin seufzt aus tiefer Brust:
Wem geb ich meine Kränze?

Ein Reiter reitet den Fluß entlang,
Er grüßt so blühenden Mutes!
Die Schäferin schaut ihm nach so bang,
Fern flattert die Feder des Hutes.

Sie weint und wirft in den gleitenden Fluß
Die schönen Blumenkränze.
Die Nachtigall singt von Lieb und Kuß –
Es liebt sich so lieblich im Lenze!

WIE DIE TAGE MACHT DER FRÜHLING

(aus »Neuer Frühling«)

Wie die Tage macht der Frühling
Auch die Nächte mir erklingen;
Als ein grünes Echo kann er
Bis in meine Träume dringen.

Nur noch märchensüßer flöten
Dann die Vögel, durch die Lüfte
Weht es sanfter, sehnsuchtmilder
Steigen auf die Veilchendüfte.

Auch die Rosen blühen röter,
Eine kindlich güldne Glorie
Tragen sie, wie Engelköpfchen
Auf Gemälden der Historie –

Und mir selbst ist dann, als würd ich
Eine Nachtigall und sänge
Diesen Rosen meine Liebe,
Träumend sing ich Wunderklänge –

Bis mich weckt das Licht der Sonne
Oder auch das holde Lärmen
Jener andren Nachtigallen,
Die vor meinem Fenster schwärmen.

SEHNSÜCHTELEI

In dem Traum siehst du die stillen
Fabelhaften Blumen prangen;
Und mit Sehnsucht und Verlangen
Ihre Düfte dich erfüllen.

Doch von diesen Blumen scheidet
Dich ein Abgrund tief und schaurig,
Und dein Herz wird endlich traurig,
Und es blutet und es leidet.

Wie sie locken, wie sie schimmern!
Ach, wie komm ich da hinüber?
Meister Hämmerling, mein Lieber,
Kannst du mir die Brücke zimmern?

DIE NACHT AM STRANDE

Sternlos und kalt ist die Nacht,
Es gähnt das Meer;
Und über dem Meer, platt auf dem Bauch,
Liegt der ungestaltete Nordwind,
Und heimlich, mit ächzend gedämpfter
                Stimme,
Wie 'n störriger Griesgram, der gut
              gelaunt wird,
Schwatzt er ins Wasser hinein
Und erzählt viel tolle Geschichten,
Riesenmärchen, totschlaglaunig,
Uralte Sagen aus Norweg,
Und dazwischen, weitschallend, lacht er
            und heult er
Beschwörungslieder der Edda,
Auch Runensprüche,
So dunkeltrotzig und zaubergewaltig,
Daß die weißen Meerkinder
Hoch aufspringen und jauchzen,
Übermutberauscht.

Derweilen, am flachen Gestade,
Über den flutbefeuchteten Sand
Schreitet ein Fremdling mit einem Herzen,
Das wilder noch als Wind und Wellen.
Wo er hintritt,
Sprühen Funken und knistern die Muscheln;
Und er hüllt sich fest in den grauen Mantel
Und schreitet rasch durch die wehende Nacht,
Sicher geleitet vom kleinen Lichte,
Das lockend und lieblich schimmert
Aus einsamer Fischerhütte.

Vater und Bruder sind auf der See,
Und mutterseelallein blieb dort

In der Hütte die Fischertochter.
Am Herde sitzt sie
Und horcht auf des Wasserkessels
Ahnungssüßes heimliches Summen,
Und schüttelt knisterndes Reisig ins Feuer
Und bläst hinein,
Daß die flackernd roten Lichter
Zauberlieblich widerstrahlen
Auf das blühende Antlitz,
Auf die zarte, weiße Schulter,
Die rührend hervorlauscht
Aus dem groben, grauen Hemde,
Und auf die kleine, sorgsame Hand,
Die das Unterröckchen fester bindet
Um die feine Hüfte.

Aber plötzlich, die Tür springt auf,
Und es tritt herein der nächtige Fremdling;
Liebesicher ruht sein Auge
Auf dem weißen, schlanken Mädchen,
Das schauernd vor ihm steht,
Gleich einer erschrockenen Lilie;
Und er wirft den Mantel zur Erde
Und lacht und spricht:

»Siehst du, mein Kind, ich halte Wort,
Und ich komme, und mit mir kommt
Die alte Zeit, wo die Götter des Himmels
Niederstiegen zu Töchtern der Menschen,
Und die Töchter der Menschen umarmten
Und mit ihnen zeugten
Zeptertragende Königsgeschlechter
Und Helden, Wunder der Welt.
Doch staune, mein Kind, nicht länger
Ob meiner Göttlichkeit,
Und ich bitte dich, koche mir Tee mit Rum
Denn draußen war's kalt,
Und bei solcher Nachtluft
Frieren auch wir, wir ewigen Götter,
Und kriegen wir leicht den göttlichsten
                           Schnupfen
Und einen unsterblichen Husten.«

NACHTGEDANKEN

Denk ich an Deutschland in der Nacht,
Dann bin ich um den Schlaf gebracht,
Ich kann nicht mehr die Augen schließen,
Und meine heißen Tränen fließen.

Die Jahre kommen und vergehn!
Seit ich die Mutter nicht gesehn
Zwölf Jahre sind schon hingegangen;
Es wächst mein Sehnen und Verlangen.

Mein Sehnen und Verlangen wächst.
Die alte Frau hat mich behext,
Ich denke immer an die alte,
Die alte Frau, die Gott erhalte!

Die alte Frau hat mich so lieb,
Und in den Briefen, die sie schrieb,
Seh ich, wie ihre Hand gezittert,
Wie tief das Mutterherz erschüttert.

Die Mutter liegt mir stets im Sinn.
Zwölf lange Jahre flossen hin,
Zwölf lange Jahre sind verflossen,
Seit ich sie nicht ans Herz geschlossen.

Deutschland hat ewigen Bestand,
Es ist ein kerngesundes Land,
Mit seinen Eichen, seinen Linden,
Werd ich es immer wiederfinden.

Nach Deutschland lechzt ich nicht so sehr,
Wenn nicht die Mutter dorten wär;
Das Vaterland wird nie verderben,
Jedoch die alte Frau kann sterben.

Seit ich das Land verlassen hab,
So viele sanken dort ins Grab,
Die ich geliebt — wenn ich sie zähle,
So will verbluten meine Seele.

Und zählen muß ich – Mit der Zahl
Schwillt immer höher meine Qual,
Mir ist, als wälzten sich die Leichen
Auf meine Brust – Gottlob, sie weichen!

Gottlob, durch meine Fenster bricht
Französisch heitres Tageslicht;
Es kommt mein Weib, schön wie der Morgen,
Und lächelt fort die deutschen Sorgen.

DER TRAURIGE

Allen tut es weh im Herzen,
Die den bleichen Knaben sehn,
Dem die Leiden, dem die Schmerzen
Aufs Gesicht geschrieben stehn.

Mitleidvolle Lüfte fächeln
Kühlung seiner heißen Stirn;
Labung möcht ins Herz ihm lächeln
Manche sonst so spröde Dirn.

Aus dem wilden Lärm der Städter
Flüchtet er sich nach dem Wald.
Lustig rauschen dort die Blätter,
Lust'ger Vogelsang erschallt.

Doch der Sang verstummet balde,
Traurig rauschet Baum und Blatt,
Wenn der Traurige dem Walde
Langsam sich genähert hat.

IM SÜSSEN TRAUM

(aus »Buch der Lieder«)

Im süßen Traum, bei stiller Nacht,
Da kam zu mir mit Zaubermacht,
Mit Zaubermacht die Liebste mein,
Sie kam zu mir ins Kämmerlein.

Ich schau sie an, das holde Bild!
Ich schau sie an, sie lächelt mild,
Und lächelt, bis das Herz mir schwoll,
Und stürmisch kühn das Wort entquoll:

»Nimm hin, nimm alles, was ich hab,
Mein Liebstes tret ich gern dir ab,
Dürft ich dafür dein Buhle sein
Von Mitternacht bis Hahnenschrei'n.«

Da staunt mich an gar seltsamlich,
So lieb, so weh und inniglich
Und sprach zu mir die schöne Maid:
»O gib mir deine Seligkeit!«

»Mein Leben süß, mein junges Blut,
Gäb ich mit Freud und wohlgemut
Für dich, o Mädchen, engelgleich –
Doch nimmermehr das Himmelreich.«

Wohl braust hervor mein rasches Wort.
Doch blühet schöner immerfort
Und immer spricht die schöne Maid:
»O gib mir deine Seligkeit!«

Dumpf dröhnt dies Wort mir ins Gehör
Und schleudert mir ein Glutenmeer
Wohl in der Seele tiefsten Raum;
Ich atme schwer, ich atme kaum. –

Das waren weiße Engelein,
Umglänzt von goldnem Glorienschein;
Nun aber stürmte wild herauf
Ein greulich schwarzer Koboldhauf.

Die rangen mit den Engelein
Und drängten fort die Engelein;
Und endlich auch die schwarze Schar
In Nebelduft zerronnen war. –

Ich aber wollt in Lust vergehn,
Ich hielt im Arm mein Liebchen schön;
Sie schmiegt sich an mich wie ein Reh,
Doch weint sie auch mit bitterm Weh.

Feins Liebchen weint; ich weiß warum
Und küß ihr Rosenmündlein stumm –
»O still, feins Lieb, die Tränenflut,
Ergib dich meiner Liebesglut!

Ergib dich meiner Liebesglut« –
Da plötzlich starrt zu Eis mein Blut;
Laut bebet auf der Erde Grund,
Und öffnet gähnend sich ein Schlund.

Und aus dem schwarzen Schlunde steigt
Die schwarze Schar; – feins Lieb erbleicht!
Aus meinen Armen schwand feins Lieb;
Ich ganz alleine stehen blieb.

Da tanzt im Kreise wunderbar
Um mich herum die schwarze Schar,
Und drängt heran, erfaßt mich bald,
Und gellend Hohngelächter schallt.

Und immer enger wird der Kreis,
Und immer summt die Schauerweis':
»Du gabest hin die Seligkeit,
Gehörst uns nun in Ewigkeit!«

DU BIST WIE EINE BLUME

(aus »Die Heimkehr«)

Du bist wie eine Blume,
So hold und schön und rein;
Ich schau dich an, und Wehmut
Schleicht mir ins Herz hinein.

Mir ist, als ob ich die Hände
Aufs Haupt dir legen sollt,
Betend, daß Gott dich erhalte
So rein und schön und hold.

DIE UNBEKANNTE

Meiner goldgelockten Schönen
Weiß ich täglich zu begegnen
In dem Tuilleriengarten,
Unter den Kastanienbäumen.

Täglich geht sie dort spazieren
Mit zwei häßlich alten Damen –
Sind es Tanten? Sind's Dragoner,
Die vermummt in Weiberröcken?

Niemand konnt mir Auskunft geben,
Wer sie sei. Bei allen Freunden
Frug ich nach und stets vergebens!
Ich erkrankte fast vor Sehnsucht.

Eingeschüchtert von dem Schnurrbart
Ihrer zwei Begleiterinnen,
Und von meinem eignen Herzen
Noch viel strenger eingeschüchtert,

Wagt ich nie ein seufzend Wörtchen
Im Vorübergehn zu flüstern,
Und ich wagte kaum mit Blicken
Meine Flamme zu bekunden.

Heute erst hab ich erfahren
Ihren Namen. Laura heißt sie,
Wie die schöne Provencalin,
Die der große Dichter liebte.

Laura heißt sie! Nun da bin ich
Just so weit wie einst Petrarca,
Der das schöne Weib gefeiert
In Kanzonen und Sonetten.

Laura heißt sie! Wie Petrarca
Kann ich jetzt platonisch schwelgen
In dem Wohllaut dieses Namens –
Weiter hat er's nie gebracht.

DAS FRÄULEIN STAND AM MEERE

(aus »Seraphine«)

Das Fräulein stand am Meere
Und seufzte lang und bang,
Es rührte sie so sehre
Der Sonnenuntergang.

Mein Fräulein, sei'n Sie munter,
Das ist ein altes Stück;
Hier vorne geht sie unter
Und kehrt von hinten zurück.

DAS MEER ERGLÄNZTE WEIT HINAUS

(aus »Die Heimkehr«)

Das Meer erglänzte weit hinaus
Im letzten Abendscheine;
Wir saßen am einsamen Fischerhaus,
Wir saßen stumm und alleine.

Der Nebel stieg, das Wasser schwoll,
Die Möwe flog hin und wider;
Aus deinen Augen liebevoll
Fielen die Tränen nieder.

Ich sah sie fallen auf deine Hand
Und bin aufs Knie gesunken;
Ich hab von deiner weißen Hand
Die Tränen fortgetrunken.

Seit jener Stunde verzehrt sich mein Leib,
Die Seele stirbt vor Sehnen; –
Mich hat das unglücksel'ge Weib
Vergiftet mit ihren Tränen.

WO DES HIMMELS, MEISTER LUDWIG

(Caput XXVII aus: »Atta Troll –
Ein Sommernachtstraum«)
(An August Varnhagen von Ense)

»Wo des Himmels, Meister Ludwig,
Habt Ihr all das tolle Zeug
Aufgegabelt?« Diese Worte
Rief der Kardinal von Este,

Als er das Gedicht gelesen
Von des Rolands Rasereien,
Das Aristo untertänig
Seiner Eminenz gewidmet.

Ja, Varnhagen, alter Freund,
Ja, ich seh um deine Lippen
Fast dieselben Worte schweben,
Mit demselben feinen Lächeln.

Manchmal lachst du gar im Lesen!
Doch mitunter mag sich ernsthaft
Deine hohe Stirne furchen,
Und Erinnrung überschleicht dich: –

»Klang das nicht wie Jugendträume,
Die ich träumte mit Chamisso
Und Brentano und Fouqué
In den blauen Mondscheinnächten?

Ist das nicht das fromme Läuten
Der verlornen Waldkapelle?
Klingelt schalkhaft nicht dazwischen
Die bekannte Schellenkappe?

In die Nachtigallenchöre
Bricht herein der Bärenbrummbaß,
Dumpf und grollend, dieser wechselt
Wieder ab mit Geisterlispeln!

Wahnsinn, der sich klug gebärdet!
Weisheit, welche überschnappt!
Sterbeseufzer, welche plötzlich
Sich verwandeln in Gelächter!« ...

Ja, mein Freund, es sind die Klänge
Aus der längst verschollnen Traumzeit;
Nur daß oft moderne Triller
Gaukeln durch den alten Grundton.

Trotz des Übermutes wirst du
Hie und dort Verzagnis spüren —
Deiner wohlerprobten Milde
Sei empfohlen dies Gedicht!

Ach, es ist vielleicht das letzte
Freie Waldlied der Romantik!
In des Tages Brand- und Schlachtlärm
Wird es kümmerlich verhallen.

Andre Zeiten, andre Vögel!
Andre Vögel, andre Lieder!
Welch ein Schnattern, wie von Gänsen,
Die das Kapitol gerettet!

Welch ein Zwitschern! Das sind Spatzen,
Pfennigslichtchen in den Krallen;
Sie gebärden sich wie Jovis
Adler mit dem Donnerkeil!

Welch ein Gurren! Turteltauben,
Liebesatt, sie wollen hassen,
Und hinfüro, statt der Venus,
Nur Bellonas Wagen ziehen!

Welch ein Sumsen, welterschütternd!
Das sind ja des Völkerfrühlings
Kolossale Maienkäfer,
Von Berserkerwut ergriffen!

Andre Zeiten, andre Vögel!
Andre Vögel, andre Lieder!
Sie gefielen mir vielleicht,
Wenn ich andre Ohren hätte!

SCHWARZE RÖCKE, SEIDNE STRÜMPFE

(aus »Die Harzreise«)

Schwarze Röcke, seidne Strümpfe,
Weiße höfliche Manschetten,
Sanfte Reden, Embrassieren —
Ach, wenn sie nur Herzen hätten!

Herzen in der Brust, und Liebe,
Warme Liebe in dem Herzen! —
Ach, mich tötet ihr Gesinge
Von erlognen Liebesschmerzen.

Auf die Berge will ich steigen,
Wo die frommen Hütten stehen,
Wo die Brust sich frei erschließet,
Und die freien Lüfte wehen.

Auf die Berge will ich steigen,
Wo die dunklen Tannen ragen,
Bäche rauschen, Vögel singen
Und die stolzen Wolken jagen.

Lebet wohl, ihr glatten Säle!
Glatte Herren, glatte Frauen!
Auf die Berge will ich steigen,
Lachend auf euch niederschauen.

AUF DEM BROCKEN

Heller wird es schon im Osten
Durch der Sonne kleines Glimmen,
Weit und breit die Bergesgipfel
In dem Nebelmeere schwimmen.

Hätt ich Siebenmeilenstiefel,
Lief ich mit der Hast des Windes
Über jene Bergesgipfel
Nach dem Haus des lieben Kindes.

Von dem Bettchen, wo sie schlummert,
Zög ich leise die Gardinen,
Leise küßt ich ihre Stirne,
Leise ihres Munds Rubinen.

Und noch leiser wollt ich flüstern
In die kleinen Lilienohren:
»Denk im Traum, daß wir uns lieben,
Und daß wir uns nie verloren.«

IN DER FREMDE

1

Es treibt dich fort von Ort zu Ort,
Du weißt nicht mal warum;
Im Winde klingt ein sanftes Wort,
Schaust dich verwundert um.

Die Liebe, die dahinten blieb,
Sie ruft mich sanft zurück:
»O komm zurück, ich hab dich lieb,
Du bist mein einz'ges Glück!«

Doch weiter, weiter, sonder Rast,
Du darfst nicht stillestehn.
Was du so sehr geliebet hast,
Sollst du nicht wiedersehn.

2

Du bist ja heut so grambefangen,
Wie ich dich lange nicht geschaut!
Es perlet still von deinen Wangen,
Und deine Seufzer werden laut.

Denkst du der Heimat, die so ferne,
So nebelferne dir verschwand?
Gestehe mir's, du wärest gerne
Manchmal im teuren Vaterland.

Denkst du der Dame, die so niedlich
Mit kleinem Zürnen dich ergötzt?
Oft zürntest du, dann ward sie friedlich,
Und immer lachtet ihr zuletzt.

Denkst du der Freunde, die da sanken
An deine Brust in großer Stund?
Im Herzen stürmten die Gedanken,
Jedoch verschwiegen blieb der Mund.

Denkst du der Mutter und der Schwester?
Mit beiden standest du ja gut.
Ich glaube gar, es schmilzt, mein Bester,
In deiner Brust der wilde Mut!

Denkst du der Vögel und der Bäume
Des schönen Gartens, wo du oft
Geträumt der Liebe junge Träume,
Wo du gezagt, wo du gehofft?

Es ist schon spät. Die Nacht ist helle,
Trübhell gefärbt vom feuchten Schnee.
Ankleiden muß ich mich nun schnelle
Und in Gesellschaft gehn. O weh!

3

Ich hatte einst ein schönes Vaterland.
Der Eichenbaum
Wuchs dort so hoch, die Veilchen nickten
                                  sanft.
Es war ein Traum.

Das küßte mich auf deutsch und sprach
                            auf deutsch
(Man glaubt es kaum
Wie gut es klang) das Wort: »Ich liebe dich!«
Es war ein Traum.

Das Lied von den Dukaten

Meine güldenen Dukaten,
Sagt, wo seid ihr hingeraten?

Seid ihr bei den güldnen Fischlein,
Die im Bache froh und munter
Tauchen auf und tauchen unter?

Seid ihr bei den güldnen Blümlein,
Die auf lieblich grüner Aue
Funkeln hell im Morgentaue?

Seid ihr bei den güldnen Vöglein,
Die da schweifen glanzumwoben
In den blauen Lüften oben?

Seid ihr bei den güldnen Sternlein,
Die im leuchtenden Gewimmel
Lächeln jede Nacht am Himmel?

Ach, ihr güldenen Dukaten,
Schwimmt nicht in des Baches Well',
Funkelt nicht auf grüner Au,
Schwebt nicht in den Lüften blau,
Lächelt nicht am Himmel hell –
Meine Manichäer, traun!
Halten euch in ihren Klaun.

Belsazar

Die Mitternacht zog näher schon;
In stummer Ruh lag Babylon.

Nur oben in des Königs Schloß,
Da flackert's, da lärmt des Königs Troß.

Dort oben in dem Königssaal
Belsazar hielt sein Königsmahl.

Die Knechte saßen in schimmernden Reihn,
Und leerten die Becher mit funkelndem Wein.

Es klirrten die Becher, es jauchzten die Knecht;
So klang es dem störrigen Könige recht.

Des Königs Wangen leuchten Glut;
Im Wein erwuchs ihm kecker Mut.

Und blindlings reißt der Mut ihn fort;
Und er lästert die Gottheit
                            mit sündigem Wort.

Und er brüstet sich frech und lästert wild!
Die Knechteschar ihm Beifall brüllt.

Der König rief mit stolzem Blick;
Der Diener eilt und kehrt zurück.

Er trug viel gülden Gerät auf dem Haupt;
Das war aus dem Tempel Jehovas geraubt.

Und der König ergriff mit frevler Hand
Einen heiligen Becher, gefüllt bis am Rand.

Und leert ihn hastig bis auf den Grund,
Und rufet laut mit schäumendem Mund:

»Jehova! Dir künd ich auf ewig Hohn –
Ich bin der König von Babylon!«

Doch kaum das grause Wort verklang,
Dem König ward's heimlich im Busen bang.

Das gellende Lachen verstummte zumal;
Es wurde leichenstill im Saal.

Und sieh! und sieh! an weißer Wand
Da kams hervor wie Menschenhand;

Und schrieb, und schrieb an weißer Wand
Buchstaben von Feuer, und schrieb und
                            schwand.

Der König stieren Blicks da saß.
Mit schlotternden Knien und totenblaß.

Die Knechteschar saß kalt durchgraut
Und saß gar still, gab keinen Laut.

Die Magier kamen, doch keiner verstand
Zu deuten die Flammenschrift an der Wand.

Belsazar ward aber in selbiger Nacht
Von seinen Knechten umgebracht.

LORELEY

(aus »Die Heimkehr«)

Ich weiß nicht, was soll es bedeuten,
Daß ich so traurig bin;
Ein Märchen aus alten Zeiten,
Das kommt mir nicht aus dem Sinn.

Die Luft ist kühl und es dunkelt,
Und ruhig fließt der Rhein;
Der Gipfel des Berges funkelt
Im Abendsonnenschein.

Die schönste Jungfrau sitzet
Dort oben wunderbar,
Ihr goldnes Geschmeide blitzet,
Sie kämmt ihr goldnes Haar.

Sie kämmt es mit goldenem Kamme
Und singt ein Lied dabei;
Das hat eine wundersame,
Gewaltige Melodei.

Den Schiffer im kleinen Schiffe
Ergreift es mit wildem Weh;
Er schaut nicht die Felsenriffe,
Er schaut nur hinauf in die Höh'.

Ich glaube, die Wellen verschlingen
Am Ende Schiffer und Kahn;
Und das hat mit ihrem Singen
Die Lorelei getan.

IM TRAURIGEN MONAT NOVEMBER WAR'S

(Caput I aus »Deutschland – Ein Wintermärchen«)

Im traurigen Monat November wars,
Die Tage wurden trüber,
Der Wind riß von den Bäumen das Laub,
Da reist ich nach Deutschland hinüber.

Und als ich an die Grenze kam,
Da fühlt ich ein stärkeres Klopfen
In meiner Brust, ich glaube sogar,
Die Augen beginnen zu tropfen.

Und als ich die deutsche Sprache vernahm,
Da ward mir seltsam zu Mute;
Ich meinte nicht anders, als ob das Herz
Recht angenehm verblute.

Ein kleines Harfenmädchen sang.
Sie sang mit wahrem Gefühle
Und falscher Stimme, doch ward ich sehr
Gerühret von ihrem Spiele.

Sie sang von Liebe und Liebesgram,
Aufopfrung und Wiederfinden
Dort oben in jener besseren Welt,
Wo alle Leiden schwinden.

Sie sang vom irdischen Jammertal,
Von Freuden, die bald zerronnen,
Vom Jenseits, wo die Seele schwelgt
Verklärt in ewgen Wonnen.

Sie sang das alte Entsagungslied,
Das Eiapopeia vom Himmel,
Womit man einlullt, wenn es greint,
Das Volk, den großen Lümmel.

Ich kenne die Weise, ich kenne den Text,
Ich kenn auch die Herren Verfasser;
Ich weiß, sie tranken heimlich Wein
Und predigten öffentlich Wasser.

Ein neues Lied, ein besseres Lied,
O Freunde, will ich euch dichten!
Wir wollen hier auf Erden schon
Das Himmelreich errichten.

Wir wollen auf Erden glücklich sein,
Und wollen nicht mehr darben;
Verschlemmen soll nicht der faule Bauch,
Was fleißige Hände erwarben.

Es wächst hienieden Brot genug
Für alle Menschenkinder,
Auch Rosen und Myrten, Schönheit und Lust,
Und Zuckererbsen nicht minder.

Ja, Zuckererbsen für jedermann,
Sobald die Schoten platzen!
Den Himmel überlassen wir
Den Engeln und den Spatzen.

Und wachsen uns Flügel nach dem Tod,
So wollen wir euch besuchen
Dort oben, und wir, wir essen mit euch
Die seligsten Torten und Kuchen.

Ein neues Lied, ein besseres Lied!
Es klingt wie Flöten und Geigen!
Das Miserere ist vorbei,
Die Sterbeglocken schweigen.

Die Jungfer Europa ist verlobt
Mit dem schönen Geniusse
Der Freiheit, sie liegen einander im Arm,
Sie schwelgen im ersten Kusse.

Und fehlt der Pfaffensegen dabei,
Die Ehe wird gültig nicht minder –
Es lebe Bräutigam und Braut,
Und ihre zukünftigen Kinder!

Ein Hochzeitskarmen ist mein Lied,
Das bessere, das neue!
In meiner Seele gehen auf
Die Sterne der höchsten Weihe –

Begeisterte Sterne, sie lodern wild,
Zerfließen in Flammenbächen –
Ich fühle mich wunderbar erstarkt,
Ich könnte Eichen zerbrechen!

Seit ich auf deutsche Erde trat,
Durchströmen mich Zaubersäfte –
Der Riese hat wieder die Mutter berührt,
Und es wuchsen ihm neu die Kräfte.

ANNO 1839

O Deutschland, meine ferne Liebe,
Gedenk ich deiner, wein ich fast!
Das muntre Frankreich scheint mir trübe,
Das leichte Volk wird mir zur Last.

Nur der Verstand, so kalt und trocken,
Herrscht in dem witzigen Paris –
O Narrheitsglöcklein, Glaubensglocken,
Wie klingelt ihr daheim so süß!

Höfliche Männer! Doch verdrossen
Geb ich den artgen Gruß zurück. –
Die Grobheit, die ich einst genossen
Im Vaterland, das war mein Glück!

Lächelnde Weiber! Plappern immer,
Wie Mühlenräder stets bewegt!
Da lob ich Deutschlands Frauenzimmer,
Das schweigend sich zu Bette legt.

Und alles dreht sich hier im Kreise,
Mit Ungestüm, wie'n toller Traum!
Bei uns bleibt alles hübsch im Gleise,
Wie angenagelt, rührt sich kaum.

Mir ist, als hört ich fern erklingen
Nachtwächterhörner, sanft und traut;
Nachwächterlieder hör ich singen,
Dazwischen Nachtigallenlaut.

Dem Dichter war so wohl daheime,
In Schildas teurem Eichenhain;
Dort wob ich meine zarten Reime
Aus Veilchenduft und Mondenschein.

MICHEL NACH DEM MÄRZ

Solang ich den deutschen Michel gekannt,
  War er ein Bärenhäuter;
Ich dachte im März, er hat sich ermannt
  Und handelt fürder gescheuter.

Wie stolz erhob er das blonde Haupt
  Vor seinen Landesvätern!
Wie sprach er – was doch unerlaubt –
  Von hohen Landesverrätern.

Das klang so süß zu meinem Ohr
  Wie märchenhafte Sagen,
Ich fühlte wie ein junger Tor
  Das Herz mir wieder schlagen.

Doch als die schwarz-rot-goldne Fahn,
  Der allgermanische Plunder,
Aufs neu erschien, da schwand mein Wahn
  Und die süßen Märchenwunder.

Ich kannte die Farben in diesem Panier
  Und ihre Vorbedeutung:
Von deutscher Freiheit brachten sie mir
  Die schlimmste Hiobszeitung.

Schon sah ich den Arndt, den Vater Jahn –
  Die Helden aus andern Zeiten
Aus ihren Gräbern wieder nahn
  Und für den Kaiser streiten.

Die Burschenschaftler allesamt
  Aus meinen Jünglingsjahren,
Die für den Kaiser sich entflammt,
  Wenn sie betrunken waren.

Ich sah das sündenergraute Geschlecht
  Der Diplomaten und Pfaffen,
Die alten Knappen vom römischen Recht
  Am Einheitstempel schaffen –

Derweil der Michel geduldig und gut
  Begann zu schlafen und schnarchen,
Und wieder erwachte unter der Hut
  Von vierunddreißig Monarchen.

IM OKTOBER 1849

Gelegt hat sich der starke Wind,
Und wieder stille wird's daheime;
Germania, das große Kind,
Erfreut sich wieder seiner Weihnachtsbäume.

Wir treiben jetzt Familienglück –
Was höher lockt, das ist von Übel –
Die Friedensschwalbe kehrt zurück,
Die einst genistet in des Hauses Giebel.

Gemütlich ruhen Wald und Fluß,
Von sanftem Mondlicht übergossen;
Nur manchmal knallt's – ist das ein Schuß? –
Es ist vielleicht ein Freund, den man erschossen.

Vielleicht mit Waffen in der Hand
Hat man den Tollkopf angetroffen,
(Nicht jeder hat soviel Verstand
Wie Flaccus, der so kühn davongeloffen).

Es knallt. Es ist ein Fest vielleicht,
Ein Feuerwerk zur Goethefeier! –
Die Sontag, die dem Grab entsteigt,
Begrüßt Raketenlärm – die alte Leier.

Auch Liszt taucht wieder auf, der Franz,
Er lebt, er liegt nicht blutgerötet
Auf einem Schlachtfeld Ungarlands;
Kein Russe noch Kroat hat ihn getötet.

Es fiel der Freiheit letzte Schanz,
Und Ungarn blutet sich zu Tode –
Doch unversehrt blieb Ritter Franz,
Sein Säbel auch – er liegt in der Kommode.

Er lebt, der Franz, und wird als Greis
Vom Ungarkriege Wunderdinge
Erzählen in der Enkel Kreis –
»So lag ich und so führt ich meine Klinge!«

Wenn ich den Namen Ungarn hör,
Wird mir das deutsche Wams zu enge,
Es braust darunter wie ein Meer,
Mir ist, als grüßten mich Trompetenklänge!

Es klirrt mir wieder im Gemüt
Die Heldensage, längst verklungen,
Das eisern wilde Kämpenlied –
Das Lied vom Untergang der Nibelungen.

Es ist dasselbe Heldenlos,
Es sind dieselben alten Mären,
Die Namen sind verändert bloß,
Doch sind's dieselben »Helden lobebären«.

Es ist dasselbe Schicksal auch –
Wie stolz und frei die Fahnen fliegen,
Es muß der Held, nach altem Brauch,
Den tierisch rohen Mächten unterliegen.

Und diesmal hat der Ochse gar
Mit Bären einen Bund geschlossen –
Du fällst; doch tröste dich, Magyar,
Wir andre haben schlimmre Schmach genossen.

Anständ'ge Bestien sind es doch,
Die ganz honett dich überwunden;
Doch wir geraten in das Joch
Von Wölfen, Schweinen und
                        gemeinen Hunden.

Das heult und bellt und grunzt – ich kann
Ertragen kaum den Duft der Sieger.
Doch still, Poet, das greift dich an –
Du bist so krank und Schweigen wäre klüger.

ERINNERUNG AUS KRÄH-WINKELS SCHRECKENSTAGEN

Wir, Bürgermeister und Senat,
Wir haben folgendes Mandat
Stadtväterlichst an alle Klassen
Der treuen Bürgerschaft erlassen:

»Ausländer, Fremde, sind es meist,
Die unter uns gesät den Geist
Der Rebellion. Dergleichen Sünder,
Gottlob! sind selten Landeskinder.

Auch Gottesleugner sind es meist;
Wer sich von seinem Gotte reißt,
Wird endlich auch abtrünnig werden
Von seinen irdischen Behörden.

Der Obrigkeit gehorchen, ist
Die erste Pflicht für Jud und Christ.
Es schließe jeder seine Bude,
Sobald es dunkelt, Christ und Jude.

Wo ihrer drei beisammen stehn,
Da soll man auseinandergehn.
Des Nachts soll niemand auf den Gassen
Sich ohne Leuchte sehen lassen.

Es liefre seine Waffen aus
Ein jeder in dem Gildenhaus;

Auch Munition von jeder Sorte
Wird deponiert am selben Orte.

Wer auf der Straße räsoniert,
Wird unverzüglich füsiliert;
Das Räsonieren durch Gebärden
Soll gleichfalls hart bestraft werden.

Vertrauet eurem Magistrat,
Der fromm und liebend schützt den Staat
Durch huldreich hochwohlweises Walten;
Euch ziemt es, stets das Maul zu halten.«

DIE MINNESÄNGER

Zum Wettgesange schreiten
Minnesänger jetzt herbei;
Ei, das gibt ein seltsam Streiten,
Ein gar seltsames Turnei!

Phantasie, die schäumend wilde,
Ist des Minnesängers Pferd,
Und die Kunst dient ihm zum Schilde,
Und das Wort, das ist sein Schwert.

Hübsche Damen schauen munter
Vom beteppichten Balkon,
Doch die rechte ist nicht drunter
Mit der rechten Lorbeerkron.

Andre Leute, wenn sie springen
In die Schranken, sind gesund;
Doch wir Minnesänger bringen
Dort schon mit die Todeswund.

Und wem dort am besten dringet
Liederblut aus Herzensgrund,
Der ist Sieger, der erringet
Bestes Lob aus schönstem Mund.

BERGSTIMME

Ein Reiter durch das Bergtal zieht
Im traurig stillen Trab:
Ach! zieh ich jetzt wohl in Liebchens Arm,
Oder zieh ich ins dunkle Grab!
Die Bergstimm Antwort gab:
Ins dunkle Grab!

Und weiter reitet der Reitersmann
Und seufzet schwer dazu:
So zieh ich denn hin ins Grab so früh –
Wohlan, im Grab ist Ruh!
Die Stimme sprach dazu:
Im Grab ist Ruh!

Dem Reitersmann eine Träne rollt
Von der Wange kummervoll:
Und ist nur im Grabe die Ruhe für mich,
So ist mir im Grabe wohl.
Die Stimm erwidert hohl:
Im Grabe wohl!

DER HERBSTWIND RÜTTELT DIE BÄUME

(aus »Lyrisches Intermezzo«)

Der Herbstwind rüttelt die Bäume,
Die Nacht ist feucht und kalt;
Gehüllt im grauen Mantel,
Reite ich einsam im Wald.

Und wie ich reite, so reiten
Mir die Gedanken voraus;
Sie tragen mich leicht und luftig
Nach meiner Liebsten Haus.

Die Hunde bellen, die Diener
Erscheinen mit Kerzengeflirr;

Die Wendeltreppe stürm ich
Hinauf mit Sporengeklirr.

Im leuchtenden Teppichgemache,
Da ist es so duftig und warm,
Da harret meiner die Holde –
Ich fliege in ihren Arm.

Es säuselt der Wind in den Blättern,
Es spricht der Eichenbaum:
Was willst du, törichter Reiter,
Mit deinem törichten Traum?

LIEB LIEBCHEN, LEG'S HÄNDCHEN AUFS HERZE MEIN

(aus »Buch der Lieder«)

Lieb Liebchen, leg's Händchen aufs
         Herze mein; –
Ach, hörst du, wie's pochet im Kämmerlein?
Da hauset ein Zimmermann schlimm und arg,
Der zimmert mir einen Totensarg.

Es hämmert und klopfet bei Tag und
         bei Nacht.
Es hat mich schon längst um den
         Schlaf gebracht.
Ach, sputet euch, Meister Zimmermann,
Damit ich balde schlafen kann!

ICH WANDELTE UNTER DEN BÄUMEN

(aus »Buch der Lieder«)

Ich wandelte unter den Bäumen
Mit meinem Gram allein;

Da kam das alte Träumen
Und schlich mir ins Herz hinein.

Wer hat euch dies Wörtlein gelehret,
Ihr Vöglein in luftiger Höh?
Schweigt still! Wenn mein Herz es höret,
Dann tut es noch einmal so weh.

»Es kam ein Jungfräulein gegangen,
Die sang es immerfort,
Da haben wir Vöglein gefangen
Das hübsche, goldne Wort.«

Das sollt ihr mir nicht mehr erzählen,
Ihr Vöglein wunderschlau;
Ihr wollt meinen Kummer mir stehlen,
Ich aber niemandem trau.

EPILOG

Unser Grab erwärmt der Ruhm.
Torenworte! Narrentum!
Eine beßre Wärme gibt
Eine Kuhmagd, die verliebt
Uns mit dicken Lippen küßt
Und beträchtlich riecht nach Mist.
Gleichfalls eine beßre Wärme
Wärmt dem Menschen die Gedärme,
Wenn er Glühwein trinkt und Punsch
Oder Grog nach Herzenswunsch
In den niedrigsten Spelunken,
Unter Dieben und Halunken,
Die dem Galgen sind entlaufen,
Aber leben, atmen, schnaufen,
Und beneidenswerter sind,
Als der Thetis großes Kind. –
Der Pelide sprach mit Recht:
»Leben wie der ärmste Knecht
In der Oberwelt ist besser,
Als am stygischen Gewässer
Schattenführer sein, ein Heros,
Den besungen selbst Homeros.«

AUGUST HEINRICH HOFFMANN VON FALLERSLEBEN

AUGUST HEINRICH HOFFMANN VON FALLERSLEBEN

August Heinrich Hoffmann von Fallersleben wurde am 2. April 1798 in Fallersleben bei Lüneburg als Sohn eines Kaufmanns geboren. 1812 trat er ins Pädagogium von Hehnstedt, zwei Jahre später ins Gymnasium zu Braunschweig ein. 1816 glaubte er sich zum Theologen berufen und begann ein Studium der Religionswissenschaft sowie der Philologie und der Archäologie in Göttingen, das er jedoch bald gleiten ließ.

Unter dem Einfluß Jakob Grimms, den er in seinen Bonner Jahren 1819 bis 1821 kennenlernte, begann er sich zunehmend für die deutsche Literatur-, Sprach- und Kulturgeschichte zu interessie-ren. Verschiedene Reisen in die Niederlande weckten sein Interesse auch für die dortigen Altertü-mer. So entwickelte sich Hoffmann zu einem eifrigen Sammler und Erforscher hauptsächlich deut-scher und niederländischer Volksdichtung.

In den Jahren 1823 bis 1829 arbeitete der Dichter als Kustos der Universitätsbibliothek in Bres-lau. 1830 brachte er es zum außerordentlichen, 1835 zum ordentlichen Professor für deutsche Spra-che und Literatur der dortigen Universität. Als Hoffmann jedoch seine sogenannten »Unpoliti-schen Lieder«, die in Wirklichkeit aber hochpolitisch gemeint waren, veröffentlichte, schien er der preußischen Obrigkeit in seinem Amt nicht mehr tragbar. Er wurde vom Dienst suspendiert und des Landes verwiesen.

Danach führte er über mehrere Jahre hinweg ein unruhiges, nicht seßhaftes Leben quer durch Deutschland. Häufig suchte und fand er Aufnahme bei seinen liberal-demokratischen Gesinnungs-genossen, denen er seine Lieder vortrug. Seit 1845 schließlich hielt sich Hoffmann vornehmlich in Mecklenburg auf. 1848 wurde er rehabilitiert.

Im Jahr darauf nahm er seine erst 18 Jahre alte Nichte Ida zum Berge zur Frau, der er seine Lie-besgedichte widmete und die auch der Anlaß für viele seiner Heimat- und Kinderlieder war. Das Eheglück war jedoch nicht ungetrübt, da Pressionen von der Staatsseite trotz Rehabilitierung Hoff-manns nicht ausblieben.

1860 nahm der Dichter eine Stelle als Bibliothekar des Herzogs von Ratibor auf Schloß Corvey an, die ihm endlich ein ruhiges Leben bescherte. August Heinrich Hoffmann von Fallersleben starb am 19. Januar 1874.

Zu seinen wichtigsten Werken zählen eine Vielzahl von revolutionären Liedern des Vormärz, aber auch eine Reihe noch heute beliebter Kinderlieder. Seiner Feder entstammt auch der am 26. August 1841 auf Helgoland entstandene Text der deutschen Nationalhymne, das »Deutschland-lied«.

LIEBE UND FRÜHLING

1

Dein Auge hat mein Aug erschlossen,
Du sahst mich an, da ward es Tag;
Mit Licht und Farbe war umflossen,
Was einst im Graun der Nächte lag.

Zur Freude bin ich auserkoren,
Ich träum in liebetrunkner Ruh;
Ich lächle gar, in Lust verloren,
Der dunklen Zukunft heiter zu.

Und mir gehört das Nah' und Ferne,
Mir mehr, als singen kann mein Lied:
Wer zählt noch da die goldnen Sterne,
Wenn er den ganzen Himmel sieht!

2

Wie sich die Rebenranken schwingen
In der linden Lüfte Hauch,
Wie sich weiße Winden schlingen
Luftig um den Rosenstrauch:

Also schmiegen sich und ranken
Frühlingsselig, still und mild
Meine Tag- und Nachtgedanken
Um ein trautes liebes Bild.

3

Ich muß hinaus, ich muß zu dir,
Ich muß es selbst dir sagen:
Du bist mein Frühling, du nur mir
In diesen lichten Tagen.

Ich will die Rosen nicht mehr sehn,
Nicht mehr die grünen Matten;
Ich will nicht mehr zu Walde gehn
Nach Duft und Klang und Schatten.

Ich will nicht mehr der Lüfte Zug,
Nicht mehr der Wellen Rauschen,
Ich will nicht mehr der Vögel Flug
Und ihrem Liede lauschen –

Ich will hinaus, ich will zu dir,
Ich will es selbst dir sagen:
Du bist mein Frühling, du nur mir
In diesen lichten Tagen!

LIEBESGLÜCK

In jedes Haus, wo Liebe wohnt,
Da scheint hinein auch Sonn und Mond;
Und ist es noch so ärmlich klein,
So kommt der Frühling doch hinein.

Der Frühling schmückt das kleinste Haus
Mit frischem Grün und Blumen aus,
Legt Freud in Schüssel, Schrank und Schrein,
Gießt Freud in unsre Gläser ein.

Und wenn im letzten Abendrot
An unser Häuschen klopft der Tod,
So reichen wir ihm gern die Hand,
Er führt uns in ein bessres Land.

NUR IHR, DER SÜSSEN MAID!

Ich bin ein freier Falke,
Ich fliege hoch und fern,
Ich diene keinem Schalke
Und dien auch keinem Herrn.

Ich schwinge mein Gefieder,
Mein Flug ist goldeswert;
Ich lasse da mich nieder,
Wohin mein Herz begehrt.

Zwei Augensterne blinken
Mir tief ins Herz hinein;
Zwei weiße Händlein winken:
Ich soll willkommen sein!

O welche Lust, zu schweben
In Liebesseligkeit,
Nur ihrem Dienst ergeben,
Nur ihr, der süßen Maid!

FRÜHLINGSLIEBE

1

Zwischen Blumen schlaf ich, bei des Baches
Und der Vögel süßem Kosen,
Unterm Schirme des Holunderdaches
Und im Dufte frischer Rosen.

Laßt mich schlafen, träumen, bis ich werde
Meiner Liebe Glück erwerben:
Nur dem Liebenden gehört die Erde,
Ohne Liebe will ich sterben.

Blüten beben in dem Spiel der Winde
Und dem Sang der Nachtigallen,
Und die Bienen summen leis und linde
In der Laube Blütenhallen.

Laßt mich schlafen, träumen, bis ich werde
Meiner Liebe Glück erwerben:
Nur dem Liebenden gehört die Erde,
Er nur wird den Himmel erben.

2

Komm zum Garten, zu dem wohlbekannten,
Komm zum Rasensitz, dem oft genannten,
Wo zum Maitrank Schmetterling' und Bienen
    Sind erschienen;

Komm zum Herzen Herz, komm Mund zum
                              Munde,
    Schlägt die Stunde.

Um uns sollen sich die Vögel schwingen,
Unsre Lieb und unsre Freude singen;
Streuen sollen uns die Maienlüfte
    Blüt' und Düfte,
Wenn wir küssend Lieb um Liebe tauschen,
    Ruhn und lauschen.

Laß mich dann an deinem Munde hangen,
Dann im Rosenschimmer deiner Wangen
Und im Spiel der Locken laß mich liegen,
    Laß mich wiegen,
Laß mich dann in deine Augen sehen
    Und vergehen.

FRÜHLINGSBOTSCHAFT

Kuckuck, Kuckuck ruft aus dem Wald:
Lasset uns singen,
Tanzen und springen!
Frühling, Frühling wird es nun bald.

Kuckuck, Kuckuck läßt nicht sein Schrein:
Komm in die Felder,
Wiesen und Wälder!
Frühling, Frühling, stelle dich ein!

Kuckuck, Kuckuck, trefflicher Held!
Was du gesungen,
Ist dir gelungen:
Winter, Winter, räumet das Feld.

RÄTSEL

Ein Männlein steht im Walde
Ganz still und stumm,
Es hat vor lauter Purpur

Ein Mäntlein um,
Sagt, wer mag das Männlein sein,
Das da steht im Wald allein
Mit dem purpurroten Mäntelein?

Das Männlein steht im Walde
Auf einem Bein
Und hat auf seinem Haupte
Schwarz Käpplein klein.
Sagt, wer mag das Männlein sein,
Das da steht im Wald allein
Mit dem kleinen schwarzen Käppelein?

Das Männlein dort auf einem Bein
Mit seinem roten Mäntelein
Und seinem schwarzen Käppelein
Kann nur die Hagebutte sein!

EINE HANNOVERSCHE AUSWEISUNG

MIT PREUSSISCHER PASSKARTE VOM 5. AUGUST 1853

In des Sommers milden Tagen
Denkt kein Mensch an Jagd und Pirsch:
In den Wäldern, in den Hagen
Weiden friedlich Has und Hirsch.

Nur auf *mich* hat man gefahndet,
Nur auf *mich* die Meut entsandt
Und, noch eh ich es geahnet,
Mich ergriffen und verbannt.

Und so ward ich denn vertrieben
Und der Heimat schnell entwandt –
Doch zum Trost ist mir geblieben
Noch mein großes Vaterland.

Meine Heimat kann ich meiden,
Leben kann ich ohne sie:
Aus dem Leben kann ich scheiden,
Aus dem Vaterlande nie.

LIED EINES VERBANNTEN

Und wieder hatt' es mich getrieben
Dahin, wo ich gewandert aus:
Ich kehrte heim zu meinen Lieben,
Froh trat ich ein ins Vaterhaus.

Es zogen alte Kläng und Lieder
Beseligend durch meine Brust:
Ich war in meiner Heimat wieder,
Im Reiche meiner Jugendlust.

Da wollt ich unter Blütenbäumen
Die alten stillen Tag erneun
Und meine Kindheit wieder träumen
Und mich wie Kinder wieder freun.

Da wollt ich voller Sehnsucht warten,
Gelehnt auf meinen Wanderstab,
Bis in dem öden Friedhofsgarten
Grün würde meiner Mutter Grab. –

Doch nein – ich soll den Frühling sehen
Nur fern vom väterlichen Haus:
Ich bin verbannt – so muß ich gehen
In eine fremde Welt hinaus.

HEIMAT

Kein schöner Land als Heimat
Und meine Heimat nur!
Wie blüht der Baum so anders,
Wie anders Wies und Flur!

Jetzt hab ich keine Heimat
Dem Vogel gleich im Wald
Und werd in lauter Hoffen
Und Sehnen traurig alt.

Mit Liedern möcht ich bannen
Zu mir mein Jugendland,

Wie einen schönen Garten
Bebaun mit eigner Hand;

Und zwischen Laub und Blüten
Und Früchten mich ergehn
Und ruhig nach den Bergen
Der blauen Ferne sehn.

Kein schlimmer Land als Fremde
Und meine Fremde nur!
Wie blüht der Baum so anders,
Wie anders Wies und Flur!

DAS LIED DER DEUTSCHEN

Helgoland 26. August 1841

Deutschland, Deutschland über alles,
Über alles in der Welt,
Wenn es stets zu Schutz und Trutze
Brüderlich zusammenhält,
Von der Maas bis an die Memel,
Von der Etsch bis an den Belt –
Deutschland, Deutschland über alles,
Über alles in der Wellt!

Deutsche Frauen, deutsche Treue,
Deutscher Wein und deutscher Sang
Sollen in der Welt behalten
Ihren alten schönen Klang,
Uns zu edler Tat begeistern
Unser ganzes Leben lang –
Deutsche Frauen, deutsche Treue,
Deutscher Wein und deutscher Sang!

Einigkeit und Recht und Freiheit
Für das deutsche Vaterland!
Danach laßt uns alle streben
Brüderlich mit Herz und Hand!
Einigkeit und Recht und Freiheit
Sind des Glückes Unterpfand –
Blüh im Glanze dieses Glückes,
Blühe, deutsches Vaterland!

EIN LIED AUS MEINER ZEIT

Ein politisch Lied, ein garstig Lied!
So dachten die Dichter mit Goethen
Und glaubten, sie hätten genug getan,
Wenn sie könnten girren und flöten
Von Nachtigallen, von Lieb und Wein,
Von blauen Bergesfernen,
Von Rosenduft und Lilienschein,
Von Sonne, Mond und Sternen.

Ein politisch Lied, ein garstig Lied!
So dachten die Dichter mit Goethen
Und glaubten, sie hätten genug getan,
Wenn sie könnten girren und flöten –
Doch anders dachte das Vaterland:
Das will von der Dichterinnung
Für den verbrauchten Leiertand
Nur Mut und biedre Gesinnung.

Ich sang nach alter Sitt und Brauch
Von Mond und Sternen und Sonne,
Von Wein und Nachtigallen auch,
Von Liebeslust und Wonne.
Da rief mir zu das Vaterland:
Du sollst das Alte lassen,
Den alten verbrauchten Leiertand,
Du sollst die Zeit erfassen!

Denn anders geworden ist die Welt,
Es leben andere Leute;
Was gestern noch stand, schon heute fällt,
Was gestern nicht galt, gilt heute.
Und wer nicht die Kunst in unserer Zeit
Weiß gegen die Zeit zu richten,
Der werde nun endlich beizeiten gescheit
Und lasse lieber das Dichten!

DAS LIED VON DER FREIHEIT

Es lebe, was auf Erden
Nach Freiheit strebt und wirbt,
Von Freiheit singt und saget,
Für Freiheit lebt und stirbt.

Die Welt mit ihren Freuden
Ist ohne Freiheit nichts.
Die Freiheit ist die Quelle
Der Tugend und des Lichts.

Es kann, was lebt und webet,
In Freiheit nur gedeihn.
Das Ebenbild des Schöpfers
Kann nur der Freie sein.

Frei will ich sein und singen,
So wie der Vogel lebt,
Der auf Palast und Kerker
Sein Frühlingslied erhebt.

Die Freiheit ist mein Leben
Und bleibt es immerfort,
Mein Sehnen, mein Gedanke,
Mein Traum, mein Lied und Wort.

Es lebe, was auf Erden
Nach Freiheit strebt und wirbt,
Von Freiheit singt und saget,
Für Freiheit lebt und stirbt.

Fluch sing ich allen Zwingherrn,
Fluch aller Dienstbarkeit!
*Die Freiheit ist mein Leben
Und bleibt es allezeit.*

TOD UND LEBEN

Wenn du erzählest, deutsche Geschichte,
Hexenprozesse, Hexengerichte,
Segn ich unsere Zeit,
Wo man weit und breit
Keine deutsche Hexe kennt,
Keine foltert und verbrennt.
Die Menschen waren früher dumm
                          und schlechter,
Doch sind wir aufgeklärt und viel gerechter!

Wenn du erzählest, deutsche Geschichte,
Von Demagogen deine Berichte,
Ist ein Hexengericht
Doch so schlimm noch nicht,
Als auf Fürstenmachtgebot
Jahrelang lebendig tot.
Die Menschen waren früher dumm
                          und schlechter,
Und wir – sind aufgeklärt und viel gerechter!

DER POLIZEILICHE GEGENBEWEIS

Eine wahre Geschichte

»Die Still auf unsern Straßen
Ist doch bewundernswert!
Hier geht ein Mensch doch sicher,
Und scheu wird nie ein Pferd.

Das frühere Hundegebelle
Ist jetzo abgestellt,
Und alles ist verboten,
Was einem nicht gefällt.

Rings Aufsicht, gute Ordnung
Und nirgends Schererei –
Ich finde ganz vortrefflich
Doch unsere Polizei.

Es kann sich jeder bewegen
Und regen frank und frei –
Ich finde ganz vortrefflich
Doch unsere Polizei.

Es kann ein jeder denken
Und reden, was es auch sei –
Ich finde ganz vortrefflich
Doch unsere Polizei.

Was soll das Tadeln und Schimpfen!
Ich bleib einmal dabei:
Ich finde ganz vortrefflich
Doch unsere Polizei. – – «

So ließ sich am alten Markte
Mein Vetter zu Braunschweig aus,
Er rauchte seine Zigarre
Spazierend vor seinem Haus.

Da kommt ein Polizeimann
Und spricht ganz artig und fein:
»Mein Herr, ein Gulden Strafe,
Und Ihre Zigarr ist mein.«

»Auf Wiedersehn, Herr Vetter!
Jawohl, jetzt stimm ich bei,
Jetzt find ich ganz vortrefflich
Auch unsere Polizei.«

DIE SIEBEN SACHEN

Wie heißen doch die sieben Sachen,
Die einen Mann von Stande machen?
Nichts lernen früh von Kindesbeinen
Und alles doch zu wissen meinen,
Die ganze Nacht beim Spiel durchwachen,
Den ganzen Tag brav Schulden machen,
Das Deutsch so schlecht als möglich sprechen,
Französisch trefflich radebrechen,
Champagner trinken obendrein
Und überall hoffähig sein.

Das sind, das sind die sieben Sachen,
Die einen Mann von Stande machen.

Wie heißen doch die sieben Sachen,
Die keinen Mann von Stande machen?
Nicht sich allein auf Erden leben,
Für andre still zu wirken streben,
Sich nie um Schulden mahnen lassen
Und nie auf andrer Kosten prassen,
Der Knechtschaft Sprache radebrechen,
Gut Deutsch für Recht und Freiheit sprechen
Und lieber leiden Not und Pein
Als irgendwo hoffähig sein.
Das sind, das sind die sieben Sachen,
Die keinen Mann von Stande machen.

EIN HÜBSCHES STÄDTCHEN

Das ist ein hübsches Städtchen! sagt man gern,
Wenn alles drin so freundlich ist und nett:
Das Pflaster gut und rein gehalten immerfort,
Die Weg an beiden Häuserreihn belegt
Mit breiten Steinen oder mit Asphalt,
Die Straßenrinnen frei von Schlamm
       und Schmutz.
Vor keinem Haus ein hoher Haufen Mist
Noch Stein' und Holz und Ackerbaugerät.
Die öffentlichen Plätze hie und da
Mit schattenreichen Bäumen schön bepflanzt,
Zum Ausruhn auch mit Bänken rings versehn.
Und draußen ein Spaziergang um den Ort
Auf immer trocknem Weg von Sand und Kies,
An gut gepflegten Hecken oft vorbei
Und unter lauter edlen Obstbaumreihn.
Kein einzger Stamm verstümmelt und versehrt,
Kein einzger Zweig beschädigt und geknickt,
Gebogen höchstens von der Früchte Last.
Und aus den Hecken und den Bäumen schallt
Der Vögel Sang und gibt uns das Geleit.
Singvögeln ist die ganze Gegend hier
Ein sicher, lieber Sommeraufenthalt,
Denn niemand störet sie und fängt sie weg.

Auch da, wo alles Leben aufhört, noch
Die Spur der Ordnungslieb und Tätigkeit:
Der Kirchhof gut erhalten, jedes Grab
Belegt mit Rasen, manches auch bepflanzt
Mit Sträuchern, Bäumen, Blumen aller Art.
Die heilge Stätte eingefriedigt rings umher,
Damit nicht Küh und Ziegen weiden drauf.

Und kehr man dann zur kleinen Stadt zurück,
Welch reges Leben, welche Tätigkeit!
Was uns begegnet, alles hat zu tun.
Da ist kein Bettler, schmierig und zerlumpt,
Kein Pflastertreter, Bummler, Trunkenbold.
Wohin man blickt, begrüßet einen nur
Im Anzug Sauberkeit und Nettigkeit
Und Freundlichkeit und Frohsinn im Gesicht.

So läßt der Ort am hellen Tag sich sehn,
Und abends, da begnügt man sich nicht erst
Mit etwas Monden- oder Sternenschein,
Man sorgt, daß jede Straß im ganzen Jahr
Beleuchtet ist und jeder sicher geht.

So sollt und könnt es sein in jedem Ort!
Doch sitzt der Bürger lieber nach wie vor
Im Schlendrian der Selbstgenügsamkeit
Und freut sich, wie der Hahn auf seinem Mist,
Daß alles, alles hübsch beim alten bleibt.
Sein Städtchen könnte selbst verwalten sich,
Es hat's in seiner Hand, zu werden reich
An Bildung, Sittlichkeit und Hab und Gut.
Doch Selbstverwaltung ist ein Segen nur,
Wenn der Gemeinsinn so zur
      Herrschaft kommt,
Daß der gemeine Sinn zum Teufel fährt.

DAS LIED VOM DEUTSCHEN PHILISTER

Der deutsche Philister, das bleibet der Mann,
Auf den die Regierung vertrauen noch kann,
Der passet zu ihren Beglückungsideen,
Der läßt mit sich alles gutwillig geschehn.

Befohlenermaßen ist stets er bereit,
Zu stören, zu hemmen den Fortschritt der Zeit,
Zu hassen ein jegliches freie Gemüt
Und alles, was lebet, was grünet und blüht.

Sprich, deutsche Geschichte, bericht es der Welt,
Wer war doch dein größter, berühmtester Held?
Der deutsche Philister, der deutscheste Mann,
Der alles verdirbt, was man Gutes begann.

Was schön und erhaben, was wahr ist
      und recht,
Das kann er nicht leiden, das findet er schlecht.
So ganz, wie er selbst ist, so kläglich, gemein,
Hausbacken und ledern soll alles auch sein.

Solang der Philister regieret das Land,
Ist jeglicher Fortschritt daraus wie verbannt:
Denn dieses erbärmliche, feige Geschlecht,
Das kennet nicht Ehre, nicht Tugend
      und Recht.

Du Sklav der Gewohnheit, du Knecht
      der Gewalt,
O käme dein Simson, o käm er doch bald!
Du deutscher Philister, du gräßlichste Qual,
O holte der Teufel dich endlich einmal!

Doch leider hat Belzebub keinen Geschmack
An unsern Philistern, dem lumpigen Pack,
Und wollten sie selber hinein in sein Haus,
So schmiß er die Kerle zum Tempel hinaus.

DIE PATRIOTEN

Ich saß in einer alten Schenke,
Verräuchert waren Tisch und Bänke,
Kaum sah man Ohren, Aug und Nase,
Ein jeder saß vor seinem Glase.

Und als sie so im Zwielichtscheine
Still saßen da bei ihrem Weine,
Da ward es Zwielicht auch in ihnen,
Daß sie sich selber hell erschienen.

Die Augen funkelten wie Blitze,
Sie rückten schnell von ihrem Sitze,
Sie wurden laut und immer lauter,
Vertrauter dann und noch vertrauter.

Wie sie aus voller Kehle sangen!
Und wie die Gläser hell erklangen!
»Gesegnet sei die gute Stunde!«
So scholl es laut aus jedem Munde.

»Dem König Heil! Heil seinen Fahnen!
Heil seinen guten Untertanen!
Heil seinen treuen, braven Knechten,
Die für ihn sterben, für ihn fechten!«

Da gab es Witze, Scherz und Schwänke,
Lebendig ward die ganze Schenke;
Sie wurden toll und immer toller,
Die Flaschen leer, die Köpfe voller.

Der eine fiel, der andre schwankte,
Der eine sank, der andre wankte,
Und hob sich einer auch mal wieder,
So fiel er mit dem andern nieder.

Und Wirt und Gäste, Tisch und Bänke
Und Flaschen, Gläser, Scherz und Schwänke,
Wie lag's beisammen da so traulich
Und wie gemütlich und erbaulich!

DIE BAUERN IN DER SCHENKE

Die Bauern in der Schenke,
Sie stritten sich, sie zankten sich,
Sie schrien und lärmten fürchterlich,
Und endlich ward die Zänkerei
Zur mörderlichsten Prügelei.

Die Bauern in der Schenke,
Sie hörten plötzlich einen Krach,
Es schlug der Blitz ins Kirchendach,
Und Zänkerei und Prügelei
War da mit einemmal vorbei.

Die Bauern in der Schenke,
Sie wurden schnell ein Herz, ein Sinn
Und liefen zu dem Feuer hin.
Doch als das Feuer war vorbei,
Ging's wiederum zur Prügelei.

Die Bauern in der Schenke –
So ging und geht es allezeit
Mit unsrer deutschen Einigkeit:
Kaum ist der Feind zum Land hinaus,
Beginnt im Lande Streit und Strauß.

NEUJAHRSLIED

31. Dezember 1849

Laßt uns gehn mit frischem Mute
In das neue Jahr hinein!
Alt soll unsre Lieb und Treue,
Neu soll unsre Hoffnung sein!

Hoffnung, daß der Baum der Freiheit
Wieder Blüt' und Früchte trägt,
Daß das Herz des deutschen Mannes
Glühend ihm entgegenschlägt.

Hoffnung, daß zur Wahrheit werde,
Was im Kerker und Gefecht
War der Ruf von Millionen:
Freiheit, Einheit, Ehr und Recht!

Hoffnung, daß für unsre Freunde,
Die gefangen und verbannt,
Und die für die Freiheit fielen,
Komme bald die Rächerhand.

Alt soll unsre Lieb und Treue,
Neu soll unsre Hoffnung sein!
Nun wohlan mit frischem Mute
In das neue Jahr hinein!

EIN BÄNKELSÄNGER BIN ICH ZWAR

Ein Bänkelsänger bin ich zwar
Für euch und sing euch schlecht,
Doch sang schon manch liebes Jahr
Von Freiheit, Licht und Recht.
Ihr aber schriebet mit Zensur
Novellen und dergleichen nur,
Singt in Salons und spracht beim Tee
Von unsers Volkes Not und Weh.

Ich sang durchs liebe Vaterland,
Man hörte gern mich an,
Und wie ich alles sah und fand,
So sang ich's jedermann.
Da sagtet ihr: Was soll der Sang?
Das alles wisen wir schon lang.
Doch reif ist unser Volk noch nicht –
Ruh ist die erste Bürgerpflicht.

Und als ich doch mißliebig ward
Trotzdem an manchem Ort,
Da fandet ihr es nicht zu hart,
Daß man mich jagte fort.
Da sagtet ihr: 's geschieht ihm recht!

Er sang zu keck, zu frech, zu schlecht!
Und sagtet auch noch nebenbei:
Ganz recht hat unsre Polizei!

NACH DEM ABSCHIEDE

Dunkel sind nun alle Gassen,
Und die Stadt ist öd und leer;
Denn mein Lieb hat mich verlassen,
Meine Sonne scheint nicht mehr.

Büsch und Wälder, Flüss und Hügel
Liegen zwischen ihr und mir –
Liebe, Liebe, gib mir Flügel,
Daß ich fliegen kann zu ihr!

Liebe, laß ihr Bild erscheinen!
O so blick ich sie doch an,
Daß, wenn meine Augen weinen,
Sich mein Herz erfreuen kann.

O KÖNNT ICH SCHLAFEN UND TRÄUMEN!

O könnt ich schlafen und träumen
In Waldeseinsamkeit
Und dort mit den alten Bäumen
Nichts hören von unserer Zeit!
Nichts hören von Ehren und Schanden,
Von Ordnung und rettender Tat,
Von Kerkern, Ketten und Banden,
Von Standrecht und Hochverrat!

O könnt ich schlafen und träumen
In Waldeseinsamkeit
Und dort mit den alten Bäumen
Nichts hören von unserer Zeit!
Ich läge ruhig und schliefe
Und träumte, mein Lieb, von dir,

Bis deine Stimme mich riefe:
Wach auf und komm zu mir!

WIE'S LAUB SICH HERZT IM WINDE

Wie's Laub sich herzt im Winde,
Hab ich mein Lieb geherzt,
Wohl unter jener Linde
Gar süß mit ihm gescherzt.
Die Blätter von der Linde,
Wie flogen sie geschwinde
Hinaus in alle Welt.
Der Frühling kehret wieder,
Doch keiner bringt zurück,
Mir zurück mein Liebesglück.

Ihr purpurroten Rosen,
Wie seid ihr früh verblüht!
Du heißes Liebeskosen,
Wie bist du früh verglüht!
Die Blätter von der Rose,
Wie schnell im Windgetose,
Wie schnell verflogen sie!
Der Frühling kehret wieder,
Doch keiner bringt zurück,
Mir zurück mein Liebesglück.

O GLÜCKLICH, WER EIN HERZ GEFUNDEN!

O glücklich, wer ein Herz gefunden,
Das nur in Liebe denkt und sinnt
Und mit der Liebe treu verbunden
Sein schönres Leben erst beginnt!

Wo liebend sich zwei Herzen einen,
Nur eins zu sein in Freud und Leid,

Da muß des Himmels Sonne scheinen
Und heiter lächeln jede Zeit.

Die Liebe, nur die Lieb ist Leben:
Kannst du dein Herz der Liebe weihn,
So hat dir Gott genug gegeben,
Heil dir! Die ganze Welt ist dein!

WAG ES, UND DIE WELT IST DEIN!

Eine neue Welt gestalte,
Wenn in Trümmern liegt die alte
Ohne Trost und Hoffnungsschein!
Rege dich und schalt und walte!
Neue Lebenskraft entfalte!
Wag es, frei und froh zu sein!

Lerne dulden und ertragen!
Lern im Unglück nicht verzagen!
Wag es, frei und froh zu sein!
Auch in deinen trübsten Tagen
Ist ein Glück noch zu erjagen:
Wag es – und die Welt ist dein!

AUF DEM SEE

Ich saß in einem Fischerboot
Und hörte nur den Ruderschlag;
Der See erglänzt' im Abendrot,
Zur Rüste ging der müde Tag.

Am Ufer zogen Schwän entlang,
Es lag das Tal gehüllt in Duft,
Und eine Weidenflöt erklang
Hell durch die frische Frühlingsluft.

Und Fried und Ruh um Berg und Tal
Und überall im Abendschein –

Wann kehret Fried und Ruh einmal,
O Herz, mein Herz, bei dir auch ein?

DER FRÜHLING HAT ES ANGEFANGEN

Der Frühling hat es angefangen,
Der Sommer hat's vollbracht.
Seht, wie mit seinen roten Wangen
So mancher Apfel lacht!

Es kommt der Herbst mit reicher Gabe,
Er teilt sie fröhlich aus
Und geht dann, wie am Bettelstabe
Ein armer Mann, nach Haus.

Er hat die Keller und die Speicher
Gefüllt mit Speis und Trank;
Er wurde arm, wir wurden reicher,
Und will doch keinen Dank.

Er will uns ohne Dank erfreuen,
Kommt immer wieder her:
Laßt uns das Gute so erneuen,
Dann sind wir gut wie er!

NUN SCHWEIGT DIE HÖH, NUN SCHWEIGT DAS TAL

Nun schweigt die Höh, nun schweigt das Tal,
Der Glockenklang verhallt,
Nun ruht, erhellt vom Abendstrahl,
Der See und auch der Wald.

Nun ruh auch du, mein müdes Herz,
Süß soll dein Schlummer sein;
Die Liebe hüllt ja allen Schmerz
In ihren Fittich ein.

IN DER CHRISTNACHT

Dezember 1821

Wie ist der Menschen Treiben mir zuwider!
Aus ihrem Frohsinn saug ich lauter Schmerz.
Vergebens sing ich Trost durch meine Lieder,
Denn ach! nicht trösten läßt sich dieses Herz!

Was ich nicht suchte, kann ich immer finden,
Und alles, was ich finde, sucht ich nie.
Wer könnte diese Wünschelrute binden,
Die mir des Lebens goldnen Schatz verlieh!

Gepflanzet wird der grüne Baum des Lebens
In jedem Haus und jeder Hütt umher,
Da hofft kein Herz und wünschet ganz
                vergebens,
Denn alles gibt, und keine Hand bleibt leer.

O könnt ich träumen, wie die Kindlein
                träumen,
In dieser stillen, ahnungsvollen Nacht
Und auch erwachen dann vor Tannenbäumen
Und sehn, was mir der heilge Christ gebracht!

Welch helle Töne hallen aus der Ferne!
Wie wird's auf einmal mir so weh und bang!
Zum Kirchgang laden freundlich alle Sterne
Und ruft der Kerzenschein und Orgelklang.

Ihr seid dahin, ihr liebevollen Zeiten,
Woran Erinnrung mich gefesselt hält:
Doch nicht umsonst der Wehmut
                Tränen gleiten,
Für mich auch kam der Heiland in die Welt.

Er hat die Wünschelrute mir gebunden,
Die mir des Lebens goldnen Schatz verleiht.
Eilt hin, eilt hin, ihr irdisch-öden Stunden!
Fern bleibt die Welt, der Himmel ist nicht weit.

TRÖSTUNG

Wenn sieben Stern auch niedersinken,
So bleibt der achte hell und klar.
Will heute mir kein Äuglein blinken,
So find ich nächstens schon ein Paar.

Und ist der Frühling auch vergangen,
So lassen sich doch Rosen sehn,
Sie bleiben auf den frischen Wangen
Der Mägdlein auch des Winters stehn.

Am End ist doch der Mut das Beste
Und etwas Hoffnung, etwas Geld.
Dann wird ein Alltag leicht zum Feste,
Dann wird erträglicher die Welt.

Ich habe manchen Tag getrauert,
Daß alles so vergänglich ist,
Und daß das Gute selbst nicht dauert
Und daß man sein so bald vergißt.

Es läßt sich schon das Glück nicht binden,
Man hält es fest, so lang es geht.
Doch kann man es auch wiederfinden,
Wenn man das Suchen nur versteht.

Oft muß man erst durch Wolken dringen,
Eh man des Himmels Blau entdeckt:
So läßt das Gute sich erringen,
Weil sich das Beste nur versteckt.

TROST DER ERINNERUNG

Dankbar sei mit Herz und Munde!
Und so kehret leicht zurück
Jede schöne, frohe Stunde,
Alles, was dir war ein Glück.

Und die dunklen Tage malen
Schön sich im Erinnrungsschein,

Wie die Abendwolken strahlen
Golden in die Welt hinein.

Und du fühlst, was du besessen,
Ist noch dein für immerdar;
Nein, du kannst es nicht vergessen,
Was dir lieb und heilig war.

Dankbar sei mit Herz und Munde!
Dankbar heut und allezeit!
Dir auch manche schöne Stunde
Die Erinnerung verleiht.

DES SÄNGERS TROST

Wenn ich begraben bin
Und auch, die mich gekannt,
Begraben alle sind
Schon längst im kühlen Sand;

Wenn über mir schon sank
Mein Grabeshügel ein
Und von mir nirgend spricht
Ein Totenkranz noch Stein;

Wenn niemand auf der Welt,
Wie oft er beten mag,
Mein denkt, auch nicht einmal
Am Allerseelentag:

Denkt manche Seele doch
Vielleicht in Freuden mein,
Denn – manche singt mit mir
Von Freiheit, Lieb und Wein.

Wo Freiheit, Lieb und Wein
Noch lebt in Sang und Wort,
Da lebt ihr Sänger auch,
Der längst begrabne fort.

GLÜCKLICH, WER AUF GOTT VERTRAUT

Glücklich, wer auf Gott vertraut
Und bei trüben Tagen
In die fernste Zukunft schaut
Sonder Angst und Zagen.

Nichts hat in der Welt Bestand:
Was da kommt, muß scheiden,
Und so reichen sich die Hand
Immer Freud und Leiden.

Hat der Himmel Müh und Schmerz
Dir einmal beschieden –
Sei getrost! ein jedes Herz
Findet seinen Frieden.

ABSCHIEDSGRUSS

Dunkle Wolken auf den Bergen,
Sonnenschein im Tale hier;
Frühling hier und dort noch Winter –
Und du willst nun fort von mir?

Eine sonnenheitre Zukunft
Birgt mein liebend Herz für dich:
Doch du willst die düstre Ferne,
Und du mußt verlassen mich.

Schein auf jenen Bergen, Sonne!
Dort ist mein Geliebter bald.
Mach zur Blütenlaube, Frühling,
Des Geliebten Aufenthalt!

Dunkle Wolken, zieht hernieder!
Sonnenschein, verbirg dich mir!
Lebe wohl – und Gottes Sonne,
Gottes Frühling sei mit dir!

REALISMUS

Nach dem Fehlschlagen der deutschen Revolution von 1848 machte sich in breiten Schichten der Intellektuellen Enttäuschung und zum Teil auch Resignation breit. Der Freiheitsgedanke schien kaum durchsetzbar und wurde mehr und mehr von dem Gedanken der politischen Einheit Deutschlands zurückgedrängt. Soweit er noch lebendig war, verkam er zum Individual-Liberalismus, in seiner primitivsten Form zum bloßen Wirtschaftsliberalismus, der natürlich darauf hinauslief, daß der wirtschaftlich Stärkere alle Macht in seinen Händen hielt. Zeitlich eng damit zusammen hing die verstärkte Entwicklung der Industrialisierung Deutschlands und die damit verbundene Proletarisierung weiter Bevölkerungsschichten. Auf naturwissenschaftlichem Gebiet wurden die Welt und der Mensch zunehmend entmystifiziert. Berühmtestes Beispiel hierfür waren die Erkenntnisse des Engländers Charles Robert Darwin (1809—1882), der die Natur als logische Verknüpfung von physikalischen Vorgängen präsentierte.

Die Reaktion der Literatur auf diese Umstände konnte nicht ausbleiben. Dem simplen Zweckoptimismus des Bürgertums der Gründerjahre entgegnete die Kunst Skepsis, Pessimismus und Resignation, auch die völlige Abkehr vom Glauben, den nackten Materialismus in der Darstellung.

Der Mensch, der im Mittelpunkt der realistischen Literatur steht, wurde nicht mehr idealisiert. Der Held wurde zunehmend aufgegeben. Man stellte den Menschen in seinem Alltag dar, ungeschminkt. Dem Leben – oft hilflos – ausgeliefert, zeigte er sich nüchtern und illusionslos. Gerade in letzterem Punkt liegt der wesentliche Unterschied zum Biedermeier, in dem die Illusion ja eine der Hauptreaktionen auf die Last des Lebens darstellte.

Stilistisch war der Realismus eine Dichtung frei von Pathos und Arabesken. Die Sprache war bemüht um Klarheit und eine oft naturwissenschaftliche Darstellungsweise. Dem kam vor allem die Epik entgegen und innerhalb ihrer vor allem die Novelle, die zur bevorzugten Gattung der Realisten wurde. Die Lyrik war eher ein Lückenbüßer. Sie war zu künstlich, um im Realismus eine bedeutende Rolle spielen zu können.

Die bedeutendsten Vertreter der Epoche waren Theodor Fontane, Friedrich Hebbel, Gottfried Keller, Conrad Ferdinand Meyer, Wilhelm Raabe und Theodor Storm.

THEODOR FONTANE

THEODOR FONTANE

Theodor Fontane wurde am 30. Dezember 1819 in Neu-Ruppin als Sohn eines Apothekers und Angehöriger einer vertriebenen Hugenotten-Familie geboren. Er war selbst nur kurze Zeit als Apotheker tätig, um bald ins Feld der Autoren zu wechseln. Bereits während seiner Berliner Apotheker-Zeit knüpfte Fontane Kontakte zu einer Reihe bedeutender Literaten und wurde Mitglied der Gruppe »Tunnel über die Spree«.

1849 heiratete er Emilie Rouanet-Kummer. In diesem Jahr gab er seinen erlernten Beruf auf. Zwischen 1855 und 1859 arbeitete Fontane als Auslandskorrespondent in London, später dann als Kriegsberichterstatter der bismarckschen Kriege. Die Bewunderung für Bismarck hielt bis zu seinem Tode an.

In den Jahren 1870 bis 1890 schrieb er als Theaterkritiker des Königlichen Hoftheaters für die »Vossische Zeitung«. Seit etwa 1870 begann Fontane auch erzählerische Werke zu verfassen. Alle seine Romane schrieb dieser herausragende Dichter seiner Zeit mithin erst ab dem fünfzigsten Lebensjahr.

Theodor Fontane starb im Alter von 78 Jahren am 20. September 1898 in Berlin.

Zu seinen bedeutendsten Werken gehören neben den Gedichten und Balladen die Romane »Vor dem Sturm« (1878), »Cécile« (1886), »Irrungen, Wirrungen« (1887), »Effi Briest« (1894/95) und »Der Stechlin« (1897) sowie die Erzählung »Schach von Wuthenow« (1882).

FRÜHLING

Nun ist er endlich kommen doch
In grünem Knospenschuh;
»Er kam, er kam ja immer noch«,
Die Bäumen nicken sich's zu.

Sie konnten ihn all erwarten kaum,
Nun treiben sie Schuß auf Schuß;
Im Garten der alte Apfelbaum,
Er sträubt sich, aber er muß.

Wohl zögert auch das alte Herz
Und atmet noch nicht frei,
Es bangt und sorgt: »Es ist erst März,
Und März ist noch nicht Mai.«

O schüttle ab den schweren Traum
Und die lange Winterruh:
Es wagt es der alte Apfelbaum,
Herze, wag's auch *du*.

O TRÜBE DIESE TAGE NICHT

O trübe diese Tage nicht,
Sie sind der letzte Sonnenschein;
Wie lange, und es lischt das Licht,
Und unser Winter bricht herein.

Dies ist die Zeit, wo jeder Tag
Viel Tage gilt in seinem Wert,
Weil man's nicht mehr erhoffen mag,
Daß *so* die Stunde wiederkehrt.

Die Flut des Lebens ist dahin,
Es ebbt in seinem Stolz und Reiz,
Und sieh, es schleicht in unsern Sinn
Ein banger, nie gekannter Geiz;

Ein süßer Geiz, der Stunden zählt
Und jede prüft auf ihren Glanz –

O sorge, daß uns keine fehlt,
Und gönn uns jede Stunde *ganz*.

WO SICH HERZ ZUM HERZEN FIND'T

Glück, von allen deinen Losen
Eines nur erwähl' ich mir.
Was soll Gold? Ich liebe Rosen
Und der Blumen schlichte Zier.

Und ich höre Waldesrauschen,
Und ich seh' ein flatternd Band –
Aug' in Auge Blicke tauschen,
Und ein Kuß auf deine Hand.

Geben nehmen, nehmen geben,
Und dein Haar umspielt der Wind.
Ach, nur das, nur das ist Leben,
Wo sich Herz zum Herzen find't.

VERLOBUNG

Es paßt uns nicht die alte Leier
In unsren jungen Liebesrausch,
Wir denken und wir fühlen freier
Und wollen's auch beim Ringetausch;
Der Treue Pfand, zu dieser Stunde
Empfang's in perlend-goldnem Wein
Und laß den Ring auf Bechers Grunde
Dir Sinnbild meines Lebens sein.
Laß übersprudeln mich und freue
Der Kraft dich, die da schäumt und gärt;
Denn innen, wie dies Bild der Treue,
Lebt meine Liebe unversehrt.

In Hangen und Bangen

1

Ach, daß ich dich so heiß ersehne,
Weckt aller Himmel Widerspruch,
Und jede neue bittre Träne
Macht tiefer nur den Friedensbruch.

Der Götter Ohr ist keinem offen,
Der sich zergrämt in banger Nacht –
Komm Herz, wir wollen gar nichts hoffen
Und sehn, ob so das Glück uns lacht.

Vergebnes Mühen, eitles Wollen,
Die Lippe weiß kaum, was sie spricht,
Und, nach wie vor, die Tränen rollen
Mir über Wang' und Angesicht.

2

Du holde Fee, mir treu geblieben
Aus Tagen meiner Kinderzeit,
Was hat dich nun verscheucht, vertrieben,
Du stille Herzensheiterkeit?

Leicht trugst du, wie mit Wunderhänden,
Mich über Gram und Sorge fort,
Und selbst aus nackten Felsenwänden
Rief Quellen mir dein Zauberwort.

Du, Trostesreichste mir vor allen,
Kehr neu-beflügelt bei mir ein
Und laß dein Lächeln wieder fallen
Auf meinen Pfad wie Vollmondschein.

3

»*Vertrauen*, schönster Stein in Königskronen,
Du Mutter aller Liebe, und ihr Kind,
Du einzig Pfühl, auf dem wir sorglos
                                        schlummern,

Ich rufe dich, kehr wieder in dies Herz!
Es gibt kein Glück, wo du den Rücken
                                        wandtest,
Es gibt kein Unglück, lächelst du aufs neu;
Laß kämpfen mich in deinem Spruch
                                    und Zeichen,
Und wieder wird das Leben mir zum Sieg.«

4

Storch und Schwalbe sind gekommen,
Veilchen auch, die blauen frommen
Frühlingsaugen, grüßen mich;
Aber hin an Lenz und Leben
Zieh' in Bangen ich und Beben –
Um dich.

Ach, um dich! und doch ich fühle:
Träte jetzt die Todeskühle
An mein Herz und riefe mich,
Wie ein Kind dann, unter Jammern
Würd' ich mich ans Leben klammern –
Um dich.

5

Zerstoben sind die Wolkenmassen,
Die Morgensonn' ins Fenster scheint:
Nun kann ich wieder mal nicht fassen,
Daß ich die Nacht hindurch geweint.

Dahin ist alles, was mich drückte,
Das Aug' ist klar, der Sinn ist frei,
Und was nur je mein Herz entzückte,
Tanzt wieder, lachend, mir vorbei.

Es grüßt, es nickt; ich steh' betroffen,
Geblendet schier von all dem Licht:
Das alte, liebe, böse Hoffen –
Die Seele läßt es einmal nicht.

IM GRÜNEN

Während um mich die Lerche schmettert,
Hab' ich in meinen Gedichten geblättert,
Hab' ich Lieder, Sprüche, Balladen
Ergebenst »zur Kritik« geladen.
Ließ sie sektionsweise zu fünfen und vieren
Unter klingend Spiel vorbeidefilieren,
Und fand da halb freudig, halb mit Beschämen:
Alle bewegen sich in Extremen.
Übers Feld gespenstische Rosse keuchen,
Dazwischen der Kirchturm von Werneuchen,
Paladine von Karls des Großen Tafel,
Dazwischen Brandenburg an der Havel,
In Schottland 'ne Anleih', mal in Wedding
                      ein Pump,
Mal Douglas und mal Nante Strump.

»SEI MILDE STETS ...«

Sei milde stets und halte fern
Von Hoffart deine Seele,
Wir wandeln alle vor dem Herrn
Des Wegs in Schuld und Fehle.

Woll' *einen* Spruch, woll' *ein* Geheiß
Dir in die Seele schärfen:
»Es möge, wer sich schuldlos weiß,
Den Stein auf andre werfen!«

Die Tugend, die voll Stolz sich gibt,
Ist eitles Selbsterheben;
Wer alles *Rechte* wahrhaft liebt,
Weiß *Unrecht* zu vergeben.

IKARUS

Immer wieder dieselbe Geschichte:
Siege, Triumphe, Gottesgerichte.

Wem jeder Sprung, auch der kühnste geglückt,
Der fühlt sich dem Gesetz entrückt,
Er ist heraus aus dem Alltagstrott,
Fliegen will er, er ist ein Gott;
Er fällt dem Sonnengespann in die Zügel –
Da schmelzen dem Ikarus die Flügel,
Er flog zu hoch, er stürzt, er fällt,
Ein neu Spektakelstück hat die Welt:
Eben noch zum Himmel getragen ...
Apollo, zürnend, hat ihn erschlagen.

DIE ZEHN GEBOTE

Aus dem russischen Katechismus

1

Bin der Herr, dein Gott und Vater,
Keine weiteren Berater
Sollst du haben neben mir;
Denn allmächt'ger und allweiser
Und allgüt'ger als der Kaiser
Zeigt sich keine Gottheit dir.

2

Ich erlaub' in meiner Milde,
Daß du huldigst meinem Bilde,
Solch ein Bilderdienst ist frei.
Was der alte Gott verpönet,
Jetzt mein Werk der Gnade krönet, –
Knie vor meinem Konterfei!

3

Ja, den Sabbat sollst du feiern;
Doch du brauchst nicht mitzuleiern
All die Kirchenmelodein;
Bete laut nur für den Kaiser,
Laut, bis dir die Kehle heiser,
Und das Himmelreich ist dein.

4

Vater, Mutter sollst du ehren;
Streng befolgen ihre Lehren
Heißt erfüllen seine Pflicht;
Folge stets der milden Führung
Deines Kaisers, der Regierung, –
Kränke deinen Vater nicht!

5

Töten sollst du, – Feinde töten,
Wenn sich nicht die Klingen röten,
Röte Scham dein Angesicht;
Tod den Polen, den Tscherkessen,
Jedem Schufte, der vermessen,
Freiheitstoll die Kette bricht.

6

Meinetwegen – ehebrechen,
Nie Gehorsam ehe brechen,
Als bis dir das Auge bricht;
Jenes kann ich selbst wohl leiden,
Dieses rat' ich dir zu meiden
Und ich rat' im Spaße nicht.

7

Knutenhiebe für die Diebe!
Doch aus Christengnad' und Liebe
Ändr' ich des Gesetzes Lauf,
Wenn ich selbst nicht Lust zum Kaufen;
Große Diebe läßt man laufen,
Nur die kleinen hängt man auf.

8

Stets die Wahrheit zu bezeugen,
Ihr wie mir sich freudig beugen,

Sei dir eine heil'ge Pflicht; –
Doch in meinem Interesse, –
Selbst die heftigsten Exzesse
Gegen Wahrheit straf' ich nicht.

9

Fremdes sollst du nicht begehren!
Nimmer in die Ferne kehren
Einen sehnsuchtsvollen Blick;
Müßtest geistig du verhungern,
Laß das Schielen, laß das Lungern,
Dummheit ist das höchste Glück.

10

Fremdes sollst du nicht begehren!
Keine Freiheit heiß verehren,
Sklave sein, statt freigesinnt;
Sonst spazierst du nach Sibirien,
In die großen Winterferien,
Die zugleich – Hundstage sind.

DIE ADELSZEITUNG

Was Gott nicht alles leben läßt!

Ich kann mir selbst es kaum vergeben
Und nicht erklären kann ich's mir, –
Drei Jahre ist sie schon am Leben,
Und gestern hört' ich erst von ihr.
Erst gestern hab' ich sie gelesen, –
Ich las – und wurde rot vor Scham,
Wie schlecht doch alle Kost gewesen,
Woraus ich sonsten Nahrung nahm.

Oh, welche Weisheit! hinzuschreiben:
Reif ist ein fürstlich Windelkind,
Unmündig aber muß es bleiben,
Das Volk – das arme Findelkind. –

Es wird darinnen auch gedichtet,
Doch macht das Lied sich nie gemein,
Es muß an Fürsten meist gerichtet
Und stets von einem Grafen sein.

Preßfreiheit kann ihr nicht behagen,
Weil sie die Zeit erkannt, erfaßt;
Und jene vier so grobe Fragen
Sind ihr wie Bürgerplebs verhaßt.
Dem Herwegh macht es ew'ge Schande,
Daß er gezürnt so ungalant; –
Man merkt es, daß er hierzulande,
Ach, leider niemals Schildwacht stand.

Heut hat der Kellner mich berichtet,
Als ich das Adelsblatt begehrt:
»Wir haben, Gott sei Dank, gelichtet
Und abgeschafft, was gar nichts wert.
Wir sind nicht recht gescheit gewesen; –
Herr, in der Adelszeitung hat
Man immer nur zum Spaß gelesen,
Wie im ›Polit'schen Wochenblatt‹.«

DER BLINDE KÖNIG

Ein Bettler steht gebückt am Wege
Und harrt des Königs stundenlang,
Daß er zum Mitleid ihn bewege,
Wozu sein Elend jeden zwang.
Jetzt naht der König mit den Seinen,
Er geht vorüber, lacht und spricht; –
  Der *blinde* König würde weinen,
  Doch, ach, der König sieht es nicht.

Es murrt das Volk; – des Königs Räte
Bedrücken das verarmte Land,
Und mit der Blütezeit der Städte
Die Liebe zu dem Fürsten schwand.
Die Not, der Gram und Kummer einen
Sich auf so manchem Angesicht; –
  Der *blinde* König würde weinen,
  Doch, ach, der König sieht es nicht.

Der König zieht durch seine Lande;
Still bleibt das Volk, der Jubel schweigt,
Zerrissen sind die Liebesbande,
Und jeder Blick Verachtung zeigt.
Nur hier und dorten treibt es einen
Zur Huldigung aus Furcht und Pflicht; –
  Der *blinde* König würde weinen,
  Doch, ach, der König sieht es nicht.

Der König starb; an seiner Bahre
Ist jedes Auge tränenleer,
Und weil's getrauert viele Jahre,
Drum trauert jetzt das Volk nicht mehr.
Man sieht die Hoffnung wieder scheinen
Auf manchem bleichen Angesicht;
  Der *blinde* König würde weinen –
  Wohl ihm, wohl ihm – er sieht es nicht.

DIE BRÜCK' AM TAY

When shall we three meet again?
(Macbeth)

»Wann treffen wir drei wieder zusamm?«
»Um die siebente Stund' am Brückendamm.«
  »Am Mittelpfeiler.«
    »Ich lösche die Flamm.«
»Ich mit.«
    »Ich komme vom Norden her.«

»Und ich vom Süden.«
    »Und ich vom Meer.«

»Hei, das gibt einen Ringelreihn,
Und die Brücke muß in den Grund hinein.«

»Und der Zug, der in die Brücke tritt
Um die siebente Stund'?«
    »Ei, der muß mit.«
»Muß mit.«
    »Tand, Tand
Ist das Gebilde von Menschenhand!«

Auf der *Norder*seite, das Brückenhaus —
Alle Fenster sehen nach Süden aus,
Und die Brücknersleut' ohne Rast und Ruh
Und in Bangen sehen nach Süden zu,
Sehen und warten, ob nicht ein Licht
Übers Wasser hin »Ich komme« spricht,
»Ich komme, trotz Nacht und Sturmesflug,
Ich, der Edinburger Zug.«

Und der Brückner jetzt: »Ich seh' einen Schein
Am anderen Ufer. Das muß er sein.
Nun, Mutter, weg mit dem bangen Traum,
Unser Johnie kommt und will seinen Baum,
Und was noch am Baume von Lichtern ist,
Zünd alles an wie zum heiligen Christ,
Der will heuer *zweimal* mit uns sein —
Und in elf Minuten ist er herein.«

Und es war der Zug. Am *Süder*turm
Keucht er vorbei jetzt gegen den Sturm,
Und Johnie spricht: »Die Brücke noch!
Aber was tut es, wir zwingen es doch.
Ein fester Kessel, ein doppelter Dampf,
Die bleiben Sieger in solchem Kampf.
Und wie's auch rast und ringt und rennt,
Wir kriegen es unter, das Element.

Und unser Stolz ist unsre Brück';
Ich lache, denk' ich an früher zurück,
An all den Jammer und all die Not
Mit dem elend alten Schifferboot;
Wie manche liebe Christfestnacht
Hab' ich im Fährhaus zugebracht
Und sah unsrer Fenster lichten Schein
Und zählte und konnte nicht drüben sein.«

Auf der Norderseite, das Brückenhaus —
Alle Fenster sehen nach Süden aus,
Und die Brücknersleut' ohne Rast und Ruh
Und in Bangen sehen nach Süden zu;
Denn wütender wurde der Winde Spiel,
Und jetzt, als ob Feuer vom Himmel fiel',
Erglüht es in niederschießender Pracht
Überm Wasser unten... Und wieder ist Nacht.

»Wann treffen wir drei wieder zusamm?«
    »Um Mitternacht, am Bergeskamm.«
        »Auf dem hohen Moor, am Erlenstamm.«

»Ich komme.«
    »Ich mit.«
        »Ich nenn' euch die Zahl.«
»Und ich die Namen.«
    »Und ich die Qual.«
»Hei!
    »Wie Splitter brach das Gebälk entzwei.«
        »Tand, Tand
Ist das Gebilde von Menschenhand.«

Nah und fern

Wenn die Wolken vielgestaltig
Sich am Horizonte dehnen,
Überkommt uns allgewaltig
Ihnen nach ein tiefes Sehnen.

Aber wenn die stolzen Züge
Sich zur Erde niederlassen,
War ihr Zauber — eitle Lüge,
Sind es graue Nebelmassen.

Wenig läßt die Nähe gelten,
Tausend Reize hat die Ferne:
Selbst die lichtesärmsten Welten
Wandelt sie — in helle Sterne.

Meine Reiselust

»Auf, hinaus in die weite Welt!«
Drauf war mir ehdem der Sinn gestellt.
Mehr als Weisheit aller Weisen
Galt mir reisen, reisen, reisen;
Tschadsee, Kongo, Land der Zwerge,
Kapstadt und die Tafelberge,
Zulus, Neger, mit dickem Flunsche,

Mongolen umfaßt' ich mit gleichem Wunsche,
Und Bürgers Leonoren mit fliegenden Haaren,
Die so täglich ums Morgenrot gefahren,
Ob *mit* ihm, ob *ohne* – daß einer so fährt,
Erschien mir trotz »Wilhelm, tot«
                                    beneidenswert.
(Freiligrath und den »Löwenritt«
Nahm ich so nebenbei noch mit.)
Nach Salas y Gomez wurd' ich getrieben,
Wo der Mann die drei Schiefertafeln
                                    geschrieben.

Jetzt zwischen Link- und Eichhornstraße
Meß' ich meine bescheidenen Maße,
Höchstens bis Königin Luise
Wag' ich mich vor, umschreitend diese,
Bleib' dann ein Weilchen noch in dem Bereiche
Des Floraplatzes, am Goldfischteiche.
Der Wrangelbrunnen bleibt mir zur Linken,
Rechtsher seh' ich Goethe winken.
Zuletzt dann vorbei an der Bismarckpforte
Kehr' heim ich zu meinem alten Orte,
Zu meiner alten Dreitreppenklause
Hoch im Johanniterhause. –
Schon seh' ich grüßen, schon hör' ich rufen –
Aber noch fünfundsiebzig Stufen!

ARM ODER REICH

»Sagen Sie, sind Sie dem lieben Gold
In der Tat so wenig hold,
Blicken Sie wirklich, fast stolz, auf die Hüter,
Aller möglichen irdischen Güter,
Ist der Kohinoor, dieser »Berg des Lichts«,
Ihnen allen Ernstes nichts?«

So stellen zuzeiten die Fragen sich ein,
Und ich sage dann »ja« und sag' auch »nein«.

Wie meistens hierlandes die Dinge liegen,
Bei dem Spatzenflug, den unsre Adler fliegen
(Nicht viel höher als ein Scheunentor),
Zieh' ich das Armsein entschieden vor.

Dies Armsein ist mir schon deshalb genehmer,
Weil für den Alltag um vieles bequemer.
Von Vettern und Verwandtenhaufen
Werd' ich nie und nimmer belaufen,
Es gibt – und dafür will Dank ich zollen –
Keine Menschen, die irgend was von
                                    mir wollen,
Ich höre nur selten der Glocke Ton,
Keiner ruft mich ans Telephon,
Ich kenne kein Hasten und kenne kein Streben
Und kann jeden Tag mir selber leben.

Und doch, wenn ich irgend etwas geschrieben,
Das, weil niemand es will, mir liegen geblieben,
Oder wenn ich Druckfehler ausgereutet,
Da weiß ich recht wohl, was Geld bedeutet,
Und wenn man trotzdem, zu dieser Frist,
Den Respekt vor dem Gelde bei mir vermißt,
So liegt das daran ganz allein:
Ich finde die Summen hier immer zu klein.

Was, um mich herum hier, mit Golde sich ziert,
Ist meistens derartig, daß mich's geniert;
Der Grünkramhändler, der Weißbierbudiker,
Der Tantenbecourer, der Erbschaftsschlieker,
Der Züchter von Southdownhammelherden,
Hoppegartenbarone mit Rennstallpferden,
Wuchrer, hochfahrend und untertänig –
Sie haben mir alle viel, viel zu wenig.

Mein Intresse für Gold und derlei Stoff
Beginnt erst beim Fürsten Demidoff,
Bei Yussupoff und bei Dolgorucky,
Bei Sklavenhaltern aus Süd-Kentucky,
Bei Mackay und Gould, bei Bennet
                                    und Astor –
Hierlandes schmeckt alles nach
                                    Hungerpastor –
Erst in der Höhe von Van der Bilt
Seh' ich *mein* Ideal gestillt:
Der Nil müßte durch ein Nil-Reich laufen,
China würd' ich meistbietend verkaufen,
Einen Groß-Admiral würd' ich
                                    morgen ernennen,

Der müßte die englische Flotte verbrennen,
Auf daß, Gott segne seine Hände,
Das Kattun-Christentum aus der Welt
                                    verschwände.
So reich sein, *das* könnte mich verlocken –
Sonst bin ich für Brot in die Suppe brocken.

NEUESTE VÄTERWEISHEIT

Zieh nun also in die Welt,
Tue beharrlich, was dir gefällt,
Werde keiner Gefühle Beute,
Meide sorglich arme Leute,
Werde kein gelehrter Klauber,
Wissenschaft ist fauler Zauber,
Sei für Rothschild statt für Ranke,
Nimm den Main und laß die Panke,
Nimm den Butt und laß die Flunder,
Geld ist Glück, und Kunst ist Plunder,
Vorwärts auf der schlechtsten Kragge,
Wenn nur unter großer Flagge.
Pred'ge Tugend, pred'ge Sitte,
Millionär ist dann das dritte,
Quäl dich nicht mit »wohlerzogen«.
Vorwärts mit dem Ellenbogen,
Und zeig jedem jeden Falles:
»*Du* bist nichts, und *ich* bin alles.«

DIE FRAGE BLEIBT

Halte dich still, halte dich stumm,
Nur nicht forschen, warum? warum?

Nur nicht bittre Fragen tauschen,
Antwort ist doch nur wie Meeresrauschen.

Wie's dich auch aufzuhorchen treibt,
Das Dunkel, das Rätsel, die Frage bleibt.

TROST

Tröste dich, die Stunden eilen,
Und was all dich drücken mag,
Auch das Schlimmste kann nicht weilen,
Und es kommt ein andrer Tag.

In dem ew'gen Kommen, Schwinden,
Wie der Schmerz liegt auch das Glück,
Und auch heitre Bilder finden
Ihren Weg zu dir zurück.

Harre, hoffe. Nicht vergebens
Zählest du der Stunden Schlag:
Wechsel ist das Los des Lebens,
Und – es kommt ein andrer Tag.

AUCH EIN HERZENSTROST

Mein Freund, du frägst, warum ich singe?
Das ist mir eine Frage, das;
Ich singe, nun, ich singe, singe –
Mir macht einmal das Singen Spaß.

Daß andre so wie ich empfinden,
Das wär' bedeutend stolz gedacht;
Ich kenn' am besten die Gefühle,
Die solch ein Lied hervorgebracht.

Drum mach' ich einen Katzenbuckel,
Biet' ich mein Lied den Leuten an:
»Sollt' etwas nur daran gefallen,
Ist's mehr schon, als ich hoffen kann!«

Vor jedem Lumpenjournalisten
Bin ich ein tief bescheidner Mann:
Der Mensch wird ganz gewiß was wissen,
Was unsereins nicht machen kann.

So schick' ich meine Vers' ins Leben,
Bis an ein Herz ins weite Land,

Das einst wie ich mit Jugendwärme
Die großen Sänger nachempfand.

Das einst wie ich an seiner Wiege
Der Musen Feuerkuß erhielt,
Das einst vielleicht auch meine Lieder
Mit allem Leben wiederfühlt.

Mein Freund, das ist so meine Hoffnung,
Das ist so meine Hoffnung, das –
Derweile sing' ich, sing' ich Lieder,
Mir macht einmal das Singen Spaß.

Ich singe fort, solang ich fühle,
Verlange Mitgefühle nie
Und klage nie, wie andre Dichter,
Ob Lumpenwelt und Kompanie.

DIE ALTEN UND DIE JUNGEN

»Unverständlich sind uns die Jungen«
Wird von den Alten beständig gesungen;
Meinerseits möcht' ich damit halten:
»Unverständlich sind mir die Alten.«
Dieses am Ruderbleibenwollen
In allen Stücken und allen Rollen,
Dieses sich Unentbehrlichvermeinen
Samt ihrer »Augen stillem Weinen«,
Als wäre der Welt ein Weh getan –
Ach, ich kann es nicht verstahn.
Ob unsre Jungen, in ihrem Erdreisten,
Wirklich was Besseres schaffen und leisten,
Ob dem Parnasse sie näher gekommen
Oder bloß einen Maulwurfshügel erklommen,
Ob sie, mit andern Neusittenverfechtern,
Die Menschheit bessern oder verschlechtern,
Ob sie Frieden sä'n oder Sturm entfachen,
Ob sie Himmel oder Hölle machen –
Eins läßt sie stehn auf siegreichem Grunde:
Sie haben den Tag, sie haben die Stunde;
Der Mohr kann gehn, neu Spiel hebt an,
Sie beherrschen die Szene, *sie* sind dran.

LASS DIE KINDER ZU MIR KOMMEN!

Schwester, schicke deinen tollen
Blondkopf oft zu mir heran,
Daß an seinem unschuldvollen
Spiel ich mich erquicken kann.
Und die sinnige Marie
Mit den Locken und den frommen,
Blauen Augen, schick auch sie –
Laß die Kinder zu mir kommen!

Lieber als die Spiele wahrlich,
Die so manches Fürstenkind
Spielt mit seinem Volk beharrlich,
Wie wenn Menschen – Puppen sind;
Lieber seh' ich's, wenn Marie
Ihre Puppen vorgenommen
Und sie putzt auf meinem Knie –
Laß die Kinder zu mir kommen!

Lieber als den eitlen Reiter,
Der, obschon ein blinder Saul,
Sich ein gotterhellter Streiter
Dünkt auf dem Paradegaul,
Schwester, lieber seh' ich itzt
Deinen Wildfang, wenn im frommen
Wiegenpferd er lächelnd sitzt –
Laß die Kinder zu mir kommen!

Ach, es kehrt in solchen Stunden
Meiner eignen Kindheit Glück,
Wie ein Traumbild hingeschwunden,
Meiner Seele neu zurück.
Hat das Leben auch dem Mann
Längst so Duft wie Schmelz genommen,
Glücklich, wer noch wünschen kann:
Laß die Kinder zu mir kommen!

HERBSTGEFÜHL

Rot und gelbe Herbsteslehnen
An der Berge blauem Joch,
Und wie Frühlingsgruß und Sehnen
Astern blühen und Verbenen,
Aber ach, wie lange noch?!

Und aus dunkeltiefer Stelle
Unter Schäumen und Gepoch
An des Tages heitre Helle
Bricht hervor die Waldesquelle,
Aber ach, wie lange noch?!

Und so schwindet hin das Leben,
Schwindet, und du liebst es doch.
Wieder regt sich Stolz und Streben,
Und der *Wunsch* kommt auf daneben –
Aber ach, wie lange noch?!

VERSE ZUM ADVENT

Noch ist der Herbst nicht ganz entflohn,
Aber als Knecht Ruprecht schon
Kommt der Winter hergeschritten,
Und alsbald aus Schneees Mitten
Klingt des Schlittenglöckleins Ton.

Und was jüngst noch, fern und nah,
Bunt auf uns herniedersah,
Weiß sind Türme, Dächer, Zweige,
Und das Jahr geht auf die Neige,
Und das schönste Fest ist da.

Tag du der Geburt des Herrn,
Heute bist du uns noch fern,
Aber Tannen, Engel, Fahnen
Lassen uns den Tag schon ahnen,
Und wir sehen schon den Stern.

WEIHNACHTEN

Noch einmal ein Weihnachtsfest,
Immer kleiner wird der Rest,
Aber nehm' ich so die Summe,
Alles Grade, alles Krumme,
Alles Falsche, alles Rechte,
Alles Gute, alles Schlechte –
Rechnet sich aus all dem Braus
Doch ein richtig Leben raus,
Und dies können ist das Beste
Wohl bei diesem Weihnachtsfeste.

WÜRD' ES MIR FEHLEN, WÜRD' ICH'S VERMISSEN?

Heute früh, nach gut durchschlafener Nacht,
Bin ich wieder aufgewacht.
Ich setzte mich an den Frühstückstisch,
Der Kaffee war warm, die Semmel war frisch,
Ich habe die Morgenzeitung gelesen
(Es sind wieder Avancements gewesen).
Ich trat ans Fenster, ich sah hinunter,
Es trabte wieder, es klingelte munter,
Eine Schürze (beim Schlächter) hing
über dem Stuhle,
Kleine Mädchen gingen nach der Schule –
Alles war freundlich, alles war nett,
Aber wenn ich weiter geschlafen hätt'
Und tät' von alledem nichts wissen,
Würd' es mir fehlen, würd' ich's vermissen?

RESIGNATION

Ich kann mir's länger nicht verhehlen,
Die Jugend geht, das Alter kommt,
Beim Wein Geschichtchen zu erzählen,
Ist nun die Gabe, die mir frommt.

Was schwarz ist, schätz' ich jetzt geringer,
Was blond ist, lieb' ich allermeist,
Und dumme fünfzehnjähr'ge Dinger
Entzücken mich durch ihren Geist.

Wenn kichernd sie zusammensitzen,
Flüstern, was jeder wissen kann,
Wer kommt mit seinen besten Witzen
An soviel Lieblichkeit heran?

Probleme lösen, Welt bezwingen
War immer eine harte Nuß,
Und zweier Mädchen Liedersingen
Ist wirklich größerer Genuß.

WAS ICH WOLLTE,
WAS ICH WURDE

Was ich mal *wollte*, was ich dann *wurde*,
Manchmal grenzt es ans Absurde.
Sprachen sprechen, tutti quanti,
Wollt' ich à la Mezzofanti,
Reisen zum Chan, zu zwei'n oder solo,
Wollt' ich mindestens wie Marco Polo.
Dazu dichten im Stile Dantes,
Prosa schreiben wie Cervantes,
Und gemäß dem Schillerschen »Blonden«
Mein Aug' erheben zu Kunigonden.
In Dichtung, in Liebe, wie die meisten,
Wünscht' ich Erhebliches zu leisten.

All das wollt' ich. Aber zur Zeit,
Ach, wie bin ich davon so weit!
Leben zwingt uns die Segel zu reffen,
Sechse treffen, sieben äffen.
Sprachen? An »comment vous portez-vous«
Reiht sich schüchtern »how do you do«.
Reisen? Ach, zwischen Treptow und Stralau
Fährt mein Kahn. Den Rest tut Kalau.
Aus den erträumten Orgelakkorden
Ist ein Tipptipp am Spinett geworden,

Im günstigsten Fall ein Klimperstück –
Und dabei spricht man noch von Glück!

JA, DAS MÖCHT' ICH
NOCH ERLEBEN

Eigentlich ist mir alles gleich,
Der eine wird arm, der andre wird reich,
Aber mit Bismarck – was wird das
                            noch geben?
Das mit Bismarck, das möcht' ich noch erleben.

Eigentlich ist alles soso,
Heute traurig, morgen froh,
Frühling, Sommer, Herbst und Winter,
Ach, es ist nicht viel dahinter.
Aber mein Enkel, so viel ist richtig,
Wird mit nächstem vorschulpflichtig,
Und in etwa vierzehn Tagen
Wird er eine Mappe tragen,
Löschblätter will ich ins Heft ihm kleben –
Ja, das möcht' ich noch erleben.

Eigentlich ist alles nichts,
Heute hält's, und morgen bricht's,
Hin stirbt alles, ganz geringe
Wird der Wert der ird'schen Dinge;
Doch wie tief herabgestimmt
Auch das Wünschen Abschied nimmt,
Immer klingt es noch daneben:
Ja, das möcht' ich noch erleben.

RÜCKBLICK

Es geht zu End', und ich blicke zurück.
Wie war mein Leben? wie war mein Glück?

Ich saß und machte meine Schuh;
Unter Lob und Tadel sah man mir zu.

»Du dichtest, das ist das Wichtigste...«
»Du dichtest, das ist das Nichtigste.«

»Wenn Dichtung uns nicht zum
                                        Himmel trüge...«
»Phantastereien, Unsinn, Lüge!«

»Göttlicher Funke, Prometheusfeuer...«
»Zirpende Grille, leere Scheuer!«

Von hundert geliebt, von tausend mißacht't,
So hab' ich meine Tage verbracht.

HERR VON RIBBECK AUF RIBBECK IM HAVELLAND

Herr von Ribbeck auf Ribbeck im Havelland,
Ein Birnbaum in seinem Garten stand,
Und kam die goldene Herbsteszeit
Und die Birnen leuchteten weit und breit,
Da stopfte, wenn's Mittag vom Turme scholl,
Der von Ribbeck sich beide Taschen voll,
Und kam in Pantinen ein Junge daher,
So rief er: »Junge, wiste 'ne Beer?«
Und kam ein Mädel, so rief er: »Lütt Dirn,
Kumm man röver, ick hebb 'ne Birn.«

So ging es viel Jahre, bis lobesam
Der von Ribbeck auf Ribbeck zu sterben kam.
Er fühlte sein Ende. 's war Herbsteszeit,
Wieder lachten die Birnen weit und breit;
Da sagte von Ribbeck: »Ich scheide nun ab.
Legt mir eine Birne mit ins Grab.«
Und drei Tage drauf, aus dem Doppeldachhaus,
Trugen von Ribbeck sie hinaus,
Alle Bauern und Büdner mit Feiergesicht
Sangen »Jesus meine Zuversicht«,
Und die Kinder klagten, das Herze schwer:
»He is dod nu. Wer giwt uns nu 'ne Beer?«

So klagten die Kinder. Das war nicht recht –
Ach, sie kannten den alten Ribbeck schlecht;
Der *neue* freilich, der knausert und spart,
Hält Park und Birnbaum strenge verwahrt.
Aber der *alte*, vorahnend schon
Und voll Mißtrauen gegen den eigenen Sohn,
Der wußte genau, was damals er tat,
Als um eine Birn' ins Grab er bat,
Und im dritten Jahr aus dem stillen Haus
Ein Birnbaumsprößling sproßt heraus.

Und die Jahre gehen wohl auf und ab,
Längst wölbt sich ein Birnbaum über dem Grab,
Und in der goldenen Herbsteszeit
Leuchtet's wieder weit und breit.
Und kommt ein Jung' übern Kirchhof her,
So flüstert's im Baume: »Wiste 'ne Beer?«
Und kommt ein Mädel, so flüstert's:
                                        »Lütt Dirn,
Kumm man röwer, ich gew' di 'ne Birn.«

So spendet Segen noch immer die Hand
Des von Ribbeck auf Ribbeck im Havelland.

SUMMA SUMMARUM

Eine kleine Stellung, ein kleiner Orden
(Fast wär' ich auch mal Hofrat geworden),
Ein bißchen Namen, ein bißchen Ehre,
Eine Tochter »geprüft«, ein Sohn im Heere,
Mit siebzig 'ne Jubiläumsfeier,
Artikel im Brockhaus und im Meyer...
Altpreußischer Durchschnitt. Summa
                                        summarum,
Es dreht sich alles um Lirum Larum,
Um Lirum Larum Löffelstiel,
Alles in allem – es war nicht viel.

FRIEDRICH HEBBEL

FRIEDRICH HEBBEL

Friedrich Hebbel wurde am 18. März 1813 als Sohn eines Maurers im zu der Zeit dänischen Wesselburen geboren. Bereits mit 14 Jahren übte er eine Tätigkeit als kleiner Schreiber aus, die er acht Jahre lang beibehielt.

1835 zog Hebbel nach Hamburg, wo er sich dank der Unterstützung finanzkräftiger Gönner auf sein Studium vorbereiten konnte. In Hamburg lernte er unter anderen Amalie Schoppe, die seine erste Gönnerin und Förderin wurde, und Elise Lensing kennen, mit der er ein Verhältnis einging und die ihn mit harter Arbeit unterstützte.

In den Jahren 1836 bis 1839 studierte er zunächst in Heidelberg, dann in München die Rechte. Mit der Aufgabe seines Studiums einher ging der Verlust seiner Stipendien. Die kurz aufeinander folgenden Tode seiner Mutter und seines Freundes Emil Rousseau trafen den jungen Hebbel schwer. Im Winter 1839 wanderte er zu Fuß nach Hamburg zurück.

In Kopenhagen, wo er sich 1842/43 aufhielt, erwirkte er ein Reisestipendium, das ihn zunächst (1843/44) nach Paris, dann (1844/45) nach Rom und Neapel brachte.

Seine letzte Heimat wurde Wien. Dort heiratete Hebbel 1846 die Schauspielerin Christine Enghaus. Auch nachdem er sich in Wien niedergelassen hatte, reiste der Dichter noch häufig und weit. So führten seine Wege unter anderem nach München, Weimar, Hamburg, Paris und London. Friedrich Hebbel starb am 13. Dezember 1863 in Wien.

Berühmt wurde Hebbel vor allem als Dramatiker. Seine Theaterstücke, die oft heftig umstritten waren, brachten ihm den angesehenen Schillerpreis ein. Als Lyriker stand Hebbel zunächst unter dem Einfluß der Romantik und orientierte sich vor allem an Uhland. Später dann, in der Folge seiner Erlebnisse, tendierte er bereits deutlich zur realistischen Darstellungsweise. Zu Hebbels berühmtesten Werken gehören vor allem die Dramen »Judith« (1840), »Genoveva« (1843), »Maria Magdalena« (1844), »Herodes und Marianne« (1849), »Agnes Bernauer« (1852), »Mutter und Kind« (1859) und »Demetrius« (1864).

MORGEN UND ABEND

O Morgenzeit, du frische Zeit!
Des Lebens reichste Quelle!
Du machst die enge Brust mir weit,
Das trübe Aug mir helle!
Mir ist, als dürft ich auferstehn
Aus einem dumpfen Grabe,
Wenn ich das erste Licht gesehn,
Den Hauch getrunken habe.

Dem Teich Bethesda gleicht mein Herz
Mit seinen frischen Säften,
Die schwellen es zu Lust und Schmerz
Mit tausend neuen Kräften:
Ihr trunknes Durcheinanderspiel
Erfüllt mich mit Entzücken;
Ich weiß nicht was, doch will ich viel
Und alles muß mir glücken!

Allein, unendlich ist die Welt,
Und, wie die Brust sich dehne,
Sie fühlt's zuletzt, und brennend fällt
Die reinste Menschenträne.
Dann sinkt des Abends heil'ge Ruh,
Als wär's auf eine Wunde,
Auf sie herab und schließt sie zu,
Damit sie still gesunde.

Des Menschen Kraft reicht eben aus
Zum Kämpfen, nicht zum Siegen,
Wir sollen in dem ew'gen Strauß
Nicht stehn und nicht erliegen;
Doch, wenn uns dies das Herz beschwert,
Naht der ersehnte Schlummer,
Und, ward der letzte Wunsch gewährt:
Wem macht der erste Kummer?

VORFRÜHLING

Wie die Knospe hütend,
Daß sie nicht Blume werde,
Liegts so dumpf und brütend
Über der drängenden Erde.

Wolkenmassen ballten
Sich der Sonne entgegen,
Doch durch tausend Spalten
Dringt der befruchtende Segen.

Glühende Düfte ringeln
In die Höhe sich munter.
Flüchtig grüßend, züngeln
Streifende Lichter herunter.

Daß nun, still erfrischend,
Eins zum andern sich finde,
Rühren, alles mischend,
Sich lebendige Winde.

BUBENSONNTAG

Wenn ich einst, ein kleiner Bube,
Sonntags früh im Bette lag
Und die helle Kirchenglocke
All das Schweigen unterbrach:

Oh, wie schlüpft ich dann so hurtig
Aus dem Bett ins Kleid hinein,
Und wie gern ließ ich das Frühstück,
Um zuerst bei Gott zu sein!

Ein Gesangbuch unterm Arme,
Eh ich's Lesen noch verstand,
Ging ich fort, gebeugten Hauptes,
Fromm verschränkend Hand in Hand.

Kam mein Hündchen froh gesprungen,
Schalt ich: »Komm mir nicht zu nah!«

Kaum, daß ich, zur Seite schielend,
Nach der Vogelfalle sah.

Fiel die Kirchentür nun knarrend
Hinter meinem Rücken zu,
Sprach ich furchtsam-zuversichtlich:
Jetzt allein sind Gott und du!

Längst mit ganzem vollen Herzen
Hing ich ja an meinem Gott,
Doch, daß niemand ihn erblicke,
Hielt ich stets für eitel Spott.

Und so hofft ich jeden Morgen,
Endlich einmal ihn zu sehn;
War's denn nichts, in meinen Jahren
Stets um fünfe aufzustehn?

Auf dem hohen Turm die Glocke
War schon lange wieder stumm,
Der Altar warf düstre Schatten,
Gräber lagen ringsherum.

Drang ein Schall zu mir herüber,
Dacht ich: Jetzt wirst du ihn schaun!
Aber meine Augen schlossen
Sich zugleich vor Angst und Graun.

Und dies Zittern, dies Erbangen,
Und mein kalter Todesschweiß —
Daß der Herr vorbeigewandelt,
Galt mir alles für Beweis.

Still und träumend dann zu Hause
Schlich ich mich in süßer Qual,
Und mein klopfend Herz gelobte
Sich mehr Mut für's nächste Mal.

DAS BETTELMÄDCHEN

Das Bettelmädchen lauscht am Tor,
Es friert sie gar zu sehr;
Der junge Ritter tritt hervor,
Er wirft ihr hin den Mantel
Und spricht: Was willst du mehr?

Das Mädchen sagt kein einzig Wort,
Es friert sie gar zu sehr;
Dann geht sie stolz und glühend fort
Und läßt den Mantel liegen
Und spricht: Ich will nichts mehr!

DAS VÖGLEIN

Vöglein vom Zweig
Gaukelt hernieder;
Lustig sogleich
Schwingt es sich wieder.

Jetzt dir so nah,
Jetzt sich versteckend;
Abermals da,
Scherzend und neckend.

Tastest du zu,
Bist du betrogen,
Spottend im Nu
Ist es entflogen.

Still! Bis zur Hand
Wird's dir noch hüpfen,
Bist du gewandt,
Kann's nicht entschlüpfen.

Ist's denn so schwer,
Das zu erwarten?
Schau um dich her:
Blühender Garten!

Ei, du verzagst?
Laß es gewähren,
Bis du's erjagst,
Kannst du's entbehren.

Wird's doch auch dann
Wenig nur bringen;
Aber es kann
Süßestes singen.

GRUSS DER ZUKUNFT

Wenn dir vor Weh und Sehnen
Die ganze Seele schwillt
Und von verhaltnen Tränen
Das Auge überquillt:

Da grüßt dich, vorempfunden,
Das Leben reich und voll,
Das einst in schönern Stunden
Dich göttlich tränken soll.

Die Wolke, segenschwanger,
Die über ihm nicht bricht,
Verhüllt dem durst'gen Anger
Der Sonne heitres Licht.

DER JUNGE SCHIFFER

Dort bläht ein Schiff die Segel,
Frisch saust hinein der Wind;
Der Anker wird gelichtet,
Das Steuer flugs gerichtet,
Nun fliegt's hinaus geschwind.

Ein kühner Wasservogel
Kreist grüßend um den Mast,
Die Sonne brennt herunter,
Manch Fischlein, blank und munter,
Umgaukelt keck den Gast.

Wär gern hineingesprungen,
Da draußen ist mein Reich!
Ich bin ja jung von Jahren,
Da ist's mir nur ums Fahren,
Wohin? Das gilt mir gleich!

STILLSTES LEBEN

Ich fuhr einst über Wasser,
Das hat gar wild geschäumt,
Die Stürme brausten wütend,
Die Nacht lag dumpf und brütend,
Ich aber hab geträumt.

Ich ritt durch Waldesdunkel,
Mein Roß hat sich gebäumt,
Glutrote Wolken rollten,
Und ferne Donner grollten,
Ich aber hab geträumt.

Ich bin zu Berg gefahren,
Da wurde nicht gesäumt,
An schwankem Seile baumelnd,
Erbangend, vorwärts taumelnd,
Ich aber hab geträumt.

Zu ruhn in stiller Wiege,
Die Welt hinweggeräumt,
Und ungesehn und schweigend
Die Mutter drüber neigend:
Das habe ich geträumt.

ICH UND DU

Wir träumten voneinander
Und sind davon erwacht,
Wir leben, um uns zu lieben,
Und sinken zurück in die Nacht.

Du tratst aus meinem Traume,
Aus deinem trat ich hervor,
Wir sterben, wenn sich eines
Im andern ganz verlor.

Auf einer Lilie zittern
Zwei Tropfen rein und rund,
Zerfließen in eins und rollen
Hinab in des Kelches Grund.

DAS SEIN

Geheimnis, wunderbar, wie keins,
Des In- und Durcheinanderseins
In dem unendlichsten Gewühl
Durch Sinn, Gedanken und Gefühl.
Der ew'ge Strom fließt ab und zu,
Wo fang ich an? Wo endest du?
Du sprichst ein volles, tiefes Wort,
Das wirkt in meiner Seele fort,
So webst du dich in mich hinein,
Denn, was es schafft, ist dein wie mein.
Und was der Mund nicht sagen kann,
Sieht eines doch dem andern an,
Alsbald erwacht Verschlingungstrieb,
Und eines hat das andre lieb.
Der fernen Sonne ew'ge Glut
Durchdringt belebend mir das Blut,
Was in dem Schoß der Erde gor,
Rankt sich als Wein zu mir empor,
Und was nicht in die Sinne fällt,
Hält ahnungsvoll das Herz geschwellt,
So daß selbst Gott mich nur erdrückt,
Damit er mich mir selbst entrückt.
So braust in wohl gemeßnem Takt
Dahin des Lebens Katarakt,
Daß jeder Tropfe, der entspringt,
Nach Maß jedwedes Sein durchdringt,
Daß alle Form nur Grenzen steckt,
Damit sie Eigenstes erweckt,
Und daß das ungeheure All
Sich umwälzt in dem kleinsten Ball.

LIED

Komm, wir wollen Erdbeern pflücken,
Ist es doch nicht weit zum Wald,
Wollen junge Rosen brechen,
Sie verwelken ja so bald!

Droben jene Wetterwolke,
die dich ängstigt, fürcht ich nicht;
Nein, sie ist mir sehr willkommen,
Denn die Mittagssonne sticht.

All die sengend heißen Strahlen,
Die uns drohen, löscht sie aus,
Und wenn sie sich selbst entladet,
Sind wir lange schon zu Haus!

Tändelnd flecht ich dann die Rosen
In dein dunkelbraunes Haar,
Und du bietest Beer um Beere
Meinen durst'gen Lippen dar.

SCHEIDELIEDER

I.

Kein Lebewohl, kein banges Scheiden!
Viel lieber ein Geschiedensein!
Ertragen kann ich jedes Leiden,
Doch trinken kann ich's nicht wie Wein.

Wir saßen gestern noch beisammen,
Von Trennung wußt ich selbst noch kaum!
Das Herz trieb seine alten Flammen,
Die Seele spann den alten Traum.

Dann rasch ein Kuß vom lieben Munde,
Nicht schmerzgekränkt, nicht angstverkürzt!
Das nenn ich eine Abschiedsstunde,
Die leere Ewigkeiten würzt.

II.

Das ist ein eitles Wähnen!
Sei nicht so feig, mein Herz!
Gib redlich Tränen um Tränen,
Nimm tapfer Schmerz um Schmerz!

Ich will dich weinen sehen,
Zum ersten- und letztenmal!
Will selbst nicht widerstehen!
Da löscht sich Qual in Qual!

In diesem bittren Leiden
Hab ich nur darum Mut,
Nur darum Kraft zum Scheiden,
Weil es so weh uns tut.

ABENDGEFÜHL

Friedlich bekämpfen
Nacht sich und Tag.
Wie das zu dämpfen,
Wie das zu lösen vermag!

Der mich bedrückte,
Schläfst du schon, Schmerz?
Was dich beglückte,
Sage, was war's doch, mein Herz?

Freude wie Kummer,
Fühl ich, zerrann,
Aber den Schlummer
Führten sie leise heran.

Und im Entschweben,
Immer empor,
Kommt mir das Leben
Ganz wie ein Schlummerlied vor.

DIE WEIHE DER NACHT

Nächtliche Stille!
Heilige Fülle,
Wie von göttlichem Segen schwer,
Säuselt aus ewiger Ferne daher.

Was da lebte,
Was aus engem Kreise
Auf ins Weitste strebte,
Sanft und leise
Sank es in sich selbst zurück
Und quillt auf in unbewußtem Glück.

Und von allen Sternen nieder
Strömt ein wunderbarer Segen,
Daß die müden Kräfte wieder
Sich in neuer Frische regen,
Und aus seinen Finsternissen
Tritt der Herr, so weit er kann,
Und die Fäden, die zerrissen,
Knüpft er alle wieder an.

NACHTLIED

Quellende, schwellende Nacht,
Voll von Lichtern und Sternen:
In den ewigen Fernen,
Sage, was ist da erwacht!

Herz in der Brust wird beengt,
Steigendes, neigendes Leben,
Riesenhaft fühle ich's weben,
Welches das meine verdrängt.

Schlaf, da nahst du dich leis,
Wie dem Kinde die Amme,
Und um die dürftige Flamme
Ziehst du den schützenden Kreis.

HERBSTGEFÜHL

Grünen, Blühen, Duften, Glänzen,
Reichstes Leben ohne Grenzen,
Alles steigernd, nirgends stockend,
Selbst die kühnsten Wünsche lockend:

Ja, da kann ich wohl zerfließen,
Aber nimmermehr genießen;
Solche Flügel tragen weiter,
Als zur nächsten Kirschbaumleiter.

Doch, wenn rot die Blätter fallen,
Kühl die Nebelhauche wallen,
Leis durchschauernd, nicht erfrischend,
In den warmen Wind sich mischend:

Dann vom Endlos-Ungeheuren
Flücht ich gern zum Menschlich-Teuren,
Und in einer ersten Traube
Sieht die Frucht der Welt mein Glaube.

ERINNERUNG UND HOFFNUNG

Ich kenne zwei göttliche Schwestern,
Die sind mir so freundlich und hold
Und fassen mir jede Minute
In reines, in himmlisches Gold.

Sie flechten die Palme der Zukunft
Und die der Vergangenheit fest
Und unabtrennlich zuusammen,
Daß eine die andre nicht läßt.

Und sicher verbirgt sich dann unter
Dies kühlige, schirmende Dach
Der Gegenwart Flammen versengter
Und Stürmen erliegender Tag.

Erinnrung, so hat man die eine
Mit irdischem Namen benannt,

Und unter dem Namen der *Hoffnung*
Ist Menschen die andre bekannt.

HÖCHSTES GEBOT

Hab Achtung vor dem Menschenbild,
Und denke, daß, wie auch verborgen,
Darin für irgendeinen Morgen
Der Keim zu allem Höchsten schwillt!

Hab Achtung vor dem Menschenbild,
Und denke, daß, wie tief er stecke,
Ein Hauch des Lebens, der ihn wecke,
Vielleicht aus deiner Seele quillt!

Hab Achtung vor dem Menschenbild,
Die Ewigkeit hat eine Stunde,
Wo jegliches dir eine Wunde
Und, wenn nicht die, ein Sehnen stillt!

DER LETZTE BAUM

So wie die Sonne untergeht,
Gibt's einen letzten Baum,
Der wie in Morgenflammen steht
Am fernsten Himmelssaum.

Es ist ein Baum und weiter nichts,
Doch denkt man in der Nacht
Des letzten wunderbaren Lichts,
So wird auch sein gedacht.

Auf gleiche Weise denk ich dein,
Nun mich die Jugend läßt,
Du hältst mir ihren letzten Schein
Für alle Zeiten fest.

GOTTFRIED KELLER

GOTTFRIED KELLER

Gottfried Keller wurde am 19. Juli 1819 als Sohn eines Drechslermeisters in Zürich geboren. Nachdem seine Eltern gestorben waren, schloß ihn die kantonale Industrieschule 1834 von der höheren Bildung aus. Also begann der junge Keller, sich selbst um seine Weiterbildung zu kümmern. Im Jahre 1840 ging er nach München, um Maler zu werden, was er jedoch aufgab, als er »hinter seinen Staffeleien unversehens auf ein eifriges Reimen und Dichten« verfiel, wie er selbst in seiner Autobiographie schrieb, und nachdem sich in ihm die Erkenntnis festigte, daß er dazu nicht die nötigen Fähigkeiten habe.

Zwei Jahre später kehrte Keller nach Zürich zurück und begann sich der Schriftstellerei zuzuwenden. Sein Band »Gedichte«, den er im Jahre 1846 herausbrachte, verhalf dem inzwischen 27jährigen zu einem Stipendium der Stadt Zürich für eine Ausbildung in Deutschland.

In Heidelberg erlebte Keller 1848 Feuerbach, von dem er stark beeinflußt wurde. 1850 bis 1855 lebte der Dichter in Berlin, danach wieder in Zürich, wo er es 1861 sogar zum sogenannten Staatsschreiber brachte (was er bis 1876, also immerhin 15 Jahre lang, blieb).

Gottfried Keller starb vier Tage vor seinem 71. Geburtstag im Jahre 1890 in seiner Geburtsstadt in der Schweiz. Zu seinen berühmtesten Werken zählen die »Sieben Legenden«, die »Züricher Novellen« und »Der grüne Heinrich«.

EIN TAGWERK

1

Jüngst stand ich mit dem ersten Frühlicht auf
Und nahm hinaus ins Freie meinen Lauf,
Wo silbergrau die Morgendämmrung lag,
Umflorend noch den rosenroten Tag.
Mich einmal satt zu gehen auf den Feldern
Von Morgen früh bis in die späte Nacht,
Ein bleibend Lied zu holen in den Wäldern,
Hatt ich zum festen Vorsatz mir gemacht!

Rein war der Morgen, bald zum Tag erhellt;
Der volle Liebespuls schlug durch die Welt,
Die Lüfte wehten und der Vogel sang,
Die Eichen wuchsen und die Quelle sprang,
Die Blumen blühten und die Früchte reiften,
Ein jeglich Gras tat seinen Odemzug,
Die Berge standen und die Wolken schweiften,
Und fächelnd mich des Lebens Schwinge trug.

Ich schlenderte den lieben Tag entlang,
Im Herzen schlummerte der Hochgesang;
Es brach sich Bahn der Wachtel leichter Schlag,
Jedoch mein Lied – es rang umsonst zu Tag!
Es ward Mittag; ich lag an Silberflüssen
Und sucht' die Sonne in der klaren Flut:
Ich durfte nicht von Angesicht sie grüßen,
Der ich allein in all dem Drang geruht!

Die Sonne sank und ließ die Welt der Ruh,
Die Abendnebel gingen ab und zu.
Ich lag auf Bergeshöhen, matt und müd,
Tief in der Brust das ungesungne Lied:
Da nickten, spottend mein, die schlanken
                                    Tannen,
Und höhnisch sah der Erde Moos empor
Mit seinen Würmern, die darüber spannen,
Und lachend brach das Firmament hervor!

Von Osten wehte rein und scharf der Wind:
»Was suchst du hier armselig Menschenkind!

Du stumme Pfeife in dem Orgelchor,
Du Schlemihl, der da Raum und Zeit verlor?
Dir ward das Leichteste, das Lied, gegeben,
Das, selbst sich bauend, aus der Kehle bricht:
Du aber legst dein unbeholfen Leben,
Wie einen Stein, ihm auf den Weg zum Licht!«

So sprach der Wind? – O nein, so sprach der
                                    Schmerz,
Der mir wie Ketten hing ums dunkle Herz.
Ein fremder Körper, ohne Form und Schall,
So, däucht' mir, lag ich im lebendgen All!
Und Wind und Tannen, Berge, Moos und
                                    Sterne,
Sie schlangen lächelnd ihren weiten Kranz;
Wie an der Insel in der Meeresferne,
Brach sich an mir der friedlich milde Glanz.

2

Aber ein kleiner silberner Stern
Sang und klang mir in die Ohren:
Tröste dich nur, dein Lied ist fern,
Fern bei uns und nicht verloren!

Und du wirst es zu seiner Zeit
Lieblich tönend wiederfinden,
Wenn du die strahlende Ewigkeit
Wirst durchfurchen in tiefsten Gründen.

Findest du nicht oft einen Klang,
Wie zu früh herüber geklungen?
Also hat dein heutiger Sang
Heimlich sich hinüber geschwungen!

NACHT

I

Nun bin ich untreu worden
Der Sonne und ihrem Schein;

Die Nacht, die Nacht soll die Dame
Nun meines Herzens sein!

Sie hat eine düstere Schönheit,
Ein bleiches Nornengesicht,
Und eine Sternenkrone
Ihr dunkles Haupt umflicht.

Heut ist sie so beklommen,
Unruhig, voller Pein;
Sie denkt wohl an ihre Jugend –
Das muß ein Gedächtnis sein!

Es streicht durch alle Täler
Ein Stöhnen, klagend und bang;
Wie Tränenbäche rieseln
Die Quellen vom Bergeshang.

Die schwarzen Fichten sausen
Und wiegen sich her und hin,
Und über die feuchte Heide
Verlorene Lichter fliehn.

Den Sternen bringt ein Ständchen
Das dumpf erbrausende Meer,
Und über mir zieht ein Gewitter
Mit klingendem Spiele daher.

Es will vielleicht betäuben
Die Nacht den ewigen Schmerz?
Vielleicht an alte Sünden
Denkt sie mit reuigem Herz?

Ich möchte gern mit ihr plaudern,
Wie man mit dem Liebchen spricht –
Umsonst, in ihrem Grame
Sie sieht und höret mich nicht.

Ich möchte sie gerne fragen
Und werde doch immer gestört:
Ob sie vor meiner Geburt schon
Wo meinen Namen gehört?

Sie ist eine alte Sibylle
Und kennt sich selber kaum;
Sie, ich und der Tod und wir alle
Sind Träume von einem Traum!

Ich will mich schlafen legen,
Ein Morgenwind schon zieht;
Ihr weißen Rosen im Kirchhof,
Singt mir ein Wiegenlied!
. . .

WANDERLIED

Nun will ich gehn und wandern
Früh bis zum Abend spät,
Soweit auf dieser Erde
Die Sonne mit mir geht!

Ich nehme nichts mit als den Becher,
Mein leichtes Saitengetön;
Ich wundre mich über die Maßen,
Wie's überall so schön!

Die Ebne ist oft schöner
Als meine Berge noch,
Und wo kein blauer Himmel,
Gibts rote Wolken doch.

Wo keine schmachtenden Lotos,
Wächst blühendes Heidekraut,
Wo keine gotischen Dome,
Sind jonische Tempel gebaut.

Und bin ich des Griechischen müde,
Mich lockt die luftge Moschee:
Ich kleide in maurische Schnörkel
Mein europäisches Weh!

Nur *eine* süße Blüte
Die mangle ich überall,
Von *einem* süßen Namen
Den reinen Silberschall.

Hallo, du muntrer Jäger!
Sag an, du Bergmann traut!
Hast du, o stiller Fischer,
Mein Liebchen nicht geschaut?

Mein Liebchen ist die Freiheit,
Ich suche sie kreuz und quer —
Sie ist doch nicht ertrunken
Im alten falschen Meer?

FRÜHLING

I

Berghinan vom kühlen Grund
Durch den Wald zum Felsenknauf
Haucht des Frühlings leiser Mund,
Tausend Augen tun sich auf.

Sachte zittert Reis an Reis,
Langt hinaus, noch halb im Traum,
Langt und sucht herum im Kreis
Für drei grüne Blättlein Raum.

Doch mit lautem Wellensang
Weckt der Bach die Waldesruh:
Mitten drin, im jähen Hang,
Schläft ein Trumm von Nagelfluh;

Das einst hoch am Silberquell
In des Berges Krone lag,
Nieder führt' an diese Stell
Es ein solcher Frühlingstag:

Wo es hundert Jahre blieb
Hangen an der Eschenwurz;
Heute reißt der junge Trieb
Weiter es im Wellensturz!

Dröhnend springts von Stein zu Stein,
Trunken von der wilden Flut,
Bis es dort am Wiesenrain
Schwindelnd unter Blumen ruht.

Du versteinte Herrlichkeit!
O wie tanzest du so schwer
Mit der tollen Frühlingszeit —
Hinter dir kein Rückweg mehr!

II

Es gehet eine schöne Sage
Wie Märchenduft auf Erden um,
Wie eine süße Sehnsuchtsklage
In lauer Frühlingsnacht herum.

Das ist das Lied vom Völkerfrieden
Und von dem letzten Menschenglück,
Von goldner Zeit, die einst hienieden
Mit Glanz und Reinheit kehrt zurück;

Wo einig alle Völker beten
Zum *einen* König, Gott und Hirt, —
Von jenem Tag, wo den Propheten
Ihr ehern Recht gesprochen wird!

Nur *eine* Schmach wirds fürder geben,
Nur *eine* Sünde auf der Welt:
Das ist das eitle Widerstreben,
Das es für Traum und Wahnsinn hält.

Wer diese Hoffnung hat verloren
Und böslich sie verloren gab,
Der wäre besser ungeboren;
Denn lebend wohnt er schon im Grab.

III

Der Lenz ist da, die Lauine fällt,
Sie fällt mit Tosen und Brausen ins Tal!
Ich habe mein Hüttlein daneben gestellt
Auf grünende Matte am sonnigen Strahl!

Und wenn die Lauine mein Hüttlein trifft
Und niederreißet mit donnerndem Lauf,
Sobald wieder trocken die Alpentrift,
Bau ich ein neues mir singend auf!

Doch wenn einst in meines Landes Bann
Erstarrend die Laue der Knechtschaft fällt,
So zünd ich die hölzerne Hütte an
Und ziehe hinaus in die weite Welt!

Denn lieber gepeitscht in Sibirien sein
Alls Herrendiener im Vaterland!
Und lieber mich fremden Tyrannen weihn
Als meiner eigenen Heimat Schand!

SOMMER

I

Das ist doch eine üppige Zeit,
Wo alles so schweigend blüht und glüht
Und des Sommers stolze Herrlichkeit
Still durch die grünenden Lande zieht.

Das Himmelblau und der Sonnenschein,
Die zehren und trinken mich gänzlich auf!
Ich welke dahin in müßiger Pein,
In Rosen versiegt mein Lebenslauf!

Die Schnitter so stumm an der Arbeit stehn,
Nachdenklich und düster auf brennender Au!
Ich höre ein heimliches Dröhnen gehn
Rings in der Berge dämmerndem Blau.

Ich sehne mich nach Gewitternacht,
Nach Sturm und Regen und Donnerschlag!
Nach einer tüchtigen Freiheitsschlacht
Und einem entscheidenden Völkertag!

II

Mir ist: ich trag ein grünes Kleid
Von Sammet, und die weiche Hand
Von einer schweigsam stillen Maid
Streicht es mit ordnendem Verstand.

Wie sie so freundlich sich bemüht,
Trag ich die leichte Unruh gern,
Indes sie mir ins Auge sieht
Mit ihres Auges blauem Stern.

So deckt der weiche Buchenschlag
Gleich einem grünen Samtgewand,
Soweit mein Auge reichen mag,
Das hügelübergoßne Land.

Und sachte streicht darüber hin
Mit linder Hand ein leiser West;
Der Himmel hoch mit stillem Glühn
Sein blaues Aug drauf ruhen läßt.

Uns beiden ist, dem Land und mir,
So innerlich, von Grund aus, wohl –
Doch schau, was schleicht im Feldweg hier,
Den Blick so scheu, die Wange hohl?

Ein Heimatloser sputet sich
Waldeinwärts durch den grünen Plan –
Das Menschenelend krabbelt mich
Wie eine schwarze Erdspinn' an.

WIE EIN FISCHLEIN IN DEM NETZ

Wie ein Fischlein in dem Netz
Hat der Dom mich eingefangen,
Und da bin ich festgebannt –
Warum bin ich hingegangen?
Ach! wie unter Kürbisblüten
Morgenfeucht ein Röslein blitzt:
Zwischen breiten Bürgersfrauen
Dort mein feines Liebchen sitzt!

Die Gemeinde schläft und schnarcht,
Wie das Laub im Walde rauschet,
Und der Bettler an der Tür
Wie ein Räuber auf sie lauschet.

Doch ein freundlich Wiesenbächlein
Murmelnd durchs Gebüsche flieht:
So die lange, dünne Predigt
Schlängelnd um die Pfeiler zieht!

Eichenbäume, alt und schlank,
All die gotischen Pfeiler ragen,
Hoch ein zierlich Blätterdach
Ihre breiten Äste tragen;

Drunter durch spielt hin und wieder
In den Dämmer der Sonnenschein –
Wachend sind in dieser Stille
Nur mein Lieb und ich allein.

Zwischen uns spinnt sich ein Netz
Buntgefärbter Sonnenstrahlen,
Die den Taufstein mitten drin
Feenhaft ganz übermalen.
Rosenketten, Liebesgötter
Flattern um den alten Knauf,
Darob wacht in unsren Herzen
Eine heiße Sehnsucht auf!

Weit hinaus, ins Morgenland,
Komm, mein Schatz, und laß uns fliehen!
Wo die Palmen schwanken am Meer,
Rosen hoch wie Feuer glühen,
Flutend um die große Sonne
Grundlos tief die Himmel blaun:
Angesichts der freien Wogen
Frei und ewig uns zu traun!

MELANCHOLIE

Sei mir gegrüßt, Melancholie,
Die mit dem leisen Feenschritt
Im Garten meiner Phantasie
Zu rechter Zeit ans Herz mir tritt!
Die mir den Mut, wie eine junge Weide,
Tief an den Rand des Lebens biegt,
Doch dann in meinem bittren Leide
Voll Treue mir zur Seite liegt!

Die mir der Wahrheit Spiegel hält,
Den düster blitzenden, empor,
Daß der Erkenntnis Träne schwellt
Und bricht aus zagem Aug hervor.
O strenge Rache nimmst du, Dunkle, immer,
Wenn ich dich mehr und mehr vergaß
Ob lärmendem Geräusch und Flimmer,
Die doch an meiner Wiege saß!

Es hängt mein Herz an eitler Lust
Und an der Torheit dieser Welt;
Oft mehr als eines Weibes Brust
Ist es von Außenwerk umstellt!
Und selbst den Trost, daß ich aus
                          eignem Streben,
Daß alles nichtig ist, erkannt,
Nimmst du und hast mein stolz Erheben
Zu Boden alsobald gewandt,

Wenn du mir lächelnd zeigst das Buch
Des Königs, den ich oft verhöhnt,
Aus dem es, wie von Erz ein Fluch:
Daß alles eitel sei! ertönt.
Und nah und ferne hör ich dann erklingen
Gleich Narrenschellen ein Getön –
O Göttin, laß mich dich umschlingen,
Nur du, nur du bist wahr und schön!

GEISTERGRUSS

Ich sah ein holdes Weib im Traum
Auf rotem Laube sitzen
Wohl unter einem bereiften Baum,
Der tät wie Silber blitzen.

Er blitzte wie Silber und Kristall
In lieblicher Wintersonne;
Leis rauscht' der Wind, wie Demantenfall
Perlt's von des Baumes Krone.

Und auch der Schönen wallendes Haar
Sah weiß wie Schnee ich prangen;

Denn ach, wie manches liebe Jahr
Ist schon ins Land gegangen!

Doch blühte noch ihr Antlitz fein
Gleich weißen Rosenauen,
Im Aug der alte Sternenschein
Und rot der Mund zu schauen.

Wo kommst du her, wo gehst du hin?
Sprach ich mit sanftem Beben;
Bist selig? Bist du Büßerin?
Wo lebst du nun dein Leben?

Sie lächelte mild am selben Ort,
Auch hab ich sie nicken sehen;
Sie sprach ein halb gehauchtes Wort,
Das konnt ich nicht verstehen.

Des Reifes Flocken fing sie dann,
Die fallenden, unverdrossen
Und bot mir die Juwelen an,
Die auf der Hand zerflossen.

Drauf stieg der Nebel aus dem Tal,
Empor aus Fluß und Weihern,
Verhängend rasch des Waldes Saal
Mit seinen dichten Schleiern.

Ich sah sie zwischen die Bäume hinein
Tief in den Schatten gehen
Und ihres Haares Silberschein
In Düsternis verwehen.

Noch hat es hier, noch hat es dort
Wie Augenglanz gefunkelt;
Zuletzt war die Erscheinung fort
Und auch der Traum verdunkelt.

SIEBENUNDZWANZIG LIEBESLIEDER

(Auszug)

An meine Dame

Die in den Sternen strahlt, auf Meeren ruht,
  Im Schmetterling von Blum zu
                    Blume schwebt
  Und heiß aufatmet in des Ätna Glut!

Die wagend mit dem Aar zur Sonne strebt,
  Die feurig in des Jünglings Adern wallt
  Und sehnend in der Jungfrau Busen bebt!

Von meiner Heimat Bergen freudig schallt,
  Wie auch im Tal der böse Feind mag toben;
  In Deutschlands Eichen leise widerhallt!

Die unablässig alle Völker loben
  Und schmählich doch verraten jeden Tag,
  Jedoch von Gott getreulich aufgehoben,

Bis dich einst jeglich Herz erfassen mag,
  O schönste Dame, die ich nicht will nennen,
  Doch der da zittert meines Blutes Schlag;

Ich will vor dir ein Myrtenreis verbrennen,
  Ein abgedorrtes aus der Jugendzeit,
  Dir meinen zarten Morgentraum bekennen!

Wem hätt ich besser auch dies Lied geweiht
  Als dir, du Gotteskind, das man mit Recht
  Dem Lieblichsten, den Frauen, angereiht?

Nicht weiß ich wahrlich, ob der
                    Fraun Geschlecht
  Dich zieret oder du *ihm* Zierde bist:
  Doch immer bin ich euer beider Knecht,
Und euch vereint mein Lied gesungen ist!

IV

Nun in dieser Frühlingszeit
Ist mein Herz ein klarer See,
Drin versank das schwere Leid,
Draus verdampft das leichtre Weh.

Spiegelnd mein Gemüte ruht,
Von der Sonne überhaucht,
Und mit Lieb umgießt die Flut,
Was sich in dieselbe taucht.

Aber aus dem Grunde sprüht
Überdies ein Quell hervor,
Welcher heiß lebendig glüht
Durch die stille Flut empor.

Und im Quelle badest *du*,
Eine Nix mit goldnem Haar!
Oben deckt der Zauber zu
Das Gewässer, glatt und klar.

V

Viele Wochen sind entflohn,
Seit ich dich gesehen;
Hab auch lange Tage schon
Keine Blum gesehen!

Keine Blumen und kein Lieb –
Ach was soll das werden?
Was soll aus dem Frühlingstrieb
In mir innen werden?

Zwar noch stets der Lenz erschien,
Seiner bin ich sicher;
Wüßt ich nur, was ich dir bin,
Wär ich doppelt sicher!

Eine Rose und ein Blick
Deiner lieben Augen
Wäre wohl ein zartes Glück
Mir für Herz und Augen!

XI

Ich ging am grünen Berge hin,
  wo sich der Weih im Äther wiegt
Und reisemüd der Sonnenstrahl
  ausruhend auf der Quelle liegt,
Wo wilde Rosen einsam blühn,
  die Föhre hoch den Gipfel kränzt
Und drüberhin noch eine Burg
  von weißen Sommerwolken glänzt.

Ich dacht an dich, mein süßes Kind!
  an unser heimlich Liebesband
und was daraus noch werden mag.
Ich dachte noch gar mancherlei,
  was sehnend mir die Brust bewegt
Und was auch jetzt im Traum vielleicht
  dein spiegelklar Gemüt erregt!

Und wie in solcher Weihezeit
  mein Gott schon manchmal zu mir trat,
Erschien er jetzo in des Bergs
  frisch jugendgrüner Eichensaat.
Der jungen Stämme schlanke Schar
  umschwankte säuselnd seine Knie:
So groß und herrlich ging er her
  vor meiner regen Phantasie!

Sein Haupthaar war wie Morgengold
  und wallte gar so reich und schwer,
Und in den klaren Augen ruht'
  ein ätherblaues Liebemeer;
Ein Regenbogen zog um ihn
  als Gurt die edle Farbenlust;
Er trug 'nen weißen Blütenstrauß
  von jungen Linden an der Brust.

Es traf mich seines Auges Strahl
  wie warmer Sonnenschein im Mai,
Und als er meinen Namen sprach,
  erhob mein Haupt ich stolz und frei:
Ich wuchs und blühte rasch empor,
  daß ich mir selbst ein Wunder schien,
Und wandelte mit leichtem Schritt
  an Gottes hoher Seite hin.

Und plaudernd nun erzählte ich
   Gott all mein irdisch Tun und Sein:
Doch alles dies besteht ja nur
   aus dir, du feines Kind, allein!
Aus vollem Herzen sprach ich drum
   von dir; von dir die ganze Zeit.
Er aber spiegelt' lächelnd sich
   in meiner frohen Seligkeit.

Dann trug ich ihm auch klagend vor,
   wie ich so gar ein armes Blut,
Und bat darauf um Haus und Hof,
   um Bett und Schrein, um Geld und Gut,
Um Garten, Feld und Rebenland,
   um eine ganze Heimat traut,
Darin ich dich empfangen könnt
   als reichgeschmückte werte Braut.

Es mußte doch einmal geschehn,
   drum schilt mich nicht und werd nicht rot!
Hör an, wie mir der Herr für dich
   gar eine schöne Mitgift bot!
Er sprach: »Zu wenig und zu viel
   hast du verlangt, mein lieber Sohn,
Drum tu ich dir noch viel dazu
   und nehm ein wenig auch davon!

Ich gebe euch nicht Haus und Hof,
   doch meine ganze reiche Welt,
Darinnen ihr euch lieben könnt,
   wie's euren Herzen wohlgefällt!
Zwei jungen Seelen ist zu eng
   das größte Haus, seis noch so weit:
Doch finden sie noch eben Raum
   in meiner Schöpfung Herrlichkeit!

Der ganze Lenz soll euer sein,
   soweit nur eine Blume blüht,
Doch nicht das allerkleinste Beet,
   um das sich eine Hecke zieht!
Ich gebe euch kein Prunkgemach,
   kein Silberzeug, kein Kerzenlicht,
Weil sich ob silbernem Bronnenschall
   euch Stern an Stern zum Kranze flicht.

Und alles soll besonders blühn
   und schöner für euch, wo ihr geht,
Dieweil euch in mein Paradies
   ein eigen Pförtlein offen steht.
So führe deine junge Braut
   getrost in deine Heimat ein;
Brautführer soll mein lieblichster
   und allerschönster Frühling sein!

Die Armut sei die Ehrendam'
   bei deines Herzens Königin,
Ihr hübscher, zarter Page sei
   ein immergrüner Jugendsinn!
Zum Haushofmeister geb ich euch
   ein leicht und fröhlich Gottvertraun,
Es ist ein klug erfahrner Mann,
   dürft auf ihn wie auf Felsen baun!«

Ist unser Haus nicht gut bestellt
   und auserlesen das Gesind?
So zaudre nun nicht länger mehr
   und folge mir, du blödes Kind!
Ich glaub, auf deinen Wangen spielt
   vom Morgenrot ein Widerschein:
Sobald die Sonn am Himmel steht,
   will ich als Freier bei dir sein!

XIV

Gestern eine Aventür
Hatt ich, die mir weh getan;
Allerliebste, denke dir!
Einen Burschen traf ich an,
Jung und fein und glatt gestrichen,
der dir auf ein Haar geglichen,
Wie der Tulp' die Tulipan!

Ja, dein Antlitz trug er dreist,
Deine Züge frech zur Schau;
Doch, was mich noch allermeist
Ärgerte, o zarte Frau!
War das dunkle Gold der Haare

Und dein Rot, das wunderbare,
War der Augen süßes Blau.

Aber was mir stets an dir
War von unschätzbarem Wert,
Ward mir unerträglich hier
In das Gegenteil verkehrt.
Jede Zierde deiner Züge
Schien hier eine schnöde Lüge,
Ja verspottet und entehrt!

Weibisch war der Haare Licht;
Deine Linien, zart und fein,
Sind zum Schneiderangesicht
Worden, unbedeutend, klein.
Deiner Augen Sternenschimmer
Ward zum wässerigen Flimmer,
Blöden Geistes Widerschein.

Seines Mundes Freundlichkeit
War beleidigend für mich:
Was mich freute jederzeit,
Gestern wars mir widerlich;
Schier hätt ich dein Bild geschlagen,
Ja! ihn aus der Welt zu jagen,
Wünscht ich angelegentlich.

XVI

Schon war die letzte Schwalbe fort
Und längst seit vielen Wochen auch
Die letzte Lilie abgedorrt,
Nach altem Erdenbrauch.

Es flimmerte der Buchenhain
Wie Rauschgold rot im Abendlicht –
Herbstsonne gibt gar sondren Schein,
Der stets ins Herz mir sticht.

Ich traf sie da im Walde an,
Nach der allein mein Herz begehrt,
Mit weißen Kleidern angetan,
Vom goldnen Schein verklärt.

Sie war allein; doch grüßt ich sie
Nur ehrfurchtsvoll im Weitergehn,
Weil ich sie, seit ich liebte, nie
So still und schön gesehn!

Doch schaut aus ihrem Angesicht
Ein fremdes Etwas kalt hervor;
Es lag vor ihrer Augen Licht
Wie leichter, dunkler Flor.

Es war, als ob dicht hinter ihr
Ein Schatten schwebt' im Abendstrahl,
Der gaukelnd, lachend gegen mir,
Ihr folgte durch das Tal.

»Mir ist ein Rival aufgewacht!«
Sprach ich und sah ins Abendrot,
Bis es erlosch und bis die Nacht
Die kalte Hand mir bot!

UNTERGEHENDE LIEBE

Abend wars, ich stand am Ufer,
Wo die Wellen freudig rauschten
Und, vom Süden her gewaltig
Hergeeilt, am Strand erschäumten.
Violett war ihr Gewand,
Doch sie trugen rote Kronen,
Die von Haupt zu Haupt sie warfen,
Klangvoll ineinander fließend.
Durch die Wolken wildes Jagen,
Einsam, sah der Abendstern,
Glänzend, wie der Schönheit Auge,
Groß erglühend, wie die Sehnsucht.

Und ich sagte zu den Wellen:
Noch so laut und fleißig seid ihr?
Doch ich seh nicht, was ihr schaffet,
Denn kein Segel ist zu finden,
Weil es Nacht wird und die müde
Sorgenvolle Woche hingeht!

Und sie riefen laut erbrausend:
»Feierabend ists, wir tanzen
Eben noch für uns ein Tänzchen!
Wie der Hirt den Schnitterinnen
Abendlich den Reigen bläset,
Also spielt der wilde Bruder
Uns, der heiße Föhn, zum Tanze,
Und er darf uns alle küssen!
In der Freiheit, in der Freude
Schlagen wir für uns ein Stündchen!
Wollt ein Schiff uns jetzt befahren,
Müßt es untergehn und brechen!
Und wir raten dir nicht minder:
Freiheit gib auch du den Wellen
Deines Blutes einmal wieder,
Laß das Schifflein untergehen
Mit dem schweren goldnen Bilde,
Mit der ungeschlachten Schiff'rin,
Die dein wogend Herz befährt
Schon so lang und es bedrückt!
Laß die Furcht und laß die Hoffnung
In empörter Flut versinken
Und erfreue dich der Freiheit!«

Ach! die allzutreuen Wellen
Meines unterjochten Blutes
Wollen es nicht sinken lassen;
Immer taucht empor es wieder,
Triumphierend fährts empor,
Schiff und Bild, ach, Schiff und Götzin!
Einzig hilft, es rasch entheben
Und es in der Luft erwürgen!

Also tat ich in der Nacht
Still in einer Frühlingsnacht.
Einen schwachen Seufzer hört ich,
Deutlich, wie aus weiter Ferne;
Denn von den Betörten endlich
Auch einmal vergessen werden,
Tut den Vielgeliebten weh,
Und sie fühlens in der Ferne.

EHESCHEIDUNG

Zum Pfäffel kam ein Pärchen und schrie:
Geschwinde laßt uns frein!
Wir können nicht eine einzige Stund
Mehr ohne einander sein!

Und aber ein Jährlein kaum verstrich,
Sie liefen herbei und schrien:
Herr Pfarrer, trennt und scheidet uns,
Laßt keine Minute verziehn!

Das Pfäfflein runzelte sich und sprach:
Macht euch die Scham nicht rot?
Wir haben es alle drei beschworn:
Euch trenne nur der Tod!

Rot macht die Scham, doch Reue bleich!
Herr Pfarrer, gebt uns frei!
Der Mann bot einen Beutel dar,
Die Frau der Beutel zwei.

Da tat das Pfäffel zwischen sie
Ein Kätzlein, heil und ganz;
Der Mann, der hielt es bei dem Kopf,
Die Frau hielt es am Schwanz.

Der Pfaff mit großem Messer hieb
Das Kätzelein entzwei:
»Es trennt, es trennt, es trennt der Tod!«
Da waren sie wieder frei.

DER TAUGENICHTS

Die ersten Veilchen waren schon
Erwacht in stillen Tal,
Das Bettelpack schlug auf den Thron
Im Feld zum ersten Mal.
Der Alte auf dem Rücken lag,
Die Mutter wusch am See;
Bestaubt und unrein schmolz im Hag
Das letzte Häuflein Schnee.

Der Vollmond warf den Silberschein
Dem Bettler in die Hand,
Bestreut' der Frau mit Edelstein
Die Lumpen, die sie wand;
Ein linder West blies in die Glut
Von einem Dorngeflecht,
Drauf kocht' in Bettelmannes Hut
Ein sündengrauer Hecht.

Da kam der kleine Betteljung,
Vor Hunger schwach und matt,
Doch glühend in Begeisterung
Vom Streifen durch die Stadt,
Hielt eine Hyazinth empor
In dunkelblauer Luft;
Die Blume war von seltnem Flor
Und selig süß ihr Duft.

Der Vater rief: Wohl hast du mir
Viel Pfennige gebracht?
Der Knabe rief: O sehet hier
Der Blume Zauberpracht!
Ich lag am goldnen Gittertor
Vom Morgen bis zur Nacht,
Die Blume aus dem Wunderflor
Zu stehlen nur bedacht!

Seht nur, wie vornehm und wie fein,
Wie zierlich sie gebaut!
Ich habe starr nach ihrem Schein
Den ganzen Tag geschaut.
O schlaget nicht mich armen Wicht,
Laßt euren Strecken ruhn!
Ich will ja nichts, mich hungert nicht,
Ich wills nicht wieder tun!

O sehet nur, ich werde toll,
Die Glöcklein alle an!
Ihr Duft, so fremd und wundervoll,
Hat mir es angetan!
Auch alle Blumen nun im Feld
Lieb ich von heute an;
Die Hexe, welche neue Welt
Hat sie mir aufgetan!

O wehe mir geschlagnem Tropf!
Brach nun der Alte aus;
Mein Kind kommt mit verrücktem Kopf
Anstatt mit Brot nach Haus!
Du Taugenichts, du Tagedieb
Und deiner Eltern Schmach!
Und rüstig langt er Hieb auf Hieb
Dem armen Jungen nach.

Im Zorn fraß er den Hecht, noch eh
Er gar gesotten war,
Warf weit die Gräte in den See
Und stülpt' den Filz aufs Haar.
Die Mutter schmält' mit lindem Wort
Den mißgeratnen Sohn,
Der warf die Blume zitternd fort
Und hinkte still davon.

Es perlte seiner Tränen Fluß,
Er legte sich ins Gras
Und zog aus seinem wunden Fuß
Ein Stücklein scharfes Glas.
Der Gott der Taugenichtse rief
Der guten Nachtigall,
Daß sie dem Kind ein Liedlein pfiff
Zum Schlaf mit süßem Schall.

IHR NENNT UNS TRÄUMER

(aus »Vaterländische Sonette«)

Ihr nennt uns Träumer, Schwindler,
                                    junge Toren,
    Wenn ehrlich wir nach Licht und
                                    Wahrheit streben:
    Ja, euren Namen habt ihr uns gegeben;
    So merket auf mit hochgehobnen Ohren!

Wir haben uns bescheidentlich erkoren,
    Zu lichten dieses dornenvolle Leben;
    Ihr laßt verschmachtend uns gen
                                    Himmel schweben!

Wer sind die Schwindler nun? – Ihr,
                  alte Toren!

Und wenn die Sterne uns geheim erzählen
  Von ewgem Frühling, von Unsterblichkeit,
  Was geht das euch denn an in unsrer Zeit?

Wir lassen uns das Sonnenlicht nicht stehlen
  Noch unsre Lampe, die die Nacht erhellt:
  Denn uns gehört die ganze, schöne Welt!

An einen Freund

Du, der so lang im Herzen mich geborgen
  Mit allen meinen grämlichen Gebrechen,
  Mit meinen hastig immer neuen Schwächen,
  Mit allen meinen wunderlichen Sorgen;

Die Hand verzeihend botest jeden Morgen,
  Wenn ich die Nacht vorher mit blindem
                  Stechen,
  Mit ungerechtem, vorwurfsvollem Sprechen
  Dir schnitt ins Herz, so treu und unverborgen:

Nicht um zu spähn nach Tadel oder Lobe,
  Will ich dir diese Lieder übersenden,
  Die zagend unter meiner Hand verblassen!

Nein, nur zur letzten, schweren Freundesprobe:
  Ich muß mich *gegen* deinen Glauben
                  wenden –
  Wirst du mich darum endlich doch verlassen?

Schöne Brücke, hast mich oft getragen

Schöne Brücke, hast mich oft getragen,
Wenn mein Herz erwartungsvoll geschlagen
Und mit dir den Strom ich überschritt.
Und mich dünkte, deine stolzen Bogen
Sind in kühnerm Schwunge mitgezogen,
Und sie fühlten meine Freude mit.

Weh der Täuschung, da ich jetzo sehe,
Wenn ich schweren Leids hinübergehe,
Daß der Last kein Joch sich fühlend biegt;
Soll ich einsam in die Berge gehen
Und nach einem schwachen Stege spähen,
Der sich meinem Kummer zitternd fügt?

Aber sie, mit anderm Weh und Leiden
Und im Herzen andre Seligkeiten:
Trage leicht die blühende Gestalt!
Schöne Brücke, magst du ewig stehen,
Ewig aber wird es nie geschehen,
Daß ein bessres Weib hinüber wallt!

CONRAD FERDINAND MEYER

CONRAD FERDINAND MEYER

Conrad Ferdinand Meyer wurde am 11. 10. 1825 als Sproß einer alteingesessenen und wohlhabenden Patrizierfamilie in Zürich geboren. Sein Vater war Regierungsrat, die Mutter eine strenge Kalvinistin, die zum Schwermut neigte und sich schließlich 1856 das Leben nahm.

Meyer besuchte zunächst ein Züricher Gymnasium. 1843 ging er nach Lausanne. Ein Jurastudium, das er – wieder in Zürich – begann, brach er ab. Privat beschäftigte sich der junge Mann, der schon sehr früh an Depressionen litt, außerdem mit dem Studium der Geschichte und der Philologie.

1852 wurde Conrad Ferdinand Meyer erstmals in eine Nervenheilanstalt (bei Neuenburg) eingeliefert. Nach seiner Entlassung blieb er zunächst in Neuenburg, ging dann wieder nach Lausanne, um 1854 nach Zürich zurückzukehren.

Im Todesjahr seiner Mutter gründete er einen Haushalt mit seiner Schwester Bettsy, zu der er eine innige Zuneigung hegte. Unabhängig durch eine beträchtliche Erbschaft, konnte Meyer nunmehr uneingeschränkt seiner Leidenschaft, der Schriftstellerei, nachgehen.

Die folgenden Jahre waren beherrscht durch Reisen nach Frankreich (Paris 1857), Deutschland (München 1857) und Italien (Rom 1858). Insbesondere sein Aufenthalt in Rom wirkte sich stark auf das künstlerische Schaffen Meyers aus. 1860 kehrte er wieder in die Schweiz zurück, wo er vergeblich versuchte, eine Stelle als Dozent zu bekommen.

1875 heiratete Meyer Luise Ziegler, Tochter einer angesehenen Züricher Familie. Die Ehe verschaffte ihm gesellschaftliche Wiederanerkennung. Zugleich begannen auch seine literarischen Werke verstärkt Zuspruch zu finden. Während des deutsch-französischen Krieges 1870/71 hatte sich Conrad Ferdinand Meyer, der zweisprachig gebildet war, endgültig für den deutschen Sprach- und Kulturkreis entschieden. Seine Versdichtung »Huttens letzte Tage« machte ihn erstmals auch in Deutschland einem breiteren Publikum bekannt.

Nach einer zweiten Italienreise lebte Meyer seit 1877 zurückgezogen in Kilchberg nahe Zürich. 1891 befiel den zeitlebens sensiblen Dichter eine senile Melancholie, die dazu führte, daß er 1892 wieder in eine Nervenheilanstalt (Königsfelden) verbracht werden mußte. Die Geisteskrankheit währte den Rest seines Lebens. Conrad Ferdinand Meyer starb am 28. 11. 1898 in Kilchberg bei Zürich.

Zu seinen bedeutendsten Werken zählen die Verserzählung »Huttens letzte Tage« (1871), »Georg Jenasch« (eine »Geschichte aus der Zeit des Dreißigjährigen Krieges«; 1874), die Novelle »Die Heilige« (1879/80), der Novellen-Zyklus »Das Sinngedicht« (1881), die Novellen »Das Leiden eines

Knaben« (1883), »Die Hochzeit des Mönchs« (1883/84) und »Die Richterin« (1883) sowie eine Vielzahl von Gedichten.

Conrad Ferdinand Meyer gilt neben Gottfried Keller und Jeremias Gotthelf als der berühmteste Schweizer Dichter des 19. Jahrhunderts. In seinen späten Jahren wurde er vielfach als der bedeutendste zeitgenössische Lyriker deutscher Sprache betrachtet.

Die Vorrede

(aus »Huttens letzte Tage«)

Heute übermochte mich – seit langer Zeit
Zum erstenmal – ein Sturm von Lustigkeit.

Ich lag im Gras. Da blitzt' mir durch den Sinn,
Wie mit dem Papst ich umgesprungen bin.

Unbändig lacht ich in der grünen Saat
Und freute mich der frechen Jugendtat.

In einer Widmung und Praefatio
Schrieb ich an unsern Heilgen Vater so:

»Die dir im Amt vorangegangen sind,
Die taugten nichts. Das weiß ein jedes Kind.

Sie fälschten, stahlen, raubten allezeit,
Ein beßrer Mensch ist deine Heiligkeit.

Sie waren Schelme. Meinst du nicht? Verglich
Ich dich mit ihnen, es betrübte dich!

Du billigst meine Rede, weiß ich schon,
Bezeug es, Vater, schriftlich deinem Sohn!

Verkünd es aller Christenheit und gib
Ein Breve: ›Ulrich Hutten ist mir lieb!‹«
Ich muß es mir bekennen dann und wann:
Nicht völlig ungerecht bin ich im Bann.

Mein Jahr

Nicht vom letzten Schlittengleise
Bis zum neuen Flockentraum
Zähl ich auf der Lebensreise
Den erfüllten Jahresraum.

Nicht vom ersten frischen Singen,
Das im Wald geboren ist,
Bis die Zweige wieder klingen,
Dauert mir die Jahresfrist.

Von der Kelter nicht zur Kelter
Dreht sich mir des Jahres Schwung,
Nein, in Flammen werd ich älter
Und in Flammen wieder jung.

Von dem ersten Blitze heuer,
Der aus dunkler Wolke sprang,
Bis zu neuem Himmelsfeuer
Rechn ich meinen Jahresgang.

Morgenlied

Mit edeln Purpurröten
Und hellem Amselschlag,
Mit Rosen und mit Flöten
Stolziert der junge Tag.
Der Wanderschritt des Lebens
Ist noch ein leichter Tanz,
Ich gehe wie im Reigen
Mit einem frischen Kranz.

Ihr taubenetzten Kränze
Der neuen Morgenkraft,
Geworfen aus den Lüften
Und spielend aufgerafft –
Wohl manchen ließ ich welken
Noch vor der Mittagsglut;
Zerrissen hab ich manchen
Aus reinem Übermut!

Mit edeln Purpurröten
Und hellem Amselschlag,
Mit Rosen und mit Flöten
Stolziert der junge Tag –
Hinweg, du dunkle Klage,
Aus all dem Licht und Glanz!
Den Schmerz verlorner Tage
Bedeckt ein frischer Kranz.

HOCHZEITSLIED

Aus der Eltern Macht und Haus
Tritt die züchtge Braut heraus
An des Lebens Scheide –
Geh und lieb und leide!

Freigesprochen, unterjocht,
Wie der junge Busen pocht
Im Gewand von Seide –
Geh und lieb und leide!

Frommer Augen helle Lust
Überstrahlt an voller Brust
Blitzendes Geschmeide –
Geh und lieb und leide!

Merke dirs, du blondes Haar:
Schmerz und Lust Geschwisterpaar,
Unzertrennlich beide –
Geh und lieb und leide!

VOR DER ERNTE

An wolkenreinem Himmel geht
Die blanke Sichel schön,
Im Korne drunten wogt und weht
Und rauscht und wühlt der Föhn.

Sie wandert voller Melodie
Hochüber durch das Land,
Frühmorgen schwingt die Schnittrin sie
Mit sonnenbrauner Hand.

FÜLLE

Genug ist nicht genug! Gepriesen werde
Der Herbst! Kein Ast, der seiner
                              Frucht entbehrte!

Tief beugt sich mancher allzu reich beschwerte,
Der Apfel fällt mit dumpfem Laut zur Erde.

Genug ist nicht genug! Es lacht im Laube!
Die saftge Pfirsche winkt dem durstgen Munde!
Die trunknen Wespen summen in die Runde:
»Genug ist nicht genug!« um eine Traube.

Genug ist nicht genug! Mit vollen Zügen
Schlürft Dichtergeist am Borne des Genusses,
Das Herz, auch es bedarf des Überflusses,
Genug kann nie und nimmermehr genügen!

EINEM TAGELÖHNER

Lange Jahre sah ich dich
Führen deinen Spaten,
Und ein jeder Schaufelstich
Ist dir wohlgeraten.

Nie hat dir des Lebens Flucht
Bang gemacht, ich glaube –
Sorgtest für die fremde Frucht,
Für die fremde Traube.

Nie gelodert hat die Glut
Dir in eignem Herde,
Doch du fußtest fest und gut
Auf der Mutter Erde.

Nun hast du das Land erreicht,
Das du fleißig grubest,
Laste dir die Scholle leicht,
Die du täglich hubest!

DER LIEBLINGSBAUM

Den ich pflanzte, junger Baum,
Dessen Wuchs mich freute,
Zähl ich deine Lenze, kaum
Sind es zwanzig heute.

Oft im Geist ergötzt es mich,
Über mir im Blauen
Schlankes Astgebilde, dich
Mächtig auszubauen.

Lichtdurchwirkten Schatten nur
Legst du auf die Matten,
Eh du dunkel deckst die Flur,
Bin ich selbst ein Schatten.

Aber haschen soll mich nicht
Stygisches Gesinde,
Weichen werd ich aus dem Licht
Unter deine Rinde.

Frische Säfte rieseln laut,
Rieseln durch die Stille.
Um mich, in mir webt und baut
Ewger Lebenswille.

Halb bewußt und halb im Traum
Über mir im Lichten
Werd ich, mein geliebter Baum,
Dich zu Ende dichten.

SCHWARZSCHATTENDE KASTANIE

Schwarzschattende Kastanie,
Mein windgeregtes Sommerzelt,
Du senkst zur Flut dein weit Geäst,
Dein Laub, es durstet und es trinkt,
Schwarzschattende Kastanie!
Im Porte badet junge Brut
Mit Hader oder Lustgeschrei,
Und Kinder schwimmen leuchtend weiß
Im Gitter deines Blätterwerks,
Schwarzschattende Kastanie!
Und dämmern See und Ufer ein
Und rauscht vorbei das Abendboot,
So zuckt aus roter Schiffslatern

Ein Blitz und wandert auf dem Schwung
Der Flug, gebrochnen Lettern gleich,
Bis unter deinem Laub erlischt
Die rätselhafte Flammenschrift,
Schwarzschattende Kastanie!

DIE SCHLACHT DER BÄUME

Hier am Sarazenenturme,
Der die Straße hielt geschlossen,
Ist in manchem wilden Sturme
Deutsch und welsches Blut geflossen.

Nun sich in des Tales Räumen
Länger nicht die Völker morden,
Ringen noch mit ihren Bäumen
Hier der Süden und der Norden.

Arvbaum ist der deutschen Bande
Bannerherr, der düsterkühne,
Üppig Volk der Sonnenlande,
Rebe führts, die sonniggrüne.

Ohne Schild- und Schwertgeklirre,
Ohne der Drommete Schmettern
Kämpfen in der Felsenirre
Hier die Nadeln mit den Blättern.

DIE ALTE BRÜCKE

Dein Bogen, grauer Zeit entstammt,
Steht manch Jahrhundert außer Amt;
Ein neuer Bau ragt über dir:
Dort fahren sie! Du feierst hier.

Die Straße, die getragen du,
Deckt Wuchs und rote Blüte zu!
Ein Nebel netzt und tränkt dein Moos,
Er dampft aus dumpfem Reußgetos.

Mit einem luftgewobnen Kleid
Umschleiert dich Vergangenheit,
Und statt des Lebens geht der Traum
Auf deines Pfades engem Raum.

Das Carmen, das der Schüler sang,
Träumt noch im Felsenwiderklang,
Gewieher und Drommetenhall
Träumt und verdröhnt im Wogenschwall.

Du warst nach Rom der arge Weg,
Der Kaiser ritt auf deinem Steg,
Und Parricida, frevelblaß,
Ward hier vom Staub der Welle naß!

Du brachtest nordwärts manchen Brief,
Drin römische Verleumdung schlief,
Auf dir mit Söldnern beuteschwer
Schlich Pest und schwarzer Tod daher!

Vorbei! Vorüber ohne Spur!
Du fielest heim an die Natur,
Die dich umwildert, dich umgrünt,
Vom Tritt des Menschen dich entsühnt!

DER SCHÖNE TAG

In kühler Tiefe spiegelt sich
Des Juli-Himmels warmes Blau,
Libellen tanzen auf der Flut,
Die nicht der kleinste Hauch bewegt.

Zwei Knaben und ein ledig Boot –
Sie sprangen jauchzend in das Bad.
Der eine taucht gekühlt empor,
Der andre steigt nicht wieder auf.

Ein wilder Schrei: »Der Bruder sank!«
Von Booten wimmelts schon. Man fischt.
Den einen rudern sie ans Land,
Der fahl wie ein Verbrecher sitzt.

Der andre Knabe sinkt und sinkt
Gemach hinab, ein Schlummernder,
Geschmiegt das sanfte Lockenhaupt
An einer Nymphe weiße Brust.

DER TRUNKNE GOTT

Weiße Marmorstufen steigen
Durch der Gärten laub'ge Nacht,
Schlanke Palmenfächer neigen
In des Himmels blaue Pracht.
Über Tempeln, Hainen, Grüften
Zecht in abendweichen Lüften
Alexanders Lieblingsschar;
Knieend bietet ihm ein Knabe,
Daß der Erde Herr sich labe,
Wein in edler Schale dar.

Herrlich ists, den Wein zu schlürfen,
Lagernd in der Götter Rat,
Zwischen schwelgenden Entwürfen
Und der wundergleichen Tat!
Goldne Becher überquellen,
Ruhmesgeister mit den hellen
Helmen tauchen aus der Flut –
Goldne Schalen überschäumen,
Geister, die gebunden träumen,
Steigen auf in Zornesglut.

Kleitos neben Philipps Sohne
Furcht die Stirne kummervoll,
Der benarbte Mazedone
Schlürft im Weine Gram und Groll:
Er gedenkt der Heergenossen,
Die die erste Phalanx schlossen
In den Bergen kühl und fern –
Seinen dunkeln Mut zu kränken,
Lüstet es den schönen Schenken,
Lagernd an dem Knie des Herrn.

Die erhabne Stirn und Braue
Träumt den Zug ins Inderland,

Lauschend liest den Traum das schlaue
Kind, den Blick emporgewandt:
»Bacchus bist du, der belaubte,
Mit dem schwärmerischen Haupte,
Der ins Land der Sonne zieht!
Ohne Heer kannst du bezwingen,
Nur den Thyrsus darfst du schwingen,
Winke nur, und Indien kniet!«

Finster grollt der alte Streiter:
»Durch der Wüste heißen Sand?
Immer ferner, immer weiter?
Nach des Indus Fabelstrand?
Kann ein Wink dir Sieg erwerben,
Warum bluten, warum sterben
Wir für dich? Zu deinem Spott?
Lebende kannst du belohnen,
Deine toten Mazedonen,
Wecke sie, bist du ein Gott!« –

– »Welchen dampfenden Altares
Freust du auf der Erde dich?
Bist du die Gewalt des Ares,
Helmumflattert, fürchterlich?
Herr, bevor den niedern Talen
Du dich nahtest ohne Strahlen,
Welches war dein himmlisch Amt?
Bist du Zeus? Bist du ein andrer?
Bist du Helios, der Wandrer,
Dessen Stirne sonnig flammt?«

Grimmig neigt der graue Fechter
Sich zum Ohr des Gottes hin,
Mit unseligem Gelächter
Rührt er an der Schulter ihn:
»Gast des Himmels, warum sinken
Haupt und Schulter dir zur Linken?
Lastet dir der Erde Raub?
Mit den Göttern willst du zechen?
Spotten hör ich dein Gebrechen:
Alexander, du bist Staub!«

Eine zürnende Gebärde!
Blitz und Sturz! Ein Gott in Wut!
Ein Erdolchter an der Erde
Windet sich in seinem Blut...
In den Abendlüften Schauer,
Ein verhülltes Haupt in Trauer,
Ausgerast und ausgegrollt!
Marmorgleich versteinte Zecher,
Und ein herrenloser Becher,
Der hinab die Stufen rollt.

»RITTER, TOD UND TEUFEL«

(aus »Huttens letzte Tage«)

Weil etwas kahl mein Kämmerlein ich fand,
Sprach ich zum Pfarrer: Ziere mir die Wand!

– »Da meine Brief und Helgen! Hutten, schaut,
Was Euch belustigt oder auferbaut!

Ergötzt Euch »Ritter, Tod und Teufel« hier?
Nehmt hin das Blatt! Der Ritter, Herr, seid Ihr.«

Das sagst du, Pfarrer, gut. Ich häng es auf
Und nagl es an mit meines Schwertes Knauf.

Dem garstgen Paar, davor den Memmen graut,
Hab immerdar ich fest ins Aug geschaut.

Mit diesen beiden starken Knappen reit
Ich auf des Lebens Straßen allezeit,

Bis ich den einen zwing mit tapferm Sinn
Und von dem andern selbst bezwungen bin.

DER »RITTER OHNE FURCHT UND TADEL«

(aus »Huttens letzte Tage«)

Als in Pavia ich studierte, ward
Mir dort gezeigt der tapfre Held Bajard.

Der »Ritter ohne Furcht«, der nie geflohn,
Befehligte die welsche Garnison.

Nach längst verschollnen Moden trug er sich,
Er und sein Rappe schritten feierlich.

Die abgekommne Cortesie erhob
Er hoch, bedeutend: »Diese Welt wird grob!«

Er hielt den Spiegel ritterlicher Zeit
Vor unsrer jungen Ungebundenheit.

Zu Grabe werde, gab er zu verstehn,
Mit ihm der Glanz der Paladine gehn.

Lang, hager, würdevoll, galant mit Fraun,
War rührend er und komisch anzuschaun,

Entschwundner Jahre rühmliche Gestalt,
Wenn er den Zeigefinger hob und schalt.

Man grüßte tief und raunte sich ins Ohr,
Der »Ritter ohne Tadel« sei ein Tor.

Doch, daß ich sein gespottet, reut mich
schwer;
Denn, Hutten, bist du nicht ein Tor wie er?

Ins Abendgold hat er zurückgeschaut –
Dein Auge späht, wo kaum der Morgen graut.

Dein Ohr vernimmt durch Nebel und durch
Nacht
Den Siegesjubel einer künftgen Schlacht.

Wie Mittagsglut hast du den Strahl verspürt,
Der kaum der Berge Spitzen noch berührt.

Bajard, den du mit manchem Witz verhöhnt,
Bajard sah die Vergangenheit gekrönt!

Er frönte trügerischer Phantasie –
Die Zukunft aber, Hutten, kennst du die?

Wer weiß, erlebst du noch die neue Welt,
Ob sie dem fränkschen Edelblut gefällt?

Wer weiß, ob nicht das Ziel, drob zu verscherzt
Der Erde Güter, ists erreicht, dich schmerzt?

Bajard, der ohne Furcht und Tadel war,
Vergib! Reich mir die Hand! Wir sind ein Paar.

Wir sind ein fahrend Ritterpaar, Bajard,
Und taugen beide nicht zur Gegenwart.

DAS SEELCHEN

Ich lag im Gras auf einer Alp,
In selge Bläuen starrt ich auf –
Mir war, als ob auf meiner Brust
Mich etwas sacht betastete.
Ich blickte schräg. Ein Falter saß
Auf meinem grauen Wanderrock.
Mein Seelchen wars, das flugbereit,
Die Schwingen öffnend, zitterte.
Wie sind die Schwingen ihm gefärbt?
Sie leuchten blank, betupft mit Blut.

VENEDIG

Venedig, einen Winter lebt ich dort –
Paläste, Brücken, der Lagune Duft!
Doch hier im harten Licht der Gegenwart
Verdämmert mählich mir die Märchenwelt.

Vielleicht vergaß ich einen Tizian.
Ein Frevel! Jenen doch vergaß ich nicht,
Wo über einem Sturm von Armen sich
Die Jungfrau feurig in die Himmel hebt,
Sowenig als den andern Tizian
– Doch kein gemalter wars – die Wirklichkeit:
Am Kai, dem nächtgen, der Slawonen wars,
Im Dunkel stand ich. Fenster schimmerten.
Zwei dürftge Frauen kamen hergerannt.
Hart an die Scheibe preßt' das junge Weib
Die bleiche Stirn. Was drinnen sie erblickt',
Das sie erstarren machte, weiß ich nicht.
(Vielleicht den Herzgeliebten, welcher sie
An eines andern Weibes Brust verriet.)
Ich aber sah den feinsten Mädchenkopf
Vom Tod entfärbt. Ein Antlitz voller Tod!
Die Mutter führte weg die Schwankende...
Die beiden Tiziane blieben mir
Stets gegenwärtig; löschen sie, so lischt
Die Göttin vor dem armen Menschenkind.

AUF DEM CANAL GRANDE

Auf dem Canal Grande betten
Tief sich ein die Abendschatten,
Hundert dunkle Gondeln gleiten
Als ein flüsterndes Geheimnis.

Aber zwischen zwei Palästen
Glüht herein die Abendsonne,
Flammend wirft sie einen grellen
Breiten Streifen auf die Gondeln.

In dem purpurroten Lichte
Laute Stimmen, hell Gelächter,
Überredende Gebärden
Und das frevle Spiel der Augen.

Eine kurze, kleine Strecke
Treibt das Leben leidenschaftlich
Und erlischt im Schatten drüben
Als ein unverständlich Murmeln.

ABENDWOLKE

So stille ruht im Hafen
Das tiefe Wasser dort,
Die Ruder sind entschlafen,
Die Schifflein sind im Port.

Nur oben in dem Äther
Der lauen Maiennacht,
Dort segelt noch ein später
Friedfertger Ferge sacht.

Die Barke still und dunkel
Fährt hin in Dämmerschein
Und leisem Sterngefunkel
Am Himmel und hinein.

NOVEMBERSONNE

In den ächzenden Gewinden
Hat die Kelter sich gedreht,
Unter meinen alten Linden
Liegt das Laub hoch aufgeweht.

Dieser Erde Werke rasten,
Schon beginnt die Winterruh –
Sonne, noch mit unverblaßten,
Goldnen Strahlen wanderst du!

Ehe sich das Jahr entlaubte,
Gingen, traun, sie müßig nie,
Nun an deinem lichten Haupte
Flammen unbeschäftigt sie.

Erst ein Ackerknecht, ein Schnitter,
Und ein Traubenkoch zuletzt
Bist du nun der freie Ritter,
Der sich auf der Fahrt ergetzt.

Und die Schüler, zu den Bänken
Kehrend, grüßen jubelvoll,

Hingelagert vor den Schenken,
Dich als Musengott Apoll.

BEGEGNUNG

Mich führte durch den Tannenwald
Ein stiller Pfad, ein tief verschneiter,
Da, ohne daß ein Huf gehallt,
Erblickt ich plötzlich einen Reiter.

Nicht zugewandt, nicht abgewandt,
Kam er, den Mantel umgeschlagen,
Mir deuchte, daß ich ihn gekannt
In alten, längst verschollnen Tagen.

Der jungen Augen wilde Kraft,
Des Mundes Trotz und herbes Schweigen,
Ein Zug von Traum und Leidenschaft
Berührte mich so tief und eigen.

Sein Rößlein zog auf weißer Bahn
Vorbei mit ungehörten Hufen.
Mich faßts mit Lust und Grauen an,
Ihm Gruß und Namen nachzurufen.

Doch keinen Namen hab ich dann
Als meinen eigenen gefunden,
Da Roß und Reiter schon im Tann
Und hinterm Schneegeflock verschwunden.

STAPFEN

In jungen Jahren wars. Ich brachte dich
Zurück ins Nachbarhaus, wo du zu Gast,
Durch das Gehölz. Der Nebel rieselte,
Du zogst des Reisekleids Kapuze vor
Und blicktest traulich mit verhüllter Stirn.
Naß ward der Pfad. Die Sohlen prägten sich
Dem feuchten Waldesboden deutlich ein,
Die wandernden. Du schrittest auf dem Bord,

Von deiner Reise sprechend. Eine noch,
Die längre, folge drauf, so sagtest du.
Dann scherzten wir, der nahen Trennung klug
Das Angesicht verhüllend, und du schiedst,
Dort wo der First sich über Ulmen hebt.
Ich ging denselben Pfad gemach zurück,
Leis schwelgend noch in deiner Lieblichkeit,
In deiner wilden Scheu, und wohlgemut
Vertrauend auf ein baldig Wiedersehn.
Vergnüglich schlendernd, sah ich auf dem Rain
Den Umriß deiner Sohlen deutlich noch
Dem feuchten Waldesboden eingeprägt,
Die kleinste Spur von dir, die flüchtigste,
Und doch dein Wesen: wandernd, reisehaft,
Schlank, rein, walddunkel, aber o wie süß!
Die Stapfen schritten jetzt entgegen dem
Zurück dieselbe Strecke Wandernden:
Aus deinen Stapfen hobst du dich empor
Vor meinem innern Auge. Deinen Wuchs
Erblickt ich mit des Busens zartem Bug.
Vorüber gingst du, eine Traumgestalt.
Die Stapfen wurden jetzt undeutlicher,
Vom Regen halb gelöscht, der stärker fiel.
Da überschlich mich eine Traurigkeit:
Fast unter meinem Blick verwischten sich
Die Spuren deines letzten Gangs mit mir.

ALTE SCHWEIZER

Sie kommen mit dröhnenden Schritten entlang
Den von Raffaels Fresken verherrlichten Gang
In der puffigen alten geschichtlichen Tracht,
Als riefe das Horn sie zur Murtener Schlacht:

»Herr Heiliger Vater, der Gläubigen Hort,
So kann es nicht gehn, und so geht es
                              nicht fort!
Du sparst an den Kohlen, du knickerst
                              am Licht –
An deinen Helvetiern knausre du nicht!

Wann den Himmel ein Heiliger Vater gewann,
Ergibt es elf Taler für jeglichen Mann!
So galts und so gilts von Geschlecht
                  zu Geschlecht,
Wir pochen auf unser historisches Recht!

Herr Heilger Vater, du weißt, wer wir sind!
Bescheidene Leute von Ahne zu Kind!
Doch werden wir an den Moneten gekürzt,
Wir kommen wie brüllende Löwen gestürzt!

Herr Heiliger Vater, die Taler heraus!
Sonst räumen wir Kisten und Kasten
                  im Haus...
Potz Donner und Hagel und höllischer Pfuhl!
Wir versteigern dir den Apostolischen Stuhl!«

Der Heilige Vater bekreuzt sich entsetzt
Und zaudert und langt in die Tasche zuletzt –
Da werden die Löwen zu Lämmern im Nu:
»Herr Heilger Vater, jetzt segne uns du!«

In einer Sturmnacht

Es fährt der Wind gewaltig durch die Nacht,
In seine gellen Pfeifen bläst der Föhn.
Prophetisch kämpft am Himmel eine Schlacht
Und überschreit ein wimmernd Sterbgestöhn.

Was jetzt dämonenhaft in Lüften zieht,
Eh das Jahrhundert schließt, erfüllts die Zeit –
In Sturmespausen klingt das Friedelied
Aus einer fernen, fernen Seligkeit.

Die Ampel, die in leichten Ketten hangt,
Hellt meiner Kammer weite Dämmerung.
Und wann die Decke bebt, die Diele bangt,
Bewegt sie leise sich in sachtem Schwung.

Mir redet diese Flamme wunderbar
Von einer windbewegten Ampel Licht,
Die einst geglommen für ein nächtlich Paar,
Ein greises und ein göttlich Angesicht.

Es sprach der Friedestifter, den du weißt,
In einer solchen wilden Nacht wie heut:
»Hörst, Nikodeme, du den Schöpfer Geist,
Der mächtig weht und seine Welt erneut?«

Der Landgraf

Mir sitzt zu Hause jung gezähmt
Und leicht gelähmt
Ein Steinaar im Verliese,
Der martert sich den Hals zu drehn,
Ins Blau zu sehn,
Aus dem er gerne stieße.

So streck ich Landgraf ebenfalls
Den Kopf und Hals
Wohl durch das Kerkergitter,
Ob etwas auf der Straße zieht
Für mein Gemüt,
Ein Schüler oder Ritter.

Der Kaiser, der vergichtet ist,
Drum gerne mißt
Die Kost der harschen Lüfte,
Vergaß, wie schwer ein ganzer Mann
Entraten kann
Das Jagdhorn an der Hüfte.

Ich wurde hinterrücks gefällt,
Ein Netz gestellt
Ward mir mit falschen Schriften!
Wer mir mit lächelndem Gesicht
Die Treue bricht,
Der kann mich auch vergiften!

Wär ich ein römisch blöder Mann,
Ich wähnte dann:
Damit hätt ichs verbrochen,
Daß triumphierend ich hinaus
Zum Gotteshaus
Schmiß Mühmchen Lisbeths Knochen!

Jüngst warf ich auf den Festungsrain
Ein Stüberlein
Dem Bettler hin, dem lahmen:
Den schlug der Spanier bis aufs Blut –
Mich fraß die Wut –
Der Teufel hol ihn! Amen!

Wohl läg ich besser auf dem Feld
– Ade, du Welt! –
Gewundet und erstochen!
Wie Meister Ulrich Zwingli lag
Am grünen Hag,
Den hellen Blick gebrochen!

Nur tröstet mich das eine doch:
Das päpstlich Joch
Ist in den Dreck getreten!
Wir dürfen ohne Klerisei
Und Heuchelei
Getrost zum Herrgott beten!

DER RITT IN DEN TOD

»Greif aus, du mein junges, mein feuriges Tier!
Noch einmal verwachs ich zentaurisch mit dir!

Umschmettert mich, Tuben! Erhebet den Ton!
Den Latiner besiegte des Manlius Sohn!

Voran die Trophä'n! Der latinische Speer!
Der eroberte Helm! Die erbeutete Wehr!

Duell ist bei Strafe des Beiles verpönt...
Doch er liegt, der die römische Wölfin gehöhnt!

Liktoren, erfüllet des Vaters Gebot!
Ich besitze den Kranz und verdiene den Tod –

Bevor es sich rollend im Sande bestaubt,
Erheb ich in ewigem Jubel das Haupt!«

DER TOD UND FRAU LAURA

Es war in Avignon am Karneval,
Daß sich ein Mörder in den Reigen stahl
Und daß die Pest verlarvt sich schwang im Tanz
Mit einem schlotterichten Mummenschanz.

In einer nahen Villa täuschen sie
Die Angst mit Wohllaut und mit Phantasie,
Frau Laura war und auch Petrarca da,
Als an das Tor ein dumpfer Schlag geschah.

Die blassen Lippen schaudern vor dem Wein,
Es tritt ein Weißgewandeter herein,
Der eine Maske mit dem Sterbezug
Und einen frisch gepflückten Lorbeer trug.

Der Dämon hebt den Lorbeer voller Ruh
Und sinnt und schreitet auf Petrarca zu:
»Ich grüße, Freund, und komme priesterlich,
Das ist der Sel'gen Lorbeer! Neige dich!«

Der Lorbeer schwebt. Da raubt ihn eine Hand.
Frau Laura war es, die daneben stand.
Sie schmiegt ihn um die blonden Haare leicht,
Sie steht bekränzt. Sie schaudert. Sie erbleicht.

DAS ENDE DES FESTES

Da mit Sokrates die Freunde tranken
Und die Häupter auf die Polster sanken,
Kam ein Jüngling, kann ich mich entsinnen,
Mit zwei schlanken Flötenbläserinnen.

Aus den Kelchen schütten wir die Neigen,
Die gesprächesmüden Lippen schweigen,
Um die welken Kränze zieht ein Singen...
Still! Des Todes Schlummerflöten klingen!

Am Himmelstor

Mir träumt', ich komm ans Himmelstor
Und finde dich, die Süße!
Du saßest bei dem Quell davor
Und wuschest dir die Füße.

Du wuschest, wuschest ohne Rast
Den blendend weißen Schimmer,
Begannst mit wunderlicher Hast
Dein Werk von neuem immer.

Ich frug: »Was badest du dich hier
Mit tränennassen Wangen?«
Du sprachst: »Weil ich im Staub mit dir,
So tief im Staub gegangen.«

Friede auf Erden

Da die Hirten ihre Herde
Ließen und des Engels Worte
Trugen durch die niedre Pforte
Zu der Mutter und dem Kind,
Fuhr das himmlische Gesind
Fort im Sternenraum zu singen,
Fuhr der Himmel fort zu klingen:
»Friede, Friede auf der Erde!«

Seit die Engel so geraten,
O wie viele blutge Taten
Hat der Streit auf wildem Pferde,
Der geharnischte, vollbracht!
In wie mancher heilgen Nacht
Sang der Chor der Geister zagend,
Dringlich flehend, leis verklagend:
»Friede, Friede... auf der Erde!«

Doch es ist ein ewger Glaube,
Daß der Schwache nicht zum Raube
Jeder frechen Mordgebärde
Werde fallen allezeit:
Etwas wie Gerechtigkeit
Webt und wirkt in Mord und Grauen,
Und ein Reich will sich erbauen,
Das den Frieden sucht der Erde.

Mählich wird es sich gestalten,
Seines heilgen Amtes walten,
Waffen schmieden ohne Fährde,
Flammenschwerter für das Recht,
Und ein königlich Geschlecht
Wird erblühn mit starken Söhnen,
Dessen helle Tuben dröhnen:
Friede, Friede auf der Erde!

Alles war ein Spiel

In diesen Liedern suche du
Nach keinem ernsten Ziel!
Ein wenig Schmerz, ein wenig Lust,
Und alles war ein Spiel.

Besonders forsche nicht danach,
Welch Antlitz mir gefiel,
Wohl leuchten Augen viele drin,
Doch alles war ein Spiel.

Und ob verstohlen auf ein Blatt
Auch eine Träne fiel,
Getrocknet ist die Träne längst,
Und alles war ein Spiel.

THEODOR STORM

THEODOR STORM

Theodor Storm wurde am 14. September 1817 in Husum geboren. Als Sohn eines Rechtsanwalts studierte auch er die Rechte. Nach Abschluß seines Studiums in Kiel arbeitete er ab 1847 ebenfalls als Rechtsanwalt in Husum.

Seit 1846 war er mit Constanze Esmarch verheiratet, in einer Ehe, die schon früh großen Belastungen ausgesetzt wurde. Storm hatte sich bereits im ersten Jahr in Dorothea Jensen verliebt, der er seine mitunter berühmtesten Liebesgedichte widmete.

Als Holstein an Dänemark fiel, gab Storm seine Tätigkeit als Advokat auf. Von 1853 bis 1856 arbeitete er am Kreisgericht in Potsdam als Assessor. In dieser Zeit knüpfte er seine Verbindungen zu den Literaturkreisen in Berlin. Im Jahre 1856 wurde Storm Kreisrichter in Heiligenstadt/Eichsfeld.

1864 kehrte er in seine Heimatstadt Husum zurück. Dort, in der kulturellen Provinz, hielt er Kontakt mit seinen literarischen Freunden (zu denen unter anderen Eduard Mörike, Paul Heyse, Gottfried Keller und Detlev von Liliencron zählten) durch verschiedene Reisen und viel Briefverkehr.

Sein letzter Wohnort war seit 1880 Hademarschen, wo er am 4. Juli 1888 starb.

Zu Theodor Storms bedeutendsten Werken gehören die Novellen »Immensee« (ein sehr frühes Werk) und »Der Schimmelreiter« (sein letztes Werk) sowie zahlreiche Gedichte. Einer Beschreibung Thomas Manns nach war Storm ein »vergeistigter Schifferkopf, ... Wetterfältchen in den Winkeln der zugleich träumerischen und spähenden blauen Augen, die Bitternis hochbedürftiger und skrupulöser Anstrengung um den Mund«.

ES IST EIN FLÜSTERN

Es ist ein Flüstern in der Nacht,
Es hat mich ganz um den Schlaf gebracht;
Ich fühl's, es will sich was verkünden
Und kann den Weg nicht zu mir finden.

Sind's Liebesworte, vertrauet dem Wind,
Die unterwegs verwehet sind?
Oder ist's Unheil aus künftigen Tagen,
Das emsig drängt sich anzusagen?

IN DER FRÜHE

Goldstrahlen schießen übers Dach,
Die Hähne krähn den Morgen wach;
Nun einer hier, nun einer dort,
So kräht es nun von Ort zu Ort.
Und in der Ferne stirbt der Klang –
Ich höre nichts, ich horche lang.
Ihr wackern Hähne, krähet doch!
Sie schlafen immer, immer noch.

VERIRRT

Ein Vöglein singt so süße
Vor mir von Ort zu Ort;
Weh, meine wunden Füße!
Das Vöglein singt so süße,
Ich wandre immerfort.

Wo ist nun hin das Singen?
Schon sank das Abendrot;
Die Nacht hat es verstecket,
Hat alles zugedecket –
Wem klag ich meine Not?

Kein Sternlein blinkt im Walde,
Weiß weder Weg noch Ort;

Die Blumen an der Halde,
Die Blumen in dem Walde,
Die blühn im Dunkeln fort.

VON KATZEN

Vergangnen Maitag brachte meine Katze
Zur Welt sechs allerliebste kleine Kätzchen,
Maikätzchen, alle weiß mit
          schwarzen Schwänzchen.
Fürwahr, es war ein zierlich Wochenbettchen!
Die Köchin aber – Köchinnen sind grausam,
Und Menschlichkeit wächst nicht in
          einer Küche –,
Die wollte von den sechsen fünf ertränken,
Fünf weiße, schwarzgeschwänzte
          Maienkätzchen
Ermorden wollte dies verruchte Weib.
Ich half ihr heim! – Der Himmel segne
Mir meine Menschlichkeit! Die lieben
          Kätzchen,
Sie wuchsen auf und schritten binnen kurzem
Erhobnen Schwanzes über Hof und Herd;
Ja, wie die Köchin auch ingrimmig dreinsah,
Sie wuchsen auf, und nachts vor ihrem Fenster
Probierten sie die allerliebsten Stimmchen.
Ich aber, wie ich sie so wachsen sahe,
Ich pries mich selbst und meine
          Menschlichkeit. –
Ein Jahr ist um, und Katzen sind die Kätzchen,
Und Maitag ist's! – Wie soll ich es beschreiben,
Das Schauspiel, das sich jetzt vor mir entfaltet!
Mein ganzes Haus, vom Keller bis zum Giebel,
Ein jeder Winkel ist ein Wochenbettchen!
Hier liegt das eine, dort das andre Kätzchen,
In Schränken, Körben, unter Tisch
          und Treppen,
Die Alte gar – nein, es ist unaussprechlich –
Liegt in der Köchin jungfräulichem Bette!
Und jede, jede von den sieben Katzen
Hat sieben, denkt euch! sieben junge Kätzchen,
Maikätzchen, alle weiß mit schwarzen
          Schwänzchen!

Die Köchin rast, ich kann der blinden Wut
Nicht Schranken setzen dieses Frauenzimmers;
Ersäufen will sie alle neunundvierzig!
Mir selber! ach, mir läuft der Kopf davon –
O Menschlichkeit, wie soll ich dich bewahren!
Was fang ich an mit sechsundfunfzig Katzen! –

STURMNACHT

Im Hinterhaus, im Fliesensaal
Über Urgroßmutters Tisch' und Bänke,
Über die alten Schatullen und Schränke
Wandelt der zitternde Mondenstrahl.
Vom Wald kommt der Wind
Und fährt an die Scheiben;
Und geschwind, geschwind
Schwatzt er ein Wort
Und dann wieder fort
Zum Wald über Föhren und Eiben.

Da wird auch das alte verzauberte Holz
Da drinnen lebendig;
Wie sonst im Walde will es stolz
Die Kronen schütteln unbändig,
Mit den Ästen greifen hinaus in die Nacht
Mit dem Sturm sich schaukeln in
       brausender Jagd,
Mit den Blättern in Übermut rauschen,
Beim Tanz im Flug
Durch Wolkenzug
Mit dem Mondlicht silberne Blicke tauschen.

Da müht sich der Lehnstuhl, die Arme
       zu recken,
Den Rokokofuß will das Kanapee strecken,
In der Kommode die Schubfächer drängen
Und wollen die rostigen Schlösser sprengen;
Der Eichschrank unter dem kleinen Troß
Steht da, ein finsterer Koloß.
Traumhaft regt er die Klauen an,
Ihm zuckt's in der verlornen Krone;
Doch bricht er nicht den schweren Bann. –

Und draußen pfeift ihm der Wind zum Hohne
Und fährt an die Läden und rüttelt mit Macht,
Bläst durch die Ritzen, grunzt und lacht,
Schmeißt die Fledermäuse, die kleinen
       Gespenster,
Klitschend gegen die rasselnden Fenster.
Die glupen dumm neugierig herein –
Da drinn' steht voll der Mondenschein.

Aber droben im Haus
Im behaglichen Zimmer
Beim Sturmgebraus
Saßen und schwatzten die Alten noch immer,
Nicht hörend, wie drunten die Salltür sprang,
Wie ein Klang war erwacht
Aus der einsamen Nacht,
Der schollernd drang
Über Trepp' und Gang,
Daß drin in der Kammer die Kinder
       mit Schrecken
Auffuhren und schlüpften unter die Decken.

DER BEAMTE

Er reibt sich die Hände. »Wir kriegen's jetzt!
Auch der frechste Bursche spüret
Schon bis hinab in die Fingerspitz',
Daß von oben er wird regieret.

Bei jeder Geburt ist künftig sofort
Der Antrag zu formulieren,
Daß die hohe Behörde dem lieben Kind
Gestatte zu existieren!«

O SÜSSES NICHTSTUN

O süßes Nichtstun, an der Liebsten Seite
Zu ruhen auf des Bergs besonnter Kuppe;
Bald abwärts zu des Städtchens Häusergruppe
Den Blick zu senden, bald in ferne Weite!

O süßes Nichtstun, lieblich so gebannt
Zu atmen in den neubefreiten Düften;
Sich locken lassen von den Frühlingslüften,
Hinabzuziehn in das beglänzte Land;
Rückkehren dann aus aller Wunderferne
In deiner Augen heimatliche Sterne.

NUN SEI MIR HEIMLICH ZART UND LIEB

Nun sei mir heimlich zart und lieb;
Setz deinen Fuß auf meinen nun!
Mir sagt es: ich verließ die Welt,
Um ganz allein auf dir zu ruhn;

Und dir: o ließe mich die Welt,
Und könnt ich friedlich und allein,
Wie deines leichten Fußes jetzt,
So deines Lebens Träger sein!

LIED DES HARFENMÄDCHENS

Heute, nur heute
Bin ich so schön;
Morgen, ach morgen
Muß alles vergehn!

Nur diese Stunde
Bist du noch mein;
Sterben, ach sterben
Soll ich allein.

LUCIE

Ich seh sie noch, ihr Büchlein in der Hand,
Nach jener Bank dort an der Gartenwand
Vom Spiel der andern Kinder sich entfernen;
Sie wußte wohl, es mühte sie das Lernen.

Nicht war sie klug, nicht schön; mir aber war
Ihr blaß Gesichtchen und ihr blondes Haar,
Mir war es lieb; aus der Erinnrung düster
Schaut es mich an; wir waren recht Geschwister.

Ihr schmales Bettchen teilte sie mit mir,
Und nächtens Wang an Wange schliefen wir;
Das war so schön! Noch weht
                      ein Kinderfrieden
Mich an aus jenen Zeiten, die geschieden.

Ein Ende kam; – ein Tag, sie wurde krank
Und lag im Fieber viele Wochen lang;
Ein Morgen dann, wo sanft die Winde gingen,
Da ging sie heim; es blühten die Syringen.

Die Sonne schien; ich lief ins Feld hinaus
Und weinte laut; dann kam ich still nach Haus.
Wohl zwanzig Jahr und drüber sind vergangen –
An wieviel anderm hat mein Herz gehangen!

Was hab ich heute denn nach dir gebangt?
Bist du mir nah und hast nach mir verlangt?
Willst du, wie einst nach unsern Kinderspielen,
Mein Knabenhaupt an deinem Herzen fühlen?

STÄNDCHEN

Weiße Mondesnebel schwimmen
Auf den feuchten Wiesenplanen;
Hörst du die Gitarre stimmen
In dem Schatten der Platanen?

Dreizehn Lieder sollst du hören,
Dreizehn Lieder, frisch gedichtet;
Alle sind, ich kann's beschwören,
Alle nur an dich gerichtet.

An dem zarten schlanken Leibchen
Bis zur Stirne auf und nieder,
Jedes Fünkchen, jedes Stäubchen,
Alle preisen meine Lieder.

Wahrlich, Kind, ich hab zuzeiten
Übermütige Gedanken!
Unermüdlich sind die Saiten,
Und der Mund ist ohne Schranken.

Vom geheimsten Druck der Hände
Bis zum nimmersatten Küssen!
Ja, ich selber weiß am Ende
Nicht, was du wirst hören müssen.

Laß dich warnen, laß mich schweigen,
Laß mich Lied um Liebe tauschen;
Denn die Blätter an den Zweigen
Wachen auf und wollen lauschen.

Weiße Mondesnebel schwimmen
Auf den feuchten Wiesenplanen;
Hörst du die Gitarre stimmen
In dem Schatten der Platanen?

WEISSE ROSEN

1

Du bissest die zarten Lippen wund,
Das Blut ist danach geflossen;
Du hast es gewollt, ich weiß es wohl,
Weil einst mein Mund sie verschlossen.

Entfärben ließt du dein blondes Haar
In Sonnenbrand und Regen;
Du hast es gewollt, weil meine Hand
Liebkosend darauf gelegen.

Du stehst am Herd in Flammen und Rauch,
Daß die feinen Hände dir sprangen;
Du hast es gewollt, ich weiß es wohl,
Weil mein Auge daran gehangen.

2

Du gehst an meiner Seite hin
Und achtest meiner nicht;
Nun schmerzt mich deine weiße Hand,
Dein süßes Angesicht.

O sprich wie sonst ein liebes Wort,
Ein einzig Wort mir zu!
Die Wunden bluten heimlich fort,
Auch du hast keine Ruh.

Der Mund, der jetzt zu meiner Qual
Sich stumm vor mir verschließt,
Ich hab ihn ja so tausendmal,
Vieltausendmal geküßt.

Was einst so überselig war,
Bricht nun das Herz entzwei;
Das Aug, das meine Seele trank,
Sieht fremd an mir vorbei.

3

So dunkel sind die Straßen,
So herbstlich geht der Wind;
Leb wohl, meine weiße Rose,
Mein Herz, mein Weib, mein Kind!

So schweigend steht der Garten,
Ich wandre weit hinaus;
Er wird dir nicht verraten,
Daß ich nimmer kehr nach Haus.

Der Weg ist gar so einsam,
Es reist ja niemand mit;
Die Wolken nur am Himmel
Halten gleichen Schritt.

Ich bin so müd zum Sterben;
Drum blieb' ich gern zu Haus
Und schliefe gern das Leben
Und Lust und Leiden aus.

FRAUENHAND

Ich weiß es wohl, kein klagend Wort
Wird über deine Lippen gehen;
Doch, was so sanft dein Mund verschweigt,
Muß deine blasse Hand gestehen.

Die Hand, an der mein Auge hängt,
Zeigt jenen feinen Zug der Schmerzen,
Und daß in schlummerloser Nacht
Sie lag auf einem kranken Herzen.

DIE STUNDE SCHLUG

Die Stunde schlug, und deine Hand
Liegt zitternd in der meinen,
An meine Lippen streiften schon
Mit scheuem Druck die deinen.

Es zuckten aus dem vollen Kelch
Elektrisch schon die Funken;
O fasse Mut, und fliehe nicht,
Bevor wir ganz getrunken!

Die Lippen, die mich so berührt,
Sind nicht mehr deine eignen;
Sie können doch, solang du lebst,
Die meinen nicht verleugnen.

Die Lippen, die sich so berührt,
Sind rettungslos gefangen;
Spät oder früh, sie müssen doch
Sich tödlich heimverlangen.

FEBRUAR

Im Winde wehn die Lindenzweige,
Von roten Knospen übersäumt;
Die Wiegen sind's, worin der Frühling
Die schlimme Winterzeit verträumt.

MÄRZ

Und aus der Erde schauet nur
Alleine noch Schneeglöckchen;
So kalt, so kalt ist noch die Flur,
Es friert im weißen Röckchen.

APRIL

Das ist die Drossel, die da schlägt,
Der Frühling, der mein Herz bewegt;
Ich fühle, die sich hold bezeigen,
Die Geister aus der Erde steigen.
Das Leben fließet wie ein Traum –
Mir ist wie Blume, Blatt und Baum.

MAI

1

Die Kinder schreien »Vivat hoch!«
In die blaue Luft hinein;
Den Frühling setzen sie auf den Thron,
Der soll ihr König sein.

2

Die Kinder haben die Veilchen gepflückt,
All, all, die da blühten am Mühlengraben.
Der Lenz ist da; sie wollen ihn fest
In ihren kleinen Fäusten haben.

JULI

Klingt im Wind ein Wiegenlied,
Sonne warm herniedersieht,

Seine Ähren senkt das Korn,
Rote Beere schwillt am Dorn,
Schwer von Segen ist die Flur –
Junge Frau, was sinnst du nur?

AUGUST

Inserat

Die verehrlichen Jungen, welche heuer
Meine Äpfel und Birnen zu stehlen gedenken,
Ersuche ich höflichst, bei diesem Vergnügen
Wo möglich insoweit sich zu beschränken,
Daß sie daneben auf den Beeten
Mir die Wurzeln und Erbsen nicht zertreten.

OKTOBERLIED

Der Nebel steigt, es fällt das Laub;
Schenk ein den Wein, den holden!
Wir wollen uns den grauen Tag
Vergolden, ja vergolden!

Und geht es draußen noch so toll,
Unchristlich oder christlich,
Ist doch die Welt, die schöne Welt,
So gänzlich unverwüstlich!

Und wimmert auch einmal das Herz
Stoß an und laß es klingen!
Wir wissen's doch, ein rechtes Herz
Ist gar nicht umzubringen.

Der Nebel steigt, es fällt das Laub;
Schenk ein den Wein, den holden!
Wir wollen uns den grauen Tag
Vergolden, ja vergolden!

Wohl ist es Herbst; doch warte nur,
Doch warte nur ein Weilchen!

Der Frühling kommt, der Himmel lacht,
Es steht die Welt in Veilchen.

Die blauen Tage brechen an,
Und ehe sie verfließen,
Wir wollen sie, mein wackrer Freund,
Genießen, ja genießen!

HERBST

1

Schon ins Land der Pyramiden
Flohn die Störche übers Meer;
Schwalbenflug ist längst geschieden,
Auch die Lerche singt nicht mehr.

Seufzend in geheimer Klage
Streift der Wind das letzte Grün;
Und die süßen Sommertage,
Ach, sie sind dahin, dahin!

Nebel hat den Wald verschlungen,
Der dein stillstes Glück gesehn;
Ganz in Duft und Dämmerungen
Will die schöne Welt vergehn.

Nur noch einmal bricht die Sonne
Unaufhaltsam durch den Duft,
Und ein Strahl der alten Wonne
Rieselt über Tal und Kluft.

Und es leuchten Wald und Heide,
Daß man sicher glauben mag,
Hinter allem Winterleide
Lieg' ein ferner Frühlingstag.

2

Die Sense rauscht, die Ähre fällt,
Die Tiere räumen scheu das Feld,
Der Mensch begehrt die ganze Welt.

3

Und sind die Blumen abgeblüht,
So brecht der Äpfel goldne Bälle;
Hin ist die Zeit der Schwärmerei,
So schätzt nun endlich das Reelle!

Im Herbste

Es rauscht, die gelben Blätter fliegen,
Am Himmel steht ein falber Schein;
Du schauerst leis und drückst dich fester
In deines Mannes Arm hinein.

Was nun von Halm zu Halme wandelt,
Was nach den letzten Blumen greift,
Hat heimlich im Vorübergehen
Auch dein geliebtes Haupt gestreift.

Doch reißen auch die zarten Fäden,
Die warme Nacht auf Wiesen spann –
Es ist der Sommer nur, der scheidet;
Was geht denn uns der Sommer an!

Du legst die Hand an meine Stirne
Und schaust mir prüfend ins Gesicht;
Aus deinen milden Frauenaugen
Bricht gar zu melancholisch Licht.

Erlosch auch hier ein Duft, ein Schimmer,
Ein Rätsel, das dich einst bewegt,
Daß du in meine Hand gefangen
Die freie Mädchenhand gelegt?

O schaudre nicht! Ob auch unmerklich
Der schönste Sonnenschein verrann –
Es ist der Sommer nur, der scheidet;
Was geht denn uns der Sommer an!

Ein grünes Blatt

Ein Blatt aus sommerlichen Tagen,
Ich nahm es so im Wandern mit,
Auf daß es einst mir möge sagen,
Wie laut die Nachtigall geschlagen,
Wie grün der Wald, den ich durchschritt.

Über die Heide

Über die Heide hallet mein Schritt;
Dumpf aus der Erde wandert es mit.

Herbst ist gekommen, Frühling ist weit –
Gab es denn einmal selige Zeit?

Brauende Nebel geisten umher;
Schwarz ist das Kraut und der Himmel so leer.

Wär’ ich hier nur nicht gegangen im Mai!
Leben und Liebe, – wie flog es vorbei!

Knecht Ruprecht

Von drauß’ vom Walde komm ich her;
Ich muß euch sagen, es weihnachtet sehr!
Allüberall auf den Tannenspitzen
Sah ich goldene Lichtlein sitzen;
Und droben aus dem Himmelstor
Sah mit großen Augen das Christkind hervor,
Und wie ich so strolcht durch den finstern Tann,
Da rief’s mich mit heller Stimme an.
»Knecht Ruprecht«, rief es, »alter Gesell,
Hebe die Beine und spute dich schnell!
Die Kerzen fangen zu brennen an,
Das Himmelstor ist aufgetan,
Alt’ und Junge sollen nun
Von der Jagd des Lebens einmal ruhn;

Und morgen flieg ich hinab zur Erden,
Denn es soll wieder Weihnachten werden!«
Ich sprach: »O lieber Herre Christ,
Meine Reise fast zu Ende ist;
Ich soll nur noch in diese Stadt,
Wo's eitel gute Kinder hat.«
– »Hast denn das Säcklein auch bei dir?«
Ich sprach: »Das Säcklein, das ist hier;
Denn Äpfel, Nuß und Mandelkern
Fressen fromme Kinder gern.«
– »Hast denn die Rute auch bei dir?«
Ich sprach: »Die Rute, die ist hier;
Doch für die Kinder nur, die schlechten,
Die trifft sie auf den Teil, den rechten.«
Christkindlein sprach: »So ist es recht;
So geh mit Gott, mein treuer Knecht!«
Von drauß' vom Walde komm ich her;
Ich muß euch sagen, es weihnachtet sehr!
Nun sprecht, wie ich's hierinnen find!
Sind's gute Kind, sind's böse Kind?

WEIHNACHTSLIED

Vom Himmel in die tiefsten Klüfte
Ein milder Stern herniederlacht;
Vom Tannenwalde steigen Düfte
Und hauchen durch die Winterlüfte,
Und kerzenhelle wird die Nacht.

Mir ist das Herz so froh erschrocken,
Das ist die liebe Weihnachtszeit!
Ich höre fernher Kirchenglocken
Mich lieblich heimatlich verlocken
In märchenstille Herrlichkeit.

Ein frommer Zauber hält mich wieder,
Anbetend, staunend muß ich stehn;
Es sinkt auf meine Augenlider
Ein goldner Kindertraum hernieder,
Ich fühl's, ein Wunder ist geschehn.

TANNKÖNIG

1

Am Felsenbruch im wilden Tann
Liegt tot und öd ein niedrig Haus;
Der Efeu steigt das Dach hinan,
Waldvöglein fliegen ein und aus.

Und drin am blanken Eichentisch
Verzaubert schläft ein Mägdelein;
Die Wangen blühen ihr rosenfrisch,
Auf den Locken wallt ihr der Sonnenschein.

Die Bäume rauschen im Waldesdicht,
Eintönig fällt der Quelle Schaum;
Es lullt sie ein, es läßt sie nicht,
Sie sinket tief von Traum zu Traum.

Nur wenn im Arm die Zither klingt,
Da hell der Wind vorüberzieht,
Wenn gar zu laut die Drossel singt,
Zuckt manches Mal ihr Augenlid.

Dann wirft sie das blonde Köpfchen herum,
Daß am Hals das güldene Kettlein klingt;
Auf fliegen die Vögel, der Wald ist stumm,
Und zurück in den Schlummer das Mägdlein
                                        sinkt.

2

Hell reißt der Mond die Wolken auf,
Daß durch die Tannen bricht der Strahl;
Im Grunde wachen die Elfen auf,
Die Silberhörnlein rufen durchs Tal.

»Zu Tanz, zu Tanz am Felsenhang,
Am hellen Bach, im schwarzen Tann!
Schön Jungfräulein, was wird dir bang?
Wach auf und schlag die Saiten an!«

Schön Jungfräulein, die sitzt im Traum;
Tannkönig tritt zu ihr herein,
Und küßt ihr leis des Mundes Saum
Und nimmt vom Hals das Güldkettlein.

Da schlägt sie hell die Augen auf –
Was hilft ihr Weinen all und Flehn!
»Tannkönig, laß mich ziehn nach Haus,
Laß mich zu meinen Schwestern gehn.«

»In meinem Walde fing ich dich«,
Tannkönig spricht, »so bist du mein!
Was hattest du die Mess' versäumt?
Komm mit, komm mit zum Elfenreihn!« –

»Elf! Elf! das klingt so wunderlich,
Elf! Elf! mir graut vor dem Elfenreihn;
Die haben gewiß kein Christentum,
Oh, laß mich zu Vater und Mutter mein!«

»Und denkst du an Vater und Mutter noch,
Sitz aber hundert Jahr allein!«
Die Elfen ziehn zu Tanz, zu Tanz;
Er hängt ihr um das Güldkettlein.

MÄRCHEN

Ich hab's gesehn und will's getreu berichten;
Beklagt euch nicht, wenn ich zuwenig sah!
Nur sommernachts passieren die Geschichten;
Kaum graut die Nacht, so rückt der
                                        Morgen nah,
Kaum daß den Wald die ersten Strahlen lichten,
Entflieht mit ihrem Hof Titania;
Auf Weg und Steg spazieren die Philister,
Das wohlbekannte leidige Register.

Kein Zauber wächst für fromme Bürgersleute,
Die tags nur wissen, wie die Glocke geht.
Die gründlich kennen gestern, morgen, heute,
Doch nicht die Zeit, die mittendrin besteht;
Ich aber hörte wohl das Waldgeläute,

Ein Sonntagskind ist immer der Poet;
So laßt euch denn in blanken Liederringen
Von Reim zu Reim ins Land der Märchen
                                        schwingen.

DER LUMP

Und bin ich auch ein rechter Lump,
So bin ich dessen unverlegen;
Ein frech Gemüt, ein fromm Gesicht,
Herzbruder, sind ein wahrer Segen!

Links nehm von Christi Mantel ich
Ein Zipfelchen, daß es mir diene,
Und rechts – du glaubst nicht, wie das deckt –
Rechts von des Königs Hermeline.

NACH FROHEN STUNDEN

Ich hab die Rose blühen sehn,
Mein ist ihr süßes Bild;
Und welkte sie zur Stunde schon
Und bliebe stets verhüllt! –

Wohl lebt ich manche frohe Zeit,
Manch schönen Augenblick;
Der stirbt in meiner Seele nicht,
Und kehrt' er nie zurück.

Das Leben trügt – Erinnerung
Allein bleibt ewig treu;
Die bringet nur geheilten Schmerz
Und nur gesühnte Reu'.

Doch stürmt um meine Brust die Zeit
Und weckt mein junges Blut;
Im Zweifel stärket sich die Treu'
Und in Gefahr der Mut.

Ich weiß, die Zeit ist nimmer schlecht,
Die Wahrheit schaut das Licht!
Ich weiß, die Liebe muß bestehn,
Der Himmel wankt ja nicht!

Doch schau ich in vergangne Zeit
Gar oft und lieb zurück –
Gedanken ziehen mild durchs Herz
Und Tränen vor den Blick.

NOCH EINMAL!

Noch einmal fällt in meinen Schoß
Die rote Rose Leidenschaft;
Noch einmal hab ich schwärmerisch
In Mädchenaugen mich vergafft;
Noch einmal legt ein junges Herz
An meines seinen starken Schlag;
Noch einmal weht an meine Stirn
Ein juniheißer Sommertag.

MEIN JÜNGSTES KIND

Ich wanderte schon lange,
Da kamest du daher;
Nun gingen wir zusammen,
Ich sah dich nie vorher.

Noch eine kurze Strecke
– Das Herz wird mir so schwer –,
Du hast noch weit zu gehen,
Ich kann nicht weiter mehr.

TROST

So komme, was da kommen mag!
Solang du lebest, ist es Tag.

Und geht es in die Welt hinaus,
Wo du mir bist, bin ich zu Haus.

Ich seh dein liebes Angesicht,
Ich sehe die Schatten der Zukunft nicht.

GEDENKST DU NOCH?

Gedenkst du noch, wenn in der Frühlingsnacht
Aus unserm Kammerfenster wir hernieder
Zum Garten schauten, wo geheimnisvoll
Im Dunkel dufteten Jasmin und Flieder?
Der Sternenhimmel über uns so weit,
Und du so jung; unmerklich geht die Zeit.

Wie still die Luft! Des Regenpfeifers Schrei
Scholl klar herüber von dem Meeresstrande;
Und über unsrer Bäume Wipfel sahn
Wir schweigend in die dämmerigen Lande.
Nun wird es wieder Frühling um uns her,
Nur eine Heimat haben wir nicht mehr.

Nun horch ich oft, schlaflos in tiefer Nacht,
Ob nicht der Wind zur Rückfahrt möge wehen.
Wer in der Heimat erst sein Haus gebaut,
Der sollte nicht mehr in die Fremde gehen!
Nach drüben ist sein Auge stets gewandt:
Doch eines blieb – wir gehen Hand in Hand.

WOHL FÜHL ICH,
WIE DAS LEBEN RINNT

Wohl fühl ich, wie das Leben rinnt
Und daß ich endlich scheiden muß,
Daß endlich doch das letzte Lied
Und endlich kommt der letzte Kuß.

Noch häng ich fest an deinem Mund
In schmerzlich bangender Begier;

Du gibst der Jugend letzten Kuß,
Die letzte Rose gibst du mir.

Du schenkst aus jenem Zauberkelch
Den letzten goldnen Trunk mir ein;
Du bist aus jener Märchenwelt
Mein allerletzter Abendschein.

Am Himmel steht der letzte Stern,
O halte nicht dein Herz zurück;
Zu deinen Füßen sink ich hin,
O fühl's, du bist mein letztes Glück!

Laß einmal noch durch meine Brust
Des vollsten Lebens Schauer wehn,
Eh seufzend in die große Nacht
Auch meine Sterne untergehn.

SPRUCH DES ALTERS

1

Vergessen und Vergessenwerden! –
Wer lange lebt auf Erden,
Der hat wohl diese beiden
Zu lernen und zu leiden.

2

Dein jung Genoß in Pflichten
Nach dir den Schritt tät richten.

Da kam ein andrer junger Schritt,
Nahm deinen jung Genossen mit.

Sie wandern nach dem Glücke,
Sie schaun nicht mehr zurücke.

EINE FRÜHLINGSNACHT

Im Zimmer drinnen ist's so schwül;
Der Kranke liegt auf dem heißen Pfühl.

Im Fieber hat er die Nacht verbracht;
Sein Herz ist müde, sein Auge verwacht.

Er lauscht auf der Stunden rinnenden Sand;
Er hält die Uhr in der weißen Hand.

Er zählt die Schläge, die sie pickt,
Er forschet, wie der Weiser rückt;

Es fragt ihn, ob er noch leb' vielleicht,
Wenn der Weiser die schwarze Drei erreicht.

Die Wartfrau sitzt geduldig dabei,
Harrend, bis alles vorüber sei. –

Schon auf dem Herzen drückt ihn der Tod;
Und draußen dämmert das Morgenrot.

An die Fenster klettert der Frühlingstag.
Mädchen und Vögel werden wach.

Die Erde lacht in Liebesschein,
Pfingstglocken läuten das Brautfest ein;

Singende Bursche ziehn übers Feld
Hinein in die blühende, klingende Welt. –

Und immer stiller wird es drin;
Die Alte tritt zum Kranken hin.

Der hat die Hände gefaltet dicht;
Sie zieht ihm das Laken übers Gesicht.

Dann geht sie fort. Stumm wird's und leer;
Und drinnen wacht kein Auge mehr.

SCHLIESSE MIR
DIE AUGEN BEIDE

Schließe mir die Augen beide
Mit den lieben Händen zu!
Geht doch alles, was ich leide,
Unter deiner Hand zur Ruh.

Und wie leise sich der Schmerz
Well' um Welle schlafen leget,
Wie der letzte Schlag sich reget,
Füllest du mein ganzes Herz.

ABSCHIED

Kein Wort, auch nicht das kleinste, kann
                        ich sagen,
Wozu das Herz den vollen Schlag verwehrt;
Die Stunde drängt, gerüstet steht der Wagen,
Es ist die Fahrt der Heimat abgekehrt.

Geht immerhin – denn eure Tat ist euer –
Und widerruft, was einst das Herz gebot;
Und kauft, wenn dieser Preis euch nicht
                        zu teuer,
Dafür euch in der Heimat euer Brot!

Ich aber kann des Landes nicht, des eignen,
In Schmerz verstummte Klagen mißverstehn;
Ich kann die stillen Gräber nicht verleugnen,
Wie tief sie jetzt in Unkraut auch vergehn. –

Du, deren zarte Augen mich befragen –
Der dich mir gab, gesegnet sei der Tag!
Laß nur dein Herz an meinem Herzen schlagen,
Und zage nicht! Es ist derselbe Schlag.

Es strömt die Luft – die Knaben stehn
                        und lauschen,
Vom Strand herüber dringt ein Möwenschrei;

Das ist die Flut! Das ist des Meeres Rauschen!
Ihr kennt es wohl; wir waren oft dabei.

Von meinem Arm in dieser letzten Stunde
Blickt einmal noch ins weite Land hinaus,
Und merkt es wohl, es steht auf diesem Grunde,
Wo wir auch weilen, unser Vaterhaus.

Wir scheiden jetzt, bis dieser Zeit Beschwerde
Ein andrer Tag, ein besserer, gesühnt;
Denn Raum ist auf der heimatlichen Erde
Für Fremde nur und was den Fremden dient.

Doch ist's das flehendste von den Gebeten,
Ihr mögt dereinst, wenn mir es nicht vergönnt,
Mit festem Fuß auf diese Scholle treten,
Von der sich jetzt mein heißes Auge trennt! –

Und du, mein Kind, mein jüngstes,
                        dessen Wiege
Auch noch auf diesem teuren Boden stand,
Hör mich! – denn alles andere ist Lüge –
Kein Mann gedeihet ohne Vaterland!

Kannst du den Sinn, den diese Worte führen,
Mit deiner Kinderseele nicht verstehn,
So soll es wie ein Schauer dich berühren
Und wie ein Pulsschlag in dein Leben gehn!

EPILOG

Ich hab es mir zum Trost ersonnen
In dieser Zeit der schweren Not,
In dieser Blütezeit der Schufte,
In dieser Zeit von Salz und Brot.

Ich zage nicht, es muß sich wenden,
Und heiter wird die Welt erstehn,
Es kann der echte Keim des Lebens
Nicht ohne Frucht verlorengehn.

Der Klang von Frühlingsungewittern,
Von dem wir schauernd sind erwacht,
Von dem noch alle Wipfel rauschen,
Er kommt noch einmal, über Nacht!

Und durch den ganzen Himmel rollen
Wird dieser letzte Donnerschlag;

Dann wird es wirklich Frühling werden
Und hoher, heller, goldner Tag.

Heil allen Menschen, die es hören!
Und Heil dem Dichter, der dann lebt
Und aus dem offnen Schacht des Lebens
Den Edelstein der Dichtung hebt!

NATURALISMUS UND GEGENSTRÖMUNGEN

Die zunehmende Technisierung und Materialisierung gegen Ende des 19. Jahrhunderts konnte natürlich auch auf die Kunst nicht ohne Wirkung bleiben. Literaturkritiker forderten nunmehr verstärkt, daß auch in die Dichtung die Moderne in Form einer perfektionierten, technisierten Sprachweise Einzug halten solle. So wurde mitunter das Wort »modern« mit »naturalistisch« gleichgesetzt. Der Naturalismus, der uns heute nur noch gelegentlich in meist verkitschter Form begegnet, war das Produkt einer harten Zeit.

Gegen Ende der Bismarckregierung herrschte in Deutschland weitgehender Wirtschaftsliberalismus, der einer Ausbeutung weiter Bevölkerungskreise Vorschub leistete. Es war die Zeit des sogenannten Manchestertums und des Imperialismus. Mehr und mehr wurde der einzelne, vor allem der Angehörige der Proletarierschicht, zum winzigen Rädchen im Getriebe. Die soziale Frage stellte sich mit nie gekannter Härte. Unter dem Einfluß der neuen naturwissenschaftlichen und philosophischen Erkenntnisse machte sich nahezu uneingeschränkter Materialismus breit: Alles, was der Mensch hat, ist sein kurzes Leben auf dieser Welt. Er wird regiert von seinen Sinnen und Trieben. Das Weltgeschehen und damit die Zukunft jedes einzelnen sind weitgehend vorherbestimmt, und zwar nicht, weil eine höhere Macht dahintersteht, sondern ganz einfach, weil alles natürlichen, naturgesetzlichen Regeln folgt.

Dem begegnete die Literatur mit dem Mittel der möglichst minutiösen, akribisch genauen, ja wissenschaftlich exakten Darstellung. Sie konnte dabei auf eine Vielzahl von Vorbildern aus dem Ausland, vor allem aus Frankreich, zurückgreifen. Besonderen Einfluß hatten Emile Zola, Guy de Maupassant, aber auch Honoré de Balzac und Gustave Flaubert sowie einige russische Schriftsteller, allen voran Iwan Turgenjew, Leo Tolstoi und Fjodor Dostojewski.

Der Mensch wurde von der naturalistischen Literatur stets im Umfeld seines Milieus gesehen, als dessen Produkt er galt. Dabei lag das Hauptaugenmerk der Autoren nicht auf außergewöhnlichen Gestalten, sondern auf problematischen Charakteren, wankelmütigen, oft kraftlosen Personen, die mit dem klassischen »Helden« nichts gemein hatten. Der »einfache Mensch« wurde dargestellt. Die Literatur versuchte seinem Leben und seiner Sprache möglichst nahe zu kommen. Zeitungsausschnitte wurden gesammelt, Notizbücher angelegt, um die Feinheiten des betreffenden Milieus zu erfassen. Die Sprache der handelnden Personen wurde der natürlichen Sprache soweit angepaßt, daß sie oft unvollständig und fehlerhaft war. Arno Holz, einer der führenden Theoretiker des Naturalismus, brachte das künstlerische Credo der Epoche auf die Formel: »Kunst = Natur – x«. Das heißt die Kunst muß so sehr Natur sein, wie dies möglich ist. Die Beschränkungen für die Annäherung an das Ideal (Natur) sind die durch das künstlerische Handwerkszeug (x) aufgebauten Barrieren. So kann ein geschriebener Text eben erst im Kopf zu annähernder Natur werden. Auf dem Papier ist er lediglich Kunst.

Literaturgeschichtlich steht der Naturalismus in einer Kette logischer Entwicklungsstufen, hauptsächlich aber in der Tradition der Literatur des Vormärz. Er verzichtete auf sprachlichen Schmuck, auf Pathos und auf jedes irgendwie mystische Element. Durch seinen Abstand von höheren Werten und durch seine materialistische Betrachtungsweise mußte er notwendig gegenläufige Tendenzen hervorrufen.

So verwundert es nicht, daß erste Gegenströmungen zum Naturalismus bereits auftauchten, als dieser eben erst seinen Durchbruch erlebte. Die Richtungen, die diese Bewegungen einschlugen, waren sehr unterschiedlich. Sowohl die Klassik wurde (in der sogenannten Neuklassik) wiederentdeckt als auch die Romantik (Neuromantik). Heimatkunstbewegungen tauchten als Abwehrströmungen gegen die naturalistische Großstadtliteratur auf, und der Impressionismus erfaßte auch die Literatur. Spät, aber zu besonderer Blüte wurde der Jugendstil entwickelt, der die ästhetische Verfeinerung der Kunst verfolgte. So ergab sich aus diesen und anderen Stilrichtungen ein sehr zersplittertes, gleichzeitig aber auch reichhaltiges Bild der deutschen Literatur.

Die Gegenströmungen zum Naturalismus hatten bei aller Unterschiedlichkeit eines gemein: sie lehnten sein materialistisches Fundament ab und hoben höhere Werte ins Licht. Auf breiter Basis betrachtet, bildeten die Anti-Naturalisten ein barockes Bild. Einerseits beeinflußt von der Philosophie Arthur Schopenhauers, herrschte ein negativistisches Weltbild, Pessimismus, Resignation, ja Todessehnsucht, andererseits wurden Schönheit und Jugend verherrlicht, wurde Lebenslust ins Rauschhafte gesteigert. Das Leben und die Kunst wurden mehr und mehr als Selbstzweck gesehen. Vitalismus und Ästhetizismus wurden gepredigt.

Der wohl bedeutendste Philosoph der Epoche war Friedrich Nietzsche, der die Abschaffung des zeitgenössischen Bürgers verlangte und als Ideal den Übermenschen vorstellte, der sich durch seine hohe kulturelle Entwicklung über das Profane hinwegsetzt.

Die Diskussion um die Form der Kunst fand in jener Zeit auf einem hohen Niveau statt. Die Literatur wurde als Kunst des Wortes betrachtet, und entsprechend bemüht war man deshalb bei den Antinaturalisten, das Wort kunstvoll zu formen und einzusetzen. Damit war natürlich auch der Zweifel am Wort verbunden, wie er in vielen Werken (z. B. Christian Morgensterns) immer wieder zum Ausdruck kommt. Durch die besondere Bedeutung des einzelnen Wortes im Gedicht wurde deshalb besonders die Lyrik hochgehalten, auf die vor allem Stefan George mit dem um ihn versammelten Dichterkreis einen hervorragenden Einfluß hatte.

Die bedeutendsten Dichter des Naturalismus waren Gerhart Hauptmann, Ludwig Anzengruber, Arno Holz, Max Halbe und Detlev von Liliencron. Unter den Vertretern der Gegenströmungen zum Naturalismus sind besonders Rainer Maria Rilke, Stefan George, Hugo von Hofmannsthal, Richard Dehmel, Christian Morgenstern, Ricarda Huch, Stefan Zweig, Frank Wedekind, Thomas Mann, Arthur Schnitzler und Hermann Hesse hervorzuheben.

HERMANN CONRADI

HERMANN CONRADI

Hermann Conradi wurde am 12. Juli 1862 als Sohn eines Kaufmanns in Jeßnitz/Anhalt geboren. Schon früh machte sich seine labile Gesundheit bemerkbar. Conradi studierte neben der Philosophie und der Germanistik auch moderne Sprachen und Nationalökonomie.

In den Jahren 1884 bis 1886 lebte der Dichter in Berlin, danach in Leipzig (1886), München (1887) und Würzburg (1889). Aufsehen erregte Conradi vor allem, als er wegen Unsittlichkeit und Gotteslästerlichkeit in seinem Roman »Adam Mensch« zusammen mit Conrad Alberti und Wilhelm Walloth im sogenannten Leipziger Realistenprozeß 1890 vor Gericht gestellt wurde. Die Hauptverhandlung erlebte der Dichter nicht mehr. Er starb im Alter von nur 27 Jahren am 8. März 1890 an einer Lungenentzündung in Würzburg, nachdem er alle seine Manuskripte verbrannt hatte. Postum wurde Hermann Conradi von der Anklage freigesprochen.

Zu Conradis bedeutendsten Werken gehören neben dem genannten Roman die »Lieder eines Sünders« (1887) und der Roman »Phrasen« (1887) sowie die Prosaskizzen »Brutalitäten« (1886).

FRÜHLINGSSEHNSUCHT

Da nun die Nächte kamen,
Die Nächte wundersüß,
Wo letzter Nachtigallenschlag
Die Stunden feiert früh vor Tag
Und erstes Rosendüften:
Sehnt sich mein Herz nach Liebe,
Nach Glück –
Nach dem verlornen Paradies
Zurück...

Mir ist's, als klopften Geister
An meine braune Tür!
Als trät' zu mir mit Glorienschein
Der König Frühling selber ein
Und brächte mir ein Mägdelein
Und spräche: »Heil sei dir!

Ich bring' dir eine feine Magd –
Soll fürder bei dir gasten!
Am Tage sei ihr Kavalier,
Geleit sie durch das Waldrevier,
Wo auf verschollne Pfade
Der Bilder, der verblaßten,
Kaum noch ein Schatten fällt –
Wo holder Götter Gnade
Vergessen ließ die Welt!...

Der Vögel Klang,
Der Fluren Duft
Und eurer Seelen Feuerdrang
Beflügele den Hochgesang,
Den eure Liebe tönt!
Nun gürte dich mit milder Kraft
Und, von den Göttern hingerafft,
Sei mit der Welt versöhnt,
Da dich ein Gott gekrönt!

Hebt's aber an zu nachten,
Dann zäumt das Wandertrachten
Und kehrt, der Sehnsucht reich,
In diese enge Kammer ein,

Und bei kristallnem Sternenschein
Enthüllt ihr das Geheimnis,
Drin alle Wesen gleich...
Draus alles Sein entsprießt,
Drin alles Sein sich schließt.

Es liegt die Welt in Schlummer tief –
Euch ist's, als ob sie ewig schlief –
Noch ferne weilt der junge Tag –
Da, letzter Nachtigallenschlag! –
Ihr aber habt's begriffen,
Das Evangelium,
Das dieses Frühlings Wundermund
Den Kreaturen tuet kund –
Ihr aber habt's begriffen
Und seid in Wonne stumm!«

Da nun die Nächte kamen,
Die Nächte wundersüß,
Wo letzter Nachtigallenschlag
Die Stunden feiert früh vor Tag
Und erstes Rosendüften –
Sehnt sich mein Herz nach Liebe –
Nach Glück –
Nach eines Mägdleins weißem Leib
Zurück...

Doch ach! Die Rosen düften –
Es schluchzt die Nachtigall
Nicht mehr zu meiner Liebe Preis –
Verdorret ist das Wunderreis –
Und ob sich ungezügelt
Die Sehnsuchtsflamme flügelt
Und um Erhörung wirbt:
Die Pforte ist geschlossen –
Ich hab' mein Glück genossen –
Der Gott hat sich verhüllt –
Und meine Sehnsucht stirbt
Ach! unerfüllt...

SOMMERROSEN

Ich wollte dich mit Rosen überschütten,
Mit roten Rosen dein goldbraunes Haar
Und deines Mieders Knospenrundung
                    schmücken...

Als noch der Lenz mit süßem Veilchenodem,
Ein milder Sieger, durch die Lande schritt,
Sprach ich zu dir: Geliebte! Hat sein Mund
Mit letztem heißen Abschiedskuß die Rose,
Die rote Sommerrose, aufgebrochen,
Dann will ich zu dir kommen und mit Rosen,
Mit roten Rosen deine Schönheit krönen...

Nun kam der Sommer... Und der Rosen
                            Fülle
Seh' ich allorts und alle Stunde blühen...
Die ganze Welt scheint ihrer Macht verfallen,
Und ihre Keusche wirbt Vasallen
                    und Vasallen...

Selbst einen Bettler sah ich heute lächeln,
Als sein vertränter Blick von ungefähr
Auf einen Korb mit roten Rosen fiel...

Ich kauf' sie in der ganzen Stadt zusammen
Und schütte sie auf tote Liebesflammen...

–

Nun schmückt ein andrer wohl dein
                    Knospenmieder,
Und morgen wohl begegne ich euch beiden...
Ich blick' euch lächelnd nach...
Und denke ganz aus Zufall
Bei der Gelegenheit an einen Frühlingstag,
Da wir uns sahn... Am Abend dann
Schlug uns die Nachtigall in ihren Bann,
Umduftete uns süß der Flieder...

Wir aber liebten uns...

–

GOLD

Meine bebenden Finger halten das
                  blutrote Gold umspannt –
Es liegt wie brennende Schande in meiner
                  eiskalten Hand –
Die gierigen Augen stürzen auf
                seinen grellgleißenden Glanz – –
Und an mir rast vorüber der Menschheit
              wahnsinniger Faschingstanz...

Es wölbt sich zur Riesenlawine vor
              meinem Seherblick,
Zur blind hinrollenden, tauben, dies
            erbärmlich winzige Stück –
Ich fühle Millionen Herzen zucken nach
               seinem Besitz –
Ich höre Millionen Lippen freveln in
            blödem Aberwitz...

Ich schaue Millionen Fäuste in
            lohendem Groll gereckt –
Nach goldnen Lawinenkrumen inbrünstig
             ausgestreckt –
Ich höre Millionen Flüche, dieweil
           nur Zundergestäub
Statt purpurner Pracht und Geschmeides
    sich klebt um den schlotternden Bettlerleib.

Zeiten um Zeiten fliegen, Jahrtausende
            mir vorbei –
Durch alle Zeiten dröhnt es, das gellende
            Jagdgeschrei...
Da droben auf ihrem Throne schlief wohl
          die Gottheit ein –
Bricht denn durch ihre Lider nicht der
        Scheiterhaufen Flammenschein?

Der Scheiterhaufen, darauf sie, die Menschheit,
           wahnsinnverkrampft,
Ihr bißchen Gottheit geopfert,
          dämonenüberstampft!
Ja! Ihren Namen nannte die Lippe je und je –

Und troff zugleich von Sehnsucht, nach
        einem – Riesenportemonnaie.

Kommt über die unstete Menschheit denn
        nie die Erlösungsruh?
Rast in Aeonen sie weiter, immer
        und immerzu? –
Meine Finger klammern ums Gold sich,
        das zur Lawine schwoll –
Wach auf, du schlafender Himmel! Das Maß
        ist über- und übervoll!

ENTLARVUNG

Ihr habt geschwelgt in Sünden,
In Sünden sonder Zahl!
Aus euren Augen grinst der Tod
Und euer Wort ist schal!
Und euer Schwert zerfrißt den Rost –
Dieweil mit Dirnen ihr gekost,
Da rangen wir, vom Sturm umtost,
Im mächt'gen Todestal!

Ihr habt geschwelgt in Sünden,
In Sünden sonder Zahl!
Zerbrochen liegt des Lichts Panier,
Zerbrochen der heilige Gral!
Ihr habt verkauft der Seele Glut,
Verkauft des Herzens Heldenmut,
Wie ein gemein verächtlich Gut,
Ja! – um ein Sklavenmahl.

Ihr habt geschwelgt in Sünden,
In Sünden sonder Zahl!
Mit Rosen kränzet ihr die Stirn
Zu üpp'gem Freudenmahl!
Bacchantisch habt ihr Nacht und Tag
Gerast bei süßem Lautenschlag
Da kam die Stunde, die zerbrach
Euch Thyrsus und Pokal!

Ihr habt geschwelgt in Sünden,
In Sünden sonder Zahl!
Da kam die Stunde, die euch riß
Vom Antlitz, todesfahl,
Die Masken – und wir sahen euch
In eurer Schande nackt und bleich,
Aussätz'gen Galgenschächern gleich,
Bei eurem Judasmahl!

Ihr habt geschwelgt in Sünden,
In Sünden sonder Zahl!
Aus euren Augen grinst der Tod
Und euer Wort ist schal!
Zerbrochen liegt nun all der Tand,
Aufloderte des Flitters Brand –
Nun schmeckt die Zunge dürren Sand,
Ihr – »Priester der Moral«!

EINEM KIND DER SÜNDE

Ob's deine Augen auch verneinen
Mit ihrem hellen, klaren Licht;
Ob auch auf deinem zarten, feinen,
Madonnenschönen Angesicht
Es liegt, als wäre deine Seele
Ein seltner Kelch, der niemals trog,
Drin Keuschheit sich und Kraft vermähle:
Ein Kind der Sünde bist du doch!...

Ob deine Augen drohend blitzen –
Ob du auch zitternd, zornbewehrt,
Dich vor dem Frechen suchst zu schützen,
Den deiner Schönheit Reiz betört, –
Der deines Nackens holde Fülle
Umspannen will mit engem Joch –
Ein Bild der lieblichsten Idylle! –
Ein Kind der Sünde bist du doch!...

Ob du auch sittsam deine frommen
Blauaugen niederschlägst, wenn jach,
Wie's just passiert, ein Wort gekommen –
Ein Wort von bravem, derbem Schlag –

Es fährt heraus – die andern kichern:
»Ein Witz, der nicht zum feinsten roch!«
Ob du auch kalt sie's läßt versichern –
Ein Kind der Sünde bist du doch!...

Denn ich, Madonna, muß es wissen –
Du hast es selbst mir ungesäumt
Gebeichtet, da auf weichen Kissen
Ich manche Nacht bei dir verträumt...
Dein schöner Leib ist so gesellig
Und Kosen dünkt ihn wunderfein –
Drum bist du heimlich gern gefällig:
Du sollst ein »Kind der Sünde« sein?...

TRÜB SCHLEICHT DIE ZEIT UND NÜCHTERN...

Trüb schleicht die Zeit und nüchtern...
Und glanzlos liegt die Welt,
Von keinem goldnen Sonnenblick
Durchleuchtet und erhellt.
Wie Felsen lastet's mir die Brust,
Und halb bewußt, halb unbewußt
Kommt da ein Träumen schüchtern –
Trüb schleicht die Zeit und nüchtern,
Und glanzlos liegt die Welt.

Da aber regt sich's leise,
Gemach der Bann zerrinnt,
Und leuchtend drängt sich Bild an Bild.
Und lockt und webt und spinnt
Und fesselt mich mit Zauberkraft,
Und längstverkohlte Leidenschaft
Zieht mich in ihre Kreise –
Da regt sich's leise, leise,
Gemach der Bann zerrinnt.

In hoher Schönheit prangend
Schau' ich da plötzlich dich,
Die mondenlang, viel Monden lang,
So ganz vergessen ich –
Der ich gedacht kein einzig Mal,

Als ich in bitter harter Qual
Gerungen, lichtverlangend –
In hoher Schönheit prangend
Schau' ich da plötzlich dich...

Doch ob's auch wie verschleiert
Glanzlächeln dich umschwebt,
Ob auch dein Haar, dein golden Haar,
Ein Diadem dir webt –
Ein Diadem, so flammenlicht,
So zauberhold wie ein Gedicht,
Das deine Schönheit feiert –
Ob's auch wie halb verschleiert
Glanzlächeln dich umschwebt:

In deinen schwermutsvollen
Glutaugen ruht's wie Leid –
Wie heißes, namenloses Weh, –
Wie eine Seele schreit,
Wenn gnadenarm und sonnenlos
Sie der Verzweiflung liegt im Schoß –
Glücklos die Stunden rollen...
In deinen schwermutsvollen
Glutaugen ruht's wie Leid...

Mich aber packt ein Trauern
Um dich, mein armes Lieb,
Daß ich erlösungsdürftig wild
Aufschreien möcht'! Doch trüb
Und trüber wird mir Herz und Hirn,
Das Fieber irrt um Wang' und Stirn
Und mich durchschießt ein Schauern...
Mich packt ein jähes Trauern
Um dich, um dich, mein Lieb! – – –

Trüb schleicht die Zeit und nüchtern,
Und glanzlos liegt die Welt,
Von keinem goldnen Sonnenblick
Durchleuchtet und erhellt.
Mir auf der Brust starrt's schwer und hart:
Verspielt, verloren und genarrt
Von blöden Traumgesichtern –
Trüb schleicht die Zeit und nüchtern,
Und glanzlos liegt die Welt...

DURCH DIE VERSCHLAFENEN GASSEN...

Durch die verschlafenen Gassen
Wandle ich mit meinen Träumen
Mutterseelenallein –
Schreite vergessen, verlassen,
Mit süßseligem Säumen
Stumm in die Nacht hinein...

Von den Dächern rinnen
Perlende Mondlichttränen
In die Schatten der Nacht,
In der Brust mir tief innen
Ist ein flutendes Sehnen
Traumhaft leise erwacht.

Möchte Welten, versunken
Und im Nebel zerstoben,
Heben ans goldene Licht!
Möchte glückestrunken,
Sonnenschleierumwoben,
Singen mein schönstes Gedicht!

Von den Lippen mir fluten
Sollten, um dich zu preisen,
Perlende Melodien...
Aus meiner Seele Gluten
Sollte in Zauberweisen
Ein Lenz *dir* erblühn!...

Durch die verschlafenen Gassen
Wandle ich mit meinen Träumen
Mutterseelenallein –
Schreite vergessen, verlassen,
Mit beklommenem Säumen
Stumm in die Nacht hinein...

VERLASSEN!

Im Morgengrauen schritt ich fort –
Nebel lag in den Gassen...
In Qualen war mir das Herz verdorrt –
Die Lippe sprach kein Abschiedswort –
Sie stöhnte nur leise: Verlassen!

Verlassen! Kennst du das Marterwort?
Das frißt wie verruchte Schande!
In Qualen war mir das Herz verdorrt –
Im Morgengrauen ging ich fort –
Hinaus in die dämmernden Lande!

Entgegen dem jungen Maientag:
Das war ein seltsam Passen!
Mählich wurde die Welt nun wach –
Was war mir der prangende Frühlingstag –
Ich stöhnte nur leise: Verlassen!...

WAS GESTERN NOCH GEBLÜHET...

Was gestern noch geblühet,
Ist heute schon verdorrt,

Und was du jüngst mir zugeraunt,
Verklungen ist das Wort!
Verrauscht ist sie, die Stunde,
Wo dich mein Arm umfing –
Wo luftberauscht mein Flammenblick
An deinem Antlitz hing!

Der Herbstwind fegt die Blätter,
Die letzten, von dem Ast –
Ich wand're durch das öde Land,
Bald hier, bald da zu Gast...
Die Stirne glüht in Fieber –
In Fieber bebt die Hand,
Und wirre Wahnsinnsphantasie'n
Sind mir im Hirn entbrannt...

Daß ich dich lassen mußte,
Das ficht mich gar nicht an –
Das ist nun einmal Menschenlos,
Das sei nun abgetan!
Eins aber zieht mich nieder,
Das lastet wie ein Fluch,
Das lähmt der Seele stolze Kraft,
Der Hochgedanken Flug;

Das gräbt sich in die Stirne
Mit tausend Furchen ein;
Das dunkelt mir der Sonne Gold,
Das dunkelt Sternenschein;
Das wühlt sich in die Brust mir
Wie eines Schächers Blick;
Das hemmt des Atems Freiheitsdrang
Wie eines Henkers Strick!

Das grinst mich an wie eine
Verrenkte Bettlerfaust;
Das loht in mir wie Höllenqual,
Die Herz und Hirn durchbraust –
Und fragt ihr: *was* entfesselt
Den wirren Qualenstrom?
Die Sehnsucht, die da lechzt nach Glück,
Nach Glück, das nur – Phantom!

Noch einmal!...

Nun knospet's in den Linden wieder,
Die unter meinem Fenster stehn...
Ich sah sie blühn und sich entblättern,
In pfeifenden Oktoberwettern
Ihr letztes Blatt verloren gehn.

Es kam des Winters weiße Stille –
Und ganz vereinsamt ward mein Herz...
Nur der Erinnerungen Fülle
Beschwor ein dunkler Schicksalswille
Und dem Verwaisten milden Schmerz...

Du gingst von mir. – Da nackt die Bäume,
Drückt' ich zum Abschied dir die Hand. –
Fahrt wohl, fahrt wohl, ihr Sommerträume,
Ihr zogt wie treulos Flutgeschäume –
Und nur die *Sehnsucht* wob das Band. –

Nun knospet's in den Linden wieder,
Die unter meinem Fenster stehn...
Braunrot seh' ich die Kraft sich schließen –
Ein Duft von nahendem Genießen
Spür' ich durch wärmre Lüfte wehn...

Wirst du noch einmal nordwärts kehren,
Den ich wie keinen je geliebt?
Laß uns den letzten Lenz durchträumen –
Wird's wieder nackt an Busch und Bäumen,
Ist's Zeit, daß auch *der* Wahn zerstiebt...

Trauer

Meine Seele ist traurig...
Warum bist du traurig, meine Seele?

Und sie spricht zu mir:
Vorüber ging ich mit dir
An rauschenden Wassern –
Und die rauschenden Wasser
Umsäumten die Siedlung
Tatfroher Menschen.

Mit der Sonne Emporglühn
Traten hinaus sie
Aus ihrer Hütten
Schmuckloser Enge –
Und tiefeinatmend
Des Morgens Säuselwind
Und des Tages Lichtstrahl
Mit freudvollem Blicke
Emsig begrüßend,
Gingen sie heiter
Und guter Dinge,
Ruhvoll und kraftreich,

An ihr hartes Schaffen,
Das Schweiß und Schwielen
Gebiert, jedoch auch
Helle Gedanken
Und die Frucht des Frohsinns,
Die unvergleichlich.

Und wiederum ging ich
Mit dir hinauf,
Sprach meine Seele,
Zu Bergesgipfeln.

Und ich ward so heiter
Da mich der Höh'nwind
Weidlich durchlüftet!
Wie dehnt' ich mich doch
Und reckte mich weit
Und sog den Atem
Schrankenloser
Unendlichkeit!

Und allen, die mir
Entgegentraten,
Lachte das Herz
Aus den hellen Augen,
Daß ich ihnen
Sehnsuchtsbeschwingt
Entgegenhüpfte...

Und sie boten
Mir Gruß – und einer
Lud mich zu rasten –
Lud mich zu bleiben:
»Gelt! Es wär' schön doch,
Blieben wir immer
Und ewig zusammen!«

Aber wieder
Riß ich mich los
Und der Vergangenheit
Schmerzensreichem
Mühenschoß,
Der mich gewirket,
Sah ich mich wieder.

Oh! Unerbittlich
In seiner Zukunft
Ist das Gewesene!

Es fraß sich in mich
Und gebiert sich fort
Und haftet immer!

Nimmer! o nimmer
Lehrt mich des Fischers
Oder des Schiffers
Beengtes Trachten
Grenze und Maß –
Stürmisch Verachten,
Emsig Vergessen
Alles dessen,
Was ich im Grunde doch – nie besaß!

Nimmer! O nimmer
Lehrt der helläugige
Sohn mich der Berge
Frohe Gemeinschaft,
Einträchtige Spur
Mit der Natur...

Den Würzhauch des Wassers
Und den stählenden
Atem des Bergwinds
Muß ich wissen...

Ich fühlte zu tief –
Und ich dachte zu viel –
Und all mein Wissen,
Mein himmeldurchstürmendes
Feuriges Fühlen,
Das nie sich genug,
Erfüllt den Fluch,
Den es umschoßt,
Und gibt mir zum Ende –
Zum letzten Ende
Als heiteren Trost
Doch nur ein – bitterhartes Sterbekissen.

Und vorher hat es
Mein Leben vergiftet!

So sprach meine Seele.
Und sie trauerte weiter...
Und nimmermehr forscht' ich:
Warum bist du so traurig, meine Seele?

VERZWEIFLUNG

So öde die Straßen – so stumm die Nacht –
Die letzten Lichter erloschen...
Ich hab' es mal wieder recht toll gemacht –
Verspielt den letzten Groschen...

Nun schleppe dich weiter, du müder Leib –
Verklungen die Flöten und Geigen –
Und pfeife dir eins zum Zeitvertreib
Im mitternächtlichen Schweigen...

Ein lustiges Lied, wie's im Ohr dir
                    noch summt –
Noch summt aus blühenden Tagen –
Das Leben hat zwar recht artig gebrummt
Mit seinen Rätselfragen...

Und ich – ein Tor! In glühendem Drang,
Den glitzernden Schleier zu heben –
Ich zerrte und riß – und nun der Dank?
Ein ödes Bettlerleben!

So leer die Straße, so lang der Pfad –
Die Seele lechzt nach Erlösung –
Wer wie ich, so lange gerungen hat,
Der hungert nach Tod und Verwesung! ..

Wer wie ich, so lange mit eherner Stirn
Dem Schicksal Trotz geboten,
Darf wohl mit einem lust'gen Lied
Hinabgehn zu den Toten...

PUNKTUM

Losgelöst aus eurer Mitten
Hab' ich nun mein ganzes Sein...
Alles, was mein Herz gelitten,
Alles, alles sargt' ich ein...

Wusch mir flugs die Augen helle,
Knöpft' den Rock bis obenan –
Und nun trag mich, Lebenswelle,
Abgrundsnieder – *himmelan!*

VOLLBRACHT

Durch webenden Nebel ging ich zur Nacht.
Da kam mir, Christus, dein Wort in den Sinn –
Dein Wort am Kreuze: Es ist vollbracht! –
Und seine Tiefe nahm mich hin...

Ich riß dich zu mir! – Scharf klang
                    mein Schritt –
Ich riß dich zu mir – ein gläubiges Kind! –
Und was ich in Lebensängsten litt:
Hinstarb es wie flüsternder Abendwind...

Bunt kreuzte der Nebel phantastischer Kreis.
Ich ging durch die stille, die atmende Nacht –
Da kam es von meinen Lippen leis:
Es ist vollbracht!

RICHARD DEHMEL

RICHARD DEHMEL

Richard Dehmel wurde am 18. November 1863 in Wendisch-Hermsdorf in der Mark Brandenburg als Sohn eines Försters geboren. Nach dem Studium der Philosophie in Berlin und Leipzig promovierte er und nahm dann eine Stelle als Sekretär bei einer Versicherungsgesellschaft an.

Seit 1894 arbeitete er mit wachsendem Erfolg als freier Schriftsteller. Um die Jahrhundertwende wurde in Dehmel einer der größten Dichter seiner Zeit gesehen. Zu seinen Freunden zählten unter anderen Detlev von Liliencron, Hugo von Hofmannsthal, Arno Holz, Johannes Schlaf, Max Dauthendey und Konrad Falke. Besonders unter den aufkommenden Expressionisten hatte der Dichter viele Verehrer, darunter Georg Heym, Johannes Robert Becher und Ernst Stadler.

Seit 1901 lebte Dehmel in Blankenese. Als Soldat nahm er am Ersten Weltkrieg teil. Richard Dehmel starb am 8. Februar 1920 in Hamburg.

Zu seinen bedeutendsten Werken gehören vor allem seine lyrischen Veröffentlichungen, allen voran seine 1891 erschienenen »Erlösungen« (»Eine Seelenwanderung in Gedichten«), daneben »Aber die Liebe« (1893), »Lebensblätter« (1895) und »Weib und Welt« (1896).

DENKZETTEL FÜR DEN VEREHRTEN LESER

Verehrter Leser! Mensch! ich beschwör dich:
lies mich richtig, Mensch, oder scher dich!
Nämlich das Lesen von Gedichten
ist zwar sehr einfach zu verrichten,
aber gerade die einfachen Sachen
pflegt bekanntlich der Mensch sich schwer
                              zu machen.
Vor allem: such keinen »Grundgedanken«!
sonst kommen deine paar Sinne ins Wanken.
Will ich dir meine Gedanken reichen,
schreib ich Sprüche, Aufsätze und dergleichen.
Gedichte sind keine Abhandlungen;
meine Gedichte sind Seelenwandlungen.
Selbe vollziehen sich aus Gefühlen,
die den ganzen Menschen aufwühlen.
Solch ein Gefühl, das steigt dann zu Kopfe,
sträubt mir manchmal die Haare vom Schopfe,
setzt mir meine paar Sinne in Schrecken,
daß sie plötzlich Luftbilder hecken;
die greifen einander in buntem Lauf,
jagen wohl auch Gedanken mit auf,
die dann über dem Grunde schaukeln,
etwa wie Schmetterlinge gaukeln
um eine große glühende Blume
über dem Brodem der Ackerkrume,
und so fang ich sie auf im Nu,
weiß wohl wie, weiß nicht wozu,
ist eine planvoll zwecklose Geschichte,
kurz – ich erlebe meine Gedichte.
Und, merk dirs, kein Erleben geschieht
                              aus Gedanken;
ach, die Gedanken sind nur Ranken,
die wir arabeskenhaft flechten
um Manifeste von grundlosen Mächten.
Denn das Leben hat kein Gehirn,
verwirrt dir höchstens Dein Gehirn,
wird dir nur mit Schmerz oder Lust
als ein beseelender Wille bewußt,
der dich unsinnig treibt und lockt,

und den zu verdauen, Mensch, unverstockt,
mit unsern paar Sinnen, für Heid wie Christ
die wahre Seligkeit ist.
Drum, verehrter Leser, Mensch, ich
                              beschwör dich:
verdau mich ebenso! sonst scher dich!
Und verwirrt dich doch mal mein Gewühl,
so schieb's nur, bitte, aufs Grund*gefühl!*
Wie ich auch hier nur, möglichst hold,
einem törichten Ingrimm Luft machen wollt.

DICHTERSPRACHE

1

Dichter kann man nicht ergründen;
seid nur, Freunde, recht erhoben!
Jede Flamme schlägt nach oben,
jeder Geist wird weiterzünden.
Durch den Rauch der Worte steigen
alle auf ins blaue Schweigen.

2

Was sind Worte, was sind Töne,
all dein Jubeln, all dein Klagen,
all dies meereswogenschöne
unstillbare laute Fragen –
rauscht es nicht im Grunde leise,
Seele, immer nur die Weise:
still, o still, wer kann es sagen!

DIE STILLE STADT

Liegt eine Stadt im Tale,
ein blasser Tag vergeht;
es wird nicht lange dauern mehr,
bis weder Mond noch Sterne,
nur Nacht am Himmel steht.

Von allen Bergen drücken
Nebel auf die Stadt;
es dringt kein Dach, nicht Hof noch Haus,
kein Laut aus ihrem Rauch heraus,
kaum Türme noch und Brücken.

Doch als den Wandrer graute,
da ging ein Lichtlein auf im Grund;
und durch den Rauch und Nebel
begann ein leiser Lobgesang
aus Kindermund.

Manche Nacht

Wenn die Felder sich verdunkeln,
fühl ich, wird mein Auge heller;
schon versucht ein Stern zu funkeln,
und die Grillen wispern schneller.

Jeder Laut wird bilderreicher,
das Gewohnte sonderbarer,
hinterm Wald der Himmel bleicher,
jeder Wipfel hebt sich klarer.

Und du merkst es nicht im Schreiten,
wie das Licht verhundertfältigt
sich entringt den Dunkelheiten.
Plötzlich stehst du überwältigt.

Ballnacht

Prunkende Klänge,
Tanz und Geflirre;
stumm im Gedränge
steh ich und irre.
Steh ich und starre, suche nach dir,
und weiß und weiß doch, du bist nicht hier.

Alle die Blicke,
was sie wohl plaudern,

die Händedrücke,
die Hast, das Zaudern.
Immer verworrener, wie im Traum,
fremder und fremder rauscht der Raum.

Köpfe wiegen sich,
Füße schweben,
Arme biegen sich;
sinnlos Leben.
Sterbende Blumen, weh tuendes Licht.
seltne Juwelen, nur Seelen nicht.

Wie blaß die Sterne
durchs Fenster blinken!
O könnt ich ferne
jetzt hinsinken
mit ihren Strahlen zu Dir, zu Dir,
die du im Traum noch fühlst mit mir!

Empfang

Aber komm mir nicht im langen Kleid!
komm gelaufen, daß die Funken stieben,
beide Arme offen und bereit!
Auf mein Schloß führt keine Galatreppe;
über Berge gehts, reiß ab die Schleppe,
nur mit kurzen Röcken kann man lieben!

Stell dich nicht erst vor den Spiegel groß!
Einsam ist die Nacht in meinem Walde,
und am schönsten bist du blaß und bloß,
nur beglänzt vom schwachen Licht der Sterne;
trotzig bellt ein Rehbock in der Ferne,
und ein Kuckuck lacht in meinem Walde.

Wie dein Ohr brennt, wie dein Mieder drückt!
rasch, reiß auf, du atmest mit Beschwerde;
o, wie hüpft dein Herzchen nun beglückt!
Komm, ich trage dich, du wildes Wunder:
wie dich Gott gemacht hat! weg den Plunder!
und dein Brautbett ist die ganze Erde.

DIE MAGD

Maiblumen blühten überall;
er sah mich an so trüb und müd.
Im Faulbaum rief die Nachtigall:
die Blüte flieht; die Blüte flieht!
Von Düften war die Nacht so warm,
wie Blut so warm, wie unser Blut;
und wir so jung und freudenarm.
Und über uns im Busch das Lied,
das schluchzende Lied: die Glut verglüht!
Und er so treu und mir so gut.

In Knospen schoß der wilde Mohn,
es sog die Sonne unsern Schweiß.
Es wurden rot die Knospen schon,
da wurden meine Wangen weiß.
Ums liebe Brot, ums teure Brot
floß doppelt heiß ins Korn sein Schweiß.
Der wilde Mohn stand feuerrot;
es war wohl fressendes Gift der Schweiß,
auch seine Wangen wurden weiß,
und die Sonne stach im Korn ihn tot.

Die Astern schwankten blaß am Zaun
im feuchten Wind; die Traube schwoll.
Am Hoftor zischelten die Fraun;
der Apfelbaum hing schwer und voll.
Es war ein Tag so regensatt,
wie einst sein Blick so trüb und matt;
die Astern standen braun und naß,
naß Strauch und Kraut, der Nebel troff,
da stieß man sie voll Hohn und Haß,
die sündige Magd, hinaus vom Hof.

Nun blüht von Eis der kahle Hain,
die Träne friert im schneidenden Wind.
Aus flimmernden Scheiben glüht der Schein
des Christbaums auf mein wimmernd Kind.
Die hungernden Spatzen schrein und schrein,
von Dach zu Dach; die Krähe krächzt.

An meinen schlaffen Brüsten ächzt
mein Kind, und keiner läßt uns ein.
Wie die Worte der Reichen so scharf und weh
knirscht unter mir der harte Schnee.

So weh, oh, bohrt es mir im Ohr:
du Kind der Schmach! du Sündenlohn!
Und dennoch beten sie empor
zum Sohn der Magd, dem Jungfraunsohn?!
Oh, brennt mein Blut. Was *tat* denn ich?
wars Sünde *nicht*, daß *sie* gebar? –
Mein Kind, mein Heiland, weine nicht:
ein Bett für dich, dein Blut für mich,
vom Himmel rieselt's silberklar.
Wie träumt es sich so süß im Schnee.
Was tat ich denn? – So süß. So weh.
Wars Liebe nicht? – Wars – Liebe – nicht –

ENTBIETUNG

Schmück dir das Haar mit wildem Mohn,
die Nacht ist da,
all ihre Sterne glühen schon.
All ihre Sterne glühn heut Dir!
du weißt es ja:
all ihre Sterne glühn in mir!

Dein Haar ist schwarz, dein Haar ist wild
und knistert unter meiner Glut;
und wenn die schwillt,
jagt sie mit Macht
die roten Blüten und dein Blut
hoch in die höchste Mitternacht.

In deinen Augen glimmt ein Licht,
so grau in grün,
wie dort die Nacht den Stern umflicht.
Wann kommst du?! – Meine Fackeln lohn!
laß glühn, laß glühn!
schmück mir dein Haar mit wildem Mohn!

ALLGEGENWART

Du gehst nie von mir,
ich bleibe bei dir;
denn du bist in mir
fern wie nah.

In jedem Herzschlag,
der mich belebt,
bist du's, die mit mir
durchs Leben strebt.

Mit jedem Atemzug,
der mir die Seele klärt,
fühl ich, wie deine
Seele mich nährt,

die mir allinnerlich
Seele der Welt ist,
in Allem such ich dich,
du Welt mit mir!

In Allem find ich dich:
dich in dem bangen
Hinausverlangen
des Winds im Wald,

dich in dem Widerstreit
der Blätter über mir,
dich in der Innigkeit
der Gräser hier,

dich in der Wolke dort,
aus der die Sonne quillt,
wie du so lauter,
so warm und mild,

dich in der Träne,
die jetzt von Herzen still
aus meinen Augen
zu dir will.

ÜBERMACHT

Wenn du fliehn willst, flieh! du kannst es noch;
bald ist es auch für dich zu spät.
Denn siehst du: Ich, ich brenne nach dir
mit einer Kraft, die mich schwach macht,
ich *zittre* nach dir.
Wie du nach mir! ja, Du! o Du!
du bist noch schwächer,
wehre dich nicht!
Über die grüne Wiese wolln wir rennen,
in den Wald,
Hand in Hand,
nackt,
unsre brennenden Stirnen bekränzt
mit den flatternden Blüten des wilden Mohns,
der glühenden Blume des Leichtsinns!

OHNMACHT

Doch als du dann gegangen,
da hat sich mein Verlangen
ganz aufgetan nach dir.
Als sollt ich dich verlieren,
schüttelte ich mit irren
Fingern deine verschlossene Tür.

Und durch die Nacht der Scheiben,
ob du nicht würdest bleiben,
bettelten meine Augen; und
du gingst hinauf die Stufen
und hast mich nicht gerufen,
mich nicht zurück an deinen Mund.

Vernahm nur noch mit stieren
Sinnen dein Schlüsselklirren
im schwarzen Flur, und dann
stürzten auf mich die Schatten,
die mir im Park schon nahten,
als wir den Mond versinken sahn.

DAS IDEAL

Doch hab ich meine Sehnsucht stets gebüßt;
ich ging nach Liebe aus auf allen Wegen,
auf allen kam die Liebe mir entgegen,
drum hab ich meine Sehnsucht stets gebüßt.

Es stand ein Baum in einem Zaubergarten,
mit tausend Blüten gab er Duft und Schein,
und eine leuchtete vor allen rein;
es stand ein Baum in einem Zaubergarten.

Und aus den tausend pflückte ich die eine,
sie war noch schöner mir in meinen Händen,
so daß ich kniete, Dank dem Baum zu spenden,
von dem aus tausend ich gepflückt die eine.

Ich hob die Augen zu dem Zauberbaume,
und wieder schien vor allen Eine licht,
und meine welkte schon – ich dankte nicht;
ich hob die Augen zu dem Zauberbaume.

Doch hab ich meine Sehnsucht nie verlernt;
ich ging nach Liebe aus auf allen Wegen,
auf jedem glänzte mir ein andrer Segen,
drum hab ich meine Sehnsucht nie verlernt.

DER BEFREITE PROMETHEUS

Vom Kaukasus hernieder schritt Prometheus;
er war erlöst, Zeus gab ihn frei.
Der Riese durfte endlich von dem Gletscher
herunter, drauf er büßend lag;
er durfte nun hinab auf seine Erde,
hin zu den Menschen, die er so geliebt,
daß er, der eignen Seligkeit zum Trotz,
das Feuer des Olympos für sie stahl.

Nicht dauerte der Götterkönig
der Himmelsgünstling, der abtrünnige.
Warum auch lockte die Versuchung ihn,

den Menschen Göttergut hinabzutragen;
er hatte seinen Lohn dahin,
den Heilandslohn,
nach der Olympier unerbittlichem Gesetz.
Verraucht nur endlich war der Zorn des Zeus,
und Laune wars und Gnade, daß sein Blitz
vom Leib des Märtyrers die Fesseln sprengte,
die lavastarr gehärteten.

O lange Qual! o Leib, zerfleischt, entstellt!
Noch deckten Schwären die
                              zerschundenen Knöchel;
kaum konnten die verkrümmten
                              knorrigen Finger
das große Wundmal unterm Herzen schützen,
das frisch noch glänzte von den
                              Schnabelschlägen
des Tag für Tag drin wühlenden Geierpaars.
O Tage voller Wut und Ohnmacht!
O Tag der Bitternis, da ihm die Hand,
die einst mit Bergen wie mit Würfeln spielte,
zum ersten Male
erlahmte vor der Übermacht des Neides,
des weltbeschattenden, der Götter all!
o Tag, als in Verzweiflung starb sein Trotz!

Doch nun war alles überwunden.
Erstickt die Kampfglut in den tiefen Augen.
Erloschner Gram, verlohte Leidenschaft
der einzige Ausdruck der zerfurchten Züge,
als trüg' er in sich, wie ein Fremder kalt,
nur die verbrannten Wurzeln seiner Kraft.
Um seine schmerzgeübte Stirne zauste
der eisige Wind des Haars ergraute Büschel.
So schritt er abwärts, der gebeugte Riese.

Nur ruhen wollt er, ausruhn bei den Menschen.
Sie um sich sammeln, wie ein alter Vater
                              seine Kinder.
Ihr Glück genießen, das sie ihm ja dankten.
Den Frieden sehn, der lichtfroh aufgegangen,
seit er den Himmelsfunken ihnen schenkte,
seit er den unstät Irrenden
den ersten warmen festen Herd gebaut.

Sich jetzt erfreun an den Geschöpfen,
die tierisch wild in Hader, Haß und Habgier
einst um das nackte Leben markteten,
die seine Tat ja erst zum Menschen schuf.

Und nieder kam er in die mildern Lüfte,
ins ebne Land; da sah er blühende Triften,
bebaute Äcker, wohlgehegte Gärten,
und ringsum lugten Dörfer aus dem Grün,
und weither prangten Zinnen sichrer Städte.
Da lachte seine Seele: Sieh doch, Zeus,
war das nicht wert der tausendjährigen Pein?
Ja, meine Menschen will ich wiedersehn!

Und in die Dörfer ging er, in die Städte,
und sah die Menschen, sah sie leben, sterben,
und ging und ging, und suchte hin und her,
und fand:
weh, weh des Anblicks: alles wie zuvor!
Haß, Hader, Habgier! Nichts war aufgegangen
als andre Habgier, andrer Hader, andrer Haß.
Nur eines fand er auf der Erde neu: den Neid –
den knechtischen, lichtscheuen Neid, o Ekel,
den Neid der Menschen um Besitz –
und war genug doch da, genug für alle.
In Hütten sah er, in die Burgen sah er;
doch es war alles eines,
war alles wie zuvor – und schlimmer noch.

Zuletzt und matt betrat er eines Priesters
entlegnen Hof. Da wohnte ja der Friede,
den er vergebens bei den andern suchte;
dort am geweihten Herd, wo hell des Dankes
heiliges Sinnbild glomm, die ewige Lampe,
wollt er noch einmal unter Menschen rasten
und dann auf immer in die Einsamkeit.
Zum Hausherrn, der die Flamme schürte,
                                        sprach er:
»Ich bin Prometheus, laß mich ein bei dir!«

Der wandte sich erschrocken, blickte scheu
dem großen Mann ins seltsame Gesicht,
und schlich geduckt davon, und schloß sich ein,

und durch die Tür quoll eine fette Stimme:
»Ich brauch mein bißchen selbst,
                                        verrückter Graubart!
Prometheus, der ist tot – und kommt
                                        nicht wieder.
Ja, damals waren bessre Zeiten noch
als heute!«
Dann schlurften Schritte tiefer ins Gemach.

Noch stand der Wandrer. Da: ein Wanken, und
der Qualgewohnte, auf die heilige Schwelle
schlug er lang hin, zum ersten Mal
                                        laut schluchzend,
und wehklagte: »O Zeus! sehr furchtbar
                                        strafst du!
so nicht, so brauchtest du dich nicht zu rächen!
das war das Letzte! ich will sterben gehn!«
Und jäh und gellend riß sich
ein Lachen los aus der vernarbten Brust,
und brüllend, rasend rannt er weg, der Riese:
»Weg von den Menschen! weg! zum Meer!
                                        ins Meer!
im Meer, da find' ich Ruhe! endlich Ruhe!«
Nun stand er oben, starr, auf steiler Klippe.

Und wieder sah er im Gelände unten
die blühenden Fluren, die beglänzten Triften,
bebaute Äcker, wohlgehegte Gärten,
und ringsum lugten Dörfer aus dem Grün,
und weither prangten Zinnen sichrer Städte.
Da überfiel ihn totgeglaubter Gram,
da überfuhr ihn nie erlebter Grimm,
brüllend vom Felsgrat brach er Stück
                                        um Stück, und
in rasender Blindheit Stück auf Stück anspeiend
schmiß er's hinab, spie, schmiß, und tobend
flog übers Meer sein weinendes Gelächter:
»O könnt ich so die ganze Brut zerschmeißen,
die mir mein Gut, mein göttliches, veraast!
Ha, meine Menschen, hahahah« –

Da horch, was scholl da? drang da nicht
                                        ein Schrei,

ein Menschenschrei, ein Hilferuf herauf?
Er stierte; dunkel rollend ging die See,
von seinen Würfen sturmgleich aufgerührt,
und auf dem Gischt trieb halb zerschellt
                              ein Kahn,
und in den Strudeln rang ein Mensch
                              ums Leben.
Doch jetzt: schon schäumte von der
                              stillern Flut
ein andres Boot heran, draus warf sich
ein zweiter Fischer in die Brandung.

Und oben auf der Klippe stand Prometheus
und stierte, stierte, und erkannte sie:
auf seiner Wandrung hatt' er sie gesehn,
die ersten Menschen warens, die er traf:
Todfeinde warens – und jetzt kämpfte dort
der Feind, dem Feind vereint, um
                              Feindes Leben!
Und endlich siegten sie den schweren Sieg,
und schleppten sich zum Strand, und
                              fielen keuchend,
sprachlos vor Glück, Geretteter und Retter,
einander in die Arme.

Und oben auf der Klippe stand Prometheus,
und sah ihr Hab und Gut im Meer versinken,
und sah sie lachen – und nun jauchzten sie.
Da überfuhr ihn totgeglaubter Mut,
da überfiel ihn nie erlebte Demut,
und in die Knie taumelte Prometheus
und auf zum Himmel stammelte Prometheus:
»O Zeus! ich danke dir! du armer Gott!
Ich bin so reich, ich fühle wieder Liebe!
O laß mich leben, laß mich leiden!
Ich will noch einmal zu den Menschen hin!«

DER ARBEITSMANN

Wir haben ein Bett, wir haben ein Kind,
mein Weib!
Wir haben auch Arbeit, und gar zu zweit,
und haben die Sonne und Regen und Wind.
Und uns fehlt nur eine Kleinigkeit,
um so frei zu sein, wie die Vögel sind:
Nur Zeit.

Wenn wir sonntags durch die Felder gehn,
mein Kind,
und über den Ähren weit und breit
das blaue Schwalbenvolk blitzen sehn,
oh, dann fehlt uns nicht das bißchen Kleid,
um so schön zu sein, wie die Vögel sind:
Nur Zeit.

Nur Zeit! wir wittern Gewitterwind,
wir Volk.
Nur eine kleine Ewigkeit;
uns fehlt ja nichts, mein Weib, mein Kind,
als all das, was durch uns gedeiht,
um so kühn zu sein, wie die Vögel sind.
Nur Zeit!

HOHES LIED

Fern dem Menschenschmerz,
zwischen Eis und Stein:
reines Herz, nun lausche,
du bist nicht allein!
Horch, die Gletscher-Adern rauschen,
Quellen singen – und ein Geist stimmt ein:

Meine Kinder werden einst
auf dem Regenbogen spielen.
Folgt dem Vater denn, ihr vielen,
bis ihr oben über den schwülen
Schluchten der Berge, durch die er muß,
schimmernd dürft!

In die Niederungen
führ ich euch gezwungen,
der ich mit dem Erdreich ringen muß.
Seht, da gibt es Herzen,
die das Reinste schwärzen;
Gift und Geifer tropft in meinen Fluß.

Aber weiter, weiter,
Kinder, auf vom Grund!
Seht, mein Herzschlag läutert
jeden Tropfen – und
alle, alle werden einst
oben auf dem Regenbogen spielen!

EIN FREIHEITSLIED

Es ist nun einmal so,
seit wir geboren sind:
die Blumen blühen wild und bunt,
wir aber mauern Wände
gegen den Wind.

Es wird wohl einmal sein,
wenn wir gestorben sind:
dann blühen die Blumen noch immer so,
und über unsre Mauern
lacht der Wind.

AN MEIN VOLK

Ich möchte wohl geliebt von Vielen sein,
und auch geehrt; ich weiß es wohl.
Aber niemals soll
mein Stolz und Wert mir drum gemein
mit hunderttausend Andern sein.

Ich hab ein großes Vaterland:
zehn Völkern schuldet meine Stirn
ihr bißchen Hirn.
Ich habe nie das Volk gekannt,
aus dem mein reinster Wert entstand.

In meiner Heimat steht ein Baum,
den liebe ich, der steht sehr stolz
mitten im Mittelholz.
Da träum ich manchen jungen Traum;
er wurzelt tief, der hohe Baum.

Da träum ich, daß der Mensch allein
dem hunderttausendfachen Bann
entwachsen kann:
bis auch die Völker sich befrein
zum Volk! – mein Volk, wann wirst du sein?

STIMME DES ABENDS

Die Flur will ruhn.
In Halmen, Zweigen
ein leises Neigen.
Dir ist, als hörst du
die Nebel steigen.

Du horchst – und nun:
dir wird, als störst du
mit deinen Schuhn
ihr Schweigen.

GESANG VOR NACHT

Im großen Glanz der Abendsonne
schauert im See; sacht steigt die Flut.
Im großen Glanz der Abendsonne
ergreift auch mich die weite Glut.
Im großen Glanz der Abendsonne
braust immer feuriger mein Blut:
Noch steigt die Flut –
im großen Glanz der Abendsonne.

DETLEV VON LILIENCRON

DETLEV VON LILIENCRON

Detlev von Liliencron wurde am 3. Juni 1844 in Kiel geboren. Nach dem Ende seiner Schulzeit trat er in den preußischen Militärdienst ein und wurde 1863 Offizier.

Nachdem er an den Kriegen von 1866 und von 1870/71 teilgenommen hatte, war Liliencron aufgrund seiner hohen Schulden gezwungen, 1875 den Dienst zu quittieren. 1882 wurde er Landvogt auf der Insel Pellworm, von 1884 bis 1887 dann Kirchspielvogt in Kellinghusen. Doch auch hier brachte ihn sein mangelnder Sinn, mit Geld umzugehen, zu Fall. Sein Amt wurde abermals Opfer seiner hohen Verschuldung.

Von da an trat Liliencron nicht mehr in Dienst, sondern betätigte sich als freier Schriftsteller an wechselnden Orten. Er machte unter anderem Station in München, Berlin und Altona.

1901 ließ sich der Dichter in Alt-Rahlstedt nieder. Dort starb Detlev von Liliencron am 22. Juli 1909 im Alter von 65 Jahren.

Liliencron machte sich vor allem als Lyriker einen Namen. Zu seinen bekanntesten Werken zählen »Adjutantenritte und andere Gedichte« (1883) und »Poggfred« (1896), ein »kunterbuntes Epos in 12 Kantussen«.

UNSER LEBEN

Durch die Haine, durch den Wald
Sind wir lustig fortgezogen.
Doch die Lieder sind verflogen,
Und die Hörner sind verhallt.

HERBST IM FRÜHLING

Der Frühling ist gekommen; voll in Blüten
Steht der Wald und Garten, und
                    auf Blumenkronen
Schon seh ich Schmetterlinge gaukelnd
                         thronen;
Und Jubel überall in Schloß und Hütten.

Ach daß ich nicht mehr in des Mais Gedränge
Hinein mag wandern, und im Haus verschlossen
Mich grämlich halte und verdrossen –
Und überall doch klingen Lenzgesänge.

FRÜHLING IM NOVEMBER

Nun im November noch ein Frühlingsblau?
Das sonnig zittert um die kahlen Äste;
Verwundert schaut der Spatz aus seinem Neste,
Da doch seit Wochen schon ein mürrisch Grau.

Auch ich seh mir den Himmel an genau.
Die Musikanten spielen noch aufs Beste
Im Straßenlärm. – Und laue weiche Weste
Umwehen zärtlich meines Auges Brau.

Was alles deutet dieses lose Treiben?
Das wie ein holder Maitag uns umneckt?
Fürwahr! Ich bin aufs Freudigste erschreckt.

Ich öffne durstig meine Fensterscheiben,
Und trink den Sonnenschein mit vollen Zügen
– Ein letztes Mal – mit innerstem Vergnügen.

KLEINE GESCHICHTE

Frühsommer wars, am Nachmittag,
Der Weißdorn stand in Blüte;
Ich ging allein durch Feld und Hag
Mit sehnendem Gemüte.

Es trieb mich in den Tag hinein
Ein zärtliches Verlangen
Nach dunkler Laube Dämmerschein
Und weichen Mädchenwangen.

Ich fand ein Wirtshaus, alt, bestroht,
Umringt von Baumgardinen.
Die alte Frau am Eingang bot
Gebäck und Apfelsinen.

Im Garten Schaukeln, Karussell,
Und Zelte, übersonnte;
Ein Scheibenstand, wo man als Tell
Den Apfel schießen konnte.

Den Affen zeigt Savoyens Sohn,
Die Kegelkugeln rollen.
Dort steigt ein roter Luftballon,
Um den die Kinder tollen.

Musik, Gelächter, Hopsassa;
Wo bleibt das hübsche Mädchen?
Da plötzlich in dem Tralala
Ein allerliebstes Kätchen.

Das war ein gar zu liebes Ding,
Goldregenüberbogen;
Just kam ein blauer Schmetterling
Dicht ihr vorbeigeflogen.

Ich stutzte überraschungsfroh,
Schaut ihr in Auges Tiefe.
Wenn auch ihr Blick mich immer floh,
Die Augen waren Briefe:

»Geh langsam durch den Garten hier,
Auf buntbelebten Wegen.
Wir treffen uns, ich komme dir
Von ungefähr entgegen.«

So wandr ich denn, und wie der Dieb
Schiel ich in Näh und Weite,
Ob bei der Mutter sie verblieb,
Ob sie mir an der Seite.

Indessen steht sie neben mir,
Ich kann nicht Worte finden;
Ein zwei-drei Zoll lang Fädchen schier
Könnt uns zusammenbinden.

Im Saale trommelts, quiekt und quakt
Der Geiger und der Pfeifer.
Wir tanzen bald im regen Takt
Den alten deutschen Schleifer.

Ich drücke sanft die kleine Hand,
Sie drückt die Hand mir wieder.
Wo dann den Weg ich mit ihr fand,
Da leuchtete der Flieder.

Bleib hier, bleib hier, bis Tageslicht
Und letztes Rot verblassen.
»Ach, Liebster, länger darf ich nicht
Die Mutter warten lassen.«

Bleib hier, ich zeige dir den Stern,
Wo einst wir uns gesehen;
Sieht er uns hier vom Himmel fern,
Dann bleibt er grüßend stehen.

»Laß mich, Herzallerliebster mein,
Die Mutter sucht im Garten.«
So schleiche ich dir hinterdrein
Und will im Dunkel warten.

Wenn alles schwarz und still im Haus,
Dann wart ich in der Laube.
Wenn alles still, dann komm heraus,
Du meine weiße Taube.

Er klingt die Tür, und gleich darauf
Huscht sie zu mir hernieder.
»Pst, nicht so stürmisch, hör doch auf,
Du weckst die Mutter wieder.«

Von tausend Welten überdacht,
Die ruhig weiter gehen,
Es zog ein Stern um Mitternacht,
Und grüßend blieb er stehen.

LANGWEILIGE GESELLSCHAFT

Sie sprechen von Yorkshirerasse,
Von Rotwein und Pferdezucht.
Ich nehme in den Garten
Behende meine Flucht.

Im Winde erzählen die Blätter
Den Rosen, der Baumesfrucht.
Ob auch von Yorkshirerasse,
Von Rotwein und Pferdezucht?

DER HANDKUSS

Viere lang,
Zum Empfang,
Vorne Jean,
Elegant,
    Fährt meine süße Lady.

Schilderhaus,
Wache raus.
Schloßportal,
Und im Saal
    Steht meine süße Lady.

Hofmarschall,
Pagenwall.
Sehr graziös,
Merveillös
    Knickst meine süße Lady.

Königin,
Hoher Sinn.
Ihre Hand,
Interessant,
    Küßt meine süße Lady.

Viere lang,
Vom Empfang,
Vorne Jean,
Elegant,
    Kommt meine süße Lady.

Nun, wie wars
Heut bei Czars?
Ach, ich bin
Noch ganz hin,
    Haucht meine süße Lady.

Nach und nach,
Allgemach,
Ihren Mann
Wieder dann
    Kennt meine süße Lady.

DAS KORNFELD

Als die Saat der Erd entsprossen,
Als der Frühlingswind sie neckte,
Sind wir manchen stillen Abend
Langsam durch sie hingeschritten
Hand in Hand.

Kamen Menschen uns entgegen,
Wollten sie uns überholen,
Ließen wir die Hände locker,
Gingen ehrbar Seit an Seite,
Wies sich ziemt.

Waren dann die Menschen wieder
Unserm Augenkreis entschwunden,
Fanden schleunig sich von neuem
Unsre Hände, unsre Lippen,
Wies so geht.

Da das Feld nun steht in Ähren,
Überall Verstecken bietet
Allerzärtlichstem Getändel,
Wandr ich müde meines Weges
Und allein.

KLEINE BALLADE

Hoch weht mein Busch, hell klirrt mein Schild
Im Wolkenbruch der Feindesklingen.
Die malen kein Madonnenbild
Und tönen nicht wie Harfensingen.

Und in den Staub der letzte Schelm,
Der mich vom Sattel wollte stechen!
Ich schlug ihm Feuer aus dem Helm
Und sah ihn tot zusammenbrechen.

Ihr wolltet stören meinen Herd?
Ich zeigte euch die Mannessehne.
Und lachend trockne ich mein Schwert
An meines Rosses schwarzer Mähne.

AM WALDESAUSGANG

Was schimmert durch die Zweige,
Ist das ein rotes Band?
Wer singt im Waldessteige
Das Lied, so wohlbekannt:

»Laß rauschen, Lieb, laß rauschen,
Ich acht nit wie es geh,
Ich hab einen Buhlen erworben
In Veiel und grünem Klee.«

Was krächzt der Eichelhäher,
Kreuzt jemand seine Bahn?
Und näher, immer näher
Hör einen Schritt ich nahn.

Und näher, immer näher;
Plötzlich am Holzesrand,
Weg fliegt der Eichelhäher,
Ein weißbraun Mädel stand.

Du darfst nicht vorwärts ziehen,
Du feine Maienblüt,
Du darfst nicht vor mir fliehen,
Ich ruf dir: Gott behüt.

Da dreht sie keck das Köpfchen,
Und sieht mich trutzig an,
Und schwenkt die blonden Zöpfchen:
Was willtu, fremder Mann?

Nur im Vorüberwandeln,
Und weil ich fürder muß,
Möcht rasch ich mit dir handeln
Um einen frischen Kuß.

Da lacht sie und will gehen;
Daß sie um einen Kuß,
Das ist ihr nie geschehen,
Im Ernste feilschen muß.

Ich tat nicht länger fragen
Und schloß ihr bald den Mund;
Möcht vieles ihr noch sagen,
Wie sie so vor mir stund.

Möcht ihr die Hände drücken,
Da setzt sie schon den Schuh,
Und nickt mir übern Rücken
Noch einmal lustig zu.

Und lange schaut ich, lange
Ihr rotes Nackenband,
Bis sie am Wiesenhange
Im engen Weg verschwand.

TRUTZ, BLANKE HANS

Heut bin ich über Rungholt gefahren,
Die Stadt ging unter vor sechshundert Jahren.
Noch schlagen die Wellen da wild und empört,
Wie damals, als sie die Marschen zerstört.
Die Maschine des Dampfers schütterte,
                stöhnte,
Aus den Wassern rief es unheimlich und
                höhnte:
    Trutz, Blanke Hans.

Von der Nordsee, der Mordsee, vom Festland
                geschieden,
Liegen die friesischen Inseln im Frieden.
Und Zeugen weltenvernichtender Wut,
Taucht Hallig auf Hallig aus fliehender Flut.
Die Möwe zankt schon auf wachsenden
                Watten,
Der Seehund sonnt sich auf sandigen Platten.
    Trutz, Blanke Hans.

Mitten im Ozean schläft bis zur Stunde
Ein Ungeheuer, tief auf dem Grunde.
Sein Haupt ruht dicht vor Englands Strand,
Die Schwanzflosse spielt bei Brasiliens Sand.
Es zieht, sechs Stunden, den Atem nach innen
Und treibt ihn, sechs Stunden, wieder
                von hinnen.
    Trutz, Blanke Hans.

Doch einmal in jedem Jahrhundert entlassen
Die Kiemen gewaltige Wassermassen.
Dann holt das Untier tiefer Atem ein,
Und peitscht die Wellen und schläft wieder ein.
Viel tausend Menschen im Nordland ertrinken,
Viel reiche Länder und Städte versinken.
    Trutz, Blanke Hans.

Rungholt ist reich und wird immer reicher,
Kein Korn mehr faßt der größeste Speicher.
Wie zur Blütezeit im alten Rom,
Staut hier täglich der Menschenstrom.

Die Sänften tragen Syrer und Mohren,
Mit Goldblech und Flitter in Nasen
                              und Ohren.
    Trutz, Blanke Hans.

Auf allen Märkten, auf allen Gassen
Lärmende Leute, betrunkene Massen.
Sie ziehn am Abend hinaus auf den Deich:
Wir trotzen dir, Blanker Hans, Nordseeteich!
Und wie sie drohend die Fäuste ballen,
Zieht leis aus dem Schlamm der Krake
                              die Krallen.
    Trutz, Blanke Hans.

Die Wasser ebben, die Vögel ruhen,
Der liebe Gott geht auf leisesten Schuhen.
Der Mond zieht am Himmel gelassen die Bahn,
Belächelt der protzigen Rungholter Wahn.
Von Brasilien glänzt bis zu Norwegs Riffen
Das Meer wie schlafender Stahl, der geschliffen.
    Trutz, Blanke Hans.

Und überall Friede, im Meer, in den Landen.
Plötzlich ein Ruf eines Raubtiers in Banden:
Das Scheusal wälzte sich, atmete tief,
Und schloß die Augen wieder und schlief.
Und rauschende, schwarze, langmähnige Wogen
Kommen wie rasende Rosse geflogen.
    Trutz, Blanke Hans.

Ein einziger Schrei – die Stadt ist versunken,
Und Hunderttausende sind ertrunken.
Wo gestern noch Lärm und lustiger Tisch,
Schwamm andern Tags der stumme Fisch.
Heut bin ich über Rungholt gefahren,
Die Stadt ging unter vor sechshundert Jahren.
    Trutz, Blanke Hans?

WER WEISS WO

Schlacht bei Kolin, 18. Juni 1757

Auf Blut und Leichen, Schutt und Qualm,
Auf roßzerstampften Sommerhalm
Die Sonne schien.
Es sank die Nacht. Die Schlacht ist aus,
Und mancher kehrte nicht nach Haus
Einst von Kolin.

Ein Junker auch, ein Knabe noch,
Der heut das erste Pulver roch,
Er mußte dahin.
Wie hoch er auch die Fahne schwang,
Der Tod in seinen Arm ihn zwang,
Er mußte dahin.

Ihm nahe lag ein frommes Buch,
Das stets der Junker bei sich trug,
Am Degenknauf.
Ein Grenadier von Bevern fand
Den kleinen erdbeschmutzten Band
Und hob ihn auf.

Und brachte heim mit schnellem Fuß
Dem Vater diesen letzten Gruß,
Der klang nicht froh.
Dann schrieb hinein die Zitterhand:
»Kolin. Mein Sohn verscharrt im Sand.
Wer weiß wo.«

Und der gesungen dieses Lied,
Und der es liest, im Leben zieht
Noch frisch und froh.
Doch einst bin ich, und bist auch du,
Verscharrt im Sand, zur ewigen Ruh,
Wer weiß wo.

EIN FLÜCHTIG GLÜCK

Du hast ein flüchtig Glück. Um Gotteswillen,
Verrat es nicht und zeig es keiner Seele!
Der Neid, ein arger Dieb, hat scharfe Brillen;
Er weiß, es ist die kostbarste Juwele,
Und wird nicht eher seinen Hunger stillen,
Bis ers geraubt dir hat mit heißer Kehle.
Sag, meinethalben, es brennen die Antillen,
Du rittest hin auf einsamem Kamele.

WINTERABEND

Wie mag ich gern dem lieben Käuzchen
                              lauschen,
Wenn einsam meine Schreibtischlampe brennt.
Durch Gartenruhe und durch Bäumerauschen
Bin ich von Stadt und aller Welt getrennt,
Und möchte wahrlich nicht mit einem
                              tauschen,
Der nun im Smoking zur Gesellschaft rennt.
Viel netter ists, mit Annmarie zu plauschen,
Die, ach, so zärtlich meinen Namen nennt.

VERBOTENE LIEBE

Die Nacht ist rauh und einsam,
Die Bäume stehen entlaubt.
Es ruht an meiner Schulter
Dein kummerschweres Haupt.

Der Fuchs schnürt durch die Felder;
Wie ferne ist der Feind.
Gleichgültig glänzen die Sterne;
Dein schönes Auge weint.

Du brichst ein dürres Ästlein,
Das ist so knospenleer,
Und reichst mir deine Hände –
Wir sahen uns nimmermehr.

PERSISCHES LIEBESLIED

Deine dunklen Augenbrauen
Sind zwei sanfte Pfortenbogen;
Eines lichtwechselnden Gartens Eingang
Haben sie zierlich überzogen.

Aber viel schwarze Wimpernspeere,
Die rings ihn, ein reizender Wall,
                              umschmücken,
Setzen sich trotzig gradaus mir entgegen,
Trag ich Verlangen, dort Rosen zu pflücken.

Heut, als meine Liebe glühte,
Ließest du mich nicht länger warten,
Und durch die sanften Bogenpforten
Fand ich den Weg in den Märchengarten.

Die Stunde war still, die Menschen gingen
Vorüber und konnten uns nicht entdecken;
Wir saßen vom Fenster weitab in der Halle,
Sie konnten so hoch nicht die Hälse recken.

Und ungestört, eine selige Stunde,
Durft ich im Paradiese weilen
Und Rosen pflücken, so viel ich wollte;
Ich glaube, wir pflückten zu gleichen Teilen.

Inzwischen sanken die Wimpernspeere
Wie Fahnen, besiegt auf erstürmtem Hügel,
Und lagen geschlossen in süßer Ermüdung,
Wie des ermatteten Schmetterlings Flügel.

ICH LIEBE DICH

Vier adlige Rosse
Voran unserm Wagen;
Wir wohnen im Schlosse
Mit stolzem Behagen.
Die Frühlichterwellen,
Und nächtens der Blitz,

Was all sie erhellen,
Ist unser Besitz.

Und irrst du verlassen,
Verbannt durch die Lande:
Mit dir durch die Gassen
In Armut und Schande!
Es bluten die Hände,
Die Füße sind wund,
Vier trostlose Wände,
Es kennt uns kein Hund.

Steht silberbeschlagen
Dein Sarg am Altare,
Sie sollen mich tragen
Zu dir auf die Bahre.
Und fern auf der Haide,
Und stirbst du in Not,
Den Dolch aus der Scheide,
Dir nach in den Tod!

DU HAST MICH ABER LANGE WARTEN LASSEN

Es lauscht der Wald.
Komm bald, komm bald,
Eh noch verschallt im Lärm des neuen Tages
Der Quelle Murmeln, und verhallt.

Geschwind, geschwind,
Mein süßes Kind,
Eh noch im Wind die Schauer tiefer Stille
Verzogen und verflogen sind.

Durch Wipfel bricht
Das Morgenlicht.
O, länger nicht, mein holdes kleines Mädchen,
Laß nun mich warten, länger nicht.

Die Sonne siegt,
Allendlich schmiegt

Und lachend wiegt sie sich in meinen Armen.
Zum Himmel auf die Lerche fliegt.

GLÜCKES GENUG

Wenn sanft du mir im Arme schliefst,
Ich deinen Atem hören konnte,
Im Traum du meinen Namen riefst,
Um deinen Mund ein Lächeln sonnte –
      Glückes genug.

Und wenn nach heißem, ernstem Tag
Du mir verscheuchtest schwere Sorgen,
Wenn ich an deinem Herzen lag
Und nicht mehr dachte an ein morgen –
      Glückes genug.

ZU SPÄT

Ich kann das Wort nicht vergessen,
Es klang so traurig und schwer.
Dein Stimmlein hör ich schluchzen:
Ich weiß, du liebst mich nicht mehr.

Der Abend sank auf die Felder,
Vom Tage nur noch ein Rest.
Die letzten Krähen flogen
Nach fernen Wäldern zu Nest.

Nun sind wir weit geschieden
Auf Nimmerwiederkehr.
Ich kann das Wort nicht vergessen:
Ich weiß, du liebst mich nicht mehr.

IN ERINNERUNG

Wilde Rosen überschlugen
Tiefer Wunden rotes Blut.

Windverwehte Klänge trugen
Siegesmarsch und Siegesflut.

Nacht. Entsetzen überspülte
Dorf und Dach in Lärm und Glut.
»Wasser!« Und die Hand zerwühlte
Gras und Staub in Dursteswut.

Morgen. Gräbergraber. Grüfte.
Manch ein letzter Atemzug.
Weither, witternd, durch die Lüfte
Braust und graust ein Geierflug.

ALT GEWORDEN

Unvergessen bleibt der Garten,
Der des Kindes Welt enthielt.
Ob in seinen engen Wegen
Noch ein Kindeshändchen spielt?

Und wie tief die Waldesschatten,
Junger Liebe erstes Jahr.
Ob die Bäume wohl noch leben,
Ob sie scheitelt noch ihr Haar?

Regen rauschte viel hernieder,
Viele Jahre hetzten hin.
Waldesschatten, kleiner Garten –
Grauer Bart umwächst das Kinn.

ABSCHIED UND RÜCKKEHR

I.

Vorbei, vorbei; auf feuchter Spur
Irrt trostlos nun mein Blick ins Weite.
Vorbei, vorbei; die Möwe nur
Gibt mir ein trauriges Geleite.

Nun kehrt auch sie; fernab, fernab
Ist längst mein Vaterland geblieben.
Aus meiner Heimat, wo mein Grab
Ich schon gewählt, bin ich vertrieben.

Als gestern ich im Abschiedszorn
Voll Schmerz den Lindenzweig gerüttelt,
Als ich den Rebhahn hört im Korn,
Es hat ein Fieber mich geschüttelt.

Es wogt ein Schiff, es sinkt und hebt;
Ein Sturmlied singen die Matrosen.
Es wogt mein Herz, es ringt und bebt;
Es schlägt der Sturm den Heimatlosen.

II.

Aus Wogen taucht ein blasser Strand,
Es schimmert fern durch meine Tränen
Des Vaterlandes Küstenrand;
Erschöpft muß ich am Maste lehnen.

Der Flieder blüht, die Schwalbe zieht,
Und auf den Dächern schwatzen Stare;
Der Orgeldreher dreht sein Lied,
Ein linder Wind küßt mir die Haare.

Die Mädchen lachen Arm in Arm,
Soldaten stehen vor der Wache,
Und aus der Schule bricht ein Schwarm,
Der lustig lärmt in meiner Sprache.

Es schreit mein Herz, es jauchzt und bebt
Der alten Heimat heiß entgegen.
Und was als Kind ich je durchlebt,
Klingt wieder mir auf allen Wegen.

LEBEWOHL AN MEINEN VERSTORBENEN FREUND, HERRN NATURALISMUS

Widerliches Wort: Gekose,
Leider reimt es sich auf Rose.
Immer auch die Herzenschmerzen,
Sanft beglänzt von Unschlittkerzen;
Und die lieben Sonnenwonnen,
Eingesargt in Pökelltonnen.
 Nimm die Muse bei der Hand,
 Drück sie feste an die Wand,
 Küsse ihr den weißen Nacken,
 Küsse ihr die frischen Backen.
 Lachen wird ihr roter Mund,
 Und besiegelt ist der Bund.

Leben Sie wohl! Ach, es war doch so schön,
als wir damals »zusammen« gingen,
Sie und Ihr alter Freund

1887–1897.   *Detlev Liliencron.*

RÜCKSCHAU

Das war zu leben wert: im Morgentaue
Den Hengst zu tummeln bei
       Trompetenklängen
Und an des Thrones purpurnen Behängen
Das Knie zu beugen vor der schönsten Fraue.

Im Kampfe griff, gleich einer Greifenklaue,
Die Faust das Banner, fest, im wüsten Drängen,
Es aus dem Anprall hoch herauszuzwängen:
Helmüber wehts, ein Prachtrad gleich dem
          Pfaue.

Der Mai zog hin, die Aster starb, es frostet;
Gebrochen hängt die Feder am Barette,
Und in den Bart fiel Schnee, die Klinge rostet.

Des Alten Herz erfreut die Canzonette,
Wie sie der Sänger schöpft aus goldner Schale;
So schaut er still zurück in grüne Tale.

SCHLUSS

In den Arm mir gabst du die leichte Last,
Ich hab dich gehalten, du hast es gelitten;
Und wenn ich ums Gürtelband dich gefaßt,
Wir haben nicht allzulange gestritten.

Du wehrtest dich kaum, wenn gewaltsam
         und rauh,
Wie der Faun die Nymphe, an mein
        Herz ich dich preßte
Und ich dir tuschelte: Schöne Frau,
Heut bleib ich in deinem weichen Neste.

Es traf mich ein flüchtiger Seitenblitz,
Wenn ich dich bat: Sieh mir ins Auge.
Er fragte mich zornig, ob dein Besitz
Nicht doch nur als Tand und Spielzeug
         mir tauge.

Was ich dir schenkte, du nahmst es an,
Ohne Dank, ohne Wort, und halb
        wie verdrossen.
Doch hast du die Sächelchen später dann
Vergnüglich in deinen Schrank geschlossen.

Und nun, als ich heute zu dir kam,
Noch einmal die spröden Lippen zu küssen,
Dich an mich zog, in den Arm dich nahm,
Um dann für immer scheiden zu müssen,

Als ich dir kund gab, ich ginge weg,
Ich käme, um Lebewohl zu sagen,
Daß ich wandern müßte von Ort zu Ort,
Du liebtest mich nicht, ich könnt es
        nicht tragen,

Entdeckt ich bei dir zum ersten Mal
In den Augen sonnige Gärten und Gründe,
Entdeckt ich in ihnen Angst und Qual:
Daß ich von dir wiche, sei bitterste Sünde.

Zu spät. Vom Turm blies der Wächter sein Lied.
Er gab meiner Liebe das letzte Geleite.
Die Bootspfeife tönt, der Dampfschiffrauch
                        zieht;
Bald schwimm ich auf endloser Wasserweite.

CHRISTIAN MORGENSTERN

CHRISTIAN MORGENSTERN

Christian Morgenstern wurde am 6. Mai 1871 als Sproß einer Künstlerfamilie (beide Großväter waren Kunstmaler, einer davon der berühmte Landschaftsmaler Christian Morgenstern; auch der Vater war Maler) in München geboren, wo er, wie er selbst es einmal ausdrückte, »glückliche, eindrucksreiche Kindheitsjahre« verlebte.

Der vielseitig interessierte junge Mann studierte zunächst Jura, Philosophie und Kunstgeschichte in Breslau und München, ehe er 1894 nach Berlin ging und als freier Journalist und Schriftsteller zu arbeiten begann. Auch als Lektor und Übersetzer wurde der Dichter tätig.

Zahlreiche Auslandsreisen, darunter nach Norwegen, in die Schweiz und nach Italien, und seine eingehende Beschäftigung mit dem Buddhismus wirkten auf seine Weltsicht ein und hatten zur Folge, daß der Dichter sich mehr und mehr der zu seiner Zeit aufkommenden Antroposophie zuwandte.

Obwohl er einige Jahre die Zeitschrift »Das Theater« leitete, machte sich Christian Morgenstern selbst vor allem als Lyriker einen Namen. Zu seinen berühmtesten Werken gehören die Gedichtesammlungen »Galgenlieder« und »Palmström«, denen die meisten der folgenden Gedichte entstammen. Obgleich Morgenstern nicht nur Werke schuf, die durch besondere Hintergründigkeit und Wortwitz gekennzeichnet sind, wurde er gerade durch diese seine Dichtungen weithin berühmt. Mit ihnen prägte er eine Poesie eigener Art. Er war ein Querdenker par excellence. Seine auf den ersten Blick oft verwirrenden Gedankengänge sind gleichermaßen faszinierend und amüsant. Er führt uns die Verrücktheit des ganz normalen Lebens und unserer Sprache wie kein anderer auf geniale Weise vor Augen.

Mit nur 43 Jahren starb Christian Morgenstern am 31. März 1914 in Untermais (Südtirol). Richard Alewyn sagte einmal über ihn: »Mit seinen Kreuz- und Quertreibereien, mit Winkelzügen und Rösselsprüngen hat Morgenstern uns erlöst von dem Alpdruck der bloßen Wirklichkeit und der blöden Vernünftigkeit. Er hat den Unsinn entdeckt als ein Heilmittel gegen den Trübsinn, aber auch als eine sprudelnde Fontäne des Tiefsinns. Er hat den Mut gehabt, sich in aller Öffentlichkeit auf den Kopf zu stellen und die Welt von unten zu betrachten.«

ICH

Ich schaue zu, wie sich die alte Welt
in mir erhebt und immer wieder streitet,
und wie die neue sanft darübergleitet,
so wechselweis verdüstert und erhellt.

Ich schaue zu. Wie endigt wohl der Krieg?
Wird sich der trübe Rauch zu Boden schlagen
und morgendliche Klarheit drüber tagen?
Ich schau mir zu. Vielleicht ruft dies dem Sieg.

MORGENFAHRT

Im Morgendämmer fuhr ich über Land –
die Äcker stumm – die Wälder schwarz
                      und tot –
bis endlich an des Himmels fernstem Rand
sich Streifen zeigten, gelb und rosig rot.

Nicht lange, und wie Feuer und wie Blut
entstieg der Ball den Nebeln feucht und kalt
und übergoß die Flur mit Purpurglut
und wandelte in wogend Gold den Wald.

Und auch auf mich im Wagenzwielicht traf
ein Blitz, mich strahlend wappnend wie
                      zum Streit,
und küßte meine Seele aus dem Schlaf:
Ein Flammengruß aus der Unendlichkeit.

DER NACHTWANDLER

Sanfter Mondsegen über den Landen.
Schlafstumm Berge, Wälder, Tale.
In den Hütten erstorben die Herde;
an den Herden eingenickte Großmütter,
zu deren Knieen offne Enkel-Mäulerchen
unter verhängten Äuglein atmen.
Auf Daunen und Strohsack

schnarchendes Laster, schnarchende Tugend.
Wachend allein: Diebe, Dichter,
Wächter der Nacht; und auf Gassen, in Gärten
und in verschwiegenen Kammern
lispelnde Liebe.

Sanfter Mond! Du segnest,
weil du nichts andres kannst.
Aber am Herzen
zehren dir Neid und Groll,
weil die Menschen dich also mißachten,
daß sie zu Bett gehn, wenn du kommst.
Ärgerlich ziehn sie die Vorhänge zu
und du stehst draußen
und – segnest milde deine Verächter.

Sanfter Mond! manchmal auch
lugen Herrschergelüste gefährlich vor
unter deiner Demut.
Dann rufst du in verträumte Gehirne:
»Auf! auf!
Ich bin die Sonne!
Kommt! Es ist Tag!«
Und der blöden Schläfer
glaubt es dir mancher
und steigt ernsthaft aus seinen Kissen
und geht gravitätisch
über die Dächer.
Scheel sehen die Kater ihn an.
Er aber wandelt und klettert,
als hätt ihm sein Arzt
die Alpen verschrieben.

Wie? Freundchen!
Hätt ich dich heut gar ertappt?
Mir dünkt, da unten
käm solch ein Wandler!
Armer Fremdling,
– besser Hemdling –
wer bist du?
Welchem Bette entflohst du?
Opferlamm
mondlicher Lüsternheit,
meilenweit mußt du gewandert sein!

Redet er nicht im Schlaf? horch!
»Wer ich bin? . . .
Eine lebendige Litfaß-Säule
etiquettiert von oben bis unten:
Staatsbürger
Gemeindemitglied
Protestant
Hausbesitzer
Ehemann
Familienvater
Vereinsvorstand
Reserveleutnant
Agrarier
christlicher Germane
Antisemit
Deutschbündler
Socialmonarchist
Bimetalist
Wagnerianer
Antinaturalist
Spiritist
Kneippianer
Temperenzler –«

»Wie« ruf ich,
und nie »Mensch?«

Aber da reißt
der Schläfer die Augen auf,
und – »Mensch?«
von verzerrten Lippen heulend
stürzt er
fehltretend
die Felswand hinab,
von Zacke zu Zacke
im Bogen geschleudert.

Ich aber,
ich »Mörder«,
muß unbändig lachen.
Ich kann nicht anders.
Gott helfe dem Armen!
Amen!

MEINE KUNST

Die Welt ist mein Stein,
aus dem ich mit drängendem Hammer
mir mein Grabmonument
tiefsinnig schlage.
Zu tausend Stößen
stemm ich den Meißel
gegen den harten Fels,
in Ritzen und Löcher
schütt ich den Sprengstoff
großer Gefühle.
Und doch wird es
ein Torso bleiben,
ein Block, vielbehauen
doch unvollendet . . .
O daß es, wenn heiße Augen
einst zu ihm aufschaun,
wie jenes pygmalionische Bild
Leben gewönne,
hinunterstiege von seinem Sockel
umarmt, umarmend,
ein segnendes Lebendiges,
ein tiefbeglückendes,
einsamen Geistern
ein Trost.
Werbe, dränge, ringe mein Stahl,
zwinge den Fels!
Vielleicht, daß doch
Baldurs Schönheit
einst sich aus ihm
erhöbe.

OKTOBERSTURM

Schwankende Bäume
im Abendrot –
Lebenssturmträume
vor purpurnem Tod –

Blättergeplauder –
wirbelnder Hauf – –
nachtkalte Schauder
rauschen herauf.

WINTERNACHT

Flockendichte Winternacht ...
Heimkehr von der Schenke ...
Stilles Einsamwandern macht,
daß ich deiner denke.

Schau dich fern im dunklen Raum
ruhn in bleichen Linnen ...
Leb ich wohl in deinem Traum
ganz geheim tiefinnen? ...

Stilles Einsamwandern macht,
daß ich nach dir leide ...
Eine weiße Flockennacht
flüstert um uns beide ...

SPRACHSTUDIEN

Korf und Palmström nehmen Lektionen,
um das Wetter-Wendische zu lernen.
Täglich pilgern sie zu den modernen
Ollendorffschen Sprachlehrgrammophonen.

Dort nun lassen sie mit vielen andern,
welche gleichfalls steile Charaktere
(gleich als obs ein Ziel für Edle wäre),
sich im Wetter-Wendischen bewandern.

Dies Idiom behebt den Geist der Schwere,
macht sie unstet, launisch und cholerisch ...
Doch die Sache bleibt nur peripherisch.
Und sie werden wieder – Charaktere.

LIEB OHNE WORTE

Mich erfüllt Liebestoben zu dir!
Ich bin deinst,
als ob einst
wir vereinigst.

Sei du meinst!
Komm Liebchenstche zu mir –
ich vergehste sonst
sehnsuchtstgepeinigst.

Achst, achst, schwachst schwachst arms
      Wortleinstche, was? – –
Genug denn, auch du, auch du liebsest.
Fühls, fühls ganzst ohne Worte: sei Meinstlein!
Ich sehne dich sprachlosestest.

DIE WIRKLICH PRAKTISCHEN LEUTE

Es kommen zu Palmström heute
die wirklich praktischen Leute,

die wirklich auf allen zehn Zehen
im wirklichen Leben stehen.

Sie klopfen ihm auf den Rücken
und sind in sehr vielen Stücken –

so sagen sie – ganz die Seinen.
Doch wer, der mit beiden Beinen

im wirklichen Leben stände,
der wüßte doch und befände,

wie viel, so gut auch der Wille,
rein idealistische Grille.

Sie schütteln besorgt die Köpfe
und drehn ihm vom Rock die Knöpfe

und hoffen zu postulieren:
er wird auch einer der Ihren,

ein Glanzstück erlesenster Sorte,
ein *Bürger*, mit einem Worte.

DER AROMAT

Angeregt durch Korfs Geruchs-Sonaten,
gründen Freunde einen »Aromaten«.

Einen Raum, in welchem, kurz gesprochen,
nicht geschluckt wird, sondern nur gerochen.

Gegen Einwurf kleiner Münzen treten
aus der Wand balsamische Trompeten,

die den Gästen in geblähte Nasen,
was sie wünschen, leicht und lustig blasen.

Und zugleich erscheint auf einem Schild
des Gerichtes wohlgetroffnes Bild.

Viele Hunderte, um nicht zu lügen,
speisen nun erst wirklich mit Vergnügen.

PALMSTRÖMS UHR

Palmströms Uhr ist andrer Art,
reagiert mimosisch zart.

Wer sie bittet, wird empfangen.
Oft schon ist sie so gegangen,

wie man herzlich sie gebeten,
ist zurück- und vorgetreten,

eine Stunde, zwei, drei Stunden,
je nachdem sie mitempfunden.

Selbst als Uhr, mit ihren Zeiten,
will sie nicht Prinzipien reiten:

Zwar ein Werk, wie allerwärts,
doch zugleich ein Werk – mit Herz.

DIE TAGNACHTLAMPE

Korf erfindet eine Tagnachtlampe,
die, sobald sie angedreht,
selbst den hellsten Tag
in Nacht verwandelt.

Als er sie vor des Kongresses Rampe
demonstriert, vermag
niemand, der sein Fach versteht,
zu verkennen, daß es sich hier handelt –

(Finster wirds am hellerlichten Tag,
und ein Beifallssturm das Haus durchweht.)
(Und man ruft dem Diener Mampe:
»Licht anzünden!«) – daß es sich hier handelt

um das Faktum: daß gedachte Lampe,
in der Tat, wenn angedreht,
selbst den hellsten Tag
in Nacht verwandelt.

DIE BRILLE

Korf liest gerne schnell und viel;
darum widert ihn das Spiel
all des zwölfmal unerbetnen
Ausgewalzten, Breitgetretnen.

Meistes ist in sechs bis acht
Wörtern völlig abgemacht,

und in ebensoviel Sätzen
läßt sich Bandwurmweisheit schwätzen.

Es erfindet drum sein Geist
etwas, was ihn dem entreißt:
Brillen, deren Energieen
ihm den Text – zusammenziehen!

Beispielsweise dies Gedicht
läse, so bebrillt, man – nicht!
Dreiunddreißig seinesgleichen
gäben erst – Ein – – Fragezeichen!!

MUHME KUNKEL

Palma Kunkel ist mit Palm verwandt,
doch im übrigen sonst nicht bekannt.
Und sie wünscht auch nicht bekannt zu sein,
lebt am liebsten ganz für sich allein.

Über Muhme Palma Kunkel drum
bleibt auch der Chronist vollkommen stumm.
Nur wo selbst sie aus dem Dunkel tritt,
teilt er dies ihr Treten treulich mit.

Doch sie trat bis jetzt noch nicht ans Licht,
und sie will es auch in Zukunft nicht.
Schon daß hier ihr Name lautbar ward,
widerspricht vollkommen ihrer Art.

PROFESSOR PALMSTRÖM

Irgendwo im Lande gibt es meist
einen Staat, von dem, was sich an Geist
irgendwo befindet und erweist,
doch noch nirgendwo Professor heißt,

eben zum Professor wird gemacht,
wie von wem, der unaufhörlich wacht,
ob auch jeder Seele wird gedacht,
die der Menschheit Glück und Heil gebracht.

Solch ein Staat und solch ein Fürst, o denkt,
hat auch Palmströms Los zum Licht gelenkt,
hat ihm den Professorrang geschenkt
und das Kreuz für Kunst ihm umgehenkt.

Palmström gibt das Kreuz für Kunst zurück;
denn er trägt kein solches Kleidungsstück.
Den Professor nicht, denn man versteht:
als Professor gilt erst ein Prophet.

PALMSTRÖM WIRD STAATSBÜRGER

I

Palmström weigert sich
              (ganz selbstverständlich)
irgendwelchen Heeresdienst zu tun.
Doch die Mehrzahl schilt dies feig
              und schändlich.

Denn man ist noch rings um ihn katholisch
oder protestantisch usw.
und da gilt es noch als diabolisch
einen Christenmenschen nicht zu morden,
heischen dies Gott, König, Vaterland.
Palmström ist hierauf verhaftet worden.

II

Im Gefängnis sitzt der Brave,
doch er sagt sich: ins Gefängnis
sollte jeder, der kein Sklave.

Alle wahrhaft freien Seelen
sollten diese ihrer einzig
werte Stätte nicht verfehlen.

Ohne Murren, ohne Zucken
sollten sich der Freien Nacken
unter der Gewalt Joch ducken.

Bis das Volk der breiten Fährte
erst durch Staunen, dann durch Denken
gleichfalls sich zur Freiheit klärte.

III

Korf geht mitten durch die Wachen,
die ihn pflichtbeflissen greifen,
doch sie greifen in die Leere.

Und sie stoßen die Gewehre
hin und her durch ihn, doch heiter
wandert er zu Palmström weiter.

IV

Mit dem Wärter, der das Essen
bringt, betritt er die Kamurke,
drin sein Freund, der Schurke Palmström,
   haust.

Stotternd, stolpernd, stürzt der Wächter
fort und fabuliert von Geistern,
die er nicht zu meistern wisse...
   Man

kommt in corpore gelaufen...
Alle werfen sich auf Korfen – –
Doch umsonst geworfen! Korf ist –
   Geist...

V

Es ist unmöglich, Palmström zu behalten
(obwohl er selbst am liebsten bleiben möchte);
denn Korfs Erscheinung ist nicht auszuschalten.

In zwölf Gefängnissen ist Palm gewesen...
Doch haben überall so Direktoren
wie Untergebne den Verstand verloren.

So daß man ihn mit aufgehobnen Händen
zuletzt beschwört, sich heimwärts
              zu entschließen,
und ihm erlaubt, niemanden totzuschießen.

DER ÄSTHET

Wenn ich sitze, will ich nicht
sitzen, wie mein Sitz-Fleisch möchte,
sondern wie mein Sitz-Geist sich,
säße er, den Stuhl sich flöchte.

Der jedoch bedarf nicht viel,
schätzt am Stuhl allein den Stil,
überläßt den Zweck des Möbels
ohne Grimm der Gier des Pöbels.

PALMSTRÖM

Palmström steht an einem Teiche
und entfaltet groß ein rotes Taschentuch:
Auf dem Tuch ist eine Eiche
dargestellt sowie ein Mensch mit einem Buch.

Palmström wagt nicht, sich hineinzuschneuzen.
Er gehört zu jenen Käuzen,
die oft unvermittelt-nackt
Ehrfurcht vor dem Schönen packt.

Zärtlich faltet er zusammen,
was er eben erst entbreitet.
Und kein Fühlender wird ihn verdammen,
weil er ungeschneuzt entschreitet.

DIE MAUSEFALLE

I

Palmström hat nicht Speck im Haus,
dahingegen eine Maus.

Korf, bewegt von seinem Jammer,
baut ihm eine Gitterkammer.

Und mit einer Geige fein
setzt er seinen Freund hinein.

Nachts ists, und die Sterne funkeln.
Palmström musiziert im Dunkeln.

Und derweil er konzertiert,
kommt die Maus hereinspaziert.

Hinter ihr, geheimer Weise,
fällt die Pforte leicht und leise.

Vor ihr sinkt in Schlaf alsbald
Palmströms schweigende Gestalt.

II

Morgens kommt v. Korf und lädt
das so nützliche Gerät

in den nächsten, sozusagen
mittelgroßen Möbelwagen,

den ein starkes Roß beschwingt
nach der fernen Waldung bringt,

wo in tiefer Einsamkeit
er das seltne Paar befreit.

Erst spaziert die Maus heraus
und dann Palmström, nach der Maus.

Froh genießt das Tier der neuen
Heimat, ohne sich zu scheuen.

Während Palmström, glückverklärt,
mit v. Korf nach Hause fährt.

ES PFEIFT DER WIND...

Es pfeift der Wind. Was pfeift er wohl?
Eine tolle, närrische Weise.
Er pfeift auf einem Schlüssel hohl,
bald gellend und bald leise.

Die Nacht weint ihm den Takt dazu
mit schweren Regentropfen,
die an der Fenster schwarze Ruh
ohn End eintönig klopfen.

Es pfeift der Wind. Es stöhnt und gellt.
Die Hunde heulen im Hofe.
Er pfeift auf diese ganze Welt,
der großen Philosophe.

BUNDESLIED DER GALGENBRÜDER

O greul, o greul, o ganz abscheul,
wir hängen hier am roten Seul!
Die Unke schlägt, die Spinne spinnt,
und schiefe Scheitel kämmt der Wind.

O greul, o greul, o ganz abscheul!
Du bist verflucht! so sagt die Eul.
Es ist ein Licht, und das zerbricht,
doch wir, wir sind's noch immer nicht.

O greul, o greul, o ganz abscheul,
hörst du den Huf der Silbergäul?
Es sagt der Kauz: pardauz! pardauz!
Nu halt' die Schnauz, nu halt' die Schnauz!

BUNDESLIED DER GALGENBRÜDER (II)

O schauerliche Lebenswirrn,
wir hängen hier am roten Zwirn!
Die Unke unkt, die Spinne spinnt,
und schiefe Scheitel kämmt der Wind.

O Greule, Greule, wüste Greule!
»Du bist verflucht!« so sagt die Eule.
Der Sterne Licht am Mond zerbricht.
Doch dich zerbrachs noch immer nicht.

O Greule, Greule, wüste Greule!
Hört ihr den Huf der Silbergäule?
Es schreit der Kauz: pardauz! pardauz!
da tauts, da grauts, da brauts, da blauts!

GALGENKINDES WIEGENLIED

Schlaf, Kindlein, schlaf,
am Himmel steht ein Schaf;
das Schaf, das ist aus Wasserdampf
und kämpft wie du den Lebenskampf.
Schlaf, Kindlein, schlaf.

Schlaf, Kindlein, schlaf,
die Sonne frißt das Schaf,
sie leckt es weg vom blauen Grund
mit langer Zunge wie ein Hund.
Schlaf, Kindlein, schlaf.

Schlaf, Kindlein, schlaf.
Nun ist es fort, das Schaf.
Es kommt der Mond und schilt sein Weib;
die läuft ihm weg, das Schaf im Leib.
Schlaf, Kindlein, schlaf.

TRAUMLIEDCHEN

Träum, Kindlein, träum,
im Garten stehn zwei Bäum.

Der eine, der trägt Sternlein,
der andre Mondenhörnlein.

Da kommt der Wind der Nacht gebraust –
und schüttelt die beiden mit rauher Faust.

Das Mondenhörnleinbäumlein steht,
als wäre gar kein Wind, der weht.

Das Sternenbäumlein aber, ach,
dem fallen zwei Sternlein in den Bach.

Da kommen zwei Fischlein munter –
und schlucken die Sternlein hinunter.

Und hätte es nicht sterngeschnuppt,
so wären sie nicht so schön geschuppt.

Träum, Kindlein, träum,
im Garten stehn zwei Bäum...

der eine, der trägt Sternlein,
der andre Mondenhörnlein...

Träum, Kindlein, träum...

DER HEILIGE PARDAUZ

Im Inselwald »Zum stillen Kauz«,
da lebt der heilige Pardauz.

Du schweigst? Ist dir der Mund verklebt?
Du zweifelst, ob er wirklich lebt?

So sag ichs dir denn ungefragt:
Er lebt, auch wenn dirs mißbehagt.

Er lebt im Wald »Zum stillen Kauz«,
und schon sein Vater hieß Pardauz.

Dort betet er für dich, mein Kind,
weil du und andre Sünder sind.

Du weißt nicht, was du ihm verdankst, –
doch daß du nicht schon längst ertrankst,

verbranntest oder und so weiter –
das dankst du diesem Blitzableiter

der teuflischen Gewitter. Ach,
die Welt ist rund, der Mensch ist schwach.

DIE GLOCKE

Werbokken in Werbokknen
war ganz aus Käs gemacht,
aus weichem und aus trocknem,
seit jener großen Schlacht,

womit das Volk der Maden
den heiligen Krieg beendet
und sich durch Gottes Gnaden
dem Käse zugewendet.

Nur eine einzige Glocke
verblieb dabei dem Haufen:
Vermöge ihres Käses
begann sie wegzulaufen.

Es war die Käseglocke,
die Glocke Cekesla.
Nicht lang, so hing sie kingend
dem Chor der Sterne nah.

Denn zärtlich ward derselben
ein Dom getürmt empor
aus weißem und aus gelbem
und grünem Käsmarmor.

Der Klöppel ward gedrechselt
aus einem Ziegenkäs,
den man im Grab gefunden
von einem alten Knäs.

Das Läutseil ward geflochten
aus seidnem Parmesan,
und tausend Käseglöckner
zogen tagtäglich daran.

Doch eines Tages sprang sie
aus ihrem Stuhl und – zer!
Seitdem gibts in Werbokknen
wohl keine Glocke mehr.

Seit jenem Tage ward es
ein Land ganz ohne Ruhm
und sank samt seinem Käse
zurück ins Heidentum.

DER SÜNDFLOH

Als schauerlich und grausenvoll
die Sündflut um die Berge schwoll,
kam noch im siebenten Moment
ein junger Floh herzugerennt.

Doch da das obligate Paar
von Flöhen schon im Kasten war,
so mußte Noah ihn bestimmen,
ins nasse Grab zurückzuschwimmen.

Voll Eifer gleichfalls protestierten
die beiden, die bereits logierten,
weil – riefen sie (besonders er) –
ein dritter nicht gestattet wär.

Der Sündfloh (denn er war es) blieb,
obschon verborgen wie ein Dieb –
und zwar (trotz Jahwen in der Höhe)
vom einen der zwei beiden Flöhe.

Von welchem braucht man nicht zu sagen.
Doch ward hierdurch aus Vorzeittagen
das Dreieck, von dem Ibsen schreibt,
der Neuzeit wieder einverleibt.

DER ZARTE GREIS

Er war so zart
geworden,
daß im Herbst –
als unter einen Baum er trat –
er lediglich von dürrem Laub
erschlagen ward!

Also zu lesen:
»Sonntagsblatt für Zerbst«.
(Der Mann war Bootmannsmaat
gewesen
an Bord »En-
dymion«; pensioniert und taub.)

ZU GUTER LETZT

Palma Kunkel naht die Frage,
was zum Kriegsproblem sie sage.

Längst im Innersten entschieden
wünscht sie allen Menschen Frieden.

(Zwar zum Unterschied von vielen
freilich nur: mit großen Zielen.)

Doch sie weiß zugleich: auf Erden
sind die Menschen erst im Werden.

Ringsum ungeheure Horden
wollen noch das große Morden,

sind noch ganz durchleidenschaftet,
noch vom *Geist* zu schwach durchkraftet,
müssen erst noch lange reifen,
eh sie Gott und sich begreifen.

EPILOG

Am Schreibtisch finde ich mich wieder,
als wie aus krausem Traum erwacht...
Vor mir ein Buch seltsamer Lieder,
und um mich stille Mondesnacht.

Ich schaue auf den kleinen Ort,
aus dem mein Geist im Zorn geflohn –
Nachtwächter ruft sein Hirtenwort
zu greiser Turmuhr biedrem Ton...
Wie knochige Philisterglatzen
erglänzt des Pflasters holprig Beet...
Und auf den Giebeln weinen Katzen
um ein versagtes tête-à-tête.

Euch also, winklige Gemäuer,
durchschnarcht von edlen Atta Trolls,
bewarf ich einst mit wildem Feuer
aus den Vulkanen meines Grolls!
Ich sah in eurer Kleinlichkeit
die Welt, die in mir selbst ich trug:
es war ein Stück Vergangenheit,
das ich in eurem Bild zerschlug.
Von oben hab ich lachen lernen
auf euer enges Kreuz und Quer!
Wer Kurzweil trieb mit Sonn' und Sternen,
dem seid ihr kein Memento mehr!

In tiefentzückten Weihestunden,
fernab dem Staub der breiten Spur,
hab ich mich wieder heimgefunden
zum Mutterherzen der Natur!
In ihm ist alles groß und echt,
von gut und böse unentweiht:
Schönheit ist Kraft ihm, Kraft ihm Recht,
sein Pulsschlag ist die Ewigkeit.
Wen dieser Mutter Hände leiten
vom Heut ins Ewige hinein,
der lernt den Schritt des Siegers schreiten,
und Mensch sein heißt ihm König sein!

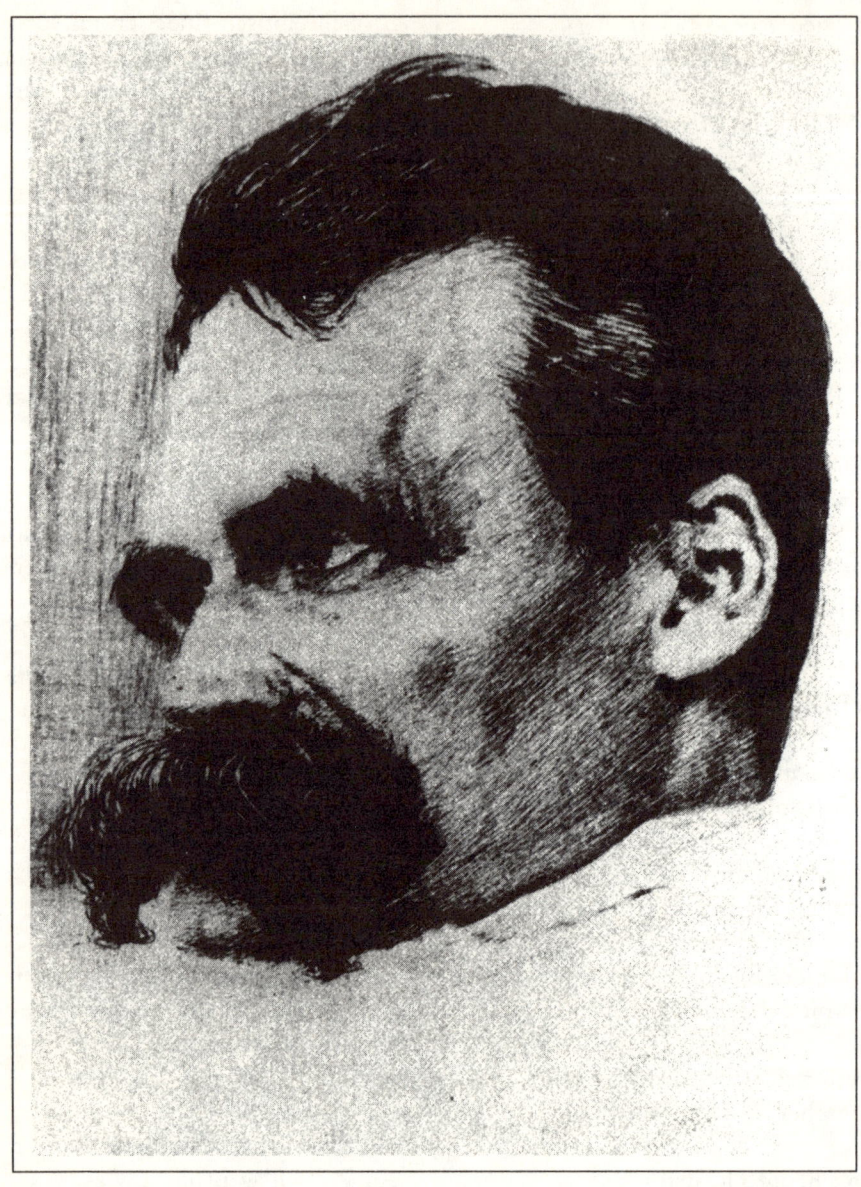

FRIEDRICH NIETZSCHE

FRIEDRICH NIETZSCHE

Friedrich Wilhelm Nietzsche wurde am 15. Oktober 1844 in Röcken bei Lützen als Sohn eines protestantischen Pfarrers geboren, der aber früh verstarb. 1850 zog die Familie nach Naumburg, wo Nietzsche von 1858 bis 1864 die Schulpforta besuchte.

Nach dem Ende der Schulzeit nahm er ein Studium der klassischen Philologie in Bonn auf. Sein Lehrer W. Ritschl bewirkte mit seinem Umzug nach Leipzig, daß auch Nietzsche dorthin ging. Von herausragender Bedeutung wurde diese Stadt für Nietzsche durch sein Zusammentreffen mit Richard Wagner, den er in der Folge sehr verehrte.

1869, noch ehe Nietzsche promoviert war, wurde er auf Ritsches Betreiben hin zu einer außerordentlichen Professur der klassischen Philologie an die Universität Basel gerufen, wo er 1870 schließlich auch Ordinarius wurde. Während des Krieges 1870/71 meldete er sich freiwillig zum Dienst als Krankenpfleger. Sein Gesundheitszustand zwang ihn 1876/77 zunächst vorübergehend, 1879 dann endgültig, in den Ruhestand zu gehen.

Nietzsches Bruch mit Wagner wird auf das Jahr 1876 datiert. Deutlich wurde seine Entfremdung vom einstigen Freund in seiner Schrift »Richard Wagner in Bayreuth«.

In den Jahren zwischen 1879 und 1889 arbeitete Nietzsche unter größten Anstrengungen an der Vollendung seines Werkes. Stationen jener Zeit sind Rapallo, S. Margherita, Sorrent, Mentone, Genua, Nizza, Turin und Sils-Maria.

Im Januar 1889 wurde der Dichter und Philosoph nach einem paralytischen Anfall in Turin in die Irrenanstalt von Basel verbracht, von wo er schließlich zu seiner Mutter und zu seiner Schwester kam. Diese pflegten den zunehmend geistig umnachteten Friedrich Nietzsche bis zu seinem Tod am 25. August 1900.

Friedrich Wilhelm Nietzsche gehörte zu den bedeutendsten Philosophen deutscher Sprache. Auch als Essayist (vor allem Kulturkritiker), Aphoristiker und Lyriker hat Nietzsche große Bedeutung erlangt. Zu seinen wichtigsten Werken gehören »Die Geburt der Tragödie aus dem Geist der Musik« (1872), seine »Unzeitgemäßen Betrachtungen« (1873–1876), »Morgenröthe« (1881), »Also sprach Zarathustra« (1883–1885), »Jenseits von Gut und Böse« (1886), »Zur Genealogie der Moral« (1887), »Der Antichrist« (1888), »Götzendämmerung« (1889) und »Ecce homo« (1889).

DAS WORT

Lebendgem Worte bin ich gut:
das springt heran so wohlgemut,
das grüßt mit artigem Genick,
ist lieblich selbst im Ungeschick,
hat Blut in sich, kann herzhaft schnauben,
kriecht dann zum Ohre selbst dem Tauben,
und ringelt sich und flattert jetzt,
und was es tut – das Wort ergetzt.

Doch bleibt das Wort ein zartes Wesen,
bald krank und aber bald genesen.
Willt ihm sein kleines Leben lassen,
mußt du es leicht und zierlich fassen,
nicht plump betasten und bedrücken,
es stirbt oft schon an bösen Blicken –
und liegt dann da, so ungestalt,
so seelenlos, so arm und kalt,
sein kleiner Leichnam arg verwandelt,
von Tod und Sterben mißgehandelt.

Ein totes Wort – ein häßlich Ding,
ein klapperdürres Kling-Kling-Kling.
Pfui allen häßlichen Gewerben,
an denen Wort und Wörtchen sterben!

ECCE HOMO

Ja! Ich weiß, woher ich stamme!
Ungesättigt gleich der Flamme
glühe und verzehr ich mich.
Licht wird alles, was ich fasse,
Kohle alles, was ich lasse:
Flamme bin ich sicherlich!

DICHTERS BERUFUNG

Als ich jüngst, mich zu erquicken,
unter dunklen Bäumen saß,
hört ich ticken, leise ticken,
zierlich, wie nach Takt und Maß.
Böse wurd ich, zog Gesichter, –
endlich aber gab ich nach,
bis ich gar, gleich einem Dichter,
selber mit im Tiktak sprach.

Wie mir so im Verse-Machen
Silb um Silb ihr Hopsa sprang,
mußt ich plötzlich lachen, lachen,
eine Viertelstunde lang.
Du ein Dichter? Du ein Dichter?
Steht's mit deinem Kopf so schlecht?
– »Ja, mein Herr, Sie sind ein Dichter«,
achselzuckt der Vogel Specht.

Wessen harr ich hier im Busche?
Wem doch laur' ich Räuber auf?
Ist's ein Spruch? Ein Bild? Im Husche
sitzt mein Reim ihm hintendrauf.
Was nur schlüpft und hüpft, gleich sticht der
Dichter sich's zum Vers zurecht.
– »Ja, mein Herr, Sie sind ein Dichter«,
achselzuckt der Vogel Specht.

Reime, mein ich, sind wie Pfeile?
Wie das zappelt, zittert, springt,
wenn der Pfeil in edle Teile
des Lacerten-Leibchens dringt!
Ach, ihr sterbt dran, arme Wichter,
oder taumelt wie bezecht!
– »Ja, mein Herr, Sie sind ein Dichter«,
achselzuckt der Vogel Specht.

Schiefe Sprüche voller Eile,
trunkne Wörtlein, wie sich's drängt!
Bis ihr alle, Zeil an Zeile,
an der Tiktak-Kette hängt.
Und es gibt grausam Gelichter,

das dies – freut? Sind Dichter – schlecht?
– »Ja, mein Herr, Sie sind ein Dichter«,
achselzuckt der Vogel Specht.

Höhnst du, Vogel? Willst du scherzen?
Steht's mit meinem Kopf so schlimm,
schlimmer stünd's mit meinem Herzen?
Fürchte, fürchte meinen Grimm! –
Doch der Dichter – Reime flicht er
selbst im Grimm noch schlecht und recht.
– »Ja, mein Herr, Sie sind ein Dichter«,
achselzuckt der Vogel Specht.

NACH NEUEN MEEREN

Dorthin – *will* ich; und ich traue
mir fortan und meinem Griff.
Offen liegt das Meer, ins Blaue
treibt mein Genueser Schiff.

Alles glänzt mir neu und neuer,
Mittag schläft auf Raum und Zeit –:
nur *dein* Auge – ungeheuer
blickt mich's an, Unendlichkeit!

DAS TRUNKNE LIED

O Mensch! Gib acht!
Was spricht die tiefe Mitternacht?
»Ich schlief, ich schlief –,
aus tiefem Traum bin ich erwacht: –
und tiefer als der Tag gedacht.
Tief ist ihr Weh –,
Die Welt ist tief,
Lust – tiefer noch als Herzeleid:
Weh spricht: Vergeh!
doch alle Lust will Ewigkeit –,
– will tiefe, tiefe Ewigkeit!«
  (Also sprach Zarathustra)

VENEDIG

An der Brücke stand
jüngst ich in brauner Nacht.
Fernher kam Gesang:
goldener Tropfen quoll's
über die zitternde Fläche weg.
Gondeln, Lichter, Musik –
trunken schwamm's in die
                   Dämmrung hinaus ...

Meine Seele, ein Saitenspiel,
sang sich, unsichtbar berührt,
heimlich ein Gondellied dazu,
zitternd vor bunter Seligkeit.
  Hörte jemand ihr zu? ...

DER GEHEIMNISVOLLE NACHEN

(aus den Liedern des Prinzen Vogelfrei)

Gestern nachts, als alles schlief,
kaum der Wind mit ungewissen
Seufzern durch die Gassen lief,
gab mir Ruhe nicht das Kissen,
noch der Mohn, noch, was sonst tief
schlafen macht, – ein gut Gewissen.

Endlich schlug ich mir den Schlaf
aus dem Sinn und lief zum Strande.
Mondhell war's und mild, – ich traf
Mann und Kahn auf warmem Sande,
schläfrig beide, Hirt und Schaf: –
schläfrig stieß der Kahn vom Lande.

Eine Stunde, leicht auch zwei,
oder war's ein Jahr? – Da sanken
plötzlich mir Sinn und Gedanken
in ein ew'ges Einerlei,
und ein Abgrund ohne Schranken
tat sich auf: – da war's vorbei!

– Morgen kam: auf schwarzen Tiefen
steht ein Kahn und ruht und ruht...
Was geschah? so rief's, so riefen
hundert bald: was gab es? Blut? – –
Nichts geschah! Wir schliefen, schliefen
alle – ach, so gut! so gut!

DER WANDRER

Es geht ein Wandrer durch die Nacht
mit gutem Schritt;
und krummes Tal und lange Höhn –
er nimmt sie mit.
Die Nacht ist schön –
er schreitet zu und steht nicht still,
weiß nicht, wohin sein Weg noch will.

Da singt ein Vogel durch die Nacht:
»Ach Vogel, was hast du gemacht!
Was hemmst du meinen Sinn und Fuß
und gießest süßen Herz-Verdruß
ins Ohr mir, daß ich stehen muß
und lauschen muß – –
Was *lockst* du mich mit Ton und Gruß?« –

Der gute Vogel schweigt und spricht:
»Nein, Wandrer, nein! Dich lock ich nicht
mit dem Getön –
ein Weibchen lock ich von den Höhn –
was geht's dich an?
Allein ist mir die Nacht nicht schön –
was geht's dich an? Denn du sollst gehn
und nimmer, nimmer stille stehn!
Was stehst du noch?
Was tat mein Flötenlied dir an,
du Wandersmann?«

Der gute Vogel schwieg und sann:
»Was tat mein Flötenlied ihm an?
Was steht er noch? –
Der arme, arme Wandersmann!«

AM GLETSCHER

Um Mittag, wenn zuerst
der Sommer ins Gebirge steigt,
der Knabe mit den müden, heißen Augen:
da spricht er auch,
doch *sehen* wir sein Sprechen nur.
Sein Atem quillt, wie eines Kranken Atem quillt
in Fieber-Nacht.
Es geben Eisgebirg und Tann und Quell
ihm Antwort auch,
doch *sehen* wir die Antwort nur,
denn schneller springt vom Fels herab
der Sturzbach wie zum Gruß
und steht, als weiße Säule zitternd,
sehnsüchtig da.
Und dunkler noch und treuer blickt die Tanne,
als sonst sie blickt,
und zwischen Eis und totem Graugestein
bricht plötzlich Leuchten aus – –
Solch Leuchten sah ich schon: das
                              deutet mir's. –

Auch toten Mannes Auge
wird wohl noch einmal licht,
wenn harmvoll ihn sein Kind
umschlingt und hält und küßt:
noch einmal quillt da wohl zurück
des Lichtes Flamme, glühend spricht
das tote Auge: »Kind!
ach Kind, du weißt, ich liebe dich!« –
Und glühend redet alles – Eisgebirg
und Bach und Tann –
mit Blicken hier das selbe Wort:
»Wir lieben dich!
ach Kind, du weißt, wir lieben, lieben dich!«
Und er,
der Knabe mit den müden, heißen Augen,
er küßt sie harmvoll,
inbrünst'ger stets
und will nicht gehn;
er bläst sein Wort wie Schleier nur
von seinem Mund,

sein schlimmes Wort:
»Mein Gruß ist Abschied,
mein Kommen Gehen,
ich sterbe jung.«

Da horcht es rings
und atmet kaum:
kein Vogel singt.
Da überläuft
er schaudernd, wie
ein Glitzern, das Gebirg.
Da denkt es rings –
und schweigt – –
Um Mittag war's,
um Mittag, wenn zuerst
der Sommer ins Gebirge steigt,
der Knabe mit den müden, heißen Augen.

DER SKEPTIKER SPRICHT

Halb ist dein Leben um,
der Zeiger rückt, die Seele schaudert dir!
Lang schweift sie schon herum
und sucht und fand nicht – und sie
                            zaudert hier?

Halb ist dein Leben um:
Schmerz war's und Irrtum, Stund um
                            Stund dahier!
Was suchst du noch? *Warum?* – –
Dies eben such ich – Grund um Grund dafür!

AN DIE FREUNDSCHAFT

Freundschaft, Göttin,
höre gnädig das Lied,
das wir jetzt singen der Freundschaft!
Wohin auch blickt das Auge der Freunde,
übervoll vom Glücke der Freundschaft,
hilfreich nahst du uns,

Morgenrot im Blick,
und ewiger Jugend treues Pfand
in der heilgen Rechten.

Heil dir, Freundschaft!
Meiner höchsten Hoffnung
erste Morgenröte!
Ach, ohn Ende
schien oft Pfad und Nacht mir,
alles Leben
ziellos und verhaßt!
Zweimal will ich leben,
nun ich schau in deiner Augen
Morgenglanz und Sieg,
du liebste Göttin!

Heil dir, Freundschaft,
meines Schicksals Bürgin,
fernen Siegs Gewähr und Vorspiel!
Mag die Zukunft Schlimmstes bergen,
Schmerz und Qual und bittre Feindschaft.
Nimmer zag ich,
siegreich bleibt mein Leben,
glüht sein Abend einst unendlich
in deiner Sonne.

»DIESEN UNGEWISSEN SEELEN«

Diesen ungewissen Seelen
bin ich grimmig gram.
All ihr Ehren ist ein Quälen,
all ihr Lob ist Selbstverdruß und Scham.

Daß ich nicht an *ihrem* Stricke
ziehe durch die Zeit,
dafür grüßt mich ihrer Blicke
giftig-süßer hoffnungsloser Neid.

Möchten sie mir herzhaft fluchen
und die Nase drehn!
Dieser Augen hilflos Suchen
soll bei mir auf ewig irre gehn.

LIEBESERKLÄRUNG

bei der aber der Dichter in eine Grube fiel –

O Wunder! Fliegt er noch?
Er steigt empor, und seine Flügel ruhn?
  Was hebt und trägt ihn doch?
Was ist ihm Ziel und Zug und Zügel nun?

  Gleich Stern und Ewigkeit
lebt er in Höhn jetzt, die das Leben flieht,
  mitleidig selbst dem Neid –:
und hoch flog, wer ihn auch nur schweben
                                    sieht!

  O Vogel Albatros!
Zur Höhe treibt's mit ewgem Triebe mich.
  Ich dachte dein: da floß
mir Trän um Träne, – ja ich liebe dich!

ENTSCHLUSS

Will weise sein, weil's mir gefällt,
und nicht auf fremden Ruf.
Ich lobe Gott, weil Gott die Welt
so dumm als möglich schuf.

Und wenn ich selber meine Bahn
so krumm als möglich lauf –
der Weiseste fing damit an,
der Narr – hört damit auf.

Alle ewigen Quell-Bronnen
Quellen ewig hinan:
Gott selbst – hat er je begonnen?
Gott selbst – fängt er immer an?

Die Welt steht nicht still,
Nacht liebt lichten Tag –
schön klingt dem Ohr, »ich will«,
schöner noch »ich mag«!

LEBENSREGELN

Das Leben gern zu leben,
mußt du darüber stehn!
Drum lerne dich erheben!
Drum lerne – abwärts sehn!

Den edelsten der Triebe
veredle mit Bedachtung:
zu jedem Kilo Liebe
nimm ein Gran Selbstverachtung!

DER HERBST

Dies ist der Herbst: der – bricht dir
                        noch das Herz!
Fliege fort! Fliege fort!
Die Sonne schleicht zum Berg
und steigt und steigt
und ruht bei jedem Schritt.

Was ward die Welt so welk!
Auf müd gespannten Fäden spielt
der Wind sein Lied.
Die Hoffnung floh –
er klagt ihr nach.

Dies ist der Herbst: der – bricht dir
                        noch das Herz!
Fliege fort! Fliege fort!
O Frucht des Baums,
du zitterst, fällst?
Welch ein Geheimnis lehrte dich
die Nacht,
daß eis'ger Schauder deine Wange,
die Purpurwange deckt? –
Du schweigst, antwortest nicht?
Wer redet noch? – –

Dies ist der Herbst: der – bricht dir
                        noch das Herz!

Fliege fort! Fliege fort!
»Ich bin nicht schön
– so spricht die Sternenblume –
doch Menschen lieb ich
und Menschen tröst ich –
sie sollen jetzt noch Blumen sehn,
nach mir sich bücken,
ach! und mich brechen –
in ihrem Auge glänzet dann
Erinn'rung auf,
Erinnerung an Schöneres als ich: –
– ich seh's, ich seh's – und sterbe so!«
Dies ist der Herbst: der – bricht dir
noch das Herz!
Fliege fort! Fliege fort!

DEM UNBEKANNTEN GOTT

Noch einmal, eh ich weiterziehe
und meine Blicke vorwärts sende,
heb ich vereinsamt meine Hände
zu dir empor, zu dem ich fliehe,
dem ich in tiefster Herzenstiefe
Altäre feierlich geweiht,
daß allezeit
mich deine Stimme wieder riefe.

Darauf erglüht tiefeingeschrieben
das Wort: Dem unbekannten Gotte.
Sein bin ich, ob ich in der Frevler Rotte
auch bis zur Stunde bin geblieben:
sein bin ich – und ich fühl die Schlingen,
die mich im Kampf darniederziehn
und, mag ich fliehn,
mich doch zu seinem Dienste zwingen.

Ich will dich kennen, Unbekannter,
du tief in meine Seele Greifender,
mein Leben wie ein Sturm Durchschweifender,
du Unfaßbarer, mir Verwandter!
Ich will dich kennen, selbst dir dienen.

DIE SONNE SINKT

1

Nicht lange durstest du noch,
    verbranntes Herz!
Verheißung ist in der Luft,
aus unbekannten Mündern bläst michs an,
    – die große Kühle kommt...

Meine Sonne stand heiß über mir im Mittage:
seid mir gegrüßt, daß ihr kommt,
    ihr plötzlichen Winde,
ihr kühlen Geister des Nachmittags!

Die Luft geht fremd und rein.
Schielt nicht mit schiefem
    Verführerblick
die Nacht mich an?...
Bleib stark, mein tapfres Herz!
Frag nicht: warum? –

2

Tag meines Lebens!
die Sonne sinkt.
Schon steht die glatte
    Flut vergüldet.
Warm atmet der Fels:
    schlief wohl zu Mittag
das Glück auf ihm seinen Mittagsschlaf?
    In grünen Lichtern
spielt Glück noch der braune Abgrund herauf.

Tag meines Lebens!
gen Abend geht's!
Schon glüht dein Auge
    halbgebrochen,
schon quillt deines Taus
    Tränengeträufel,
schon läuft über weiße Meere
deiner Liebe Purpur,
deine letzte zögernde Seligkeit...

3

Heiterkeit, güldene, komm!
  du des Todes
heimlichster, süßester Vorgenuß!
– Lief ich zu rasch meines Wegs?
Jetzt erst, wo der Fuß müde ward,
  holt dein Blick mich noch ein,
  holt dein *Glück* mich noch ein.

Rings nur Welle und Spiel.
  Was je schwer war,
sank in blaue Vergessenheit, –
müßig steht nun mein Kahn.
Sturm und Fahrt – wie verlernt' er das!
  Wunsch und Hoffen ertrank,
  glatt liegt Seele und Meer.

Siebente Einsamkeit!
  Nie empfand ich
näher mir süße Sicherheit,
wärmer der Sonne Blick.
– Glüht nicht das Eis meiner Gipfel noch?
  Silbern, leicht, ein Fisch,
  schwimmt nun mein Nachen hinaus...

LETZTER WILLE

So sterben,
wie ich ihn einst sterben sah –,
den Freund, der Blitze und Blicke
göttlich in meine dunkle Jugend warf!
Mutwillig und tief,
in der Schlacht ein Tänzer –,

unter Kriegern der Heiterste,
unter Siegern der Schwerste,
auf seinem Schicksal ein Schicksal stehend,
hart, nachdenklich, vordenklich –:

erzitternd darob, *daß* er siegte,
jauchzend darüber, daß er *sterbend* siegte –:
befehlend, indem er starb,
– und er befahl, daß man *vernichte*...
So sterben,
wie ich ihn einst sterben sah:
siegend, *vernichtend*...

SCHLUSSREIM

Eine ernste Kunst ist Lachen:
soll ich's morgen besser machen,
sagt mir: macht ich's heute gut?
Kam der Funke stets vom Herzen?
Wenig taugt der Kopf zum Scherzen,
glüht im Herzen nicht die Glut.

Hier rollte Gold, hier spielte ich mit Golde –
In Wahrheit spielte Gold mit mir – ich rollte!

EXPRESSIONISMUS

Die für die heutige Literatur vielleicht bedeutendste Epoche der Dichtung war der Expressionismus. Im Gegensatz vor allem zum Naturalismus setzte sich der Expressionismus zur Aufgabe, das Wesen der Dinge und des Menschen darzustellen, nicht die äußere Wirklichkeit, die oft mehr Schein war als Sein. Die innere Wirklichkeit galt es darzustellen. Deshalb war aus dem Blickwinkel der Ästhetik betrachtet nicht die Schönheit der Sprache und auch nicht die technische Brillanz, sondern schlicht und ergreifend die Ausdrucksstärke das Maß aller Kunst.

Der Expressionismus vollzog auf breiter Ebene eine tiefgreifende Wandlung. Seine Anfänge waren vor allem ästhetischen und philosophischen Ursprungs. Auf der Grundlage insbesondere von Nietzsches Weltbild richtete sich die expressionistische Bewegung zunächst gegen fast alles, was mit dem modernen Leben identifiziert werden konnte. Die Gesellschaft wurde als verlogen, sinnlos und morbide betrachtet. Vor diesem Hintergrund erschien sogar der heraufziehende Erste Weltkrieg vielen jungen Dichtern als ein durchaus probates Mittel, neue Verhältnisse herbeizuführen. Eben dieser Weltkrieg aber machte aus der zuerst hauptsächlich gesellschaftskritischen Geisteshaltung des Expressionismus eine unmittelbar politische, und zwar eine zutiefst pazifistische. Die soziale Problematik des modernen Menschen rückte stärker ins Blickfeld, ja die Leiden der Menschheit an sich. Dies hatte zur Folge, daß viele der Expressionisten ihren Anarchismus politisierten, ins sozialistische oder kommunistische Lager gingen.

Zentrales Thema der expressionistischen Dichtung ist der Wandel der Zeit in Form von Untergang und Wiedergeburt sowie die Sehnsucht nach dem neuen Menschen, der den alten Menschen in seiner Not ablöst. Die Expressionisten fanden eine Menschheit vor, die sich selbst von ihrer eigenen Schöpfung, vor allem der Technik, aber auch vom Mammon abhängig gemacht hatte. Sie wehrten sich dagegen, daß der einzelne Mensch nur noch unter psychologisch-analytischen Gesichtspunkten betrachtet wurde und es für alles und jedes eine passende historische Erklärung gab. Zu kompliziert war die Welt geworden, als daß man sie mit so eindeutigen Methoden wie dem Realismus, dem Impressionismus oder gar dem Naturalismus hätte begreifen können. Sie war einerseits erstarrt in Bourgeoisie und Konvention und andererseits zerrissen durch die Hektik der neuen Zeit. Die Expressionisten suchten eine neue Welt, indem sie die alte künstlerisch »aus den Angeln hoben«. Ihr Ziel war das Wesen der Dinge hinter der modernen Fassade. Zu den bedeutendsten Vertretern des Expressionismus zählten Johannes R. Becher, Georg Trakl, Ernst Stadler, Alfred Lichtenstein, Else Lasker-Schüler, Georg Heym, Alfred Döblin, Gottfried Benn, Ernst Barlach, Ernst Toller, Heinrich Mann, Fritz von Unruh, Carl Sternheim und Franz Werfel.

GEORG HEYM

GEORG HEYM

Georg Heym wurde am 30. Oktober 1887 als Sohn eines Staatsanwalts in Hirschberg in Schlesien geboren. Im Jahr 1900 zog er mit seiner Familie nach Berlin, wo er verschiedene Gymnasien besuchte.

1907 begann er in Würzburg ein Studium der Rechtswissenschaft. Dort sowie an den Universitäten zu Berlin und zu Jena betrieb er sein Studium, das er 1911 abschloß. 1911 war auch das Jahr, in dem erstmals ein Gedichtband von Heym erschien: »Der ewige Tag«.

Die Lyrik war nicht das einzige Feld, auf dem sich der junge Dichter, der als Referendar aus dem Amtsgericht Berlin-Lichterfelde geworfen wurde, betätigte. Er versuchte sich auch in der dramatischen Literatur sowie – mit eindrucksvollen Ergebnissen – als Erzähler.

Die Veröffentlichung seiner geplanten und schon weit gediehenen Novellensammlung »Der Dieb« 1913 erlebte der Dichter nicht mehr. Ebensowenig das Erscheinen seines zweiten Gedichtsbands »Umbra vitae« 1912. »Der ewige Tag« blieb die einzige Publikation, die Georg Heym noch erlebte. Er ertrank am 16. Januar 1912 bei einer Schlittschuhfahrt auf der Havel bei Berlin.

UMBRA VITAE

Die Menschen stehen vorwärts in den Straßen
Und sehen auf die großen Himmelszeichen,
Wo Kometen mit den Feuernasen
Um die gezackten Türme drohend schleichen.

Und alle Dächer sind voll Sternedeuter,
Die in den Himmel stecken große Röhren,
Und Zauberer, wachsend aus den
                          Bodenlöchern,
Im Dunkel schräg, die ein Gestirn beschwören.

Selbstmörder gehen nachts in großen Horden,
Die suchen vor sich ihr verlornes Wesen,
Gebückt in Süd und West und Ost
                          und Norden,
Den Staub zerfegend mit den Armen-Besen.

Sie sind wie Staub, der hält noch eine Weile.
Die Haare fallen schon auf ihren Wegen.
Sie springen, daß sie sterben, und in Eile,
Und sind mit totem Haupt im Feld gelegen,

Noch manchmal zappelnd. Und der
                          Felder Tiere
Stehn um sie blind und stoßen mit dem Horne
In ihren Bauch. Sie strecken alle Viere,
Begraben unter Salbei und dem Dorne.

Die Meere aber stocken. In den Wogen
Die Schiffe hängen modernd und verdrossen,
Zerstreut, und keine Strömung wird gezogen,
Und aller Himmel Höfe sind verschlossen.

Die Bäume wechseln nicht die Zeiten
Und bleiben ewig tot in ihrem Ende,
Und über die verfallnen Wege spreiten
Sie hölzern ihre langen Finger-Hände.

Wer stirbt, der setzt sich auf, sich zu erheben,
Und eben hat er noch ein Wort gesprochen,

Auf einmal ist er fort. Wo ist sein Leben?
Und seine Augen sind wie Glas zerbrochen.

Schatten sind viele. Trübe und verborgen.
Und Träume, die an stummen Türen schleifen,
Und der erwacht, bedrückt vom Licht
                          der Morgen,
Muß schweren Schlaf von grauen
                          Lidern streifen.

DEINE WIMPERN,
DIE LANGEN . . .

Deine Wimpern, die langen,
Deiner Augen dunkele Wasser,
Laß mich tauchen darein,
Laß mich zur Tiefe gehn.

Steigt der Bergmann zum Schacht
Und schwankt seine trübe Lampe
Über der Erze Tor,
Hoch an der Schattenwand,

Sieh, ich steige hinab,
In deinem Schoß zu vergessen,
Fern was von oben dröhnt,
Helle und Qual und Tag.

An den Feldern verwächst,
Wo der Wind steht, trunken vom Korn,
Hoher Dorn, hoch und krank
Gegen das Himmelsblau.

Gib mir die Hand,
Wir wollen einander verwachsen,
Einem Wind Beute,
Einsamer Vögel Flug,

Hören im Sommer
Die Orgel der matten Gewitter,
Baden in Herbsteslicht,
Am Ufer des blauen Tags.

Manchmal wollen wir stehn
Am Rand des dunkelen Brunnens,
Tief in die Stille zu sehn,
Unsere Liebe zu suchen.

Oder wir treten hinaus
Vom Schatten der goldenen Wälder,
Groß in ein Abendrot,
Das dir berührt sanft die Stirn.

Einmal am Ende zu stehen,
Wo Meer in gelblichen Flecken
Leise schwimmt schon herein
Zu der September Bucht.

Oben zu ruhn
Im Haus der dürftigen Blumen,
Über die Felsen hinab
Singt und zittert der Wind.

Doch von der Pappel,
Die ragt im Ewigen Blauen,
Fällt schon ein braunes Blatt,
Ruht auf dem Nacken dir aus.

Göttliche Trauer,
Schweige der ewigen Liebe.
Hebe den Krug herauf,
Trinke den Schlaf.

OPHELIA

I

Im Haar ein Nest von jungen Wasserratten,
Und die beringten Hände auf der Flut
Wie Flossen, also treibt sie durch den Schatten
Des großen Urwalds, der im Wasser ruht.

Die letzte Sonne, die im Dunkel irrt,
Versenkt sich tief in ihres Hirnes Schrein.

Warum sie starb? Warum sie so allein
Im Wasser treibt, das Farn und Kraut verwirrt?

Im dichten Röhricht steht der Wind.
                                    Er scheucht
Wie eine Hand die Fledermäuse auf.
Mit dunklem Fittich, von dem Wasser feucht
Stehn sie wie Rauch im dunklen Wasserlauf,

Wie Nachtgewölk. Ein langer, weißer Aal
Schlüpft über ihre Brust. Ein Glühwurm
                                    scheint
Auf ihrer Stirn. Und eine Weide weint
Das Laub auf sie und ihre stumme Qual.

II

Korn. Saaten. Und des Mittags roter Schweiß.
Der Felder gelbe Winde schlafen still.
Sie kommt, ein Vogel, der entschlafen will.
Der Schwäne Fittich überdacht sie weiß.

Die blauen Lider schatten sanft herab.
Und bei der Sensen blanken Melodien
Träumt sie von eines Kusses Karmoisin
Den ewigen Traum in ihrem ewigen Grab.

Vorbei, vorbei. Wo an das Ufer dröhnt
Der Schall der Städte. Wo durch Dämme zwingt
Der weiße Strom. Der Widerhall erklingt
Mit weitem Echo. Wo herunter tönt

Hall voller Straßen. Glocken und Geläut.
Maschinenkreischen. Kampf. Wo westlich
                                    droht
In blinde Scheiben dumpfes Abendrot,
In dem ein Kran mit Riesenarmen dräut,

Mit schwarzer Stirn, ein mächtiger Tyrann,
Ein Moloch, drum die schwarzen Knechte
                                    knien.
Last schwerer Brücken, die darüber ziehn
Wie Ketten auf dem Strom, und harter Bann.

Unsichtbar schwimmt sie in der Flut Geleit,
Doch wo sie treibt, jagt weit den
                                        Menschenschwarm
Mit großem Fittich auf ein dunkler Harm,
Der schattet über beide Ufer breit.

Vorbei, vorbei. Da sich dem Dunkel weiht
Der westlich hohe Tag des Sommers spät.
Wo in dem Dunkelgrün der Wiesen steht
Des fernen Abends zarte Müdigkeit.

Der Strom trägt weit sie fort, die untertaucht,
Durch manchen Winters trauervollen Port.
Die Zeit hinab. Durch Ewigkeiten fort,
Davon der Horizont wie Feuer raucht.

DER GOTT DER STADT

Auf einem Häuserblocke sitzt er breit.
Die Winde lagern schwarz um seine Stirn.
Er schaut voll Wut, wo fern in Einsamkeit
Die letzten Häuser in das Land verirrn.

Vom Abend glänzt der rote Bauch dem Baal,
Die großen Städte knieen um ihn her.
Der Kirchenglocken ungeheure Zahl
Wogt auf zu ihm aus schwarzer Türme Meer.

Wie Korybanten-Tanz dröhnt die Musik
Der Millionen durch die Straßen laut.
Der Schlote Rauch, die Wolken der Fabrik
Ziehn auf zu ihm, wie Duft von
                                        Weihrauch blaut.

Das Wetter schwält in seinen Augenbrauen.
Der dunkle Abend wird in Nacht betäubt.
Die Stürme flattern, die wie Geier schauen
Von seinem Haupthaar, das im Zorne sträubt.

Er streckt ins Dunkel seine Fleischerfaust.
Er schüttelt sie. Ein Meer von Feuer jagt
Durch eine Straße. Und der Glutqualm braust
Und frißt sie auf, bis spät der Morgen tagt.

TRÄUMEREI IN HELLBLAU

Alle Landschaften haben
Sich mit Blau erfüllt.
Alle Büsche und Bäume des Stromes,
Der weit in den Norden schwillt.

Leichte Geschwader, Wolken,
Weiße Segel dicht,
Die Gestade des Himmels dahinter
Zergehen in Wind und Licht.

Wenn die Abende sinken
Und wir schlafen ein,
Gehen die Träume, die schönen,
Mit leichten Füßen herein.

Cymbeln lassen sie klingen
In den Händen licht.
Manche flüstern und halten
Kerzen vor ihr Gesicht.

MIT DEN FAHRENDEN SCHIFFEN

Mit den fahrenden Schiffen
Sind wir vorübergeschweift,
Die wir ewig herunter
Durch glänzende Winter gestreift.
Ferner kamen wir immer
Und tanzten im insligen Meer,
Weit ging die Flut uns vorbei,
Und der Himmel war schallend und leer.

Sage die Stadt,
Wo ich nicht saß im Tor,
Ging dein Fuß da hindurch,
Der die Locke ich schor?
Unter dem sterbenden Abend
Das suchende Licht

Hielt ich, wer kam da hinab,
Ach, ewig in fremdes Gesicht.

Bei den Toten ich rief,
Im abgeschiedenen Ort,
Wo die Begrabenen wohnen;
Du, ach, warest nicht dort.
Und ich ging über Feld,
Und die wehenden Bäume zu Haupt
Standen im frierenden Himmel
Und waren im Winter entlaubt.

Raben und Krähen
Habe ich ausgesandt,
Und sie stoben im Grauen
Über das ziehende Land.
Aber sie fielen wie Steine
Zur Nacht mit traurigem Laut
Und hielten im eisernen Schnabel
Die Kränze von Stroh und Kraut.

Manchmal ist deine Stimme,
Die im Winde verstreicht,
Deine Hand, die im Traume
Rühret die Schläfe mir leicht;
Alles war schon vor Zeiten.
Und kehret wieder sich um.
Gehet in Trauer gehüllet,
Streuet Asche herum.

Die Seefahrer

Die Stirnen der Länder, rot und edel
                wie Kronen,
Sahen wir sinken dahin im versinkenden Tag,
Und die rauschenden Kränze der Wälder
                thronen
Unter des Feuers dröhnendem Flügelschlag.

Die zerflackenden Bäume mit Trauer
                zu schwärzen,
Brauste ein Sturm. Sie verbrannten wie Blut,

Untergehend, schon fern. Wie über
                sterbenden Herzen
Einmal noch hebt sich der Liebe
                verlodernde Glut.

Aber wir trieben dahin, hinaus in den
                Abend der Meere.
Unsere Hände brannten wie Kerzen an.
Und wir sahen die Adern darin, und
                das schwere
Blut vor der Sonne, das dumpf in den
                Fingern zerrann.

Nacht begann. Einer weinte im Dunkel.
                Wir schwammen
Trostlos mit schrägem Segel ins Weite hinaus.
Aber wir standen am Borde im Schweigen
                beisammen,
In das Finstre zu starren. Und das Licht
                ging uns aus.

Eine Wolke nur stand in den Weiten
                noch lange,
Ehe die Nacht begann in dem ewigen Raum,
Purpurn schwebend im All, wie mit
                schönem Gesange
Über den klingenden Gründen der Seele
                ein Traum.

Lichter gehen jetzt die Tage

Lichter gehen jetzt die Tage
In der sanften Abendröte
Und die Hecken sind gelichtet,
Drin der Städte Türme stecken
Und die buntbedachten Häuser.

Und der Mond ist eingeschlafen
Mit dem großen weißen Kopfe
Hinter einer großen Wolke.

Und die Straßen gehen bleicher
Durch die Häuser und die Gärten.

Die Gehängten aber schwanken
Freundlich oben auf den Bergen
In der schwarzen Silhouette,
Drum die Henker liegen schlafend,
Unterm Arm die feuchten Beile.

O WEITER, WEITER ABEND

O weiter, weiter Abend. Da verglühen
Die langen Hügel an dem Horizont,
Wie klarer Träume Landschaft bunt besonnt.
O weiter Abend, wo die Saaten sprühen

Des Tages Licht zurück in goldnem Schein.
Hoch oben singen Schwalben, winzig klein.

Auf allen Feldern glitzert ihre Jagd,
Im Wald des Rohres und in hellen Buchten,
Wo hohe Masten stehn. Doch in den Schluchten
Der Hügel hinten nistet schon die Nacht.

MOND

Den blutrot dort der Horizont gebiert,
Der aus der Hölle großen Schlünden steigt,
Sein Purpurhaupt mit Wolken schwarz verziert,
Wie um der Götter Stirn Akanthus schweigt,

Er setzt den großen goldnen Fuß voran
Und spannt die breite Brust wie ein Athlet,
Und wie ein Partherfürst zieht er bergan,
Des Schläfe goldenes Gelock umweht.

Hoch über Sardes und der schwarzen Nacht,
Auf Silbertürmen und der Zinnen Meer,
Wo mit Posaunen schon der Wächter wacht,
Der ruft vom Pontos bald den Morgen her.

Zu seinem Fuße schlummert Asia weit
Im blauen Schatten, unterm Ararat,
Des Schneehaupt schimmert durch die
                                   Einsamkeit,
Bis wo Arabia in das weiche Bad

Der Meere mit den weißen Füßen steigt
Und fern im Süden, wie ein großer Schwan,
Sein Haupt der Sirius auf die Wasser neigt
Und singend schwimmt hinab den Ozean.

Mit großen Brücken, blau wie blanker Stahl,
Mit Mauern, weiß wie Marmor, ruhet aus
Die große Ninive im schwarzen Tal,
Und wenig Fackeln werfen noch hinaus

Ihr Licht, wie Speere weit, wo dunkel braust
Der Euphrat, der sein Haupt in Wüsten taucht.
Die Susa ruht, um ihre Stirne saust
Ein Schwarm von Träumen, die vom Wein
                                   noch raucht.

Hoch auf der Kuppel, auf dem dunklen Strom
Belauscht allein der bösen Sterne Bahn
In weißem Faltenkleid ein Astronom,
Der neigt sein Szepter dem Aldebaran,

Der mit dem Monde kämpft um weißen Glanz,
Wo ewig strahlt die Nacht und ferne stehn
Am Wüstenrand im blauen Lichte ganz
Einsame Brunnen und die Winde wehn

Ölwälder fern um leere Tempel lind,
Ein See von Silber, und in schmaler Schlucht
Uralter Berge tief im Grunde rinnt
Ein Wasser sanft um dunkler Ulmen Bucht.

DER HIMMEL WIRD
SO SCHWARZ

Der Himmel wird so schwarz, als würd
                                    es Nacht.
Der bleiche Schein der fernen Blitze loht,
Wie Todes Aug aus gelber Maske droht.
Das Wetter zieht herauf in dunkler Pracht.

Der erste Windstoß preßt die Kiefern rauh.
Die Raben wirbeln auf wie schwarzes Laub.
Vom weißen Strande wälzt sich hoch der Staub
Und zieht zur See hinaus wie Wolken grau.

Die Möwen ziehn am Wasser ihren Kreis.
Ihr Fittich ist wie Frauenschultern rein.
Des Ufers Villen stehen in dem Schein
Des wetterdunklen Himmels seltsam weiß.

Der Regen rauscht in Abends Dunkelheit.
Fern in den Wolken noch der Donner hallt.
Im Wind und Regen friert der Uferwald
Wie in Novemberabends Traurigkeit.

DER KRIEG

1911

Aufgestanden ist er, welcher lange schlief,
Aufgestanden unten aus Gewölben tief.
In der Dämmrung steht er, groß und
                                    unbekannt,
Und den Mond zerdrückt er in der
                                    schwarzen Hand.

In den Abendlärm der Städte fällt es weit,
Frost und Schatten einer fremden Dunkelheit.
Und der Märkte runder Wirbel stockt zu Eis.
Es wird still. Sie sehn sich um. Und
                                    keiner weiß.

In den Gassen faßt es ihre Schulter leicht.
Eine Frage. Keine Antwort. Ein Gesicht
                                    erbleicht.
In der Ferne zittert ein Geläute dünn,
Und die Bärte zittern um ihr spitzes Kinn.

Auf den Bergen hebt er schon zu tanzen an,
Und er schreit: Ihr Krieger alle, auf und an!
Und es schallet, wenn das schwarze Haupt
                                    er schwenkt,
Drum von tausend Schädeln laute Kette hängt.

Einem Turm gleich tritt er aus die letzte Glut,
Wo der Tag flieht, sind die Ströme schon
                                    voll Blut.
Zahllos sind die Leichen schon im
                                    Schilf gestreckt,
Von des Todes starken Vögeln weiß bedeckt.

In die Nacht er jagt das Feuer querfeldein,
Einen roten Hund mit wilder Mäuler Schrein.
Aus dem Dunkel springt der Nächte
                                    schwarze Welt,
Von Vulkanen furchtbar ist ihr Rand erhellt.

Und mit tausend hohen Zipfelmützen weit
Sind die finstren Ebnen flackend überstreut,
Und was unten auf den Straßen wimmelnd
                                    flieht,
Stößt er in die Feuerwälder, wo die
                                    Flamme brausend zieht.

Und die Flammen fressen brennend Wald
                                    um Wald,
Gelbe Fledermäuse, zackig in das
                                    Laub gekrallt,
Seine Stange haut er wie ein Köhlerknecht
In die Bäume, daß das Feuer brause recht.

Eine große Stadt versank in gelbem Rauch,
Warf sich lautlos in des Abgrunds Bauch.
Aber riesig über glühnden Trümmern steht,
Der in wilde Himmel dreimal seine
                                    Fackel dreht.

Über sturmzerfetzter Wolken Widerschein,
In des toten Dunkels kalten Wüstenein,
Daß er mit dem Brande weit die Nacht
                                    verdorr,
Pech und Feuer träufet unten auf Gomorrh.

DIE MORGUE

Die Wärter schleichen auf den Sohlen leise,
Wo durch das Tuch es weiß von
                        Schädeln blinkt.
Wir, Tote, sammeln uns zur letzten Reise
Durch Wüsten weit und Meer
                        und Winterwind.

Wir thronen hoch auf kahlen Katafalken,
Mit schwarzen Lappen garstig überdeckt.
Der Mörtel fällt. Und aus der Decke Balken
Auf uns ein Christus große Hände streckt.

Vorbei ist unsre Zeit. Es ist vollbracht.
Wir sind herunter. Seht, wir sind nun tot.
In weißen Augen wohnt uns schon die Nacht,
Wir schauen nimmermehr ein Morgenrot.

Tretet zurück von unserer Majestät.
Befaßt uns nicht, die schon das Land erschaun
Im Winter weit, davor ein Schatten steht,
Des schwarze Schulter ragt im Abendgraun.

Ihr, die ihr eingeschrumpft wie Zwerge seid,
Ihr, die ihr runzlig liegt auf unserm Schoß,
Wir wuchsen über euch wie Berge weit
In Ewige Todes-Nacht, wie Götter groß.

Mit Kerzen sind wir lächerlich umsteckt,
Wir, die man früh aus dumpfen Winkeln zog
Noch grunzend, unsre Brust schon
                        blau gefleckt,
Die nachts der Totenvogel überflog.

Wir Könige, die man aus Bäumen schnitt,
Aus wirrer Luft im Vogel-Königreich,
Und mancher, der schon tief durch
                        Röhricht glitt,
Ein weißes Tier, mit Augen rund und weich.

Vom Herbst verworfen. Faule Frucht der Jahre,
Zerronnen sommers in der Gossen Loch,
Wir, denen langsam auf dem kahlen Haare
Der Julihitze weiße Spinne kroch.

Ruhen wir aus im stummen Turm, vergessen?
Werden wir Welle einer Lethe sein?
Oder, daß Sturm uns treibt um Winteressen,
Wie Dohlen reitend auf dem Feuerschein?

Werden wir Blumen sein? Werden wir
                        Vögel werden,
Im Stolze des Blauen, im Zorne der Meere weit?
Werden wir wandern in den tiefen Erden,
Maulwürfe stumm in toter Einsamkeit?

Werden wir in den Locken der Frühe wohnen,
Werden wir blühen im Baum, und
                        schlummern in Frucht,
Oder Libellen blau auf den See-Anemonen
Zittern am Mittag in schweigender
                        Wasser Bucht?

Werden wir sein wie ein Wort von niemand
                        gehöret?
Oder ein Rauch, der flattert im Abendraum?
Oder ein Weinen, das plötzlich Freudige störet?
Oder ein Leuchter zur Nacht? Oder ein Traum?

Oder – wird niemand kommen?
Und werden wir langsam zerfallen,
In dem Gelächter des Monds,
Der hoch über Wolken saust,

Zerbröckeln in Nichts,
– Daß ein Kind kann zerballen
Unsere Größe dereinst
In der dürftigen Faust.

Wir, Namenlose, arme Unbekannte,
In leeren Kellern starben wir allein.
Was ruft ihr uns, da unser Licht verbrannte,
Was stört ihr unser frohes Stell-Dich-Ein?

Seht den dort, der ein graues Lachen stimmt
Auf dem zerfallnen Munde fröhlich an,
Der auf die Brust die lange Zunge krümmt,
Er lacht euch aus, der große Pelikan.

Er wird euch beißen. Viele Wochen war
Er Gast bei Fischen. Riecht doch, wie er stinkt.
Seht, eine Schnecke wohnt ihm noch im Haar,
Die spöttisch euch mit kleinem Fühler winkt.

– Ein kleines Glöckchen –. Und sie
                                    ziehen aus.
Das Dunkel kriecht herein auf schwarzer Hand.
Wir ruhen einsam nun im weiten Haus,
Unzählige Särge tief an hoher Wand.

Was kommt er nicht? Wir haben Tücher an
Und Totenschuhe. Und wir sind gespeist.
Wo ist der Fürst, der wandert uns voran,
Des große Fahne vor dem Zuge reist?

Wo wird uns seine laute Stimme wehen?
In welche Dämmerung geht unser Flug?
Verlassen in der Einsamkeit zu stehen
Vor welcher leeren Himmel Hohn und
                                    Trug?

Ewige Stille. Und des Lebens Rest
Zerwittert und zerfällt in schwarzer Luft.
Des Todes Wind, der unsre Tür verläßt,
Die dunkle Lunge voll vom Staub der Gruft,

Er atmet schwer hinaus, wo Regen rauscht,
Eintönig, fern, Musik in unserm Ohr,
Das dunkel in die Nacht dem Sturme lauscht,
Der ruft im Hause traurig und sonor.

Und der Verwesung blauer Glorienschein
Entzündet sich auf unserm Angesicht.
Eine Ratte hopst auf nacktem Zehenbein,
Komm nur, wir stören deinen Hunger nicht.

Wir zogen aus, gegürtet wie Giganten,
Ein jeder klirrte wie ein Goliath.
Nun haben wir die Mäuse zu Trabanten,
Und unser Fleisch ward dürrer Maden Pfad.

Wir, Ikariden, die mit weißer Schwinge
Im blauen Sturm des Lichtes einst gebraust,
Wir hörten noch der großen Türme Singen,
Da rücklings wir in schwarzen Tod gesaust.

Im fernen Plan verlorner Himmelslande,
Im Meere weit, wo fern die Woge flog,
Wir flogen stolz in Abendrotes Brande
Mit Segeln groß, die Sturm und Wetter bog.

Was fanden wir im Glanz der Himmelsenden?
Ein leeres Nichts. Nun schlappt uns das Gebein,
Wie einen Pfennig in den leeren Händen
Ein Bettler klappern läßt am Straßenrain.

Was wartet noch der Herr? Das Haus ist voll,
Die Kammern rings der Karavanserei,
Der Markt der Toten, der von Knochen scholl,
Wie Zinken laut hinaus zur Wüstenei.

ERNST STADLER

ERNST STADLER

Ernst Maria Richard Stadler wurde am 11. August 1883 in Colmar im Elsaß als Sohn eines Staatsanwalts und späteren Kurators der Universität Straßburg geboren. 1902 nahm er ein Studium der Germanistik auf, das aber noch im Herbst desselben Jahres durch seinen Militärdienst unterbrochen wurde. Stadler arbeitete unter anderem an der von seinem Freund René Schickele herausgegebenen Zeitschrift »Der Stürmer« mit.

1904 nahm er sein Studium wieder auf und promovierte 1906 in Straßburg zum Dr. phil. In den Jahren 1906 bis 1908 ermöglichte ihm ein Stipendium einen Aufenthalt in Oxford, wo er ein Schüler Rhodes' war. Wieder in Straßburg, habilitierte Stadler 1908 in deutscher Philologie. 1910 wurde er Dozent, 1912 dann Professor an der Université Libre in Brüssel und Baccalaureus literarum in Oxford.

Seine Karriere wurde durch den Krieg jäh unterbrochen. 1914 mußte er ins Feld. Am 30. Oktober 1914 wurde Ernst Maria Richard Stadler hinter der Front von einer Granate getötet.

Um seinen Tod wurden von seinen Dichterfreunden Legenden gewoben. Aus Stadlers Bewunderung für das Werk des Franzosen Charles Peguy entwickelte sein Freund und Förderer Franz Blei die Geschichte, die beiden Dichter hätten sich auf dem Schlachtfeld noch die Hände gereicht, ehe sie tödlich getroffen in ihre Schützengräben gesunken seien. Tatsächlich starb Stadler nicht den Heldentod, er war nicht derjenige, der sich fürs Vaterland geopfert hätte, auch wenn dies aus seinen Gedichten, die oft mit kriegerischer Sprache arbeiteten, eine Weile falsch interpretiert wurde.

Zu seinen bedeutendsten Werken zählen vor allem die Gedichtbände »Praeludien« (1905) und »Der Aufbruch« (1914).

DER AUFBRUCH

Einmal schon haben Fanfaren mein ungedul-
    diges Herz blutig gerissen,
Daß es, aufsteigend wie ein Pferd, sich
    wütend ins Gezäum verbissen.
Damals schlug Tamburmarsch den Sturm auf
    allen Wegen,
Und herrlichste Musik der Erde hieß uns
    Kugelregen.
Dann, plötzlich, stand Leben stille. Wege
    führten zwischen alten Bäumen.
Gemächer lockten. Es war süß, zu weilen
    und sich versäumen,
Von Wirklichkeit den Leib so wie von
    staubiger Rüstung zu entketten,
Wollüstig sich in Daunen weicher Traum-
    stunden einzubetten.
Aber eines Morgens rollte durch Nebelluft
    das Echo von Signalen,
Hart, scharf, wie Schwerthieb pfeifend. Es
    war wie wenn im Dunkel plötzlich
    Lichter aufstrahlen.
Es war wie wenn durch Biwakfrühe
    Trompetenstöße klirren,
Die Schlafenden aufspringen und die Zelte
    abschlagen und die Pferde schirren.
Ich war in Reihen eingeschient, die in den
    Morgen stießen, Feuer über Helm und
    Bügel,
Vorwärts, in Blick und Blut die Schlacht,
    mit vorgehaltnem Zügel.
Vielleicht würden uns am Abend Siegesmär-
    sche umstreichen,
Vielleicht lägen wir irgendwo ausgestreckt
    unter Leichen.
Aber vor dem Erraffen und vor dem Versin-
    ken
Würden unsre Augen sich an Welt und
    Sonne satt und glühend trinken.

WORTE

Man hatte uns Worte vorgesprochen,
    die von nackter Schönheit und Ahnung
    und zitterndem Verlangen übergiengen.
Wir nahmen sie, behutsam wie
               fremdländische Blumen,
    die wir in unsrer Knabenheimlichkeit
               aufhiengen.
Sie versprachen Sturm und Abenteuer,
    Überschwang und Gefahren und todgeweihte
               Schwüre –
Tag um Tag standen wir und warteten,
    daß ihr Abenteuer uns entführe.
Aber Wochen liefen kahl und spurlos,
    und nichts wollte sich melden, unsre
               Leere fortzutragen.
Und langsam begannen die bunten Worte
               zu entblättern.
    Wir lernten sie ohne Herzklopfen sagen.
Und die noch farbig waren, hatten sich
               von Alltag
    und allem Erdwohnen geschieden:
Sie lebten irgendwo verzaubert auf
               paradiesischen Inseln
    in einem märchenblauen Frieden.
Wir wußten:
    sie waren unerreichbar wie die
               weißen Wolken,
    die sich über unserm Knabenhimmel
               vereinten,
Aber an manchen Abenden geschah es,
    daß wir heimlich und sehnsüchtig
    ihrer verhallenden Musik nachweinten.

TAGE

O Gelöbnis der Sünde! All' ihr auferlegten
    Pilgerfahrten in entehrte Betten!
Stationen der Erniedrigung und der Begierde
    an verdammten Stätten!

Obdach beschmutzter Kammern, Herd in
     der Stube, wo die Speisereste verderben,
Und die qualmende Öllampe, und über der
     wackligen Kommode der Spiegel in
     Scherben!
Ihr zertretnen Leiber! du Lächeln, krampf-
     haft in gemalte Lippen eingeschnitten!
Armes, ungepflegtes Haar! ihr Worte, denen
     Leben längst entglitten –
Seid ihr wieder um mich, hör' ich euch
     meinen Namen nennen?
Fühl' ich aus Scham und Angst wieder den
     einen Drang nur mich zerbrennen:
Sicherheit der Frommen, Würde der Gerech-
     ten anzuspeien,
Trübem, Ungewissem, schon Verlornem
     mich zu schenken, mich zu weihen,
Selig singend Schmach und Dumpfheit der
     Geschlagenen zu fühlen,
Mich ins Mark des Lebens wie in Gruben
     Erde einzuwühlen.

VORFRÜHLING

In dieser Märznacht trat ich spät aus
     meinem Haus.
Die Straßen waren aufgewühlt von Lenz-
     geruch und grünem Saatregen.
Winde schlugen an. Durch die verstörte
     Häusersenkung ging ich weit hinaus
Bis zu dem unbedeckten Wall und spürte:
     meinem Herzen schwoll ein neuer
     Takt entgegen.

In jedem Lufthauch war ein junges Werden
     ausgespannt.
Ich lauschte, wie die starken Wirbel mir im
     Blute rollten.
Schon dehnte sich bereitet Acker. In den
     Horizonten eingebrannt
War schon die Bläue hoher Morgenstunden,
     die ins Weite führen sollten.

Die Schleusen knirschten. Abenteuer brach aus
     allen Fernen.
Überm Kanal, den junge Ausfahrtswinde well-
     ten, wuchsen helle Bahnen,
In deren Licht ich trieb. Schicksal stand war-
     tend in umwehten Sternen.
In meinem Herzen lag ein Stürmen wie von
     aufgerollten Fahnen.

FRÜHLINGSNACHT

Die Kirschbaumblüten im lichtdurch-
                  schwemmten Garten
Sind wie Kandelaber von Millionen Kerzen,
Die das Vollmondfeuer angesteckt. Die
                  zarten Kissen
Grüngesprengten Rasens zwischen
                  Krokusbeeten
Sind besteckt mit weißen Perlensäumen,
Und die kühle spiegelhelle Luft
Ist ein feiner Schleier von gewebtem Silber,
Den die Lenznacht heimlich glühend um die
Weiße warme Nacktheit ihrer Glieder hängt.

IN DER FRÜHE

Die Silhouette deines Leibs steht in der
     Frühe dunkel vor dem trüben Licht
Der zugehangnen Jalousien. Ich fühl, im
     Bette liegend, hostiengleich mir
     zugewendet dein Gesicht.
Da du aus meinen Armen dich gelöst, hat
     dein geflüstert
     »Ich muß fort« nur an die fernsten Tore
     meines Traums gereicht –
Nun seh ich, wie durch Schleier, deine
     Hand, wie sie mit leichtem Griff das
     weiße Hemd die Brüste nieder-
     streicht ...

Die Strümpfe... nun der Rock... Das Haar
    gerafft... schon bist du fremd, für Tag
    und Welt geschmückt...
Ich öffne leis die Türe... küsse dich... du
    nickst, schon fern, ein Lebewohl...
    und bist entrückt.
Ich höre, schon im Bette wieder, wie dein
    sachter Schritt im Treppenhaus
    verklingt,
Bin wieder im Geruche deines Körpers ein-
    gesperrt, der aus den Kissen strömend
    warm in meine Sinne dringt.
Morgen wird heller. Vorhang bläht sich.
    Junger Wind und Sonne will herein.
Lärmen quillt auf... Musik der Frühe...
    sanft in Morgenträume eingesungen
    schlaf ich ein.

DER MORGEN

Dein morgentiefes Auge ist in mir, Marie.
Ich fühle, wie es durch die Dämmerung
                mich umfängt
Der weiten Kirche. Stille will ich knien
              und warten, wie
Dein Tag aus den erblühten Heiligenfenstern
              zu mir drängt.

Wie kommt er sanft und gut und wie mit
            väterlicher Hand
Umschwichtigend. Wann wars, daß er mit
            grellen Fratzen mich genarrt,
Auf Vorstadtgassen, wenn mein Hunger
          nirgends sich ein Obdach fand —
Oder in grauen Stuben mich aus fremden
            Blicken angestarrt?

Nun strömt er warm wie Sommerregen
           über mein Gesicht
Und wie dein Atem voller Rosenduft, Marie,
Und meiner Seele dumpf verwirrt Getön
           hebt sanft sein Licht
In deines Lebens morgenreine Melodie.

BETÖRUNG

Nun bist du, Seele, wieder deinem Traum
Und deiner Sehnsucht selig hingegeben.
In holdem Feuer glühend fühlst du kaum,
Daß Schatten alle Bilder sind, die um
              dich leben.

Denn nächtelang war deine Kammer leer.
Nun grüßen dich, wie über Nacht die Zeichen
Des jungen Frühlings durch die Fenster her,
Die neuen Schauer, die durch deine
              Seele streichen.

Und weißt doch: niemals wird Erfüllung sein
Den Schwachen, die ihr Blut dem Traum
             verpfänden,
Und höhnend schlägt das Schicksal Krug
            und Wein
Den ewig Dürstenden aus hochgehobnen
             Händen.

ANREDE

Ich bin nur Flamme, Durst und Schrei
            und Brand.
Durch meiner Seele enge Mulden schießt
            die Zeit
Wie dunkles Wasser, heftig, rasch und
            unerkannt.
Auf meinem Leibe brennt das Mal:
            Vergänglichkeit.

Du aber bist der Spiegel, über dessen Rund
Die großen Bäche alles Lebens gehn,
Und hinter dessen quellend gold'nem Grund
Die toten Dinge schimmernd aufersteh'n.

Mein Bestes glüht und lischt — ein irrer Stern,
Der in den Abgrund blauer Sommernächte
            fällt —

Doch deiner Tage Bild ist hoch und fern,
Ewiges Zeichen, schützend um dein
                              Schicksal hergestellt.

FORM IST WOLLUST

Form und Riegel mußten erst zerspringen,
Welt durch aufgeschlossne Röhren dringen:
Form ist Wollust, Friede, himmlisches
                              Genügen,
Doch mich reißt es, Ackerschollen
                              umzupflügen.
Form will mich verschnüren und verengen,
Doch ich will mein Sein in alle Weiten
                              drängen —
Form ist klare Härte ohn' Erbarmen,
Doch mich treibt es zu den Dumpfen, zu
                              den Armen,
Und in grenzenlosem Michverschenken
Will mich Leben mit Erfüllung tränken.

SOMMER

Mein Herz steht bis zum Hals in
                              gelbem Erntelicht
wie unter Sommerhimmeln schnittbereites
                              Land.
Bald läutet durch die Ebenen Sichelsang:
   mein Blut lauscht tief mit Glück gesättigt
                              in den Mittagsbrand.
Kornkammern meines Lebens, lang verödet,
   alle eure Tore sollen nun wie Schleusenflügel
                              offen stehn,
Über euern Grund wird wie Meer
   die goldne Flut der Garben gehn.

DIE JÜNGLINGE UND DAS MÄDCHEN

Was unsern Träumen Schönheit hieß,
                              ward Leib in dir
Und holde Schwingung sanft gezogner Glieder
Im Schreiten, anders nicht als wie
                              in einem Tier.
Doch unsre Sehnsucht sinkt zu deinen
                              Füßen nieder,

Erhöhung stammelnd wie vor dem Altar,
Und daß dein Blick Erfüllung ihr befehle,
Was blind in deinem Körper Trieb und
                              Odem war,
Das wurde staunend unserm Suchen Sinn
                              und Seele.

Du ahnst nicht dieser Stunden Glück
                              und Qual,
Da wir dein Bild in unsern Traum versenken —
Doch du bist Leben. Wir sind Schatten.
   Deiner Schönheit Strahl
Muß, daß wir atmen, funkelnd erst
                              uns tränken.

FÜLLE DES LEBENS

Dein Stern erglänzt in Auferstehungsfrühen,
Dein Schicksal treibt, als Opfer sich
                              zu spenden,
Durstige Flamme, kühn, sich zu verschwenden,
Wie Laubgerinnsel, die im Herbstwald sich
                              verglühen.

In Fernen sind die Hölzer schon geschichtet,
Den Leib zu neuer Weihe zu empfangen —
Und schwellend ist, um das die Wipfel
                              deiner Träume hangen,
Das Brautbett deiner letzten Sehnsucht
                              aufgerichtet.

GLÜCK

Nun sind vor meines Glückes Stimme
    alle Sehnsuchtsvögel weggeflogen.
Ich schaue still den Wolken zu,
    die über meinem Fenster in die Bläue jagen —
Sie locken nicht mehr,
    mich zu fernen Küsten fortzutragen,
Wie einst, da Sterne, Wind und Sonne
    wehrlos mich ins Weite zogen.
In deine Liebe bin ich
    wie in einen Mantel eingeschlagen.
Ich fühle deines Herzens Schlag,
    der über meinem Herzen zuckt.
Ich steige selig
    in die Kammer meines Glückes nieder,
Ganz tief in mir, so wie ein Vogel,
    der ins flaumige Gefieder
Zu sommerdunklem Traum
    das Köpfchen niederduckt.

ZWIEGESPRÄCH

Mein Gott, ich suche dich. Sieh mich vor
    deiner Schwelle knien.
Und Einlaß betteln. Sieh, ich bin verirrt,
    mich reißen tausend Wege fort ins
    Blinde,
Und keiner trägt mich heim. Laß mich in
    deiner Gärten Obdach fliehn,
Daß sich in ihrer Mittagsstille mein ver-
    sprengtes Leben wiederfinde.
Ich bin nur stets den bunten Lichtern
    nachgerannt,
Nach Wundern gierend, bis mir Leben,
    Wunsch und Ziel in Nacht
    verschwanden.
Voll Angst den Sinn der wirren und
    verbrausten Stunden.
Und keine Antwort kommt. Ich fühle, was
    mein Bord an letzten Frachten trägt,

In Wetterstürmen ziellos durch die Meere
    schwanken,
Und das im Morgen kühn und fahrtenfroh sich
    wiegte, meines Lebens Schiff zerschlägt
An dem Magnetberg eines irren Schicksals
    seine Planken. —

Still, Seele! Kennst du deine eigne Heimat
    nicht?
Sieh doch: du bist in dir. Das ungewisse Licht,
Das dich verwirrte, war die ewige Lampe, die
    vor deines Lebens Altar brennt.
Was zitterst du im Dunkel? Bist du selber nicht
    das Instrument,
Darin der Aufruhr aller Töne sich zu hochzeit-
    lichem Reigen schlingt?
Hörst du die Kinderstimme nicht, die aus der
    Tiefe leise dir entgegensingt?
Fühlst nicht das reine Auge, das sich über dei-
    ner Nächte wildste beugt —
O Brunnen, der aus gleichen Eutern trüb und
    klare Quellen säugt,
Windrose deines Schicksals, Sturm, Gewitter-
    nacht und sanftes Meer,
Dir selber alles: Fegefeuer, Himmelfahrt und
    ewige Wiederkehr —
Sieh doch, dein letzter Wunsch, nach dem dein
    Leben heiße Hände ausgereckt,
Stand schimmernd schon am Himmel deiner
    frühsten Sehnsucht aufgesteckt.
Dein Schmerz und deine Lust lag immer schon
    in dir verschlossen wie in einem Schrein,
Und nichts, was jemals war und wird, das nicht
    schon immer dein.

IN DIR

Du wolltest dir entfliehn, an Fremdes
               dich fortschenken,
Vergangenheit auslöschen, neue Ströme
               in dich lenken —
Und fandest tiefer in dich selbst zurück.

Befleckung glitt von dir und ward zu Glück.
Nun fühlst du Schicksal deinem Herzen dienen,
Ganz nah bei dir, leidend von allen treuen
                                    Sternen überschienen.

ABENDSCHLUSS

Die Uhren schlagen sieben. Nun gehen
        überall in der Stadt die Geschäfte aus.
Aus schon umdunkelten Hausfluren, durch
        enge Winkelhöfe
    aus protzigen Hallen drängen sich die
        Verkäuferinnen heraus.
Noch ein wenig blind und wie betäubt vom
        langen Eingeschlossensein
Treten sie, leise erregt, in die wollüstige
        Helle und
    die sanfte Offenheit des Sommerabends
        ein.
Griesgrämige Straßenzüge leuchten auf und
        schlagen mit einem Male helleren
        Takt,
Alle Trottoirs sind eng mit bunten Blusen
        und Mädchengelächter vollgepackt.
Wie ein See, durch den das starke Treiben
        eines jungen Flusses wühlt,
Ist die ganze Stadt von Jugend und Heim-
        kehr überspült.
Zwischen die gleichgültigen Gesichter der
        Vorübergehenden ist ein vielfältiges
        Schicksal gestellt —
Die Erregung jungen Lebens, vom Feuer
        dieser Abendstunde überhellt,
In deren Süße alles Dunkle sich verklärt und
        alles
    Schwere schmilzt, als wäre es leicht und
        frei,
Und als warte nicht schon, durch wenige
        Stunden getrennt, das triste Einerlei
Der täglichen Frohn — als warte nicht
        Heimkehr, Gewinkel schmutziger Vor-
        stadthäuser, zwischen nackte Mietska-
        sernen gekeilt,

Karges Mahl, Beklommenheit der Familien-
        stube und die enge Nachtkammer, mit
        den kleinen Geschwistern geteilt,
Und kurzer Schlaf, den schon die erste Frühe
        aus dem Goldland der Träume hetzt —
All das ist jetzt ganz weit — von Abend zuge-
        deckt — und
    doch schon da, und wartend wie ein böses
        Tier, das sich zur Beute niedersetzt,
Und selbst die Glücklichsten, die leicht mit
        schlankem Schritt
Am Arm des Liebsten tänzeln, tragen in der
        Einsamkeit der Augen einen fernen
        Schatten mit.
Und manchmal, wenn von ungefähr der
        Blick der Mädchen im Gespräch zu
        Boden fällt,
Geschieht es, daß ein Schreckgesicht mit
        höhnischer Grimasse ihrer
        Fröhlichkeit den Weg verstellt.
Dann schmiegen sie sich enger, und die
        Hand erzittert, die den Arm des
        Freundes greift,
Als stände schon das Alter hinter ihnen, das
        ihr Leben dem Verlöschen in der
        Dunkelheit entgegenschleift.

FAHRT ÜBER DIE KÖLNER RHEINBRÜCKE BEI NACHT

Der Schnellzug tastet sich und stößt die Dun-
        kelheit entlang.
Kein Stern will vor. Die ganze Welt ist nur ein
        enger, nachtumschienter Minengang,
Darein zuweilen Förderstellen blauen Lichts
        jähe Horizonte reißen: Feuerkreis
Von Kugellampen, Dächern, Schloten, damp-
        fend, strömend . . . nur sekundenweis . . .
Und wieder alles schwarz. Als führen wir ins
        Eingeweid der Nacht zur Schicht.
Nun taumeln Lichter her . . . verirrt, trostlos
        vereinsamt . . . mehr . . . und sammeln
        sich . . . und werden dicht.

Gerippe grauer Häuserfronten liegen bloß,
   im Zwielicht bleichend, tot – etwas
   muß kommen... o, ich fühl es schwer
Im Hirn. Eine Beklemmung singt im Blut.
   Dann dröhnt der Boden plötzlich wie
   ein Meer:
Wir fliegen, aufgehoben, königlich durch
   nachtentrissne Luft, hoch übern
   Strom. O Biegung der Millionen Lich-
   ter, stumme Wacht,
Vor deren blitzender Parade schwer die Was-
   ser abwärts rollen. Endloses Spalier,
   zum Gruß gestellt bei Nacht!
Wie Fackeln stürmend! Freudiges! Salut von
   Schiffen über blauer See! Bestirntes
   Fest!
Wimmelnd, mit hellen Augen hingedrängt!
   Bis wo die Stadt mit letzten Häusern
   ihren Gast entläßt.
Und dann die langen Einsamkeiten. Nackte
   Ufer. Stille. Nacht. Besinnung. Ein-
   kehr. Kommunion. Und Glut und
   Drang.
Zum Letzten, Segnenden. Zum Zeugungsfest.
   Zur Wollust. Zum Gebet. Zum Meer.
   Zum Untergang.

In diesen Nächten

In diesen Nächten friert mein Blut
   nach deinem Leib, Geliebte.
O, meine Sehnsucht ist wie dunkles Wasser
   aufgestaut vor Schleusentoren,
In Mittagsstille hingelagert
   reglos lauernd,
Begierig, auszubrechen.
   Sommersturm,
Der schwer im Hinterhalt geladner Wolken
                      hält.

   Wann kommst du, Blitz,
Der ihn entfacht,
   mit Lust befrachtet, Fähre,

Die weit der Wehre starre Schenkel
   von sich sperrt? Ich will
Dich zu mir in die Kissen tragen
   so wie Garben jungen Klees
In aufgelockert Land.
   Ich bin der Gärtner,
Der weich dich niederbettet.
   Wolke, die
Dich übersprengt,
   und Luft, die dich umschließt.
In deine Erde
   will ich meine irre Glut vergraben und
Sehnsüchtig blühend
   über deinem Leibe auferstehn.

Winteranfang

Die Platanen sind schon entlaubt.
                Nebel fließen.
   Wenn die Sonne einmal durch den Panzer
   grauer Wolken sticht,
Spiegeln ihr die tausend Pfützen
   ein gebleichtes runzliges Gesicht.
Alle Geräusche sind schärfer. Den ganzen
                Tag über
   hört man in den Fabriken die Maschinen
                gehn –
So tönt durch die Ebenen der langen Stunden
   mein Herz und mag nicht stille stehn
Und treibt die Gedanken
   wie surrende Räder hin und her,
Und ist wie eine Mühle mit windgedrehten
                Flügeln,
   aber ihre Kammern sind leer:
Sie redet irre Worte in den Abend
   und schlägt das Kreuz. Schon schlafen
                die Winde ein.
   Bald wird es schnei'n,
Dann fällt wie Sternenregen weißer Friede
   aus den Wolken und wickelt alles ein.

DER SPRUCH

In einem alten Buche stieß ich auf ein Wort,
Das traf mich wie ein Schlag und brennt
                    durch meine Tage fort:
Und wenn ich mich an trübe Lust vergebe,
Schein, Lug und Spiel zu mir anstatt des
                            Wesens hebe,
Wenn ich gefällig mich mit raschem Sinn
belüge,
Als wäre Dunkles klar, als wenn nicht Leben
        tausend wild verschloßne Tore trüge,
Und Worte wiederspreche, deren Weite nie
                    ich ausgefühlt,
Und Dinge fasse, deren Sein mich niemals
                        aufgewühlt,
Wenn mich willkommner Traum mit
                Sammethänden streicht,
Und Tag und Wirklichkeit von mir entweicht,
Der Welt entfremdet, fremd dem tiefsten Ich,
Dann steht das Wort mir auf: Mensch,
                    werde wesentlich!

ENDE

Nur eines noch:
    viel Stille um sich her wie weiche
                    Decken schlagen,
Irgendwo im Alltag versinken, in
                    Gewöhnlichkeit,
seine Sehnsucht in die Enge bürgerlicher
                    Stuben tragen,

Hingebückt, ins Dunkel gekniet, nicht
                    anders sein wollen,
geschränkt und gestillt, von Tag und
                    Nacht überblüht,
heimgekehrt von Reisen
Ins Metaphysische – Licht sanfter Augen
                    über sich,
    weit, tief ins Herz geglänzt,
    den Rest von irrem Himmelsdurst
                        zu speisen –
Kühlung Wehendes, Musik vieler
                gewöhnlicher Stimmen,
    die sich so wie Wurzeln stiller Birken
    stark ins Blut dir schlagen,
Vorbei die umtaumelten Fanfaren,
    die in Abenteuer und Ermattung tragen,
Morgens erwachen, seine Arbeit wissen,
                    sein Tagewerk,
    festbezirkt, stumm aller Lockung,
    erblindet allem, was berauscht und
                    trunken macht,
Keine Ausflüge mehr ins Wolkige,
    nur im Nächsten noch sich finden,
                einfach wie ein Kind,
    das weint und lacht,
Aus seinen Träumen fliehen, Helle auf
                    sich richten,
    jedem Kleinsten sich verweben,
Aufgefrischt wie vom Bad, ins Leben
                    eingeblüht,
    dunkel dem großen Dasein hingegeben.

GEORG TRAKL

GEORG TRAKL

Georg Trakl, einer der bedeutendsten Vertreter der expressionistischen Lyrik, wurde am 3. Februar 1887 als Sohn eines Eisenhändlers in Salzburg geboren, wo er auch aufwuchs.

In Wien nahm er 1908 ein Studium der Pharmazie auf, nachdem er eine entsprechende Lehre absolviert hatte. Seit 1910 arbeitete Trakl als Militärapotheker in verschiedenen Anstellungen.

Seine ersten Veröffentlichungen fielen in das Jahr 1912. Es waren Gedichte, die in der von Ludwig von Ficker herausgegebenen Zeitschrift »Der Brenner« erschienen.

1914 wurde Georg Trakl zum Militärdienst eingezogen. Als Sanitätsoffizier (Medikamentenakzessist) mußte er an die Front, wo er die dortigen schrecklichen Erfahrungen nicht überwinden konnte und einen Selbstmordversuch beging. Im Garnisonshospital zu Krakau, wohin er daraufhin überwiesen wurde, starb Georg Trakl an einer Überdosis Kokain am 4. November 1914.

»Ergreifend durch seine inneren Abstände, ist es gleichsam auf seine Pausen aufgebaut, ein paar Einfriedigungen um das grenzenlos Wortlose.« So beschrieb Rilke in einem Brief an Ludwig von Ficker eines von Trakls Gedichten.

In den Nachmittag
geflüstert

Sonne, herbstlich dünn und zag,
Und das Obst fällt von den Bäumen.
Stille wohnt in blauen Räumen
Einen langen Nachmittag.

Sterbeklänge von Metall;
Und ein weißes Tier bricht nieder.
Brauner Mädchen rauhe Lieder
Sind verweht im Blätterfall.

Stirne Gottes Farben träumt,
Spürt des Wahnsinns sanfte Flügel.
Schatten drehen sich am Hügel
Von Verwesung schwarz umsäumt.

Dämmerung voll Ruh und Wein;
Traurige Gitarren rinnen.
Und zur milden Lampe drinnen
Kehrst du wie im Traume ein.

An den Knaben Elis

Elis, wenn die Amsel im schwarzen Wald ruft,
Dieses ist dein Untergang.
Deine Lippen trinken die Kühle des blauen
Felsenquells.

Laß, wenn deine Stirne leise blutet,
Uralte Legenden
Und dunkle Deutung des Vogelflugs.

Du aber gehst mit weichen Schritten
in die Nacht,
Die voll purpurner Trauben hängt,
Und du regst die Arme schöner im Blau.

Ein Dornenbusch tönt,
Wo deine mondenen Augen sind.
O, wie lange bist, Elis, du verstorben.

Dein Leib ist eine Hyazinthe,
In die ein Mönch die wächsernen
Finger taucht.
Eine schwarze Höhle ist unser Schweigen,

Daraus bisweilen ein sanftes Tier tritt
Und langsam die schweren Lider senkt.
Auf deine Schläfen tropft schwarzer Tau,

Das letzte Gold verfallener Sterne.

Elis

1

Vollkommen ist die Stille dieses goldenen Tags.
Unter alten Eichen
Erscheinst du, Elis, ein Ruhender mit runden
Augen.

Ihre Bläue spiegelt den Schlummer
der Liebenden.
An deinem Mund
Verstummten ihre rosigen Seufzer.

Am Abend zog der Fischer die schweren
Netze ein.
Ein guter Hirt
Führt seine Herde am Waldsaum hin.
O! wie gerecht sind, Elis, alle deine Tage.

Leise sinkt
An kahlen Mauern des Ölbaums blaue Stille,
Erstirbt eines Greisen dunkler Gesang.

Ein goldener Kahn
Schaukelt, Elis, dein Herz am einsamen
Himmel.

2

Ein sanftes Glockenspiel tönt in Elis' Brust
Am Abend,
Da sein Haupt in schwarze Kissen sinkt.

Ein blaues Wild
Blutet leise im Dornengestrüpp.

Ein brauner Baum steht abgeschieden da;
Seine blauen Früchte fielen von ihm.

Zeichen und Sterne
Versinken leise im Abendweiher.

Hinter dem Hügel ist es Winter geworden.

Blaue Tauben
Trinken nachts den eisigen Schweiß,
Der von Elis' kristallener Stirne rinnt.

Immer tönt
An schwarzen Mauern Gottes einsamer Wind.

DIE SCHÖNE STADT

Alte Plätze sonnig schweigen.
Tief in Blau und Gold versponnen
Traumhaft hasten sanfte Nonnen
Unter schwüler Buchen Schweigen.

Aus den braun erhellten Kirchen
Schaun des Todes reine Bilder,
Großer Fürsten schöne Schilder.
Kronen schimmern in den Kirchen.

Rösser tauchen aus dem Brunnen.
Blütenkrallen drohn aus Bäumen.
Knaben spielen wirr von Träumen
Abends leise dort am Brunnen.

Mädchen stehen an den Toren,
Schauen scheu ins farbige Leben.
Ihre feuchten Lippen beben
Und sie warten an den Toren.

Zitternd flattern Glockenklänge,
Marschtakt hallt und Wacherufen.

Fremde lauschen auf den Stufen.
Hoch im Blau sind Orgelklänge.

Helle Instrumente singen.
Durch der Gärten Blätterrahmen
Schwirrt das Lachen schöner Damen.
Leise junge Mütter singen.

Heimlich haucht an blumigen Fenstern
Duft von Weihrauch, Teer und Flieder.
Silbern flimmern müde Lider
Durch die Blumen an den Fenstern.

SEBASTIAN IM TRAUM

Für Adolf Loos

Mutter trug das Kindlein im weißen Mond,
Im Schatten des Nußbaums, uralten Holunders,
Trunken vom Safte des Mohns, der
          Klage der Drossel;
Und stille
Neigte in Mitleid sich über jene
          ein bärtiges Antlitz

Leise im Dunkel des Fensters; und
          altes Hausgerät
Der Väter
Lag im Verfall; Liebe und herbstliche
          Träumerei.

Also dunkel der Tag des Jahrs, traurige Kindheit,
Da der Knabe leise zu kühlen Wassern,
          silbernen Fischen hinabstieg,
Ruh und Antlitz;
Da er steinern sich vor rasende Rappen warf,
In grauer Nacht sein Stern über ihn kam;

Oder wenn er an der frierenden Hand
          der Mutter
Abends über Sankt Peters herbstlichen
          Friedhof ging,

Ein zarter Leichnam stille im Dunkel der
       Kammer lag
Und jener die kalten Lider über ihn aufhob.

Er aber war ein kleiner Vogel im kahlen Geäst,
Die Glocke lang im Abendnovember,
Des Vaters Stille, da er im Schlaf die
     dämmernde Wendeltreppe hinabstieg.
Frieden der Seele. Einsamer Winterabend,
Die dunklen Gestalten der Hirten am
       alten Weiher;
Kindlein in der Hütte von Stroh; o wie leise
Sank in schwarzem Fieber das Antlitz hin.
Heilige Nacht.

Oder wenn er an der harten Hand des Vaters
Stille den finstern Kalvarienberg hinanstieg
Und in dämmernden Felsennischen
Die blaue Gestalt des Menschen durch seine
      Legende ging,
Aus der Wunde unter dem Herzen purpurn
      das Blut rann.
O wie leise stand in dunkler Seele das
      Kreuz auf.

Liebe; da in schwarzen Winkeln der
       Schnee schmolz,
Ein blaues Lüftchen sich heiter im
      alten Holunder fing,
In dem Schattengewölbe des Nußbaums;
Und dem Knaben leise sein rosiger
      Engel erschien.

Freunde; da in kühlen Zimmern eine
      Abendsonate erklang,
Im braunen Holzgebälk
Ein blauer Falter aus der silbernen Puppe kroch.

O die Nähe des Todes. In steinerner Mauer
Neigte sich ein gelbes Haupt, schweigend
      das Kind,
Da in jenem März der Mond verfiel.

Rosige Osterglocke im Grabgewölbe der Nacht
Und die Silberstimmen der Sterne,
Daß in Schauern ein dunkler Wahnsinn von
     der Stirne des Schläfers sank.
O wie stille ein Gang den blauen Fluß hinab
Vergessenes sinnend, da im grünen Geäst
Die Drossel ein Fremdes in den Untergang rief.

Oder wenn er an der knöchernen Hand
      des Greisen
Abends vor die verfallene Mauer der Stadt ging
Und jener in schwarzem Mantel ein
      rosiges Kindlein trug,
Im Schatten des Nußbaums der Geist
      des Bösen erschien.

Tasten über die grünen Stufen des Sommers.
      O wie leise
Verfiel der Garten in der braunen Stille
      des Herbstes,
Duft und Schwermut des alten Holunders,
Da in Sebastians Schatten die Silberstimme
      des Engels erstarb.

DER GEWITTERABEND

O die roten Abendstunden!
Flimmernd schwankt am offenen Fenster
Weinlaub wirr ins Blau gewunden,
Drinnen nisten Angstgespenster.

Staub tanzt im Gestank der Gossen.
Klirrend stößt der Wind in Scheiben.
Einen Zug von wilden Rossen
Blitze grelle Wolken treiben.

Laut zerspringt der Weiherspiegel.
Möven schrein am Fensterrahmen.
Feuerreiter sprengt vom Hügel
Und zerschellt im Tann zu Flammen.

Kranke kreischen im Spitale.
Bläulich schwirrt der Nacht Gefieder.
Glitzernd braust mit einem Male
Regen auf die Dächer nieder.

HELIAN

In den einsamen Stunden des Geistes
Ist es schön, in der Sonne zu gehn
An den gelben Mauern des Sommers hin.
Leise klingen die Schritte im Gras; doch immer
      schläft
Der Sohn des Pan im grauen Marmor.

Abends auf der Terrasse betranken wir uns
    mit braunem Wein.
Rötlich glüht der Pfirsich im Laub;
Sanfte Sonate, frohes Lachen.

Schön ist die Stille der Nacht.
Auf dunklem Plan
Begegnen wir uns mit Hirten und
     weißen Sternen.

Wenn es Herbst geworden ist,
Zeigt sich nüchterne Klarheit im Hain.
Besänftigte wandeln wir an roten Mauern hin
Und die runden Augen folgen dem Flug
     der Vögel.
Am Abend sinkt das weiße Wasser in
     Graburnen.

In kahlen Gezweigen feiert der Himmel.
In reinen Händen trägt der Landmann
     Brot und Wein
Und friedlich reifen die Früchte in
    sonniger Kammer.

O wie ernst ist das Antlitz der teueren
     Toten.
Doch die Seele erfreut gerechtes Anschaun.

Gewaltig ist das Schweigen des
     verwüsteten Gartens,
Da der junge Novize die Stirne mit
     braunem Laub bekränzt,
Sein Odem eisiges Gold trinkt.

Die Hände rühren das Alter bläulicher Wasser
Oder in kalter Nacht die weißen Wangen
     der Schwestern.

Leise und harmonisch ist ein Gang an
     freundlichen Zimmern hin,
Wo Einsamkeit ist und das Rauschen
     des Ahorns,
Wo vielleicht noch die Drossel singt.

Schön ist der Mensch und erscheinend
     im Dunkel,
Wenn er staunend Arme und Beine bewegt,
Und in purpurnen Höhlen stille die Augen
     rollen.

Zur Vesper verliert sich der Fremdling
     in schwarzer Novemberzerstörung,
Unter morschem Geäst, an Mauern voll
     Aussatz hin,
Wo vordem der heilige Bruder gegangen,
Versunken in das sanfte Saitenspiel
     seines Wahnsinns.

O wie einsam endet der Abendwind.
Ersterbend neigt sich das Haupt im
     Dunkel des Ölbaums.

Erschütternd ist der Untergang
     des Geschlechts.
In dieser Stunde füllen sich die Augen
     des Schauenden
Mit dem Gold seiner Sterne.

Am Abend versinkt ein Glockenspiel,
     das nicht mehr tönt,
Verfallen die schwarzen Mauern am Platz,
Ruft der tote Soldat zum Gebet.

Ein bleicher Engel
Tritt der Sohn ins leere Haus seiner Väter.

Die Schwestern sind ferne zu weißen
                    Greisen gegangen.
Nachts fand sie der Schläfer unter den
                    Säulen im Hausflur,
Zurückgekehrt von traurigen Pilgerschaften.

O wie starrt von Kot und Würmern ihr Haar,
Da er darein mit silbernen Füßen steht,
Und jene verstorben aus kahlen Zimmern
                        treten.

O ihr Psalmen in feurigen Mitternachtsregen,
Da die Knechte mit Nesseln die sanften
                    Augen schlugen,
Die kindlichen Früchte des Holunders
Sich staunend neigen über ein leeres Grab.

Leise rollen vergilbte Monde
Über die Fieberlinnen des Jünglings,
Eh dem Schweigen des Winters folgt.

Ein erhabenes Schicksal sinnt den
                    Kidron hinab,
Wo die Zeder, ein weiches Geschöpf,
Sich unter den blauen Brauen des Vaters
                    entfaltet,
Über die Weide nachts ein Schäfer seine
                    Herde führt.
Oder es sind Schreie im Schlaf,
Wenn ein eherner Engel im Hain den
                    Menschen antritt,
Das Fleisch des Heiligen auf glühendem
                    Rost hinschmilzt.

Um die Lehmhütten rankt purpurner Wein,
Tönende Bündel vergilbten Korns,
Das Summen der Bienen, der Flug des
                    Kranichs.
Am Abend begegnen sich Auferstandene
                auf Felsenpfaden.

In schwarzen Wassern spiegeln sich Aussätzige;
Oder sie öffnen die kotbefleckten Gewänder
Weinend dem balsamischen Wind, der
                vom rosigen Hügel weht.

Schlanke Mägde tasten durch die Gassen
                    der Nacht,
Ob sie den liebenden Hirten fänden.
Sonnabends tönt in den Hütten sanfter Gesang.

Lasset das Lied auch des Knaben gedenken,
Seines Wahnsinns, und weißer Brauen und
                    seines Hingangs,
Des Verwesten, der bläulich die Augen
                    aufschlägt.
O wie traurig ist dieses Wiedersehn.

Die Stufen des Wahnsinns in schwarzen
                    Zimmern,
Die Schatten der Alten unter der offenen Tür,
Da Helians Seele sich im rosigen Spiegel
                    beschaut
Und Schnee und Aussatz von seiner Stirne
                    sinken.

An den Wänden sind die Sterne erloschen
Und die weißen Gestalten des Lichts.

Dem Teppich entsteigt Gebein der Gräber,
Das Schweigen verfallener Kreuze am Hügel,
Des Weihrauchs Süße im purpurnen
                    Nachtwind.

O ihr zerbrochenen Augen in
                  schwarzen Mündern,
Da der Enkel in sanfter Umnachtung
Einsam dem dunkleren Ende nachsinnt,
Der stille Gott die blauen Lider über ihn senkt.

DE PROFUNDIS

Es ist ein Stoppelfeld, in das ein
                    schwarzer Regen fällt.
Es ist ein brauner Baum, der einsam dasteht.
Es ist ein Zischelwind, der leere Hütten
                    umkreist.
Wie traurig dieser Abend.

Am Weiler vorbei
Sammelt die sanfte Waise noch spärliche
                    Ähren ein.
Ihre Augen weiden rund und goldig in
                    der Dämmerung
Und ihr Schoß harrt des himmlischen
                    Bräutigams.

Bei der Heimkehr
Fanden die Hirten den süßen Leib
Verwest im Dornenbusch.

Ein Schatten bin ich ferne finsteren Dörfern.
Gottes Schweigen
Trank ich aus dem Brunnen des Hains.

Auf meine Stirne tritt kaltes Metall.
Spinnen suchen mein Herz.
Es ist ein Licht, das in meinem Mund erlöscht.

Nachts fand ich mich auf einer Heide,
Starrend von Unrat und Staub der Sterne.
Im Haselgebüsch
Klangen wieder kristallne Engel.

RUH UND SCHWEIGEN

Hirten begruben die Sonne im kahlen Wald.
Ein Fischer zog
In härenem Netz den Mond aus
                    frierendem Weiher.

In blauem Kristall
Wohnt der bleiche Mensch, die Wang' an
                    seine Sterne gelehnt;
Oder er neigt das Haupt in purpurnem Schlaf.

Doch immer rührt der schwarze Flug der Vögel
Den Schauenden, das Heilige blaue Blumen,
Denkt die nahe Stille Vergessenes,
                    erloschene Engel.

Wieder nachtet die Stirne in mondenem
                    Gestein;
Ein strahlender Jüngling
Erscheint die Schwester in Herbst und
                    schwarzer Verwesung.

GESANG DES ABGESCHIEDENEN

An Karl Borromaeus Heinrich

Voll Harmonien ist der Flug der Vögel.
                    Es haben die grünen Wälder
Am Abend sich zu stilleren Hütten versammelt;
Die kristallenen Weiden des Rehs.
Dunkles beschäftigt das Plätschern des Bachs,
                    die feuchten Schatten

Und die Blumen des Sommers, die schön
                    im Winde läuten.
Schon dämmert die Stirne dem
                    sinnenden Menschen.
Und es leuchtet ein Lämpchen, das Gute,
                    in seinem Herzen

Und der Frieden des Mahls; denn geheiligt ist
                    Brot und Wein
Von Gottes Händen, und es schaut
                    aus nächtigen Augen
Stille dich der Bruder an, daß er ruhe
                    von dorniger Wanderschaft.
O das Wohnen in der beseelten Bläue
                    der Nacht.

Liebend auch umfängt das Schweigen im
          Zimmer die Schatten der Alten,
Die purpurnen Martern, Klage eines großen
          Geschlechts,
Das fromm nun hingeht im einsamen Enkel.

Denn strahlender immer erwacht aus
          schwarzen Minuten des Wahnsinns
Der Duldende an versteinerter Schwelle
Und es umfängt ihn gewaltig die kühle Bläue
und die leuchtende Neige des Herbstes,

Das stille Haus und die Sagen des Waldes,
Maß und Gesetz und die mondenen Pfade
          der Abgeschiedenen.

ABENDLIED

Am Abend, wenn wir auf dunklen Pfaden gehn,
Erscheinen unsere bleichen Gestalten vor uns.

Wenn uns dürstet,
Trinken wir die weißen Wasser des Teichs,
Die Süße unserer traurigen Kindheit.

Erstorbene ruhen wir unterm
          Holundergebüsch,
Schaun den grauen Möven zu.

Frühlingsgewölke steigen über die finstere Stadt,
Die der Mönche edlere Zeiten schweigt.

Da ich deine schmalen Hände nahm
Schlugst du leise die runden Augen auf.
Dieses ist lange her.

Doch wenn dunkler Wohllaut die Seele
          heimsucht,
Erscheinst du Weiße in des Freundes
          herbstlicher Landschaft.

MELANCHOLIE DES ABENDS

– Der Wald, der sich verstorben breitet –
Und Schatten sind um ihn, wie Hecken.
Das Wild kommt zitternd aus Verstecken,
Indes ein Bach ganz leise gleitet

Und Farnen folgt und alten Steinen
Und silbern glänzt aus Laubgewinden.
Man hört ihn bald in schwarzen Schlünden –
Vielleicht, daß auch schon Sterne scheinen.

Der dunkle Plan scheint ohne Maßen,
Verstreute Dörfer, Sumpf und Weiher,
Und etwas täuscht dir vor ein Feuer.
Ein kalter Glanz huscht über Straßen.

Am Himmel ahnet man Bewegung,
Ein Heer von wilden Vögeln wandern
Nach jenen Ländern, schönen, andern.
Es steigt und sinkt des Rohres Regung.

ROMANZE ZUR NACHT

Einsamer unterm Sternenzelt
Geht durch die stille Mitternacht.
Der Knab aus Träumen wirr erwacht,
Sein Antlitz grau im Mond verfällt.

Die Närrin weint mit offnem Haar
Am Fenster, das vergittert starrt.
Im Teich vorbei auf süßer Fahrt
Ziehn Liebende sehr wunderbar.

Der Mörder lächelt bleich im Wein,
Die Kranken Todesgrausen packt.
Die Nonne betet wund und nackt
Vor des Heilands Kreuzespein.

Die Mutter leis' im Schlafe singt.
Sehr friedlich schaut zur Nacht das Kind

Mit Augen, die ganz wahrhaft sind.
Im Hurenhaus Gelächter klingt.

Beim Talglicht drunt' im Kellerloch
Der Tote malt mit weißer Hand
Ein grinsend Schweigen an die Wand.
Der Schläfer flüstert immer noch.

IM HERBST

Die Sonnenblumen leuchten am Zaun,
Still sitzen Kranke im Sonnenschein.
Im Acker mühn sich singend die Frau'n,
Die Klosterglocken läuten darein.

Die Vögel sagen dir ferne Mär',
Die Klosterglocken läuten darein.
Vom Hof tönt sanft die Geige her.
Heute keltern sie den braunen Wein.

Da zeigt der Mensch sich froh und lind.
Heut keltern sie den braunen Wein.
Weit offen die Totenkammern sind
Und schön bemalt vom Sonnenschein.

DER HERBST DES EINSAMEN

Der dunkle Herbst kehrt ein voll Frucht
                              und Fülle,
Vergilbter Glanz von schönen Sommertagen.
Ein reines Blau tritt aus verfallener Hülle;
Der Flug der Vögel tönt von alten Sagen.
Gekeltert ist der Wein, die milde Stille
Erfüllt von leiser Antwort dunkler Fragen.

Und hier und dort ein Kreuz auf ödem Hügel;
Im roten Wald verliert sich eine Herde.
Die Wolke wandert übern Weiherspiegel;
Es ruht des Landmanns ruhige Gebärde.
Sehr leise rührt des Abends blauer Flügel
Ein Dach von dürrem Stroh, die schwarze Erde.

Bald nisten Sterne in des Müden Brauen;
In kühle Stuben kehrt ein still Bescheiden
Und Engel treten leise aus den blauen
Augen der Liebenden, die sanfter leiden.
Es rauscht das Rohr; anfällt ein
                              knöchern Grauen,
Wenn schwarz der Tau tropft von den
                              kahlen Weiden.

DIE RABEN

Über den schwarzen Winkel hasten
Am Mittag die Raben mit hartem Schrei.
Ihr Schatten streift an der Hirschkuh vorbei
Und manchmal sieht man sie mürrisch rasten.

O wie sie die braune Stille stören,
In der ein Acker sich verzückt,
Wie ein Weib, das schwere Ahnung berückt,
Und manchmal kann man sie keifen hören

Um ein Aas, das sie irgendwo wittern,
Und plötzlich richten nach Nord sie den Flug
Und schwinden wie ein Leichenzug
In Lüften, die von Wollust zittern.

RONDEL

Verflossen ist das Gold der Tage,
Des Abends braun und blaue Farben:
Des Hirten sanfte Flöten starben
Des Abends blau und braune Farben
Verflossen ist das Gold der Tage.

REGISTER